本书出版得到“中央高校基本科研业务费专项资金”资助

（supported by “the Fundamental Research Funds for the Central Universities”）

The Oxford Handbook of
Comparative Regionalism

牛津比较地区主义手册

[德]塔尼娅·A. 博泽尔
[德]托马斯·里塞　主编
耿协峰 译

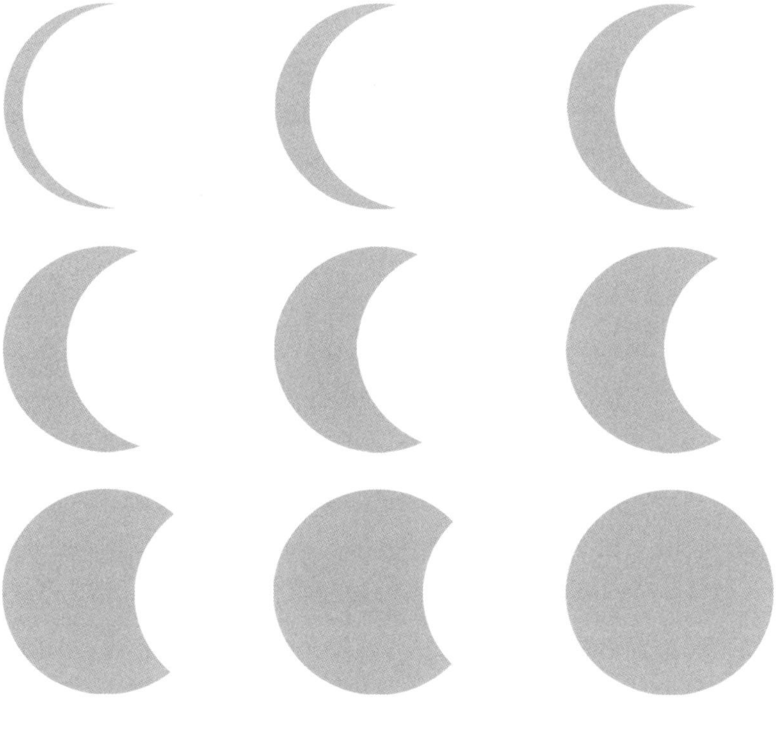

天津出版传媒集团
天津人民出版社

图书在版编目(CIP)数据

牛津比较地区主义手册 / (德) 塔尼娅·A.博泽尔, (德) 托马斯·里塞主编 ; 耿协峰译. -- 天津 : 天津人民出版社, 2023.10

ISBN 978-7-201-19798-2

Ⅰ. ①牛… Ⅱ. ①塔… ②托… ③耿… Ⅲ. ①国际关系—研究 Ⅳ. ①D81

中国国家版本馆 CIP 数据核字(2023)第 176156 号

著作权合同登记号:图字 02-2023-046 号

牛津比较地区主义手册
NIUJIN BIJIAO DIQU ZHUYI SHOUCE

出　版	天津人民出版社
出版人	刘　庆
地　址	天津市和平区西康路35号康岳大厦
邮政编码	300051
邮购电话	(022)23332469
电子信箱	reader@tjrmcbs.com
策划编辑	王　康
责任编辑	郑　玥
特约编辑	王　琤　佐　拉　王佳欢
装帧设计	汤　磊
印　刷	天津海顺印业包装有限公司
经　销	新华书店
开　本	787毫米×1092毫米 1/16
印　张	44.25
插　页	6
字　数	800千字
版次印次	2023年10月第1版　2023年10月第1次印刷
定　价	188.00元

前　言

编写这样一本手册颇费一番工夫，为此，我们必须对诸多帮助过我们的人表示感谢。我们这项工作酝酿于柏林自由大学的一个名为“欧洲的转型力量”（Transformative Power of Europe）的高等研究中心（Kolleg-Forschergruppe，德语简称 KFG），这是一个由德国科学基金会（Deutsche Forschungsgemeinschaft，德语简称 DFG）资助的项目机构。该高等研究中心（KFG）由高级访问学者、博士后研究人员和博士研究生共同组成，从 2008 年秋季开始工作。我们起初关注的是制度性解决方案和政策思想从欧洲和欧盟向世界其他地方的扩散，以及其反向扩散。我们也研究中东欧国家以及欧洲东南部邻国的“欧洲化”（Europeanization）和国内变革问题。2012 年，我们在《西欧政治》（*West European Politics*）杂志上刊出了一期专辑——《从“欧洲化”到扩散》。自那时起，我们就越发对比较地区主义（comparative regionalism）感兴趣，但我们关注的仍然是源出欧洲而面向世界其他地区的观念扩散。 【v】

不过，我们当中的历史学家沃尔夫拉姆·凯瑟（Wolfram Kaiser）和基兰·帕特尔（Kiran Patel）不断提醒我们，欧洲和欧盟并不是世界的中心，为了真正致力于比较地区主义研究，就必须将欧洲“地方化”（provincialize）（帕特尔语）。我们越是研究世界其他地方的地区合作与一体化案例，我们就越兴奋。我们越发醒悟到，欧盟并非像欧盟研究者所声称的那样独一无二，对此，“新地区主义”学者多年前早已亮明了这一观点。

大约在同一时期，耶路撒冷希伯来大学的戴维·利维-福尔（David Levi-Faur）在本研究中心（KFG）做高级访问学者，那时他刚刚完成《牛津治理手册》（*The Oxford Handbook of Governance*），并说服我们也主编一本类似的关于比较地区主义的手册。我们酝酿出这本手册的最初大纲是在 2011 年 11 月，当时我们住在俯瞰耶路撒冷老城的山上。不幸的是，戴维因故辞任了这本书的联合主编，但我们对他说服我们主编这本手册，以及他给予我们的帮助一直满怀感激。

为了这本手册的成书，我们在柏林的高等研究中心（KFG）召开过三次撰稿会，时间分别在 2013 年 12 月 13—14 日、2014 年 6 月 6—7 日和 2014 年 12 月 12—13 日。这三次会议的召开后来证明是极好的学习机会，帮助我们和各位撰稿人将所写内容连缀成册，一如所愿。我们特别感谢各位撰稿人，感谢大家的真知灼见，感谢大家能够相互砥砺并勇于突破自我，也感谢我们共度的所有开心时光。另外，这几次会议的成功召开还要仰赖本研究中心（KFG）工作组成员们的高超组织技巧，特别是阿斯特丽德·鲁斯（Astrid Roos）、卡特娅·波米亚诺维奇（Katja Pomianowicz）和安妮·摩根斯特恩（Anne Morgenstern）。

【vi】 特别感谢本书出版过程中一直协助我们做编辑工作的路易莎·林克（Luisa Linke），没有路易莎的专业精神和编辑技巧，我们肯定难成其事。路易莎，我们真诚向您道谢！我们还要感谢我们的学生助理，尤其是凯瑟琳·克雷文（Catherine Craven）和迈克尔·吉森（Michael Giesen），感谢你们所做的查找文献、统一体例等工作。

最后，我们特别向牛津大学出版社的出版团队表示感谢。尤其是，我们感谢责任编辑多米尼克·拜厄特（Dominic Byatt）给予我们的建议，以及奥丽薇亚·威尔斯（Olivia Wells）在整个编辑过程中给予我们的帮助。我们还要感谢乔安娜·诺斯（Joanna North）出色的文字校订工作和索引编订工作，以及苏达卡尔·桑达库马尔（Sudhakar Sandacoumar）、尼尚蒂尼（Nishanthini）和拉达（Radha）所做的出版管理工作。

塔尼娅·A.博泽尔

托马斯·里塞

2015 年 6 月于柏林

作者简介

阿米塔·阿查亚(Amitav Acharya),美国美利坚大学(华盛顿特区)国际事务学院联合国教科文组织(UNECO)"跨国挑战与治理"研究讲席和东盟研究讲席教授。

凯伦·J. 阿尔特(Karen J. Alter),美国西北大学(伊利诺伊埃文斯顿)政治学与法学教授。

安德莉亚·C. 比安库里(Andrea C. Bianculli),西班牙巴塞罗那国际关系研究院研究员。

塔尼娅·A.博泽尔(Tanja A. Börzel),德国柏林自由大学政治学教授(让·莫内讲席)、欧洲一体化研究中心主任。

拉斯洛·布鲁斯特(Laszlo Bruszt),意大利欧洲大学学院(佛罗伦萨)社会学教授。

罗斯·布坎南(Ross Buchanan),美国得克萨斯大学(奥斯汀)政府系博士生。

杰弗里·T. 切克尔(Jeffrey T. Checkel),加拿大西蒙弗雷泽大学(温哥华)国际关系学教授、国际法与人道安全研究西蒙斯讲席教授。

弗朗西斯科·迪纳(Francesco Duina),加拿大不列颠哥伦比亚大学(温哥华)社会学教授、贝茨学院社会学系讲席教授。

特丽·E. 吉文斯(Terri E. Givens),美国曼隆学院(加州阿瑟顿)教务长。

彼得·M. 哈斯(Peter M. Haas),美国马萨诸塞大学(阿默斯特)政治学教授。

凯思琳·J. 汉考克(Kathleen J. Hancock),美国科罗拉多矿业学院(科罗拉多州戈尔登)文科与国际研究部政治学副教授。

克里斯托夫·哈特曼(Christof Hartmann),德国杜伊斯堡 – 埃森大学政治学、国际关系和发展合作研究教授。

利斯贝特·霍夫(Liesbet Hooghe),意大利欧洲大学学院(佛罗伦萨)政治学教授。

安雅·耶茨奇克(Anja Jetschke),德国哥廷根大学国际关系学教授。

弗莱维娅·茹尔热(Flavia Jurje),瑞士卢瑟恩大学和伯尔尼世界贸易研究所高级研究员和讲师。

阿里·M. 卡佐维奇(Arie M. Kacowicz),以色列希伯来大学(耶路撒冷)国际关系学系教授。

片田纱织(Saori N. Katada),美国南加州大学多恩西夫文理学院(洛杉矶)国际关系学副教授。

金秀妍(Soo Yeon Kim),新加坡国立大学政治学系副教授。

桑德拉·拉文尼克斯(Sandra Lavenex),瑞士日内瓦大学欧洲政治与国际政治研究教授。

托比亚斯·伦茨(Tobias Lenz),德国哥廷根大学和德国全球与区域研究所(汉堡)全球治理与比较地区主义研究助理教授。

亚历山大·利布曼(Alexander Libman),德国科学与政治基金会－国际与安全事务研究所(柏林)研究员。

约书亚·麦尔耐特(Joshua Malnight),美国加州大学尔湾分校政治学系博士生。

爱德华·D. 曼斯菲尔德(Edward D. Mansfield),美国宾夕法尼亚大学(宾州费城)胡姆·罗森政治学教授、克里斯托夫·H.布朗国际政治研究中心主任。

加里·马克斯(Gary Marks),意大利欧洲大学学院(佛罗伦萨)厄恩斯特·B.哈斯讲席教授。

凯思琳·R. 麦克纳马拉(Kathleen R. McNamara),美国乔治敦大学(华盛顿特区)政府与外事研究副教授、莫尔塔拉国际研究中心主任。

海伦·V.米尔纳(Helen V. Milner),美国普林斯顿大学伍德罗·威尔逊学院 B.C.福布斯政治学与国际关系学教授、尼豪斯全球化与治理研究中心主任。

斯特凡诺·帕莱斯蒂尼(Stefano Palestini),意大利欧洲大学学院(佛罗伦萨)助理研究员。

乔恩·佩韦豪斯(Jon Pevehouse),美国威斯康星大学麦迪逊分校政治学教授。

加利亚·普雷斯－巴纳森(Galia Press–Barnathan),以色列耶路撒冷希伯来大学国际关系学系副教授。

安德烈·里贝罗·霍夫曼(Andrea Ribeiro Hoffmann),巴西里约热内卢天主教大学国际关系学教授。

托马斯·里塞(Thomas Risse),德国柏林自由大学政治与社会科学系国际关系学教授、跨国关系与外交安全政策(ATASP)研究中心主任、“国家治权受限领域的治理”项目(2005—2017)联合研究中心主任。

贝特霍尔德·里特贝格尔(Berthold Rittberger),德国慕尼黑大学国际关系学教授。

弗兰克·席梅尔芬尼希(Frank Schimmelfennig),瑞士苏黎世联邦理工学院欧洲政治研究教授。

菲利普·施罗德(Philipp Schroeder),英国伦敦大学学院博士生。

弗雷德里克·索德鲍姆(Fredrik Söderbaum),瑞典哥德堡大学全球学学院教授。

埃泰尔·索林根(Etel Solingen),美国加州大学尔湾分校和平学托马斯·T.和伊丽莎白·C.蒂尔尼讲席教授。

莫滕·瓦尔比约恩(Morten Valbjørn),丹麦奥胡斯大学政治科学与政府研究副教授。

安娜·范·德尔·弗伦丁(Anna van der Vleuten),荷兰拉德堡德大学(奈梅亨市)奈梅亨管理学院欧洲一体化研究副教授。

导读:比较地区主义的研究议程与未来挑战

地区主义(Regionalism)是指地理位置相邻或相近的国家或人类群体之间在地区层次上开展政治经济文化交往互动的一种特殊实践(地区合作或地区一体化)及其思想表现,目的在于形成比民族国家共同体规模更大、包容性更强、更加有利于世界和平繁荣及可持续发展的地区性命运共同体,为最终走向全球善治奠定基础。在当今全球化遭遇巨大挑战并陷入僵局的时期,这样的地区主义发展显得尤为难能可贵,而且推动地区主义的积极进展,实现良性循环的地区治理,可以为统筹协调全球治理与国家治理提供中间道路和中介桥梁,这一点日益成为全球共识。

地区主义研究(Regionalism Study)在国内外都是一个新的学术知识增长点。如王逸舟所言,"20世纪后半叶见证了地区主义理论与实践从欧洲一个局部向世界各个角落的推进。它是这一时期人类思想史和国际关系史上最重要的进步之一"[①];"地区主义研究逐步登上中国国际关系理论研究的大雅之堂,成为学术界关注的重点领域之一,是从20世纪90年代中后期,特别是东亚金融危机之后开始的"[②]。在西方国际研究学术界,一些著名学者也明确指出,自20世纪90年代末以来,地区主义研究已经发展成为诸多社会科学分支领域(如欧洲学、比较政治学、国际经济学、国际地理学、国际关系学和国际政治经济学等)中的"一个新兴学术产业"(an academic growth industry)[③],甚至"已经进入到当代国际关系理论研究的中心"[④]。

经过近三十年的发展,国际上地区主义研究领域又出现重要的学术转向——比较转向。所谓比较转向,就是地区主义研究者意图超越新旧地区主义之争,同时也超越传统的欧亚二元比较或欧美亚三元比较,而进行"真正的"全球比较研究,开始生成或培育出一个新的研究领域——比较地区主义(Comparative Regionalism)。[⑤]具体而言,比较地

---

① 王逸舟主编:《中国国际关系研究(1995—2005)》,北京大学出版社,2006年,第33页。

② 王逸舟:《序言》,载肖欢容主编:《和平的地理学——中国学者论东亚地区主义》,中国传媒大学出版社,2005年,第2页。

③ Philippe De Lombaerde, Fredrik Söderbaum, Luk Van Langenhove and Francis Baert, "The Problem of Comparison in Comparative Regionalism," *Jean Monnet/Robert Schuman Paper Series*, Vol.9, No.7, April 2009, p.22.

④ Fredrik Söderbaum, *Rethinking Regionalism*, Palgrave, 2016, p.15.

⑤ Tanja A. Börzel and Thomas Risse, eds., *The Oxford Handbook of Comparative Regionalism*, Oxford University Press, 2016, p.4, p.32.

区主义就是用比较分析方法研究遍及全球各个地区的地区合作与地区一体化现象的学术领域，它是一个在国际关系学、国际政治经济学、比较政治学、全球学和区域国别学等学科的交叉或中间地带生成的专门研究领域，拥有自己独立的研究范式和理论方法。

比较地区主义的生成，大体上是在21世纪第一个十年中期至第二个十年中期，主要是由一批有影响的国际关系学者直接努力促成的结果。[①]他们有一些标志性的学术成果，择其要者，有以下五份重要文献：

第一，2005年由新地区主义研究代表人物、瑞典哥德堡大学教授比约恩·赫特内发表的《超越新地区主义》，这篇文章最早开始认真反思地区主义研究的迭代问题，对地区主义的新旧之分提出质疑，并提出了“超越新地区主义”的学术任务。[②]

第二，2009年由联合国大学比较地区一体化研究院（UNU-CRIS）研究员菲利普·德·隆巴尔德等人联合发表的研究报告《比较地区主义中的比较问题》，该报告从比较政治学视角对地区主义研究中的三个问题（概念与研究对象问题、理论框架问题和研究方法问题）进行了细致梳理和讨论，指出当前分歧和未来方向。[③]

第三，2012年由著名国际关系学家、美利坚大学教授阿米塔·阿查亚发表的《比较地区主义：这个领域正逢其时？》，该文提出了比较地区主义成为独立研究领域所必须回答的五大理论问题。[④]

第四，2016年由著名地区主义学者、瑞典哥德堡大学教授弗雷德里克·索德鲍姆独著的《重新思考地区主义》，该著从历史、全球、空间和比较四个视角出发全面重新思考地区和地区主义，同时也创造性地为比较地区主义研究的深入开展设定了议程。[⑤]

第五，2016年由著名德国政治学者、柏林自由大学教授塔尼娅·博泽尔和托马斯·里塞夫妇联袂主编的《牛津比较地区主义手册》，他们邀请了包括上述几位著名学者在内的36位学者，对大约1990年至2015年间西方国际政治学术界有关地区主义的学术

---

① 这里说明一下，比较地区主义研究领域的生成，还与联合国大学比较地区一体化研究院（UNU-CRIS）（https://cris.unu.edu）的持续学术推进工作密不可分。该研究机构自2001年成立后一直致力于追踪研究世界范围内的地区合作及一体化进程，并多方面探讨它们对于国际秩序的影响。该研究院出版有年度研究报告和地区主义研究丛书等一系列出版物，并通过研究交流和培训等，在全球各地有力地推进了地区主义的比较研究。

② Björn Hettne, “Beyond the ‘New Regionalism’,” *New Political Economy*, Vol.10, No.4, 2005, pp.543–571.

③ Philippe De Lombaerde, Fredrik Söderbaum, Luk Van Langenhove and Francis Baert, “The Problem of Comparison in Comparative Regionalism”. 该报告后来正式发表于《国际研究评论》杂志上，即 *Review of International Studies*, Vol.26, No.3, 2010, pp.731–753。

④ 阿米塔·阿查亚提出的五大问题分别涉及地区主义理论概念的统一、地区主义理论化路径、地区主义实现标准、地区制度的作用、地区化与全球化的关系五个方面。Amitav Acharya, “Comparative Regionalism: A Field Whose Time Has Come? ” *The International Spectator*, Vo.47, No.1, Special Issue, 2012, pp.3–15.

⑤ Fredrik Söderbaum, *Rethinking Regionalism*.

成果进行了全面系统总结，这是一本比较地区主义研究的集大成之作，也是一本里程碑式的重要研究指南。[①]

上述这些标志性文献[②]就比较地区主义的研究对象、核心概念、研究视野、理论路径、研究方法、议题领域和未来挑战等做出了比较系统的阐述，共同搭建起了比较地区主义的研究纲领和议程，并为进一步开展研究指出了方向。下面，本书就基于这些重要文献的内容，站在中国学者角度，对比较地区主义这一新兴领域的研究议程和未来挑战作出系统评估，以帮助读者更快捷地理解这本牛津学术手册的内容和价值。

比较地区主义的研究对象与核心概念

一个研究领域的首要标志是拥有具体明确的研究对象。有别于 20 世纪五六十年代的旧地区主义研究和 20 世纪八九十年代的新地区主义研究，21 世纪的比较地区主义其研究对象更加清晰，即针对世界上的地区合作、地区一体化和地区治理现象进行地区间的比较研究，具体内容包括：全球各个具体地区的地区秩序、不同议题领域的地区治理以及各种地区治理制度设计。不同于"比较区域研究"（Comparative Area Studies，CAS）所侧重的"地区内"和"跨地区"的比较，比较地区主义研究主要进行的是"地区间比较"（inter-regional comparisons），就是"通过揭示各个地区的相似性和差异性，来催生有关地区主义之兴起、制度设计和影响的新见解"[③]。

要准确理解比较地区主义的研究对象，首先需要将其与区域研究（我国称"区域国别学"）的对象进行区分，因为这两个领域虽然都以"地区"（region）或"区域"（area）为研究客体，但各自的研究目的、研究方法和研究对象明显不同。区域研究往往关注的是个别地区（及其中的不同国家），致力于从文化和历史的角度去增进知识，研究对象主要是"当地语言、历史、观念和物态"[④]，研究方法是跨学科的解释，但通常采用的是"解剖麻雀式"的方法，从不同学科出发进行地区专门化研究（regional specialization）；而地区主义研究往往关注地区的整体性和共性，研究对象主要是地区层次的国际制度建设或者地区性的合作与一体化现象，研究方法通常是社会科学的演绎和归纳，即"全面调查式"

---

① Tanja A. Börzel and Thomas Risse, eds., *The Oxford Handbook of Comparative Regionalism*, Oxford University Press, 2016.

② 弗雷德里克·索德鲍姆 2021 年在"牛津参考文献"（Oxford Bibliographies）网站上列举了更多比较地区主义研究代表性文献。参见 https://www.oxfordbibliographies.com/display/document/obo-9780199743292/obo-9780199743292-0301.xml?rskey=8eUBcM&result=1&q=comparative+regionalism#firstMatch。

③ Tanja A. Börzel and Thomas Risse, eds., *The Oxford Handbook of Comparative Regionalism*, p.4.

④ Ibid., p.621.

的方法以及比较分析的方法。从本体论上看,地区主义研究重视对“地区”或“地区性”(regionness)的探究,但与区域研究重视研究“地区”或“区域”本身有很大的不同。后者重在现状和特性分析,以掌握地区或区域自身的政治经济文化特征为主要任务,重视当地性和本土性,旨在把握现状,客观准确地认识和理解其本土特征;而前者主要侧重地区或区域内外的互动关系模式和发展趋势,更重视地区或区域内外的联通性和互动性,主要进行的是“地区间比较”,旨在改变现状,推动超越民族国家界限的人类共同体建构和塑造。

当然,随着区域研究对过去的立场、视角、方法和理论进行“再定位”“再构筑”“再想象”[①],区域研究也开始出现“比较转向”[②],除了进行区域内、跨区域的比较研究外,也开始把区域看作一个具有内聚力的整体来进行区域间比较。与此同时,地区主义研究在进行比较转向的过程中,也越来越重视地区专门化研究即区域研究的价值,发掘本土性和当地性的意义。比如,阿查亚通过提出“构成性本地化”(constitutive localization)和“规范辅助性”(norm subsidiarity)等理论概念,[③]以及“跨国区域研究”(transnational area studies)和“学科地区研究”(disciplinary regional studies)两种研究路径,[④]来努力弥合国际关系等学科与区域研究之间的分歧, 从而使比较地区主义研究与比较区域研究的交叉越来越多。不过,二者在研究对象上的区别仍是比较明显的,我们不能把它们等同或者混为一谈。

比较地区主义的研究对象虽然是明确的,但实际研究过程中常常出现“盲人摸象”效应, [⑤]特别是可能因研究者对核心概念的理解和界定不一而导致研究对象模糊不清,因此在明确划定其研究对象的同时,还有必要梳理和厘定其核心概念。

长期以来,学术界对地区主义核心概念的界定很不清晰,造成了相当的混乱。在这本牛津手册中,比较地区主义学者对一系列核心概念进行了梳理和厘定,显示了初步的

---

① 程多闻:《国际学界对区域研究的反思与再定位》,《国际论坛》,2019 年第 2 期。

② 学术界普遍把德国全球与区域研究所(GIGA)的学者马蒂亚斯·巴泽道(Matthias Basedau)与帕特里克·克尔内(Patrick Köllner)发表于 2007 年的一篇《区域研究、比较区域研究与政治学研究》的论文作为这种“比较转向”的标志性成果,参见 Tanja A. Börzel and Thomas Risse, eds., *The Oxford Handbook of Comparative Regionalism*, p.4, p.622; 曾向红:《比较区域研究视域下的中亚研究》,《国际政治研究》,2020 年第 5 期。

③ Amitav Acharya, “How Ideas Spread: Whose Norms Matter? Norm Localization and Institutional Change in Asian Regionalism,” *International Organization*, Vol.58, No.2, Spring 2004, pp.239–275.

④ Amitav Acharya, “Remaking Southeast Asian Studies: Doubt, Desire and the Promise of Comparisons,” *Pacific Affairs*, Vol.87, No.3, 2014, pp.463–483. 另参见阿米塔·阿查亚:《国际关系与区域研究:迈向新的综合?》,周雨晨译、刘丰译审,《云大地区研究》,2019 年第 2 期。

⑤ Donald J.Puchala, “Of Blind Men, Elephants and International Integration,” *Journal of Common Market Studies*, Vol. 10, No.3, 1971, pp.267–284.

国际学术共识。这些核心概念主要包括:“地区”(region)、“地区主义”(regionalism)、“地区化”(regionalization)、“地区秩序”(regional order)和“地区治理”(regional governance)。[①]

首先是“地区”概念,比较地区主义认为,“地区是指涉及领土位置和地理相邻或规范相近的社会建构”[②]。这个地区定义比较宽泛,包容性较强,它虽然强调地区的社会建构性,以摆脱过去对地区的僵化理解,但也强调了领土位置和地理相邻的必要性。从概念的外延上讲,比较地区主义认为,“地区”是介于“国家”和“全球”之间的实体,通常不包括主权国家之下的实体。这样的“宏观地区”(macro-region)也就是国际关系学传统上所关注的“国际性地区”(international region,又译“国际区域”),或者是新地区主义研究者通常讨论的“世界性地区”(world region)或“全球性地区”(global region),属于国家之上、全球之下的领土性单元或次体系,涉及两个或两个以上的国家,有时甚至是整个大洲。[③]当然,“地区”这个概念也可以指那些涉及国家领土范围一部分的“次地区”(sub-region)或“微地区”(micro-region),比如东南亚的“增长三角地区”、大湄公河地区、澜湄地区等,但对它们的探讨往往都是在跨国意义上进行的,以体现地区概念在空间尺度上的灵活性。

其次是“地区主义”和“地区化”,它们是密切相关而又各有侧重的一对概念。比较地区主义给“地区主义”的通常定义是,在两个或三个国家之间进行的“主要在国家推动下建立和维持正式地区制度和组织的过程”;而给“地区化”的通常定义则是,“在那些地理相邻或文化相近的国家和社会之间加强经济、政治、社会或文化互动的过程”。[④]前者强调国家的推动作用,侧重于正式地区制度或地区组织,具体内容既包括地区合作也包括地区一体化;后者则强调非国家行为体的跨国活动和跨国关系,重视自下而上的、自发的和内生的地区互动,强调非正式制度的作用。这一对概念虽有不同侧重,但在比较地区主义看来,它们是密切关联的,而且它们的关联程度正是比较地区主义需要研究的内
【5】容,比如很多研究者(包括笔者),认为二者是一体两面的概念,前者侧重于理念而后者侧重于实践,但它们所指涉的对象和内容基本是一致的。

当然,要具体衡量它们的关联程度,还需要很好地理解另一个核心概念——“地区秩序”。一般而言,“地区秩序”往往被定义为“一个特定地区内地区化和地区主义现象的

① Tanja A. Börzel and Thomas Risse, eds., *The Oxford Handbook of Comparative Regionalism*, pp.6-9.

② Ibid., p.7.

③ Peter J. Katzenstein, *A World of Regions: Asia and Europe in the American Imperium*, Cornell University Press, 2005, p.5; Fredrik Söderbaum, *Rethinking Regionalism*, p.2.

④ Tanja A. Börzel and Thomas Risse, eds., *The Oxford Handbook of Comparative Regionalism*, pp.7-8.

不同组合”[①]。在比较地区主义看来，地区秩序可以被看作一个冲突与合作交织而成的序列，它既包含地区化也包含地区主义。按照地区秩序概念，比较地区主义就可以将全球划分成不同地区，以进行地区间的秩序比较。同时，比较地区主义还根据全球各个地区内地区化和地区主义的关联程度，划分出了三种地区秩序类型：第一种地区的地区化和地区主义关联程度高，这样的地区有四个，即欧洲、东南亚、欧亚和中东；第二种地区有两个即北美和东北亚，虽有高水平的经济地区化，但地区主义发展程度却很有限；第三种是撒哈拉以南非洲和拉丁美洲，它们的地区化程度低等或中等，但地区主义水平却很高。[②]

最新出现的一个核心概念是“地区治理”。受欧盟研究中“治理转向”[③]的影响，比较地区主义高度重视“治理”概念，把“地区治理”定义为“在地区层次上就某个或某些议题领域进行社会协调的制度化模式，目的是产生约束性规则和公共产品及服务”[④]。这个概念的侧重点虽在地区层次的“治理”上，但突出了相关议题领域的范围，广泛涉及了地区安全、地区贸易、地区货币金融、地区发展、地区社会、地区环境、地区移民和地区公共卫生等各领域的治理。治理概念的引入，一个突出的好处是，有效克服了过去地区主义研究中对于地区化层次高低和地区主义程度大小的僵硬对比，不再拘泥于制度化水平、一体化程度，而聚焦于治理的效率和影响，从而使得更多地区、更广领域的内容具有了可比性。

比较地区主义的研究视野和理论路径

地区主义研究发生“比较转向”的同时，还出现了一个与之密切关联的重要学术转向，那就是“全球转向”。所谓全球转向，涉及三个新近的学科倡议：一是全球史在世界史研究领域的兴起和对其他学科的影响；二是全球学在国际问题研究相关领域的诞生；三是全球国际关系学在当代国际关系学中的生成。这三个学科倡议都是当代全球化进程的产物，正式形成于 20 世纪 90 年代至 21 世纪初叶之间，共同赋予了地区主义研究开阔的全球视野。

首先看全球史的影响。全球史兴起于 20 世纪七八十年代而盛行于 21 世纪初，广义

---

① Tanja A. Börzel and Thomas Risse, eds., *The Oxford Handbook of Comparative Regionalism*, pp. 628–629.

② Ibid., p.9.

③ Beate Kohler-Koch and Berthold Rittberger, “Review Article: The ‘Governance Turn’ in EU Studies,” *Journal of Common Market Studies*, Vol. 44, Annual Review, 2006, pp.27–49.

④ Tanja A. Börzel and Thomas Risse, “Introduction,” p.9.

上是“一种将现象、事件和进程置于全球脉络之中的历史分析”①,“它既是过程,又是视角;既是研究主题,又是方法论”②。作为研究视角和方法论的全球史,突出强调全球性的联系和比较,对其他社会科学(包括比较地区主义研究)产生了极大影响。全球史的突破性贡献主要在于:否定了“国家本位”,以“社会空间”而不是“国家”作为审视历史的基本单元;关注大范围、长时段的整体运动,开拓新的研究领域;重估人类活动与社会结构之间的关系;从学理上破除“欧洲中心论”。③受全球史思潮影响,比较地区主义主张不仅关注传统的主权国家观念,也注重非国家行为体和非正式制度的作用;从长时段视角来总结自身的学术思想史,不再只是把地区主义看作二战后的现象,而是把地区主义思想史回溯到19世纪,④甚至过去几百年直至古希腊;⑤从全球视角重新思考地区,特别注意“既采取全球视角又充分考虑到地区的特性和背景”⑥;突出强调地区主义研究不再囿于传统的“欧洲(或欧盟)中心主义”,而高度重视地区主义的“多重全球传统”,并且平等对待世界各个地区历史上出现过的地区主义思潮和实践。⑦

其次看全球学的影响。全球学始于20世纪70年代罗马俱乐部开创的全球问题研究,而随着全球化进程的深入,人们转向对全球治理的更大关注,从而在20世纪90年代催生了学科意义上的全球学。⑧全球学是一门“探究世界的整体性联系和人类作为一个类主体的发展特点、进程与趋势的新兴综合性学科”⑨,它所奉行的是全球主义和世界主义,表面上看似乎与高度重视地区层次价值的地区主义相矛盾,从而使得阿查亚所担忧的地区主义“抵制”全球化(regionalism of resistance)⑩的问题更加突出。但是比较地区主义已超越过去对全球化与地区化关系的判断,更青睐“融入性地区主义”(regionalism of absorption)⑪,即融入全球化的地区主义,以全球善治为最终归宿,并深刻认识到,随着开放的地区主义(open regionalism)、多边地区主义(multi-regionalism)和地区间主义(inter-regionalism)的不断发展,地区已在事实上成为塑造全球转型和世界秩序的“维

① [德]塞巴斯蒂安·康拉德:《全球史是什么》,杜宪兵译,中信出版社,2018年,第4页。

② 同上,第9页。

③ 刘新成:《“全球史译丛”总序》,载[德]塞巴斯蒂安·康拉德:《全球史是什么》,第iii–v页。

④ Amitav Acharya, “Regionalism Beyond EU-Centrism,” in Tanja A. Börzel and Thomas Risse, eds., *The Oxford Handbook of Comparative Regionalism*, p.111.

⑤ Fredrik Söderbaum, “Old, New, and Comparative Regionalism: The History and Scholarly Development of the Field,” in Tanja A. Börzel and Thomas Risse, eds., *The Oxford Handbook of Comparative Regionalism*, p.18.

⑥ Fredrik Söderbaum, *Rethinking Regionalism*, p.11.

⑦⑩⑪ Amitav Acharya, “Comparative Regionalism: A Field Whose Time Has Come?”.

⑧ 蔡拓:《全球学与全球治理》,北京大学出版社,2018年,第7页。

⑨ 同上,第4页。

度、行为体和层次”[①]，“已经成为当前全球治理的基本组成部分，尽管不一定最重要”[②]。在全球主义的观照下重新思考地区主义，是全球学带给比较地区主义的重大启迪。

最后看全球国际关系学的影响。作为一个学科发展倡议，全球国际关系学在21世纪国际关系学领域的生成“与国际关系的性质和实践紧密同步”[③]，“目的在于反对西方在国际关系领域的话语霸权，支持非西方国际关系理论的创新，推进国际关系学科覆盖全球范畴，实现国际关系学科在全球范围内的平衡发展”[④]。全球国际关系学不仅没有贬低地区和地区主义的重要性以及区域研究的贡献，相反“给予各地区和地区研究传统和路径以中心舞台”，并特别将“在其充分的多样性和相互联系之中探索各地区构成的世界”列入六大研究议程之中。[⑤]与之相呼应，地区主义研究以其超越领土尺度的特殊优势，为打破“西方中心主义”、探寻“深度多元主义”[⑥]的世界秩序作出了独特贡献。显然，全球国际关系学的生成给比较地区主义研究带来了更大的学术发展机会。

总之，全球史、全球学和全球国际关系学这三大学科倡议的诞生和逐渐流行，开阔了地区主义研究的学术视野，令其彻底摆脱了“欧洲（或欧盟）中心主义”等种种旧观念的约束，从而能够在“一个真正多元主义的全球秩序概念”[⑦]基础上进行比较研究。不过，阿查亚曾经追问的五大问题之一即地区化与全球化的关系问题，或者我们如何看待地区自主性的问题，[⑧]仍然值得比较地区主义研究不断思索，毕竟，实践中的地区化和地区主义到底能否真正融入全球化进程，并没有唯一答案。随着逆/反全球化现象的不断出现，逆地区化现象也时有发生，比如英国脱欧等，[⑨]因此比较地区主义研究仍然有必要对地区化与全球化的关系问题开展深入讨论。

从理论路径看，在20世纪50年代至70年代中期的旧地区主义阶段，地区主义理论主要围绕欧洲地区一体化进程而构建，出现过联邦主义、功能主义和新功能主义、政府间主义和自由政府间主义等诸种理论形态。而从20世纪90年代开始复兴的新地区主义，其理论构建就不再囿于欧洲地区一体化，各种国际关系学理论流派（现实主义、自

---

① Björn Hettne, “Beyond the ‘New’ Regionalism”.

② Fredrik Söderbaum, *Rethinking Regionalism*, pp.11–12.

③ 阿米塔·阿查亚、巴里·布赞：《迈向全球国际关系学：国际关系学科百年反思》，张发林译，《中国社会科学评价》，2019年第4期。

④ 秦亚青：《全球国际关系学与中国国际关系理论》，《国际观察》，2020年第2期。

⑤ 任晓：《全球国际关系学与中国的进路》，《国外社会科学》，2019年第4期。

⑥ 阿米塔·阿查亚、巴里·布赞：《迈向全球国际关系学：国际关系学科百年反思》，张发林译。

⑦ Amitav Acharya, “Regionalism Beyond EU-Centrism,” in Tanja A. Börzel and Thomas Risse, eds., *The Oxford Handbook of Comparative Regionalism*, p.126.

⑧ Amitav Acharya, “Comparative Regionalism: A Field Whose Time Has Come? ”.

⑨ 关于逆地区化现象的分析，参见耿协峰：《全球化进程中的逆地区化现象透视》，《人民论坛》，2022年6月第738/739期合刊。

由制度主义、建构主义和各种反思主义)纷纷对遍及世界各地的地区主义潮流提供理论解释,形成了百家争鸣的态势。不过,新地区主义阶段的各种理论路径之间往往不可通约、相互排斥和争论,安德鲁·赫里尔甚至认为,“那种不过源于欧洲特殊经验的、以抽象的理论化语言概括出来的‘地区主义诸理论’已经阻碍了比较地区主义的研究”①。21世纪以来,比较地区主义学者努力融汇多种理论传统,广泛采纳“折中主义”的方法,更重视地区主义的多元多维性和多层次性,更强调包容和跨越时空局限,争取超越新地区主义,实现理论上的广泛包纳和突破创新。

比较地区主义认为,既不能囿于欧洲经验进行偏颇的理论概括、比较、制度设计和政策建言,也不能落入“反欧洲中心主义”的陷阱,只重视地区专门研究,过分强调“区域中心性”,从而产生新的偏狭、短视和排他,而应该同时超越这两种偏狭主义,在一个更大范畴内进行比较地区主义研究,“既要有一般概念和理论、又要对文化差异和背景条件保持敏感”②。阿查亚更是集中批判了地区主义研究中流行的“欧盟中心主义”偏见,他不仅比较检视了欧盟地区主义理论路径与非欧洲、非西方地区主义理论路径之间的差别,而且对冷战后西方国际关系学界新出现的地区主义研究视角也进行了比较权衡,认为所谓“新地区主义方法”和建构主义思路虽然大大扩展了地区主义研究的理论视野,但仍然中了“欧盟中心主义”的流毒,不足以解释全球地区主义的丰富性。直到他发现“地区世界”(regional worlds)这一视角,认为这一视角对于形成普遍性的地区主义理论有着特殊重要性,它“不仅抓住了全世界地区主义的多样性,而且认识到了这些地区主义之间的互动和相互学习”,才真正弱化了“欧盟中心主义”。③

当然,阿查亚对于构建普遍性的地区主义理论最终还是持审慎态度,并不认为有可能出现一种“适用于一切情况”的普适性地区主义理论。④其他地区主义学者也都强调,不存在“一个全球性的地区主义理论”和“一个欧洲、非洲或亚洲都适用的地区主义大理论”。⑤比较地区主义只是试图包容、调和地区主义诸种理论流派的努力,并努力有所创新。这种折中主义的认识论和理论建构意识在这本牛津手册中有充分体现。该手册作者们将地区主义的“理论化”总结为两个方面:一方面对所有围绕地区主义的兴起、结果和

---

① Andrew Hurrell, “The Regional Dimension in International Relations Theory,” in Mary Farrell, Bjorn Hettne and Luk Van Langenhove, eds., *Global Politics of Regionalism: Theory and Practice*, Pluto Press, 2005, p.39.

② Fredrik Söderbaum, *Rethinking Regionalism*, p.70.

③ Amitav Acharya, “Regionalism Beyond EU-Centrism,” in Tanja A. Börzel and Thomas Risse, eds., *The Oxford Handbook of Comparative Regionalism*, pp.119-122.

④ Ibid., p.125.

⑤ Tanja A. Börzel, “Theorizing Regionalism: Cooperation, Integration, and Governance,” in Tanja A. Börzel and Thomas Risse, eds., *The Oxford Handbook of Comparative Regionalism*, p.55.

影响而产生的各种理论解释进行统一归类，并分别对这些理论的解释力进行评估和比较，认为这些针对地区合作与一体化的功能性解释在21世纪之初理论界出现“治理转向”后，解释力已得到增强，特别是地区主义理论对治理方法的普遍倡导和运用，表明欧盟研究与新地区主义研究之间的鸿沟正在逐渐消弭；①另一方面又认为，地区主义主流理论对地区主义的兴起动力虽有很强的解释力，但对于各个地区制度设计的相似性和差异则解释得不够，如此就不能很好地解释相互依赖环境下地区主义的全球扩散现象。因此，他们提出了另一类理论解释即扩散解释，并对扩散概念及其动因、扩散机制和扩散结果作出具体阐述，为地区秩序和地区治理的地区间比较提供了更充分的依据和标准，尽管也承认了扩散解释的限度。②

最近，该手册的主编博泽尔和里塞在回应地区一体化大理论创新问题时，在利斯贝特·霍夫和加里·马克斯提出的“后功能主义”③理论基础上，提出了一种对世界地区主义发展状况的新解释，并指出这种新解释包含三个“基石性要素”(building blocks)④：一是地区主义的功能需求(既包括区内经济相互依赖，又包括区外经济联系、安全外部性和政权稳定等需求)；二是地区一体化的供给(即地区精英响应公共需求而进行的地区认同建设，也即制度供给)；三是地区组织制度设计在地区之间的扩散。总之，比较地区主义不仅重视地区主义发展的内生要素(包含需要和供给)，也更加重视扩散要素的作用，这种创新努力充分体现着理论上的包容和折中平衡。

比较地区主义除了努力进行宏观理论创新外，还从纵向上对全球化、国内政治与地区秩序之间的关联进行微观分析。比如，埃泰尔·索林根等就在本手册中提出了一个有关地区秩序与全球化和国内政治三者互动关系的微观分析框架——战略联盟分析框架，⑤即在探讨全球化(或国际化)对国内政治的分配性影响基础上，将国内政治利益集团划分为两种理想类型——国际化联盟和内向型联盟，这两种联盟各自偏好不同的大战略，地区秩序就是地区内不同联盟战略互动的结果，反过来，地区秩序安排又强化着

---

① Tanja A. Börzel, “Theorizing Regionalism: Cooperation, Integration, and Governance,” in Tanja A. Börzel and Thomas Risse, eds., *The Oxford Handbook of Comparative Regionalism*, pp.52–54. 另参见 Fredrik Söderbaum and Alberta Sbragia, “EU Studies and ‘New Regionalism’: What Can Be Gained From Dialogue? ”, *European Integration*, Vol.32, No.6, 2010, p.568。

② Thomas Risse, “The Diffusion of Regionalism,” in Tanja A. Börzel and Thomas Risse, eds., *The Oxford Handbook of Comparative Regionalism*, pp.88–102.

③ Liesbet Hooghe and Gary Marks, “A Postfunctionalist Theory of European Integration: From Permissive Consensus to Constraining Dissensus,” *British Journal of Political Science*, Vol.39, 2009, pp.1–23.

④ Tanja A. Börzel and Thomas Risse, “Grand theories of Integration and the Challenges of Comparative Regionalism,” *Journal of European Public Policy* (online), 2019, DOI:10.1080/13501763.2019.1622589.

⑤ Etel Solingen and Joshua Malnight, “Globalization, Domestic Politics, and Regionalism,” in Tanja A. Börzel and Thomas Risse, eds., *The Oxford Handbook of Comparative Regionalism*, pp.64–80.

国内政治逻辑，并且也会在地区之间形成扩散效应。这种战略联盟分析较好地把国内、地区和全球三个层次整合进同一理论框架，展示了地区主义理论研究在纵向上的立体包容性，也使跨地区比较有了更丰满的内容。

比较地区主义的研究方法和议题领域

重视运用比较分析方法是比较地区主义区别于新旧地区主义研究阶段的最重要标志。尽管在地区主义理论发展的早期，主要是20世纪六七十年代，比较研究方法已有明确运用，一些著名的功能主义学者，如厄恩斯特·哈斯、菲利普·施米特、阿米泰·埃兹奥尼、约瑟夫·奈等人，都开展过地区主义比较研究，①但当时尤其侧重于地区一体化的比较，而不是像现在这样囊括一切地区合作与一体化。20世纪80年代，地区主义的比较研究就极少了，直到20世纪90年代末，比较研究才又兴盛起来，成为这个领域最重要的趋势之一。比较研究的兴盛与20世纪90年代中期欧洲一体化研究者开始借助比较政治学的方法来研究欧共体（EC）有直接关系，当时由于欧共体快速发展，人们越来越视之为一个独具一格的"政体"（polity），越发觉得只有借用比较政治学的分析工具才能对其加以准确分析。②不过在同一时期，也有相关作品对发展中地区的地区合作开展比较案例研究。③

21世纪以来，比较分析在地区主义研究中运用得更加广泛，以至于成为其最重要的"核心特征"④。比较地区主义的比较研究方法主要来自比较政治学。按照比较政治学经典作品——阿伦·利普哈特的《比较政治与比较方法》一文⑤的界定，所谓比较的方法

---

① 参见 Ernst B. Haas and Phillipe C. Schmitter, "Economics and Differential Patterns of Integration: Projections about Unity in Latin America," *International Organization*, Vol.18, No.4, 1964, pp.259–299; Philippe C. Schmitter, "A Revised Theory of Regional Integration," *International Organization*, Vol.24, No.4, 1970, pp.836–868; Amitai Etzioni, *Political Unification: A Comparative Study of Leaders and Forces*, Holt, Rinehart and Winston, 1965; Joseph S. Nye, "Comparing Common Markets: A Revised Neo-Functionalist Model," *International Organization*, Vol.24, No.4, 1970, pp.796–835; Joseph S. Nye, *Peace in Parts: Integration and Conflict in Regional Organization*, Little, Brown and Company, 1971；等等。

② Simon Hix, "The Study of the European Community: The Challenge to Comparative Politics," *West European Politics*, Vol.17, No.1, 1994, pp.1–30.

③ William Andrew Axline, ed., *The Political Economy of Regional Cooperation: Comparative Case Studies*, Pinter Publishers, 1994.

④ Fredrik Söderbaum, "Old, New, and Comparative Regionalism: The History and Scholarly Development of the Field," in Tanja A. Börzel and Thomas Risse, eds., *The Oxford Handbook of Comparative Regionalism*, p.32.

⑤ Arend Lijphart, "Comparative Politics and Comparative Method," *American Political Science Review*, Vol.65, 1971, pp.682–693.

就是“对少量案例的系统分析”，它区别于案例研究法以及实验研究和统计分析方法。戴维·科利尔作过进一步阐发，认为比较分析方法的核心目标仍是对各种竞争性解释加以评估，不过经过后来研究者的创新，比较分析大体上形成了三种重要的方法，即案例比较法（特别是案例内比较）、定量分析法和定性比较法（又称“比较历史分析”）。[①]正是广泛采用这些比较研究的方法，比较地区主义才得以占据国际关系学、比较政治学和传统区域研究的“中间地带”[②]，实现方法论上的创新。

在比较方法的运用上，地区主义研究领域一度出现欧盟研究与其他地区主义研究之间的分歧和对立，前者将欧盟视为一种初级政体，认为欧盟研究中最好运用政治学和比较政治学的现有工具，国际关系研究中的现有分析工具已不适用于现代欧盟这样的复杂政体。[③]欧盟是否是独具一格的特例成了阻碍比较地区主义正式生成的巨大障碍。经过激烈争论，[④]最后多数学者还是主张超越任何形式的狭隘主义，赞成采取折中和包容的比较分析方法。当然，怎么比较即如何选择可比较案例的问题，仍然是比较地区主义当前和未来必须接受的重要挑战。

从议题领域看，较早进行地区主义比较研究的作品大多集中关注贸易或安全，但是对于冷战后日益复杂多样的世界现实，这样的研究越来越不能满足需要。

首先，非传统安全威胁日益增多，原来的地区安全组织都不得不扩大权能，有些地区还创立了新的应对非传统安全威胁的地区组织和制度，如上海合作组织（SCO）的创建，主要针对的是中亚地区的“三股势力”——宗教极端势力、民族分裂势力、暴力恐怖势力，而且近年来有向综合性组织发展的趋势。其次，地区性自由贸易协定虽然仍呈爆发式增加，但与贸易相关的宏观经济领域，如货币金融领域，越来越需要各国政策协调，尤其是地区性金融危机的频发（亚洲金融危机、拉美债务危机和欧元区危机等），导致对

---

① David Collier, “The Comparative Method,” in Ada W. Finifter, ed., *Political Science: The State of the Discipline II*, American Political Science Association, 1993, pp.105–119.

② Peter J. Katzenstein, “Area Studies, Regional Studies, and International Relations,” *Journal of East* Asian Studies, Vol. 2, No. 1, 2002, pp.127–137; Tanja A. Börzel and Thomas Risse, eds., *The Oxford Handbook of Comparative Regionalism*, p.10 and p.622.

③ Simon Hix, “The Study of the European Community: The Challenge to Comparative Politics”.

④ 欧盟研究协会（ECSA）曾于1997年就“欧盟是否是一个特例以及这个问题是否重要”而向四位著名欧盟学者（James A. Caporaso, Gary Marks, Andrew Moravcsik, Mark A. Pollack）集中征求意见，他们发表了专题笔谈，基本结论都倾向于认为欧盟不是一个特例。具体观点请参见“Does the European Union Represent an n of 1?”, *ECSA Review*, Vol.X, No.3 (Fall 1997), pp.1–5。不过，这种争论一直延续到21世纪初，参见 Fredrik Söderbaum and Alberta Sbragia, “EU Studies and the ‘New Regionalism’: What Can Be Gained From Dialogue?”, *Journal of European Integration*, Vol.32, No.6, 2010, pp.563–582; Alex Warleigh-Lack and Ben Rosamond, “Across the EU Studies-New Regionalism Frontier: Invitation to a Dialogue,” *Journal of Common Market Studies*, Vol.48, No.4, pp.993–1013；等等。

地区货币金融治理有了迫切要求。另外,地区性的发展治理、移民治理、环境治理、公共卫生治理等也纷纷呈现出紧迫性和复杂性,各个国家和非国家行为体纷纷出台政策、建立制度,表现出积极的治理意愿和行动。因此,比较地区主义研究面对领域愈加宽广的治理实践,当务之急就是"拓宽比较地区主义的视野,使之跨出贸易和安全领域"①。

比较地区主义对地区治理议题领域的拓宽主要体现在,将研究内容从传统的地区贸易治理和地区安全治理扩展到更广泛的治理领域,广及地区货币金融、地区发展、地区移民、地区环境、地区社会性别、地区公共卫生等诸多领域,梳理它们各自的机制状况和发展动态,并运用已有的地区主义理论,分别对其各自的动因、制度设计和政策影响加以评估,指出它们背后最重要的解释要素和驱动因素,从而充分展示比较地区主义研究的丰富性。②

比较地区主义所关注的治理领域的拓宽,得益于地区治理"在解决全球治理问题方面所表现出的相对政治优势",也就是说,在民族国家治理失灵、全球治理出现僵局的形势下,地区治理已成为一种"可行的中间层次治理策略"。③不过,在肯定地区治理可行性的同时,也要避免有关地区治理的线性思维,即不要仅仅认为地区治理就是通往全球治理的"垫脚石"而已,还要看到治理的多样性,除了全球多边治理外,地区多边治理、地区间治理和跨地区治理同样具有重要意义,地区治理与全球治理、多边治理、跨国治理、国家治理、地方治理等一道,共同构成丰富多样、多层共治的当代全球治理景观。在不同的治理领域,不同层次治理所能发挥的作用可能不同,但各个层次本身的优劣差别显然已不存在。

比较地区主义面临的方法论挑战和研究缺口

比较地区主义作为一个研究领域的生成,是新地区主义学者适应全球政治转型、推动学术研究创新的直接结果,具有显著的进步意义。作为多个学科与区域研究学术领域之间交叉融合的一项新兴学术事业,国内外的学术发展前景都十分广阔。然而必须看到比较地区主义研究还面临着明显的方法论挑战,当前研究中也依然存在不少缺口,需要

---

① Tanja A. Börzel and Thomas Risse, eds., *The Oxford Handbook of Comparative Regionalism*, p.5.

② Ibid., Part III, Chapter 14–21.

③ H. Hveem, "Global Governance and the Comparative Political Advantage of Regional Cooperation," in D. Tussie, ed., *The Environment and International Trade Negotiations: Developing Country Stakes*, Macmillan, 2000, cited from Fredrik Söderbaum, *Rethinking Regionalism*, p.195.

在未来研究中加以注意。

关于方法论挑战，这本牛津手册明确认识到，首先，不存在作为独立分析单元的地区，地区之间总是相互依赖、相互连通的，只是程度不同而已。其次，比较地区主义研究和比较区域研究一样，在方法论上都始终回避不了所谓的"高尔顿难题"——地区之间的相似性到底是它们各自内部功能因素作用的结果，还是它们相互影响而扩散的结果呢？这一难题也是比较地区主义面临的最严峻的方法论挑战。此外，博泽尔和里塞在结论章中还提到一个"等效性"(equifinality)挑战。所谓"等效性"就是指在全球化的世界，由于地区与地区之间存在着广泛的相互依赖性，使得研究者过于重视扩散的影响而忽视了"不同的原因会产生相同的效果"①。比较地区主义主张在不同理论解释(功能解释和扩散解释)之间进行调和，并把它们看作是互补性而非竞争性的，目的就在于尽力克服上述的方法论难题和挑战。

本书主编们在结论章中还指出了当前文献中的三个重要缺口：一是过于重视地区主义的积极影响，而对其"暗面"重视得不够；二是过于看重国家主导的正式制度建设，而对非国家行为体和非正式制度重视得不够；三是对全球治理和地区治理互相作用的看法可能有失偏颇，过于重视地区治理对全球治理的积极维护作用，而对其消极影响重视得不够。②对于这些研究缺口，我们可以视之为对比较地区主义未来研究所做的留白，值得进一步深入思考和回答。

综合来看，这本牛津手册对于比较地区主义这个新兴研究领域的生成和议程设置，显然做出了巨大贡献。不过，站在中国学者角度来看，这本牛津手册还不免存在着另外一些局限和缺憾。比如：

它把研究范围限定在"作为国家主导的正式制度建设的地区主义"③上，很大程度上偏离了其原定的折中主义立场。尽管这样做有一定的现实合理性，也有方便各章作者开展文献综述的考虑，但这种对"国家主导""正式性"和"制度建设"的偏重，在新地区主义阶段已是被大力抨击和矫正的主题。这本牛津手册虽然不断申明，它不仅重视各个地区由国家政府出面订立的地区性协议和正式组成的机构(制度)，或者自上而下的地区制度建设，而且重视由民间力量主导和推动、由民间力量积极参与的地区合作和一体化(协议和机构)，或者自下而上的地区化活动，但是上述研究范围的限定不免使其作者们更偏重前一种案例，而对后一种案例的选择不够重视甚至明显有所忽视。举例来说，在专门讨论亚洲地区组织的那一章(第 11 章)中，就没有提到"太平洋经济合作委员会"

① Tanja A. Börzel and Thomas Risse, eds., *The Oxford Handbook of Comparative Regionalism*, p.640.

② Ibid., pp.640-641.

③ Ibid., p.43.

（PECC）这样一个官产学三方合作机构的影子，而这个机构在亚太地区合作与一体化进程中发挥过并仍然发挥着重要的作用；整本手册都对“博鳌亚洲论坛”（BFA）这样一个已成立多年、正式但非官方的亚洲地区组织视而不见；另外，手册对于“小地区”或“微地区”（如增，长三角地区）等的探讨也明显很不充分，只在“地区发展治理”一章（第 17 章）中提及，而在更相关的“地区间主义和跨地区主义”一章（第 26 章）中未加讨论。

它在地区划分和地区组织选择上存在一定的偏见和混淆。对于地区的地理界定总是容易引起歧见，不把南极和北极列入比较还可以理解，但是不单独讨论“南太平洋地区”就似乎存在某种西方大国偏见。有关北美和跨大西洋地区一章（第 7 章）的附录中将谈判中的 TTIP 列为地区制度，而有关亚洲的一章（第 11 章）却未列入同样也在谈判中的 RCEP 和 TPP；有关亚洲的一章也只看重日美主导的亚洲开发银行（ADB），而明显不重视由中国倡建的亚洲基础设施投资银行（AIIB），只是一笔带过，根本不列入亚洲地区制度中，其中都不免透露着欧美偏见。

它在领域选择上还不够全面，特别是在分章讨论地区治理时，没有专门讨论“卫生健康治理”和“网络空间治理”这样的新议题。可以理解的地方是，“网络空间”从一诞生就是全球性的，其与地区化和地区主义反差太大，但后来的发展表明网络空间治理有着越来越突出的地区差异，这一点或许可以成为未来比较地区主义的一大研究议题。对于地区卫生健康治理，这本牛津手册只是简单提及，并未专章论述，倒是索德鲍姆在其同年出版的《重新思考地区主义》中予以了专题讨论，感兴趣的读者可以另行参考。

它在所选文献范围上，几乎没有顾及中国学者的相关贡献，使得这本牛津手册原本追求的“真正的”全球比较研究失于片面。其中原因，除了大家很容易联想到的中国学者国际发表有限、中外学术交流不畅等之外，恐怕还是要归于西方学者的“自我中心主义”。对此，我们的读者还需要有清醒认识，学者们更不必妄自菲薄。笔者近年里检索中国知网（CNKI）1991—2020 年间以“地区主义（或区域主义）”为主题的文章和学位论文，并据此对中国地区主义研究 30 年学术史进行了一次认真梳理，基本结论是：中国地区主义研究自 20 世纪 90 年代初萌芽始，先后经历了三个发展阶段，即以“除旧布新”为特征的创生期（1991—2000 年）、以“开放包容”为特征的起飞期（2001—2010 年）和以“比较转向”为特征的平台期（2011—2020 年）；“经过 30 年的发展，一度吸引了我国老中青三代学人的关注，催生过一批批内容丰富且不乏新见的论文、专著和译著，同时也为一届届研究生学子提供过激动人心的新鲜主题，已经成长为中国国际关系学中一个比较重要的‘学科分支领域’，也一直是中国国际政治经济学中的一个重要研究主题”[①]；从研

① 耿协峰：《中国地区主义研究 30 年》，《国际政治科学》，2022 年第 4 期。

究内容上看,中国地区主义学术界还深入讨论过诸多重要理论和实践议题,包括但不限于这样十大争论议题——“新旧地区主义之辨、地区主义与全球主义和民族主义三者间关系、开放的地区主义、东亚共同体、地区主义的欧亚比较、地区间主义、东亚秩序、地区制度复杂性、区域性公共产品和互联互通”①,这些议题大都直接源于本地区实践,并与本地区实践进程发生过密切互动。对于中国地区主义研究30年来的学术贡献选择性失明失忆,不能不说是这本牛津手册的一个颇大缺憾。

尽管这本牛津手册并不完美,但它毕竟是一本当代地区主义研究的集大成之作,既是一本学术指南和权威参考书,也是一部创新性学术成果。面对这样一部学术手册,我们更有必要做的是学习借鉴和自我反思。我国国际关系学术界虽然很早就认识到了地区主义比较研究的重要性,部分学者也一度积极运用比较方法开展地区主义相关研究,但往往偏重对比性和反差性研究,强调异质性多而强调共通性少,总体上缺少连续性的学术关注和集中探讨。只是近几年,才有学者敏锐地察觉到国际学术界朝向比较地区主义的研究新进展,并且积极采取比较分析的方法来进行相关研究。这种状况与国内同时期对“地区/区域研究”或“区域国别研究”的高涨热情比起来,颇为不协调。好在随着全球学和全球国际关系学的兴起与构建,国内对比较地区主义的兴趣必将越来越浓厚,而这本牛津手册中文版的出版势必会起到一定的促动作用。今后,我们有必要借鉴这些国际同行研究成果,超越新旧地区主义的比较和争论,努力形成概念共识,增进学术交流,大力推动比较地区主义的理论和实证研究,将中国的地区主义研究推向新的高度。

耿协峰

2021年7月5日初稿

2023年3月28日改定

① 耿协峰:《中国地区主义研究的十大争论及其进展》,《清华大学学报(人文社会科学版)》,2023年第2期。

目　录

导论

第一部分

比较地区主义理论与方法

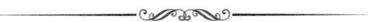

第二部分

世界各地的地区秩序

第三部分

地区治理

第四部分

比较地区制度

结论

导论

第 1 章　导言:手册框架与概念厘定

塔尼娅·A.博泽尔(Tanja A.Börzel)
托马斯·里塞(Thomas Risse)

如今,社会科学领域最不缺手册。①单单政治科学领域,“牛津手册”系列图书的网站 【3】上就列有大约 50 种。②那为什么我们还需要一本专门讲比较地区主义的手册呢?下面的曲线图给我们提供了答案。我们使用谷歌语料库工具(Google n-grams),在 1950 年至 2015 年间所有“谷歌图书”(Google Books)中,检索术语“欧洲一体化”(European Integration)和“地区一体化”(regional integration)的出现频率,得到下图(图 1.1)。③

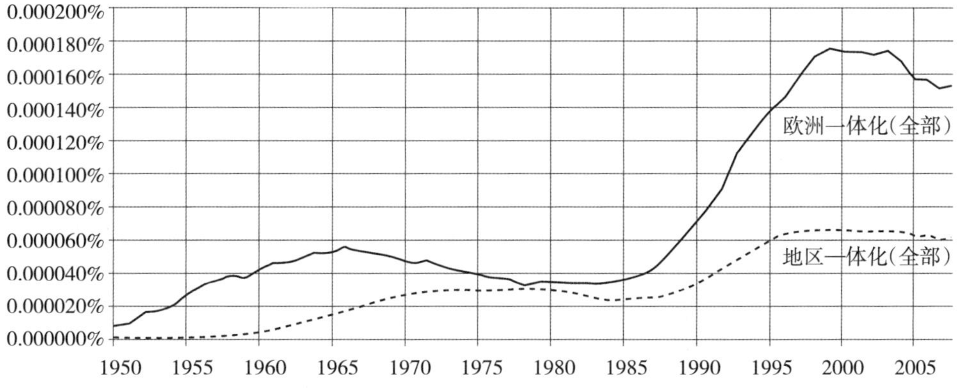

图 1.1　按照“欧洲一体化”和“地区一体化”进行谷歌检索的结果

---

① 我们要感谢参与我们历次工作坊的诸位学者的启发,尤其是利斯贝特·霍夫、阿里·卡佐维奇、加里·马克斯、路易莎·林克和斯特凡诺·帕莱斯蒂尼对本章初稿的细致评论。

② 参见 http://www.oxfordhandbooks.com/browse?btog=book&pageSize=10&sort=titlesort&t1=ORR%3ASOC02270,2015 年 3 月 27 日访问。

③ 这里选用“地区一体化”而不是“地区主义”(regionalism)或“地区合作”(regional cooperation)。后两个术语也可以用于表示次国家的治理单元,而这种治理单元不在本书讨论的范围。

资料来源：https://books.google.com/ngrams/graph?content=European+integration%2Cregional+integration&case_insensitive=on&year_start=1950&year_end=2008&corpus=15&smoothing=3&share=&direct_url=t4%3B%2CEuropean%20integration%3B%2Cc0%3B%2Cs0%3B%3BEuropean%20integration%3B%2Cc0%3B%3BEuropean%20Integration%3B%2Cc0%3B%3BEUROPEAN%20INTEGRATION%3B%2Cc0%3B.t4%3B%2Cregional%20integration%3B%2Cc0%3B%2Cs0%3B%3Bregional%20integration%3B%2Cc0%3B%3BRegional%20Integration%3B%2Cc0%3B%3BRegional%20integration%3B%2Cc0%3B%3BREGIONAL%20INTEGRATION%3B%2Cc0（2015年5月14日访问）。

关于"欧洲一体化"，该曲线图反映的是，自1950年到20世纪60年代中期呈上升状态，然后出现了持续的下降，直到20世纪80年代末，后来又急剧上行，到2000年后再次下降，但保持在相当的高位。这条曲线大体反映了欧洲共同体和欧洲联盟（EC/EU）这些年间所经历的曲折起伏。总体来看，欧洲一体化俨然已是一个成熟的研究领域，关于欧盟的各种手册和概览的广泛出版就足资证明（比如Aarstad et al.，2015；Jones et al.，2012；Jørgensen et al.，2007；Rumford，2009）。

相比之下，"地区一体化"则指向一个研究范围超出欧洲、在冷战结束之后受到显著激发而成长起来的新兴学术领域（另可参见Jupille et al.，2013）。这里的曲线反映出，相关研究在大约1960年之前还很不活跃，从1960年到1990年开始缓慢增多，之后稳步上升，直到2000年时达到中等水平。

社会科学研究中，地区主义的兴起也体现在如下诸种著作上：

《地区构成的世界》（*A World of Regions*）（Katzenstein，2005）；
《地区秩序》（*Regional Orders*）（Lake and Morgan，1997）；
《世纪之交的地区秩序》（*Regional Orders at Century's Dawn*）（Solingen，1998）；
《全球主义与新地区主义》（*Globalism and the New Regionalism*）（Hettne et al.，1999）；
《世界政治中的地区主义》（*Regionalism in World Politics*）（Fawcett and Hurrell，1995）；
《新地区主义理论》（*Theories of New Regionalism*）（Söderbaum and Shaw，2003）；
《建造地区：世界秩序的地区化》（*Building Regions：The Regionalization of the World Order*）（van Langehove，2011）；等等。

简言之，如今是时候对过去25年多来有关地区主义、地区化和地区秩序的研究进行全面评估了。这也正是本书的任务。

【4】第一，它对这一成长中的研究领域进行综述和评价。在此，本书要向该领域的诸多研究先驱者致敬，他们是：

厄恩斯特·哈斯（Ernst Haas，1958）；

卡尔·多伊奇(Karl W. Deutsch et al.,1957)；
约瑟夫·奈(Joseph Nye,1968)；
路易丝·福西特和安德鲁·赫里尔(Louise Fawcett and Andrew Hurrell,1995)；
埃泰尔·索林根(Etel Solingen,1998)；
弗雷德里克·索德鲍姆和蒂莫西·肖(Fredrik Söderbaum and Timothy Shaw,2003)；
比约恩·赫特内(Bjorn Hettne,2005)；
阿米塔·阿查亚和江忆恩(Amitav Acharya and Iain Johnston,2007)；
卢克·范·朗恩霍弗(Luk van Langenhove,2011)；
菲力浦·德·隆巴尔德(Philippe de Lombaerde et al.,2011)。

第二，本书致力于推动一项研究议程，即真正的比较地区主义(参见本书第2章)。地区合作与一体化的实证研究一向过于局限在本地区或本大陆。围绕欧盟产生了大量研究，围绕拉美、亚洲、非洲或中东的地区主义也成果颇丰。随着区域研究(area studies)的比较转向(Basedau and Köllner,2007; Berg-Schlosser,2012)，我们不仅能够看到"地区内"(intra-regional)比较，如关于后苏联东欧国家的国家与市场的比较(Todoroiu,2007; Bohle and Greskovits,2012)，还能看到"跨地区"(cross-regional)研究，对不同地区的各国政治体系或对外政策进行比较研究(Kohli,2004;Bolleyer,2009;Destradi,2010)。相比之下，"地区间"(inter-regional)的比较研究还很少见。目前来看，这些研究都在试图识别不同的地区模式(regional patterns)，比如民主化(O'Donnell et al.,1986)、民族主义兴起(Anderson,1991)或者跨国规制一体化战略(Bruszt and McDermott,2014)，但迄今还没有人对地区本身的相似性和差异性进行比较。

我们在本书中所做的这种地区间比较，就是想通过揭示各地区的相似性和差异性，来催生有关地区主义之兴起、制度设计和影响的新见解(参见本书第三和第四部分的内容)。我们并不把地区看作截然互不相关的"容器"，相反，我们努力恰当地对待地区与地区之间的复杂关联与扩散进程(参见本书第5章和第26章)。因此，本书将比较地区主义置于比较政治学、国际关系学和(比较性及跨地区性的)区域研究的交叉地带。

第三，本书希望激励地区主义学者摆脱欧洲或欧盟"中心论"，或将其"地方化"(Pa- 【5】
tel,2013)。尽管欧盟是最发达的地区组织并且仍将是比较和效仿的典范，但我们觉得它也不一定还像过去那样独一无二了。与世界其他地方的地区主义进行系统比较后，我们便会发现，所谓欧盟在本性上"独具一格"(sui generis)的说法(Risse-Kappen,1996)就不攻自破了。尽管我们在研究地区主义时肯定还是要把欧盟当作一个重要的参照，但它已不再是什么样板或准绳了。实际上，我们能从对其他地区的观察中学习到很多有关欧盟的东西。将欧盟与其他地区相比较,还令我们得以探知,地区一体化理论到底从欧洲经验中汲取了多少营养(参见本书第 3 章、第 6 章和第 22 章)。

第四,本书努力尝试将有关市场与社会行为体的社会、经济和政治交往活动(即地区化)的研究,与有关地区层次上国家主导的正式制度建设(即地区主义)的研究结合起来。太多的实证研究作品将比较地区主义简化为正式制度建设的比较,特别是只比较综合性地区组织。正如埃泰尔·索林根和约书亚·麦尔耐特在本书第 4 章所指出的,非国家行为体的国内联盟以及它们的跨国同行们,在推动地区秩序构建方面的作用,可能要比国家主导的制度更为重要(另参见本书第 7 章、第 10 章、第 11 章和第 18 章)。地区化与地区主义的非正式制度与实践在研究中被严重忽视了。

为了把握非国家行为体,以及政治、社会、经济和文化互动当中的非正式进程,比较地区主义研究可以从政治学的"治理转向"(governance turn)中汲取灵感(参见本书第 3 章)。治理框架使理论得以"超越国家",将各种不同的行为体容纳进来,也将各种不同的——非等级制的——操作模式和政策制定模式包括进来。它非常适于我们将地区秩序界定为国家主导的地区主义和社会或市场驱动的地区化两者的结合。

第五,本书力图拓宽比较地区主义的视野,使之跨出贸易和安全领域。尽管冷战结束后,特惠贸易协定(PTA)风起云涌,但原有的经济或安全地区主义形式还是发挥了新的功能(Börzel,2013)。原来长期存在的地区组织,如阿盟(LAS)(参见本书第 12 章)、欧盟(EU)(第 9 章)、东盟(ASEAN)(第 11 章)或西共体(ECOWAS)(第 13 章),都扩大了权威和新政策权能的委托范围。地区组织越来越重视"非传统"安全威胁(参见本书第
【6】 14 章),其中包括大规模侵犯人权或政变(参见本书第 21 章和第 23 章)。地理、经济、社会和文化的相近性使得从地区层次上对以下问题进行治理更为有效,如:移民(第 20 章)、环境污染(第 19 章)、发展(第 17 章)或社会性别政策(第 18 章)。地区治理机制的重要性日益增加,这不仅为地区比较开辟了新思路,而且提升了地区秩序对于全球治理的重要意义(参见本书第 4 章、第 15 章和第 16 章),并且提出了地区秩序的合法性和认同问题(第 25 章和第 24 章)。

最后同样重要的一点是,我们清楚地知道,这样一本手册不可能全面论及比较地区主义这个新兴领域的方方面面。我们这些撰稿人的学科背景是政治学,因此本书集中关注的是政治学方面关于比较地区主义的研究成果,同时也旁及其他学科,包括历史学、经济学和社会学的成果。

下面,本导言分两步进行论述:第一步是介绍和梳理本书所用到的各种概念,并阐明其理论含义;第二步是陈述本书的组织结构及以后各章的简要内容。

概念厘定

关于“地区”“地区主义”“地区化”等概念,学界不乏界定和说明(比如 Söderbaum and Shaw,2003;Farrel et al.,2005;Shaw et al.,2012;De Lombaerde et al.,2010; 以及本书第 2 章)。下面,我们就对这些概念的含义加以梳理,并把本书作者们对它们的定义作个交代。

地区(region)

本书所讨论的“地区”介于“国家”和“全球”之间。我们不讨论次国家的或地方的实体。不过,地区是由什么构成的呢? “地区”不是客观范畴,而是社会建构(social constructions)。从地理范围上来说,如果认为欧洲边界止于博斯普鲁斯海峡的话,那么就解决不了土耳其是否归属欧洲这个问题。作为一个重要的地区安全机构,欧洲安全与合作 【7】 组织(OSCE)所界定的“欧洲”范围是从温哥华到符拉迪沃斯托克(海参崴),包括加拿大、美国、俄罗斯以及其他所有的原苏联加盟共和国。北大西洋公约组织(NATO)视跨大西洋区域为一个地区(参见本书第 7 章和第 9 章)。亚太经合组织(APEC)也是这样,把环太平洋区域视为一个地区(第 7 章)。中东起于何地又止于何地(第 12 章)? 中东北非(MENA)作为一个“地区”,它涵盖了所有地中海沿岸国家,无论其原本属于欧洲、亚洲还是非洲。最后,世界贸易组织(WTO)是这样界定“地区性”贸易协定(RTA)的:只要不是全球性的多边协议,任何双边或多边贸易协议都可以称之为“地区贸易协定”(RTA)(本书第 15 章)。据此,就连以色列与新加坡这样不接壤的国家间签署的特惠贸易协定(PTA)也算是一种“地区性”贸易协定。

本书的地区定义比较宽泛。我们认为,地区是指涉及领土位置和涉及地理相邻或规范相近的社会建构。地区通常包含两个以上国家。①地区可以是大洲性的(如欧洲、拉美),也可以是洲内的(如西非、东南亚)或者是跨洲的(如跨大西洋地区、欧亚)。尽管我们避免将我们“自己的”地区定义强加于所研究的文献,但我们还是拒绝像世贸组织在界定“地区贸易协定”(RTA)时那样把没有邻接性国家之间的双边协议也理解为地区。

---

① 也有例外,比如有些地区组织只涵盖一些国家之下的省份或州,如美国和加拿大之间的地区组织。参见本书第 7 章有关内容。

地区主义(regionalism)

本书对“地区主义”和“地区化”进行了区分。我们把“地区主义”定义为:在至少三个国家之间、主要在国家推动下建立和维持正式地区制度和组织的过程。

我们对“制度”(institutions)的理解遵循的是社会科学的传统认识(比如 Keohane,1989; March and Olsen,1989; Powell and DiMaggio,1991; Hall and Taylor,1996),即:制度就是成套的规范、规则和程序,它们能够促进并约束行为体长期按照某种可预期目的开展活动,也可能塑造这些行为体的认同和偏好。非正式制度则是指那些反映在团体行为者身上的共同信仰和共有知识,以及其行为实践之中的规范、规则和程序。

“组织”(organizations)是指“有自己办公地址的”正式机构,就是说,至少有一定程度的行为体特征。因此,“地区组织”(regional organizations,ROs)就是指由不同国家或它们中的次国家单元结成的正式和制度化的合作关系,并据此体现着地区主义。

我们进而对地区组织(ROs)之中合作的范围和水平进行了区分。论合作的“范围”,
【8】 地区组织有专门性的,也有多目的性的或综合性的(Lenz et al.,2015)。比如,北约(NATO)就是一个专门性地区组织,而东盟和欧盟都是多目的性或综合性组织。

论协调或协作的“水平”,地区组织为了解决特定地区的集体行动问题,有的只进行地区合作,有的则实行一体化。地区“合作”在我们看来主要是指政府间关系,不包含把权威转让给某个具体的地区组织的含义。阿盟(LAS)或上合组织(SCO)就是这种纯粹的政府间地区合作组织(参见本书第 12 章和第 10 章)。

相比之下,地区“一体化”则意味着各国至少要将其一部分权威和主权权利转让到地区层次上(Nye,1968; Lindberg,1970)。这就是所谓的“超国家主义”(supranationalism)。欧盟就是这样一个典型的超国家地区组织。超国家主义包含两种机制:共享(pooling)和委托(delegation)。“共享”指的是联合施行主权权利,比如在具体决策上实行多数决,各成员国放弃行使否决权。而“委托”则意味着将权威和主权权利让渡给超国家机构,比如包含有超国家法院的争端解决机制(参见本书第 23 章)。

地区化(regionalization)

绝大部分地区主义研究都聚焦于主要由国家推动的、自上而下的制度建设,但区域研究和“新地区主义”研究路径正是要批评它们忽视自下而上的、自发的和内生的地区化过程,这种过程包含了一些非国家行为体组织成正式或非正式的网络(参见本书第 2

章）。“地区化”就意指在那些地理相邻或文化相近的国家和社会之间加强经济、政治、社会或文化互动的过程。换言之，地区化强调非国家行为体之间的跨国关系，比如公司、利益集团和非政府组织（NGOs）——它们不仅是地区建设的推动者，而且直接参与其中（在基欧汉和奈等人所提出的“跨国关系”概念的意义上，参见 Keohane and Nye，1971；Risse，2013）。

虽然主要的一体化理论，比如（新）功能主义（Haas，1958）或新自由政府间主义（Moravcsik，1998），都假设地区化有助于催生正式制度建设意义上的地区主义（参见本书第 3 章），但事实上也不尽然。例如，东亚强劲的经济地区化并未带来强劲的包含超国家制度的地区主义（参见本书第 11 章）。同时，撒哈拉以南非洲地区虽然没有太强劲的经济地区化，但却有比较强的地区主义（参见本书第 13 章）。总之，地区化与地区主义的 【9】 关系正是本书所要探讨的一个主题（参见本书第 27 章）。

地区秩序（regional order）

我们把“地区秩序”定义为一个特定地区内地区化与地区主义现象的不同组合（Solingen，1998；本书第 4 章）。地区秩序既包含自下而上的经济、政治、社会和文化交往过程（地区化），又包含正式和非正式的国家主导的制度建设（地区主义）。例如，卡赞斯坦在《地区构成的世界》（Katzenstein，2005）一书中称，欧洲和亚洲地区秩序的根本区别就体现在地区化和地区主义的特殊关系上。阿查亚也有相似的观点，他认为，亚洲的地区秩序表现出“维护自主性”（autonomy preserving）的特色（Acharya，2009）。本书第二部分分析的就是世界各地的不同地区秩序。

地区治理（regional governance）

最后，本书得益于地区主义研究的“治理转向”（比如欧盟研究中出现的，参见 Kohler-Koch and Rittberger，2006），本书把“地区治理”定义为在地区层次上就某个或某些议题领域进行社会协调的制度化模式，目的是产生约束性规则和公共产品及服务（该定义基于以下文献并有所调整：Börzel，2010；Mayntz，2009；Risse，2011；Benz，2004）。治理概念的优点在于：不认为国家行为体比非国家行为体更有优越性；既包含等级制的决策模式（自上而下、立法行为），也包含非等级制的决策模式（谈判、竞争）（参见本书第 3 章）。本书第三部分将对特定议题领域的地区治理安排加以考察。

全书结构安排

如前所述，本书试图把比较地区主义培育成一个研究领域（a field of study），因此全书结构就按照比较研究的逻辑来安排（Lijphart，1971；Collier，1993）。每一章都会对地区间（或地区内，参见本书第二部分）进行比较，以展示该方法的成效。此外，各章并非简单
【10】地类比罗列，而是对不同理论方法的解释力进行探讨。尽管对理论的选择大体上取决于现有的理论，但我们还是鼓励各位撰稿人系统地查找文献，只要是关于解释地区主义的兴起、制度设计和影响的，不仅仅限于我们提到的（行为体）"独立决策"型的地区主义理论（参见本书第 3 章），而且对各种扩散论也进行了探讨（参见本书第 5 章）。

全书的结构安排如下。接下来的一章（第 2 章）也属于导论部分，是对该领域的研究历史和学术进展所作的全景扫描。

第一部分讨论比较地区主义的理论方法（第 3—6 章）。博泽尔在第 3 章中分析了各种国际合作与地区一体化的主流理论。这些理论特别把关注某个地区的区内外发展的独立决策作为解释要素。相较之下，里塞的第 5 章主要考察地区主义在各地区间的扩散过程，以此来解释地区制度的兴起与制度设计，以及特定的地区治理安排。索林根和麦尔耐特在第 4 章里提出了一种理论框架，用以解释全球化进程与国内联盟及其互动如何构成特定地区秩序背后的推动力量。最后，阿查亚在第 6 章中批判了众多比较地区主义理论研究和实证研究文献当中的"欧盟中心主义"（EU-centrism），提出了一种更具包容性和更少西方偏见的研究路径。

第二部分考察全球各个特定地区的地区秩序（第 7—13 章）。各章作者分别论及北美（第7 章）、拉美（第 8 章）、欧洲（第 9 章）、欧亚（第 10 章）、亚洲（第 11 章）、中东北非（第 12 章）、撒哈拉以南非洲（第 13 章）。只是纯粹出于现实的考虑，而未涉及大洋洲（Palmer，1991；Fry，2004）、南极洲（Jørgensen-Dahl and Østreng，1991；Beck，2014；Elliott，1994）和北极地区（Young，1992，2005；Stokke and Honneland，2007）。

每一章在开始时，作者都会对各个相应地区的地理范围加以勾勒，并对其社会建构进行讨论，接着他们会分析地区主义的兴起和最主要的地区和次地区组织的制度设计，从而指出它们背后的重要驱动因素和解释要素。每一章也都考察了地区制度的影响，以及地区化和地区主义的具体联系。最后，各章会指出未来学术上要填补的研究不足。

不像第二部分探讨的是世界各个特定地区并比较了它们各自内部的地区秩序，本
【11】书的第三部分则按照特定议题领域对各个地区的地区治理加以比较（第 14—21 章）。该部分各章所探讨的地区治理分别涉及：安全（第 14 章）、贸易（第 15 章）、货币金融（第

16章)、发展(第17章)、社会性别(第18章)、环境(第19章)、移民(第20章)和民权(第21章)。各章的写作风格仍然一致,都是先界定特定的地区治理领域,然后对各种地区治理安排进行评估。每一章都还论及各种地区治理的兴起、制度设计以及影响,并讨论了它们背后最重要的解释要素和驱动因素。

第四部分仍然是地区间比较,但略有不同,重点在于地区秩序的具体制度性方面(第22—26章)。伦茨和马克斯的第22章重点放在涉及规则和决策程序的制度设计上,主要针对的是正式地区组织。阿尔特和霍夫的第23章分析了地区一体化的一个特殊方面,即地区争端解决机制的兴起。切克尔的第24章批判性地考察了地区认同和“想象的共同体”(Anderson,1991)的发展程度,以及这种认同与地区制度之间的互惠关系。里特贝格尔和施罗德的第25章触及了地区秩序中有关地区制度合法性和民主责任的方面,这个方面的重要意义近年来空前凸显。里贝罗·霍夫曼的第26章分析了地区主义当中的“国际关系”问题,即地区间和跨地区关系。

本书最后一章是结论部分(第27章),也由两位主编撰写。我们提出,冷战后地区主义的兴起不仅仅展示了地区(贸易)合作的扩散,更重要的是,它代表着已有地区主义形式的扩展和深化。地区合作与一体化的主流理论可以解释欧洲及其之外的地区主义兴起,但是它们很难解释地区主义当中的制度差异。它们也没怎么论及,为什么我们发现地区主义和地区化的不同组合导致了三种不同的地区秩序类型。扩散方法与治理方法有助于解释地区主义的制度相似性和差异性。相对而言,地区主义的影响,特别是“地区主义的暗面”,仍然没有得到很好的理解,也有待人们进行更系统的研究。最后,尽管比较地区主义在比较政治学、国际关系学和(比较性及跨地区性的)区域研究之中开辟了一块富有成果的中间地带,但它仍然需要面对这样一种方法论挑战,即:如何将地区建构成相互依赖的,而非概念上互不关联的对象。

参考文献

Aarstad, A.K., Drieskens, E., Jørgensen, K.E., Laatikainen, K., and Tonra, B. (eds.) 2015. *The Sage Handbook of European Foreign Policy*. London and New York: Sage.

Acharya, A. 2009. *Whose Ideas Matter? Agency and Power in Asian Regionalism*. Ithaca, NY: Cornell University Press.

Acharya, A. and Johnston, A.I. (eds.) 2007. *Crafting Cooperation: Regional Institutions in Comparative Perspective*. Cambridge: Cambridge University Press.

Anderson, B. 1991 *Imagined Communities: Reflections on the Origin and Spread of Nationalism*. London: Verso.

Basedau, M. and Köllner, P. 2007. Area Studies, Comparative Area Studies, and the Study of Politics: Context, Substance, and Methodological Challenges. *Zeitschrift für Vergleichende Politikwissenschaft*, 1(1): 105–124.

Beck, P.J. 2014. *The International Politics of Antarctica*. Abingdon and New York: Routledge.

Benz, A. 2004. Einleitung: Governance—Modebegriff oder nützliches sozialwissenschaftliches Konzept? In: A. Benz (ed.), *Governance: Regieren in komplexen Regelsystemen*. Wiesbaden: VS Verlag für Sozialwissenschaften, 11–28.

Berg-Schlosser, D. 2012. Comparative Area Studies—goldener Mittelweg zwischen Regionalstudien und universalistischen Ansätzen. *Zeitschrift für Vergleichende Politikwissenschaft*, 6(1): 1–16.

Bohle, D. and Greskovits, B. 2012. *Capitalist Diversity on Europe's Periphery*. Ithaca, NY: Cornell University Press.

Bolleyer, N. 2009. *Intergovernmental Cooperation: Rational Choices in Federal Systems and Beyond*. Oxford: Oxford University Press.

Börzel, T.A. 2005. Mind the Gap! European Integration Between Level and Scope. *Journal of European Public Policy*, 12(2): 217–236.

Börzel, T.A. 2010. European Governance: Negotiation and Competition in the Shadow of Hierarchy. *Journal of Common Market Studies*, 48(2): 191–219.

Börzel, T.A. 2013. Comparative Regionalism: European Integration and Beyond. In: W. Carlsnaes, T. Risse, and B.A. Simmons (eds.), *Handbook of International Relations*, 2nd edition. London: Sage, 503–530.

Bruszt, L. and McDermott, G.A. (eds.) 2014. *Leveling the Playing Field: Transnational Regulatory Integration and Development*. Oxford: Oxford University Press.

Collier, D. 1993. The comparative method. In: A.W. Finifter (ed.), *Political Science: The State of the Discipline II*. Washington, DC: American Political Science Association, 105–119.

De Lombaerde, P., Flôres, R.G., Iapadre, P.L., and Schulz, M. (eds.) 2011. The Regional Integration Manual: *Quantitative and Qualitative Methods*. Abingdon: Routledge.

De Lombaerde, P., Söderbaum, F., Langenhove, L.V., and Baert, F. 2010. The Problem of Comparison in Comparative Regionalism. *Review of International Studies*, 36(3): 731–753.

Destradi, S. 2010. Regional Powers and Their Strategies: Empire, Hegemony, and Leadership. *Review of International Studies*, 36(4): 903–930.

Deutsch, K.W., Burell, S.A., Kann, R.A., Lee, M., Lichterman, M., Lindgren, R.E., Loewenheim, F.L., and Van Wagenen, R.W. 1957. *Political Community and the North Atlantic Area: International Organization in the Light of Historical Experience*. Princeton, NJ: Princeton University Press.

Elliott, L.M. 1994. *International Environmental Politics: Protecting the Antarctic*. Basingstoke: Palgrave Macmillan.

Farrel, M., Hettne, B., and Van Langenhove, L. (eds.) 2005. *Global Politics of Regionalism: Theory and Practice*. London: Pluto Press.

Fawcett, L. and Hurrell, A. (eds.) 1995. *Regionalism in World Politics: Regional Organization and International Order*. Oxford: Oxford University Press.

Fry,G.2004.*Whose Oceania? Contending Visions of Community in Pacific Region-Building*.Canberra: Department of International Relations,Research School of Pacific and Asian Studies,Australian National University.

Haas,E.B.1958.*The Uniting of Europe:Political,Social,and Economic Forces 1950-1957*.Stanford,CA: Stanford University Press.

Hall,P.A.and Taylor,R.C.R.1996.*Political Science and the Three New Institutionalisms*.Political Studies,44(5):952-973.

Hettne,B.2005.Beyond the "New" Regionalism.*New Political Economy*,10(4):543-571.

Hettne,B.,Inotai,A.,and Sunkel,O.1999.*Globalism and the New Regionalism*.Basingstoke:Palgrave Macmillan.

Jones,E.,Menon,A.,and Weatherill,S.(eds.)2012.*The Oxford Handbook of the European Union*.Oxford:Oxford University Press.

Jørgensen,K.E.,Pollack,M.A.,and Rosamond,B.(eds.)2007.*Handbook of European Union Politics*. London:Sage.

Jørgensen-Dahl,A.and Østreng,W.1991.*The Antarctic Treaty System in World Politics*.Basingstoke: Macmillan.

Jupille,J.,Jolliff,B.,and Wojcik,S.2013.*Regionalism in the World Polity*.Paper Presented at International Studies Association,Annual Meeting.San Francisco,CA.

Katzenstein,P.J.2005.*A World of Regions:Asia and Europe in the American Imperium*.Ithaca,NY: Cornell University Press.

Keohane,R.O.1989.*International Institutions and State Power*.Boulder,CO:Westview Press.

Keohane,R.O.and Nye,J.S.Jr.1971.Transnational Relations and World Politics:An Introduction.In:R.O. Keohane and J.S.Nye Jr.(eds.),*Transnational Relations and World Politics*.Cambridge,MA:Harvard University Press,ix-xxix.

Kohler-Koch,B.and Rittberger,B.2006.Review Article:The"Governance Turn" in EU Studies.*Journal of Common Market Studies*,44(Supplement S1):27-49.

Kohli,A.2004.*State-Directed Development:Political Power and Industrialization in the Global Periphery*.Cambridge:Cambridge University Press.

Lake,D.A.and Morgan,P.M.(eds.)1997.*Regional Orders:Building Security in a New World*.University Park,PA:Penn State University Press.

Lenz,T.,Bezuijen,J.,Hooghe,L.,and Marks,G.2015.Patterns of International Organization:Task Specific vs.General Purpose.In E.da Conceicao-Heldt,M.Koch,and A.Liese(eds.),*Internationale Organisationen. Politische Vierteljahresschrift,Sonderheft 49*.Baden-Baden:Nomos,131-155.

Lijphart,A.1971.Comparative Politics and the Comparative Method.*American Political Science Review*, 65(3):682-693.

Lindberg,L.N.1970.Political Integration as a Multidimensional Phenomenon Requiring Multivariate Measurement.*International Organization*,24(4):649-731.

March, J.G. and Olsen, J.P. 1989. *Rediscovering Institutions: The Organizational Basics of Politics*. New York and London: The Free Press.

Mayntz, R. 2009. *Über Governance. Institutionen und Prozesse Politischer Regelung*. Frankfurt/Main: Campus.

Moravcsik, A. 1998. *The Choice for Europe: Social Purpose and State Power from Rome to Maastricht*. Ithaca, NY: Cornell University Press.

Nye, J.S. Jr. 1968. Comparative Regional Integration: Concept and Measurement. *International Organization*, 22(4): 855–880.

O'Donnell, G., Schmitter, P.C., and Whitehead, L. (eds.) 1986. *Transitions from Authoritarian Rule: Prospects for Democracy, vol.3: Comparative Perspectives*. Baltimore, MD: Johns Hopkins University Press.

Palmer, N.D. 1991. *The New Regionalism in Asia and the Pacific*. San Francisco, CA: Jossey-Bass.

Patel, K.K. 2013. Provincialising the European Union: Co-operation and Integration in Europe in Historical Perspective. *Contemporary European History*, 22(4): 649–673.

Powell, W.W. and DiMaggio, P.J. (eds.) 1991. *The New Institutionalism in Organizational Analysis*. Chicago, IL and London: University of Chicago Press.

Risse, T. 2011. Governance in Areas of Limited Statehood: Introduction and Overview. In: T. Risse (ed.), *Governance without a State? Policies and Politics in Areas of Limited Statehood*. New York: Columbia University Press, 1–35.

Risse, T. 2013. Transnational Actors and World Politics. In: W. Carlsnaes, T. Risse, and B.A. Simmons (eds.), *Handbook of International Relations*, 2nd edition. London: Sage, 426–452.

Risse-Kappen, T. 1996. Exploring the Nature of the Beast: International Relations Theory and Comparative Policy Analysis Meet the European Union. *Journal of Common Market Studies*, 34(1): 53–80.

Rumford, C. (ed.) 2009. *The Sage Handbook of European Studies*. London and New York: Sage.

Shaw, T.M., Grant, J.A., and Cornelissen, S. (eds.) 2012. *The Ashgate Research Companion to Regionalisms*. Aldershot: Ashgate.

Söderbaum, F. and Shaw, T.M. 2003. *Theories of New Regionalism: A Palgrave Reader*. Basingstoke: Palgrave Macmillan.

Solingen, E. 1998. *Regional Order at Century's Dawn: Global and Domestic Influences and Grand Strategy*. Princeton, NJ: Princeton University Press.

Stokke, O.S. and Honneland, G. (eds.) 2007. *International Cooperation and Arctic Governance: Regime Effectiveness and Northern Region Building*. Abingdon and New York: Routledge.

Todoroiu, T. 2007. Rose, Orange, and Tulip: The Failed Post-Soviet Revolutions. *Communist and Post-Communist Studies*, 40(3): 315–342.

Van Langehove, L. 2011. *Building Regions: The Regionalization of the World Order*. Farnham: Ashgate Publishing.

Young, O.R. 1992. *Arctic Politics: Conflict and Cooperation in the Circumpolar North*. Hanover, NH: University of New England Press.

Young, O.R. 2005. Governing the Arctic: From Cold War Theater to Mosaic of Cooperation. *Global Governance*, 11(1): 9–15.

第2章　旧地区主义、新地区主义和比较地区主义：研究历史与学术进展

弗雷德里克·索德鲍姆(Fredrik Söderbaum)

地区主义研究的一个主要特点就是，在不同时期、不同背景下，对于不同的人来说，地区主义有着不同的含义。①即便对于比较地区主义这样一个新兴的学术领域，目前存在的分歧也往往因为不注重有关知识的持续积累和多方交流而加剧。实际上，在学者和决策者当中存在着太多的争论，不管是对于地区主义内涵的理解，还是对其根源与影响的认识，以及如何研究它，更别说为什么要比较和怎么进行比较了。【16】

本章认为，推进比较地区主义的研究，需要更好地了解一下该领域的知识源起和学术进展。笔者认为，比较地区主义研究者需要更深入地探究不同时期、不同语境、不同学科对于地区和地区主义的看法，探究目前争论中很少触及的"地区专业化"(regional specializations)问题。

路易丝·福西特的认识是对的。她说："地区主义研究往往缺乏连续性历史观，只是进行概论性的、不完整的研究"(Fawcett，2015，1)。普遍的误解是以为地区主义这一现象出现于二战后，这妨碍了学者们对其更深远的历史根源与地区主义"全球传统"的理解(参见本书第6章)。许多学术作品中存在的这种短视现象，也已导致人们夸大正式地区组织而忽视更加灵活多样的地区建设和地区主义。

即使对于新旧地区主义的区分已经在上述争论当中融入了某种历史性，但是地区主义研究中，对于何者为"旧"、何者为"新"，仍然存在相当程度的混淆。问题在于，人们对地区主义的不同含义存在严重误解和误用，这加剧了该领域目前研究中的分歧。

---

① 在此，笔者对柏林自由大学2013年和2014年组织的工作坊和国际研究协会(ISA)2015年新奥尔良年会上，两位主编和参会者对本章所作的评论表示感谢。尤其要感谢比约恩·赫特内(Björn Hettne)和菲力浦·德·隆巴尔德(Philippe De Lombaerde)在有关问题上提供的研究合作。

【17】 因此，我们就有理由对新旧地区主义进行时间上、经验上和理论上的区分（Söderbaum，2004）。新旧地区主义之间既有连续性也有相似性，从时间上严格区分它们是做不到的。许多地区计划和地区组织酝酿于旧地区主义时代（20世纪50年代到70年代），但后来在80年代至90年代新地区主义时代到来时复兴或复建起来（往往取一个新名称或增加了新成员）。在这种情况下，就很难分辨过去和现在。新地区主义的一位先锋学者比约恩·赫特内（Björn Hettne，1999，8）就认为，与其确认地区主义的新时代或新潮流是否到来，还不如"确认地区化的新模式（与旧有的形式共存）更有意义"，也就是说，地区主义"新"在经验意义上而不是时间意义上。对新地区主义含义的第三种理解是理论意义上的。我们往往在那些创新性理论前面加上前缀"新"字，以区别于较旧的理论框架，比如"新政治经济学""新政治科学""新安全研究"等。有很大一部分学者使用"新地区主义"以区别于各种传统理论（Söderbaum and Shaw，2003；Shaw et al.，2011），他们试图超越"旧的"（经典的和守成的）假设和方法论。于是，那些依旧奉行以前约定俗成研究路径的学者就极少承认新地区主义的这种含义。在某种程度上，守成的学者会有意地在理论上与"新地区主义"保持距离。

本章将会表明，地区主义的思想和理论（甚至某种程度上还有其概念）需要与它们得以发展的政治背景相关联。至少在某种程度上，它们确实就是历史的产物。比如，对于旧地区主义时代最有影响力的理论——新功能主义而言，应当放在两次世界大战及其衍生的民族国家怀疑论的背景下去理解其起源。这绝非是要否定新功能主义在欧洲仍然有用，或者它在更广泛意义上和比较意义上的作用（Mattli，2005）。随着时间的流逝，思想和理论显然会在各个地区扩散（参见本书第5章）。确认这一点之后，我们就必须对地区主义的思想和地区主义"在真实世界中的"历史加以区分。不过，即使思想与实践总是会相互影响，但是本章主要还是关注前者而非后者。

对这样的研究可以作出不同的安排。我们把重点放在宽泛意义上该领域的演进和学术发展史上，而不是特定理论家、特定话题和特定地区上。我们将该领域的学术进展分为四个大的阶段：早期地区主义阶段、旧地区主义阶段、新地区主义阶段、最近或当前地区主义阶段——姑且称之为比较地区主义阶段。除了早期地区主义——其所涵盖的思想和传统在空间和时间上都太广，本章对其他三个阶段的地区主义思想都按同样方式加以陈述。首先会概述其政治背景和政策内容（政策取向、制度和代表机构），然后再分析其理论和概念问题，以及其研究议程、知识生产模式和方法论。

早期地区主义

各种各样地区和地区共同体的建构可以追溯到久远的历史中，比如大量分布于各个地理区域内并由各种各样政治单元组成的帝国、王国、联盟、贸易同盟、公约组织、同盟和联邦。这种情形可能在欧洲历史上体现得最为明显，思想理论家们可以溯及欧洲过去几百年的共同历史和政治思想，甚至古希腊。有关欧洲合作与欧洲统一，早期出现过大量不同设想和规划，在看待文化认同、安全、政治经济和法律等的重要性问题上各有不同看法。一些观点认为欧洲的统一应该是内向的，更应关注欧洲内部的事情，而另一些观点则认为应该向外看，通常主张努力从外部保卫欧洲。此外，与后来旧地区主义阶段发展起来的大多数理论不同的是，早期的这些观点大都不涉及统一欧洲和巩固民族国家之间的争论。正如约恩松、塔吉尔和特恩奎斯特（Jönsson，Tägil，and Törnqvist）所解释的： 【18】

> 历史上出现过成百上千个和平统一欧洲的计划。在 16 世纪，各个民族的人道主义者都宣称欧洲应该统一起来，主要是为了应对当时迫在眉睫的突厥威胁。在 17 世纪末时，又有人勾画了一个欧洲民族同盟计划。百多年之后，德国哲学家康德提出，欧洲的永久和平需要建立一个基于国际法原则之上的国家联合体。在革命的 1848 年，欧洲统一的思想又获得广泛拥护。法国作家雨果倡议创立一个基于政治民主和尊重人权的“欧洲合众国”（a United States of Europe）。然而 1914 年世界大战的爆发粉碎了所有这样的愿望。在一战和二战之间，也有人起草了新的统一欧洲计划。（Jönsson et al.，2000，22—23）

由此可知，在欧洲统一和一体化诸种计划的背后有着深厚的思想根源，而到二战结束后又有进一步发展，并促成了欧共体（EC）的诞生。这种历史演进轨迹往往被有关晚近地区主义形式的争论所忽视，至少在比较研究和理论研究中是这样。

大多数欧洲民族国家，尤其是最强大的国家，同时都是殖民势力。殖民主义影响并塑造了有关地区建设和地区主义的思想，无论在欧洲还是在其他边缘地区都如此。这些历史演进轨迹持续影响着晚近的地区主义思想和计划，不仅在后殖民世界如此，在当代欧洲也不鲜见。欧洲殖民帝国有时候是按地区来建立的，而反殖民斗争也采取地区的形式。

非洲是一个典型。“瓜分非洲”以及控制其矿产资源的企图有着明显的地区后果，并 【19】

持续影响着非洲地区主义的理论和实践。事实上，正是在寻求矿产开发的殖民诉求当中，我们看到非洲的国家建构与其成为地区的“开始”时间之间存在关联。比如在南部非洲（Niemann，2001，69）就是这样，南部非洲关税同盟（Southern African Customs Union，SACU）作为现存世界上最古老的关税同盟，其来源可追溯到1889年在英国殖民地好望角与奥兰治布尔人自由共和国之间建立的“共同关税同盟”（Customs Union Convention）。随着南部非洲同盟（the Union of South Africa）的创立（1910年），该协议被修订扩展到了英属高地地带（British High Commission Territories，HCTs），即今天的博茨瓦纳、莱索托、纳米比亚和斯威士兰一带。直到20世纪80年代甚至90年代，这种分野依旧，南部非洲的政治斗争仍然是以殖民和种族隔离集团为一方、以反殖民和反种族隔离为另一方展开。反殖民反隔离的集团自20世纪80年代以来渐渐得势，而且其势力又通过当时的非洲统一组织（OAU）和南部非洲发展合作会议（Southern African Development Coordination Conference，SADCC）得到加强；这一遗产也继续影响着它们的继承者——非洲联盟（AU）和南部非洲发展共同体（SADC）的自我认识和实践（Söderbaum，2004；本书第13章）。

殖民主义也塑造了非洲其它部分的地区形式。法国与法语非洲殖民地或国家之间的“特殊”关系，已从两个方面影响着法语非洲的地区主义思想和实践。一方面，这种关系承载着法兰西的帝国之梦；另一方面，前殖民地利用它们的法语遗产来巩固内部的这种法语地区主义，有时也用来对付尼日利亚的称霸野心。非洲法郎区（CFA）是一种殖民建构，可追溯至1945年，但现在仍影响着当代非洲的地区化。在法语非洲地区，其他现存的经济一体化安排，比如西非经济货币联盟（UEMOA）和中部非洲关税经济同盟（UDEAC），也有帝国与殖民的根源。

拉美地区主义是另一个表明地区主义深厚根源和发展演进的例子（Fawcett，2005）。在拉美，19世纪初期的独立斗争唤醒了统一意识，激发了泛美主义，后来又激起了整个20世纪直至21世纪的地区主义。西蒙·玻利瓦尔（1783—1830）在拉美反对西班牙独立斗争中扮演了关键角色，同时在创建美洲共和国联盟的努力中也起到了关键作用。该联盟拥有共同军队、共同防御条约和一个超国家议会。玻利瓦尔在1826年巴拿马和会（Congress of Panama）上的宏愿终未实现，主要归咎于整个19世纪时期拉美军事民族主义和民族纷争日益激烈。美洲地区合作的回归始于1889—1890年在华盛顿特区召开的
【20】第一届美洲国家国际会议，当时18个国家建立了美洲共和国国际同盟（后来的“泛美同盟”），并决定定期会晤。从历次泛美会议到今天的美洲国家组织（OAS）——这是世界上现存最古老的地区组织，其间存在着直接的关联。因此可以说，拉美的地区主义渊源深厚，在整个独立战争之后，众多拉美思想家、政治家和知识分子都一直在思考如何通过地区主义来增强实力（Fawcett，2012；参见本书第8章）。

其他泛大洲或泛地区的运动，比如泛欧主义、泛非主义、泛亚主义和泛阿拉伯主义，也大致在这个时期即 19 世纪后期和 20 世纪前半期纷纷兴起（Fawcett，2015）。这些泛区运动通常包含着复杂的地缘政治的、社会经济的和文化的（有时甚至种族的），以及某种程度上功能性的信仰和目的。它们是多维的，反映的是走向政治统一和各社会间统合的共同观念和目标，而不是较狭窄意义上的政府间地区主义（Acharya，2012，5）。这种泛地区主义运动在不同地区采取的形式略有不同，取决于历史背景，包括殖民主义和外来控制的特点，但是所有这些运动都“为地区主义演进的过去和现在提供了重要观照点”（Fawcett，2015，13）。

旧地区主义

许多学者认为，自发性的和全面性的地区主义主要是二战后的现象。它兴起于 20 世纪 40 年代后期的西欧，而后波及发展中世界。在欧洲，旧地区主义到 20 世纪 70 年代初就已风光不再，慢慢地在发展中世界也暗淡下来。本节将表明，尝试将以欧洲为中心的争论与发展中世界的争论区分开来是合理的。

欧洲与欧洲之外的地区一体化

对于欧洲旧地区主义的有关争论，需要联系到由两次世界大战之间的民族主义和第二次世界大战所造成的灾难性历史背景来加以理解。无论是决策者还是学者，通常都将（威斯特伐利亚式的）民族国家视为问题而非解决之道，实行“地区一体化”的目的在于避免战争。一系列倡议提了出来，并催生了 1951 年的欧洲煤钢共同体（ECSC）。其长期目标更加远大，又通过 1958 年的《罗马条约》将欧洲经济共同体（EEC）和欧洲原子能共同是体（EAEC）合并为欧洲共同体（EC）。

欧洲背景的地区一体化理论中，最有影响的是联邦主义、功能主义、新功能主义、交流主义（transactionalism）和政府间主义（Rosamond，2000；参见本书第 3 章）。联邦主义在很多方面激励过欧洲一体化的先驱者，它与其说是一种理论，不如说是一种政治方案（political program）；它对民族国家持怀疑态度，尽管它所计划的实际上也是创建一种新型的“国家”（state）。两位意大利反法西斯的共产党人——阿尔蒂罗·斯皮内利（Altiero Spinelli）和埃内斯托·罗西（Ernesto Rossi）——起草了《文托特内岛宣言》（*Ventotene Manifesto*），后来引发了“欧洲联邦主义运动”。虽然斯皮内利直到 1986 年去世时都是一位欧洲联邦主义代表人物，但是跟联邦主义有关联的理论家还是寥寥无几。 【21】

功能主义主要是一种策略（或规范性方法），旨在建设和平，其前提假设是，满足共同需要的功能供给，可以跨越国家边界将人们团结在一起。这个思想流派一直与戴维·米特兰尼（Mitrany，1943）的著述紧密关联。在功能主义者看来，形式要服务于功能，他们不像联邦主义者那样主要强调形式的重要性（尤其是制度性组织或宪法）。通常情况下，他们主张绕开民族国家，实行国际合作而不是地区合作。米特兰尼对联邦主义和新功能主义两者都予以批评，认为它们都太重视领土和形式而不看重功能。

新功能主义在 20 世纪 60 年代大受欢迎。最主要的代表人物是厄恩斯特·哈斯（Ernst Haas），与他比肩的还有当时多位重量级的或很快成为重量级的政治科学家，像利昂·林德伯格（Leon Lindberg）、菲利浦·施米特（Philippe Schmitter）和约瑟夫·奈（Joseph Nye），他们在重要学术期刊上发表了大量文章，特别是在《国际组织》（*International Organization*）和《共同市场研究杂志》（*Journal of Common Market Studies*）上。新功能主义向功能主义发出了挑战，声称应更关注大国的核心作用（Haas，1958，1964）。哈斯实际上是对让·莫内首倡的“共同体方法”（community method）加以理论上的总结（莫内是法国外交家，被公认为欧共体的主要设计师之一）。即使这种方法最后将导致建立一个联邦（a federation），它也不能通过宪法设计来建构。

关于欧洲旧地区主义的诸多争论围绕着“地区一体化”这一概念进行，哈斯将其定义为“几个不同国家背景下的政治行为体自愿将其忠诚、期望和政治活动转移到一个新中心的过程，这个新中心的机构拥有或要求拥有超越之前民族国家之上的管辖权”（Haas，1958，16）。新功能主义者强调地区机构的精心设计，它们是在战略性经济部门中解决共同问题的最有效手段。这些机构和超国家权威由国家首先倡议成立，但以后地区性官僚和自组织性利益团体就成为这一过程中的重要行为体。地区机构反过来成为工具，推动了功能性、政治性和成熟的“外溢”（spill-over）效应，最终导致将集体认同重新定义为“超越民族国家”而认同于地区单位和地区机构（Hurrell，1995，59；参见 Haas，1964）。

在 20 世纪 60 年代末 70 年代初，新功能主义的叙述（和表达）越来越远离现实世
【22】界，当时现实世界的主导思想是戴高乐的民族主义。于是，斯坦利·霍夫曼（Stanley Hoffmann）成为地区一体化理论中政府间主义的主要代表。与新功能主义者不同的是，霍夫曼认为地区一体化并不会从低级政治（经济）领域扩展到高级政治（安全）领域。地区一体化只有在与国家利益一致时才会发生，而“不能撇开国家的历史包袱”（Hoffmann，1966，867）。此后，对欧共体（EC）的看法开始出现分歧。

在任何有关地区一体化的讨论中，人们必定会提及卡尔·多伊奇（Karl Deutsch）的安全共同体研究方法。恰如哈斯，多伊奇是他那个时代最受追捧的政治科学家之一。他的主要理论假设是，“共同体感”与信任直接关系到人与人、国家与国家之间交流和沟通

的水平(Deutsch et al.,1957)。在此方面,国家共同体与地区共同体没有根本差别,因此比起旧地区主义时期的许多其他地区一体化学者来,多伊奇对民族主义和民族国家更少怀疑。尽管他的方法常常在有关安全和地区一体化的争论中被提及, 但从实证研究的角度看,他的方法仍然不那么受重视。

20 世纪 60 年代末 70 年代初的学术论争,首当其冲在于概念和本体论,而不是认识论。约瑟夫·奈谈到了一个根本上的概念混淆问题(Nye,1968),对此,唐纳德·普查拉(Donald Puchala)提出了著名的"盲人摸象"比喻,并抱怨道,"经过不止 15 年的定义、再定义、修正、模型化并理论化,还是没能令人满意地准确界定出我们所说的'国际一体化'到底是什么,我们在研究这种现象时到底想知道什么"(Puchala,1971,267)。概念上的讨论有时被限定在找到某个既定现象的"最好"定义上,尤其是像因变量"地区一体化"。对卡帕拉索(Caporaso,1971,228)来说,这种定义上的缺乏共识意味着有关地区一体化的研究都还处于科学发展的"前范式阶段"(pre-paradigm stage)。哈斯(Haas,1970)在回应对他的批评时,将地区一体化理论贴上一个"前理论"(pre-theory)的标签,认为它依靠的是进步的目的论假设, 而且在因变量和自变量上也没有清晰的思路。多年之后,哈斯提到该研究领域时使用"过时了"(obsolescence)的说法,并且最终建议说,地区一体化的研究作为一个学科本身可以休矣(Haas,1976)。结果,地区一体化研究就此衰落,人们转向去研究更加宽泛且不拘泥于领土的一体化和相互依赖逻辑及模型。

如果学者们意识到,他们不是像普查拉所比喻的那样在摸大象的同一个"部位",或者甚至摸的根本不是大象的话, 许多论争兴许可以避免。一些学者集中研究的是地区次系统、地区或者地区合作,而不是国际一体化和地区一体化(Thompson,1973,95)。例如,宾德尔(Binder,1958)使用"次属国际体系"(subordinate international system)这个术语来概括中东在全球体系中所处的位置。受系统方法的启发,其他不少学者在 20 世纪六七十年代试图开发出一个更加全面的比较分析框架,以便集中研究地区和地区次体 【23】系。坎托利和斯皮格尔(Cantori and Spiegel,1970,6–7)确认了一个地区的下述特征:地理相邻或相近性;共同的纽带(历史的、社会的、文化的、种族的或语言上的);认同感;国际互动。然而新功能主义者如哈斯(Haas,1970,612)却批评这种地区体系方法,说它只不过是描述性的,并强调说,"地区一体化"学者的想法跟这种地区体系学者并非一回事儿。

早期的争论总是围绕着欧洲中心展开(不过可以说,地区次体系方法并没有这么严重地以欧洲为中心)。新功能主义者比如哈斯和奈都意识到了欧盟的复杂而模糊的特点,以及地区一体化经验在其他地区存在的可比性问题,但他们从未拒绝比较(后来许多欧洲一体化学者可不是这样)。然而即使他们意识到自己理论的欧洲渊源,他们还是首先去研究那些源于欧洲研究的"背景条件""功能对等"以及"外溢效应"。欧洲共同体一再地（虽非总是）被视为和推崇为样板。正如哈斯 20 世纪 60 年代初所说(Haas, 1961,657),"分隔的政治单元之间所进行的一体化在欧洲是一个历史事实,但在世界其他地方占据主流的好像是去一体化(disintegration)。难道说欧洲成功的一体化模范不能被效仿吗？"哈斯解释说,其他地区缺乏地区一体化实际上加强了新功能主义的方法,因为它能解释并预测不进行一体化(non-integration)的原因。他认为,缺乏一体化动力的一个重要原因是,"那些被某种非多元主义社会结构所主导的国家，是不适合参与一体化进程的。即便它们的政府在官方层次参与了，其结果也好像不为社会结构的其他方面所感知"(Haas,1961,149-150)。出于同样的理由,奈(Nye,1971)提出了一个略加修正的新功能主义模型,它尤其适合于欠发达社会中政治化程度更高的情况,像非洲国家那样。然而新功能主义方法苦于发现不了可比较的案例,也难以找到任何契合"地区一体化"特殊定义的东西。这已经导致许多学者批评新功能主义者专注于地区一体化的偏狭,认为他们总是以"欧洲经验为基础来提出关于其他地区一体化前景的普遍结论"(Breslin et al.,2002,2)。

发展中世界的旧地区主义:发展与国家建构

在发展中世界,也存在一场"旧式"争论,尤其是在拉美和非洲,某种程度上亚洲及其它一些发展中地区亦然。尽管确实受到了这场争论和"真实存在的"欧洲地区主义的
【24】影响,但在发展中世界,人们的关注点却是地区合作、经济发展和国家建构(而不是地区一体化和避免战争)。

发展中世界里的地区主义,尤其在拉美,大多数与之相关的讨论都受到经济发展的结构主义传统的极大影响，其先驱是冈纳·缪尔达尔(Gunnar Myrdal)、阿瑟·刘易斯(Arthur Lewis)和劳尔·普雷维什(Raúl Prebisch)。结构主义学者关于拉美地区欠发展状态的讨论,反映了各个国家经济发展的特殊经验,涉及贸易问题时更是如此。20 世纪 30 年代的经济大萧条对拉美发展也有严重影响，为其带来了变革的压力。受联合国拉美经济委员会(ECLA)及其活跃的执行秘书——劳尔·普雷维什——的鼓励,拉美期望创立一个扩大的经济空间,以加强地区性的进口替代,缓解国家层次的问题。区内贸易自由化与地区保护主义一道,似乎能够为拉美创造规模经济和更大市场,从而刺激工业化、经济增长和投资(Prebisch,1959)。

由此观之,欠发达国家间地区合作与一体化的逻辑,用新古典经济学和关税同盟理论中所谈到的功能性合作和边际经济改变无法加以解释,但是却体现在"结构转型"的

培育和产能的创造(即工业化)上。于是该学派就不像新古典贸易理论和欧洲经济一体化学说那样强调避免战争的目的,而是将经济合作或一体化看作发展经济和缔造国家的手段。与功能主义逻辑相反,它需要刻意运用政治方法去实现地区主义。事实上,地区政治努力如果不够强的话只会导致地区分裂(Axline,1977)。考虑到理论需要,阿克林(Axline)后来阐明,地区主义的因变量和适用条件各不相同,不能用相同的理论来解释,因此欧洲和发展中世界是没法放在一起进行比较的(Axline,1994,180)。

有关地区主义的结构主义思想催生了 1960 年在乌拉圭首都蒙得维的亚创立的拉美自由贸易协会(LAFTA)。LAFTA 是一个全面性、全拉美范围的贸易计划,包含了南美洲所有国家以及墨西哥。尽管它初期取得了一些进展,也引起了热烈的理论讨论,但拉美的这种旧地区主义计划从未大规模推行,经济影响也很小。效果不佳的原因是内部冲突、国家间普遍不合作,以及整体上依附性经济政治结构的制约。各种部分交叠的地区设计中,各成员国在政治上和经济上并不稳定,不愿意或不能够开展地区性合作。另外,较小的成员国声称 LAFTA 主要对“三大国”(墨西哥、阿根廷和巴西)有利,其所选战略过于激进和宏大,过于关注共同规划的工业化战略。这是 1969 年安第斯条约组织(Andean Pact)建立的基本原因,不过该组织虽雄心勃勃,却从未得偿所愿。20 世纪 70 年 【25】
代的拉美盛行军事独裁,这些政权在地区合作方案中行动消极。20 世纪 80 年代中期出现民主化后,新地区主义才得以在 80 年代后期的拉美有大的推动(另参见本书第 8章)。

关于非洲地区主义的争论,需要放在其后殖民背景中来看,尽管非洲的争论大体上既受拉美的知识界影响,也受欧洲一体化理论和实践的辐射。非洲的地区合作与一体化的总体意识形态基础,首先和主要体现在非统组织(OAU),即后来的非盟(AU),所阐述和发展的框架中。过去,有关“泛非洲”的设想强调集体自强,强调基于保护主义的、有计划和进口替代工业化的内向性重商主义战略,这几乎与拉美地区主义差不多——米特尔曼(Mittleman,2000,112)称之为“自我中心的地区主义”(autocentric regionalism)(即领土自主)。

非洲国家在独立之后创建了大量国家主导的地区组织和机制。一如早期地区主义阶段,有些计划带着殖民印记,而有些地区组织明显是设计来对抗依附、殖民主义和种族隔离的。即使非统组织(OAU)的合理性和有效性饱受争议,但它毕竟对于协调非洲国家的共同反殖反隔离立场而言还是很重要的,这一点我们无法否认。

南部非洲发展合作会议(SADCC)[今天南部非洲发展共同体(SADC)的前身]创立于 1980 年,旨在对抗种族隔离和对外依附。它的发展路径大体上受到拉美传统的影响,理论上倾向于推动实行统制型进口替代工业化战略,并主张成本和收益的公平配置,但在实践中,SADCC 只是一个计划协调和实施的方案,主要由欧洲人赞助支持,特别是北欧人。按照激进的、结构主义的思路，其中一个根本问题是，由于整个 20 世纪 80 年代发生的结构调整和新自由主义越来越受追捧，这个方案在政治上就越来越不重要(参见本书第 13 章)。

至于亚洲，地区主义的含义不断变化，取决于下列问题：次地区包含和不包含哪些地方，地区主义的维度涉及哪些领域(安全、经济、政治和文化)，以及采取何种理论视角。很大一部分文献是探讨东盟这个建立于 1967 年的组织。这种倾向的一个重要原因可能是，东盟成了东南亚或更大的东亚地区内少有的一个持续发展着的地区组织。东盟可以被理解为一种巩固民族国家、维护地区稳定的联合努力，背后有为数不多的一些强有力政治领导人，他们在新的国家缔造中努力掌控乱局。因此，跟大多数其他发展中
【26】 地区当时出现的争论相似，国家建设和民族建构是主要目的。尽管安全问题未明确体现在条约中，但共产主义仍被视为主要威胁，不管是国内还是国外。20 世纪 60 年代、70 年代和80 年代都出现过许多“政治引领性的”政策宣言和尝试，旨在创建联合工业企业和实行优惠贸易安排。然而这些尝试的发展效果往往不佳，东南亚的经济发展在那时很难说得益于东盟这个地区组织的政策。东盟后来已得到巩固，某种程度上甚至是蓬勃发展，这已成为新地区主义阶段人们分析研究的一个实际案例(参见本书第 11 章)。

新地区主义

新地区主义学者提及大量新的趋势和发展，比如更加多维和多元型的地区主义的兴起，而并非主要关注保护性贸易安排或安全合作。新型的地区主义还有一个更加多样化的制度设计，商业和公民社会行为体发挥着更加积极的作用(de Melo and Panagaryia, 1995; Fawcett and Hurrell, 1995; Hettne et al., 1999; Mansfield and Milner, 1997; Schulz et al., 2001)。对比以前像哈斯、奈、多伊奇等早期地区一体化学者活跃的时期，本阶段出现了众多地区主义和地区实体，因此也为比较地区主义提供了异乎寻常的研究基础。

大多数学者试图理解 20 世纪 80 年代中期兴起并于 90 年代初期飞速发展的这一波地区主义新潮流，他们意识到，这种现象需要结合全球体系的诸多关联性结构变动才能加以理解。他们提及的这种变动包括：两极结构的终结、(经济)全球化的加剧、对多边贸易秩序不稳定的持续担忧、民族国家的重建，以及对于发展中国家及后共产主义国家中新自由主义经济发展和政治体系的批评。

“真实世界”中地区主义日益增加的多维性带来了研究议程的扩大，理论和视角也开阔起来，出现了新现实主义和新自由主义的制度理论、新贸易理论和新制度主义理

论、多层治理理论、各种建构主义和话语分析方法、安全复合体理论，以及各种各样的批判方法和“新地区主义方法”（Laursen，2003；Wiener and Diez，2003；Söderbaum and Shaw，2003）。无论在欧洲还是世界其他地区，理论化的丰富多样都可视为知识上的进步。不过，这个研究领域也充满着严重的混乱和纷争，在不同理论立场、不同地区与不同议题上都有分歧。

这种分歧尤其体现在，许多学者对于何为“好的”理论缺乏共同的理解（甚至对于什么是理论在认识上都不一致）。一些理论严格运用因果逻辑，注重“客观性”，认为“事实” 【27】
和“理论”应当分开，而另一些理论则建立在截然不同的元理论基础之上。这种分歧与国际关系理论中存在的“理性主义”和“反思主义”方法分歧有密切关联，当然还有（各种各样的）社会建构主义占据着理论的“中间地带”（Adler，1997）。

显然，这一阶段的地区主义研究中，占主流地位的是众多理性主义理论（各种现实主义、自由主义和自由制度主义以及自由政府间主义方法）（参见 Laursen，2003；Mansfield and Milner，1997；Mattli，1999；Moravcsik，1993）。其实，这正是确认地区主义研究“主流”的一种方式，据此我们还会看到，新旧地区主义的区别并不那么明显。即使理性主义者在强调权力抑或强调制度的独立影响方面观点各异，但跟旧地区主义阶段相比，还是20 世纪 90 年代的各种理性主义方法之间关系更近一些。大体说来，理性主义者不仅都持共同的认识论，都承认一套本体论核心假设，而且研究议程也基本相同，即聚焦于各种地区组织和安排的起源、形式和后果。他们的研究议程主要围绕下述问题展开：为什么国家选择参与地区安排？为什么一体化在某些领域进展得快，而在另一些领域进展得慢？什么样的制度形式最有效？何时以及为什么这些制度得以深化，它们对贸易、金融、发展、安全等的影响如何？

20 世纪 90 年代以来，该领域的另一个主要特点是，大量针对地区主义的建构主义和反思主义方法涌现出来，挑战着理性主义的核心假设——比如主观与客观的划分、事实与价值的划分、大多数理性主义方法的国家中心观，以及在非正式和正式组织形成中规范与认同的作用。在这里，我们对建构主义和反思主义方法的差别也需要有所认识。有些建构主义者首先和主要是与理性主义及主流话语（如自由主义和现实主义）展开争辩（参见 Adler，1997；Katzenstein，1996；Acharya，2004），而有些则更倾向于针对较为激进的批判方法进行争辩。在前一种情况下，可能有点难以划分建构主义和反思主义的界线（Neumann，1994；Hettne and Söderbaum，2000；Paasi，2001；Söderbaum，2004）。

反思主义方法更加深入思考结构转型，以及地区主义为谁和因何目的而得以付诸实践。许多批判理论学者在 20 世纪 90 年代时提出，新地区主义或许代表着经济全球化之中“政治的回归”。有些学者持怀疑态度，认为地区主义主要是经济全球化和霸权盛行的表现(Gamble and Payne,1996),而许多其他学者则更为乐观地看到了地区主义的积极效应(Hettne et al.,1999)。

新地区主义阶段的一个主要争论点是,相比于那种意味着“一个地区内社会一体化的成长和往往间接的社会经济互动过程”(Hurrell,1995,39)的地区化而言,作为国家主
【28】导工程的地区主义是否更加重要。大多数学者明显强调国家主导的和正式的地区主义的重要性,而某些“新地区主义方法”更重视非国家行为体的重要性。如博厄斯、马尔尚和肖(Bøås,Marchand,and Shaw,2003,201)所言,“地区主义显然是一项政治工程,但它分明又不完全由国家主导,因为国家不是其中唯一的政治行为体……我们明确认为,在每个地区工程(无论是否官方)之内,都共存着几种竞争性的地区化行为体,它们有不同的地区愿景和思想”(另参见 Schulz et al.,2001)。

大多数(不是全部)理性主义学者聚焦于既定的地区范围和地区组织,而反思主义者和建构主义者更关注地区是如何构成和建构的(Murphy,1991; Neumann,1994; Hettne and Söderbaum,2000)。一种更具影响力的方法——“新地区主义方法”(NRA)声称,不存在“天然的”地区,它们都是在全球转型过程中通过人类的集体行为和身份塑造而被有意或无意地创造(made)、再创造(remade)或逆创造(unmade)出来的(Söderbaum,2004)。既然地区是社会建构物,就没有什么“给定的”地区,也没有“给定的”地区利益,但在互动过程和主体间相互理解的过程中可以形成利益和认同。这种理论化形式导致在回答地区为什么、如何、由谁和为什么目的而形成与构建的问题上,出现了与主流和理性主义研究议程迥然不同的答案和方法论。

伊弗·诺伊曼(Iver B.Neumann,1994)提出的“地区建设方法”(region-building approach,RBA),与“新地区主义方法”(NRA)非常类似。它也拒绝给地区设置固定的和预先给定的定义,也不囿于民族国家的领土范围。RBA 的基本观念是,地区以地区建设者(region-builders)为先导——就是说,政治行为体作为某种政治工程的一部分,按照其利益来想象和建构一个地区。所有理论都会提出有关“地区是什么”的假设,但在诺伊曼看来,主流的和理性主义的方法倾向于忽视“定义和再定义地区的政治学”。关键是,“这是一种固有的政治行为,因此我们必须主动承认并切实履行它”(Neumann,2003,166)。在这个意义上,RBA 试图追根溯源,弄清楚到底地区建设倡议和战略在哪里、由谁、为了谁而提出和落实,换句话说,正在建构的是谁的地区。

这里最后一个需要加以区分的是,结构和宏观导向的方法与施动和微观导向的方法之间的分别。在某种程度上,这一区分消除了或至少超越了理性主义和反思主义的分野。有些学者特别看重历史结构和世界秩序建构,而另一些分析家则对施动性和活跃的社会空间的特质更感兴趣。我们不必要武断地去考虑如何平衡结构与施动性(宏

观与微观、从外而内与从内而外),因为这在很大程度上与元理论立场上的差别很相近,与研究问题性质的关系也很密切。例如,如果我们的研究聚焦于地区在世界秩序转换中的作用,那么采用结构分析可能更为合理;否则就有必要更加重视施动性,以更好地理解或解释施动者与微观进程的根本特殊性及细节。这里很重要的是要认识到,人们 【29】
选择不同假设可能是为了说明地区政治的不同方面,而且不同视角及其相应叙述往往是互补而非相互排斥的(Neumann,2003)。

超越新地区主义:走向比较地区主义

本章意在通过探求地区主义研究的学术史来弥合该研究领域的分歧。长时段视角的一个主要好处是,可以展示其知识丰富性,而且有可能通过梳理,找到早期有关地区和地区建构(时而)影响晚近思想和计划的各种方式。许多重要的地区主义思想和理论早就被人认真探讨,这一事实被太多人忽视了太久。

前述有关早期地区主义的内容,专门深入回溯了地区主义的起源和多样性的发展轨迹。且不论别的,早期地区主义强调了地区主义思想和国家主义思想的互动而不是竞争,这至少在某些方面类似于近来有关多层全球治理的争论。早期地区主义还促使人们注意到各种泛区主义运动,其中往往包含着复杂的地缘政治、文化和功能性的思维,这些思维在世界各个大洲和地区有着各不相同的表现。有些泛区思想仍然影响着当代地区主义计划,尤其是在非洲、拉美和中东。

在早期地区主义之后,本章划分出了三个后续阶段:旧地区主义、新地区主义和当前阶段即比较地区主义。下面,我们界定一下比较地区主义的内涵,以区别于新旧地区主义。

一如赫特内(Hettne,2005)所言,在"新"地区主义发展了二三十年之后,是时候"超越新地区主义"了。我们看到,在大约新千年之交或之后不久,地区主义的性质和相关研究发生了变化,出现了形形色色的新概念和新标签,比如"后霸权地区主义"(post-hegemonic regionalism)(Riggirozzi and Tussie,2012;Telò,2013)、"后新自由地区主义"(post-neoliberal regionalism)(Riggirozzi,2012)、"非正统地区主义"(heterodox regionalism)(Vivares,2013)、"多孔地区秩序"(porous regional orders)(Katzenstein,2005)、"地区世界"(regional worlds)(Acharya,2014)、"交汇地区"(converging regions)(Lenze and Schriwer,2014)和"网络化地区"(networking regions)(Baldersheim et al.,2011)。这些类似的概念和标签都标志着地区主义的多样性和复杂性日益突出。即便新地区主义强调多维性,但就 【30】
地区主义的性质变化来说,已出现了许多新思想,所以我们有必要"超越"新地区主义。

理解当前地区主义特点的一个好办法，是认识地区主义的变化背景。新地区主义的背景主要是“柏林墙”倒塌、新自由主义和经济全球化，与之不同，当前地区主义形成于全球秩序当中，这种全球秩序的特点是存在着众多各不相同又相互冲突的趋势和进程。这些趋势和进程是：反恐战争、干预和保护的责任、转变中的政府和治理意识、多层次的或“多元的”全球秩序、金砖国家以及新兴大国的崛起、金融危机的反复发作、在世界绝大部分地区持续不断出现的犬牙交错的地区性和跨地区性工程与进程（Acharya，2014；Fioramonti，2012；Shaw et al.，2011；Van Langenhove，2011；本书第 26 章）。

我们观察到的另一个现象是，在 20 世纪 80 年代和 90 年代，地区主义的普遍性和重要性仍受到质疑。相比之下，自千年之交以来，地区主义已成为当今全球政治的结构性组成部分，这一点已无可争议。某些最有影响的观察家甚至宣称，当今世界秩序就是一个地区性的世界秩序。例如，彼得·卡赞斯坦（Katzenstein，2005，i）就不肯承认“要么顽固地坚守民族国家立场、要么不可避免地走向全球化”，而认为我们在走向一个“地区构成的世界”。同样，阿查亚强调，“世界政治的地区构造正在出现”（Acharya，2007），并且强调了“地区世界”的建构问题（Acharya，2014）。巴里·布赞和奥利·韦弗尔（Barry Buzan and Ole Waever，2003，20）谈到了一个“强大地区的全球秩序”（另参见 Van Langenhove，2011）。这里的根本之点在于，地区主义并非已经主导了全球政治的所有方面，而是说，“地区如今已在全球随处可见，对于世界事务各个方面（从贸易到冲突管理）的运转愈发重要，甚至可以说，它们构造了当今世界的秩序”（Fawn，2009，5）。

在地区主义历史上，人们讨论过一个重要问题，那就是国家治理、地区治理和全球治理模式之间的关系问题。虽然在旧地区主义阶段，许多理论家都宣称（和希望）地区一体化将把忠诚和决策权转移给地区制度，“超越民族国家”，但还是有其他理论家认为，地区主义只是一种强化民族国家和促进国家建构的方式。在后来的新地区主义阶段，学者们高度重视地区主义和全球化的关系。即使这个问题还未消失，但全球－地区关系的内涵在过去十年间已经改变。当前争论强调的是地区主义的复杂性与国家和非国家行为体之间的多方互动，强调的是各个互动层次上的制度和进程，其中既有双边的也有地区的，还有地区间的和全球的（Baert et al.，2014；Fawn，2009；Shaw et al.，2011）。
【31】认识到地区主义的日益多维性和多层次性之后，当今学者已经能够超越那种充斥于新地区主义阶段的概念二分法，比如：正式还是非正式地区主义、地区主义还是地区化、地区主义是由国家推动还是由非国家行为体推动等。学者们在特定案例中可能就国家和非国家行为体的相对重要性仍然有不同意见，但对于各种各样的地区治理、地区网络和制度形式中国家和非国家机构所具有的多样性，已是无可怀疑的了（Fioramonti，2014；Shaw et al.，2011）。这里我们也应当注意，地区主义还在扩展中，在比新地区主义阶段更

多的政策领域，比如货币金融领域（参见本书第 16 章）、卫生健康领域（Deacon et al.，2010）、性别和社会政策领域（参见本书第 18 章）、移民领域（参见本书第 20 章）、民主和人权领域（参见本书第 21 章），地区主义变得更为重要了。表 2.1 总结了旧地区主义、新地区主义和比较地区主义三个阶段的不同背景，它们在国家、地区和全球层次上的关联性，以及其部门、行为体和组织形式。

表 2.1　旧地区主义、新地区主义和比较地区主义 *

	旧地区主义	新地区主义	比较地区主义
世界秩序背景	二战后及冷战背景（欧洲） 两极体系与后殖民主义（发展中世界）	后冷战背景 全球化与新自由主义 不稳定的多边主义（比如贸易、安全） 民族国家的转型	多极的和“多元的”世界秩序 反恐战争 金融危机 金砖国家和新兴大国的崛起
国家、地区和全球治理之间的关联	地区一体化 “超越民族国家”（欧洲） 推动发展和建设国家（发展中世界）	地区主义被看作是对经济全球化的抵制、驯服或促进	地区治理是多层全球治理的一部分
部门、行为体和组织形式	专门性部门（例如贸易和安全） 地区组织（正式的和国家主导的地区主义）	多种部门或专门部门 国家 vs.非国家行为体 地区主义 vs.地区化 正式 vs.非正式	国家和非国家行为体以正式和非正式的组织形式集中在越来越多的部门

* 作者自制。

地区主义研究最近阶段的另一个特点，是理论和方法论上的对话。新地区主义阶段的争论分歧明显，存在着一系列范式和方法论上的纷争，而当前的地区主义正在成长为一个研究领域。新地区主义阶段，在学术研究各学科与各具体地区（比如欧洲一体化，拉美、亚洲和非洲的地区主义）之间，以及各理论传统（理性主义、建构主义和各种反思主义方法）之间，往往缺乏对话，论题也分散，各种形式的地区主义比如经济的、安全的、环境的地区主义之间很少相互关联。这种分裂状况不利于进一步的知识积累，也不利于理论和方法论的创新。今天，对地区主义进行学术讨论的形势就大不一样，有了越来越多的对话，至少更能够接纳不同的科学立场和视角（参见 De Lombaerde and Söderbaum，2013；Robinson et al.，2011； Telò，2013）。【32】

从方法论角度来看，我们还可以认为，比较地区主义的生成（the consolidation of comparative regionalism）构成了当前地区主义研究阶段的核心特征之一，或许还是其最重要的特征（Acharya and Johnston，2007；Börzel，2011；De Lombaerde et al.，2010；De Lombaerde and Söderbaum，2013；Laursen，2010；Söderbaum and Sbragia，2010；Warleigh-Lack and Van Langenhove，2010；Warleigh-Lack and Rosamond，2010）。阿查亚认为，比较地区主义领域的生成实际上“正逢其时”（Acharya，2012）。这本牛津手册也是比较地区主义生

成的又一个证明。新地区主义阶段的大量研究都基于案例研究。即使进行了比较,许多这类研究也只是要么进行简单的相似性比较,要么进行相当生硬的量化研究,通常都没有考虑到历史和地区背景。如今我们可以看到越来越多进行跨时空比较研究的创新方式。欧洲一体化学者和其他地区主义学者之间的相互影响和互动越来越多,这一点尤其重要,不仅仅因为这将注定减少"欧洲中心主义"。阿查亚正确地认识到,必须承认地区主义有其"全球传统":"构成比较地区主义的思想和成果来源并受益于许多地区的贡献,包括拉美、亚洲、北美、中东、非洲,当然还有欧洲"(Acharya,2012,12)。还必须承认,我们对地区和地区主义的理解在过去数十年间已经改变,这对比较地区主义来说是件好事,也表明我们远离了过去局限于欧洲一体化的传统认识。"当前对比较地区主义的研究兴趣可能不是全新的,但研究方法的确有别于之前。有了社会建构主义的方法和批判理论的方法,我们对于什么构成地区这一问题的理解已经转变,变得更少行为主义成分,更加精微、复合、有争论价值并灵活"(Acharya,2012,3)。当然也不是万事大吉了,地
【33】区主义研究还有很多工作要做,仍有必要深挖地区主义的比较成分,努力不掉进狭隘主义或错置的普遍主义(往往是"欧洲中心主义")的陷阱之中。

进行比较地区主义研究的最佳做法是折中和包容。这种折中视角能够将区域研究、比较政治学和国际关系研究融汇到一起进行更有成效的对话,并由此克服地区主义领域中仍然存在的分裂。它还能够在各个地区(非洲、美洲、亚洲、加勒比和欧洲)的不同地区主义具体争论和专门研究之间架起沟通的桥梁。这种视角也将加强人们就比较分析的基础问题所进行的对话,比如可比较案例的选择,以及众多不同的比较分析形式、比较分析方法和比较研究设计(De Lombaerde et al.,2010; Hettne and Söderbaum,2000)。

这种折中方法强调了比较研究的丰富性。我们能够也应当及时对地区加以比较,并将其置于不同空间和不同组织形式之中和之间进行比较。因此,我们有可能对各种规模(宏观、中观、微观)上全面而多维的地区进行比较,也有可能比较各种更具体的地区和地区主义类型,比如贸易集团、安全地区、认知地区、流域地区等。比如以欧盟(EU)作为研究对象,我们可以通过多种方式对其加以研究,其可比性有赖于所用概念和所提问题。像社会领域的所有其他方面一样,欧盟同时兼具特殊性和普遍性,与其他地区、地区政治共同体和地区组织皆可比较。折中视角并不拒绝将欧盟与其他联邦或民族国家,或者与较早(虽更复杂)的帝国进行比较。换句话说,概念多元化(conceptual pluralism)不等于无序性,也不等于试图在欧洲和其他地区的地区主义之间挑起无谓之争。根本之点在于,要弄清楚研究的问题,选择好案例,同时还要保持概念明晰。

参考文献

Acharya, A.2004.How Ideas Spread: Whose Norms Matter? Norm Localization and Institutional Change in Asian Regionalism.*International Organization*, 58(2): 239–275.

Acharya, A.2007.The Emerging Regional Architecture of World Politics.*World Politics*, 59(4): 629–652.

Acharya, A.2012.Comparative Regionalism: A Field Whose Time Has Come?*The International Spectator: Italian Journal of International Affairs*, 47(1): 3–15.

Acharya, A.2014.*The End of American World Order*.Cambridge: Polity Press.

Acharya, A.and Johnston, A.I. (eds.)2007.*Crafting Cooperation: Regional International Institutions in Comparative Perspective*.Cambridge: Cambridge University Press.

Adler, E.1997.Seizing the Middle Ground: Constructivism in World Politics.*European Journal of International Relations*, 3(3): 319–363.

Axline, W.A.1977.Underdevelopment, Dependence and Integration: The Politics of Regionalism in the Third World.*International Organization*, 31(1): 83–105.

Axline, W.A.1994.Cross-Regional Comparison and the Theory of Regional Cooperation: Lessons from Latin America, the Caribbean, South East Asia and the South Pacific.In: W.A.Axline(ed.), *The Political Economy of Regional Cooperation: Comparative Case Studies*.London: Pinter Publishers, 178–224.

Baert, F., Scaramagli, T., and Söderbaum, F.(eds.)2014.*Intersecting Interregionalism: Regions, Global Governance and the EU*.Dordrecht: Springer.

Baldersheim, H., Haug, A.V.and Øgård, M.(eds.)2011.*The Rise of the Networking Region: The Challenges of Regional Collaboration in a Globalized World*.Farnham: Ashgate.

Binder, L.1958.The Middle East as a Subordinate International System.*World Politics*, 10(3): 408–429.

Bøås, M., Marchand, M.H., and Shaw, T.M.2003.The Weave-World: The Regional Interweaving of Economies, Ideas and Identities.In: F.Söderbaum and T.M.Shaw(eds.), *Theories of New Regionalism*.Basingstoke: Palgrave Macmillan, 197–210.

Börzel, T.A.2011.Comparative Regionalism: A New Research Agenda.KFG Working Papers 28.

Berlin: Research College "The Transformative Power of Europe," Freie Universität Berlin.

Breslin, S., Higgott, R., and Rosamond, B.2002.Regions in Comparative Perspective.In: S.Breslin, C.W. Hughes, N.Phillips, and B.Rosamond(eds.), *New Regionalisms in the Global Political Economy: Theories and Cases*.London: Routledge, 1–19.

Buzan, B.and Wæver, O.2003.*Regions and Powers: The Structure of International Security*.Cambridge: Cambridge University Press.

Cantori, L.J.and Spiegel, S.L.1970.*The International Politics of Regions: A Comparative Approach*.Englewood Cliffs, NJ: Prentice-Hall.

Caporaso, J.A.1971.Theory and Method in the Study of International Integration.*International Organization*, 25(2): 228–253.

De Lombaerde, P. and Söderbaum, F. (eds.) 2013. *Regionalism*, 4 vols. London: Sage.

De Lombaerde, P., Söderbaum, F., Van Langenhove, L., and Baert, F. 2010. The Problem of Comparison in Comparative Regionalism. *Review of International Studies*, 36(3): 731–753.

De Melo, J. and Panagariya, A. (eds.) 1995. *New Dimensions in Regional Integration*. Cambridge: Cambridge University Press.

Deacon, B., Macovei, M.C., Van Langenhove, L., and Yeates, N. (eds.) 2010. *World-Regional Social Policy and Global Governance: New Research and Policy*. London: Routledge.

Deutsch, K.W., Burell, S.A., Kann, R.A., Lee, M., Lichterman, M., Lindgren, R.E., Loewenheim, F.L., and Van Wagenen, R.W. 1957. *Political Community and the North Atlantic Area: International Organization in the Light of Historical Experience*. Princeton, NJ: Princeton University Press.

Fawcett, L. 2005. The Origins and Development of Regional Ideas in the Americas. In: L. Fawcett and M. Serrano (eds.), *Regionalism and Governance in the Americas: Continental Drift*. Basingstoke: Palgrave Macmillan, 25–51.

Fawcett, L. 2012. Between West and Non-West: Latin American Contributions to International Thought. *International History Review*, 34(2): 679–704.

Fawcett, L. 2015. History and Concept of Regionalism: A Call for a Post-Revisionist Synthesis. Paper presented at the International Studies Association Conference, New Orleans, February 18–21.

Fawcett, L. and Hurrell, A. 1995. *Regionalism in World Politics: Regional Organization and International Order*. Oxford: Oxford University Press.

Fawn, R. 2009. Regions and Their Study: Wherefrom, What For and Whereto? *Review of International Studies*, 35(S1): 5–34.

Fioramonti, L. (ed.) 2012. *Regions and Crises: New Challenges for Contemporary Regionalisms*. Basingstoke: Palgrave Macmillan.

Fioramonti, L. (ed.) 2014. *Civil Society and World Regions: How Citizens are Reshaping Regional Governance in Times of Crisis*. Lanham, MD: Lexington Books.

Gamble, A. and Payne, A. (eds.) 1996. *Regionalism and Global Order*. Basingstoke: Macmillan.

Haas, E.B. 1958. *The Uniting of Europe: Political, Social and Economic Forces 1950–1957*. Stanford, CA: Stanford University Press.

Haas, E.B. 1961. International Integration: The European and the Universal Process. *International Organization*, 15(3): 366–392.

Haas, E.B. 1964. *Beyond the Nation-State: Functionalism and International Organization*. Stanford CA: Stanford University Press.

Haas, E.B. 1970. The Study of Regional Integration: Reflections on the Joy and Anguish of Pretheorizing. *International Organization*, 24(4): 607–646.

Haas, E.B. 1976. Turbulent Fields and the Theory of Regional Integration. *International Organization*, 30(2): 173–212.

Hettne, B. 1999. Globalization and the New Regionalism: The Second Great Transformation. In: B. Hettne, A.

Inotai, and Sunkel, O.(eds.), *Globalism and the New Regionalism*.Basingstoke: Palgrave Macmillan, 1–24.

Hettne, B.2005.Beyond the "New Regionalism." *New Political Economy*, 10(4): 543–571.

Hettne, B., Inotai, A., and Sunkel, O.(eds.)1999.*Globalism and the New Regionalism*.Basingstoke: Palgrave Macmillan.

Hettne, B.and Söderbaum, F.2000.Theorising the Rise of Regionness.*New Political Economy*, 5(3): 457–473.

Hoffmann, S.1966.Obstinate or Obsolete? The Fate of the Nation–State and the Case of Western Europe. *Daedalus*, 95(3): 862–915.

Hurrell, A.1995.Explaining the Resurgence of Regionalism in World Politics.*Review of International Studies*, 21(4): 331–358.

Jönsson, C., Tägil, S., and Törnqvist, G.2000.*Organizing European Space*.London: Sage.

Katzenstein, P.J.1996.Regionalism in Comparative Perspective.*Cooperation and Conflict*, 31(2): 123–159.

Katzenstein, P.J.2005.*A World of Regions: Asia and Europe in the American Imperium*.Ithaca, NY: Cornell University Press.

Laursen, F.(ed.)2003.*Comparative Regional Integration: Theoretical Perspectives*.Farnham: Ashgate.

Laursen, F.2010.*Comparative Regional Integration: Europe and Beyond*.Farnham: Ashgate.

Lenze, N.and Schriwer, C.(eds.)2014.*Converging Regions: Global Perspectives on Asia and the Middle East*.Farnham: Ashgate.

Mansfield, E.D.and Milner, H.V.(eds.)1997.*The Political Economy of Regionalism*.New York: Columbia University Press.

Mattli, W.1999.*The Logic of Regional Integration: Europe and Beyond*.Cambridge: Cambridge University Press.

Mattli, W.2005.Ernst Haas's Evolving Thinking on Comparative Regional Integration: Of Virtues and Infelicities.*Journal of European Public Policy*, 12(2): 327–348.

Mitrany, D.1943.*A Working Peace System: An Argument for the Functional Development of International Organization*.London: Royal Institute of International Affairs.

Mittelman, J.H.2000.*The Globalization Syndrome: Transformation and Resistance*.Princeton, NJ: Princeton University Press.

Moravcsik, A.1993.Preferences and Power in the European Community: A Liberal Intergovernmentalist Approach.*Journal of Common Market Studies*, 31(4): 473–524.

Murphy, A.B.1991.Regions as Social Constructs: The Gap between Theory and Practice.*Progress in Human Geography*, 15(1): 23–35.

Neumann, I.B.1994.A Region–Building Approach to Northern Europe.*Review of International Studies*, 20(1): 53–74.

Neumann, I.B.2003.A Region–Building Approach.In: F.Söderbaum and T.M.Shaw(eds.), *Theories of New Regionalism*.Basingstoke: Palgrave Macmillan, 160–178.

Niemann, M.2001.Unstated Places: Rereading Southern Africa.In: P.Vale, L.A.Swatuk, and B.Odén(eds.),

Theory, Change and Southern Africa's Future. Basingstoke: Palgrave Macmillan, 58–82.

Nye, J.S. 1968. Comparative Regional Integration: Concept and Measurement. *International Organization*, 22(4): 855–880.

Nye, J.S. 1971. *Peace in Parts: Integration and Conflict in Regional Organization*. Boston: Little, Brown.

Paasi, A. 2001. Europe as a Social Process and Discourse: Considerations of Place, Boundaries and Identity. *European Urban and Regional Studies*, 8(1): 7–28.

Prebisch, R. 1959. *The Latin American Common Market and the Multilateral Payments System*. Santiago: United Nations Publications.

Puchala, D.J. 1971. Of Blind Men, Elephants and International Integration. *Journal of Common Market Studies*, 10(3): 267–284.

Riggirozzi, P. 2012. Region, Regionness and Regionalism in Latin America: Towards a New Synthesis. *New Political Economy*, 17(4): 421–443.

Riggirozzi, P. and Tussie, D. (eds.) 2012. *The Rise of Post-Hegemonic Regionalism: The Case of Latin America*. Dordrecht: Springer.

Robinson, N., Warleigh-Lack, A., and Rosamond, B. (eds.) 2011. *New Regionalism and the European Union: Dialogues, Comparisons and New Research Directions*. London: Routledge.

Rosamond, B. 2000. *Theories of European Integration*. Basingstoke: Palgrave Macmillan.

Russett, B.M. 1967. *International Regions and the International System: A Study in Political Ecology*. Chicago: Rand & McNally.

Schulz, M., Söderbaum, F., and Öjendal, J. (eds.) 2001. *Regionalization in a Globalizing World: A Comparative Perspective on Actors, Forms and Processes*. London: Zed Books.

Shaw, T.M., Grant. J.A., and Cornelissen, S. (eds.) 2011. *The Ashgate Research Companion to Regionalisms*. Farnham: Ashgate.

Söderbaum, F. 2004. *The Political Economy of Regionalism: The Case of Southern Africa*. Basingstoke: Palgrave Macmillan.

Söderbaum, F. and Sbragia, A. 2010. EU Studies and the "New Regionalism": What Can Be Gained from Dialogue? *Journal of European Integration*, 32(6): 563–582.

Söderbaum, F. and Shaw, T.M. (eds.) 2003. *Theories of New Regionalism: A Palgrave Reader*. Basingstoke: Palgrave Macmillan.

Telò, M. (ed.) 2013. *European Union and New Regionalism: Competing Regionalism and Global Governance in a Post-Hegemonic Era*, 3rd edition. Aldershot: Ashgate.

Thompson, W.R. 1973. The Regional Subsystem: A Conceptual Explication and a Propositional Inventory. *International Studies Quarterly*, 17(1): 89–117.

Van Langenhove, L. 2011. *Building Regions: The Regionalization of the World Order*. Farnham: Ashgate.

Vivares, E. (ed.) 2013. *Exploring the New South American Regionalism (NSAR)*. Farnham: Ashgate.

Warleigh-Lack, A. and Rosamond, B. 2010. Across the EU Studies-New Regionalism Frontier: Invitation to a Dialogue. *Journal of Common Market Studies*, 48(4): 993–1013.

Warleigh-Lack, A. and Van Langenhove, L. 2010. Rethinking EU Studies: The Contribution of Comparative Regionalism. *Journal of European Integration*, 32(6): 541–562.

Wiener, A. and Diez, T. (eds.) 2003. *European Integration Theory*. Oxford: Oxford University Press.

第一部分

比较地区主义理论与方法

第3章　地区主义的理论化:合作、一体化与治理

塔尼娅·A. 博泽尔(Tanja A. Börzel)

冷战结束后,地区主义风起云涌。在过去20年间,特惠贸易协定(PTA)数量爆炸性增长(Mansfield and Pevehouse,2013),原有的地区组织如东盟(ASEAN)、西共体(ECOWAS)中,政治权威的委托现象越来越多,政策竞争明显增多(Börzel,2013)。地区主义的扩大和深化这两大趋势,往往又被认为是扩散(diffusion)进程的结果。随着地缘政治重新抬头,地区合作与一体化也扩展开来(参见本书第5章)。 【41】

本章要讨论的是,主流的地区合作与一体化理论(theories of regional cooperation and integration,简称TRCI)是如何解释地区主义的量变和质变的。[①]与扩散解释不同,这些理论或明或暗地指出,地区主义的内在驱动因素是地区行为体的独立决策,这种决策是对地区内外相关因果要素的回应。

本章一开始指出,主流的地区合作与一体化理论偏好以国家为地区主义的主要驱动力量,并且特别注重地区层次上的正式制度建设进程。这一双重偏见根植于历史,最初体现在国际关系领域并以欧盟为中心(参见本书第2章和第6章)。接下来,本章对现有文献进行梳理,探讨地区合作与一体化理论在多大程度上可以解释地区主义的兴起(emergence)、结果(outcomes)和影响(effects)。且不论其有多么偏颇,多数地区合作与一体化理论的概念和解释逻辑如果扩大到经济领域之外的话都可以适用于不同地区。它们所不能很好解释的是地区组织制度设计的相似性和差异性,而且也不大能够解释其影响。本章最后一部分认为,治理概念有助于地区合作与一体化理论克服其国家主义和正式制度主义的偏颇,因而有助于增强其解释力。治理同等重视国家和非国家行为体,

① 至于地区主义的批判理论,比如世界秩序方法,会在本书有关“新地区主义”的第2章和有关非西方道路的第6章中给予讨论。

【42】 以及正式和非正式制度。通过系统地考虑地区化的这两个核心维度，治理为系统比较各种地区主义和地区秩序提供了分析视角，并且不受时空局限，从而加强了主流理论方法对于地区主义兴起、结果和影响的解释力。①

作为国家主导的正式制度建设的地区主义

地区合作与一体化研究往往为国际政治经济学(IPE)理论方法和欧洲一体化理论方法所主导。IPE 探讨的是地区贸易和投资模型，以及为了促进自由化和调解国家之间的市场准入争端而进行的正式地区制度设计。其中的主要因变量是国家间 PTA 和 FTA 的兴起与效应(相关文献包括 Milner，1988；Mansfield and Milner，1997；Mansfield and Reinhardt，2003；本书第 15 章)。在 IPE 理论中，地区主义的主要驱动因素是国家期望由相互贸易而获得的(物质性)收益。这些收益包括：交易成本降低、政策外部性、规模经济、更大竞争带来的技术创新、更多的外来直接投资，以及在国际市场和国际机构中更大的经济政治分量。

一体化理论产生于欧洲，那里的地区主义很早就开始致力于通过国家间的讨价还价来实现超越贸易自由化的目标(Börzel，2013，504-507)。政府间主义(intergovernmentalism)认为，各成员国及其政府是驱动欧洲一体化和决策的主要行为体，目的在于维护其地缘政治利益及其选民所关心的经济目标(Hoffmann，1982；Taylor，1991；Moravcsik，1991，1998)。相比之下，自由政府间主义(liberal intergovernmentalism)、新功能主义(neo-functionalism)和多层治理方法(multilevel governance approaches)则更加重视国内行为体(如商会和工会)，认为是它们为了促进自身经济政治利益而推动着一体化的发展。自由政府间主义认为，各国政府是以国内利益的主要看护者身份参与地区活动的(Moravcsik，1991，1998)。新功能主义和多层治理理论则认为，国内利益团体绕过其政府而与超国家行为体(尤其是欧盟委员会和欧洲法院)建立的联盟，才是地区制度建设的主要驱动力量(Haas，1958；Sandholtz and Stone Sweet，1998；Hooghe and Marks，2001)。评判这些理论诉求的分析单位，就是诸多欧洲条约和欧洲法的制定(参见本书第 9 章)。

这些地区主义研究路径中的各种理论分别侧重于不同的议题领域，各自强调不同的驱动力量。它们都以国家之间讨价还价的正式进程和结果为核心。依此而论，欧洲一

---

① 笔者在此要向托马斯·里塞(Thomsa Risse)、薇拉·范·许伦(Vera van Hüllen)、利斯贝特·霍夫(Liesbet Hooghe)、弗兰克·席梅尔芬尼希(Frank Schimmelfennig)、杰弗里·切克尔(Jeff Checkel)、阿里·卡佐维奇(Arie Kacowicz)，以及本书其他作者们致谢，感谢他们对于本章初稿的有益评论和建议。

体化就不只是国家之间的合作。这些一体化理论之间的争执主要在于,国家在多大程度上(仍然)是某个进程的主导者,在此进程中,它们通过改革欧盟条约、采行欧盟立法而逐步将权威委托给超国家机构。 【43】

在方法上,对地区建设的研究较少强调理论性而持分析性折中主义的立场,也往往采取以国家为中心的视角。有关"新地区主义"的文献,批评了二战后兴起的"旧地区主义"所持的国家中心主义(参见本书第2章)。它强调地区的社会建构性、市场的作用、公民社会的行为体角色,以及资本和贸易流动的重要性。人们探讨了地区主义的种种新形式,其中,"国家不再是地区主义的唯一看护者"(Fawcett,2005,24)。但在大多数实证研究中,对地区主义的分析最终还是视之为国家间的制度建设,无论是在地区、地区间还是在跨地区的层次上(Shaw et al.,1999; Schulz et al.,2001a; Telo,2001; Breslin et al.,2002; Farrell et al.,2005; Laursen,2010; Warleigh-Lack et al.,2010)。在正式和非正式网络中所包含的国家、市场与公民社会共同驱动的、更具自发性和内生性的过程,被概括为"地区化"或"跨境微观地区主义"(Söderbaum,2005; Jessop,2003),而且因此被视为与"地区主义"有所区别(Hurrell,1995; Fawcett,2005,25; Farrell et al.,2005; Hettne and Söderbaum,2000; Schulz et al.,2001b; Wunderlich,2011)。

国家主导的地区主义在现有文献中之所以占主流,是不是因为我们的理论视角中有偏见呢?抑或20世纪80年代以来兴起的多样化地区主义并不怎么新颖独特,以至于需要新的、不那么以国家为中心的方法呢?(Acharya,1998; Acharya and Johnston,2007b; Söderbaum and Shaw,2003)这些实证性的问题属于比较地区主义研究的核心问题。本章最后一节会提出,"治理"为这些问题的讨论提供了一个不带偏见的分析视角。下面我们先讨论一下,地区合作与一体化的主流理论对于地区主义的兴起、结果和影响到底提出了哪些令人信服的解释。

地区合作与一体化理论

谈及地区合作与一体化的主流理论,相关文献有很多。梳理它们,首先要看它们所依循的分析层次和内在逻辑。这些区分在国际关系学中很是常见(Adler,1997),在社会科学的其他领域也有应用。层次分析法对理论的区分是按照它们考虑地区建设的主要驱动力在于地区的内部(内生型)还是外部(外生型)(Hettne,2002; Söderbaum and Sbragia,2010)。许多理论两者都考虑,并不对这两种驱动力作系统划分。因果效应上看,许 【44】
多理论对地区主义的兴起、结果和影响的解释,分别是工具性(理性主义)的和规范性(社会建构主义)的社会行动逻辑。社会建构主义方法强调集体共享信念、社会传统和行为实践的作用，因此不像许多理性主义方法那样，只关注正式的制度。

分析层次与社会行动逻辑之间并没有什么相互关联。理性主义和建构主义方法可能强调内生的，也可能强调外生的解释。虽然都强调地区外的因果要素，但外生型理论在扩散的解释上又各不相同（参见本书第5章）。制度的相似性，并不是某个地区的行为体模仿其他地区的制度而被动决策的结果。相反，不同地区的行为体对于相似的外部挑战或问题会采取相似的决策。它们会为了防止再出现全球性金融危机而建立地区性货币基金，为了应对全球气候变化而建立地区性减排机制，或者为了应对自然灾害而建立地区性公民保护机制。

第三种区分在于，如何看待非国家行为体的角色。国家中心论视各国政府为驱动和塑造地区制度建设的关键力量，而社会性方法则强调跨国市场和公民社会行为体的重要性，认为它们不仅主导国家意向或施予压力，劝说国家参与地区制度建设，而且积极致力于自己的地区建制，不管国家是否参与。

以上三类划分维度综合起来，又产生了各种不同的对于地区合作与一体化驱动力量的因果解释，但是它们在解释结果上又有区别。在国际关系学中，多数理论集中关注的是地区合作的兴起，而欧盟研究则重视对地区一体化的解释（参见本书第1章）。根本的区别在于地区主义的制度设计上（参见本书第22章）。本章重点讨论地区主义的兴起和影响，对于结果的讨论仅限于合作与一体化的区别上。

地区主义的兴起

国际合作与一体化的经典理论都是理性主义的和国家中心论的。基于权力的方法如新现实主义假定，在缺少一个中央权威（即无政府状态）的情况下，合作对于关心它们之间权力均衡分配的国家而言是危险的（Baldwin，2013；Grieco，1988）。为了解释地区合作，霸权稳定论指向地区内外的大国，它们愿意并有能力充当“地区雇主，以缓和权力分配冲突并为一体化铺平道路”（Mattli，1999a，56；Gilpin，1987，87–90；Grieco，1997）。
【45】美国在欧共体和东盟的创建与发展过程中就扮演了这样一个关键的外部霸权国角色，起到了缓解地区安全困境的作用（Gruber，2000；Acharya，2001）。相反，中东或亚洲地区主义的低效往往归咎于缺少这样一个地区内或地区外的霸权（Fawcett and Gandois，2010；Hemmer and Katzenstein，2002）。大国为了其经济或地缘政治利益而为地区主义的兴起提供了便利。美国、中国、俄罗斯、南非或尼日利亚支持和参与地区建设的目的，或者是加强军事同盟，或者是促进相邻国家的稳定，或者是保障进入新兴市场，获得便宜的劳动力、水和能源（Antkiewicz and Whalley，2005；Gowa，1994；Clarkson，2008；

Coleman,2007,155–184)。当然,霸权领导者虽然会帮助提出和推动地区主义,但大国并不总是愿意充当霸主(Destradi,2010)。巴西对于推动拉美地区的制度建设就半推半就(Spektor,2010)。印度虽有意愿做地区领袖,但至今不肯在争议地区提出有助于稳定的前瞻方案来(Destradi,2012)。南非虽利用其经济实力积极推动南部非洲关税同盟(SACU)的形成,但在南部非洲发展共同体(SADC)当中所起到的作用却好坏参半(Lorenz-Carl,2013; Muntschik,2013)。

组成地区同盟来平衡那些威胁到本地区安全的内外大国,而不是追随这些大国,这是无政府状态下对地区合作的又一解释(Walt,1987)。北约的主要任务之一是通过将美国留在欧洲而抑制德国、抵御俄罗斯(Risse-Kappen,1995)。巴西和委内瑞拉领导南共市(Mercosur)是为了对抗美国在拉美的影响(Gomez Mera,2005; Tussie,2009)。类似的竞争是,两个国家为了抑制外来大国而提出(不同形式的)地区主义,如伊拉克和埃及在阿盟(Khadduri,1946)、马来西亚和印尼在东盟(Dent,2008,86–88)、日本和中国在东亚(Beeson,2006)、尼日利亚和南非在撒哈拉以南非洲(Francis,2006),以及俄罗斯和乌兹别克斯坦在中亚(Kubicek,1997),都是这样。

新自由制度主义和理性主义–功能主义,与基于权力的方法一样,都是理性主义的和国家中心论的。它们也假定国际无政府状态,但强调国家之间存在复合相互依赖,强调它们在由此导致的问题的处理上有共同利益,因此才组建国际制度(Keohane,1984; Martin and Simmons,1998),这些制度集中在地区的原因只是地理上接近。全球化是地区主义的一个重要外部动力。全球市场引起越来越大的跨界流动性和经济联系,贸易问题在地区层次解决起来比多边层次更加方便(Schirm,2002; Breslin et al.,2002)。对于参与地区制度建设,另一个合理解释是应对消极外部性,比如贸易和投资的转移。国家既可能寻求加入已有的地区机构来避免外部性,像以前欧洲国家寻求加入欧盟(EU)或南美国家寻求加入北美自由贸易协定(NAFTA)那样(Mattli,1999b,59–61),也可能创立自己的地区集团。NAFTA 可以解释成美国对于欧洲形成单一市场壁垒和亚洲出现经济地区主义的反应(Mattli,1999b,183–185)。类似的“多米诺效应”(Baldwin,1995)也因 【46】美国转向地区主义而发生,它带来了地区性 PTA 的扩散,因为各国认为美国不再能够或不再愿意维护全球贸易体系的稳定(Mansfield,1998)。1992 年,东盟决定用自由贸易区建设来补充其安全共同体,部分原因是担心东盟市场受到 NAFTA 和单一欧洲市场的影响而进行的全球性安排(Means,1995)。全球化因此成了引起地区制度建设需求的共同刺激因素,全球各地的国家分别做出了不同反应。发达工业化国家大多致力于塑造全球化,并通过建立地区制度来管理其外部性,而发展中国家则一开始都是为了减少对全球市场和前殖民国家的依赖,而采取保护性的地区主义(Mistry,2003; Rivarola

Puntigliano and Briceño-Ruiz,2013)。渐渐地,地区合作和一体化才变得越来越具有发展性,这不仅是为了进入全球市场,吸引外资,而且是为了巩固经济和产业发展,以及地区内的社会保护(参见本书第 17 章)。

对于全球化引发地区主义现象的解释，有关国际合作的政治经济学方法和自由主义理论更多地是以社会为中心。它们以经济和社会利益为出发点(参见本书第 15 章和第 4 章),这些利益通过国内政治的利益聚合和利益表达过程得以展现。国家是地区组织的主导者，掌控着国际决策的程序。国内利益集团可以通过结成跨国利益同盟来绕过国家,但是当危机来临时,它们要想影响地区政策结果和制度变革的话,还是得依赖其政府(Moravcsik,1998)。依靠它们对国内决策程序的接触和行动能力,这些热衷于一体化的利益集团，多多少少能成功地表达它们在地区制度建设上的政治需求(Rogowski,1989; Milner,1997)。比如,美国企业在 NAFTA 和 APEC 协议的达成上就起了有力的游说作用(Milner,1995; Cameron and Tomlin,2002)。

如上所述,新功能主义也强调利益集团、专业协会、生产者团体和劳工联盟的作用,它们在地区主义当中的受益有所不同。那些同样受益的团体就会与其他成员国中的相同利益团体,结成跨国联盟,并与地区行为体结盟。国内利益团体能够绕开其政府,对地区主义提出更大需求。地区行为体响应这种需求而推动各国政府提供更为有效的地区制度,出让主权以巩固贸易自由化(Stone Sweet and Caporaso,1998)。

理性主义社会中心理论集中关注国内和跨国社会,它们或明或暗地假设,地区主义
【47】扩展的环境条件是自由民主和发达的市场经济。社会利益在威权或半威权国家是不大会为了地区主义而结成和动员起来的,因为那里的社会经济发展水平低,经济社会交流的水平也低(Haas,1961; Haas and Schmitter,1964)。这种自由主义偏见,将社会中心理论限定在经合组织(OECD)国家中的工业化自由民主政体(参见本书第 6 章)。当解释世界其他地区的地区主义兴起时,它们就露拙了。不过,索林根(Solingen)认为,国内联盟会根据地区合作或冲突提出不同策略,并不取决于其国内的自由主义结构(Solingen,1998;本书第 4 章)。其他地区可能有它们自身的功能性目标,这取决于其他因素,而不是地区内的经济相互依赖(Haas,1961)。例如,南方国家寻求利用地区制度来平衡与北方国家的国际市场准入谈判,或者为了向外来资助者和投资方显示它们对政治稳定和法治的可信承诺,以吸引外援和外贸(Krapohl and Fink,2013; Börzel,2015)。

艾伦·米尔沃德(Alan Milward)用一种功能主义-理性主义的解释,来说明为什么地区主义会在不存在经济互赖和自由民主的情况下出现。他提出，民族国家政府通过把政治决策转移到欧盟层次,使之独立于某些国内利益,从而实现再分配(Milward,1992;参较 Moravcsik,1998)。这种政治上的考量也可以运用到那些缺乏重要的经济互赖推动

力的地区。非洲、拉美、阿拉伯和亚洲的领导者,无论是否民主,都支持地区合作与一体化,视之为控制、管理和预防地区冲突,应对非传统安全威胁的方式,或者视之为国内权力来源和对民族国家主权的巩固(Graham,2008;Caballero-Anthony,2008;Herbst,2007;Okolo,1985;Acharya,2011; Barnett and Solingen,2007)。弱国家尤其更加乐意参与这种"加强政权型地区主义"(regime-boosting regionalism)(Söderbaum,2004,112-113),因为它们更为依靠经济增长去维护国内稳定、应付社会问题和加强其国际谈判权力地位与合法性(Clapham,1996; 本书第25章)。而且非国家行为体在寻求跨国交易过程中,能够更加容易地绕过它们的政府(Bach,2005)。但是国家也不能太虚弱——政治不稳定对于地区主义而言,也是一个巨大阻碍(Edi,2007)。这种矛盾性在新家长制(neo-patrimonialism)中也存在。地区组织虽然给政府提供了额外利益,有利于凝聚各国的忠诚,但地区主义也能够约束资源(的利用),比如降低关税收入(Allison,2008; Collins,2009; Söderbaum,2012)。最后,地区主义在制止冲突和确保(前)敌对国家间的和平方面扮演了工具角色(Oelsner,2004; Acharya,2001; Francis,2006;Gruber,2000),而且近年来还在成员国当中巩固和促进了民主(Pevehouse,2005; 本书第21章)。民族国家政府释放权威给了地区性机构,但同时它们也赢得了合法性和解决问题的能力,特别是因为许多社会问题和非传统安全威胁(如环境污染、传染性疾病、毒品走私或非法移民)不再局限 【48】
于民族国家的疆界范围之内(Börzel and van Hüllen,2015)。

建构主义者的合作与一体化研究方法在现有文献中体现得不够明显。他们把观念、规范、认同和话语置于核心位置,当成地区主义的观念动力。在国际关系研究的建构主义转向(Adler,2013)到来前很久,交流主义和安全共同体方法就提出过,成功的一体化需要有共同体意识(Deutsch et al.,1957;Adler and Barnett,1998; Acharya,2001)。尽管他们考虑到了地区主义背后的社会构造,但他们仍聚焦于国家主导的正式制度建设。一个安全共同体是由一组国家组成,它们不再视武力为解决冲突的方式。国家在多元型安全共同体中仍保持各自独立。集体共享的意义结构、规范和价值观,这些对于促进互信并弃绝武装冲突的地区认同来说非常重要(Adler and Barnett,1998; Acharya,2001)。然而不明确的地方是,共享的规范和价值究竟是地区一体化的一个前提条件,还是不过只是一项指标(本书第24章)。欧洲一体化学者仍然认为,欧盟已经实现了某种程度的共同并奠基其上(Risse,2010)。但在北美、非洲、中东或亚洲,这种共同体感就比较弱,问题仍然是,这是因为各国在政治体系、社会结构和文化上如此多样,以至于在建立(更强大的)共同机构上没有共同利益(Barnett and Solingen,2007),还是说地区机构不够强大,培育不成一个共同体(Clarkson,2008; Acharya,2005; Jones and Smith,2007; Barnett,1995; Okolo,1985)。

总之，在国家为什么致力于地区制度建设问题上，基于权力的方法与理性主义-功能主义方法首先提供了有说服力的阐释。全球化、相邻国家间经济上和(非传统)安全上的相互依赖，以及确保政权生存，为地区主义提供了有力需求，这种需求并不限于某些地区。既然国家与全球性组织的治理能力有限，那么消除自由贸易堡垒的需求与提供公共产品的需求就最适合于在地区层次上得到满足。由此产生的结果却非常不同，这一点是聚焦于解释地区主义兴起的理论所难以解释的。

地区主义的结果

国际关系理论把地区主义当作国际合作的一种实例来看待(Haas，1970；Hoffmann，1966；Puchala，1972)。大量早期研究集中在欧洲共同体(EC)上，视之为经济和政治地区主义的开路先锋。然而从一开始，国际合作理论就难以抓住这头怪兽的超国家性质(Puchala，1972)。1951年，欧洲煤钢共同体中权威的共享和委托，已经比当时任何
【49】其他地区合作形式走得都更远。国际合作理论很难解释的地方是，存在一个高级机构和一个法院。随着后来欧盟(EU)权力的深化和扩大，欧洲一体化研究者宣称，其进程和结果太特殊，他们需要寻找新的理论(参见本书第9章)。

欧盟研究发展成为国际关系学的一个次级学科，这对地区主义研究有着不同寻常的意义。首先，合作与一体化成了地区主义的两种不同结果(其不同之处请见本书第1章)。其次，一体化理论主要用于解释欧洲一体化的特殊性。尽管起初的理论建构努力并不限于欧洲(Mitrany，1943；Hoffmann，1956；Haas，1964；Nye，1970；Schmitter，1970)，但这些理论后来的改善却越来越迎合欧洲一体化进程及其超国家性结果。一体化实际上成了欧共体和欧盟的同义语，而且也成了衡量世界其他地区一体化的标尺(参见本书第2章)。于是，一体化理论主要适用于欧盟，而合作理论适用于欧洲之外的地区主义。

随着冷战的结束，这种国际合作理论与欧洲一体化理论的分工开始被打破。欧洲之外的重要地区性组织，包括阿盟(LAS)、东盟(ASEAN)、西共体(ECOWAS)和南共市(Mercosur)，都要求采用更深入的贸易一体化和货币一体化形式(参见本书第8章、第11章和第13章)。它们在对内对外安全领域也有了新的任务，以应对核不扩散、裁军、边界冲突、国内政治稳定、移民、恐怖主义或者人口贩卖。各国同意将决策程序正式化，愿意实行多数决和议会代表制，建立约束性的争端解决程序，这些都有可能采用法院或仲裁法庭的形式(参见本书第22章、第23章和第25章)。随着其他地方地区主义的扩大和深化，欧盟开始变得不那么独特，也变得越来越可比较了。尽管这种演变有利于欧

盟与其他形式地区主义间的比较,但主要的理论挑战还是,如何解释地区主义在某些领域、某些政策部门或某个时期更加强调委托和共享,从而使它更像一体化而不止于合作,或者反过来又如何解释(参见本书第27章)。

基于权力的方法承认,权力的国际和地区分配是地区主义兴起的一个重要驱动力。就结果问题,它们讨论得不多,认为(强大的)国家不太情愿将权威委托给地区机构,也就是说它们不大愿意在地区合作之上走得太远。更为令人不解的是,为什么大国似乎更倾向于接受实行广泛的权力委托而不是权力共享(参见本书第22章)。

合作与一体化的理性主义方法并不着重从理论上讨论合作与一体化的程度差异,但它们的功能主义推论应该可以解释结果的变化,认为更高程度的经济互赖要求强化地区冲突解决的机制(Mansfield,1998; Mansfield and Milner,1997; Mattli,1999b; Moravcsik,1998; Stone Sweet and Caporaso,1998),也认为结果受制于不确定性的程度、问题的性质、行为体的数量及其不对称性(参见本书第22章)。地理接近性和民主制度提高了国家间经济交流的密度,从而应当会促进更紧密的地区合作和一体化(Mansfield et al.,2000),然而经济上的相互依赖并不能够充分解释不同的结果。我们发现存在着更多不具有经济互赖性的地区主义整合形式,也发现经济相互依赖当中有很少或者根本没有地区合作。比如,西共体(ECOWAS)就表现出很低的区内贸易水平,但在某些议题领域却拥有比欧盟高得多的政治权威,它能够不经成员国同意就对它们采取军事干预措施。中国、日本和韩国在经济上跟欧盟成员国一样相互依赖,但迄今都没建立正式机构来管理它们之间的贸易和资本流动。 【50】

社会建构主义方法在解释地区主义的不同结果上同样不太管用。他们常常拿文化差异说事儿,比如解释东盟国家所偏好的松散合作。"东盟方式"基于非正式达成共识、组织上精简、制度化薄弱,这被认为跟西方的法制化模式很不一致(Acharya,2004; Katzenstein,2005; Nesadurai,2009)。这些解释有一个最根本的认知偏好,那就是认为西方文化和非西方文化的存在与地区主义的特定结果多少是有一致性的。当应用到更多时空情景中时,它们的解释力就下降了(Beeson,2005)。随着东盟自贸区(AFTA)的创建,东盟首次建立了一个争端解决程序,这打破了基于非正式制度和协商一致的东盟方式。《东盟宪章》则是其朝向更大政治性和更加法制化的一体化道路上迈出的又一巨大步伐(参见本书第11章)。

朝向更紧密合作或一体化的演变可能是扩散进程的结果(参见本书第5章),但是它们也可能是受到了功能主义-理性主义需求的驱动,这种需求源出于地区内外的因素。除了存在外部因素驱动(比如全球化),各国可能面对的共同内部挑战包括:锁定国内改革、遏制邻国的消极外部性、对吸引外来援助和对外贸易表达可信的承诺(Börzel

and van Hüllen,2015)。有关促进国际上民主化的文献认为,各国的民主质量与其在地区组织中的成员身份有关联(参见本书第 21 章)。国家利用地区组织来“锁定”其民主发展,就会采用更深入的地区合作与一体化形式,从而对司法诉讼和制裁机制产生了需求。这也可能适用于威权政府,它们利用其在地区组织中的成员身份来加强主权并增强政权合法性(Levitsky and Way,2010,363–364; Söderbaum,2004)。地区层次上的制度
【51】锁定不只是涉及令继任政府实施国内改革,不管是民主化还是其他改革,而且这还可以作为一种宣示,现任政权据此公开表达自己愿意参与那些受到外部赞助或投资者所期许的机构。国内和地区稳定对于吸引资金和技术很重要。毕竟,专制统治者往往仰赖于经济繁荣以获取其国内合法性(Solingen,2008; 本书第 25 章)。最后,政变和大规模侵犯人权可能对邻国产生严重的消极外部性,难民或叛军的流动往往给整个地区的稳定造成麻烦。这些内在因素可以用来解释,为什么非洲地区合作当中虽有着高度的政治不稳定性和低水平的经济相互依赖性,却能够在过去 20 年间朝向地区一体化发展(参见本书第 13 章)。

总之,主流理论对于两种不同结果的差别解释得不够充分,不管它们重点关注的是合作还是一体化。虽然它们认可经济相互依赖是地区主义兴起的一个重要驱动力,但更高水平的经济相互依赖并不一定带来更大程度的地区合作或地区一体化。其他内生因素,比如一个地区内的政治不稳定,看起来对于解释地区主义结果的多样性和变化更加行得通。它们不仅仅适用于欧洲之外的地区,对于欧洲一体化的深化和扩大来说,锁定国内改革和遏制消极外部性也是关键的驱动力量(参见本书第 9 章)。

地区主义的影响

主流理论对于地区主义的影响提供了很有意思的见解,但是并没有系统地加以理论化。基于权力的方法和理性主义–功能主义方法一般期望通过地区合作来增进霸权国家的利益,解决相关国家间的集体行动问题。国际政治经济学(IPE)学者探讨了地区主义对于全球化、多边主义(Woolcock,2008; Tussie,2003; Ito and Krueger,1997),和更大范围的全球性世界秩序(Van Langehove,2011; Katzenstein,2005; Falk,2003; Solingen,1998)而言,到底是一块垫脚石还是一块绊脚石的问题。他们也考察了地区自由贸易协议对于地区贸易投资流动、经济增长、贫困、社会不平等和劳动力转移有什么影响,特别是在美洲范围内(Weintraub,2004; Preusse,2004; O'Brian,2008; 本书第 15 章和第 16 章)。同时,国际关系学者探索了地区制度是否促进一个地区的和平、安全和稳定(参见本书第 14 章),是否有助于创造和维护民主、人权及其他全球规范(参见本书第

22章），是否防止环境污染（参见本书第19章），是否管制移民活动（参见本书第20章），以及是否增进社会权利、促进和谐（参见本书第17章和第18章）。地区主义对国内政策、制度和政治过程的更广泛影响，迄今只有在欧盟的案例中得到了系统探讨和理论总结（参见本书第9章）。【52】

有关“欧洲化”（Europeanization）与国内变革的文献，对地区主义在世界其他地方的影响来说具有重要意义（Cowles et al.，2001；Featherstone and Radaelli，2003）。欧盟的确是这方面的一个最好案例。其他地区机制，由于在（主权）委托和共享方面更加有限而对其成员的制度影响也更小。欧盟所界定的变革机制仍然适用，它主要源于对主流地区合作与一体化理论（TRCI）解释逻辑的变通。跟欧盟一样，南共市、西共体、非盟或东盟都开始界定实现善治的制度要求，其成员都不得不遵循（Börzel and van Hüllen，2015），而且它们已经开发出工具，试图塑造其成员国的政治和经济制度，这吸收了“欧洲化”方法所界定的同样逻辑机制——从金融和技术援助到法律和军事强制上的附加条件（conditionality）。这些欧洲之外的发展对其成员国的国内结构已经产生了多大程度的影响，人们尚未深究。西共体，较小程度上还有南共市，它们在保护和促进民主变革方面的积极介入，仍然只是例外之事而不是题中之义。然而东盟的例子向我们展示，地区组织也能够发挥不那么直接的、可能更长远的影响，建立起一个政治机会结构（a political opportunity structure），为其公民社会行为体提供权利、金钱和网络，敦促其成员国施行人权和民主。这些研究成果表明，欧盟和北美自由贸易协定当中存在的“差异化赋权”（differential empowerment）过程（Aspinwall，2009）在其他地区也起作用。

从合作与一体化走向治理

地区合作与一体化理论已经识别出地区主义兴起的重要驱动力量，尤其是这些力量并不限于经济领域，但他们很少讨论结果的多样性和变迁，甚至更少讨论影响。本章简直可以直接就把主流理论的研究范围限定在“兴起”上面。毕竟，其他方法比如“新地区主义方法”或扩散论（参见本书第2章、第5章和第6章）并不对地区主义的所有三个维度提供全面解释。即使限于讨论兴起问题，主流理论的解释力也有限，尤其是在欧洲之外。它们对国家主导的正式制度建设的偏好令它们忽视了地区合作与一体化的多样性存在，而这些都是更为非正式的和社会主导的。这种忽视至少部分地说明了理性主义-功能主义方法何以没能够解释正式制度建设在撒哈拉以南非洲（参见本书第13章）【53】或拉美（参见本书第8章）得以扩散的原因，以及为何这种正式制度建设在东北亚和南亚（参见本书第11章）、中东（参见本书第12章）、北美（参见本书第7章）仍然发展低迷的原因。“治理”为克服这种双重忽视提供了一种分析视角。

地区主义的治理方法兴起于欧盟研究中。过去30年,有关欧洲一体化的理论演进催生了一种对欧盟研究中的国家中心主义的批评。认识到欧盟不只是一个国家间组织,而是一个还称不上国家的组织(Wallace,1983),这启发学者们宣称其多面性是独一无二的,这在定义上要早于任何与其他政治体或政治秩序的比较,无论是在国际还是国内层次(Warleigh-Lack and Rosamond,2010)。随着“治理转向”(Kohler-Koch and Rittberger,2006)的到来,欧盟研究的这种癖好开始消失。治理概念不仅适用于比较欧盟与世界其他地方的地区主义,而且由于它抓住了“国家、市场和公民社会行为体在地区和多层治理的各种不同的‘正式’和‘非正式’联合体、网络及模式当中多样化的联系和互动方式”(Söderbaum,2012,52),也就扩大了主流地区合作与一体化理论的视野,并增强了它们的解释力。

与统治不同,治理并不专属于国家,它为制度环境的比较提供了一个框架,其中,全球、地区、国家和次国家层次上的国家和非国家行为体,在多层的正式和非正式网络当中协调行动。根据雷娜特·迈因茨(Renate Mayntz)和弗里茨·W.沙尔普夫(Fritz W. Scharpf)的作品,治理在这里被理解为制度化的协调模式,通过这种协调,集体约束性的决策得以采纳和施行(Scharpf,1999; Mayntz,2004)。因此,治理既包含结构也包含过程。治理结构与制度和行为体分布(actor constellations)有关,而治理过程就是行为体据以调整其行为的社会协调模式。

治理研究通常划分出三种制度化的规则结构类型:等级制、市场(竞争体制)和网络(协商体制)。行为体会按等级制方式或非等级制方式协调行为。等级制协调通常采用权威决策形式(比如行政命令、法院裁决),于是,等级制协调或指挥就能够强迫行为体采取违背自身意志的行动。它们既可能是在物理上被武力强制,也可能是法制机关依法强制(法律)。相反,非等级制协调就是基于自愿服从。利益冲突的解决靠谈判,或者通过在各自偏好不变的前提下谈判出一个妥协方案和相互给予让步(支付补偿和议题联结)来达成自愿协议(讨价还价),或者由各行为体积极致力于不受操纵的说服(争论)过程,据此找到共同利害所在并因而改变偏好。协调在竞争体制中也是非等级制的,行为体
【54】竞相满足某些行为准则,并据以调整其行为。它们在动机上大都是自私自利的,但都追求一个共同目标或竞相获取某些稀缺资源。

尽管分析上有所区别,但治理结构和治理过程还是内在相关的,因为制度构成了社会协调的场所,并管控着入口。重要的是记取,治理结构并不决定而是促进具体的协调模式。结构和模式可以是正式的,也可以是非正式的。最后,制度化的结构及其协调模式都是理想型的,现实中很难见到。相反,我们可以看到的治理机制或治理复合体乃是各

个不同的理想类型的结合体,一个隶属另一个,一个嵌入另一个。这些复合体构成了一种政治秩序,这种政治秩序又构成一个地区,其制度构造上并不限定于政府间合作和超国家一体化两种极端当中的任一端。例如,欧盟的复合治理形式就处于超国家制度的等级制之下,融合了政府间谈判和政治竞争(Börzel,2010)。

为免于给予国家或正式制度以优先地位,治理方法提供的"这个框架,既强调了地区组织或地区主义的复杂性,同时又超越了欧洲或欧盟本身的案例",为欧盟研究者和"新地区主义"学者所共同倡导(Söderbaum and Sbragia,2010,568;本书第2章)。同时,它还抓住了地区主义的多样性特征,其中,国家的议程设置和执行能力受到限制,公民社会在制度上也是弱化的,而且不管国家还是市场行为体都并不受到有效的法治约束。

治理并不像以前的理论那样,把非国家行为体的作用简化成用来界定国家在地区主义中的利益,或者简化成驱使国家走向更深入的地区主义形式,而是承认它们与国家行为体一样对地区结构有着构成性作用。究竟是哪种行为体塑造了地区制度建设,则是一个实证问题。主流理论的因果逻辑也适用于大多数非国家行为体。为什么当企业或环保组织分别在地区层次寻求加强自由贸易和防止环境污染时,就应该只相信正式的制度并求助于国家来建立这样的制度呢?在国家较为虚弱和非国家行为体不得不靠它们自己的资源来施行有效的治理方案的地方,这一问题特别不可思议。在"无政府状态的阴影"之下,权力对于解决集体行动问题也很重要。例如,主导市场的玩家能够给较小的、影响不大的公司提供支付补偿,使它们加入并达成自愿承诺,以制止它们对环境的消极影响,或者为某个特定地区提供安全(Börzel and Thauer,2013)。

同样,治理方法并不去对比西方式的正式官僚制结构和法治化程序与亚洲的非正式、共识导向型和离散型决策,或者非洲的非正式政治和新家长制,而是允许人们探究正式的(规则化和法治化的)过程与非正式的过程之间的关系。尽管东盟明显将其正式
制度设计成非正式的,但在其他地区,"却是用制度的正式性来掩盖其实际发挥作用的 【55】
非正式性或弱式法制化"(Acharya and Johnston,2007a,246)。"影子地区主义"(Söderbaum,2012,60)或"跨国地区主义"(Bach,2003,23; Bach,1999)向我们描述了同样的正式性与非正式性之间的关联,据此,正式的地区制度为非正式的寻租政策实践提供了一个框架。这正好解释了撒哈拉以南非洲那种由相互交叠但往往效率低下的地区组织形成的"意大利面条碗效应",对此,理性主义-功能主义的合作理论是难以加以解释的。企业行为者之间强大的非正式合作网络,也可以解释东北亚为什么没有出现强大的正式制度(Katzenstein and Shiraishi,1997)。

最后,治理方法对于地区主义的建构主义视角而言是开放的,它在"地区是什么"问题上,强调行为者的知觉、理解和社会建构或认识建构(Neumann,2003; Hettne and

Söderbaum,2000; Hettne,2005; Jessop,2003)。社会建构主义者关注的是规范、理念和认同在欧洲社会建构中的作用(参见本书第9章和第24章)。虽然他们尚未系统介入治理研究当中,但他们已经强调,欧盟并不代表某个特定的(网络)治理类型,而是还需要进行不同的解说(Wiener and Diez,2009)。

总结起来讲,治理转向大大便利了跨地区比较。治理并不是一种理论,而只是提供了一种分析框架,方便人们进行系统的和有组织的比较,它并不特别推崇某些类型的行为体、制度或协调模式。因而,它并不特别关注地区层次上国家主导的正式制度建设,而让我们去探究国家、市场和社会行为体是如何走到一起,通过正式和非正式的规范、规则和程序来协调行为和资源的。治理方法不能解释何时和为何地区主义得以兴起、采用某种特别的制度设计、不断演变或证明有效与无效。它和主流理论的解释逻辑是兼容的,并通过提供一种视角而强化了主流理论的解释力,这种视角系统地将社会基础的、非正式的维度融入地区主义的结构和过程即其兴起、结果和影响的分析中。

结　论

管理经济相互依赖,应对(非传统)安全威胁,确保政权生存,这些有力地解释了为什么国家及其他行为体会积极致力于地区制度建设。如果不限于经济领域的话,合作与一体化诸理论可适用于不同地区。当然,不存在一个全球性的地区主义理论,正如不存在一个欧洲、非洲或亚洲都适用的地区主义大理论。地区主义的重要驱动力量还是存在的,它们的因果相关性可以加以比较,只是会随着地区条件的不同而有变化(参见
【56】本书第27章)。根据构成性因果关系(configurative causality)和互动效应(interaction effects)的概念来思考,有助于我们确认那些加强或削弱地区制度建设的、功能相同的要素组合,并最终能够解释其差异化的结果与影响。有关制度设计(参见本书第22章)和扩散(参见本书第5章)的文献为我们提供了有用的起点,以解释比如为何相似程度的经济互赖却可能导致不同的地区结果。同样,有关遵约和"欧洲化"的研究也已经开始考察地区制度对国内变革的作用(Simmons,2009; Pevehouse,2005;Börzel and Risse,2012)。

如果结合治理方法,比较地区主义就不仅能够使我们克服对于某种特定的(西方的、欧盟的)国家主导正式制度建设模式的可能偏向;而且通过系统探讨非国家行为体和非正式制度的作用,还使我们能够理解那些驱动着地区主义兴起、塑造着其制度形式并影响着其效果的全球性外部因素与本地性内生因素之间的相互作用。

参考文献

Acharya, A.1998.Collective Identity and Conflict Management in Southeast Asia.In: E.Adler and M.Barnett(eds.), *Security Communities*.Cambridge: Cambridge University Press, 198–227.

Acharya, A.2001.*Constructing a Security Community in Southeast Asia*.London: Routledge.

Acharya, A.2004.How Norms Spread: Whose Norms Matter? Norm Localization and Institutional Change in Asian Regionalism.*International Organization*, 58(2): 239–275.

Acharya, A.2005.Do Norms and Identity Matter? Community and Power in Southeast Asia's Regional Order.*Pacific Review*, 18(1): 95–118.

Acharya, A.2011.Engagement or Entrapment? Scholarship and Policymaking on Asian Regionalism.*Review of International Studies*, 13(1): 12–17.

Acharya, A.and Johnston, A.I.2007a.Conclusion: Institutional Features, Cooperation Effects and the Agenda for Further Research on Comparative Regionalism.In: A.Acharya and A.I.Johnston (eds.), *Crafting Cooperation: Regional International Institutions in Comparative Perspective*.Cambridge: Cambridge University Press, 244–278.

Acharya, A.and Johnston, A.I. (eds.)2007b.*Crafting Cooperation: Regional International Institutions in Comparative Perspective*.Cambridge: Cambridge University Press.

Adler, E.1997.Seizing the Middle Ground: Constructivism in World Politics.*European Journal of International Relations*, 3(3): 319–363.

Adler, E.2013.Constructivism in International Relations: Sources, Contributions, and Debates.In: W.Carlsnaes, T.Risse, and B.A.Simmons(eds.), *Handbook of International Relations*, 2nd edition.London: Sage, 112–144.

Adler, E.and Barnett, M.(eds.)1998.*Security Communities*.Cambridge: Cambridge University Press.

Allison, R.2008.Virtual Regionalism, Regional Structures and Regime Security in Central Asia.*Central Asian Survey*, 27(2): 185–202.

Antkiewicz, A.and Whalley, J.2005.China's New Regional Trade Agreement.*World Economy*, 28(10): 1539–1557.

Aspinwall, M.2009.NAFTA-ization: Regionalization and Domestic Political Adjustment in the North American Economic Area.*Journal of Common Market Studies*, 47(1): 1–24.

Bach, D.C.1999.*Regionalisation in Africa: Integration and Disintegration*.London: Routledge.

Bach, D.C.2003.New Regionalism as an Alias: Regionalization Through Trans-State Networks.In: J.A.Grant and F.Söderbaum(eds.), *The New Regionalism in Africa*.Aldershot: Ashgate, 21–30.

Bach, D.C.2005.The Global Politics of Regionalism: Africa.In: M.Farrell, B.Hettne, and L.van Langenhove(eds.), *Global Politics of Regionalism: Theory and Practice*.London and Ann Arbor, MI: Pluto Press, 171–186.

Baldwin, D.A.2013.Power and International Relations.In: W.Carlsnaes, T.Risse, and B.A.Simmons(eds.),

Handbook of International Relations, 2nd edition. London: Sage, 273–297.

Baldwin, R.E. 1995. A Domino Theory of Regionalism. In: R. Baldwin, P. Haaparnata, and J. Kiander (eds.), *Expanding Membership of the European Union*. Cambridge: Cambridge University Press, 25–47.

Barnett, M.N. 1995. Sovereignty, Nationalism, and Regional Order in the Arab States System. *International Organization*, 49(3): 479–510.

Barnett, M.N. and Solingen, E. 2007. Designed to Fail or Failure to Design? The Origins and Legacy of the Arab League. In: A. Acharya and A.I. Johnston (eds.), *Crafting Cooperation: Regional International Institutions in Comparative Perspective*. Cambridge: Cambridge University Press, 180–220.

Beeson, M. 2005. Rethinking Regionalism: Europe and East Asia in Comparative Historical Perspective. *Journal of European Public Policy*, 12(6): 969–985.

Beeson, M. 2006. American Hegemony and Regionalism: The Rise of East Asia and the End of Asia-Pacific. *Geopolitics*, 11(4): 541–560.

Börzel, T.A. 2010. European Governance: Negotiation and Competition in the Shadow of Hierarchy. *Journal of Common Market Studies*, 48(2): 191–219.

Börzel, T.A. 2013. Comparative Regionalism: European Integration and Beyond. In: W. Carlsnaes, T. Risse, and B.A. Simmons (eds.), *Handbook of International Relations*. London: Sage, 503–530.

Börzel, T.A. 2015. The Noble West and the Dirty Rest? Western Democracy Promoters and Illiberal Regional Powers. *Democratization*, 22(3): 519–535.

Börzel, T.A. and Risse, T. (eds.) 2012. From Europeanization to Diffusion. *Special Issue of West European Politics*, 35(1).

Börzel, T.A. and Thauer, C. (eds.) 2013. *Business and Governance in South Africa: Racing to the Top?* Basingstoke: Palgrave Macmillan.

Börzel, T.A. and Van Hüllen, V. (eds.) 2015. *Governance Transfer by Regional Organizations: Patching Together a Global Script*. Basingstoke: Palgrave Macmillan.

Breslin, S., Hughes, C.W., Phillips, N., and Rosamond, B. (eds.) 2002. *New Regionalism in the Global Political Economy: Theories and Cases*. London: Routledge.

Caballero-Anthony, M. 2008. Non-Traditional Security in Asia. In: A.F. Cooper, C.W. Hughes, and P. de Lombaerde (eds.), *Regionalisation and Global Governance: The Taming of Globalisation?* London: Routledge, 187–209.

Cameron, M.A. and Tomlin, B.W. 2002. *The Making of NAFTA: How the Deal Was Done*. Cambridge: Cambridge University Press.

Clapham, C. 1996. *Africa in the International System: The Politics of State Survival*. Cambridge: Cambridge University Press.

Clarkson, S. 2008. *Does North America Exist? Governing the Continent After NAFTA and 9/11*. Toronto: University of Toronto Press.

Coleman, K.P. 2007. *International Organization and Peace Enforcement: The Politics of International Legitimacy*. Cambridge: Cambridge University Press.

Collins,K.2009.Economic and Security Regionalism among Patrimonial Authoritarian Regimes.*Europe Asia Studies*,61(2):249–281.

Cowles,M.G.,Caporaso,J.A.and Risse–Kappen,T.(eds.)2001.*Transforming Europe:Europeanization and Domestic Change*.Ithaca,NY:Cornell University Press.

Dent,C.M.2008.*East Asia and Regionalism*.London:Routledge.

Destradi,S.2010.Regional Powers and Their Strategies:Empire,Hegemony,and Leadership.*Review of International Studies*,36(4):903–930.

Destradi,S.2012.*Indian Foreign Policy and Security Policy in South Asia:Regional Power Strategies*. London:Routledge.

Deutsch,K.W.,Burrell,S.A.,and Kann,R.A.1957.*Political Community and the North Atlantic Area:International Organization in the Light of Historical Experience*.Princeton,NJ:Princeton University Press.

Edi,E.M.2007.*Globalization and Politics in the ECOWAS Countries*.Durham,NC:Carolina Academic Press.

Falk,R.A.2003.Regionalism and World Order:The Changing Global Setting.In:F.Söderbaum and T.M. Shaw(eds.),*Theories of New Regionalism:A Palgrave Reader*.Basingstoke:Palgrave Macmillan,63–80.

Farrell,M.,Hettne,B.,and Van Langenhove,L.(eds.)2005.*Global Politics of Regionalism:Theory and Practice*.London and Ann Arbor,MI:Pluto Press.

Fawcett,L.2005.Regionalism from an Historical Perspective.In:M.Farrell,B.Hettne,and L.van Langenhove(eds.),*Global Politics of Regionalism:Theory and Practice*.London and Ann Arbor,MI:Pluto Press,21–38.

Fawcett,L.and Gandois,H.J.2010.Regionalism in Africa and the Middle East:Implications for EU Studies.*Journal of European Integration*,32(6):617–636.

Featherstone,K.and Radaelli,C.M.(eds.)2003.*The Politics of Europeanization*.Oxford:Oxford University Press.

Francis,D.J.2006.*Uniting Africa:Building Regional Security Systems*.Aldershot:Ashgate.

Gilpin,R.1987.*The Political Economy of International Relations*.Princeton,NJ:Princeton University Press.

Gomez Mera,L.2005.Explaining Mercosur's Survival:Strategic Sources of Argentine–Brazilian Convergence.*Journal for Latin American Studies*,22(1):85–98.

Gowa,J.1994.*Allies,Adversaries,and International Trade*.Princeton,NJ:Princeton University Press.

Graham,K.2008.Regionalisation and Responses to Armed Conflict,With Special Focus on Conflict Prevention and Peacekeeping.In:A.F.Cooper,C.W.Hughes,and P.de Lombaerde(eds.),*Regionalisation and Global Governance:The Taming of Globalisation?*London:Routledge,159–186.

Grieco,J.M.1988.Anarchy and the Limits of Cooperation:A Realist Critique of the Newest Liberal Institutionalism.*International Organization*,42(3):485–507.

Grieco,J.M.1997.Systemic Sources of Variation in Regional Institutionalization in Western Europe,East Asia,and the Americas.In:E.D.Mansfield and H.V.Milner(eds.),*The Political Economy of Region–*

alism.New York:Columbia University Press,164–187.

Gruber,L.2000.*Ruling the World:Power Politics and the Rise of Supranational Institutions.Princeton*, NJ:Princeton University Press.

Haas,E.B.1958.*The Uniting of Europe:Political,Social,and Economic Forces 1950—1957*.Stanford, CA:Stanford University Press.

Haas,E.B.1961.International Integration:The European and the Universal Process.*International Organization*,15(3):366–392.

Haas,E.B.1964.*Beyond the Nation–State:Functionalism and International Organization*.Stanford,CA: Stanford University Press.

Haas,E.B.1970.The Study of Regional Integration:Reflections on the Joy and Anguish of Pretheorizing. *International Organization*,24(4):607–646.

Haas,E.B.and Schmitter,P.C.1964.Economics and Differential Patterns of Political Integration:Projec tions about Unity in Latin America.*International Organization*,18(4):705–737.

Hemmer,C.and Katzenstein,P.J.2002.Why is There No NATO in Asia?Collective Identity,Regionalism, and the Origins of Multilateralism.*International Organization*,36(3):575–607.

Herbst,J.2007.Crafting Regional Cooperation in Africa.In:A.Acharya and A.I.Johnston(eds.),*Crafting Co–operation:Regional International Institutions in Comparative Perspective*.Cambridge:Cambridge University Press,129–144.

Hettne,B.2002.The Europeanization of Europe:Endogenous and Exogenous Dimensions.*Journal of European Integration*,24(4):325–40.

Hettne,B.2005.Beyond the “New” Regionalism.*New Political Economy*,10(4):543–571.

Hettne,B.and Söderbaum,F.2000.Theorising the Rise of Regionness.*New Political Economy*,5(3):457–474.

Hoffmann,S.1956.The Role of International Organization:Limits and Possibilities.*International Organization*,10(3):357–372.

Hoffmann,S.1966.Obstinate or Obsolete? The Fate of the Nation–State and the Case of Western Europe. *Daedalus*,95(3):865–921.

Hoffmann,S.1982.Reflections on the Nation–State in Western Europe Today.*Journal of Common Market Studies*,20(1–2):21–37.

Hooghe,L.and Marks,G.2001.*Multi–Level Governance and European Integration*.Lanham,MD:Rowman & Littlefield.

Hurrell,A.1995.Explaining the Resurgence of Regionalism in World Politics.*Review of International Studies*,21(4):331–358.

Ito,T.and Krueger,A.O.(eds.)1997.*Regionalism versus Multilateral Trade Arrangements*.Chicago,IL:University of Chicago Press.

Jessop,B.2003.The Political Economy of Scale and the Construction of Cross–Border Micro–Regions.In: F.Söderbaum and T.M.Shaw(eds.),*Theories of New Regionalism:A Palgrave Reader*.Basingstoke:Pal–

grave Macmillan, 179–196.

Jones, D.M. and Smith, M.L.R. 2007. Making Process, Not Progress: ASEAN and the Evolving East Asian Regional Order. *International Security*, 32(1): 148–184.

Katzenstein, P.J. 2005. *A World of Regions: Asia and Europe in the American Imperium*. Ithaca, NY: Cornell University Press.

Katzenstein, P.J. and Shiraishi, T. (eds.) 1997. *Network Power: Japan and Asia*. Ithaca, NY: Cornell University Press.

Keohane, R.O. 1984. *After Hegemony: Cooperation and Discord in the World Political Economy*. Princeton, NJ: Princeton University Press.

Khadduri, M. 1946. Towards an Arab Union: The League of Arab States. *American Political Science Review*, 40(1): 90–100.

Kohler-Koch, B. and Rittberger, B. 2006. The "Governance Turn" in EU Studies. *Journal of Common Market Studies*, 44(1): 27–49.

Krapohl, S. and Fink, S. 2013. Different Paths of Regional Integration: Trade Networks and Regional Institution-Building in Europe, Southeast Asia and Southern Africa. *Journal of Common Market Studies*, 51(3): 472–488.

Kubicek, P. 1997. Regionalism, Nationalism, and Realpolitik in Central Asia. *Europe Asia Studies*, 49(4): 637–655.

Laursen, F. (ed.) 2010. *Comparative Regional Integration: Europe and Beyond*. Aldershot: Ashgate.

Levitsky, S. and Way, L. 2010. *Competitive Authoritarianism: Hybrid Regimes after the Cold War*. Cambridge: Cambridge University Press.

Lorenz-Carl, U. 2013. When the "Not so Weak" Bargain with the "Not so Strong": Whose Agency Matters in the Economic Partnership Negotiations? In: U. Lorenz-Carl and M. Rempe (eds.), *Mapping Agency: Comparing Regionalism in Africa*. Aldershot: Ashgate, 61–76.

Mansfield, E.D. 1998. The Proliferation of Preferential Trading Arrangements. *Journal of Conflict Resolution*, 42(5): 523–543.

Mansfield, E.D. and Milner, H.V. 1997. *The Political Economy of Regionalism*. New York: Columbia University Press.

Mansfield, E.D., Milner, H.V., and Rosendroff, B.P. 2000. Free to Trade: Democracies, Autocracies, and International Trade. *American Political Science Review*, 94(2): 305–321.

Mansfield, E.D. and Pevehouse, J.C. 2013. The Expansion of Preferential Trading Agreements. *International Studies Quarterly*, 57(3): 592–604.

Mansfield, E.D. and Reinhardt, E. 2003. Multilateral Determinants of Regionalism: The Effects of GATT/WTO on the Formation of Preferential Trading Arrangements. *International Organization*, 57(4): 829–862.

Martin, L.L. and Simmons, B.A. 1998. Theories and Empirical Studies of International Institutions. *International Organization*, 52(4): 729–757.

Mattli,W.1999a.Explaining Regional Integration Outcomes.*Journal of European Public Policy*,6(1):1–27.

Mattli,W.1999b.*The Logic of Regional Integration*.Cambridge:Cambridge University Press.

Mayntz,R.2004.Governance im modernen Staat.In:A.Benz(ed.),*Governance:Regieren in komplexen Regelsystemen*.Eine Einführung.Wiesbaden:Verlag für Sozialwissenschaften,65–76.

Means,G.P.1995.ASEAN Policy Responses to North American and European Trading Arrangements.In:A.Acharya and R.Stubbs(eds.),*New Challenges for ASEAN:Emerging Policy Issues*.Vancouver:UBC Press,156–181.

Milner,H.V.1988.*Resisting Protectionism:Global Industries and the Politics of International Trade*.Princeton,NJ:Princeton University Press.

Milner,H.V.1995.Regional Economic Co–operation,Global Markets and Domestic Politics:A Comparison of NAFTA and the Maastricht Treaty.*Journal of European Public Policy*,2(3):337–360.

Milner,H.V.1997.*Interests,Institutions and Information:Domestic Politics and International Relations*.Princeton,NJ:Princeton University Press.

Milward,A.S.1992.*The European Rescue of the Nation–State*.Berkeley,CA:University of California Press.

Mistry,P.S.2003.New Regionalism and Economic Development.In:F.Söderbaum and T.M.Shaw(eds.),*Theories of New Regionalism:A Palgrave Reader*.Basingstoke:Palgrave Macmillan,117–139.

Mitrany,D.1943.*A Working Peace System:An Argument for the Functional Development of International Organization*.London:Royal Institute of International Affairs.

Moravcsik,A.1991.Negotiating the Single European Act:National Interests and Conventional Statecraft in the European Community.*International Organization*,45(1):19–56.

Moravcsik,A.1998.*The Choice for Europe:Social Purpose and State Power from Rome to Maastricht*.Ithaca,NY:Cornell University Press.

Muntschik,J.2013.Explaining the Influence of Extra–Regional Actors on Regional Economic Integration in Southern Africa:The EU's Interfering Impact on SADC and SACU.In:U.Lorenz–Carl and M.Rempe(eds.),*Mapping Agency:Comparing Regionalism in Africa*.Aldershot:Ashgate,77–95

Nesadurai,H.E.S.2009.ASEAN and Regional Governance after the Cold War:From Regional Order to Regional Community.*Pacific Review*,22(1):91–118.

Neumann,I.B.2003.A Region–Building Approach.In:F.Söderbaum and T.M.Shaw(eds.),*Theories of New Regionalism:A Palgrave Reader*.Basingstoke:Palgrave Macmillan,160–178.

Nye,J.S.1970.Comparing Common Markets:A Revised Neo–Functionalist Model.*International Organization*,24(4):796–835.

O'Brian,R.2008.No Safe Havens:Labour,Regional Integration and Globalisation.In:A.F.Cooper,C.W.Hughes,and P.de Lombaerde(eds.),*Regionalisation and Global Governance:The Taming of Globalisation?* London:Routledge,142–156.

Oelsner,A.2004.Consensus and Governance in Mercosur:Evolution of the South American Security A–genda.*Security Agenda*,40(2):191–212.

Okolo, J.E.1985.Integrative and Cooperative Regionalism: The Economic Community of West African States.*International Organization*, 39(1): 121–153.

Pevehouse, J.C.2005.*Democracy from Above: Regional Organizations and Democratization*.Cambridge: Cambridge University Press.

Preusse, H.G.2004.*The New American Regionalism*.Cheltenham: Edward Elgar.

Puchala, D.J.1972.Of Blind Men, Elephants and International Integration.*Journal of Common Market Studies*, 10(3): 267–284.

Risse, T.2010.*A Community of Europeans? Transnational Identities and Public Spheres*.Ithaca, NY: Cornell University Press.

Risse-Kappen, T.1995.*Cooperation among Democracies: The European Influence on U.S.Foreign Policy*. Princeton, NJ: Princeton University Press.

Rivarola Puntigliano, A.and Briceño-Ruiz, J.(eds.)2013.*Resilience of Regionalism in Latin America and the Caribbean: Development and Autonomy*.Basingstoke: Palgrave Macmillan.

Rogowski, R.1989.*Commerce and Coalitions: How Trade Affects Domestic Political Alignments*.Princeton, NJ: Princeton University Press.

Sandholtz, W.and Stone Sweet, A.(eds.)1998.*European Integration and Supranational Governance*.Oxford: Oxford University Press.

Scharpf, F.W.1999.*Governing Europe: Effective and Legitimate?* Oxford: Oxford University Press.

Schirm, S.A.2002.*Globalization and the New Regionalism: Global Markets, Domestic Politics and Regional Co-operation*.Cambridge: Polity Press.

Schmitter, P.C.1970.A Revised Theory of Regional Integration.*International Organization*, 24 (4): 836–868.

Schulz, M., Inotai, A., and Sunkel, O.(eds.)2001a.*Comparing Regionalisms: Implications for Global Development*.Basingstoke: Palgrave Macmillan.

Schulz, M., Söderbaum, F., and Öjendal, J.(eds.)2001b.*Regionalization in a Globalizing World: A Comparative Perspective on Forms, Actors and Processes*.London and New York: Zed Books.

Shaw, T.M., Boas, M., and Marchand, M.H.(eds.)1999.New Regionalisms in the New Millennium.Special Issue of *Third World Quaterly*, 20(5).

Simmons, B.A.2009.*Mobilizing for Human Rights: International Law in Domestic Politics*.Cambridge: Cambridge University Press.

Söderbaum, F.2004.*The Political Economy of Regionalism: The Case of Southern Africa*.Basingstoke: Palgrave Macmillan.

Söderbaum, F.2005.Exploring the Links between Micro-Regionalism and Macro-Regionalism.In: L. Fawcett, B.Hettne, and L.van Langenhove(eds.), *Global Politics of Regionalism: Theory and Practice*. London and Ann Arbor, MI: Pluto Press, 87–103.

Söderbaum, F.2012.Formal and Informal Regionalism.In: T.M.Shaw, J.A.Grant, and S.Cornelissen(eds.), *The Ashgate Research Companion to Regionalisms*.Aldershote: Ashgate, 51–67.

Söderbaum, F.and Sbragia, A.M.2010.EU Studies and "New Regionalism": What Can Be Gained From Dialogue?*European Integration*, 32(6): 95–117.

Söderbaum, F.and Shaw, T.M.(eds.)2003.*Theories of New Regionalism: A Palgrave Reader*.Basingstoke: Palgrave Macmillan.

Solingen, E.1998.*Regional Order at Century's Dawn: Global and Domestic Influences and Grand Strategy*.Princeton, NJ: Princeton University Press.

Solingen, E.2008.The Genesis, Design and Effects of Regional Institutions: Lessons from East Asia and the Middle East.*International Studies Quaterly*, 52(2): 261–294.

Spektor, M.2010.Brazil: The Underlying Ideas of Regional Policies.In: D.Flemes (ed.), *Regional Leadership in the Global System: Ideas, Interests and Strategies of Regional Powers*.Farnham: Ashgate, 191–204.

Stone Sweet, A.and Caporaso, J.A.1998.From Free Trade to Supranational Polity: The European Court and Integration.In: A.Stone Sweet and W.Sandholtz(eds.), *European Integration and Supranational Governance*.Oxford: Oxford University Press, 92–133.

Taylor, P.1991.The European Community and the State: Assumptions, Theories and Propositions.*Review of International Studies*, 17(1): 109–125.

Telò, M.(ed.)2001.*European Union and New Regionalism: Regional Actors and Global Governance in a Post-Hegemonic Era*.Aldershot: Ashgate.

Tussie, D.2003.Regionalism: Providing a Substance to Multilateralism.In: F.Söderbaum and T.M.Shaw (eds.), *Theories of New Regionalism: A Palgrave Reader*.Basingstoke: Palgrave Macmillan, 99–116.

Tussie, D.2009.Latin America: Contrasting Motivations for Regional Projects.*Review of International Studies*, 35(S1): 169–188.

Van Langehove, L.2011.*Building Regions: The Regionalization of the World Order*.Farnham: Ashgate.

Wallace, W.1983.Less than a Federation, More than a Regime: The Community as a Political System.In: H.Wallace, W.Wallace, and C.Webb (eds.), *Policy-Making in the European Community*.Chichester: John Wiley, 43–80.

Walt, S.1987.*Origins of Alliances*.Ithaca, NY: Cornell University Press.

Warleigh-Lack, A., Robinson, N., and Rosamond, B.(eds.)2010.*New Regionalism and the European Union: Dialogues, Comparisons, and New Research Directions*.London: Routledge.

Warleigh-Lack, A.and Rosamond, B.2010.Across the EU Studies-New Regionalism Frontier: Invitation to Dialogue.*Journal of Common Market Studies*, 48(4): 993–1013.

Weintraub, S.(ed.)2004.*NAFTA's Impact on North America*.Washington, DC: Center for Strategic and International Studies.

Wiener, A.and Diez, T.(eds.)2009.*European Integration Theory*.Oxford: Oxford University Press.

Woolcock, S.2008.The Role of Regional Arrangements in Trade and Investment Regimes.In: A.F.Cooper, C.W.Hughes, and P.de Lombaerde(eds.), *Regionalisation and Global Governance: The Taming of Globalization?* London: Routledge, 118–141.

Wunderlich, J.-U.2011.*Regionalism: Globalisation and International Order — Europe and Southeast Asia*.Aldershot: Ashgate.

第 4 章　全球化、国内政治与地区主义

埃泰尔·索林根(Etel Solingen)
约书亚·麦尔耐特(Joshua Malnight)

本章分析的是全球化、国内政治与地区秩序之间的关联。[①]全球化可能会直接影响地区秩序，也可能通过影响国内政治而间接地影响地区秩序。讨论全球化直接影响地区秩序(图 4.1,向量 1)的文献,比起通过国内政治间接影响地区秩序(向量 2 和向量 3)的文献来,更加广泛,后者是我们讨论的主要内容。我们对于全球化与国内政治关系的认识出发点是,假定全球化意味着国际市场、制度和规范积极扩张到国家的国内政治中去。我们不只是简单地关注一个国家的国内生产总值(GDP)(日益)受到国际活动及其政治影响的程度有多大,而且还关注国内问题(日益)受到国际机制、制度和传统价值影响的程度有多大。全球化对国内政治的影响(向量 2)反过来又对地区秩序有一定的意义(向量 3)。 【64】

我们把地区秩序看作是一个冲突与合作(交织)的序列。地区秩序包含地区化(越来越多的经济和其他领域交流),也包含地区制度建设即地区主义,这是本书所采用的地区秩序的定义(参见本书第 1 章)。这一定义超越了对于地区化和地区主义的划分,因为通常人们认为,地区化是受市场和社会力量驱动,而地区主义受政治力量推动。虽然有时很有用,但这种“市场/政治”划分掩盖了地区化的政治基础和制度创设的市场条件(Katzenstein,2005; Mansfield and Solingen,2010; Pempel,2005; Solingen,2005,2014a)。因此，这里所说的地区制度建设就只是即将出现的地区秩序的一部分而已——它可能是、也可能不是其核心部分。

---

① 本章作者要感谢柏林自由大学组织的学术工作坊的参与者，尤其是本书的两位主编——塔尼娅·A.博泽尔和托马斯·里塞,感谢他们提出的有益建议。鉴于本章内容广泛、所涉文献极丰,在每一节中我们只囊括了其中一部分。

地区秩序受国内政治影响，也影响国内政治（图 4.1，向量 3 和向量 4），而且地区秩
【65】序之间也相互影响（向量 5）。我们将对向量 2、3 和 4 的不同影响进行描述。我们对文献的综述就按照图 4.1 中的各条向量线来进行，分别对全球化、地区主义和国内政治三者间的相互影响关系进行拆解。第一节将简要综述一下论及全球化直接影响地区秩序（向量 1）的文献。第二节详细陈述我们的主要观点，为理解全球化对地区秩序更多发生的间接影响提供一个完整框架的微观基础。按照不同模块，我们首先分析了全球化对国内政治的外源性影响（向量 2），接着探讨了国内政治对于地区秩序形成的含义（向量 3）。然后，在前述几节内容基础上，我们考察了地区秩序反过来对国内政治的影响（向量 4），以及地区秩序相互之间的影响（向量 5）。第三节分析上述主要观点对于制度在地区秩序中所起作用的含义。在结论中，我们对进一步研究全球化、国内政治和地区秩序之间的复杂关联提炼了几点总体看法。

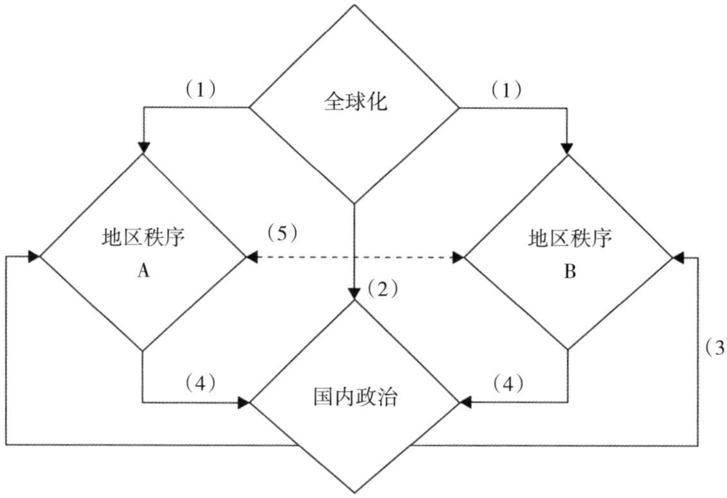

(1)全球化对地区秩序的影响；
(2)全球化对国内政治的影响；
(3)国内政治对地区秩序的影响；
(4)地区秩序对国内政治的影响；
(5)地区秩序之间的相互影响。

图 4.1 全球化或国际化、国内政治与地区秩序之间的联系机制 *

* 作者自制。

全球化与地区秩序

冷战期间，国际政治的主流理论崇尚的是联盟、权力分配与单一国家（unitary

states)，而全球化与地区秩序颇受冷落(Waltz,1979;Gilpin,2001,356)。全球化往往被视为因变量，由全球权力分配所带来，受到强大霸权国的积极支持。奉行霸权稳定论的学者声称，国际贸易体系根本上是由霸权国塑造的，只有这样的大国才能够为维持一个多边贸易体制的需要提供公共产品(Gilpin,1987; Kindleberger,1986[1973]; Keohane,2005[1984]; Keohane and Nye,1977; Krasner,1976; Strange,1970)。没有霸权国或当霸权国不承担义务时，这个世界就会蜕变出地区性的、消极的贸易堡垒。地区秩序普遍被视为国际安全考量的参照物和附带物。地区制度是一个相当不被看重的话题，或者多半被视为有助于减缓安全担忧的手段(Nye,1968)。【66】

冷战结束后，全球化研究成为新热点，地区主义研究也得以复兴。一方面，国际政治经济学(IPE)方面的新作品更加看重全球化，把它看作是一个自变量(Keohane and Milner,1996)。比较政治学这一分支学科则较为系统地论述国内政治对国际经济要素的反应。在比较政治经济学(CPE)当中，一项热门议题就是更加关注国际性的考量(Solingen,2009)。建立在 IPE 和 CPE 的讨论(Frieden,1991; Gourevitch,1978,1986; Katzenstein,1978; Rogowski,1989)基础上，有关开放经济政治学(Open Economy Politics,OEP)的研究明确地拿全球化来解释对外经济政策(Lake,2009)。有人揭露了全球化论题中的“竞次”[①]现象，强调了针对全球化的不同国内反应(Drezner,2001; Brune and Garrett,2005; Goodman and Pauly,1993; Mosley,2003,2005; Strange,1996)。在这些解释中，地区层次的变量还没体现出来。全球化成为国际政治的驱动力量，成为无处不在的结构性向量，把地区变得更加不重要了。

另一方面，地区主义研究的第二波浪潮，激起了冷战后人们对地区组织及其与更大的全球化背景关联性的兴趣(Hettne,2005; Solingen,1996,1998; Stallings,1995)。地区主义成为一个至关重要的分析范畴，这主要是因为，它能够解释全球化当中层次和反应的多样性，还能够说明为什么全球化的结果可能是按地区性集中的。卡赞斯坦(Katzenstein,2005)发现，亚洲制度和欧洲制度在体系上存在差异，驳斥了认为全球化不是导致完全趋同就是截然相异的看法(参见本书第 11 章)。于是，地区层次的结果就解释了这个因变量的其他变化。

特惠贸易协定(PTA)的广泛出现，又吸引人们去注意跨地区的变化(参见本书第 3 章、第 15 章和第 16 章)。经济理论预言，多边贸易有利于增加全球性福利，那么为什么各国的自由化总是成对成群地而不是向全球经济单边放开呢？以前有例子说明地区主

---

① “竞次”(race-to-the-bottom)在全球化研究中是指各国在竞争中比的不是谁更优秀，谁投入了更多的科技、教育资源，而是比谁更次、更糟糕、更苛刻地对待本国劳工阶层，更能够忍受本国环境被破坏。——译者

义并不总是与国际化同时发生(Mansfield and Milner,1999)。例如,地区一体化在一战【67】前可能导致更大的全球化,但是两战之间的地区主义却有严重偏向性而不是多边性的,因而导致了经济紧缩、贸易转移和全球福利衰退。与克鲁格曼(Krugman,1993)和巴格瓦蒂(Bhagwati,1993)认为地区主义阻碍多边自由化的观点相反,鲍德温(Baldwin,1997)认为,地区性 PTA 在特定条件下,会造成"多米诺效应",促进其扩大或者创造出额外的、各不相同的贸易区。各国要求创立 PTA 来保护自己免遭体系威胁(包括霸权衰落、全球衰退),或者在关贸总协定/世贸组织(GATT/WTO)的谈判当中获得筹码(Mansfield,1998)。换言之,国际化加速了商业地区主义的步伐,反过来,又导致进一步的国际化(Mansfield and Reinhardt,2003)。曼格等人(Manger,Pickup and Snijders,2012)则强调,大多数 PTA 不是地区性的而是双边性的,往往联系的都是富裕国家,或者是中等收入国家(这是一种"水平型的 PTA")。

在第二波地区主义研究浪潮中,还有些研究关注的是地区的特殊等级制、权力分配和体系性竞争,这些驱动着超级大国在每个地区竞相角逐(Lake and Morgan,1997;Lemke,2002)。没有这种竞争,美国就不愿意干预,就会允许地区自主与区内互动成为相对于全球考量的更突出变量(Buzan and Wæver,2003; 反对的观点有 Stein and Lobell,1997)。

不同流派的这些学术研究展示出如下特点:第一,它们主要关心的是全球在地区层次上应有的直接影响(图 4.1,向量 1),而规避国内考量。第二,它们或者无视政治施动者(agency),只关注结构动因,或者把施动者看作就是国家,且主要是霸权国。第三,在实证研究中,人们常常更关注欧盟(EU)和北美自贸协定(NAFTA),而不太重视工业化地区。第四,它们强调全球化的具体方面,主要致力于理解经济或安全结果,很少把两者用一个共同框架联系起来去解释地区秩序。

地区秩序的微观基础:一个综合框架

概　述

一个能够将贯穿于全球、地区和国内层次的因果解释途径综合起来的框架,建立在政治联盟之上,这是比较地区主义研究的微观基础。[①]我们分析的出发点是国际化在国内的分配性后果(图 4.1,向量 2)。这些"颠倒的第二意象"(second-image-reversed)

---

① 有关此观点的理论基础,索林根所做的分析更为详尽(Solingen,1998,2014a)。

(Gourevitch,1986)或“从外向内效应”造成了两种理想型的国内联盟——国际化联盟和内向型联盟,它们竞争对其国家的掌控权力。国内政治和制度反过来又将那些效应转变成为竞争性的地方、地区和全球大战略——形成“从内向外效应”,而且这种效应在全部三个层次中间是协同作用的。从国内层次到地区层次的“从内向外效应”(向量 3)于是就成了理解地区秩序性质的重要一环。地区秩序就诞生自某个特定地区内不同联盟的战略互动。由国际化联盟所主导着的地区明显比由内向型统治联盟控制的地区更具合作性。反之,国际化地区的地区安排强化着国内的国际化联盟的逻辑,同时,内向型地区的地区安排强化着其内向型联盟的国内逻辑(向量 4)。联盟的重心也影响着地区互动的方式和地区秩序模式在地区间扩散的程度(向量 5)。以下各小节将对这个理解全球化世界中地区秩序的总体框架进行剖析。 【68】

全球化与国内政治

向国际市场、资本、投资和技术的日益开放,影响着个人和团体,其方式为:(a)工作、收入、价格、公共服务的变化;(b)他们在经济、安全、环境和其他领域越来越融入到国际机制和制度中(Keohane and Milner,1996; Mansfield and Milner,1997)。政治家把经济利益、规范和认同的流动性与国际化困境联系起来加以理解。因此,他们通过把国家与社会划分成竞争性的联盟来组织选民, 并设法令政治生活模式与这些联盟的偏好保持一致。不管哪种政权形式(民主的还是威权的),政治家总是仰赖现有的规则和制度来打造联盟,以最大化他们自己的相对权力和对资源的控制,引导选民赞成国家和私营部门的实际经济利益和观念要求。①

在人们竞争对其国家权力的掌控过程中,诞生了两种理想型的联盟形式,即:国际化联盟和内向型联盟。理想型是启发性的工具,超越了历史和当前实际,因此它们不会跟所有实际情况相符(Eckstein,1975; Ruggie,1998,31–32; Weber,1949,93)。不过,它们有助于把真实世界中的联盟放在一个由国际化和内向型组成的序列上。国际化联盟吸引着经济开放的受益者(或潜在受益者),比如出口密集型部门和公司、竞争性公司企业中技术含量高的劳动者、主张全球经济和知识(技术)体系走向开放的分析师、竞争性

① 人们用不同方法来确认导致联盟形成的内在偏好与利益。比如,罗戈夫斯基(Rogowski,1989)、米尔纳(Milner,1988)和弗里登(Frieden,1991)用的是演绎性偏好(deduced preferences);古勒维奇(Gourevitch,1986)和索林根(Solingen,1998,2001)综合使用的是演绎性和显示性偏好(deduced and revealed preferences)。另有一些学者探讨了国内偏好和认同如何变化的问题, 尤其是在发生经济危机之际(Blyth,2002; Gourevitch,1986; Hall,1993)。

的农业部门、进口产品的消费者和处于经济改革核心当中的官僚(独立的央行和财政部
【69】长官以及出口加工区的管理者)。内向型联盟吸引的是进口竞争性公司和银行(它们与国家关系紧密)、国有企业和银行、城市里的非技术蓝领和白领部门、受改革冷落的国家官僚、大量军事部门及军工复合体以及受到国际化冲击的民间民族主义分子、种族和宗教运动团体。

有关国际化影响的很大不确定性可能藏身于"无知之幕"(Rawls,1971)之后,我们无法知道它们在进程结束时会从哪里和怎样冒出来。当利用联盟时,政治家会在实际的或假定的影响基础上去描述国际化的好处和不足。有时候,这两种竞争性的联盟通过联盟竞争把国家分割成不同的部分。另一些时候,某个联盟成功控制国家,并因此能够推行其偏好的政治生存模式(大战略)。国际化模式靠的是通过融入全球经济而带来的经济绩效和增长,而内向型模式靠的是自主性的"自给自足",这两种模式的不同之处也体现出国家(包括军工复合体)取代或强化市场的程度。

大战略:对地区秩序的影响

国际化联盟一旦成功实现了自己偏好的政治生存模式,它们就会抓住全球政治经济和制度提供的机会。它们的大战略强调的是地区合作与稳定,以及确保进入全球市场并获取资本、投资和技术的道路畅通。它们高度重视宏观经济稳定和国际竞争力,因为这两者有望减轻不确定性,鼓励储蓄并提高投资率(包括对外投资)。①为什么这些联盟更乐意与其邻国合作呢?因为从主张国际化者的立场来看,如果与邻国动辄冲突相向,就会要求动员潜在的军事冲突资源,这反过来又会闹出许多国内政治经济的"小毛病"。这些"小毛病"包括,不是为了生产目的进行容易引起通胀的军事投资,以及借口"国家安全"而对国有企业施加保护。为冲突而动员资源,往往因其扩大军事预算而削弱宏观经济目标,导致政府开支赤字,融资成本提高,抑制储蓄和生产性投资,消耗外汇储备,高估汇率,造成金融不稳定和不可预测,搅乱对外投资。例如,许多东亚国家的统治联盟自20世纪60年代以来就一直按照国际化的方向来掌控其国家。

内向型联盟为了实现其偏好的模式,会挑战市场边界、国际制度和强大国家,强调完整的主权和对国内议题的控制。它们的大战略在其纯粹形式上完全是与国有工业以

---

① 量化研究和质性研究的证据均表明,对这种战略作出反应的是主张国际化者。比如,各国为了获得外来直接投资(FDI),会承诺实行稳定的政策,践行双边投资协定(Elkins et al.,2006),参加贸易协定(Buthe and Milner,2008)。同时,维持在国际投资者当中的良好声誉也令这些国家能够获得进入国际资本市场的便捷通道(Tomz,2007)。

及附属的内向型军工部门的利益结合在一起的，也包括受到国际化威胁的种族、宗教和民族主义团体的利益。地区内的不安全和竞争有助于保持这些联盟的权力，相反，增多的地区合作有可能耗费它们的资源并破坏它们的目标。内向型国家和私人部门总体上不关心地区不安全会不会减少外来投资。这些联盟一向依靠的是民粹主义，其国家积极主动，控制着市场价格，不断提高名义薪酬，高估币值以提高薪水和非贸易商品部门的收益，通过关税、管制和多重汇率来抑制竞争性进口从而向私人公司分配收益。[①]内向型联盟嘲笑各种国际经济、政治和安全机制，认为这些机制对于自己所要维护的经济、民族、种族或宗教目标来说都是可憎的。许多中东的统治联盟自 20 世纪 50 年代以来就一直按照内向型方向来掌控它们的国家。 【70】

大战略，或者说政治权力竞逐模式，也属于理想型的范畴，与真实世界很难准确对接，但这些理想型的范畴为我们沿着一个特定序列对种种大战略进行分类提供了基准。这些大战略并不会直线式地把国家裹挟进去，而是通过联盟竞争和联结起比较政治和国际政治的因果机制而逐步演化出来的(Solingen，2009)。因此，它们形成了对图 4.1 中向量 3 所示效应的一种富有成效的解释，该向量反映的是国内政治对地区层次的影响。如我们接下来所见，一国国内政治联盟竞争本身受到本地区其他国家的联盟性质和能力的影响，这又让我们不得不重视向量 4 所示的效应。

地区内的战略互动：对地区秩序的影响

联盟（在国内和整个地区内）的相对能力，解释了大战略在何种程度上只是联盟理想型的更加原始或粗朴的呈现。一国的地区环境可被定义为一种总体上衡量国际化联盟或内向型联盟相对能力的方式。一种国际化的地区环境就是由某些多少具有同质性的国际化联盟主导着的地区环境，比如像东亚那样的。相反，一种内向型地区环境则由某些多少具有同质性的内向型联盟所主导，比如中东。那么在一个地区内各种不同的联盟组合之间，战略互动的后果又如何呢？每种联盟类型的形成和它们聚合起来组成的不同地区联盟集群，决定着一个地区对冲突与合作的不同偏好。那种主要由国际化联盟组成的地区，显然表现得比那种基本由强大的内向型统治联盟控制的地区更加偏好合作。反过来，国际化地区的地区安排加强着国际化联盟的国内逻辑，而内向型地区的地区安排则加强着其内向型联盟的国内逻辑。实际表现如图 4.1 中的向量 4。

于是，一个地区当中不同的联盟混合形式创造并重塑着不同特点的地区秩序，反过 【71】

---

① 关于民粹主义政党的宏观经济政策，请参见 *Dornbusch and Edwards*(1991)一著。

来又受到它们的影响。一个地区中的强大国际化联盟有望创造更加合作性与和平性的地区秩序（“和平区”），而那些典型的由强大内向型联盟主导的地区则相反（“战争区”）。由混合或杂合的联盟形式主导的地区则体现出“有限冲突区”的特点，这种地区内不会有广泛合作，但也不会有战争。在某个地区内，如果国际化大战略集中出现的话，它总体上就会是稳定的，其所创造的环境对于内向型战略而言最为不利。这个地区的中心越是国际化，就越依赖合作性安排（尽管不一定是正式安排），如此才有利于国际化大战略的全面推行。集中的内向型战略总体上也稳定，能满足（其成员）各自的生存需要，形成“战争区”以抵制国际化战略。“和平区”的国际化挑战着其地区内踌躇不定的内向型联盟，破坏着它们的大战略，不使其从经济闭关中获益或者得不到军事化的好处。经过一段时间后，这些地区秩序会打破明显内向型国家中的联盟平衡，帮助它们最后融入地区框架之中。东盟（ASEAN）就曾经按这种方式，把以前内向型的越南和缅甸的国内联盟包容进去。[①]一旦内向型联盟主导一个地区，“战争区”就会引发压力，给主张国际化者造成生存压力，削弱它们并迫使它们淡化其原本的战略。由内向型联盟主导的地区，比如中东地区的大部，就曾对约旦、黎巴嫩和其他地方的愿意实行国际化者构成了几十年的威胁。

实证研究为这个框架中的模型提供了详细的证据，证明了竞争性的政治生存模式对以下问题提供了有效的解释：为什么中东会有持续几十年的战争和绵延不止的阿拉伯内部对抗、阿以冲突、阿拉伯国家与伊朗的地区冲突（参见本书第 12 章）；为什么阿以之间在 20 世纪 90 年代实现了合作的突破并被迫继续合作；为什么阿拉伯国家间的地区经济壁垒从未减少，地区制度如阿拉伯共同市场基本上还是一纸空文，这就与拉美的情况差不多；为什么拉美南锥体的地区关系结构不断演化，那里超过一个世纪不再有战争（尤其是阿根廷与巴西之间），本应有更深入的合作。这个框架还可以解释：为什么阿根廷维持内向型战略导致其与智利之间出现涉核争端、军事危机和军事动员，并与英国之间发生战争；为什么南共市在得到（包括阿根廷和巴西的）国际化联盟的支持后于 20 世纪 90 年代出现了通往经济一体化的切实迈进，但自那以后又大不如前了（参见本书第 8 章）。[②]内向型政治经济对于深入开展合作而言向来都是一种挑战，不仅在南锥体国家间如此，而且在它们与更加国际化、拥护“开放的地区主义”[③]的太平洋联盟（Pa-

---

① 东盟建立在不干涉原则基础上，这恰好有利于保护其国内模式的国际化（Solingen，1999，2004，2005）。

② 南共市（MERCOSUR）的创立，部分就是为了巩固南锥体国家的国际化和政治改革（Solingen，1998；Pevehouse，2002；Malnight and Solingen，2014）。

③ “开放的地区主义”（open regionalism）指的是地区内经济合作并不排斥地区外行为体（Garnaut，1996）。它所倡导的地区自由化与 WTO 规则相一致。

cific Alliance)国家之间也是如此。

各种政治生存竞争模式也可以用来解释:朝鲜战争的爆发;后来双方的休战以及南方的合作建议;朝鲜半岛南北双方关系的演进;20 世纪 70 年代以来南北方截然不同的核立场;朝鲜方面外交政策转变中的内部立场不一及其核边缘政策;东亚国家通过国际化战略缓解冲突(参见本书第 11 章)。这个框架还可以解释:为什么内向型模式的国家比国际化模式的国家更热衷化学武器且更为好战,以及为什么冷战时代比 1989 年之后的全球结构更有利于那些持内向态度的联盟,当时的全球结构表现为经济保护主义、军事化和地区冲突。尽管其中有重大差异,但典型的东亚统治联盟还是比大多数其他工业化地区更加接近于国际化模式。它们逐渐融入全球经济,小步迈进地区合作与稳定,特别是没有发生战争,这些遵循了联盟大战略的协同效应假说。在东亚,未来发生战争的可能性不能说完全没有,但是经验告诉我们,尽管还存在着严重的争端,东亚依然保持了几十年不打仗的状态(Solingen,2007,2014b)。【72】

地区内外的扩散

政治生存模式在地区内和地区之间的扩散，引起人们关注国际关系中另一个层次即“颠倒的第二意象”层次,或者如图 4.1 中的向量 4 所示(另参见本书第 5 章)。[①]扩散,与其说是单独出于国内考量而产生的结果，不如说是在相互依赖的国家间从外向内产生影响的结果。当然这两者之间并不总是那么容易区分，恰如所谓的“高尔顿难题”(Galton problem)(Jahn,2006)。这种困难在研究邻近国家和地区时尤为突出。不过,有充分证据显示,在东亚,成功的出口导向型模式的逐步扩散明显引发了后来东亚各国和地区陆续采用相似的模式,如在中国台湾、韩国、中国香港、新加坡、马来西亚、泰国、中国大陆、印尼和越南。这种扩散当初被人们比喻为“雁行”模式,它通过外国直接投资(FDI)和银行借贷，将日本的资本和技术当作扩散的先导（Pempel,1997; MacIntyre and Naughton,2005)。这种为亚洲的“小龙”“小虎”们所采用的成功经济模式,反过来又向外扩散,但在不同地区表现不一。从土耳其到智利和巴西,那里的统治联盟在 20 世纪 70 年代只是部分采用了东亚模式，到 80 年代才更加全面地采用（Simmons and Elkins,2004)。

---

① 本节内容出自 Solingen (2007,2009,2012)。人们对地区之间相互影响的结果还较少研究(Hettne,2005; Doidge,2007)。

相比之下，由于中东地区存在着国内"防火墙"——主导联盟、专制体制——所以东亚模式扩散到那里的程度非常有限。中东地区的统治联盟更迟才认识到，单纯依靠进口
【73】 替代实现经济发展虽"简单易行"却没有前途，因为不断扩大公共开支的后果是通胀和支出不平衡的危机，进而导致衰退（Hirschman，1967）。那些高度依赖石油收入或汇兑的统治联盟对经济危机的反应，是"加深"内向型模式而不是替换它们。"荷兰病"指的就是因资源充足而削弱了其它商品的出口竞争力，使得变革更加不受重视（Krugman，1987；Weinthal and Luong，2006）。不过，拿"荷兰病"及相关国内要素所做的解释还是不完整的。有些海湾君主制国家开始摆脱对石油的依赖，寻求与全球经济建立新的联系。而且与"石油诅咒"相反，马来西亚和印度尼西亚也变得乐于接受遍及东亚的出口导向型模式在本地区扩散。

在中东，地区内扩散效应却巩固了内向型模式，其中的因果机制主要是强制机制和效仿机制。逐步采用纳赛尔式或复兴社会党式的模式，往往伴随着的是那些寻求采用其他道路的相邻国家会受到强大的外部干预，同时其内部也有呼应（Kerr，1971）。纳赛尔是扩散的一个关键人物，他威胁并阻挠那些较小且资源贫乏的国家寻求国际化的努力，包括约旦、黎巴嫩甚至伊拉克和也门等。他将这些国家称为反革命的堡垒、"阿拉伯主义"的敌人，谴责它们与西方大国和西方市场结盟，要求把它们开除出阿盟，策动这些国家内部的泛阿拉伯民族主义势力起来推翻他们的领导人。叙利亚和伊拉克的复兴社会党常常威胁约旦，黎巴嫩国内由主导的基督教（马龙派）精英掌控的出口导向模式也面临着纳赛尔派和叙利亚的威胁。然而后来地区条件发生变化，才使得约旦、黎巴嫩、摩洛哥、突尼斯、土耳其等国开始采用不同的模式。

除了国内政治经济的考虑外，另有一些研究集中从文化上解释：为什么国际政策或规范不会自动或持续地从地区向国内环境中扩散（Gurowitz，1999）。[①]例如，集中研究欧盟（EU）的建构主义作品就考察了 EU 启发其他地区建设方案的情形，这种启发是通过学习、效仿或其他机制而进行的。博泽尔和里塞（Börzel and Risse，2012）探讨了 EU 试图将其政策和制度扩散到其紧邻的东欧诸国，认为适用条件（scope conditions）很可能影响着这些国家采用 EU 模式。耶茨奇克和伦茨（Jetschke and Lenz，2013）提出，需要更加注意把地区制度当作自变量来看待，它们影响着其他地区制度的设计，对此，我们下一节予以讨论。

---

① 关于地区认同，请见 Deutsch et al.，1996［1957］；Adler and Barnett，1998；Katzenstein，2000；Abdelal，2001；Hooghe and Marks，2004；Acharya，2009；Risse，2010。

地区主义与地区秩序

上节所述的分析框架,引出了地区主义和地区制度所起作用的问题。依照由冲突到合作的序列来解释地区秩序的性质时,这种制度是决定性的因素吗?或者,反过来问,制度是这种秩序的表现吗? 地区制度怎么与目前我们所分析的联盟框架关联起来呢? 【74】

简言之,解释地区格局的逻辑,更有可能关乎某种或另一种联盟的彼此出现及其战略互动,而非关乎地区制度的性质。近年来,许多地区主义研究成果主要围绕着正式化和制度设计而积极开展研究(参见本书第 14 章和第 22 章),但是地区合作的发生可能并不伴随着建立正式制度,何况虽有正式制度也还是可能发生冲突。有人认为,国际化地区基本上都倾向于合作,哪怕缺少像欧盟那样的正式制度或正式一体化。国际化秩序背后的逻辑是全球适用的;在那些案例中,合作的出现并不一定与地区经济上或制度上的相互依赖挂钩。在这种秩序之中,看重的是对地区合作和稳定的共同偏好,这些偏好又有着共同的目标,那就是:对外投资、进入全球经济、国内经济改革以及控制军事开支。这种秩序可能带来地区贸易和投资的增长,带来与市场友好的"开放的地区主义"相一致的制度,后者与全球经济的联系顺畅。[①]当然,这些制度可能是松散而且非正式的,更加正式的制度可能(但不一定)只是先前经济地区化的副产品。

举例而言, 国内的国际化联盟寻求借助全球经济来发展其经济, 这催生了东盟(ASEAN)、亚太经合组织(APEC)和东盟地区论坛(ARF)的创设。这种战略刺激人们去培育一个稳定而和平的地区环境,最大限度地缩减军事开支,为经济改革减负,避免政策不利于宏观经济稳定。国际化模式塑造了东盟:逻辑上讲,控制冲突的动机先于其制度本身。对东盟地区论坛也是如此,尽管有人还会指出,其创办的原因是在大国与小国之中存在着避免战争和共同安全方面的一致认识, 包括规范性和工具性的一致认识(Johnston,2012)。许多文化阐释把原因放在"亚洲价值观"和"东盟方式"上,已遭到批驳。同样的文化建构并不能适用于解释之前的军事冲突,也不能解释为什么后来没有发生战争。古代的"东方智慧"偏爱共识、和谐、团结和共同体,在过去也并没有带来和平。实际上,东亚在文化上根本不是同质性的——在这一点上甚至还不如中东,当然这种极端多样的文化并没有阻碍合作。尽管存在着持续的紧张,历史问题不断,记忆纷争不已,但国家间战争在过去几十年里还是得以避免(东北亚 6 次,东南亚至少 3 次)。

---

① 比如, 卡勒 (Kahler,2000) 发现, 在国际化联盟与合法化制度之间存在着兼容性。戈尔茨坦(Goldstein et al.,2000,387)按照规则的强制性和严谨性程度来界定制度的合法化(legalization),而且制度的某些解释、监督和执行功能需要赋予第三方。

国际化联盟不仅解释了这些制度的根源，也解释了这些制度的设计。东亚地区制度并非刻板的、合法化的(按照迈尔斯·卡勒对“合法化”的定义)，而在很大程度上反映了妥协与对“开放的地区主义”的共同承诺。它们正如“金凤花小姑娘的嗜好——刚刚好”[①]，
【75】 就是说，它们正好适合这些处于不同发展阶段，以及其经济自由化形式、出口导向增长方式和政权形式都各不相同的国家。偏爱共识，以非正式方式推进信心建设，马不停蹄地例行开会，签订双边、诸边和多边自由贸易协议，实行自我约束承诺基础上的单边自由化，这些都有利于扩大互惠范围，共同加强着地区稳定(参见本书第11章和第15章)。从这个角度来看，正式制度不一定是必需的，尽管东南亚在《无核武器区曼谷条约》中采用了合法化的检查和遵约机制，允许诉至国际法院(ICJ)，而且后续在经济领域也可能有全地区范围的其他更具合法化的步骤。

东亚模式的联盟形象不仅解释了制度的根源和设计，而且解释了谁从中受益。制度结果有利于主导的主张国际化的联盟偏好(参见本书第3章，以及Milner，1988；Moravcsik，1998)，这种偏好不仅在当权者中存在，也遍及快速增大的中产消费者群体。不过，制度影响本身还是很难与那些背后主导性的前制度偏好分开。如果没有那些制度，我们是否会看到一个截然不同的东亚，还很不好说。据说，亚太经合组织有助于扩散围绕着“开放的地区主义”和市场导向自由化的规范共识(这与联盟偏好分不开)。东盟地区论坛的声明与联盟对地区和平与稳定的偏好相符，但其制度影响，除了像培育中国的“合作习惯”之外，并不怎么大(Johnston，2007)。有人会认为，东亚制度就是建构一种以全球市场和制度为轴心的认同。然而实证研究中的因果解释箭头，逐渐地指向了其他方向——从国内偏好指向了制度。况且，关于东亚地区主义的标准建构主义研究并未强调国际化认同，而是强调(高度有争议的)所谓“独特的”“亚洲价值观”、主权和不干涉。不过有点讽刺的是，“亚洲性”(Asianness)成了一种预期之外的地区副产品，由主要导向全球经济的国际化联盟所带来。

至此，我们讨论了国际化地区背后的地区联盟格局如何解释了由此带来的地区制度的不同方面。内向型联盟的主导以及其中的战略互动，对地区制度也有着重要意义。阿盟作为成立于1945年的最早地区制度，算是一个突出的例子(参见本书第12章，另见Barnett and Solingen，2007；Solingen，2008)。尽管共同的语言、民族、历史和文化，令阿盟的创设表面上有了合理的动机即规范趋同，但阿拉伯主义有着强大的不期而至的离心影响，超过了人们原先认为会正向鼓励的向心力。阿盟创立的条件是非常有限的经济

① “金凤花小姑娘的嗜好”(Goldilocks fashion)出自美国传统童话故事，是说金凤花小姑娘喜欢不冷不热的粥、不软不硬的椅子，总之是“刚刚好”的东西，所以后来美国人常用“金凤花小姑娘的嗜好”来形容“刚刚好”。——译者

相互依赖,20世纪50年代以来,阿拉伯国家内部贸易一直稳定地占其全部贸易额的7%~10%。整个中东的政治统治模式,过去是、现在大多仍是更接近于早前我们描述的内向型模式。【76】

统治联盟创立阿盟的目的,是为了保护自己免受泛阿拉伯民族主义者的竞争——不论在地区内还是本国内,试图以此减轻(阿拉伯)统一的压力并试图同时挫败他们。阿盟被视为阿拉伯统一的替代物,而非通往统一的途径。其最简化的正式设计实际上是由多种因素决定的,不仅受联盟偏好的影响,也有努力阻止霸权野心和泛阿拉伯正式统一观念的影响。阿盟对"开放的地区主义"是持反对态度的,这反映着其创立者根深蒂固的内向型战略,并由此传达其创立者的如下意旨:一个非介入性的制度对阿拉伯统一而言是口惠而实不至的。各国偏爱不透明甚于透明,内向型国内议程的竞争逻辑让人捉摸不透。鉴于这样的起源和设计,阿盟的影响就很有限,这并不令人感到奇怪。它明里或暗里一直保持着内向型模式。很少有证据表明,它会约束各国行为,降低交易成本,增加信息(交流),或者重新界定国家认同。它化解不了绝大多数军事冲突,并且在许多情况下倒是助长了冲突,看看现在叙利亚、伊拉克、利比亚等地的灾难性状况就知道了。

一如各个地区所表现出来的,主导联盟的性质解释了创建制度、按照偏好对其进行修正以及对其影响加以适度调整的种种动机。[①]尽管创建它们的国内联盟总体上受益于它们,制度也还是有预想不到的影响。国内模式可以很好地解释创建制度的动机,但并不单方面决定其设计。

权力、观念和效能上的考虑是制度变量在设计上的相关因素。索林根(Solingen,2008)就试图建立适用条件,据此使不同理论最便于解释制度的起源、设计和影响。第一个(有关起源的)假设认为,主导性国内联盟的性质和能力最完美地解释了地区制度的起源,其条件如下:创立那些制度的国内分配意义对于相关行为体是清楚的;地区权力分配的结果可以忽略或不明确;国家层次的交易成本不清楚或不易测量;围绕建立一个制度的需求不存在规范上的趋同。第二个(有关设计的)假设约定,国内联盟的性质和能力最完美地解释了地区制度的设计,其条件是:设计的国内分配意义对相关行为体是清楚的;各国权力分配结果可以不予在意或不明确;制度设计中的变化情况对交易成本没有影响或这种成本不易测量;围绕偏好的设计不存在规范趋同。第三个假设专门针对地区制度的影响,认为其对创立这些制度的主导性国内联盟是有利的,其条件是:制度的国内分配对主导行为体的影响既适当也清楚;制度对权力在各国的分配不重要且不明

① 这里人们或许不禁会想到一些反事实的现象,比如,东亚地区的主导性内向型联盟已经一致地赞成"开放的地区主义"。事实上,有经验证据表明,在先前的内向型时期,这样的一致赞成是不存在的。

【77】 确;对减少各国交易成本的影响不太大或不易测量;对已经表现微弱的规范趋同的影响无足轻重。

因此,国内生存模式只能为理解制度设计提供一个基准,还谈不上多么重要。同时,对权力、效能、交易成本和规范的特殊关注,是有关地区制度的标准解释中常见的分析方式,它可能掩盖了制度结果背后更深一层的国内动因。[①]扎根于联盟框架或其他国内框架的研究,能够提供给人们更全面的见解,以帮助人们理解为何地区制度出现、它们为了谁的利益、何时它们得以扮演重要角色,以及为何它们可能对合作无足轻重。

最后,从两个广大的宏观地理区域出发对这些不同制度进行总览,也可以使人理解,普遍共同缺乏高度正式和合法化的地区制度,使其他所有地区都与欧盟区别开来。高度合法化的制度在不同条件下可能不是那么紧迫,例如:当各成员有足够长的时间缓冲时;合作收益可以多次获得时;未来收益的不确定性难以把控时;不完整的信息和背叛的冲动到处可见时;同侪压力很重要时;很少用到公众审议时;竞争性官僚制压力阻挠合作时;灵活性需要与变化条件相符时(参见本书第22章,以及Harris,2000)。许多国际制度在设计时,严格按照当时设想的普遍标准进行,而且充足的信息(对功能性解释至关重要)和充分的信任(对规范基础上的解释至关重要),可以排除对正式制度的需要。于是,欧盟之外的地区制度就不再是经验上反常的现象,而成了常见的事实。

制度的跨地区比较,要求更好地理解如下难处:如何从潜在的趋势和个别国家的动机中梳理出制度的影响。它们也迫切要求开发方法论工具,以免可能低估或高估制度的影响。例如,反事实推演显然是有困难的,但能帮助我们回答这样的问题——我们所分析的地区是否在无制度环境下会看起来有所不同。

结 论

本章综述了全球化对地区秩序的性质沿着冲突/合作的序列所产生的直接和间接影响。它提出了一种综合框架,以理解全球化通过国内政治对更广义上的地区秩序的间接影响,特别是对地区制度建设(地区主义)的影响。那些影响为国内联盟所过滤,它们就像是外部诱因、国内政治权力和地区结果之间的“传送带”。国际化联盟与内向型联
【78】 盟分别把基于全球经济的激励因素,转换为跟地区战争与和平相关的输入因素,因此它们就成了表达“国内政治”与“外交政策”的至关重要的关键范畴。这两个优先范畴之间

① 关于将政治偏好(political preferences)而非效能准则(efficiency criteria)作为一体化的驱动因素,请见Hooghe and Marks,2006。

的界线是可变的，使得联盟成为高阶政治的一部分，不仅在全球化的当前阶段而且在其他历史时期都是如此。[①]毕竟，这个框架使得世界所有地区的跨地区比较成为可能，并且跨越了不同的时空背景。其中的联盟背景提供了允许的条件，并且势必对任何比较地区主义的理解都至关重要。

联盟分析符合建构主义和诠释性作品的特点，抓住了联盟形成的方方面面，比如有关全球经济和相关制度的观念倾向、文化倾向和认同倾向。[②]在国际制度或跨国网络中所使用的说服机制、社会化机制、羞辱机制和其他机制，都能够强化或消解竞争性联盟的诉求，不论它们是国际化联盟还是内向型联盟（Johnston，2007）。建构主义分析还令人们更加注重合作与冲突的背景特点：敌对方之间的对话在某些情况下可能是理所当然的事（南锥体地区），但在其他情况下则可以促成大跨步的合作（朝鲜半岛、中东地区）。诠释性方法也有助于确认地区的边界，有助于认识联盟机制如何动员力量支持或反对全球经济依赖、支持或反对民族主义和军方、支持或反对地区合作。因此，建构主义的和诠释性的地区主义理论，都可以从更加关注国内政治和地区背后的联盟基础之中受益（Checkel，1997）。

新现实主义方法关注权力的结构性均衡与无政府状态，很少将全球化视为理解地区秩序时的一个核心利益变量。这种方法解释不了许多地区局面，包括南锥体地区的持久和平、无核化或朝向更深入合作的大战略转变，或者朝鲜半岛20世纪50年代以来不再进行战争，以及70年代时北南双方的暂时妥协，北南双方对于类似战略困境的不同反应或者这种反应中的渐进变化，以及许多其他地方的地区结果。例如，巴尼特和索林根（Barnett and Solingen，2007）指出，地区权力分配在解释阿盟的起源、设计或影响方面作用有限。没有任何单个国家能够操控得了阿盟，甚至埃及也不行。埃及可能在建立持久的地区制度上起到了应有的领导作用，却没能像"霸权合作论"所预期的那样有所作为。埃及领导人没有承担起集体责任并提供公共品，而是基本上在追求自身的政治目标。与大国霸权相关联的解释在东亚也面临困难，在那里，中等强国和小国推动了制度建设，较弱小国家不再只是制度的遵从者。联系性权力解释不了为什么这些制度能够锚定、驯化或笼络可能的霸权国。在亚太经合组织和东盟地区论坛的案例中，它们总的制度影响有限，但霸权倾向从之前的制度环境到之后的制度环境有所改变（Krauss and Pempel，2004）。此外，东盟的制度还为"东盟+3"、东亚峰会和其他制度建设工程开辟了 【79】

① 把这种联盟分析一方面应用于第一次世界大战，另一方面应用于当前东亚的战略环境当中，这一做法可参见 Solingen，2014b。

② 关于想象力（imagination）和主体间性（inter-subjectivity）的作用，以及物质条件如何不足以决定我们对于经济的认识，请参见 Herrera，2005。

道路。

尽管抽象出一个单一的新现实主义逻辑来解释地区秩序演变困难重重，但忽视跨地区的背景条件变化也是天真的，这种背景条件变化涉及安全困境的严重性和持久性。联盟在其大战略设计和制度建设路径当中过滤掉了这种困境。从中东到东北亚、南亚或东南亚，昔日持续冲突的历史所留下的阴影甚至给国际化集群也制造了障碍，影响了合作的速度及其实现形式。于是，基于对建立合作性地区秩序的出发点不同，不同地区的主张国际化者会有所差别。相应地，也就出现了差距，必须进行朝向“帕累托边界”和制度的改进，以令各方都更满意。初始的安全条件很重要，但并不足够：不同的联盟会拥护明显不同的战略，哪怕结构条件几乎相同。各联盟之间的战略互动对地区秩序的性质比对一国的相对权力影响更大。

世界体系分析框架是一种立足全球化之结构性影响的分析方法，它所忽视的是，全球政治经济对边缘国家不仅产生约束，而且也提供机会。中国与许多其他国家在一代人之际已经从边缘移到了中心，把握住了那些机会。由于边缘国家在全球范围内联系更加紧密，所以大多数也都很少卷入地区冲突。东亚重大的战争都发生在国际化国家兴起之前，后者自此之后已能够管控得住而不再打仗。巴西与阿根廷之间日益加深的合作，发生在它们前所未有地转向全球经济之后，但随着联盟的活跃又衰落下来（Malnight and Solingen，2014）。中东和南亚抵制全球市场几十年，一直是战争统计中的常客，也无法实现合作性的地区主义。突出的是，许多在依附论看来原本是坏蛋但寻求与全球经济整合的家伙，倒成了地区合作的英明领袖。相反，原本倡导进口替代的民族主义英雄，则动辄发动大规模战争，严重阻碍地区经济合作。依附论忽视了几种导致地区冲突与合作的相关环节。全球经济准入和投资，要求国内经济和地区都保持稳定，不能发生战争。内向型国家主义是与军事工业复合体同声乞求的，往往耗费巨大的军事开支，带来专制统治。国际化与宏观经济稳定可能会有某些意想不到的后果，但在许多情况下，也会严重削弱军工复合体，削弱其国内政治控制的根基及其在地区冲突与合作中的作用。

最后，尽管关注国内统治联盟的相对能力，但这一跨地区比较框架不应该与那种将结果简化为国内政治的分析框架混为一谈。也就是说，从定义上讲，这一框架仍旧是一种与地区联盟重心和全球政治经济宏观进程相勾连的框架，它们对于两种模式的国内
【80】竞争都有着至关重要的分配性影响。联盟是其国内、地区和全球环境的产物，这是一个与国际扩散高度相关的分析性范畴（Solingen，2012）。事实上，理想型的东亚和中东模式，简单说来其本身就是对其他地区加以效仿和学习的结果，同时也继承了内部的传统。扩散的空间、方向和时间影响着不同地区，这在全球化和地区主义研究中始终是一

个重要的研究议程(参见本书第5章)。扩散研究只是在最近才把所有这三个相关层次——国内、地区和全球——整合起来,纳入一个共同理论框架中进行分析。这三个层次的互动仍有待引起优先关注:何时它们各自的影响在塑造地区主义方面占优?何时它们相互加强或相互排斥?何时它们成为扩散的先决条件或催化条件?我们又怎么能最好避免夸大其中一个或另一个?即使在一个从进步意义上看更加相互依赖的世界上,有些事情也并不扩散,这就带来了反事实难题——尽管这引起了棘手的分析挑战,但它有益于地区主义研究(Tetlock and Lebow,2001)。什么会(或不会)在地区层次比在全球层次扩散得更常见、更迅速,又为什么呢?在地区之中和跨地区之间,有什么样具体的扩散类型、机制和妨碍扩散的屏障呢?在什么条件下,地区基础上的外部性,或者"模仿性同构"(mimetic isomorphism),会掩盖跨地区的(外部性)呢? 哪种地区是某些扩散内容的更为常见的发送者或接受者,又为什么呢? 所有这些又怎样影响地区秩序的形成呢? 另一个重要的研究前沿问题是,在一个全球化的世界上,是否地区性影响多多少少比跨地区的或全球性的影响更加重要呢?丰富的比较研究议程还必须关注施动性和因果机制,比如联盟模式,它们将国际化与地区秩序联结在一起。

参考文献

Abdelal, R.2001.*National Purpose in the World Economy: Post-Soviet States in Comparative Perspective*.Ithaca, NY: Cornell University Press.

Acharya, A.2009.*Constructing a Security Community in Southeast Asia: ASEAN and the Problem of Regional Order*, 2nd edition.London: Routledge.

Adler, E.and Barnett, M.(eds.)1998.*Security Communities*.Cambridge: Cambridge University Press.

Baldwin, R.E.1997.The Causes of Regionalism.*World Economy*, 20(7): 865–888.

Barnett, M.and Solingen, E.2007.Designed to Fail or Failure of Design? The Sources and Institutional Effects of the Arab League.In: A.I.Johnston and A.Acharya(eds.), *Crafting Cooperation: Regional Institutions in Comparative Perspective*.Cambridge: Cambridge University Press, 180–220.

Bhagwati, J.1993.Regionalism and Multilateralism: An Overview.In: J.De Melo and A.Panagariya(eds.), *New Dimensions in Regional Integration*.Cambridge: Cambridge University Press, 22–50.

Blyth, M.2002.*Great Transformations: Economic Ideas and Institutional Change in the Twentieth Century*.Cambridge: Cambridge University Press.

Börzel, T.A.and Risse, T.2012.When Europeanisation Meets Diffusion: Exploring New Territory.*West European Politics*, 35(1): 192–207.

Brune, N.and Garrett, G.2005.The Globalization Rorschach Test: International Economic Integration, Inequality, and the Role of Government. *Annual Review of Political Science*, 8(1): 399–423.

Büthe, T. and Milner, H. V. 2008. The Politics of Foreign Direct Investment into Developing Countries: Increasing FDI through International Trade Agreements? *American Journal of Political Science*, 52(4): 741–762.

Buzan, B. and Wæver, O. 2003. *Regions and Powers: The Structure of International Security*. Cambridge: Cambridge University Press.

Checkel, J. 1997. International Norms and Domestic Politics: Bridging the Rationalist–Constructivist Divide. *European Journal of International Relations*, 3(4): 473–495.

Deutsch, K. W., Burell, S. A., Kann, R. A., Lee, M., Lichterman, M., Lindgren, R. E., Loewenheim, F. L., and Van Wagenen, R. W. 1969. *Political Community and the North Atlantic Area: International Organization in the Light of Historical Experience*. New York: Greenwood Press.

Doidge, M. 2007. Joined at the Hip: Regionalism and Interregionalism. *Journal of European Integration*, 29(2): 229–248.

Dornbusch, R. and Edwards, S. 1991. The Macroeconomics of Populism. In: R. Dornbusch and S. Edwards (eds.), *The Macroeconomics of Populism in Latin America*. Chicago, IL: University of Chicago Press, 7–13.

Drezner, D. W. 2001. Globalization and Policy Convergence. *International Studies Review*, 3(1): 53–78.

Eckstein, H. 1975. Case Study and Theory in Political Science. In: F. I. Greenstein and N. W. Polsby (eds.), *Handbook of Political Science*, vol. 7: Strategies of Inquiry. Reading: Addison–Wesley, 79–138.

Elkins, Z., Guzman, A. T., and Simmons, B. A. 2006. Competing for Capital: The Diffusion of Bilateral Investment Treaties, 1960—2000. *International Organization*, 60(4): 811–846.

Frieden, J. A. 1991. Invested Interests: The Politics of National Economic Policies in a World of Global Finance. *International Organization*, 45(4): 425–451.

Garnaut, R. 1996. *Open Regionalism and Trade Liberalization*. Singapore: Institute of Southeast Asian Studies.

Gilpin, R. 1987. *The Political Economy of International Relations*. Princeton, NJ: Princeton University Press.

Gilpin, R. 2001. *Global Political Economy: Understanding the International Economic Order*. Princeton, NJ: Princeton University Press.

Goldstein, J., Kahler, M., Keohane, R. O., and Slaughter, A.–M. 2000. Introduction: Legalization and World Politics. *International Organization*, 54(3): 385–399.

Goodman, J. B. and Pauly, L. W. 1993. The Obsolescence of Capital Controls? Economic Management in an Age of Global Markets. *World Politics*, 46(1): 50–82.

Gourevitch, P. 1978. The Second Image Reversed: The International Sources of Domestic Politics. *International Organization*, 32(4): 881–912.

Gourevitch, P. 1986. *Politics in Hard Times: Comparative Responses to International Economic Crises*. Ithaca, NY: Cornell University Press.

Gurowitz, A. 1999. Mobilizing International Norms: Domestic Actors, Immigrants, and the Japanese State.

World Politics,51(3):413-445.

Hall,P.A.1993.Policy Paradigms,Social Learning,and the State:The Case of Economic Policymaking in Britain.*Comparative Politics*,25(3):275-296.

Harris,S.2000.Asian Multilateral Institutions and Their Response to the Asian Economic Crisis:The Regional and Global Implications.*The Pacific Review*,13(3):495-516.

Herrera,Y.2005.*Imagined Economies:The Sources of Russian Regionalism*.Cambridge:Cambridge University Press.

Hettne,B.2005.Beyond the "New" Regionalism.*New Political Economy*,10(4):543-571.

Hirschman,A.O.1967.*Development Projects Observed*.Washington,DC:Brookings Institution.

Hooghe,L.and Marks,G.2004.Does Identity or Economic Rationality Drive Public Opinion on European Integration? *PS:Political Science and Politics*,37(3):415-420.

Hooghe,L.and Marks,G.2006.The Neofunctionalists were(almost)Right:Politicization and European Integration.In:C.Crouch and W.Streek(eds.),*The Diversity of Democracy:Corporatism,Social Order and Political Conflict*.Cheltenham:Edward Elgar,205-221.

Jahn,D.2006.Globalization as "Galton's Problem":The Missing Link in the Analysis of Diffusion Patterns in Welfare State Development.*International Organization*,60(2):401-431.

Jetschke,A.and Lenz,T.2013.Does Regionalism Diffuse? A New Research Agenda for the Study of Regional Organizations.*Journal of European Public Policy*,20(4):626-637.

Johnston,A.I.2007.*Social States:China in International Institutions,1980—2000*.Princeton,NJ:Princeton University Press.

Johnston,A.I.2012.What(If Anything)Does East Asia Tell Us About International Relations?*Annual Review of Political Science*,15(1):53-78.

Kahler,M.2000.Legalization as Strategy:The Asia-Pacific Case.*International Organization*,54(3):549-571.

Katzenstein,P.J.(ed.)1978.*Between Power and Plenty:Foreign Economic Policies of Advanced Industrial States*.Madison,WI:University of Wisconsin Press.

Katzenstein,P.J.2000.Regionalism and Asia.*New Political Economy*,5(3):353-368.

Katzenstein,P.J.2005.*A World of Regions:Asia and Europe in the American Imperium*.Ithaca,NY:Cornell University Press.

Keohane,R.O.2005.*After Hegemony:Cooperation and Discord in the World Political Economy*.Princeton,NJ:Princeton University Press.

Keohane,R.O.and Milner,H.V.1996.*Internationalization and Domestic Politics*.Cambridge:Cambridge University Press.

Keohane,R.O.and Nye,J.S.1977.*Power and Interdependence:World Politics in Transition*.Boston,MA:Little,Brown.

Kerr,M.H.1971.*The Arab Cold War:Gamal 'Abd al-Nasir and His Rivals,1958—1970*.Oxford:Oxford University Press.

Kindleberger, C.P.1986.*The World in Depression, 1929—1939*.Berkeley, CA: University of California Press.

Krasner, S.D.1976.State Power and the Structure of International Trade.*World Politics*, 28(3): 317–347.

Krauss, E.S.and Pempel, T.J.2004.Challenges to Bilateralism: Changing Foes, Capital Flows, and Complex Forums.In: E.S.Krauss and T.J.Pempel(eds.), *Beyond Bilateralism: U.S.–Japan Relations in the New Asia–Pacific*.Stanford, CA: Stanford University Press, 1–36.

Krugman, P.1987.The Narrow Moving Band, the Dutch Disease, and the Competitive Consequences of Mrs.Thatcher: Notes on Trade in the Presence of Dynamic Scale Economies.*Journal of Development Economics*, 27(1–2): 41–55.

Krugman, P.1993.Regionalism vs.Multilateralism: Analytical Notes.In: J.De Melo and A.Panagariya(eds.), *New Dimensions in Regional Integration*.Cambridge: Cambridge University Press, 58–78.

Lake, D.A.2009.Open Economy Politics: A Critical Review.Review of *International Organizations*, 4(3): 219–244.

Lake, D.A.and Morgan, P.M.1997.*Regional Orders: Building Security in a New World*.University Park, PA: Penn State University Press.

Lemke, D.2002.*Regions of War and Peace*.Cambridge: Cambridge University Press.

MacIntyre, A.and Naughton, B.2005.The Decline of a Japan–Led Model of the East Asian Economy.In: T.J.Pempel(ed.), *Remapping East Asia: The Construction of a Region*.Ithaca, NY: Cornell University Press, 77–100.

Malnight, J.and Solingen, E.2014.Turning Inward: Ruling Coalitions and Mercosur's Retrenchment.In: J. I.Dominguez and A.Covarrubias(eds.), *Routledge Handbook of Latin America in the World*.Abingdon: Routledge, 281–297.

Manger, M.S., Pickup, M.A., and Snijders, T.A.B.2012.A Hierarchy of Preferences: A Longitudinal Network Analysis Approach to PTA Formation.*Journal of Conflict Resolution*, 56(5): 853–878.

Mansfield, E.D.1998.The Proliferation of Preferential Trading Arrangements.*Journal of Conflict Resolution*, 42(5): 523–543.

Mansfield, E.D.and Milner, H.V.1997.*The Political Economy of Regionalism*.New York: Columbia University Press.

Mansfield, E.D.and Milner, H.V.1999.The New Wave of Regionalism.*International Organization*, 53(3): 589–627.

Mansfield, E.D.and Reinhardt, E.2003.Multilateral Determinants of Regionalism: The Effects of GATT/WTO on the Formation of Preferential Trading Arrangements.*International Organization*, 57(4): 829–862.

Mansfield, E.D.and Solingen, E.2010.Regionalism.*Annual Review of Political Science*, 13(1): 145–163.

Milner, H.V.1988.*Resisting Protectionism: Global Industries and the Politics of International Trade*. Princeton, NJ: Princeton University Press.

Moravcsik, A.1998.*The Choice for Europe: Social Purpose and State Power from Rome to Maastricht*.

Ithaca, NY: Cornell University Press.

Mosley, L.2003.*Global Capital and National Government*.Cambridge: Cambridge University Press.

Mosley, L.2005.Globalisation and the State: Still Room to Move? *New Political Economy*, 10(3): 355–362.

Nye, J.S.1968.Comparative Regional Integration: Concept and Measurement.*International Organization*, 22(4): 855–880.

Pempel, T.J.1997.Regime Shift: Japanese Politics in a Changing World Economy.*Journal of Japanese Studies*, 23(2): 333–361.

Pempel, T.J.(ed.)2005.*Remapping Asia: Competing Patterns of Regional Integration*.Ithaca, NY: Cornell University Press.

Pevehouse, J.C.2002.With a Little Help from My Friends? Regional Organizations and the Consolidation of Democracy.*American Journal of Political Science*, 46(3): 611–626.

Rawls, J.1971.*A Theory of Justice*.Cambridge, MA: Harvard University Press.

Risse, T.2010.*A Community of Europeans? Transnational Identities and Public Spheres*.Ithaca, NY: Cornell University Press.

Rogowski, R.1989.*Commerce and Coalitions: How Trade Affects Domestic Political Alignments*.Princeton, NJ: Princeton University Press.

Ruggie, J.G.1998.What Makes the World Hang Together? Neo-Utilitarianism and the Social Constructivist Challenge.*International Organization*, 52(4): 855–885.

Simmons, B.A.and Elkins, Z.2004.The Globalization of Liberalization: Policy Diffusion in the International Political Economy.*American Political Science Review*, 98(1): 171–189.

Solingen, E.1996.Democracy, Economic Reform and Regional Cooperation.*Journal of Theoretical Politics*, 8(1): 79–114.

Solingen, E.1998.*Regional Orders at Century's Dawn: Global and Domestic Influences on Grand Strategy*.Princeton, NJ: Princeton University Press.

Solingen, E.1999.ASEAN, "Quo Vadis"? Domestic Coalitions and Regional Co-operation.*Contemporary Southeast Asia*, 21(1): 30–53.

Solingen, E.2001.Mapping Internationalization: Domestic and Regional Impacts.*International Studies Quarterly*, 45(4): 517–555.

Solingen, E.2004.Southeast Asia in a New Era: Domestic Coalitions from Crisis to Recovery.*Asian Survey*, 44(2): 189–212.

Solingen, E.2005.East Asian Regional Institutions: Characteristics, Sources, Distinctiveness.In: T.J.Pempel(ed.), *Remapping East Asia: The Construction of a Region*.Ithaca, NY: Cornell University Press, 31–53.

Solingen, E.2007.*Nuclear Logics: Contrasting Paths in East Asia and the Middle East*.Princeton, NJ: Princeton University Press.

Solingen, E.2008.The Genesis, Design and Effects of Regional Institutions: Lessons from East Asia and the Middle East.*International Studies Quarterly*, 52(2): 261–294.

Solingen, E.2009.The Global Context of Comparative Politics.In: M.I.Lichbach and A.S.Zuckerman (eds.), *Comparative Politics: Rationality, Culture, and Structure*.Cambridge: Cambridge University Press, 220–259.

Solingen, E.2012.Of Dominoes and Firewalls: The Domestic, Regional, and Global Politics of International Diffusion.*International Studies Quarterly*, 56(4): 631–644.

Solingen, E.2014a.*Comparative Regionalism: Economics and Security*.Abingdon: Routledge.

Solingen, E.2014b.Domestic Coalitions, Internationalization, and War: Then and Now.*International Security*, 39(1): 44–70.

Stallings, B.1995.*Global Change, Regional Response*.Cambridge: Cambridge University Press.

Stein, A.A.and Lobell, S.E.1997.Geostructuralism and International Politics: The End of the Cold War and the Regionalization of International Security.In: D.A.Lake and P.M.Morgan(eds.), *Regional Orders: Building Security in a New World*.University Park, PA: Penn State University Press.

Strange, S.1970.International Economics and International Relations: A Case of Mutual Neglect.*International Affairs*, 46(2): 304–315.

Strange, S.1996.*The Retreat of the State: The Diffusion of Power in the World Economy*.Cambridge: Cambridge University Press.

Tetlock, P.E.and Lebow, R.N.2001.Poking Counterfactual Holes in Covering Laws: Cognitive Styles and Historical Reasoning.*American Political Science Review*, 95(4): 829–843.

Tomz, M.2007.*Reputation and International Cooperation: Sovereign Debt across Three Centuries*.Princeton, NJ: Princeton University Press.

Waltz, K.N.1979.*Theory of International Politics*.New York: McGraw–Hill.

Weber, M.1949.*The Methodology of the Social Sciences*.New York: The Free Press.

Weinthal, E.and Luong, P.J.2006.Combating the Resource Curse: An Alternative Solution to Managing Mineral Wealth.*Perspectives on Politics*, 4(1): 35–53.

第5章 地区主义的扩散

托马斯·里塞(Thomas Risse)

我们怎样解释全球范围内地区主义的兴起及其制度设计呢?[①]大体有两种类型的地区合作与一体化解释(关于这些概念,可参见本书第1章)。主流的地区主义研究方法认为,地区合作与一体化是某个地区或世界某个部分当中独立自主决策的结果(参见本书第3章)。据此,地区主义和地区制度就是特别针对功能性问题的解答,不管这些问题是一个地区内生的问题(如经济相互依赖)还是外生的问题(如全球化)。 【87】

第二种解释方法则强调地区或次地区彼此之间的相互依赖。地区组织彼此之间并非相互孤立,相反,地区合作与一体化的模式会在全球范围内扩展(Jetschke and Lenz,2013)。本章的重点就放在这种制度模式和政策的扩散上。对这种扩散的最流行解释源出于社会学制度主义,它认为存在着构成合法性制度的全球范本,这些范本在全球范围内被效仿(Meyer,1987;Powell and DiMaggio,1991;Boli and Thomas,1998)。地区主义大概就是这样一种范本。本章重点讨论第二种解释,即地区主义、地区组织和具体议题领域地区治理的扩散问题。

一开始需要说明的是,这两种解释并不是相互排斥的(参见本书第27章),地区合作与一体化的功能解释可以和关注制度设计的扩散解释结合起来。最终来看,我们究竟是关注独立自主型决策还是关注相互依赖型决策,只是侧重点不同和具体要研究回答的问题不同而已。

本章首先对"扩散"(diffusion)进行概念界定,论及其初始动因、扩散对象、扩散机制

---

① 这里笔者要向本书的各位作者为本章写作所提出的评点意见和帮助表示感谢,特别是安德莉亚·比安库里、塔尼娅·博泽尔、杰弗里·切克尔、利斯贝特·霍夫、安雅·耶茨奇克、阿里·卡佐维奇、加利亚·普雷斯-巴纳森、弗雷德里克·索德鲍姆、埃泰尔·索林根、瑟伦·斯塔佩尔(Sören Stapel)和薇拉·范·许伦(Vera Van Hüllen)。

和扩散结果。然后对现有文献进行评析,它们涉及:其一,地区主义和地区秩序本身的
【88】扩散;其二,地区组织制度设计的扩散;其三,具体政策领域地区治理的扩散。笔者认为,地区主义、制度设计和地区治理的扩散主要遵循的是间接的效仿(emulation)机制,而不是直接的——发送者驱动的——影响机制。迄今为止,我们几乎没有见过导致制度雷同化的照搬模仿例子。竞争(competition)、经验学习(lesson drawing)、规范效仿(normative emulation),才是地区主义向外扩展的最重要扩散机制。至于扩散结果,我们很难见到围绕地区合作与一体化某些特殊模式的全面采纳或趋同。地区合作与一体化方面,最可能的扩散结果是:有选择地采纳、适应和转化。

界定扩散概念:动因、机制和结果

扩散是相互依赖决策的结果(Gilardi,2013,454;另参见 Jahn,2006,2015;Solingen,2012)。如果地区组织是在完全孤立和互不依赖的情况下建立起来的,那就不存在什么扩散。笔者在这里采用戴维·斯特朗(David Strang)对“扩散”所下的经典定义,即:扩散就是“这样一个过程,其中,一个地方首先采纳某种做法或实践会改变其他地方采纳它们的可能性”(Strang,1991,325;另见 Strang and Meyer,1993;Gilardi,2013;以下相关内容则参见 Solingen,2012;Börzel and Risse,2012a)。

根据这一扩散定义,我们可以推导出这样三个结论:

第一,扩散一定有某种初始动因。如克林勒-维德拉和施莱费尔指出的,人们认为扩散过程有一个还是有多个起源,关系重大(Klingler-Vidra and Schleifer,2014)。欧盟的制度和政策可能有单一起源或动因,但在特惠贸易协定(PTA)的扩散过程中就可能有多个起源(参见本书第 15 章)。

第二,我们需要确认扩散过程的对象,弄清楚被扩散的是什么东西。如迪纳和伦茨所指出的,扩散的发生,与问题的定性、问题的框定和某一具体解决办法的提出都有关系(Duina and Lenz,forthcoming)。同样,笔者区分出地区扩散的如下三种潜在对象:

- 地区主义观念本身,即地区合作或一体化;
- 具体地区组织(通常是正式地区组织)的制度设计特征;
- 围绕具体政策领域的地区治理。

第三,扩散着重于过程而非结果。这一点在现有文献中常常被忽视,人们往往把制度的趋同(convergence)当作扩散的指标(有关“政策趋同”,参见 Holzinger et al.,2008)。扩散的反面并不是地区组织制度模式的差异性(divergence),而是在地区合作与一体化
【89】问题上的孤立和独立决策。扩散过程不能单独用结果来衡量,还要考虑到行为体之间

的联系和互动(有关讨论请详参 Jahn,2015)。

如果地区主义的扩散所指过程是地区主义、地区制度解决方案和政策受到先前世界其他地区所做选择的影响,那么扩散机制就是核心重要的了。借鉴吉拉尔迪(Gilardi,2013)、西蒙斯等人(Simmons et al.,2006)、霍尔津格与尼尔(Holzinger and Knill,2008)和席梅尔芬尼希(Schimmelfennig,2007)的成果,笔者划分出两类扩散机制和两种社会行动逻辑(参见表 5.1,根据 Börzel and Risse,2012a 改制)。首先,观念、政策和制度会通过直接的(或"发送者驱动的")影响机制而扩散。一个扩散主体(agent)在其与一个或一群接受者互动时,会积极推广某些政策或制度模式。其次,扩散也有间接的(或"接受者驱动的")机制。例如,一个地区组织主体希望用其他地区的制度设计来解决某些问题,或者模仿其同行的行为。最后,笔者划分了结果性逻辑(logic of consequences)(各种理性选择模式对此都有讨论)和适当性或交往理性逻辑(logics of appropriateness and of communicative rationality)(社会学制度主义和各种版本的社会建构主义对此有所探讨)(参见 March and Olsen,1998)。

表 5.1　扩散机制

机制类型	结果性逻辑	适当性逻辑
直接影响(机制)	强迫	规范社会化和说服
	正面激励和负面制裁	
间接影响或效仿(机制)	竞争	规范效仿
	经验学习	照搬模仿

资料来源:Börzel and Risse,2009b;Börzel and Risse,2012a。

让我们简要地梳理一下这几种机制。第一种机制往往被那些将扩散定义为自愿响应外部动因的学者们所忽视,它关注的是外力强迫或法制强迫(coercion)。强加的和借由武力进行的扩散,在地区主义当中可能极其罕见,但在地区间合作中,强制执行法定标准的现象却经常发生。欧盟在前南斯拉夫战乱之后于 1999 年用《东南欧稳定公约》对西巴尔干地区所实施的强制(imposition),就是这样一个少有的强加性地区合作的例子。

第二种机制所关注的扩散,是通过提供正面激励和负面制裁(positive incentives and negative sanctions)来操纵功利性的算计。这与强迫和强制有所不同,毕竟接受者有所选择。制度模式的推广者能够通过有意改变其实用功能来引导其他行为体采纳他们的观念。他们提供奖励,比如以金融和技术援助的形式,通过制裁来施加代价,或者给那些 【90】
力争采纳该制度方案的国内行为体赋权。

第三种机制通过适当性逻辑起作用,涉及社会化与说服(socialization and persuasion)。在特定情境下,行为体寻求满足社会的期望,而不是最大化自己的利益。与社会化紧密相关,说服是建立在交往理性或辩论逻辑之上的(Risse,2000)。它是指这样的情形,其中,行为体试图就任何因果的或规范的陈述所内含的有效表达来说服对方。当地区组织试图令它们的相关伙伴相信加强地区合作的好处,说服机制就会在地区间合作中起作用(Hänggi et al.,2006;Baert et al.,2014)。

再来看一看表 5.1 中那四种间接的或接受者驱动的效仿机制。其中,竞争(competition)意味着针对"最佳实践"而进行单边的行为调整。行为体相互竞争以满足某些绩效标准,比如创造就业或促进经济增长,它们会据以单边地调整自己的行为(比如参见:Elkins et al.,2006;Busch et al.,2005)。

在行为体效仿别人那些有效解决了其他地方相似问题,并且有可能转移到自己议程中来的政策和规则时,经验学习(lesson drawing)就等同于竞争(Meyer and Rowan,1977; Dolowitz and Marsh,2000)。经验学习通常始于行为体面临一个特定的政治或经济问题时,这一问题只有实行制度变革才能得到解决,所以它们就会看看周围有没有适合解决这种问题的制度方案。

行为体还会出于规范原因进行效仿,比如为了提高它们的合法性(Polillo and Guillén,2005)。规范效仿(normative emulation)遵循的是适当性逻辑。例如,国家要想成为国际社会中"声誉不错"的成员,就会寻求地区合作反腐、提高人权标准或者建立法治制度。于是,它们就会寻找周围可以接下来加以效仿的制度方案。

规范效仿仍然涉及一个由地区组织或其他地区行为体进行积极寻找的过程,但照搬模仿(mimicry)则意味着只是相当被动地(从别处)"下载"政策观念或制度模式。从适当性逻辑来看,地区组织的确有可能会去照搬模仿其他地区(Meyer and Rowan,1977; Haveman,1993)。

除了这种可能照搬模仿的例外情况之外,这些扩散机制一般都不会先入为主地认为,处于扩散接受端的行为体仅仅只是这些过程的被动接受者。规范、规则和制度模式要在地区结构当中得以采纳和适用,就需要经历主动的翻译、解读和融入过程,从而将新规范和新规则纳入原有制度中,同时也会抵制某些规则和约束(Solingen,2012,634)。譬如社会学习,作为一个人们在其信仰系统中获取和融入新规范和新认识的过程,它意味着进行积极的接触参与,而不是像"下载软件"那样被动照搬某些新规则和制度。阿查亚把这种主动的过程称为"本地化"(localization)过程(Acharya,2004,2009; 以及本书第 6 章)。

如果我们把扩散当作主动的过程,那么扩散过程的结果,就不大可能是政策或规范
【91】 的全面采纳以及制度趋同(Klingler-Vidra and Schleifer,2014,9; Jahn,2015),而更常见

的则是选择性采纳和应用。这里我们划分以下四类扩散结果:第一类,如上所述,是在地区合作和一体化中制度模式和政策的趋同或整体采纳,这只会发生在强制或照搬模仿的情况下。第二类，应用意味着有差别和有选择地将制度和政策应用到特定的地区环境中。第三类,地区行为体越是将规范和实践"本地化",扩散结果就越类似于转化(transformation)。我们发现,应用和转化的可能性越大,行为体就越像居于不同地区之间和之中的"掮客"或"转化者"。第四类,可能有点古怪的是,针对特定制度模式或政策的明确拒绝或抵制,也可以被视为一种扩散结果。不过,笔者承认,特别是在定量化的扩散研究中很难对"拒绝"加以衡量,因为不采用政策或制度模式往往与不扩散难以区别。

下面笔者将表明,比较地区主义如果认为内生因素比扩散效应更重要的话,短时间恐怕还解释不通。因此,笔者下面所主要评析的研究成果,明显考察的还是地区层次正式合作与一体化的各种扩散过程。换言之,下面难免会存在着选择偏好。

地区主义和地区秩序的扩散

冷战结束后,关于地区主义和地区秩序我们可以观察到两大趋势(关于地区秩序的趋势可参见本书第 4 章和第 27 章)。其中,地区主义在数量上呈上升趋势,主要表现为 PTA(尤其双边 PTA)的急剧增加(参见本书第 15 章)。至于地区组织,尤其是综合性地区组织,它们所负担的任务越来越多,而且还增强了权威的共享和委托(参见本书第 22 章)。在解释这些趋势的文献当中,有两个与扩散相关的观点:一个围绕着直接的或"发送者驱动的"影响机制,另一个与"接受者驱动的"机制有关。

对地区世界的直接影响:美国和欧盟

对于美国在二战后地区主义扩散中的作用，最重要的解释可能莫过于卡赞斯坦所著的《地区构成的世界》(Katzenstein,2005;另见 Solingen,1998)。卡赞斯坦声称,大体上是美国的结构性权力——通过日本和德国——塑造了亚洲和欧洲的地区秩序。他认为, 【92】
当今世界的地区都是"多孔性的",因此它们受制于外来势力的影响。不过,美国权力与地区力量的互动却导致了两种截然不同的地区秩序:在亚洲形成的是民族的市场资本主义，而在欧洲是以欧盟为中心的法治型制度秩序。卡赞斯坦的著作讨论的是地区主义和地区秩序,并不是专门讨论制度的,而且它讨论的是"长时段"的大趋势。同时,美国扩散的结果是应用和转化,而非趋同或拒绝。最后很重要的一点是,卡赞斯坦的著作论及了全部直接扩散机制——从"强制"(美国于 1945 年后占领日本和德国)和"激励"(比如美国的"马歇尔计划"对欧洲一体化就是一种激励),到(引入自由规范进行)"社会化和说服"。

这一解释可以看作霸权稳定论的社会建构主义版本——认为地区秩序的扩散并非受到美国的物质力量多大驱使,而是受其观念资源的驱使。马特利的作品也关注地区主义由(地区)霸权国提供的问题,包括普鲁士、美国以及今天的俄罗斯(Mattli,1999)。相反,曼斯菲尔德和米尔纳则解释说,特惠贸易协定(PTA)的兴起至少部分是由于美国(在物质上的)霸权衰落造成的(Mansfield and Milner,2012,chapter 3)。

对地区主义兴起的第二种解释,关注的是欧盟及其促进地区合作与一体化的明显努力。赫特内和波尼亚尔特的作品甚至提出,美国和欧盟通过地区间主义推动的是两种不同的世界秩序,一种是基于主权和单边主义的(美国版本),一种是基于多边主义的(欧盟版本)(Hettne and Ponjaert,2014)。

欧盟委员会有专门计划来促进全球的地区化(Pietrangeli,2009)。它有《地区战略文件》(*Regional Strategy Papers*)和《地区指示计划》(*Regional Indicative Programs*),服务于全球南方的所有地区。①欧盟并不推广它自己的超国家一体化制度模式(但请参见Bicci,2006;Hurt,2003),不过,它所倡导的地区合作与一体化还是比单纯的自由贸易区(FTA)要走得更远(比如:Farrell,2007,2009;De Lombaerde and Schulz,2009;Haastrup,2013; Buzdugan,2013)。它是通过各种与其他地区组织之间的地区间安排来进行推广的(参见本书第26章;Hänggi et al.,2006;Baert et al.,2014)。

欧盟在推动地区主义上运用了全部的直接影响机制,尤其是激励、规范社会化和通过政治对话进行说服(比如在欧盟与非盟的关系中,参见 Haastrup,2013)。在个别情况下,欧盟甚至强制进行地区合作,比如1999年的西巴尔干《东南欧稳定公约》。激励机制包括借助《欧洲伙伴关系协定》(EPA)允许进入欧盟市场,但还有发展援助以及其他类似形式。对非盟(AU)而言,欧盟是一个重要的资金来源(Engel,2015)。在南共体(SADC)及其对欧盟金融援助的依赖上,欧盟威胁撤走资金几乎就是一种外部强制(Lenz,2012,163-164; Buzdugan,2013)。而且欧洲议会(EP)也相当积极地推广地区一体化和欧洲模式,只是它大多数时候是运用说服来作为主要的直接影响机制。

【93】 扩散结果在这里很难衡量。尤其我们不可能搞清楚的问题是,如果不是欧盟努力推广地区主义,全球南方地区会不会产生和扩大地区组织。欧盟作为一个和平与繁荣的楷模,在地区合作与一体化的各种努力中可能会起到对其内生要素的支持作用(Haas-

① 参见 http://ec.europa.eu/europeaid/where/acp/overview/rsp/rsp_10th_edf_en.htm(访问日期:2014年5月1日)。

trup,2013 一文就称欧盟是撒哈拉以南非洲地区的“导师”;另参见本书第 13 章)。同时,全球南方地区的地区主义又并非简单复制欧洲的模式,恰恰相反,拉美、非洲和亚洲的地区组织往往明确地拒绝西方式地区主义(参见本书第 6 章)。

然而一个反直觉的发现就出来了:与欧盟进行的地区间合作有种趋势,就是加强了欧盟的较弱伙伴们之间的地区合作,尽管这单单是作为一种提高它们对欧盟谈判实力的方式(Krapohl and Fink,2013)。另外,像讨论东盟(ASEAN)和亚欧会议(ASEM)的作品所指出的,地区间合作要求两个地区自身发展其“地区性”,包括地区认同(Hettne and Söderbaum,2000)。在这个意义上,“亚欧会议实际上创造了一个‘地区的’空间,东亚国家从中在多个领域联合了起来”(Gilson,2005,309;本书第 26 章)。同样,欧盟-南共市(EU-MERCOSUR)的地区间主义也有利于“保持该地区计划的活力”(Doctor,2015,2)。

不幸的是,世界各地有关地区主义扩散的学术作品大多聚焦于美国和欧盟。其实除此之外,俄罗斯已经成为欧亚地区的一个重要地区建设者(Libman and Vinokurov,2012;本书第 10 章),这是对欧盟的直接回应和竞争。不过,我们对于地区主义在南南地区之间的扩散所知还太少。对于联合国(UN)作为地区合作与一体化的一个重要发起者(但也对其有所阻碍),这方面就更少有人去研究了。

地区主义的效仿:竞争与照搬模仿

说到效仿机制,有充分证据表明,PTA 和 FTA 具有传染性,扩散在此发挥了作用。曼斯菲尔德和米尔纳指出,“PTA 的达成往往在某个时间点上相互影响,一国决定在某年加入,会极大地影响到别国在同一年里有同样做法的可能性”(Mansfield and Milner,2012,91;另见 Baldwin and Jaimovich,2012;Baccini and Dür,2011;本书第 15 章)。朱皮耶等人也论及,一国加入一个多边“地区贸易协定”(RTA)的可能性,会随着体系内 RTA 数目的增加而增大(Jupille et al.,2013)。曼斯菲尔德与佩韦豪斯确信,现有的(大多是多边的)PTA 在扩大新成员时同样有这种可能,这表明扩散在此发挥了作用(Mansfield and Pevehouse,2013,598)。

涉及双边和多边 PTA 的主要扩散机制是竞争。有越来越多的国家参加 PTA,其他国家也就越害怕不参加会失去竞争力,于是就对市场实行优惠准入。巴奇尼与迪尔声称,出口商如果被排除在一个 PTA 之外就会面临着贸易转移,它们就有可能推动其政府去跟那个威胁到它们出口的国家签订一个 PTA(Baccini and Dür,2011)。这两位学者还找到证据,证明存在着规范的效仿甚至照搬模仿,对此他们是通过空间文化的相似 【94】

性,比如共同语言,来进行衡量的。在地区与地区之间,还存在直接的竞争。比如,北美自由贸易协定(NAFTA)就可被视为是对欧盟单一市场的直接反应(Duina,2006; 本书第7章)。

我们还发现,地区主义在南南国家之间也存在效仿。南共体(SADC)的前身"南部非洲发展合作会议"(SADCC)始建于1980年,它就不仅是对种族隔离下南非的反应,而且还受到了拉美(尤其是劳尔·普雷维什所主张的)发展结构主义以及拉美经济委员会(CEPAL)的鼓舞(参见本书第8章和第17章;Dosman,2006)。近来,巴西与南共市(MERCOSUR)针对美国在拉美主导的PTA扩散而发展了一种与之竞争的针对性模式,于是我们现在发现,在拉美存在着两种不同的PTA设计类型(Quiliconi,2014)。最后也很重要的一点是,索利斯等人提出,FTA在太平洋沿岸地区的扩散乃归因于竞争,根本不是由于日本参与了"跨太平洋伙伴关系协定"(TPP)这种"超大型PTA"的缘故(Solis et al.,2009;Solis and Katada,2014;关于"超大型PTA",参见本书第15章)。

朱皮耶等人(Jupille et al.,2013)进一步发展了这种基于效仿的解释,提出了社会学制度主义和世界政体理论。朱皮耶等人指出,"地区主义"已经成为一种全球范本,它建构着现代国家身份,也就是说,国际共同体的合法成员都应当隶属于某一地区组织。这几位作者声称,这一全球范本受到"认知共同体"(Haas,1992)的推动,并且使用"谷歌语料库工具Google n-grams"(在"谷歌图书"中使用"地区主义"这个词进行搜索)作为其"伺服器"。他们的研究表明,从统计上来看很重要的是,"地区主义"范本与各国随后纷纷加入地区贸易协定的现象有关联。他们还展示了这一关联对于全球南方国家来说尤其相关,它们比北方国家更加急需合法性(Jupille et al.,2013)。

总之,地区主义研究的国际政治经济学(IPE)方法尤为强调与PTA相关的间接扩散机制(参见本书第15章)。不过,本书多数作者聚焦于讨论"浅层的"地区主义,他们所做的分析主要基于双边PTA的兴起。尽管有充足理由相信,他们的研究结果也适用于多边地区安排,但他们对于与地区主义本身有关的扩散机制及后果则重视不够。此外,"地区构成的世界"不再由美国和欧盟驱动,由于俄罗斯(甚或中国)的示范作用,各地区当中或地区与地区之间存在着竞争。最后也很重要的是,如前所述,还很少有人研究地
【95】区主义的南南扩散,更少有人对特定地区范围内的效仿和照搬模仿加以学术探究。不过,如若没有任何扩散机制起作用的话,很难想象会出现撒哈拉以南非洲的"意面碗"现象(Baldwin,2006),或者拉美和亚洲的地区组织"字母粥"现象(Acharya,2010)。

下一节,笔者就对地区组织具体制度设计的扩散进行阐述。

地区制度设计的扩散

扩散的第一个结果是，我们可以看到全球范围内的地区组织在制度设计上有着巨大的相似性。它们看起来虽然并不都一个样，但它们的确是扎堆出现的（参见 Baccini et al.，2014 有关贸易协定的论述；Alter，2012，2014 有关法院的论述；也可以参见本书第 15 和第 23 章）。我们还可以看到，无论是地区主义的范围和广度（指所涉地区层次政策议题的数量），还是一体化的水平和深度（指赋予地区组织的政治权威的共享和委托程度），都在与日俱增（参见 Börzel，2013，507–512；本书第 27 章）。这种趋势不只有欧盟如此，还包括其他综合性地区组织，如阿盟（LAS）、东盟（ASEAN）、西共体（ECOWAS）、南共市（MERCOSUR），甚至北美自贸协定（NAFTA）（参见本书第 22 章）。我们该如何解释这一发展呢？扩散视角有什么用处？当然，地区组织本身在制度设计和政策议题上的相似性并不一定都是扩散的结果，因为还有可能纯属巧合。另外我们之前提到过，制度趋同并不是最有可能出现的扩散结果。下面笔者将会提出，扩散视角为各种地区组织的制度设计提供了一种有说服力的解释。

直接影响机制

地区组织如欧盟，以及全球和地区大国如美国、俄罗斯、巴西、南非和日本等，都力图在它们所在的地区和世界其他地区推广它们喜欢的制度模式，尤其在南方地区。从风格上看，美国鼓励基于规则的 FTA 而不建立强大的地区组织（比如 NAFTA），而欧盟推广超国家主义（Börzel and Risse，2009，22；Duina，2006）。巴奇尼等人认为，与美国关系更近的 PTA 成员趋于采纳 NAFTA 模式，这也可能源于某种直接影响机制（Baccini et al.，2014；另参见本书第 7 章和第 15 章）。

然而并不见得欧盟试图积极出口其独特的超国家一体化制度模式，美国也没有那么积极地推动 FTA 之外的地区主义（比如，有关欧盟的论述可参见 De Lombaerde and Schulz，2009；Baert et al.，2014；有关美国的情况可参见 Beeson，2006）。笔者下面将提 【96】到，在大多数情况下，欧盟对于全球南方地区组织的效仿尝试自然是反应积极的。另外，少有的几项分析南南地区间主义的研究成果并不重视许多直接影响机制的作用，比如在南共市（MERCOSUR）和南共体（SADC）之间（Mattheis，2014，chapter 5；本书第 26 章）。

最后，欧盟和美国的直接扩散意图往往遭遇全球南方国家的抵制，这是殖民主义历史和经济依附所造成的。正如阿查亚指出，“东盟方式”这种不干涉内政和软性制度主义主要源于直接反对欧盟和美国推销其地区一体化的努力(Acharya,2009;本书第 11 章)。撒哈拉以南非洲也是如此(比如南共体就是一个既反南非又反西方的发展共同体,其集体认同乃是与殖民主义和种族隔离进行斗争),中东也是(Fawcett and Gandois,2010;Fawcett and Hurrell,1995)。这种对西方特别是欧洲地区主义的抵制,部分是由于南方国家的地区主义逻辑乃是追求自主性和维护主权,而非拥护超国家主义(参见本书第 6 章)。

下面将讨论有关制度模式和制度设计的一种更有说服力的扩散解释。

地区制度设计的效仿

至于间接扩散机制,比如竞争、经验学习以及规范效仿和照搬模仿,在定量研究和质性研究中至少可以得出暂时性的结论。总起来看,这些研究强调经验学习和规范效仿,也包括照搬模仿。至于扩散结果,这些机制最有可能导致的是应用和转化,在个别情况下也会对制度模式实行全套采纳。

不幸的是,大多数有关制度设计扩散的学术作品都聚焦在从北方向南方的扩散上。研究南方地区水平扩散的很少,除了亚洲的地区组织。例如,阿查亚认为,大体上可以说是东盟(ASEAN)激发了南盟(SAARC)在 1986 年的成立(Acharya,2009,108-109;另参见 Ahmed,2013,chapter 8)。"东盟+3"框架又将东盟的制度设计扩散到了东北亚。最后,APEC 的制度设计在某种程度上又效仿了东盟。在此意义上,东盟在亚太地区已经成了地区合作(即便不是一体化)的一种模式(参见本书第 11 章)。从南共市(MERCOSUR)
【97】到新成立的太平洋联盟(Pacific Alliance),其中也有某种扩散(Tvevad,2014),但在横跨南大西洋的南共市(MERCOSUR)和南共体(SADC)之间就很少有什么模仿或趋同(Mattheis,2014,244-245)。

至于 PTA,巴奇尼等人的研究(Baccini et al.,2014)表明,存在三个不同的由相似的制度设计组成的集群。第一个 PTA 集群包含有相当小范围的协议,其成员同意减免某些商品的关税。第二个集群包含基于规则的协议,但没有像 NAFTA 那种鲜明的地区制度(Duina,2006;本书第 7 章)。而第三个 PTA 集群则效仿欧盟。巴奇尼等人(Baccini et al.,2014)发现,较为新近达成的 PTA 大都类似于 NAFTA 模式,而欧盟式的地区组织在有着众多成员国的 PTA 中更加常见。非常有意思的是,欧盟式协定好像并不依赖于个别 PTA 与欧盟本身之间的频繁互动。

让我们转而看看有关的质性研究。东盟代表着经验学习和规范效仿的最佳案例,它对于源自别处尤其是欧洲的制度设计加以选择性地采纳和应用。当然,东盟根本不赞成超国家决策，因此它仍然执着于国家主权。然而近来的研究发现，东盟成员国已在选择性地效仿欧盟的制度模式，即便东盟成员国明确声称不是这样（Jetschke，2009，2010；Jetschke and Murray，2012；另参见本书第 11 章）。突出的例子有：东盟常设代表委员会——它仿效的是欧盟常设代表委员会（COREPER）（Murray and Moxon-Browne，2013），和《东盟宪章》（Wong，2012）。

在这些例子中，起初效仿的原因是亚洲自身遇到的某个合作问题，比如亚洲金融危机。对欧盟制度设计特征的选择性应用则依据的是规范效仿，而不是理性主义的经验学习，因为在东盟成员国看来，欧盟是一个法治行为体。受这种规范效仿的驱动，东盟成员国就直接与欧盟中的伙伴国建立联系，后者就会针对某些制度设计问题向它们提出建议（Jetschke and Murray，2012，177）。亚欧会议（ASEM）也是这种扩散过程的一个产物（Gilson，2002，2005）。

同样的规范效仿机制在拉美、撒哈拉以南非洲，甚至中东也存在（参见本书第 8、第 12 和第 13 章）。在东盟的例子中，欧盟制度设计模式向全球南方的扩散开始于该地区自身的合作问题。在撒哈拉以南非洲，就没有这样的由经济相互依赖带来的集体行动问题，而大多是安全问题，或者像南共体（SADC）那样，是基于靠近种族隔离的南非的前线国家之间的合作需求。对比起来，拉美地区建设进程的主要驱动力则来自于自由市场导向型政府，它们于 20 世纪 80 年代末在阿根廷和巴西上台执政。

如伦茨所说，南部非洲和南美洲的政府都面临着两种制度设计选择——美国支持 【98】的 NAFTA 模式和欧盟模式（Lenz，2012）。南共体和南共市所效仿的都是欧盟的共同市场设计，其间并没有出现冗长的理性学习过程，而是出于寻求合法性的理由（也包括对抗美国对南美的压力）（关于南共市请参见 Duina，2006；关于南共体请参见 Weiland，2006）。相似的效仿过程在东非共同体（EAC）、西非经济货币联盟（WAEMU）和安第斯共同体（CAN）身上也能观察到（关于 EAC 请参见 Van Hoestenberghe et al.，2009 和本书第 13 章；关于 WAEMU 参见 Claeys and Sindzingre，2003；关于 CAN 请参见 Bustamante and Giacalone，2009 和本书第 8 章）。其中，安共体（CAN）几乎是全套照搬欧盟，其成员国几乎是“像下载软件一样”原样照搬欧盟设计中的一些制度（见下文）。

像在东盟例子中一样，由于存在各种各样的研究欧拉地区一体化和欧非地区一体化的专家认知共同体，以及众多律师和议员，就使得规范效仿大为便利（Botto，2009；Lenz，2012，164；Costa and Dri，2014；Smis and Kingah，2014；有关认知共同体可参见 Haas，1992）。这些跨国团体在全球南方的地区组织及其成员国中扮演了扩散代理人的角色。

欧亚地区是一个模仿欧盟的反常性例子（参见本书第 10 章）——欧亚地区组织比

如最近成立的欧亚经济联盟(Eurasian Economic Union,EEU),虽明显地针对欧盟而成立,但基本上效仿了欧盟的制度设计,尽管这些欧亚地区组织与欧盟之间并没有制度性的接触。

最后,让我们来看看制度设计扩散的更深入例子,那就是地区法院和争端解决体制,以及议事机构的设置(参见本书第 23 章和第 25 章)。关于法院,地区经济合作与一体化当然带来了对争端解决机制的功能需求,但这种仲裁式的制度设计绝大多数来自效仿,既有经验学习,也有规范效仿。阿尔特曾指出,总共 24 个国际法院(含地区性法院)中,有 22 个是"新型"法院,拥有强制管辖权,或者有权诉诸超国家的或私人性的行为体(Alter,2014,chapter 3; 另参见本书第 23 章)。这些"新型"法院中,有半数是拷贝自欧洲法院(ECJ),总共 11 个(Alter,2012)。欧洲法院(ECJ)扩散的突出例子包括安第斯特别法庭(Andean Tribunal of Justice)和各种非洲的法院(Lenz,2012; Alter and Helfer,2010; Saldias,2010)。全套搬用欧洲法院(ECJ)的情况虽然不多(只有像安第斯法院那样的例子),但许多地区组织都效仿了它的核心特征。在大多数情况下,建立 ECJ 式超国家法院的最初动机乃源出于某些功能性问题,比如表示有意承诺实行市场一体化(Alter,2012,145)等,但由法官、律师和其他专家社群组成的跨国网络,还是介入了地区组织法院的设计顾问工作。很少有案例表明,欧盟和欧洲法院本身去提议其他地区进行法院的设计(Saldias,2010)。

【99】 我们也可以看到,越来越多的地区议会机构建立起来,即使是在威权政府环境下也能看到这种扩散(参见本书第 25 章)。如伦茨指出的,这种发展状况很难用任何功能性解释来加以说明,但它似乎是在向人们表明,规范效仿将会"一直进行下去"(Lenz,2013; 另参见 Rüland and Bechle,2014; 不同看法则参见 Dri,2010)。不过,这种全套搬用制度模式的结果大多是,议会机构基本上只具有象征性,没有任何决策权。换言之,"议会化"最终强化的是政府间主义(Rüland and Bechle,2014)。

总之,在地区组织的制度设计扩散当中,主要的机制看来还是效仿,它又通过认知共同体和其他施动者的说服和规范社会化来产生直接影响。另外,扩散结果大多是制度模式的有选择应用和转化,很少会全套搬用。因此,本地化特别重要(Rüland,,2014; Acharya,2004),国内政治也是如此。后者在有关地区制度扩散的文献中基本上未被探讨(不过可参见 Solingen,1998;以及本书第 4 章)。

类似的情形在特定议题领域的地区治理扩散中也可以观察到。

地区治理的扩散

直接影响机制

至于各种议题领域地区治理安排的"发送者驱动"机制,在制度模式的扩散中处于核心位置的是联合国(UN)及其专门机构,以及其他全球性国际组织如世界贸易组织(WTO)、世界银行(WB)、经合组织(OECD)等。联合国和其他全球性国际组织在全球南方地区的地区治理方面作用尤其突出。这对于地区安全治理(参见本书第14章)、地区发展治理(第17章)、地区社会政策和性别治理(第18章)、地区环境治理(第19章)、地区移民治理(第20章)以及地区人权和民主促进制度(第21章)来说都是如此。

说到地区组织与直接影响机制,欧盟又一次在处理其与其他地区组织关系时将特定的治理机制扩散开来,主要是通过地区间合作来实现(参见本书第26章;相关概述参见 De Lombaerde and Schulz,2009;Baert et al.,2014;Rigner and Söderbaum,2010;Telò et al.,2015)。例如,欧盟与各个非加太(ACP)地区组织在《科托努协定》(the Coutenou Agreement)框架下达成或正在谈判的《经济伙伴关系协定》(EPAs),就包含了促进人权和可持续发展的条款。[①]此外,欧盟致力于在它与其他地区组织的关系中推进善治和地区安全与稳定(Börzel and Van Hüllen,2015)。在它与其地区伙伴的贸易协议中,欧盟还要求写入移民条款(参见本书第20章;Jurje and Lavenex,2014)。 【100】

效 仿

前面本章已经论及了PTA制度设计的扩散,其中有两个来自北方的全球范本在相互竞争,即NAFTA模式和EU模式。此外,促进民主、人权和善治也已经成了一个全球范本,地区组织在其成员国当中和其对外关系中对此越来越予以鼓励(参见本书第21章;Börzel and Van Hüllen,2015; Pevehouse,2005; McMahon and Baker,2006;van der Vleuten and Ribeiro Hoffmann,2010)。在性别权利方面也是一样(参见本书第18章)。效仿是人权和民主治理扩散的主要机制。尽管范本源于西方,其扩散却是全球性的。即使像上海合作组织(SCO)这样的地区组织,如今也采取了自己的选举监督机制(参见本书

---

① 当前情况请见 http://trade.ec.europa.eu/doclib/docs/2009/september/tradoc_144912.pdf(访问日期:2014年5月30日)。

第 10 章）。

效仿机制包含了竞争（比如把民主、人权和善治条款作为获得贸易和外资的手段），经验学习（比如在地区组织成员当中“锁定”民主治理，参见 Moravcsik，2000；Pevehouse，2005），以及通过规范效仿获得全球合法性（McMahon and Baker，2006）。斯塔佩尔（Stapel，2014）通过一项量化研究表明，不仅存在着全球层次的趋同现象，而且地区组织的地理接近性也很重要。他的研究还表明，功能性的需求（学习）可以解释地区组织中民主和善治标准的扩散，而权力不对称则有碍于这些标准的采用。他的研究是最早不用欧盟中心观分析地区组织政策扩散的研究之一。

再举一下东盟的例子，东盟在规范效仿、选择性采用和本地化方面都做出了表率，因为它抵制住了西方在实行人权规范上的压力。正如马尼亚（Manea）所讲的，东盟在选择性地采用人权规范时，也转化了它的集体认同（Manea，2008，2009；Katsumata，2009）。

地区组织的政策扩散并不限于人权、民主和善治标准的扩展。在安全合作领域就有
【101】一个非常有趣的例子，涉及军事领域建立信任措施（CBMs）的扩展，它起源于冷战时建立的欧安会（后来的欧安组织，OSCE）。CBMs 已为东盟和东盟地区论坛（ARF）所采纳，也为上合组织（SCO）所采纳，其中的主要扩散机制就是模仿（参见本书第 14 章；Katsumata，2011；Acharya and Johnston，2007，20；Acharya，2009，chapter 5）。这些冲突管理政策从东盟又扩展到了南亚（Jetly，2003）。一个南南地区政策扩散的例子是无核武器区（Nuclear Weapons Free Zones）的扩展，这开始于 1967 年拉美的《特拉特洛尔科条约》（*The Treaty of Tlatelolco*）（Lacovsky，2014）。如布鲁斯特与帕莱斯蒂尼指出，地区开发银行（RDB）也在南方扩散（参见本书第 17 章）。同样，移民问题上的“地区协商进程”（Regional Consultation Processes）作为跨政府网络与移民治理上的安全问题联系在一起，并向全球扩展（参见本书第 20 章）。

东盟选择性地采纳欧盟的市场监管政策，其结果也有所改变，这些可以用国内政治来加以解释（Pente，2013）。东盟还效仿欧盟的灾害管理机制以应对 2004 年印度洋海啸（Pennisi di Floristella，2014），而它采用的 HIV/AIDS 规范也来自全球层次的联合国规范（UNAIDS）（Collins，2013）。

以上这些例子再次强调，我们有必要将某个地区的集体行动问题上的内生因素解释与基于相互依赖的决策解释结合起来。虽然对问题的确认往往源于地区范围之内，但具体制定和提出制度性解决方案只能从扩散视角来进行解释（Duina and Lenz，forthcoming）。即使如此，扩散的结果仍然是选择性地采用和转化以适应地区环境，而非全套搬用已有的政策机制。

结 论

本章全面评估了地区主义、具体地区组织制度设计和特定领域地区治理机制的扩散现状,并得出如下这些暂时性的结论。

第一,地区主义、地区制度设计和地区治理的扩散,主要取决于间接的或"接受者驱动的"效仿机制,而不是直接的和"发送者驱动的"影响机制(见表5.1)。尽管欧盟特别想推广地区主义、地区制度设计和地区政策,但其效果有限。欧盟作为一体化的制度性模式,在它不推广任何特别的地区方案时最有吸引力,但这种模式也正在被其他考虑将之作为一种合法性问题解决模式的地区组织所效仿。

第二,关于效仿,目前我们观察到很少有最后导致制度雷同化的照搬模仿例证。竞争、经验学习和规范效仿才是最重要的扩散机制。在这方面,地区组织正在经历一个寻 【102】
求最佳制度方案或政策方案的探索过程(经验学习),并且也对那些它们认为在规范上具有合法性的地区组织予以效仿。这正是欧盟和地理邻接型地区组织产生"吸引力"的地方。

第三,关于扩散结果,我们很少看到对某些地区合作与一体化模式的全盘搬用或趋同。如果说趋同现象就是由照搬模仿这种特定的扩散机制所带来的话,那么最可能的后果还是制度规则与行为实践之间的脱节。这就可以解释为什么撒哈拉以南非洲和拉美的许多地区组织会表现出行动落后了(参见本书第8章和第13章)。地区合作与一体化扩散的最可能结果还是适应和转化。换言之,通过竞争、经验学习和规范效仿等这些"接受者驱动"机制进行的扩散所带来的结果,是将特定制度模式通过有选择地采纳、调整和"本地化"(Acharya,2004),而应用到特定的地区情境中。扩散是一种积极的引介和转化过程,而不是被动"下载"某个地区组织的制度"软件"。

第四,该如何把功能解释与扩散解释相互关联起来呢?我们从相关文献中可以总结到,地区合作与一体化的需求,往往源出于特定地区对某个内部或外部问题的回应(有关"问题化"的论述可参见 Duina and Lenz,forthcoming;也可参见 Börzel and Risse,2012b,以及本书第27章)。当行为体四处寻找合适的制度解决方案时,扩散效应就会发生。扩散发生在意义建构的供给侧,以及对有关制度设计和治理体制的具体方案确认阶段。

第五,让我们勾画一些有待未来研究的领域。如果像本章中所说,将地区主义的功能解释和扩散解释结合起来的话,适当的研究策略就可以放在决定独立决策相对于依赖性决策的比重上,并去更详细地探索功能解释与扩散解释之间是如何联系在一起的。

另外，进一步的研究应当关注引介过程和本地化过程。目前，扩散研究还没有注意到地区主义的国内政治，而这是传统的合作与一体化理论的核心课题。尽管传统理论方法常常忽视扩散，但本地化的国内政治仍可能会是正在兴起的地区主义扩散研究当中最大的缺失（参见本书第 4 章）。最终来说，尽管比较地区主义中有关扩散的质性研究正确地重视了机制而非结果，但大多数实证研究作品仍然是欧盟中心和西方中心的，即便它们都声称完全不是这样（参见本书第 6 章）。我们所了解到的，更多是西方（尤欧盟）地区主义的全球扩散，而不是在南南之间、亚洲内部、非洲内部或拉美内部的地区主义扩散。

参考文献

Acharya, A.2004.How Ideas Spread: Whose Norms Matter? Norm Localization and Institutional Change in Asian Regionalism.*International Organization*, 58(2): 239–275.

Acharya, A.2009.*Whose Ideas Matter? Agency and Power in Asian Regionalism*.Ithaca, NY: Cornell University Press.

Acharya, A.2010.Why Asian Regionalism Matters.*World Politics Review*(June).

Acharya, A.and Johnston, A.I.2007.Comparing Regional Institutions: An Introduction.In: A.Acharya and A.I.Johnston(eds.), *Crafting Cooperation: Regional International Institutions in Comparative Perspective*.Cambridge: Cambridge University Press, 1–31.

Ahmed, Z.S.2013.*Regionalism and Regional Security in South Asia: The Role of SAARC*.Farnham: Ashgate.

Alter, K.J.2012.The Global Spread of European Style International Courts.*West European Politics*, 35(1): 135–154.

Alter, K.J.2014.*The New Terrain of International Law: International Courts in International Politics*. Princeton, NJ: Princeton University Press.

Alter, K.J.and Helfer, L.R.2010.Nature or Nurture? Judicial Lawmaking in the European Court of Justice and the Andean Tribunal of Justice.*International Organization*, 64(4): 563–592.

Baccini, L.and Dür, A.2011.The New Regionalism and Policy Interdependence.*British Journal of Political Science*, 42(1): 57–79.

Baccini, L., Dür, A., and Haftel, Y.Z.2014.Imitation and Innovation in International Governance: The Diffusion of Trade Agreement Design.In: A.Dür and M.Elsig(eds.), *Trade Cooperation: The Purpose, Design and Effects of Preferential Trade Agreements*.Cambridge: Cambridge University Press, 167–194.

Baert, F., Scaramagli, T., and Söderbaum, F.(eds.)2014.*Intersecting Interregionalism: Regions, Global Governance, and the EU*.Dordrecht: Springer.

Baldwin, R.2006.*Multilateralising Regionalism: Spaghetti Bowls as Building Blocs on the Path to Global

Free Trade.NBER Working Paper Series.Cambridge,MA:National Bureau of Economic Research.

Baldwin,R.and Jaimovich,D.2012.Are Free Trade Agreements Contagious?*Journal of International Economics*,88(1):1–16.

Beeson,M.2006.American Hegemony and Regionalism:The Rise of East Asia and the End of Asia–Pacific.*Geopolitics*,11(4):541–560.

Bicci,F.2006."Our Size Fits All":Normative Power Europe and the Mediterranean.*Journal of European Public Policy*,13(2):286–303.

Boli,J.and Thomas,G.M.(eds.)1998.*World Polity Formation since 1875*.Stanford,CA:Stanford University Press.

Börzel,T.A.2013.Comparative Regionalism:European Integration and Beyond.In:W.Carlsnaes,T.Risse, and B.Simmons(eds.),*Handbook of International Relations*,2nd edition.London:Sage,503–530.

Börzel,T.A.and Risse,T.2009.*The Diffusion of (Inter–)Regionalism:The EU as a Model of Regional Integration*.KFG Working Paper 7.Berlin:Research College "Transformative Power of Europe," Freie Universität Berlin.

Börzel,T.A.and Risse,T.2012a.From Europeanization to Diffusion:Introduction.*West European Politics*, 35(1):1–19.

Börzel,T.A.and Risse,T.2012b.When Europeanization Meets Diffusion:Exploring New Territory.*West European Politics*,35(1):192–207.

Börzel,T.A.and Van Hüllen,V.(eds.)2015.*Governance Transfer by Regional Organizations*.Basingstoke: Palgrave Macmillan.

Botto,M.I.2009.The Role of Epistemic Communities in the "Makability" of MERCOSUR.In:P.De Lombaerde and M.Schulz(eds.),*The EU and World Regionalism:The Makability of Regions in the 21st Century*.Farnham:Ashgate,171–185.

Busch,P.–O.,Jörgens,H.,and Tews,K.2005.The Global Diffusion of Regulatory Instruments:The Making of a New International Environmental Regime.*The Annals of the American Academy of Political and Social Sciences*,598(1):146–167.

Bustamante,M.and Giacalone,R.2009.An Assessment of European Union Cooperation towards the Andean Community(1992—2007).In:P.De Lombaerde and M.Schulz(eds.),*The EU and World Regionalism:The Makability of Regions in the 21st Century*.Farnham:Ashgate,149–169.

Buzdugan,S.R.2013.Regionalism from Without:External Involvement of the EU in Regionalism in Southern Africa.*Review of International Political Economy*,20(4):917–946.

Claeys,A.–S.and Sindzingre,A.2003.Regional Integration as a Transfer of Rules:The Case of the Relationship Between the European Union and the West African Economic and Monetary Union (WAEMU).Paper presented at the Development Studies Association Annual Conference.Glasgow,University of Strathclyde.

Collins,A.2013.Norm Diffusion and ASEAN's Adoption and Adaption of Global HIV/ AIDS Norms.*International Relations of the Asia–Pacific*,13(3):369–397.

Costa, O. and Dri, C. 2014. How Does the European Parliament Contribute to the Construction of the EU's Interregional Dialogue? In: F. Baert, T. Scaramagli, and F. Söderbaum (eds.), *Intersecting Interregionalism: Regions, Global Governance, and the EU*. Dordrecht: Springer, 129–150.

De Lombaerde, P. and Schulz, M. (eds.) 2009. *The EU and World Regionalism: The Makability of Regions in the 21st Century*. Farnham: Ashgate.

Doctor, M. 2015. Interregionalism's Impact on Regional Integration in Developing Countries: The Case of Mercosur. *Journal of European Public Policy*, 22(7): 967–984.

Dolowitz, D.P. and Marsh, D. 2000. Learning from Abroad: The Role of Policy Transfer in Contemporary Policy-Making. *Governance*, 13(1): 5–24.

Dosman, E.J. (ed.) 2006. *Raul Prebisch: Power, Principle, and the Ethics of Development. Essays in Honour of David H. Pollock Marking the Centennial Celebration of the Birth of Raul Prebisch*. Buenos Aires: IDB-INTAL.

Dri, C.F. 2010. Limits of the Institutional Mimesis of the European Union: The Case of the Mercosur Parliament. *Latin American Policy*, 1(1): 52–74.

Duina, F.G. 2006. *The Social Construction of Free Trade: The European Union, NAFTA, and Mercosur*. Princeton, NJ: Princeton University Press.

Duina, F. and Lenz, T. forthcoming. Regionalism and Diffusion Revisited: From Final Design Towards Stages of Decision-Making. *Review of International Studies*.

Elkins, Z., Guzman, A.T., and Simmons, B.A. 2006. Competing for Capital: The Diffusion of Bilateral Investment Treaties 1960–2000. *International Organization*, 60(4): 811–846.

Engel, U. 2015. *The African Union Finances: How Does It Work?* Working Paper Series of the Centre for Area Studies. Leipzig: Leipziger Universitätsverlag.

Farrell, M. 2007. From EU Model to External Policy? Promoting Regional Integration in the Rest of the World. In: S. Meunier and K.R. McNamara (eds.), *Making History: European Integration and Institutional Change at Fifty*. Oxford: Oxford University Press, 299–315.

Farrell, M. 2009. EU Policy Towards Other Regions: Policy Learning in the External Promotion of Regional Integration. *Journal of European Public Policy*, 16(8): 1165–1184.

Fawcett, L. and Gandois, H.J. 2010. Regionalism in Africa and the Middle East: Implications for EU Studies. *Journal of European Integration*, 32(6): 617–636.

Fawcett, L. and Hurrell, A. (eds.) 1995. *Regionalism in World Politics: Regional Organization and International Order*. Oxford: Oxford University Press.

Gilardi, F. 2013. Transnational Diffusion: Norms, Ideas, and Policies. In: W. Carlsnaes, T. Risse, and B. Simmons (eds.), *Handbook of International Relations*, 2nd edition. London: Sage, 453–477.

Gilson, J. 2002. *Asia Meets Europe: Interregionalism and the Asia-Europe Meeting*. Cheltenham: Edward Elgar.

Gilson, J. 2005. New Interregionalism? The EU and East Asia. *Journal of European Integration*, 27(3): 307–326.

Haas, P.M. (ed.) 1992. Knowledge, Power and International Policy Coordination. *International Organization*, Special Issue 46(1): 1–35.

Haastrup, T. 2013. EU as Mentor? Promoting Regionalism as External Relations Practice in EU–Africa Relations. *Journal of European Integration*, 35(7): 785–800.

Hänggi, H., Roloff, R., and Rüland, J. (eds.) 2006. *Interregionalism and International Relations*. Abingdon: Routledge.

Haveman, H.A. 1993. Follow the Leader: Mimetic Isomorphism and Entry Into New Markets. *Administrative Science Quarterly*, 38(4): 593–627.

Hettne, B. and Ponjaert, F. 2014. Interregionalism and World Order: The Diverging EU and US Models. In: M. Telò (ed.), *European Union and New Regionalism: Competing Regionalism and Global Governance in a Post-Hegemonic Era*, 3rd edition. Aldershot: Ashgate, 115–139.

Hettne, B. and Söderbaum, F. 2000. Theorising the Rise of Regionness. *New Political Economy*, 5(3): 457–474.

Holzinger, K., Jörgens, H., and Knill, C. 2008. State of the Art: Conceptualizing Environmental Policy Convergence. In: K. Holzinger, C. Knill, and B. Arts (eds.), *Environmental Policy Convergence in Europe: The Impact of International Institutions and Trade*. Cambridge: Cambridge University Press, 7–29.

Holzinger, K. and Knill, C. 2008. Theoretical Framework: Causal Factors and Convergence Expectations. In: K. Holzinger, C. Knill, and B. Arts (eds.), *Environmental Policy Convergence in Europe: The Impact of International Institutions and Trade*. Cambridge: Cambridge University Press, 30–63.

Hurt, S.R. 2003. Co-operation and Coercion? The Cotonou Agreement Between the European Union and ACP States and the End of the Lomé Convention. *Third World Quaterly*, 24(1): 161–176.

Jahn, D. 2006. Globalization as "Galton's Problem": The Missing Link in the Analysis of Diffusion Patterns in Welfare State Development. *International Organization*, 60(2): 401–431.

Jahn, D. 2015. Diffusion. In: G. Wenzelburger and R. Zohlnhöfer (eds.), *Handbuch Policy-Forschung*. Wiesbaden: Springer, 247–276.

Jetly, R. 2003. Conflict Management Strategies in ASEAN: Perspectives for SAARC. *The Pacific Review*, 16(1): 53–76.

Jetschke, A. 2009. Institutionalizing ASEAN: Celebrating Europe through Network Governance. *Cambridge Review of International Affairs*, 22(3): 407–426.

Jetschke, A. 2010. *Do Regional Organizations Travel? European Integration, Diffusion, and the Case of ASEAN*. KFG Working Paper 17. Berlin: KFG "Transformative Power of Europe," Freie Universität Berlin.

Jetschke, A. and Lenz, T. 2013. Does Regionalism Diffuse? A New Research Agenda for the Study of Regional Organizations. *Journal of European Public Policy*, 20(4): 626–637.

Jetschke, A. and Murray, P. 2012. Diffusing Regional Integration: The EU and Southeast Asia. *West European Politics*, 35(1): 174–191.

Jupille, J., Jolliff, B., and Wojcik, S. 2013. Regionalism in the World Polity. Paper presented at International Studies Association, Annual Meeting, San Francisco, April 3–6.

Jurje, F. and Lavenex, S. 2014. Trade Agreements as Venues for "Market Power Europe"? The Case of Immigration Policy. *Journal of Common Market Studies*, 52(2): 320–336.

Katsumata, H. 2009. ASEAN and Human Rights: Resisting Western Pressure or Emulating the West? *The Pacific Review*, 22(5): 619–637.

Katsumata, H. 2011. Mimetic Adoption and Norm Diffusion: "Western" Security Cooperation in Southeast Asia? *Review of International Studies*, 37(2): 557–576.

Katzenstein, P.J. 2005. *A World of Regions: Asia and Europe in the American Imperium*. Ithaca, NY: Cornell University Press.

Klingler–Vidra, R. and Schleifer, P. 2014. Convergence More or Less: Why Do Practices Vary as They Diffuse? *International Studies Review*, 16(2): 264–274.

Krapohl, S. and Fink, S. 2013. Different Paths to Regional Integration: Trade Networks and Regional Institution–Building in Europe, Southeast Asia and Southern Africa. *Journal of Common Market Studies*, 51(3): 472–488.

Lacovsky, E. 2014. Nuclear Weapons Free Zones (NWFZs): Between Regional and Global Governance. 10th Annual Graduate Conference in Political Science, International Relations, and Public Policy, Jerusalem.

Lenz, T. 2012. Spurred Emulation: The EU and Regional Integration in Mercosur and SADC. *West European Politics*, 35(1): 155–173.

Lenz, T. 2013. The Politics of Institutional Symbolism: Parliamentarization in Regional Economic Organizations. Paper presented at the Conference "(De–)Legitimation of Global Governance Organizations," Bremen, September 12.

Libman, A. and Vinokurov, E. 2012. *Eurasian Integration: Challenges of Transcontinental Regionalism*. Basingstoke: Palgrave Macmillan.

McMahon, E.R. and Baker, S.H. 2006. *Piecing a Democratic Quilt? Regional Organizations and Universal Norms*. Bloomfield, CT: Kumarian Press.

Manea, M.–G. 2008. Human Rights and the Interregional Dialogue Between Asia and Europe: ASEAN–EU Relations and ASEM. *The Pacific Review*, 21(3): 369–396.

Manea, M.–G. 2009. How and Why Interaction Matters: ASEAN's Regional Identity and Human Rights. *Cooperation and Conflict*, 44(1): 27–49.

Mansfield, E.D. and Milner, H.V. 2012. *Votes, Vetoes, and the Political Economy of International Trade Agreements*. Princeton, NJ: Princeton University Press.

Mansfield, E.D. and Pevehouse, J.C.W. 2013. *The Expansion of Preferential Trading Arrangements*. International Studies Quarterly, 57(3): 592–604.

March, J.G. and Olsen, J.P. 1998. The Institutional Dynamics of International Political Orders. *International Organization*, 52(4): 943–969.

Mattheis, F. 2014. *New Regionalism in the South: Mercosur and SADC in a Comparative and Interregion–*

al Perspective.Leipzig:Leipziger Universitätsverlag.

Mattli,W.1999.*The Logic of Regional Integration:Europe and Beyond*.Cambridge:Cambridge University Press.

Meyer,J.M.1987.The World Polity and the Authority of the Nation State.In:G.M.Thomas,J.W.Meyer,F.O.Ramirez,and J.Boli(eds.),*Institutional Structure:Constituting State,Society and the Individual*.London:Sage,41–70.

Meyer,J.W.and Rowan,B.1977.Institutionalized Organizations:Formal Structures as Myth and Ceremony.*American Journal of Sociology*,83(2):340–363.

Moravcsik,A.2000.The Origins of Human Rights Regimes:Democratic Delegation in Postwar Europe.*International Organization*,54(2):217–252.

Murray,P.and Moxon-Browne,E.2013.The European Union as a Template for Regional Integration? The Case of ASEAN and Its Committee of Permanent Representatives.*Journal of Common Market Studies*,51(3):522–537.

Pennisi di Floristella,A.2014.*Building the"ASEAN Center for Humanitarian Assistance and Emergency Response":Is ASEAN Learning from the Experience of the European"Civil Protection Mechanism"?* KFG Working Paper 62,Berlin:Research College "The Transformative Power of Europe," Freie Universität Berlin.

Pente,I.2013.Lipstick,Innovation,and Preferences:A Developmental-Intergovernmental Approach to Economic Policy Transfer from the EU to ASEAN.PhD Dissertation,Freie Universität Berlin.

Pevehouse,J.C.2005.*Democracy from Above:Regional Organizations and Democratization*.Cambridge:Cambridge University Press.

Pietrangeli,G.2009.Supporting Regional Integration and Cooperation Worldwide:An Overview of the European Union Approach.In:P.De Lombaerde and M.Schulz(eds.),*The EU and World Regionalism:The Makability of Regions in the 21st Century*.Farnham:Ashgate,9–44.

Polillo,S.and Guillén,M.F.2005.Globalization Pressures and the State:The Worldwide Spread of Central Bank Independence.*American Journal of Sociology*,110(6):1764–1802.

Powell,W.W.and DiMaggio,P.J.(eds.)1991.*The New Institutionalism in Organizational Analysis*.Chicago,IL:University of Chicago Press.

Quiliconi,C.2014.Competitive Diffusion of Trade Agreements in Latin America.*International Studies Review*,16(2):240–251.

Rigner,H.and Söderbaum,F.2010.*Mapping Interregionalism*.EU-GRASP Working Papers.Bruges:United Nations University.

Risse,T.2000."Let's Argue!" Communicative Action in International Relations.*International Organization*,54(1):1–39.

Rüland,J.2014.Constructing Regionalism Domestically:Local Actors and Foreign Policymaking in Newly Democratizing Indonesia.*Foreign Policy Analysis*,10(2):181–201.

Rüland,J.and Bechle,K.2014.Defending State-Centric Regionalism Through Mimicry and Localisation:

Regional Parliamentary Bodies in the Association of Southeast Asian Nations(ASEAN)and Mercosur. *Journal of International Relations and Development*,17(1):61–88.

Saldias,O.2010.*Networks,Courts and Regional Integration.Explaining the Establishment of the Andean Court of Justice*.KFG Working Paper 20.Berlin:Research College"Transformative Power of Europe," Freie Universität Berlin.

Schimmelfennig,F.2007.Europeanization beyond Europe.*Living Reviews in European Governance*,2(1). <http://www.livingreviews.org/lreg–2007–1>(accessed May 12,2015).

Simmons,B.A.,Dobbin,F.,and Garrett,G.2006.Introduction:The International Diffusion of Liberalism. *International Organization*,60(4):781–810.

Smis,S.and Kingah,S.2014.The Court of Justice of the European Union and Other Regional Courts.In: F.Baert,T.Scaramagli,and F.Söderbaum(eds.),*Intersecting Interregionalism:Regions,Global Governance,and the EU*.Dordrecht:Springer,151–168.

Solingen,E.1998.*Regional Orders at Century's Dawn:Global and Domestic Influences on Grand Strategy*.Princeton,NJ:Princeton University Press.

Solingen,E.2012.Of Dominoes and Firewalls:The Domestic,Regional,and Global Politics of International Diffusion.*International Studies Quarterly*,56(4):631–644.

Solis,M.and Katada,S.N.2014.Unlikely Pivotal States in Competitive Free Trade Agreement Diffusion: The Effect of Japan's Trans–Pacific Partnership Participation on Asia–Pacific Regional Integration. *New Political Economy*,29(2):155–177.

Solis,M.,Stallings,B.,and Katada,S.N.(eds.)2009.*Competitive Regionalism:FTA Diffusion in the Pacific Rim*.Basingstoke:Palgrave Macmillan.

Stapel,S.2014.*Conditions of Diffusion of Governance Standards between Regional Organizations:Contiguity,Functional Needs,and Power Asymmetries*.Manuscript.Berlin:Research College"Transformative Power of Europe,"Freie Universität Berlin.

Strang,D.1991.Adding Social Structure to Diffusion Models:An Event History Framework.*Sociological Methods & Research*,19(3):324–353.

Strang,D.and Meyer,J.W.1993.Institutional Conditions for Diffusion.*Theory and Society*,22 (4):487–512.

Telò,M.,Fawcett,L.,and Ponjaert,F.(eds.)2015.*The European Union and Interregionalism:Controversial Impact on Drivers of Regional Cooperation*.Farnham:Ashgate.

Tvevad,J.2014.*Policy Briefing.The Pacific Alliance:Regional Integration or Fragmentation?* Brussels: European Parliament,Directorate–General for External Policies—Policy Department.

Van Der Vleuten,A.and Ribeiro Hoffmann,A.2010.Explaining the Enforcement of Democracy by Regional Organizations:Comparing EU,Mercosur and SADC.*Journal of Common Market Studies*,48 (3):737–758.

Van Hoestenberghe,K.,Roelfsema,H.,and Khalidi,S.2009.The Making of the East African Community: A Case Study.In:P.De Lombaerde and M.Schulz(eds.),*The EU and World Regionalism:The Maka–*

bility of Regions in the 21st Century.Farnham:Ashgate,235–250.

Weiland,H.2006.The European Union and Southern Africa:Interregionalism Between Vision and Reality.In:H.Hänggi,R.Roloff,and J.Rüland(eds.),Interregionalism and International Relations.Abingdon:Routledge,185–198.

Wong,R.2012.Model Power or Reference Point? The EU and ASEAN Charter.*Cambridge Review of International Affairs*,25(4):669–682.

第6章　超越欧盟中心主义的地区主义

阿米塔·阿查亚(Amitav Acharya)

【109】　地区主义并非欧洲或西方的思想或方法,而是有着世界范围的传统和多种表现,但地区主义诸理论很少反映这一事实,其理论文献仍然是以欧盟(EU)为中心的。试图为地区主义提供一个更广阔的知识历史,并开发出能够解释世界上地区主义多样性和复杂性的方法,这样的努力还十分罕见。对比较地区主义学者来说,解释地区主义在规范和制度层面的多样性(diversity),乃是他们面临的一个核心理论挑战。

首先,这个领域需要摆脱所谓的"欧盟中心主义"。这并不是指"欧洲中心主义",因为在欧洲或者在"西方",地区主义有着不同的概念和形式。例如,北约(NATO)这种"霸权地区主义"形式(Acharya,1992),或者说是由一个支配大国操纵的地区主义,就与欧洲委员会(CoE)或欧安组织(OSCE)相当不一样,后两者是更加包容性的集团(参见本书第9章)。还有像欧洲-地中海地区主义这样的新观念,和近年受俄罗斯推动而兴起的欧亚地区主义,至少都与作为"西方"的欧洲有交叉(参见本书第10章)。

另外,倡导非欧盟中心的视角并不意味着欧盟的发展历史可以忽视。欧盟是当代地区主义发展史上的关键组成部分,每个地区主义研究者都不陌生。本人倡导非欧盟中心视角,意在反对将欧盟视为地区主义的"样板",指望其他地区主义都去效法它,把它作为成功与否的判断标准。这也意味着,我们不要假定地区主义理论是普遍适用的,它们在欧盟历史上的不同阶段其实有着不同的发展表现。换言之,比较地区主义当中
【110】的欧盟中心主义指的是,用主要来自欧盟制度与进程中的标准去衡量其他地区主义,而忽视地区主义其他的可能发展途径,并拒绝按照其他地区自己设定的目标来看待其发展成就。

把欧盟当作一个样板的愿望是很可以理解的,毕竟欧盟有理由声称是这个世界上效果最佳的地区组织形式,且不论其有什么局限和失败之处。然而承认其成功是一回

事，指望其他地区组织都追随欧盟的一体化道路则是又一回事。尽管欧盟本身企图在全世界输出其模式，但由于存在历史、政治、经济和规范上的差别，欧盟模式并没有也不会在发展中世界大行其道。其努力可能有个别成功之处，但在很多情况下都是夸夸其谈。[①]

本章的一个主要论点是，一体化诸理论反映的是二战后西欧特有的政治经济条件和规范诉求，拿来解释后殖民世界的地区主义起源和发展是有局限性的，且有种族中心主义的倾向。在后殖民世界，其最终目标（或因变量）不是"一体化"（带有一定程度超国家主义发展的含义），而是"自主性"（即维护国家主权）。

诚然，在研究比较地区主义时，我们不应当忽视所谓"交叉的多样性"，即世界各地的地区主义之间有相似性也有差异性，有自主性又有关联性。不过，比较地区主义的非欧盟中心视角必须考虑到，不同地区及其制度设计、类型、合作"风格"都有着不同的特点。

为此，本章分三步展开论述。首先，突出强调非欧洲地区，特别是拉美和亚洲，对地区主义思想和制度发展所做出的贡献。其次，讨论主要源于欧盟的地区主义理论与非西方世界的地区主义发展之间存在的脱节或不符之处。最后，阐述当代地区主义在世界不同地区包括欧洲、亚洲、拉美和非洲所具有的差异性（包括目标、制度设计和结果）。

为了阐明欧洲中心的地区主义理论与非欧洲世界地区主义的实际发展之间存在的脱节现象，接下来的一节将首先确认有哪些地区主义思想或理论，然后再讨论它们与地区主义实践相符的程度。这一思路意在表明，不同的地区主义思想和理论，包括应用于地区主义的国际关系理论（如自由主义）和专门的一体化理论（如新功能主义），在解释非欧洲世界的现象和预测其未来发展时是何其无力。

超越欧洲：地区主义的多重全球传统

如果将地区主义界定为在地区层次建立正式或非正式制度（参见本书第 1 章），我们会发现，世界上的地区主义有着各种各样的目的、形式和功能。19 世纪以来，它们有以下表现： 【111】

- ●大国势力范围或霸权地区主义：包括德国的"欧洲心脏"（Mitteleuropa）和日本的"大东亚共荣圈"。"欧洲协调"也可算在内，它是一种集体形式的大国霸权。有人把美国冷战时代在第三世界建立的多边联盟，如东南亚条约组织（SEATO，或称"马尼拉公约"）和中央条约组织（CENTO，或称"巴格达公

---

① 对欧盟输出其模式的努力做出赞许性评估的作品，可参见 Börzel and Risse，2009 和 Jetschke，2009。对其在东亚所做努力表示质疑的作品，可参见 Murray，2010。

约”),当作霸权地区主义的典型。(Acharya,1992)

●冲突管理方法:在这方面,地区主义被视为是通往《联合国宪章》所规定的普遍主义的另一条可选之路或一块“垫脚石”。(Wilcox,1965;Nye,1975;Schreuer,1995)

●文化认同和自主性的表达:例如泛美主义(Fawcett and Serrano,2005)、泛阿拉伯主义(Barnett,1995)、泛非主义(Legum,1962;Esedebe,1994)、泛亚主义(Acharya,2009)和欧洲认同(Parsons,2003;Checkel,2005)。

●通过经济和政治一体化来约束民族主义和战争的框架(只有欧盟符合这一条)。

●推进去殖民化和民族解放的平台:在亚洲、非洲和中东,这是地区主义背后的主要动力。

●抵制大国干预的场所:地区主义的这种动机和功能主要符合拉美、亚洲、非洲和中东的情形。

●促进经济发展(通过地区自强)和政治稳定的努力:这些涉及发展中国家,如东南亚国家联盟(ASEAN)、南美洲国家联盟(UNASUR)、南部非洲发展共同体(SADC)和西非国家经济共同体(ECOWAS)。(Acharya,2011)

●全球自由秩序分裂成相互竞争的战略集团或经济集团的标志。(Ikenberry,2011; Acharya,2014)

很显然,这里对地区主义含义的理解比较宽泛。地区主义作为一种经验现象,其根
【112】 源和分支不止在欧洲,还在世界的许多其他部分。因此,有必要将它与特殊的西欧模式(EEC/EU)从形式和功能上加以区分,西欧的地区主义不过是世界政治中众多地区主义中的一种。这样的理解,也为研究地区主义的理论概念和方法打开了大门,而不再囿于欧共体或欧盟经验了。

总而言之,尽管这些观念中有些并不一定有具体的或持久的制度形式,但地区主义的思想绝对不局限于欧洲。拉美的地区主义思想几乎和1815年“欧洲协调”起始于同一时间,然而跟后者不同的是,它并未形成一个凌驾于弱者之上的大国集体霸权。非西方的地区主义思想和制度形式,总的来说都比“欧洲协调”更加进步和解放(日本的“共荣圈”是一个大的例外)。不像“欧洲协调”基本上是保守的或反动的,亚非拉的地区主义意识形态都致力于反殖民主义、争取民族自由、维护主权和挑战大国支配(比如拉美对美国“门罗主义”的抵制)。这些与那些较为进步的欧洲集团如欧委会(CoE,1949年建立)和欧共体(EEC,1957年建立)也有不同,它们针对的是驯化民族主义(EEC中是驯化主权),维护和促进人权、民主和法治,以换取和平与繁荣。后来演化成所谓“第三世界”的

早期地区主义运动则主要致力于推动民族解放，摆脱西方殖民统治（亚洲、非洲、中东和加勒比地区），并避免和管理美苏在第三世界的冲突。

另外值得注意的是，二战后地区主义最有力的倡议，是拉美国家在 1945 年旧金山和会上讨论起草《联合国宪章》时提出的。尽管美国强烈表示倾向于普遍主义，但 21 个拉美国家的代表强烈要求在宪章中载入地区主义，对美国将维持全球和平与安全的权威单单赋予联合国安理会（UNSC）的态度表示了质疑。一些拉美国家代表比如巴西代表声称，属于地区安全的事务理应完全由该地区集团自己来解决，“安理会对解决这些问题的干预行为只有在它们不只对一个地区集团构成威胁时才是正当的”[①]。其他国家接受了在联合国体系内给地区主义一席之地，不过是从属于安理会的总体权威。不管怎么说，这些表现出了人们对地区主义的热情，也是对过去五十年里建设地区主义经验的吸取。这明确体现在墨西哥代表卡斯蒂略·纳赫拉（Castillo Najera）大使的声明中，他提到美洲国家代表团的愿望就是展示和维护他们的“泛美主义理想”。他说：“美洲国家代表团的首要考虑是捍卫他们最伟大的成就，那就是通过和平方式收获的最珍贵的安全合作之花。”[②]委内瑞拉代表帕拉·佩雷斯（Parra Perez）把美洲各国倾向地区主义的态度形容为一个“保护【美洲体系内部】整个传统的问题，对我们的大陆而言非常宝贵，这是一 【113】
个十分活跃的有机体，生机勃勃”[③]。新成立的阿拉伯国家联盟的代表提出，其联盟宪章就是一个地区安排的典范，这种安排理应在新的全球安全体系当中有一席之地。美国参加旧金山会议代表团团长、参议员阿瑟·范登堡（Arthur Vandenberg）承认，拉美国家在确保地区组织得到《联合国宪章》承认方面发挥了特殊的作用：

> 我们已找到一种务实而有效的办法，将地区组织的作用融入我们当前为了世界和平与安全而成立的全球性机构之中……我们不会因此削弱全球一致性……相反，我们是将这些“地区链”（regional king-links）熔铸到“全球链”（global chain）当中……其中一条“地区链”对于我们西半球的 21 个共和国而言弥足珍贵。在它背后凝结着 50 年宝贵而慈祥的过往……世界上还有其他非凡而卓有成效的地区安排。我并不否认它们都存在，我只是在说，“泛美主义”乃是一个象征。我不过是认为，它是这个世界上最古老、最和睦的地

① 1945 年 5 月 14 日巴西代表团在联合国制宪会议讨论安全理事会事宜的第三委员会（Commission III）上的发言，第 269 号文件，第 5 页（UNCIO，1945，vol.XII，768）。

② 1945 年 6 月 14 日墨西哥代表卡斯蒂略·纳赫拉大使在联合国制宪会议讨论安全理事会事宜的第三委员会上的发言，第 972 号文件，第 7 页（UNCIO，1945，vol.XI，54）。

③ 1945 年 6 月 14 日委内瑞拉代表帕拉·佩雷斯在联合国制宪会议讨论安全理事会事宜的第三委员会上的发言，第 972 号文件，第 9 页（UNCIO，1945，vol.XI，56）。

区安排。①

尽管地区主义的提倡者们表示了妥协，同意地区安排功能的发挥一定要服从安理会的最后权威，而非独立于它，但来自拉美和阿拉伯世界的那些代表们的倡议至关重要，他们由此推动了《联合国宪章》给予地区主义以作为争端解决和集体安全手段的法律地位。这使得后来当联合国安理会的权威由于美苏冷战对峙而受到削弱时，地区主义更加有意义。

考虑地区主义的多种起源时，我们也应该注意到它在亚洲的发展。在二战后时代的很早阶段，就已有人尝试对地区主义加以概念阐述（Acharya，2012），那就是印度学者型外交官潘尼迦（K.M.Panikkar）在其所主编并于1948年出版的一本论文集《地区主义与世界安全》（*Regionalism and World Security*）中所做的工作。在该书导论中，潘尼迦区分了两种形式的地区主义：一种是“某大国在一个特定地理区域内建立的至高权威”，这种形式意味着“不过是（德语）‘生存空间’（lebensraum）的谦辞罢了”（Panikkar，1948，1）；另一种则较为进步，致力于推进“生活水平的提高、社会经济的进步，遵循人权和基本自由”。潘尼迦认为，这种地区主义形式在“远离欧美的地区”较为有用和必要（Panikkar，1948，5–6）。尽管它还不是一种地区主义理论，不能形成一种因果机制的解释，无法说明地区主义缘何出现、为何成功或失败，但它在欧洲经济共同体（EEC）建立之前很早就有力地预示了从霸权性地区主义向进步性地区主义的转向。正是这种非排他的和解放性的形式，成了非西方世界地区主义的标准形式。

【114】 后来，地区主义和地区间主义伴随着中东、亚洲和非洲的民族主义此起彼伏，例如1947年和1949年的亚洲国家关系会议（the Asian Relations Conferences）、1955年在万隆召开的亚非会议，以及在二战后头二十年里建立的美洲国家组织（OAS）、阿盟（LAS）和非统组织（OAU）。当时，众多非洲和中东地方仍然处于殖民统治之下，非统组织和阿盟便发挥了“民族独立而不是地区一体化的工具作用”（Miller，1973，58）。另外，非西方世界的地区集团采取的都是包容性的地区主义形式，无论从规范意义上还是从制度意义上都是如此。这种形式很少会因为国内政治或经济体系原因而排除一些国家参与。例外情况是，非统组织（OAU）排除了实行种族隔离的南非，美洲国家组织（OAS）在美国压力下推迟了古巴的加入，还有阿盟（LAS）对以色列实行过联合抵制。

尽管很难从这些各不相同的地区主义形式中发展出什么理论，但很明显的是，许多

---

① 1945年6月14日美国参议员阿瑟·范登堡在联合国制宪会议讨论安全理事会事宜的第三委员会上的发言，第972号文件，第5页（UNCIO，1945，vol.XI，52）。

非欧盟地区主义思想和交流的目的在于寻求“自主性”,即确保独立于殖民统治并抑制外部大国对地区事务的干预。这种自主性思想，使得非西方世界的众多地区主义努力与欧盟的地区主义区别开来,后者的核心主张是实现“一体化”。

欧洲之外的一体化理论与地区主义

谈到地区主义诸理论,学者们首先想到的往往是这样一个理论整体,它包括联邦主义、功能主义、新功能主义和交流主义(也称“沟通理论”)(参见本书第3章)。人们对其历史太过熟悉,因此就不用我们在这里细加梳理了。但这些理论有一个共同的要素,那就是它们发源于并反映了一种西欧或欧美背景(若说它跨大西洋就又太过宽泛了)。联邦主义和交流主义反映了西欧和美国背景,而新功能主义这种改进了的功能主义强调驱动一体化的超国家制度的作用,在本体论上就更加狭窄,只能限于西欧。约瑟夫·奈概述了所有这些理论的共同点如下:“这些研究的共同之处是，强调增进交流和联系如何改变态度和跨国结盟机会,以及制度如何有助于巩固这种交往”(Nye,1988,239)。

这些一体化理论与欧洲经济共同体(EEC)的成立和发展密切伴随,它们无力解释非西方世界的地区主义,这不是因为它们没能预测到非西方世界的地区主义,而是因为它们假定(地区主义的)初始条件包括多元化的利益政治和经济上的相互依赖,这些并不适合非西方世界的现实。况且,当时欧洲之外的地区一体化实验还没有启动。历史、政治和经济条件的差异导致地区一体化理论并不适用于非西方世界。一个重要原因是推动力上的不同。EEC基本上是一项驯服民族主义和约束国家主权的工程,非西方世界的地区主义则受到俨然相反力量的驱动,那就是在经历数个世纪的殖民统治后促进民族主义和维护国家主权。这种根本上的差别解释了并继续解释着为什么欧盟模式无法在非西方世界找到知音。 【115】

虽然第三世界的一部分发展了地区集团,有些还受到了EEC的鼓舞,但谁也没有成功实现同样水平的一体化。这里的例子包括中美洲共同市场(曾被视为EEC之外实践新功能主义的典范)、拉美自由贸易区(1980年解散)和东非共同体。在非西方世界,没有哪里的经济地区主义是按照EEC模式发展的，包括市场集中化并产生福利获益,引起预期的“外溢”效应,从而在安全问题上实现合作。结果,第三世界的地区经济一体化在总体上“比欧洲的更粗放,目的更模糊,内容更不确定”(Gordon,1961,245)。这就引起了功能主义方法适不适用于第三世界的问题。即使是“新功能主义之父”厄恩斯特·哈斯(Haas,1973,117)也承认,“【新功能主义模式】在第三世界的适用性……仅仅在于它准确地预测了地区一体化的困难和失败,不像在欧洲那样还做出过某些成功的积极预测”。

为什么它们失败了呢？有人援引说，是“不信任、不合作和狭隘的民族主义之羁绊”制约了非西方世界的地区主义(Duffy and Feld，1980，497)。作为EEC成员的发达国家与实验地区一体化的发展中国家，它们之间在政治体制和政治过程上有差别，也是重要原因。奈对于功能主义在第三世界的发展前景的观察认识颇为中肯：

> 在欠发达国家，许多政治上的普遍特征使得原封不动照搬功能主义变得困难。领导者偏爱个人主义，英雄们不肯彼此合作。文化精英与文盲大众的鸿沟，有组织利益团体的缺乏，城乡文化的差异，这些看起来似乎都有利于精英们在国际一体化方面大展身手，但往往导致不安全、相互孤立，并将注意力转向国内一体化方面。中层行政管理人员的缺乏导致政府和政治机构孱弱，很容易受到组织相对良好的机构比如军队的干扰破坏。这种条件下的政府其适应能力就难免很低下。(Nye，1968，381.382)

就西方地区主义方法和解释为何不能适用于欧洲之外的情形这个问题，厄恩斯特·
【116】哈斯也作出了相似的解说。在1961年的一篇文章中，哈斯比较了西半球、阿拉伯地区和苏联集团的欧洲部分，最后认为，EEC地区一体化所要求的条件，比如工业经济体和自由主义政治，在其他地方并不具备。他总结道：“无论我们讨论欧洲一体化时可能有过什么确信的东西，都不会马上转用到其他地区背景中去”(Haas，1961，378)。至关重要的是，哈斯并未暗示说，世界其他地方的地区一体化因有着与西欧“不同的功能追求”并且“所回应的利益诉求不同”而不会成功。相反，其他地区自有其通向一体化的功能目标和方法，或者说，有“它们独有的生机”。正因为有这些目的上和发展轨迹上的差别，所以哈斯得出结论说，“从欧洲范例中”得不出任何“普遍性的‘一体化定律’”(Haas，1961，389)。哈斯的先见之明并没有受到后来“欧洲范例”倡导者的重视，他们仍或明或暗地按照欧洲标准对非欧洲地区制度的表现加以判断。引用理查德·希戈特(Richard Higgott)的话来说就是，欧洲计划具有“示范性……所有其他地区的地区计划均应依其标准”(Higgott，2006，23)。

另外很明显，尽管功能主义和新功能主义理论期望从低政治向高政治“外溢”，非西方世界的地区主义却表现得正好相反。如安德鲁·阿克斯林(Andrew Axline，1977，103)指出：“不同于一般的逻辑，即从相当温和的经济一体化开始而逐渐转向更高层次的政治合作，发展中国家的一体化逻辑则是，如果一体化开始的层次相对较低就很难取得成功，只有当一开始就实行相当高层次的政治一体化，才会有取得更大成功的可能。”

由于在地区行为体之间缺乏政治理解,而且冲突不断,第三世界的一体化努力就往往与一体化理论所期待的结果截然相反。1978 年,康斯坦丁·瓦伊措斯(Constantine Vaitsos)针对第三世界的地区一体化做过一个范围广泛的调查,其结论非常有趣。其研究认为,作为一体化的一项重要预期效应, 贸易自由化实际上会导致参与方之间发生冲突。由市场一体化带来的新投资和新活动,会逐渐汇聚到各国已经拥有较大市场和较发达物质基础设施及人力资源的地带。因此,“贸易自由化会加剧国家间的两极分化……【这】反过来又会在成员国之中制造严重的经济和政治冲突”(Vaitsos,1978,746)。

有人可能认为,欧洲地区一体化理论至少能够指出具备或不具备某些条件,以帮助分析者预测地区集团是否成功。这种观点尽管并非一无是处,但也很有局限。一方面,它没有考虑到非西方世界的地区主义在基本动机和目标上存有重大差异。根据如新功能主义这样的一体化理论,地区主义的目标是实现“一体化”——哈斯在其作品《欧洲的联合》(*The Uniting of Europe*)中把它定义为“一种过程,在其中,几个不同民族国家内的 【117】 政治行为体被劝说将其忠诚、期望和政治活动转向一个新的中心,该新中心的制度拥有或需要拥有对先前民族国家的管辖权”(Haas,1968,16)。与之相反,后殖民非西方世界的大多数地区集团,其基本目标则是“自主性”——即保护和维护国家主权,发展针对外来干涉的抗御力,不论干涉来自地区内部还是外部。扎特曼(Zartman,1971,386)将“自主性”界定为一种条件,在其中,地区的“行为和反应超过外来影响”。由此可见,那种通过发展超国家机构而凌驾于国家主权之上的一体化设计方案,虽然是新功能主义理论的标志,但却正好跟非西方地区主义的创建宗旨背道而驰。对于后者而言,追求自主性就意味着优先发展地区内部规范和集体立场,而尽可能地减少地区内的互相干涉和外来干涉。

另外,人们在解释发展中世界一体化努力(及其理论)失败的原因时,往往重点关注其消极因素,比如不稳定、普遍贫穷和政权专制。这就掩盖了积极的力量,比如那些可能影响了后殖民世界地区建制与一体化的去殖民化规范和民族主义规范(Acharya,2009)。民族主义和主权在欧洲虽被视为两场世界大战的起因,但它们在后殖民世界里却被视为合理愿望和正当关切。

重申一下,新功能主义告诉我们的是,亚洲或拉美没有实现欧盟那样的一体化或高度制度化的原因是缺少民主、市场资本主义和利益集团等条件。它无法告诉我们的是,亚洲、拉美和非洲的地区主义为什么一开始就有着根本不同的目标(维护而不是超越主权),并且为什么所走道路与欧盟完全不同(制度化程度低得多)。它也没法解释,发展中世界种种地区主义之中,目标和方法为什么各不相同。本地的条件、约束和进程动力才更为重要(Acharya and Johnston,2007)。

因此,更加适合非西方世界的地区主义理论应当更加强调地区自主性,而不是地区一体化(当然在其理论范畴当中并不排除多样性和差异性)。这种理论应围绕下述要点铺陈其叙事。第一,在地区事务上它应当把维护国家主权、限制外来影响作为基本目标。在政治和安全上,这意味着在地区集团中确保不干涉每个国家的内部事务,在地区事务上也不受外部力量的干涉(比如冷战期间超级大国对地区冲突的干涉)。第二,在经济意义上,它应优先注重发展目标或发展型地区主义(参见本书第 17 章),包括实现更强大的国家自立,而不是市场一体化。第三,它应要求采取不那么正式或法治化的制度和进
【118】程,以免削弱主权和不干涉原则,比如不建立超国家机构、不制订约束性的一体化目标、不实行正式的仲裁或争端解决机制。第四,其"外溢"逻辑应遵照这样的方式,即最初的政治意愿和合作应是实施经济一体化的前提,这正好把新功能主义的主张颠倒了过来。

有人可能会认为,这里夸大了欧共体或欧盟式地区主义和非西方世界地区主义两者基本目标之间的差别。如果我们考虑到米尔沃德(Milward,1992)所研究指出的,欧共体或欧盟的计划并非是要消灭主权而是共享主权,那么就可能还真是夸大了。据此观点,欧洲民族国家同意将主权共享和授予给欧盟以实现其内部自主——使其能够在欧洲层次上实施公共政策,以避免国家层次上受到特定利益集团的阻挠。莫劳夫奇克(Moravcsik,1994)就持此论点,他认为欧洲一体化强化了国家。而科勒-科赫(Kohler-Koch,1996)指出,这一现象是"弱中取强"。

这种主权共享在非西方世界也存在,创建地区实体以尽力扩大国家的集体谈判力量,特别是在与发达国家相比它们处于后殖民政治、外交和经济等弱势情况下。实际上,像非统组织(OAU)、阿盟(LAS)、东盟(ASEAN)、海合会(GCC)和西共体(ECOWAS)这样的集团,在不同程度上都意味着提高了其成员国在安全、经济和外交领域的谈判地位。例如,东盟成立的一个重要目标就是让其成员国有机会在本地区发出集体声音,以摆脱西方大国和亚洲大国如中、印的主导,同时能够对于自然资源的定价有集体谈判力量(参见本书第 11 章)。但这里我们又可看到,欧共体或欧盟式地区主义与非西方地区集团有一个关键不同点:前者对主权的共享可能在国内意义上"解救"或强化了民族国家,但它的确要求其成员国在与其他成员国的关系方面变弱下来,这的确带来了主权的后退;而在非西方世界的集团化如东盟身上就不一样了,它们通过联合而适时适当地增进共同利益,但又保持着严格的主权分野和相互不干涉。

欧盟和非西方地区主义的不同不仅在于基本逻辑不同,比如是驯化主权还是维护主权,而且还在于经济地区主义的目标不同,比如是像西欧那样强调贸易自由化和市场扩张,还是像非西方世界那样强调自强和发展。阿克斯林指出,第三世界在 20 世纪六七十年代的地区一体化方案实际上主要是经济发展战略(Axline,1977)。在此意义上

看，地区经济合作旨在促进经济发展、实现一定程度的集体经济自强（尽管后者实现起来往往很难），这种情形在非西方地区主义中比在欧洲更为普遍，欧洲所要实现的是完全市场一体化（Shaw，1989）。"发展型地区主义"已经成了非西方世界地区主义的一个重要特征，对东盟尤其如此（Nesadurai，2003），对西共体和南共体也是这样（参见本书第17章）。【119】

除了经济一体化，欧洲与其他地区主义之间的差别还体现在安全目标和途径上。特别是，北约式的集体防务机制在非西方世界很少见，在亚洲更不常见（Hemmer and Katzenstein，2002；Acharya，2009，2011）。这不只在于安全挑战上的不同，比如，非西方世界的安全关心主要在于国内安全上，而西欧重视的是外部安全挑战。还可以从规范偏好上来解释为何（非西方）避免实行集体防御，这主要是因为，在非西方世界里，防务和安全合作往往会造成它们对于外部大国的依赖，引发大国竞相干预地区事务，从而失去地区自主。另外，还可以从资源和能力的差距上来解释二者的差别，因为在非西方世界，很少像欧盟那样拥有一批发达而富足的国家。

有关地区主义的文献在冷战后快速增加。较新的视角，比如"新地区主义"（参见本书第2章）和应用建构主义来研究地区层次的规范扩散（参见本书第5章）和共同体建设（参见本书第24章），已经大大扩展了地区主义研究的理论视野。不过，这些进展仍然中了"欧洲中心主义"的流毒，仍然不足以解释世界各地的地区主义声音和经验。

"新地区主义"是一种折中方法，既包含主流的也包含批判的国际关系方法。它对地区主义有着特定理解，但还很难说它是一种理论。它的解释力主要在于扩大了研究视野。它将过去地区主义理论忽视的一系列现象都涵盖了进来，比如非国家行为体和非正式流动。如果理论被理解为是对原因-结果关系的陈述，那么"新地区主义"就做得不够好。的确，其倡导者也无意于提出某种因果关系论。我们必须这么看待"新地区主义"的贡献，不过，它仍然带有"欧盟中心"色彩。正如"新地区主义"的基础文本、出版于1994年的一本有关"地区合作与新地区主义"的书（此乃赫尔辛基UNU/Wider即联合国大学世界发展经济学研究院的一项试验性研究计划的成果）所说："欧洲代表着世界上最先进的地区安排，它终将成为我们新地区主义的典范，其概念厘定主要取自对欧洲进程的经验观察"（Hettne and Inotai，1994，12）。当然，这只是一个初步的概念厘定，不应该被认为是进一步探讨这个概念的唯一依据。近来，"新地区主义"文献多样化起来，但其影响大多还是在欧洲，主要归因于研究资助（大量来自欧盟，比如GARNET和GREEN这样的研究网络)以及学术兴趣。①

【120】 另一个扩大地区主义研究视野的重要进展是建构主义的引入。“新地区主义方法”起源于对正式地区主义的批评,而建构主义的地区主义研究方法(与“新地区主义方法”并非完全不同,二者有时重叠)则立基于反对先前理论的理性主义和物质主义假设,尤其是新功能主义和新自由制度主义(参见本书第3章)。国际关系(IR)理论中的建构主义转向,特别是在冷战结束后,给地区主义研究带来了理念和规范因素,引入了社会化观念,这就俨然有别于新功能主义所强调的“行为体的工具性动机”,后者把“自利视为当然,并据以描绘行为者的知觉观念”(Haas,1973,117)。

建构主义不仅重视思想、规范和认同在形成地区主义(或地区主义如何及为何出现)当中的关键作用,而且它还为衡量地区主义的结果提供了一种理念和规范上的标准。对地区制度成败的判断,可以根据它们创造、本地化和宣传规范的能力,而不再基于其物质指标,如自由贸易或集体防务。

因此,建构主义在研究欧洲之外地区主义方面比其他国际关系大理论如新自由制度主义远为流行,这就不足为奇了(将新自由主义和新制度主义视角应用到亚洲进行分析的成果,可参见 Kahler,1994 和 Haggard,2011)。由于承认地区主义能够受到理念的和主体间的要素驱动,而不是受纯粹理性主义的要素驱动,并且判断结果可以根据规范性结果而非纯粹物质性结果,所以建构主义就鼓舞了研究非西方世界地区主义的新方式。东南亚、拉美、阿拉伯和非洲的地区主义均受此鼓舞,在这些地区,文化和认同得以成为驱动力量,其贡献主要在规范领域,但其正式地区制度已超出了理性主义理论(如新功能主义)所设定的条件范围(Acharya,2009)。

不过,地区主义研究的建构主义转向在欧洲最为明显。在学者看来,西欧地区主义的进步是显而易见的,特别是随着欧盟(EU)的建立而出现单一市场、共同货币和政治

---

① “新地区主义”方法的欧盟重心体现在这样两个前后相继的地区主义研究网络上,它们做了很多工作来促进“新地区主义”思想。第一个是 GARNET,即“有关全球治理、地区化和规制的卓越网络:欧盟的角色”(Network of Excellence on Global Governance,Regionalisation and Regulation:The Role of the EU),得到了欧盟委员会“第六框架研究支持计划”(6th Framework Programme)的资助。它包含42个研究中心和大学,由英国华威大学(the University of Warwick)的全球化与地区化研究中心统一协调。GARNET 的后继网络则是由欧盟委员会“第七框架研究支持计划”(7th Framework Programme)所资助的 GREEN,即“全球秩序重建:通过欧盟网络渐进实现”(Global Re-ordering:Evolution through European Networks)。GREEN“是一个全球性协作研究计划(拥有16家机构),致力于开展影响欧盟政策和实践的学术研究,寻求界定欧盟在新兴的全球秩序中的角色”。该网络在欧洲之外也有合作研究机构,但正像 GARNET 活动中的非欧洲参与者(包括笔者本人)一样,它们的参与必须得到一家欧洲研究机构的配合和“指导”。英国华威大学全球化与地区化研究中心的网址是:http://www2.warwick.ac.uk/fac/soc/csgr/; http://www2.warwick.ac.uk/fac/soc/csgr/green/。这些网络表明,欧盟正力图在促进地区主义和地区间主义方面发挥核心作用,并有意在全球秩序中扩大影响。

安全倡议，人们对“欧洲认同”的形成充满期待，并期望将欧盟的“规范性力量”扩散出去（参见本书第 9 章）。于是在地区主义研究中，就有人采用建构主义的概念和范畴，并应用于欧洲和跨大西洋的制度如欧盟和北约上面，取得了不少研究进展。然而另有一些学者运用建构主义所研究的，是欧洲、亚洲和世界其他部分的地区主义（比如 Adler and Barnett，1998；Barnett，1995；Acharya，2001，2004，2009；Christiansen et al.，2001；Hemmer and Katzenstein，2002；Risse，2004；Checkel，2005；Fabbri，2005；Kacowicz，2005）。

尽管建构主义更切合非西方世界实际，但仍有偏见。温特的《国际政治的社会理论》（Wendt，1999）这部关键基础性文本，就很少论及非西方世界。而且建构主义对规范扩【121】散的研究方法（参见本书第 5 章），尤其在第一波这类文献中，更加强调道德世界主义（moral cosmopolitanism）——这是那些西方的跨国思想家们所倡导的规范，而很少注意到非西方世界的规范结构和施动者（Acharya，2009）。在研究地区制度时，建构主义又与自由主义明显交叉。在发展“安全共同体”这个概念时，建构主义基本上搬用了以前的自由主义方法即交流主义，这是由卡尔·多伊奇及其同事所开发的方法（Deutsch et al.，1957）。关于地区安全共同体，建构主义认为其形成需要有自由民主价值观上的趋同，因此就使得这个概念不适用于非西方世界了。对此当然是可争议的，因为存在着非自由民主国家间构建共同体的例子，其构建基础是像发展、安全和地区自主性这样的一些共同目标（Acharya，2001）。

前面提到过，兴起于二战后并体现为欧洲及大西洋的某种特殊类型地区组织的各种地区主义框架，都已证明它们在西方世界比在非西方世界更为成功。总的来说，非西方世界无法复制欧洲中心的模式，但这并不意味着非西方世界的地区主义就微不足道或无关紧要。相反，在欧洲之外，各种类型的地区主义、针对各种议题领域的地区主义蓬勃发展。变动中的全球政治经济环境已经带来诸多挑战，呼吁人们更加重视地区性合作。反过来，这些挑战又拓宽了现有地区集团和安排所能够执行的任务范围。如今，人们日益认识到，地区合作不必遵循来自欧洲经验的单一模式。地区集团化为应对新的跨国威胁所做出的方针调整，并非欧洲模式和道路向世界广大地区的简单扩散。这就有力地证明，我们有必要重视去构建地区主义的全球史，并开发各种研究方法以反映其纷繁复杂的形态。

照此思路，我们发现一个有用的视角，那就是“地区世界”（regional world）概念。它的提出可以追溯到芝加哥大学一个已结项的研究计划。这项计划关注的是当代区域研究（area studies）面临的挑战。该计划是研究地区的，而不是研究地区主义本身。但它对于国际关系中的地区主义研究意义非凡。这个芝加哥计划的目的是，为区域研究提供一个新的“概念性、策略性和实践性的……研究方法”。该计划致力于将区域研究的视角由“地理、文明和文化的相关性概念所驱动”的方法或者“特征地理学”(trait geographies),转向“进程地理学”(process geographies),后者从更为动态和互动的角度看待地区(和地区主义)。地区或区域并非“客观地聚集在一起的地图事实、物质事实或文化事实”。“进程地理学”视角表明,“有了新的方式来探讨与‘区域’相关的空间和时间,那就是把空间变得更加灵活且更具多孔性,把时间变得不那么连续也不那么有累积性”(Regional Worlds Project,n.d.a;b,23)。

【122】 于是,这个“地区世界”视角就跟“新地区主义”和建构主义一样,认为地区不是固定的地理和文化实体,而是富有活力的社会建构物,就像一种“想象的共同体”。这种“地区世界”视角比“新地区主义”视角更加开阔,它强调地区主义的全球传统,抓住了全球秩序中地区主义类型的纷繁多样、交错复杂特征。

另外,“地区世界”视角所观照的不只是地区的内部活力,也涉及地区之间的相互关系,以及地区与全球秩序建构和管理之间的关系。地区既非完全自足的实体,也不单纯是全球活力的延伸。“多种地区交错纷杂、互相抵牾,交织而成复杂的权力、互动和想象力的网络,并且变动不居”(Ranchod-Nilsson,2000,8)。地区世界不仅自我组织其内部的经济、政治和文化空间,还制造它们对于其他地区和全球总体空间的想象与建构。地区“不只是生产其他世界画面的处所,也是这一生产的方位,还有必要成为我们对其他世界有所感知的一部分”(Appadurai,1997,6)。

因此,“地区世界”视角承认地区对于外来影响的开放性。它对于形成一种普遍性的地区主义理论有着特殊重要性,不仅抓住了全世界地区主义的多样性,而且认识到了这些地区主义之间的互动和相互学习。这一点倒颇为类似于欧盟研究中早已流行的“地区间主义”(inter-regionalism)概念,不过,“地区间主义”的相关话语显然更像一条“单行道”,只适用于欧盟与其他地区之间的关系。它考察的是作为欧盟对外政策工具的地区间主义(参见本书第26章;以及Börzel and Risse,2009; Baert et al.,2014),而很少关注世界上不同地区之间相互学习的可能性,包括欧盟向其他地区学习的可能性。亨吉、罗洛夫和吕兰(Hänggi,Roloff,and Rüland,2006)提出了一个更宽泛的视角——“跨地区主义”(transregionalism),来认识非欧盟地区间关系,比如东亚和拉美之间,以及北美和亚洲之间。“地区世界”视角认为,观念和制度的这种双向投射可以适用于世界的所有地区。这一视角与“新地区主义”视角一起为考察地区主义提供了一个更加开阔的研究框架,使我们能够不只关注正式制度,而且能够对国家和非国家行为体进行综合考察。这就弱化了欧盟中心主义,提出了一种更广泛意义上的“开放的地区主义”(在各个地区之间互动和相互学习意义上),并呼吁对个别地区做深入的了解,而这正是区域研究方法的鲜明特点。

兴起中的多种地区主义:趋同、多样与扩散

哪怕是粗略地看一眼,也不难发现,欧盟与非西方的地区主义及地区制度之间有着巨大差别。非西方地区集团一般更加看重主权,表现出对不干涉原则的更大坚持(尽管 【123】现在有所变化,而且在各个非西方集团之间也有区别,对此后面会论及)。它们以设置较小的官僚机构为特点,表现出更偏好非正式进程、共识型(而非多数决)决策,以及非约束性成果。近来出现了对此进行解释的学术成果(Katzenstein,2005; Acharya and Johnston,2007),它们进一步证明,把欧洲道路应用于世界其他地区具有局限性。

不仅在西欧和非西方地区主义之间有这些不同,而且在非西方世界不同部分的地区主义之间也有差别。历史上,不同地区主义特别强调不同地区的发展规范和模式,比如拉美的不干涉意识、亚洲的反集体防御意识和非洲对原殖民边界不可侵犯的坚持。这些旧的差别现在有所弥合,但新的差别又出现了。非洲地区制度,如非盟和西共体,就远比亚洲更能接受人道主义干预(因而也就有主权的共享和委托)。亚洲地区实体也不像美洲国家组织(OAS)(参见本书第21章)那样,认真地把推进民主当作规范。阿盟在经济地区主义和安全合作方面远远落后于其亚洲同伴,以及非洲和拉美的次地区集团。东亚经济地区主义(发展、贸易、金融和生产的网络化)明显走在非洲、拉美和中东的经济地区主义前头。东亚的地区化程度也更高(按本书第1章对地区化的定义)。这让东亚既有别于其他非欧盟地区,也有别于欧盟。不像欧盟以强大的地区组织主宰着地区一体化进程,在东亚,是地区化(这里主要指由华人团体和跨国公司编织的贸易生产网络)在引领和主导着正式地区组织的形成,特别是像亚太经合组织(APEC)和东盟经济共同体这样的经济制度(参见本书第11章)。在此背景下,我们就可以用一个更宽泛的研究框架去解释地区主义的发展并判定其表现,而且我们对它们的判定,不能根据它们是否或在何种程度上符合欧盟标准,或符合任何其他一体化的单一模式。

地区主义在不断演变和发展,随着冷战的结束,"单极时刻"的兴衰,跨国挑战的广泛出现(如气候变化、恐怖主义、金融危机等),以及其他全球权力转移和规范结构变动,地区主义在过去几十年里有了重大发展。自然地,较早时期形成的地区主义理论和方法由于受到当初地区环境的限制,如今是否还适应世界政治的结构变化,就成了问题。

不仅(正式和非正式的)地区集团在非西方世界,包括在亚洲这样先前敌视它们的 【124】地区扩散开来,而且地区主义的目标和功能也在扩大。另外,地区主义的视野,或者地区主义所要解决的挑战和任务的性质,也已显著扩大。地区主义不再像战后时代刚一出现时那样主要致力于贸易自由化,或者管理国家间冲突,如今它旨在解决各种各样

的挑战和问题,比如国内冲突、环境恶化、移民和难民流动、促进和保护人权与民主、反恐等(参见本书第 14 章、第 19 章、第 20 章和第 21 章)。这种数量和功能上的扩大,使我们更有充分的理由,去重新思考传统的地区主义理论和方法——过去的发展背景是战略安全和经济一体化。

环顾世界,地区合作与一体化的背景和条件都已发生变化。西方之外许多国家和地区的资本主义经济已得到明显发展,相互依赖和民主化也有所加强。因此值得考虑一下,既然发展中世界中原来由奈和哈斯所指出的障碍已经消除,那么是否地区一体化理论不适合发展中世界的情况也应该有所变化呢。然而对这种趋同性的反对声音仍然很强大。显然是因为,像在东亚这样的地区,尽管资本主义得到了轰轰烈烈的发展,但在政治上依然是“非自由的和威权的”。即便资本主义形式有所不同,东亚发展模式可被称为国家资本主义或国家主导的资本主义,但它仍然是“非自由”政治的产物,而且采行的也是“非自由”政治。欧洲和其他地区(亚非拉)的地区主义在规范和制度形式上出现某种趋同是可能的,比如非洲统一组织(OAU)改名为非洲联盟(AU),或者东盟制定宪章并扩大秘书处。不过,这样的效仿往往有名无实,至少在中短期内似乎还只是表面功夫。另外,实现这种趋同更多还是通过规范和制度的本地化,而非直接模仿和照搬欧洲的模式(参见本书第 5 章)。任何企图建构一种普适性地区主义理论的努力都不能搞“一刀切”,而必须考虑到各个地区和各种地区主义中长期存在的多样性。

同时,这里必须声明,欧洲的制度发展已经扩大了欧盟与非西方地区主义之间的差距。欧盟地区主义的先进性已使其无法被其他地区所效仿。实际上应该说,欧盟与第三世界地区制度之间的差距已然大到这样的地步,即使后者羡慕前者并得到前者的鼓励,也别想真正能够实现对前者的效仿。因此,对于非西方地区主义而言,欧洲可能是一种激励,但不是一个样板。更复杂的是,近期欧元区发生的危机可能已降低了欧盟作为一种普适模式的优越感和可信度,甚至可能导致欧盟采取更加不那么一体化的道路,如此则与非西方地区主义就更有了共同之处,这也算是某种形式的趋同吧。

结　论

【125】随着地区集团在全世界的扩散及其任务的扩大,带来了地区实体在设计和运行上的多样性,那么有没有可能出现一种普适性的地区主义理论呢?如果我们把“普适”界定为“适用于一切情况”的话,那答案显然就是否定的。前面讲到,由于跨国性挑战的兴起(迫使所有国家都不得不淡化国家主权原则)以及新型人道主义干预规范的出现,在强调“一体化”的欧盟与强调“自主性”的发展中世界之间,鸿沟可能正在变小,但在短时

间内似乎不会就此弥合。

比较地区主义研究的一个关键任务，是其所构建的理论和方法能够抓住并解释地区的多样性，而不是模糊处理和假定存在一种普适性发展模式。应对多样性的一个方法可能是，指出其适用条件，确认某些类型的地区主义在一些地区存在而在另一些地区不存在。如前文所提及，较早的地区一体化理论解释了为什么欧盟式一体化不适合发展中世界，它们可能在这里派上了用场（参见本书第3章）。但需要给它们补充新的见解，包括用“新地区主义”和“地区世界”视角来补充，因为这些视角带有更宽泛的有关地区主义目标和形式的研究框架，其中包含外部力量与本地因素之间互动的框架（特别是对于“地区世界”视角来说），还可以用建构主义对规范和制度扩散的解释来补充。较早的一体化理论所要求的地区主义的某些条件，比如民主化和市场经济，可能如今到处都存在了。如果我们并不真的认为在“地球村”中民主和资本主义的性质与制度千篇一律，那么最好还是根据世界不同地方的不同政治、经济和规范条件来看待地区主义。这里，更加有用的理论将会是那些解释得了思想与制度的扩散进程的理论，包括但不限于“本地化与辅助性”诸理论。这些理论充分重视了适用条件，有助于解释如何以及为何思想与制度的扩散会成功或失败（Acharya，2004，2009，2011）。

这些视角确认，去殖民化与民族主义是关键适用条件，它们可以解释为何地区主义和地区秩序在欧盟和发展中世界各地区之间有差别，正如在欧洲一体化理论特别是新功能主义理论中，民族和利益集团政治是重要条件。尽管去殖民化可能已成往事，但后殖民民族主义作为一种力量，仍然活跃在发展中国家的对外政策制定中。本地化的关键适用条件是将外部思想和制度（比如欧盟式制度化）与本地先前认知（比如不干涉规范）融汇到一起。这表明，制度模式的扩散只会是有选择的，而不会完全替代原有的思 【126】
想和方法。作为范例，尽管东盟近来声称要实行欧盟式的制度化，准备制定一部《东盟宪章》，但这些变化“并未导致东盟完全地和系统地复制欧盟制度。相反，其成员国还是有选择地维护着它们对国家主权的‘先前认知’”（Jetschke and Murray，2012，174）。这跟“本地化”视角的预期是一致的。确认适用条件也要求，在比较地区主义中注意其他方法论问题，用好归纳法和演绎法的各自优点。我同意有人说的，我们有必要认识到归纳法和演绎法之间存在着“经常性的相互影响”（De Lombaerde，2015）。不过我也相信，意识到由某些经验所决定的适用条件，对于理论框架的选择更有意义。

总之，地区主义的普适理论即使有可能存在，也不应该基于某个单一或特殊的、到处都适用的地区主义模式之上。相反，研究比较地区主义的方法应当抓住世界的纷繁复杂特点，这个特点是一个真正多元主义的全球秩序概念的基础，这个概念承认地区既相互独立又相互依赖，而且更加重视本地地区主义在借鉴和扩散地区主义思想和制度时所起的作用。开发这样一个研究框架，对于比较地区主义而言仍然具有挑战性，尚待付诸实现。

参考文献

Acharya, A.1992.Regional Military-Security Cooperation in the Third World: A Conceptual Analysis of the Association of Southeast Asian Nations.*Journal of Peace Research*, 29(1): 7-21.

Acharya, A.2001.*Constructing a Security Community in Southeast Asia: ASEAN and the Problem of Regional Order*.New York: Routledge.

Acharya, A.2004.How Ideas Spread: Whose Norms Matter? Norm Localization and Institutional Change in Asian Regionalism.*International Organization*, 58(2): 239-275.

Acharya, A.2009.*Whose Ideas Matter? Agency and Power in Asian Regionalism*.Ithaca, NY: Cornell University Press.

Acharya, A.2011.Norm Subsidiarity and Regional Orders: Sovereignty, Regionalism and Rule Making in the Third World.*International Studies Quarterly*, 55(1): 95-123.

Acharya, A.2012.Comparative Regionalism: A Field Whose Time Has Come? *International Spectator: Italian Journal of International Affairs*, 47(1): 3-15.

Acharya, A.2014.*The End of American World Order*.Cambridge: Polity Press.

Acharya, A.and Johnston, A.I. (eds.) 2007.*Crafting Cooperation: Regional International Institutions in Comparative Perspective*.Cambridge: Cambridge University Press.

Adler, E.and Barnett, M.(eds.) 1998.*Security Communities*.Cambridge: Cambridge University Press.

Appadurai, A.1997.*The Future of Asian Studies*.Viewpoints, Association for Asian Studies.

Axline, W.A.1977.Underdevelopment, Dependence, and Integration: The Politics of Regionalism in the Third World.*International Organization*, 31(1): 83-105.

Baert, F., Scaramagli, T., and Söderbaum, F.(eds.) 2014.*Intersecting Interregionalism: Regions, Global Governance and the EU*.New York: Springer.

Barnett, M.1995.Nationalism, Sovereignty, and Regional Order in Arab Politics.*International Organization*, 49(3): 479-510.

Börzel, T.A.and Risse, T.2009.*The Diffusion of (Inter-) Regionalism: The EU as a Model of Regional Integration*.KFG Working Papers 7.Berlin: Research College "The Transformative Power of Europe," Freie Universität Berlin.

Checkel, J.T.(ed.) 2005.International Institutions and Socialization in Europe.*International Organization*, Special Issue, 59(4).

Christiansen, T., Jørgensen, K.E., and Wiener, A.(eds.) 2001.*The Social Construction of Europe*.London: Sage.

De Lombaerde, P.2015.Amitav Acharya's Five Challenges to Comparative Regionalism.In: A.Jetschke (ed.), Roundtable: Studying Asian and Comparative Regionalism through Amitav Acharya's Work. *International Relations of the Asia-Pacific*, doi: 10.1093/irap/lcv005.

Deutsch, K.W., Burell, S.A., Kann, R.A., Lee, M., Lichterman, M., Lindgren, R.E., Loewenheim, F.L., and Van Wagenen, R.W.1957.*Political Community and the North Atlantic Area: International Organization in the Light of Historical Experience*.Princeton, NJ: Princeton University Press.

Duffy, C.A.and Feld, W.J.1980.Whither Regional Integration Theory? In: G.Boyd and W.J.Feld (eds.), *Comparative Regional Systems*.New York: Pergamon Press, 497–522.

Esedebe, P.O.1994.*Pan-Africanism: The Idea and Movement, 1776—1991*.Washington, DC: Howard University Press.

Fabbri, C.M.2005.*The Constructivist Promise and Regional Integration: An Answer to "Old" and "New" Puzzles*.CSGR Working Paper 182/05.Centre for the Study of Globalisation and Regionalisation, University of Warwick.

Fawcett, L.and Serrano, M.2005.*Regionalism and Governance in the Americas: Continental Drift*.Basingstoke: Palgrave Macmillan.

Gordon, L.1961.Economic Regionalism Reconsidered.*World Politics*, 13(2): 231–253.

Haas, E.B.1961.International Integration: The European and the Universal Process.*International Organization*, 15(3): 366–392.

Haas, E.B.1968.*The Uniting of Europe: Political, Economic and Social Forces, 1950—1957*, 2nd edition. Stanford, CA: Stanford University Press.

Haas, E.B.1973.The Study of Regional Integration: Reflections on the Joys and Anguish of Pretheorising. In: R.A.Falk and S.H.Mendlovitz (eds.), *Regional Politics and World Order*.San Francisco, CA: W.H. Freeman, 103–131.

Haggard, S.2011.*The Organizational Architecture of the Asia-Pacific: Insights from New Institutionalism*.ADB Working Paper Series on Regional Economic Integration 71.Manila: Asian Development Bank.

Hänggi, H., Roloff, R., and Rüland, J. (eds.) 2006.*Interregionalism and International Relations*.New York: Routledge.

Hemmer, C.and Katzenstein, P.2002.Why Is There No NATO in Asia? Collective Identity, Regionalism, and the Origins of Multilateralism.*International Organization*, 56(3): 575–607.

Hettne, B.and Inotai, A. (eds.) 1994.*The New Regionalism: Implications for Global Development and International Security*.Helsinki: United Nations University, World Institute for Development Economics Research.

Higgott, R.2006.The Theory and Practice of Region.In: B.Fort and D.Webber (eds.), *Regional Integration in East Asia and Europe: Convergence or Divergence?* Abingdon: Routledge, 17–38.

Ikenberry, J.2011.*The Liberal Leviathan: The Origins, Crisis and Transformation of the American World Order*.Princeton, NJ: Princeton University Press.

Jetschke, A.2009.Institutionalizing ASEAN: Celebrating Europe Through Network Governance.*Cambridge*

Review of International Affairs,22(3):407–429.

Jetschke,A.and Murray,P.2012.Diffusing Regional Integration:The EU and Southeast Asia.*West European Politics*,35(1):174–191.

Kacowicz,A.2005.*The Impact of Norms in International Society:The Latin American Experience, 1881—2001*.Notre Dame,IN:Notre Dame University Press.

Kahler,M.1994.Institution–building in the Pacific.In:A.Mack and J.Ravenhill (eds.),*Pacific Cooperation:Building Economic and Security Regimes in the Asia–Pacific Region*.St.Leonards,NSW:Allen & Unwin,16–39.

Katzenstein,P.J.2005.*A World of Regions:Asia and Europe in the American Imperium*.Ithaca,NY: Cornell University Press.

Kohler–Koch,B.1996.The Strength of Weakness:The Transformation of Governance in the EU.In:S. Gustavsson and L.Lewin(eds.),*The Future of the Nation State:Essays on Cultural Pluralism and Political Integration*.Stockholm:Nerenius & Santerus,169–210.

Legum,C.1962.*Pan–Africanism:A Short Political Guide*.New York:Praeger.

Miller,L.H.1973.The Prospect for Order Through Regional Security.In:R.A.Falk and S.H.Mendlovitz (eds.),*Regional Politics and World Order*.San Francisco,CA:W.H.Freeman,50–77.

Milward,A.S.1992.*The European Rescue of the Nation–State*.Berkeley,CA:University of California Press.

Moravcsik,A.1994.*Why the European Community Strengthens the State:Domestic Politics and International Cooperation*.CES Working Paper 52.Cambridge,MA:Harvard University,Center for European Studies.

Murray,P.2010.The European Union and an Integration Entrepreneur in East Asia:Yardstick or Cautionary Tale? Paper presented to the Australian Political Studies Association Conference,September 27–29,2010,University of Melbourne.<http://www.academia.edu/727404/THE_EUROPEAN_UNION_AS_AN_INTEGRATION_ENTREPRENEUR_IN_EAST_ASIA_YARDSTICK_OR_CAUTIONARY_ T AL E>(accessed November 16,2014).

Nesadurai,H.E.S.2003.Attempting Developmental Regionalism through AFTA:The Domestic Sources of Regional Governance.*Third World Quarterly*,24(2):235–253.

Nye,J.S.1968.Central American Regional Integration.In:J.S.Nye(ed.),*International Regionalism:Readings*.Boston,MA:Little,Brown & Co,377–427.

Nye,J.S.1975.*Peace in Parts:Integration and Conflict in Regional Organization*.Boston,MA:Little,Brown & Co.

Nye,J.S.1988.Neorealism and Neoliberalism.*World Politics*,40(2):235–251.

Panikkar,K.M.1948.Regionalism and World Security.In:K.M.Panikkar(ed.),*Regionalism and Security*. New Delhi:Indian Council of World Affairs,5–12.

Parsons,C.2003.*A Certain Idea of Europe*.Ithaca,NY:Cornell University Press.

Ranchod–Nilsson,S.2000.Regional Worlds:Transforming Pedagogy in Area Studies and International Studies.<http://regionalworlds.uchicago.edu/transformingpedagogy.pdf>(accessed December 26, 2012).

Regional Worlds Project,University of Chicago.n.d.a.About the Program.<http://regionalworlds.uch ica-go.edu/about.html>(accessed May 27,2014).

Regional Worlds Project,University of Chicago.n.d.b.Area Studies,Regional Worlds:A White Paper for the Ford Foundation. <http:// regionalworlds.uchicago.edu/areastudiesregworlds.pdf >(accessed May 27,2014).

Risse,T.2004.Social Constructivism and European Integration.In:A.Wiener and T.Diez(eds.),*European Integration Theory*.Oxford:Oxford University Press,159–175.

Schreuer,C.1995.Regionalism v.Universalism.*European Journal of International Law*,6(1):477–499.

Shaw,T.M.1989.The Revival of Regionalism in Africa:Cure for Crisis or Prescription for Conflict? *Jerusalem Journal of International Relations*,11(December):79–105.

United Nations Conference on International Organizations(UNCIO).1945.*Documents of the United Nations Conference on International Organizations(UNCIO)*.London and New York:United Nations Information Organization.

Vaitsos,C.V.1978.Crisis in Regional Economic Cooperation(Integration)Among Developing Countries:A Survey.*World Development*,6(6):719–769.

Wendt,A.1999.*A Social Theory of International Politics*.Cambridge:Cambridge University Press.

Wilcox,F.O.1965.Regionalism and the United Nations.*International Organization*,19(3):789–811.

Zartman,I.W.1971.Africa as a Subordinate State–System in International Relations.In:R.A.Falk and S. H.Mendlovitz(eds.),*Regional Politics and World Order*.San Francisco,CA:W.H.Freeman,384–398.

第二部分

世界各地的地区秩序

第 7 章　北美和跨大西洋地区

弗朗西斯科·迪纳(Francesco Duina)

关于北美的“地区主义”,学界已有大量著述。虽然各执己见,但都赞同一点,认为 【133】
“地区”乃是公共部门官员为了达成规范化的共同目标而在其中创立法律性官僚结构的跨国空间。重要的是,他们认为这种结构是有意义的,但又相当有限:北美地区主义并不等同于复杂的或深度的制度化。这可能归因于“自下而上的”或“市场驱动的”力量所为,或者归因于那些结构在设计上的地区化。这也似乎反映了地区霸权国(美国)的存在,它并不愿意与其邻国建立更广泛的官僚制联系,而其北面的加拿大人口数量相对较少,南面的墨西哥不仅面积较小而且尚处发展当中,对维护主权更为关心。因此,学者笔下的北美就只有一个主要协议——北美自由贸易协定(NAFTA)——其他都是一些规模更小的正式地区合作倡议(往往由美墨或美加的次国家实体如州或省组成)。

NAFTA 和这些较小倡议所涵盖的一系列主题包括经济、安全和环境。即使它们不像欧盟那样搞重大地区制度建设(Capling and Nossal,2009,148;Ayres and MacDonald,2012),也不像拉美或非洲那样有持续数十年的一体化历史,但是其现状仍然意义重大并且值得研究分析 (Aspinwall,2009;Cameron and Tomlin,2000;Selin and VanDeveer,2011;Scott,1999)。本章将对北美地区主义研究的丰富文献加以概述。由于这个地区的地区主义构想经常跨越大西洋,所以本章也简要地论及另外三个重要的地区主义实例:跨大西洋贸易投资伙伴关系协定(TTIP)、全面经济贸易协定(CETA)和北大西洋公约组织(NATO)。

有关北美“地区化”问题也有大量文献(关于“地区化”的定义可参见本书第 1 章)。 【134】
这里,学者们把地区视为实际的、非国家主导的、跨界的空间,在其中,各种各样的联系(移民、文化、认知等)密集存在而又变动不居。他们把地区看作在正式的政府间结构之外发生各种联系的真实地理空间。因此,地区也就与明确的制度设计(和跨国化的有意努力)以及政治不大相关,而与一些相关的不同领域中的日常生活现实更有关联(Castro-Rea,2012)。例如,美墨边境实际上就是一个经济地区,有大量移民流动和独特的文化认同(如果不是种族认同的话)。美国西北部的华盛顿州和蒙大拿州与加拿大的不列颠哥伦比亚省和阿尔伯塔省之间有着紧密的经济文化联系。同样,在美国北部的新英格兰各州(佛蒙特、新罕布什尔和缅因)与加拿大东北部各省之间也是如此。毕竟,加拿大人口的80%居住在与美国交界处10英里范围内。社会学和人类学的作品中有大量研究涉及这种地区化案例。本章对这些作品也会有所探讨。

有关北美的地区化和地区主义文献大体上各自为伍。不过,本章对这两部分文献加以比较评估还是相当有价值的,应该有益于这两个阵营的更多对话。比如,两方学者都同意,在看待动因时,加、墨、美三国之间国家层次上的地区主义(就是NAFTA)不仅并未阻碍,而且还可能事实上激发了更为地方化的地区主义活动,以及美墨和美加边境上的地区化。这就表明,地区主义和地区化两种现象其实是相互关联的,这一点往往不被重视。不过,最值得关注的还是两者之间的差别。

学界对地区一体化的动因和影响的判断相当有别。那些研究地区主义的学者在看待动因时,采用的是偏重理性选择的、制度主义的和地缘政治学的视角,而且往往喜欢致力于研究确定是否地区计划有什么直接的影响。那些研究地区化的学者则更多地聚焦于历史文化的、网络和公民社会层面的和新自由主义的动因,而且致力于展示地区化的多重(地理、政治、经济等)的且往往是间接的意义。在确认那些与地区化和地区主义的制度设计密切相关的要素时,也有这种差别。地区主义研究者将北美总体地区倡议的低制度化特色,归因于市场逻辑和私营部门观念,这得到了功能主义和制度主义的逻辑支持——他们不相信自上而下的官僚式张扬做法,而推崇商业往来和当地政治网络。地区化研究者则很少谈论于此,因为基本上没有需要加以解释的制度设计。总之,这些观点不同的作品,为北美地区一体化展现了丰富多彩的画面。

【135】 本章关注这些作品,并最后指出现有文献当中的重要欠缺,由此指出未来研究的方向。我们先来看有关地区主义的文献。

北美的地区主义

大多数研究北美地区主义的学者着重研究的是NAFTA。NAFTA由加、墨、美于1991年正式达成,取代了1988年才签订的《加美自由贸易协议》。这里我们首先要提醒的一点是,墨西哥也经常会在本书讨论“拉丁美洲”的一章(本书第8章)中出现。NAFTA于1994年生效后,成为全世界最大的自由贸易区。它也是北美地区最重要、最全面的地区主义形式，其GDP总量大约在20万亿美元，区内贸易占全部出口的近50%。下面我们也将看到，越来越多的学者将注意力转向更小型的一体化努力（附表A7.1列举了其中最重要的一些，包含成员国信息）。这些小型一体化形式包括：五大湖委员会（2013年诞生）、北美安全与繁荣伙伴关系（2005年）、气候注册组织（2007年）、西部气候倡议（2007年）、新英格兰各州州长与加拿大东部各省省长会议（1973年）、西北太平洋经济区（1991年）、北美高教移民计划（1995年）、亚利桑那-墨西哥委员会（与之对应的还有一个索诺拉-亚利桑那委员会）（1972年）。

这些研究者是如何讨论地区主义的动因、制度设计和影响问题的呢？

动　因

谈到动因，正如自由政府间主义所认为的那样，学者们指出，基于目前的经济、环境和其他类型的"相互依赖性"，商业机构和地方组织会对政府政策制定者施压，促使他们发展正式的合作（Capling and Nossal，2009，150；Friedman，2009）。代表国内利益的公共部门官员已经达成了各种各样的地区安排（Fry，2005）。因此，像在NAFTA中，就特别重视美国企业进入墨西哥与加拿大市场的价值（向其出口产品并获取能源和原材料），相应地，墨西哥也认为进入美国市场起码对某些经济部门而言非常有好处（Cameron and Tomlin，2000；Ciccantell，2001）。如此一来，"产业集聚"和其他商业网络就可以解释，为什么会出现亚利桑那-墨西哥委员会和西北太平洋经济区（Scott，1999，612）。虽然这种【136】活动有些带有新功能主义的某些特征——它们指向从经济联系到跨国制度建设的发展进程（Sandholtz and Stone Sweet，1998），但这些学者研究的重点更在于政治领导人的战略思维模式，即有意地回应企业要求建立更有利于它们的、具有起码制度化特征的政策安排的压力。

研究者通常采用理性主义方法研究北美地区主义，同时他们也看到了墨西哥与美国之间在政治和经济发展上的不对等性。这种不对等已经被理解成一种希望，对美国和前后几任墨西哥政府来说，就是希望推进墨西哥的现代化和民主化，或者最起码希望克服两国间存在的巨大发展鸿沟，并"锁定"墨西哥所取得的进步。确实有人就是这么认识NAFTA的（Cameron and Wise，2004），也有人这样看待那些较小的倡议，如北美高教移民计划。墨西哥于1994年加入北美高教移民计划，在美国的鼓励下，它认识到，在墨西哥与其北方邻国之间存在的"生产差距"部分地归因于"教育绩效的差异"，因此有必要对墨西哥的高等教育来一次重大改造和升级，使之与加拿大和美国的高教模式实现对接（Sá and Gaviria，2012，116）。

制度主义的解释明显不一样。比如有几位学者提醒我们，作为联邦，这三个北美国家允许存在高度发达的次国家（州级或省级）监管体系。尽管开展全国层次的合作有局限性，但在加拿大和美国之间或墨西哥和美国之间的边疆地带，在标准和相关行政管理方面进行正式化的合作很容易也很便利，一旦达成 NAFTA 之后更是如此（Friedman，2009，1086）。这种情况已经发生在气候控制领域（Selin and VanDeveer，2011，297），比如西部气候倡议（Klinsky，2013，152）。在其他案例中，次国家单位很有兴趣去相互学习对方在经济恢复和卫生保健等领域的最佳实践（Scott，1999）。

另有一批研究者强调，地缘政治和安全上的关注（主要因美国而起）才是地区主义的关键动因。在此，他们会对全球性的与更加地方化的活动进行区分。NAFTA 的成立背景是这样的：美国在冷战结束后彷徨于该与谁建立牢固的经济联系，此时欧洲已在深化内部一体化，1989 年又成立了 APEC。对于更小型的地区主义形式而言（比如北美安全繁荣伙伴关系，旨在推动该地区的边界管控），各方就关注更为地方化的问题：恐怖主义、毒品贸易、非法移民、环境恶化与不稳定（Kent，2011）。当然，这些问题中有些反映了地区化的当地形式（恰如我们在本章后面将要讨论到的那种；目前来看，这种情况符合新功能主义的一条逻辑，即非正式的地区活动导致出现更加正式的地区主义实例）。
【137】NAFTA 不曾涉及这些前沿问题，于是就激起对共同面临问题的更为地方化的反应。按照像吉尔伯特（Gilbert，2007，78）这样的学者的看法，在对这些问题加以关注的背后，潜藏着的是对北美整个地区人民的福祉和健康的更根本关怀。

制度设计

学者们是如何描述北美正式地区倡议的法律、政策、管理和司法结构的呢？他们所相信的东西又如何解释实际存在的东西呢？学者们经常指出，几乎每个北美地区倡议在制度化的程度上都比较低（就行政和监管而言）。他们常常把欧盟视为对照案例，所以就认为北美地区主义更倾向于合作、协调和平行的监管趋同。比如，NAFTA 就让一些学者感到困惑，因为它的运转靠的是互相承认（而非法律上的和谐一致），其行政和司法机制很弱，表现为一份完整的契约但又不留扩张的余地，缺少新功能主义所说的“外溢”现象（Capling and Nossal，2009，148；Aspinwall，2009）。较小的地区努力，如西部气候倡议，往往被认为结构“松散”，其政府间安排也最小化，私营部门人士和利益集团可以灵活参与其事（Klinsky，2013）。它们看起来更像是有目标、有一定范围的政策协议，而不是有着严格制度抱负的政府间计划。

对于 NAFTA 和更地方化的地区主义案例中较低的制度共享与委托程度，研究者提供了哪些解释呢？有几种解释提到，该地区普遍接受市场导向和市场驱动的逻辑，这保证了“私人部门的话语”在国家行为体设计正式的协议时起支配作用，不论是在加、墨、美三国政府当中，还是在它们的省州政府当中（Gilbert，2007，81）。换句话说，在北美，复杂的制度设计当中是有猜忌的。这几乎算是一个文化问题，因此，更深入的欧洲一体化模式并没有扩散到这里来（Duina，2006a，92–93）。历史制度主义者和社会学制度主义者与法律学者一道，反过来又强调普通法传统的优势（它往往抵制广泛的监管法典化），也强调该地区的国家实行的是联邦制而非单一制（联邦制令监管上的协调变得更为复杂）（Duina，2006a；Glenn，2001）。功能主义的解释可能也有用：NAFTA 的缔约方对于维护主权高度敏感，所以它们选择缔结这样一个防止再行扩大或进一步制度化的有约束条件的条约（Cooley and Spruyt，2009，178）。该地区有一个霸权国美国的存在，可以部分解释这种敏感心态（墨西哥和加拿大希望限制美国对它们国家的影响，而美国则无意与这些伙伴合作过深）。最后，学界还有更为理性主义的解释：低制度化鼓励参与、绕【138】开僵化的官僚体制，并最终被认为是更为有效率的（Klinsky，2013）。

另有一些作品考察了制度设计的具体方面。其中将《北美劳工合作协定》（NAALC）和《北美环境合作协定》（NAAEC）包括进 NAFTA 最为引人瞩目：为什么要引入这些协定？这两个协定为 NAFTA 增加了进步的要素——尤其是环境协定前所未有，否则 NAFTA 不过就是一个相当标准的贸易协定罢了。于是我们转而注意到克林顿总统，以及他所意识到的，为了使 NAFTA 获得国会通过就需要做更多工作来迎合劳工运动和环保分子。理论上讲，这强调了各种利益集团的相对谈判力量（Kay，2005；Diez Medrano，2010；Ozel，2013）——它们作为行为体，依照斯科特（Scott，1999）和其他人的说法，在北美除 NAFTA 之外的众多地区倡议当中起着关键作用。一个更加制度性的变量似乎也非常重要：由于国会的快速授权很快就要失效，所以克林顿不得不赶紧谈成 NAFTA。这就给了工会和环保分子额外的讨价还价权力（Bolle，2002）。

如此看来，政治力量——受到美国商业和其他利益团体推动的政治力量——在研究文献当中会时不时地被提及，它们对地区合作的初始设计（及演变）有着超乎寻常的渐进影响。比如，西部气候倡议就因为在亚利桑那与新墨西哥这样的州里发生政治分化，而经历过重大的成员和政策变化（Klinsky，2013，157–158）。在西北太平洋经济区中，是由 5 个创始成员州和两个创始成员省的立法代表来确定列出 125 个有潜力的合作领域，再从中选出 6 个优先领域（涵盖从电信到林业），然后规划安排其配套行政架构的设计（Bluechel，1993；Friedman，2009，1091）。既然各国联邦政府所为甚少，地方立法议员和行政长官们组成的“跨政府网络”就被动员起来，设计合作安排以满足其选民愿望——在美加边境尤其如此（Friedman，2009，1081）。

影　响

关于北美地区主义的影响,已有可观的研究成果。不只经济学家,还有政治科学家和社会学家,都把大量注意力放在了经济考虑上:薪酬和福利、就业的数量和质量、商业布局以及产业结构调整。研究证明的结果有正有负——部分与所考虑的因素直接相关,部分由于数据冲突。例如,对有些研究者来说,墨西哥因其通过 NAFTA 融入美国供应链和市场而遭受损害严重(Otero,2011)。另一些研究者虽将类似消极后果归咎于 NAFTA,但也强调了由其带来的贸易激增和有益于改革的"锁定效应"(Castañeda,2014)。不过,
【139】还有人总结说,地区主义对美国的经济利益最为有利,而墨西哥和加拿大甘愿扮演次等的和较为被动的角色,来换取更深地融入国际经济体系,从而为它们本国能力较为有限的跨国企业谋取利益(Clarkson,2008,468)。

学者们也对民主事务予以很大关注。围绕 NAFTA 第 11 章是否对主权产生特别影响,曾经发生过一场重大争论。对外国投资者采取的措施使之有能力以国内行为体无法做到的方式挑战国内法律和法院裁决(McBride,2006; Jones,2002)。但是民主抗议的方式也被许多其他更加本地化的地区倡议所系统采行。一方面,这是由于其"自下而上"的性质,且往往涉及非政府组织(NGO)、当地政治人士和当地企业,所以有理由认为这些组织对于当地人民的需求和看法具有相当的回应性。另一方面,在它们如何运转上,就自然而然地提出了"责任和透明度"的问题(Friedman,2009,1094–1096)。

由于诸多地区倡议——按有人计算的多达 50 个(Friedman,2009,1087)——直接或间接与环境相关(参见本书第 19 章),所以有一批文献专门针对这些倡议的影响和效力开展研究。不过结论却是五花八门。比如,西部气候倡议所憧憬的碳交易计划远未取得预期效果(Klinsky,2013),使得分析人士对该计划的初始设计提出了质疑。北美安全与繁荣伙伴关系反过来又被批评为是对意义深远的环境倡议加以实际抵制(VanNijnatten,2007)。大多数这种关注还是放在了 NAFTA 和《北美环境合作协定》对环境恶化和保护的影响上。这些是相当直观(即不独是理论上)的调查研究。验证上各色各样,有些学者谈及有某种程度的影响。例如,在墨西哥,地区主义看起来已经造成了某种危害,因为欠发达和贫穷令它对与增加贸易相关的环境挑战应对不足,尤其是在农业方面。与此同时,地区主义还促使人们提出有价值的倡议(主要是提高认识)以应对环境恶化问题(Soto,2012)。在整个北美地区,看来在温室气体排放等领域的合作有所改善(Betsill,2007),但也加剧了加拿大和美国的环境污染——包括五大湖区(Reiinert et al.,2002)。

正如对世界其他地区的研究一样,北美地区主义的研究者还探讨了各种地区组织

建立前后跨国网络的兴起和演变。这些活动往往被视作为新型的协作、动员和参与提供“机会结构”(opportunity structures)。当 20 世纪 80 年代围绕 NAFTA 的创立提出计划之时,企业、工会、环保分子、妇女以及其他公民社会成员开始组成跨国联盟。许多联盟致力于影响协定谈判的过程(Kay,2005),另有一些在 NAFTA 启动以及《北美劳工合作协定》和《北美环境合作协定》付诸实施后充当起协定的监督者。还有一项研究,聚焦于企业和政府行为体之间形成的三边半正式网络,比如在破产领域(Duina,2006b),旨在进 【140】一步调和政策与实践,为跨国交易铺平道路。某些这种网络可以看成是地区化的实例,后面我们将予以述及。

北大西洋地区

我们在讨论北美地区主义研究时，如果不留意有关加拿大和美国与欧洲相联结的文献，就会失之周延。有三个这种联结特别重要，即跨大西洋贸易投资伙伴关系协定(TTIP)、全面经济贸易协定(CETA)和北约(NATO)。一如研究地区主义的其他实例,相关研究发现，有这么一个官僚机制化和法制化的跨国空间——本案例中就是北大西洋地区——其成员国追求实现一套共同的目标。

跨大西洋贸易投资伙伴关系协定(TTIP),也就是所谓的“跨大西洋自由贸易区”,其意图是在欧盟和美国之间达成一个相当全面的贸易协定，针对广泛的经济部门实施关税减让,并相互承认规章制度和标准。该项谈判最早开始于 20 世纪 90 年代,2007 年接着谈,2013 年又启动了新的谈判,迄今进展还不好说。

相当多的媒体报道过,加拿大与欧盟之间于 2013 年签署了 CETA。它很快将得到各国批准,像 TTIP 一样,其目标是在许多部门大幅度减让关税,并削减制度和标准上的贸易壁垒,而且还包括政府采购市场的放开。由于它的范围超出关税之外,所以 CETA 被称为实行“下一代优惠贸易协定”的第一个重大案例(Leblond,2010,77),而且有可能会影响到 TTIP 的设计。

北约(NATO)当然是一个重要的政府间军事联盟,成立于 1949 年,现有 28 个成员国[①]。这个机构的总部设在布鲁塞尔,其成员国军事开支的总和占到全世界的 70%。其最重要的特点体现在条约第五条中，该条规定其成员国在其他成员国受到武装攻击时必须予以援助。

---

① 冷战结束后至 2020 年,北约已进行五轮东扩,共吸收新成员国 14 个,已达 30 国。如今,北约又在进行新一轮扩大。——译者

学界在思考这些跨大西洋计划的“动因”时都讨论过哪些内容呢?国家行为体,尤其是加拿大行政部门(联邦层次,但主要是各省层次)的组成人员和欧盟官僚机构成员(代表一些主要成员国),他们在驱动着 CETA 的成立,特别是处于 WTO 多哈回合谈判踯躅不前的更大背景下。谈判一直相当保密:工会、环保分子和其他利益团体都没机会真正参与其事。企业参与了,但正如某些研究者所说,加拿大企业对 CETA 特别地不热心(Wood and Verdun,2011,12)。不过,另一些研究者却认为,虽然大企业可能没有出现在谈判桌上,但它们从一开始就是该协定背后的一大驱动力量。实际上,企业似乎非常热
【141】衷于有机会进入巨大而一体化的欧洲市场,并有机会摆脱美国实现分散经营(Hübner,2011)。

TTIP 研究指出,美国和欧盟的官员担心,全球经济的重心正从传统的核心国家向新兴经济体如中国和印度转移。在他们看来,TTIP 可能针对这一转移起到制衡作用(Hadfield and Fiott,2013,177)。学界还注意到,欧盟领导人越来越关注美中之间相互依赖关系的加强(Menon,2013; Barfield,1998,209),以及美国在《跨太平洋伙伴关系协定》(TPP)这个倡议中的地区自贸协定中的利益——该协定目前正在美国、日本、马来西亚、新加坡、越南、澳大利亚等国之间进行谈判。[①]这种种联系越出经济领域,扩大到安全事务中,尤其是当奥巴马政府 2011 年提出亚洲“再平衡”并将美国的优先关注重新指向东方时,欧洲就有了相应的担心,担心美国会像 20 世纪 90 年代那样再次忽视欧洲(Hindley,1999,58)。

NATO 的最初推动力自然已不再是诸多学术研究的主题。当前学界所密切关注的是冷战结束后驱动它向中东欧国家扩大的力量与逻辑(McGwire,1998; Stefanova,2005)。其中最重要的影响因素,恐怕是推广西方政治经济价值观、国际反恐、维护潜在脆弱国家的稳定以及持续至今的对俄紧张关系(Pevehouse,2005; Schimmelfenning,2004)。同样地,对于 NATO 历经 1994 年、2004 年两波东扩之后在吸收新成员上(比如在对待格鲁吉亚、乌克兰和阿塞拜疆入约问题上)表现出的踌躇,人们也表达了质疑——其中有现实主义者的也有建构主义者的声音(前者特别重视俄罗斯日益增加的自信,后者则强调俄罗斯与西方的互动)(Tsygankov,2013)。

至于影响跨大西洋地区主义制度设计的变量,越来越多的研究成果聚焦于 CETA 和 TTIP 上。学界似乎特别热衷于提及加拿大和美国两国政府行政部门官员所起的显著作用,以及他们与大企业之间的密切合作。比如,论及 TTIP 时,学界强调跨大西洋企业委员会(Transatlantic Business Council)与大型公司所施加的影响力(Aggarwal and Foga-

① 这显然是本书成稿时的情况,而在 2017 年 1 月,美国宣布正式退出 TPP 谈判。——译者

rty,2005,335;Engel,2000)。工会、环保分子和其他利益团体基本被排除在谈判进程之外,而谈判进程将决定 TTIP 的最终架构(Jasper,2013)。尽管 NATO 经历过多次扩大,法国也决定改善与该组织的关系(Bozo,2010),但由于该组织结构固化而且受美国主导,所以目前并没什么人对解读它的设计动因感兴趣。

在论及影响时,当前对 NATO 的研究还是一大热门,毕竟有关 CETA 和 TTIP 的未来影响还只是一些猜想性的研究(Hamilton,2013)。NATO 活跃在世界的各个角落,相当多的作品试图评估该组织提出入约条件的能力——特别是当这些条件涉及中东欧国家必须按照《成员行动计划》和其它方式进行防务体系改革时(Aybet and Bieber,2011;Jacoby,2006)。NATO 在阿富汗和其他弱小国家的种种行动后果也受到详细讨论,不仅 【142】因为这些后果对相关国家颇有影响,而且因为它们迫使以后的军事和维和行动能力必须更加灵活(Williams,2011)。

北美的地区化

社会学家、人类学家和地理学家这样描述北美这个事实上的地区:或者是由美国和墨西哥,或者是由美国和加拿大组成的地理空间,这个空间里已经出现了某种联系,超出了正式的地区制度和国家主导的合作组织的范围之外(即便有时是由此引发的联系)。他们特别确认了地区一体化(按本书的术语讲则是“地区化”)的五种非正式进程:移民网络、文化和族群空间、经济往来、由专家和私人部门专业人士组成的认知共同体、政策趋同。在大多数情况下,讨论地区化问题时会涉及两个国家的次国家单位,而不会(像在 NAFTA 中一样)把三个国家全都包含进来。

移民网络研究主要聚焦于美墨边境。学者们会谈论“墨夏美利加”(MexAmerica)或“美墨”(Amexica),他们估计每天大约有 100 万人在此过境,有 50 万美国人生活在墨西哥靠近该边境的地方,有超过 2.6 万家美国公司正好设在边境以南,当然也有上百万墨西哥人生活在美国(Perez and Berger,2009,3; Coleman,2005)。传统的国家边境概念看来没有什么意义了(Bakker,2011)。因此,靠近美墨边境的各个社区也就成了地区性的文化和族群空间,那里的价值观、传统和习惯明显地混合交融着。按照学界的描述,那里甚至出现了一种新语言(“西班牙式英语”,Spanglish),出现了混合建筑样式,还有共同的音乐、食品和价值观。

在经济往来方面,社会学家和政治科学家指出,位于美国边境南侧的“墨西哥美资工厂”(maquiladoras)的成长正在将其与边境北侧连接起来组成一个地区,这个地区存在着严重的不平等和虐待(Peña,1997)。这些企业被紧密地整合进并最终服务于美国的产业供应链。同样地，有些研究者论述到了这种复杂的跨境经济活动网络，包含最终产品贸易、劳动力流动，以及巨额的金融交易（Staudt，2001）。比如有研究者提到，美加边境就存在着比较稳定的经济联系，西北边境上主要进行的是自然资源、一般消费品贸易和劳动力流动，中西部边境上主要是各类制造业产品贸易（尤其是在底特律-温莎地区），
【143】东北部边境上则主要是木材和水产品贸易（Brunet-Jailly，2012）。同时，研究者还考察过大量非正式的、往往是非法的经济活动，涉及从人口贩卖到毒品交易。

第三类学者论及的是，越来越多的跨境认知共同体围绕某种政策问题而开展本地化活动。在这种活动中，个别公民、大学、非营利组织和市政官员会进行密切互动，比如在墨美边境的四个城市（华雷斯城、安博斯·诺加莱斯、南加州四谷地、圣迭戈提华纳），就围绕气候变化进行过这种互动——尽管制度上和发展上的障碍严重约束了这种活动所能实现的目标（Lara-Valencia and Giner，2013，199）。不过有证据表明，在西北沿太平洋地区，加拿大和美国的环境保护主义者正在“设想按照生物生态系统来划定卡斯卡迪亚城市群的边界，而这将会同时树立一个标杆，令民族国家的疆界变得模糊”。由此形成的“话语”有助于形成“一种具有共享地区价值观的共同地区认同”（Cold-Ravnkilde et al.，2004，60）。

因此，现有大量研究讨论的都是北美个别地区的地区化。不过，也有些研究者认为，地区化在整个墨、加、美（或者说在所有这三国的某些地带）都正在发生着。特别是我们可以看到，越来越多的专业人员和专家（包括政府官员）在进行着网络协作和信息交换，他们促进着政策扩散，因而最终也推动着法制融合，这种活动遍及移民、破产清算和气候变化等领域（Selin and VanDeveer，2011，299；Pellerin，1999；Duina，2006b）。换言之，学界看到了一个北美政策和法制空间的形成，它生机勃勃，并非集中计划或制度化的结果（McHugh，2012）。

动　因

是什么力量在推动着北美的地区化呢？历史联系、地缘邻接、几代人的跨境往来，这些是根本。特别是在墨美边境地区，那里在并不久远的过去基本上都属于墨西哥（Johnson and Graybill，2010，5）。边境管控的加强并没有拆散那些联系（Perez and Berger，2009，4）。实际上，在观察者看来，那些联系远比 NAFTA 或其他更正式的地区安排都要更为有力地推动着地区化。伴随着所有这些的是历届墨西哥政府所实行的积极政策（那些时而受到美国政治家批评的政策），它们鼓励向北移民、帮助那些移民与墨西哥保持着牢固的联系，并敦促美国方面形成支持那些移民的网络（Bakker，2011）。

大多数学者也将北美地区化的动因归之于地区主义——并且特别是 NAFTA——认为它特别重要。NAFTA 作为一个经济的(和法律的)实体,在大量政策领域便利了务实合作,也导致了政策趋同(McHugh,2012;Brunet-Jailly,2012),这些政策领域包括从贸易到汽车产业、竞争、消费者权益、劳工权利、知识产权、破产清算和环境(Aspinwall, 【144】 2009,8-9,18)。这是如何发生的呢?在阿斯平沃尔(Aspinwall,2009,19)看来,"美国和墨西哥之间经济关系的制度化似乎改变了机会结构,或者改变了行为体面对的激励因素,从而推动了某些政治上的调整"。换句话说,NAFTA 已经增加了由政策趋同带来的好处。

从更广泛的层面看,新自由主义以及由此而来的全球化可能也起了作用。尽管民族国家仍然在制度上管用,但学者们看到,作为国家间互相隔离标识的边界正在淡化或弱化。不可思议的是,这种情形甚至发生在后"9·11"时代和墨美边境日益军事化的时期。技术进步、信息流动加速、交通成本下降以及民族认同更为灵活多样,这些助长了各种非正式地区主义(Smith and Bakker,2008)。还有人提到竞争加剧的原因。比如,在加美跨境移民政策的趋同一例上,分析认为,两国政府实行了相似的旨在便利劳工流动的政策(Pellerin,1999)。在这些分析当中,美国又总是扮演核心角色,毕竟,如果美国本身对新自由主义和全球化没有兴趣的话,这个地区就不会发生如此的变化。

另外,从更为本地化的层次看,公民社会组织也在背后驱动着至少一种类型的地区化——政策趋同。北美的联邦政府经常在州级和省级层次难以进行管制协调。由此导致的政策不一为更加本地化的反应提供了机会。面对相似的并且往往是共同的问题,比如污染和非法移民问题,当地行为体就会起而推动施行差不多相同的政策倡议。因此,有证据表明,在加、墨、美三国服务于"跨国移民人口"的"公民社会组织""起着推动卫生政策创新和政策融合的作用"(Barnes,2011,69)。

最后,就像在讨论北美的地区主义时一样,学者们也论及了经济因素的重要性。加拿大沿海省份,以及魁北克和安大略,仅仅得益于它们比其他省份更靠近南边的美国州。对这些省份来讲,那些州就意味着天然的市场。在西北部,能源(油气)的短缺以及华盛顿州廉价商品的供应带来了交易,同时(双方向)带动了西雅图和温哥华两大都市区的当地旅游业(Blatter,2004)。在墨西哥北部,廉价劳动力的供应使得"墨西哥美资工厂"的生产率大大提高,它们为美国经济提供了制造业支撑。所有这些因素不仅推动了经济地区化,而且推动了移民流动、跨境文化空间的形成、政策学习和最终的政策融合(Smith and Bakker,2008)。这些因素也突显了美国作为北美地区关键枢纽国家的核心地位,尤其是这样一个经济大国有着惊人巨大的购买力和出口量,墨西哥和加拿大就难免要与之发生广泛深刻的联系。

制度设计

【145】 地区化并没有明晰的制度结构。最多我们可以看到合作的各种形式，比如有地方政府间的，也有私营部门间的；从性质上看它们基本上都非常松散、不具有层级性，主要关注的事情是信息交换，或者为了就某个共同问题进行某种协调行动。地区化可能顶多是一种网络式的设计（Blatter，2004，530）。该如何解释这种设计呢？明确回答这个问题的成果很少，这并不奇怪。不过，现有研究成果中也隐约提到了一些重要变量。地区化时常表现为自愿的、自下而上的和去中心化的力量：它的出现并不伴随着某个核心协调机制，也不设定长期政治议程，更无大笔资金支持。它往往就是三个北美国家（或其中某些部分）当中对于建立更紧密、更深入联系的一种本地反应或响应。

影　响

由于地区化的非正式性质，从定义上很难对其加以准确衡量，所以有关其影响的文献更多地重在寻找其种种可能的影响，而不是确认其实际上的影响（这就像有关地区主义的文献一样）。许多学者因此指出，一个可能的影响是，它实际上弱化了或者可能转移了人们对于民族国家的事实边界和地图边界的传统理解。美国和墨西哥并不是恰好由一个清晰划定的狭长地带所分界，尽管军事化行动是这样做的。地理学家和人类学家尤其将这个边界看作一个大大拓宽了的边界：一个“中间的”、多族群和多元文化的空间，它体现了一种文化、经济和种族等多种属性的独特混合。在加美边界同样如此。特别是在西部沿海地区，学者们提到“去疆界化”（deterritorialization）（Blatter，2004，544），并论及这样的思想：“基于领土的民族国家……正受到新型政体更为根本性的挑战，这些新型政体是指跨国社会经济交往网络和跨国意识形态联盟，它们蕴含着巨大的变革潜力”（Blatter，2001，175）。由于美国位于墨西哥和加拿大之间，在这个意义上，它正经历着最为激烈的变革。

因此，学者们也特别分析了美国人对这种边界转型的反应。华盛顿特区的美国政治家对于由此而来的挑战是如何应对的呢？他们采用的是什么语言、又是怎么进行描述的呢？最重要的是，当美国人专注对待墨西哥时，他们会提出什么政策来应对两国边界线的日渐模糊呢？这方面，人们特别提到针对限制非法移民而实施的（尽管徒劳的）法律和政策措施，特别是在“9·11”之后（Zaiotti，2014），同时也提到公民社会、土著文化
【146】 组织在寻求限制这种移民活动中的同样作用（Ackerman，2014）。所有政策倡议中，包括

将与墨西哥的边界逐渐军事化，以及与墨西哥政府进行情报合作。同时，有研究也关注了墨西哥方面的政治反应，以及这些反应所造成的后果，包括通过加强国家行动党(Partido Acción Nacional)(Blatter，2004，544)为墨西哥提供一个比革命制度党(Partido Revolucionario Institucional)更透明、更可靠的执政党选择。尽管传统上学者们集中关注墨美边境，但最近有作品分析了加美边境的安全化问题，其依据主要是人员的非法流动，以及"9·11"事件后潜在的恐怖主义威胁(Salter and Piché，2011；Helleiner，2013)。

地区化研究者还考察了日益多样化的族群社区对于国内政治过程的影响。例如，族群地区化意味着，拉丁裔——尤其是墨西哥人——正在改变着美国的社会、文化景观，从而也改变着美国的选举环境。美国西南部各州的州长竞选活动在很大程度上转向了争取拉丁裔选票。对于总统竞选活动，也可以说在较小程度上有相同的趋势。研究者注意到，根据皮尤西班牙裔研究中心(the Pew Hispanic Center)的调查，每个月有 5 万名拉丁裔年满 18 岁，拥有了投票权(Wallace，2012，1360)。这已经对民主、共和两党的竞选纲领产生了很大影响(Hawley，2013)。同时，越来越多的研究已在考察移民网络(比如通过移民回国或跨境交流形成的)对墨西哥政治过程(比如选举行为)所造成的影响(Pérez-Armendáriz and Crow，2010；Pérez-Armendáriz，2014)。

地区化还有着经济上的影响，相关研究论及了大量各不相同的后果。例如，在边境地区的密切经济交流往往会刺激经济增长。这在东西部沿海地区都是实情。分析认为，"墨西哥美资工厂"的繁荣加速了美墨边境墨西哥一侧中产阶级的崛起(Blatter，2004，544)。这种增强了的经济互动当然也刺激着更为正式的地区一体化努力，正如我们在本章前面讨论地区主义的动因时所谈到的那样。与此同时，研究表明，人口贩卖和非法毒品交易已经将墨西哥北部边境地区变成了危险、堕落和充满冲突的地方(Bonner，2012)。而在另一个(墨美)边境上，有学者考察了跨越北美的非法(及合法)移民网络中资金汇兑的数量、流向和重要意义(Fairchild and Simpson，2004)。

展望未来

从正式层面看，现有关于北美"地区主义"的文献专注于一个重要地区一体化组织——NAFTA，以及大量较小型的、更加本地化的倡议，这些倡议涵盖了像环境和经济这样的议题领域。对于这些地区倡议的形成，学界通常的解释是理性选择、制度主义和市场驱动，他们尤其把心思花在确定这些倡议的实际影响上。从非正式层面看，在有关 【147】
"地区化"的研究中，学者们描述了这样的跨境空间，其中起作用的是密切但无序又灵活的各种联系，包括移民的、文化的和知识的等。他们更加关注的是历史文化的、公民社会和网络的以及新自由主义的动因，试图从中确认这些跨境空间背后的多种含义（地理上、政治上、经济上等等方面）。总起来看，有关地区主义和地区化的这两类文献都认为，北美地区的一体化俨然采取了独特的形式。

我们发现，在关于地区主义和地区化的两类文献中，尽管都是各自独立开展的持续性研究，但它们还是有着重要的关联。比如说，有几位学者特别提到，地区主义已经出现并展现了一定的特点，这为地区化创造了机会，而同时，地区化的实际情形（如移民方面，不管合法与否）又鼓励着政府下决心达成正式的地区协定，特别是在边境安全领域。换句话说，这两个学术阵营都看到了新功能主义因素在该地区的活力。另外，这两类文献都认识到，北美地区一体化在制度化程度上还很低（就像在地区主义的有关解释中所说的那样，尤其偏好通过市场和私人部门来解决集体协调问题）。

那么，未来的研究该向哪里走呢？目前几乎没什么人在讨论北美范围内的地区主义了，学者们把关注点转到了跨大西洋地区的有关发展上——特别是 TTIP 和 CETA。这两个协定的设计特点目前还不清晰。首先是因为 TTIP 的达成仍然处于未定之中。学者们无疑将会非常细致地考察这些协定的相关文本，将它们与其他贸易协定进行比较，并预测它们在实践中可能产生的全面影响，包括特定产业和国家主权。未来，必将会有关于这些协定的实质性后果的争论。顺便提一句，我们可以预知，学界对美国和加拿大在亚太地区利益的研究也将会如此。与此同时，学者们也会越来越关注这些较为宽广空间的地区化问题。

关于地区化也将会有意义重大的探讨。“墨夏美利加”的活动无疑将在各个前沿领域急剧增加——经济、文化、公民社会协作、政策融合等。研究者将会就这些变革在领土、政治、安全及其他方面可能产生的影响进行争论。西北太平洋沿岸地区、中西部地区和东北部地区的相互依赖日渐加深，也可能会成为未来研究的内容。对此我们可以预知，由于在这个边境地区生活着如此之多的加拿大人，那里的文化差异已相当之小，未来人们将会越来越关注这些地区在监管协调和国家主权上的疆域性问题。

因此，我们可以肯定地认为，关于北美地区一体化的学术研究前景可期。同时，学界将会越来越少地关注北美全地区的地区主义，而越来越多地关注跨大西洋和跨太平洋的地区主义（可能还有地区化），也会越来越关注加、美、墨边境的地区化。

附　录

【148】

附表 A7.1　北美和跨大西洋地区的地区组织

成立年份	机构名称（缩写）	涵盖的议题领域	成员	成员省（州）	官网地址
1949	北约（NATO）	安全	美国、加拿大与欧洲 26 国		http://www.nato.int/nato-welcome/index.html
1972	亚利桑那-墨西哥委员会	综合性		美国亚利桑那州和墨西哥索诺拉省	http://www.azmc.org/about/
1973	新英格兰各州州长和加拿大东部各省省长会议	综合性		美国的康涅狄格、缅因、马萨诸塞、新罕布什尔、罗德岛、佛蒙特六州；加拿大的新不伦瑞克、纽芬兰与拉布拉多、新斯科舍、爱德华王子岛、魁北克五省	http://www.cap-cpma.ca/default.asp?mn=1.98.3.26
1991	西北太平洋经济区	经济发展与贸易（部分侧重环境）		加拿大的不列颠哥伦比亚省、艾伯塔省、育空地区(1994)、萨斯喀彻温省(2008)和西北地区(2009)；美国的阿拉斯加、华盛顿、爱达荷、蒙大拿和俄勒冈州	http://www.pnwer.org/about-us.html
1994	北美自由贸易协定（NAFTA）	贸易	美、加、墨		http://www.naftanow.org/
1995	北美高教移民计划	高等教育	美、加、墨		http://www2.ed.gov/programs/fipsenortham/index.html
1997	大平原机构	环境		加拿大的曼尼托巴与美国的艾奥瓦、明尼苏达、北达科他、南达科他、威斯康辛	http://www.betterenergy.org
2005（—2009）	北美安全与繁荣伙伴关系	安全	美、加、墨		http://en.wikipedia.org/wiki/Security_and_Prosperity_Partnership_of_North_America
2007	气候注册组织（TCR）	环境		北美三国 60 多个州省和部落	http://www.theclimateregistry.org
2007	西部气候倡议	环境		北美三国几个州省（作为伙伴或观察员）	http://www.wci-inc.org

续表

成立年份	机构名称（缩写）	涵盖的议题领域	成员	成员省（州）	官网地址
2013	全面经济贸易协定（CETA）	贸易	加拿大与欧盟		http://www.international.gc.ca/trade-agreements-accords-commerciaux/agr-acc/ceta-aecg/index.aspx?lang=eng
谈判中	跨大西洋贸易投资伙伴关系协定（TTIP）	贸易	美国与欧盟		https://ustr.gov/ttip

参考文献

Ackerman, E. 2014. What Part of Illegal Don't You Understand? Bureaucracy and Civil Society in the Shaping of Illegality. *Ethnic & Racial Studies*, 37(2): 181–203.

Aggarwal, V.K. and Fogarty, E.A. 2005. The Limits of Interregionalism: The EU and North America. *Journal of European Integration*, 27(3): 327–346.

Aspinwall, M. 2009. NAFTA-ization: Regionalization and Domestic Political Adjustment in the North? American Economic Area. *Journal of Common Market Studies*, 47(1): 1–24.

Aybet, G. and Bieber, F. 2011. From Dayton to Brussels: The Impact of EU and NATO Conditionality on State Building in Bosnia and Hercegovina. *Europe-Asia Studies*, 63(10): 1911–1937.

Ayres, J. and MacDonald, L. (eds.) 2012. *North America in Question: Regional Integration in an Era of Economic Turbulence*. Toronto, ON: University of Toronto Press.

Bakker, M. 2011. Mexican Migration, Transnationalism, and the Re-scaling of Citizenship in North America. *Ethnic & Racial Studies*, 34(1): 1–19.

Barfield, C.E. 1998. The Deceptive Allure of a Transatlantic Free Trade Agreement: A US Perspective. *Intereconomics*, 33(5): 203–211.

Barnes, N. 2011. North American Integration? Civil Society and Immigrant Health Policy Convergence. *Politics & Policy*, 39(1): 69–89.

Betsill, M.M. 2007. Regional Governance of Global Climate Change: The North American Commission for Environmental Cooperation. *Global Environmental Politics*, 7(2): 11–27.

Blatter, J.K. 2001. Debordering the World of States: Towards a Multi-Level System in Europe and a Multi-Polity System in North America? Insights from Border Regions. *European Journal of International Relations*, 7(2): 175–209.

Blatter, J.K. 2004. From "Spaces of Place" to "Spaces of Flows"? Territorial and Functional Governance in Cross-Border Regions in Europe and North America. *International Journal of Urban & Regional Research*, 28(3): 530–548.

Bluechel, A. 1993. The Pacific Northwest Economic Region: A Multi-State, Multi-Province Regional Approach to Economic Development.*Economic Development Review*, 11(1): 1–27.

Bolle, M.J.2002.NAFTA Labor Side Agreement: Lessons for the Worker Rights and Fast–Track Debate. CRS Report for Congress, Order Code 97–681 E.Bonner, R.C.2012.The Cartel Crackdown.*Foreign Affairs*, 91(3): 12–16.

Bozo, F.2010.Sarkozy's NATO Policy: Towards France's Atlantic Realignment? *European Political Science*, 9(2): 176–188.

Brunet–Jailly, E.2012.In the Increasingly Global Economy, are Borderland Regions Public Management Instruments? *International Journal of Public Sector Management*, 25(6/7): 483–491.

Cameron, M.A.and Tomlin, B.W.2000.*The Making of NAFTA: How the Deal Was Done*.Cambridge: Cambridge University Press.

Cameron, M.A.and Wise, C.2004.The Political Impact of NAFTA on Mexico: Reflections on the Political Economy of Democratization.*Canadian Journal of Political Science*, 37(2): 301–323.

Capling, A.and Nossal, K.2009.The Contradictions of Regionalism in North America.*Review of International Studies*, 35(S1): 147–167.

Castañeda, J.G.(2014).NAFTA's Mixed Record: The View From Mexico.*Foreign Affairs*(January/February).https://www.foreignaffairs.com/articles/canada/2013–12–06/naftas–mixed–record.

Castro–Rea, J.(ed.)2012.*Our North America: Social and Political Issues beyond NAFTA*.Farnham: Ashgate.

Ciccantell, P.2001.NAFTA and the Reconstruction of U.S.Hegemony: The Raw Materials Foundations of Economic Competitiveness.*Canadian Journal of Sociology*, 26(1): 57–87.

Clarkson, S.2008.*Does North America Exist?* Toronto, ON: University of Toronto Press.

Cold–Ravnkilde, S.M., Singh, J., and Lee, R.G.2004.Cascadia: The(Re)construction of a Bi–National Space and its Residents.*Journal of Borderlands Studies*, 19(1): 59–77.

Coleman, M.2005.U.S.Statecraft and the U.S.–Mexico Border as Security/ Economy Nexus.*Political Geography*, 24(2): 185–209.

Cooley, A.and Spruyt, H.2009.*Contracting States: Sovereign Transfers in International Relations*.Princeton, NJ: Princeton University Press.

Díez Medrano, J.2010.*Divergent Reactions to Globalization: Labor Unions and the NAFTA and the EU Enlargement Process*.IBEI Working Papers 2010/30.Institut Barcelona d'Estudis Internationales.

Duina, F.2006a.*The Social Construction of Free Trade: The EU, NAFTA, and Mercosur*.Princeton, NJ: Princeton University Press.

Duina, F.2006b.Between Efficiency and Sovereignty: Transnational Actors, the European Union, and the Regulation of Bankruptcy.*Comparative European Politics*, 4(1): 1–22.

Engel, H.–U.2000.The Transatlantic Business Dialogue: The Perspective of the European Chemical Industry.In: G.A.Bermann, M.Herdegen, and M.L.Lindset(eds.), *Transatlantic Regulatory Co–operation: Legal Problems and Political Prospects*.Oxford: Oxford University Press, 39–46.

Fairchild, S.T.and Simpson, N.B.2004.Mexican Migration to the United States Pacific Northwest.*Popula–*

tion Research & Policy Review,23(3):219–234.

Friedman,K.B.2009.Through the Looking Glass:Implications of Canada–United States Transgovern–mental Networks for Democratic Theory,International Law,and the Future of North American Gov–ernance.*Alberta Law Review*,46(4):1081–1097.

Fry,E.H.2005.Federalism and the Evolving Cross–Border Role of Provincial,State,and Municipal Gov–ernments.*International Journal*,60(Spring):471–482.

Gilbert,E.2007.Leaky Borders and Solid Citizens:Governing Security,Prosperity and Quality of Life in a North American Partnership.*Antipode*,39(1):77–98.

Glenn,H.P.2001.Conflicting Laws in a Common Market? The NAFTA Experiment.*Chicago–Kent Law Review*,76(3):1789–1819.

Hadfield,A.and Fiott,D.2013.Europe and the Rest of the World.*Journal of Common Market Studies*,51(S1):168–182.

Hamilton,D.2013.The Changing Nature of the Transatlantic Link:U.S.Approaches and Implications for Central and Eastern Europe.*Communist and Post–Communist Studies*,46(3):303–313.

Hawley,G.2103.Issue Voting and Immigration:Do Restrictionist Policies Cost Congressional Republi–cans Votes? *Social Science Quarterly*,94(5):1185–1206.

Helleiner,J.2013.Unauthorised Crossings,Danger and Death at the Canada–US Border.*Journal of Ethnic & Migration Studies*,39(9):1507–1524.

Hindley,B.1999.New Institutions for Transatlantic Trade? *International Affairs*,75(1):45–60.

Hübner,K.(ed.)2011.*Europe,Canada and the Comprehensive Economic and Trade Agreement*.New York:Routledge.

Jacoby,W.2006.*The Enlargement of the European Union and NATO:Ordering from the Menu in Central Europe*.Cambridge:Cambridge University Press.

Jasper,W.F.2013.Secretely Trading Away Our Independence.*The New American*(May):10–16.

Johnson,B.and Graybill,A.R.(eds.)2010.*Bridging National Borders in North America:Transnational and Comparative Histories*.Durham,NC:Duke University Press.

Jones,R.C.2002.NAFTA Chapter 11 Investor–to–State Dispute Resolution:A Shield to Be Embraced or a Sword to Be Feared? *Brigham Young University Law Review*,2(2):527–559.

Kay,T.2005.Labor Transnationalism and Global Governance:The Impact of NAFTA on Transnational Labor Relationships in North America.*American Journal of Sociology*,111(3):715–756.

Kent,J.2011.Border Bargains and the "New" Sovereignty:Canada–US Border Policies from 2001 to 2005 in Perspective.*Geopolitics*,16(4):793–818.

Klinsky,S.2013.Bottom–up Policy Lessons Emerging from the Western Climate Initiative's Develop–ment Challenges.*Climate Policy*,13(2):143–169.

Lara–Valencia,F.and Giner,M.E.2013.Local Responses to Climate Change Vulnerability along the Western Reach of the US–Mexico Border.*Journal of Borderlands Studies*,28(2):191–204.

Leblond,P.2010.The Canada–EU Comprehensive Economic and Trade Agreement:More to It than

Meets the Eye.*Policy Options*,July–August:74–78.

McBride,S.2006.Reconfiguring Sovereignty:NAFTA Chapter 11 Dispute Settlement Procedures and the Issue of Public–Private Authority.*Canadian Journal of Political Science*,39(4):755–775.

McGwire,M.1998.NATO Expansion:"A Policy Error of Historic Importance."*Review of International Studies*,24(1):23–42.

McHugh,J.(ed.)2012.*Toward a North American Legal System*.New York:Palgrave Macmillan.

Menon,A.2013.Time for Tough Love in Transatlantic Relations.*The International Spectator:Italian Journal of International Affairs*,48(3):7–14.

Otero,G.2011.Neoliberal Globalization,NAFTA,and Migration:Mexico's Loss of Food and Labor Sovereignty.*Journal of Poverty*,15(4):384–402.

Özel,I.2013.*Regional Blocs,Transnational Actors and Interest Mediation:The Cases of Mexico and Turkey*.KFG Working Paper 53.Berlin:Research College "The Transformative Power of Europe," Freie Universität Berlin.

Pellerin,H.1999.The Cart Before the Horse? The Coordination of Migration Policies in the Americas and the Neoliberal Economic Project of Integration.*Review of International Political Economy*,6(4):468–493.

Peña D.G.1997.*The Terror of the Machine*.Austin,TX:University of Texas Press.

Perez,M.A.and Berger,M.T.2009.Bordering on the Ridiculous:MexAmerica and the New Regionalism.*Alternatives:Global,Local,Political*,34(1):1–16.

Pérez–Armendáriz,C.2014.Cross–Border Discussions and Political Behavior in Migrant–Sending Countries.*Studies in Comparative International Development*,49(1):67–88.

Pérez–Armendáriz,C.and Crow,D.2010.Do Migrants Remit Democracy? International Migration,Political Beliefs,and Behavior in Mexico.*Comparative Political Studies*,43(1):119–148.

Pevehouse,J.C.2005.*Democracy from Above Regional Organizations and Democratization*.New York:Cambridge University Press.

Reinert,K.A.G.,Rodrigo,C.,and Roland–Holst,D.W.2002.North American Economic Integration and Industrial Pollution in the Great Lakes Region.*Annals of Regional Science*,36(3):483–495.

Sá,C.and Gaviria,P.2012.Asymmetrical Regionalism in North America:The Higher Education Sector since NAFTA.*Norteamérica*,7(2):111–140.

Salter,M.B.and Piché,G.2011.The Securitization of the US–Canada Border in American Political Discourse.*Canadian Journal of Political Science*,44(4):929–951.

Sandholtz,W.and Stone Sweet,A.(eds.)1998.*European Integration and Supranational Governance*.Oxford:Oxford University Press.

Schimmelfenning,F.2004.*The EU,NATO,and the Integration of Europe:Rules and Rhetoric*.Cambridge:Cambridge University Press.

Scott,J.W.1999.European and North American Contexts for Cross–Border Regionalism.*Regional Studies*,33(7):605–617.

Selin, H. and VanDeveer, S.D. 2011. Climate Change Regionalism in North America. *Review of Policy Research*, 28(3): 295–304.

Smith, M.P. and Bakker, M. (2008). *Citizenship across Borders: The Political Transnationalism of El Migrante*. Ithaca, NY: Cornell University Press.

Soto, G. 2012. Environmental Impact of Agricultural Trade Liberalization under NAFTA. *Politics & Policy*, 40(3): 471–491.

Staudt, K. 2001. Informality Knows No Borders? Perspectives from El Paso–Juárez. *SAIS Review*, 21(1): 123–130.

Stefanova, B. 2005. NATO's Mixed-Policy Motives in the Southeast-European Enlargement: Revisiting Balkan Geopolitics. *Journal of Contemporary European Studies*, 13(1): 39–58.

Tsygankov, A.P. 2013. The Russia-NATO Mistrust: Ethnophobia and the Double Expansion to Contain "the Russian Bear." *Communist and Post-Communist Studies*, 46(1): 179–188.

VanNijnatten, D. 2007. The Security and Prosperity Agreement as an "Indicator Species" for the Emerging North American Environmental Regime. *Politics & Policy*, 35(4): 664–682.

Wallace, S.J. 2012. It's Complicated: Latinos, President Obama, and the 2012 Election. *Social Science Quarterly*, 93(5): 1360–1383.

Williams, M.J. 2011. Empire Lite Revisited: NATO, the Comprehensive Approach and State-Building in Afghanistan. *International Peacekeeping*, 18(1): 64–78.

Wood, D.E. and Verdun, A. 2011. Canada and the European Union: A Review of the Literature from 1982 to 2010. *International Journal*, 66(1): 9–21.

Zaiotti, R. 2014. Practical Continentalism: North America, Territorial Security and the European model. *Journal of Transatlantic Studies*, 12(1): 90–103.

第8章　拉丁美洲

安德莉亚·C.比安库里(Andrea C.Bianculli)

地区主义在拉丁美洲历史上普遍存在,然而它的发展并非一个线性或均匀的过程,【154】而是以波浪形式演进的(Rosenthal,1991)。在建立新组织的同时,对旧组织进行重建和重组,这使得我们可以将拉丁美洲地区主义界定为多元性地区组织,包括成员重叠的互补性和竞争性组织。这无疑是拉丁美洲地区主义最令人困惑的特征之一,特别是与欧盟(EU)的经验相比更是如此,欧盟多年的地区合作与一体化以及连续不断的扩大进程使它变成了一个单一性地区组织(参见本书第9章)。此外,这种地区组织交织密集的现象源于两种对立但相互依赖的地区主义构想,它们的出现最早可追溯到独立初期,但至今仍然有效:一个是建立强大、统一和自治的拉丁美洲的思想,另一个是由美国领导的泛美主义思想(Hurrell,1995b)。最后,随着时间的推移,地区主义的普遍性和表现发生变化,所以理论分析遭到拒绝或被迫更新,新的概念也发展起来。

本章首先对拉丁美洲这个地区进行界定,然后对该地区的实践浪潮和相关理论争论加以分析,同时探讨本土思路和外来思路的互动方式。随后的几节深入探讨这些地区进程,及其制度设计背后的驱动因素,并对其效果和影响进行评估。最后一节总结前述讨论结果,并对拉丁美洲当前各个地区倡议的前景作一评论。

界定拉美地区

首先,什么是拉丁美洲?它的名字带有一定模糊性。历史学家就这个名字的起源争论不休(Meade,2010),政治地理学家对它的边界在哪里也意见不一(Price and Cooper,2007)。所有地区的定义都存在固有的模糊性,这种模糊性因拉美国家表现出的社会、经【155】济和政治上的巨大多样性而更加突出。根据我们对“拉丁”和“美洲”的理解不同,我们可能会包括或排除许多国家。

在本章中,我们将拉丁美洲当作一个地区来看待的依据是,它有一个相当清楚的地理基础,即作为分界线的格兰德河以及各国领土的相对空间邻近性和相接性。不过,要理解拉丁美洲的地区主义,还需要超越地理(Hurrell,1995a)和相互依赖(Nye,1968)等问题。作为国家层次和全球层次之间的一个社会建构和政治竞争空间,该地区的形成有赖于其相关的历史、文化和语言特征,有赖于其在各个层次、在国家和非国家行为体之间出现的社会、政治和经济互动,以及其早年历史上出现的一种地区统一和团结观念。[①]然而政治统一仍然是一个神话,地区合作并没有产生一个单一的共同计划。此外,两种竞争性的地区秩序构想贯穿了整个美洲地区主义的历史(Hurrell,1995b),它们之间的紧张关系一直持续到今天。

在18世纪末和19世纪初的独立战争时期,人们就可以听到对拉丁美洲政治统一的呼吁(Mace,1988,404),西蒙·玻利瓦尔是最热情的倡导者。玻利瓦尔认识到这项事业背后有争议因素,包括自然障碍和行政障碍,以及各国之间不同的利益。但是,他依然设想建立一个政治集团,将这些新国家聚集在一起,以确保它们的独立,并保护它们免受外部威胁,这些威胁主要来自前殖民帝国,也来自扩张中的美国。在1820年至1870年间,有过几次促进政治统一的尝试但未获成功。不过,地区统一的种子已经播下。这一观念后来渗透到拉丁美洲的知识界(Mace,1988),并影响了第二次世界大战后建立的地区主义计划,尽管这些计划引起的巨大转变并非趋向政治合作而是经济合作。

第二种地区主义构想是在美国的鼓励和主要支持下,出现在长时间连续召开的泛美会议期间(1889—1930年)。其目标是通过正式多边制度来处理民主、人权、贸易、发展和安全等问题,从而促进整个半球的地区主义发展(Mace,1999)。这种泛美主义在1811年美国提出的"门罗主义"中有所体现,当时是为了联合美洲大陆的所有国家反对欧洲,而随着1947年《美洲国家间互助条约》(《里约条约》)的缔结和一年后美洲国家组织(OAS)的成立,它最终得到了落实。

总之,这两种相互竞争的构想构成了拉丁美洲的地区主义,进而采取了不同的制度形式:一者是半球性的,一者是地区性的。尽管这些观念各不相同,但它们促使拉丁美洲国家发展了自己基于独立国家地位和反帝国主义的地区主义思想(Fawcett,2005)。

---

① 本章的分析也包括墨西哥(参见本书第7章),因为它与其他拉美国家处于同样的社会文化共同体中,也是相关拉美组织如拉加共同体(CELAC)的成员。

拉美地区主义的实践浪潮和理论争论

地区主义作为拉丁美洲的一个持久特征，其发展演进不是通过扩大增补，而是通过一次次的合作浪潮（Rosental，1991，10），进而层层叠加而实现的（Bull and Boas，2003）。当学者们试图把握新的现实问题时，这些政治发展就引发了理论争论。然而，关于地区主义的文献历来由欧盟独占，而且似乎是天然的垄断。这两个地区的最早地区主义尝试几乎同时出现在战后时期。只不过，拉丁美洲的倡议或者停滞不前，或者功亏一篑，而欧洲一直是研究地区主义的学术实验室（Breslin et al.，2002；参见本书第 3 章和第 9 章）。 【156】

旧地区主义

二战后，美洲出现两项创新：一项是在半球层次建立了美洲国家组织（OAS），一项是在合作的观念以及如何在地区层次实现合作上出现了巨大转变。美洲国家组织（OAS）虽然是一个受成员国控制的组织，但它仍然努力成为一个独立的国际行为体（Legler，2014）。首先，由于美国和拉丁美洲国家之间的权力高度不对称，该组织面临着实现两种竞争性构想的困境（Grabendorff，1982）。其次，美洲国家组织旨在遏制和抵御冷战背景下的全球对抗，并与《里约条约》一道通过冲突解决程序和集体安排来促进地区安全。然而在 20 世纪七八十年代，中美洲的冲突暴露了其发挥有效政治作用的能力有限，美洲国家组织也由此被认为效率低下、无足轻重了（Herz，2011）。

同样受冷战形势的影响，几项地区性倡议在 20 世纪五六十年代蓬勃开展。它们的主要目标不再是政治统一，而是各种封闭性的经济合作。借鉴欧洲早期经验，组建单一市场应该考虑到国家市场的扩大和民族产业的发展。这种对国内发展的优先重视触发了各个地区集团的出现，如：拉美自由贸易协会（LAFTA）、中美洲共同市场（CACM）、加勒比共同体和共同市场（CARICOM）、拉美一体化协会（LAIA）和安第斯集团（the Andean Group）。这些地区计划并未能促进预期的结果，而且它们随着该地区面临多年危机和僵局而失去活力，这些危机和僵局同样影响到美洲国家组织下的经济合作和更广泛的合作框架。

从理论角度看，旧地区主义是（新）功能主义方法关注的焦点，这种方法基于欧洲的经验，促进了比较分析（Haas and Schmitter，1964；Haas，1967；本书第 2 章和第 6 章）。鉴 【157】
于这种方法强烈关注地区一体化进程和制度的作用（Hurrell，1995c），而拉丁美洲缺乏这种制度，因此也就（暂时）无法应用这种方法。（新）功能主义认为，【在拉美】导致政治一体化的两个主要因素缺失，即“外溢”和“强化”（Schmitter，1969）。

然而拉美经济委员会（ECLA①；参见 Mace，1988；Wionczek，1970）所发展的结构主义学派，有力地推动了第一波地区一体化的出现。与现代化理论相反，结构主义学派分析的是如何鼓励和维持发展。在劳尔·普雷维什（Raúl Prebisch）和拉美及加勒比一体化研究所（INTAL）的热情领导下，拉美经委会（ECLA）倡导实行地区经济合作。地区市场表达了实现发展和自主的愿望，从而超越了该地区对先进工业经济体的经济和政治依附（ECLA，1950）。连同依附论（Cardoso and Faletto，1979），这是第一次用真正本地的——和南方的——方法来调查该地区国际扩张的后果，及其对政治、经济和社会发展的影响。尽管结构主义学派很有影响，甚至超出了拉美，但也面临越来越多的批评。拉加经委会（ECLAC）的学者们一直主张一种“混合经济模式”，把“进口替代工业化”（ISI）与出口多样化和地区合作结合起来。于是，他们遭到来自主流经济学派和“左”派两方面的学术反对（Ocampo and Ros，2011）。前者主张实行外向型战略，像东亚国家那样（参见本书第 4 章），而后者批评他们不仅无力改变社会结构，还造成了对外国资本和技术的新型依赖。同样，他们也遭到来自那些严重依赖初级产品出口的部门和自由派中产阶级的政治反对（Bresser Pereira，2011）。

总的来说，关于旧地区主义具体特征的分析仍严重不足，并且这些分析与依附论一道被此后的研究所忽略。②不过，它们建立了地区合作与国际政治经济学（IPE）之间的联系，并成为拉丁美洲地区理论的一个特点（Bianculli，forthcoming）。在本土国际关系研究中，由于没有区分国际关系学和国际政治经济学，所以这一特点更加突出（Tickner，2003）。

新地区主义

20 世纪 90 年代，随着各国经历民主重建并开始实施深入的结构调整计划，旧的地区合作计划——中美洲共同市场（CACM）、加勒比共同体和共同市场（CARICOM）与安第斯条约组织（Andean Pact）——重新活跃，而且新的地区合作计划也得以建立，比如南方共同市场（MERCOSUR）。这种密集的区内活动始于南方国家的倡议，并逐步

---

① 1984 年，该组织吸收加勒比国家而改称“拉美与加勒比经济委员会”（ECLAC，拉加经委会）。

② 从 20 世纪 60 年代中期开始，由于进口替代工业化战略的失败，依附论与结构主义一道遭到越来越多的批评，而 20 世纪 80 年代发生的债务危机向国家的作用和欠发达的原因提出了质疑，从而引发了一次朝向主流经济学派的范式转移，即主张减少国家干预、实行自由化和私有化。

引入南北协议之中，极具包容性新特征（Fawcett，1995），这在以前的范式中是不可想象的。

1994 年，北美自由贸易协定（NAFTA）为美洲自由贸易区（FTAA），以及后来美国和欧盟在拉美推动的双边和多边协定，开创了先例。美洲自由贸易区的目标是，到 2005 年在美洲国家首脑会议（SOA）的更广泛框架内建立一个从阿拉斯加到火地岛的自由贸易区，这无疑加强了美洲国家组织（OAS）的现代化和复兴进程，使其成为地区治理中的一个重要角色（Bianculli，2003）。随着拉美国家在冷战结束后努力避免被边缘化并极力扩张权力，在地区合作方面出现了一项新共识：需要通过开放而非封闭的地区主义来实现政治和经济目标。此外，这还引起拉美国家去开发利用广泛的外部联系（Mittelman，2000），包括地区性、地区间和多边领域（Bianculli，forthcoming）。 【158】

在这些新的地区战略中，包含着两种不同的构想。虽然世界银行和国际货币基金组织积极拥护新自由主义的“华盛顿共识”，但拉加经委会（ECLAC）却鼓励“开放的地区主义”（ECLAC，1994）。后者意味着实行一项综合战略，旨在通过更积极的社会政策促进这些国家融入全球经济，从而刺激技术创新、生产一体化和公平。[①]然而在实践中，这些建议仍然相当无关痛痒，而新地区主义倡议更加强烈地追求自由贸易，以加强该地区对全球经济的参与。

活跃的地区合作活动重新激活了理论争论。其中，新地区主义在 20 世纪 90 年代初期和中期的拉美找到了适合自己的沃土，那时，该地区的学者正试图超越（并有时修补）欧盟的一体化理论。后者被认为不适于充分解释新的现象（参见本书第 2 章），因而拉美的地区主义就没有遵循欧盟的地区主义模式。新地区主义集中关注的正好是发展中世界（Söderbaum，2005）。它还广泛依赖国际关系学和国际政治经济学（IPE）所提供的工具箱，该工具箱与 20 世纪五六十年代本土学人对地区主义的理解相契合。最后，与传统的欧盟理论相反，新地区主义更强烈地提出了将地区合作战略与各国在全球舞台上的融入联系起来的本土观念。

主题的变奏

21 世纪初，由于新自由主义模式变得过时，该地区各国——阿根廷、玻利维亚、巴西、洪都拉斯、尼加拉瓜、巴拉圭和乌拉圭——就向“左”转，并且各国政府在国内层次寻

---

① 这种“新拉加经委会主义”（new cepalism）引发了拉加经委会（ECLAC）从传统上关注经济政策转向了注重权利的思路（Ocampo，1998）。

求替代性的政治、经济和发展政策。与此同时，它们掀起了新一波地区主义浪潮。与国内政策一样，这些举措并不意味着与过去完全决裂。

鉴于阿根廷总统基什内尔和巴西总统卢拉致力于重启南共市（MERCOSUR）——此前它一直是拉美新地区主义的重要典范——并给它打上社会印记，于是就涌现出一
【159】系列新的地区方案，形同“字母粥”。典型的例子有：南美国家联盟（UNASUR）、美洲玻利瓦尔人民联盟（ALBA）、拉丁美洲和加勒比国家共同体（CELAC）和太平洋联盟（PA）。

如今，机构和议程范围的扩大再次激起了拉美地区主义的两种不同构想：一种是关于建设一个统一和独立的拉丁美洲的思想；另一种则是基于开放地区主义模式的方案，该方案寻求增进贸易关系，特别是与美国和欧洲以及与亚洲的贸易关系。此外，实践的发展再次引发了理论争论。

人们普遍认为，地区主义不仅仅是贸易上的，还包含新的经济和非经济领域里的合作（Bianculli and Ribeiro Hoffmann，forthcoming），包括金融和货币政策（Trucco，2012）、安全和国防（Battaglino，2012）、地区基础设施（Carciofi，2008）、卫生（Ventura de Freitas Lima，2011）、教育（Murh，2010）和移民（Margheritis，2013）。然而人们对这些合作倡议的分类却不太有共识，给它们贴上了各不相同的标签，比如“战略倡议”（Briceño-Ruiz，2007）、“后自由主义倡议”（Veiga and Rios，2007；Sanahuja，2008），以及“后霸权倡议”（Riggirozzi and Tussie，2012）。

拉美地区主义的动因

拉美地区主义经历的是一个复杂的非线性过程，由内部和外部变量混合形成。国际（政治和经济）秩序与外部行为体的作用，被描述为两个主要的外生动因。冷战的结束以及日益加深的一体化和全球化，通常被视为旧地区主义和所谓“新”地区主义之间的分界线（Fawcett，1995；本书第 2 章）。“旧地区主义”是通过保护主义促进工业化和减少对国际经济依赖的一种手段，“新地区主义”则是外向的，因而反映了全球政治经济的更深相互依赖以及全球化与地区化之间的关联（Hettne and Söderbaum，2000）。

因此，地区合作成为支持国内结构改革（Tussie，2009a）和有效融入全球市场（Gamble and Payne，1996）的适当政策工具。地区主义被视为全球自由化的“垫脚石”，得益于如下两方面进程的相互作用：一方面是国家主导的自由化和（放松）管制的进程，另一方面是非国家行为体推动的非正式和自下而上的进程（Hurrell，1995b；Boas et al.，1999）。此外，南北协议似乎是拉美国家的“理性”政策选择，因为这些协议预计将给予它们稳定的北方市场准入，而这是南方希望获得但通过多边主义又从未得到的（Tussie，2003）。

后自由主义地区主义倡议的另一个特点是，试图应对由于“华盛顿共识”框架内新自由主义政策日益丧失信誉和合法性所导致的地区和全球变革(Sanahuja,2010)。类似地，后霸权地区主义被描述为“部分取代美国主导的新自由主义治理形式的结果”(Riggirozzi and Tussie,2012:12)，这反过来要求终结美国的霸权(Acharya,2009)。 【160】

外部行为体在塑造拉美地区主义方面也发挥了相应作用。一方面，欧盟通过合作与贸易为拉美提供了一个发展和团结的样板(De Lombaerde and Schulz,2009)，但也使得拉美国家不得不用一个声音说话，这显然有悖于美国的“分而治之”战略。那么毫不奇怪的是，美国和欧盟的战略导致了不同的地区治理模式(Grugel,2006)，反过来，这又对各行为体在国内和地区层次确定其偏好和集体行动策略的方式产生了不同的影响(Bianculli,forthcoming)。然而，它们都促进了拉美日益增长的程序需求和治理需求，即规范和规则的标准化和协调(Botto and Bianculli,2011)。另一方面，美国在解释中美洲共同市场(CACM)的成功(Schmitter,1970;Mattli,1999)以及20世纪90年代通过北美自由贸易协定(NAFTA)、美洲国家首脑会议(SOA)和美洲自由贸易区(FTAA)所做的地区性努力(Phillips,2003a;Grugel,1996;Tussie and Botto,2003)方面发挥了关键作用。

中国与拉美关系的扩大，日益挑战着美国和欧盟已经减弱的影响力。显然，中国远没有推行欧盟式的地区主义(Fawcett,2013)，因为它寻求在双边基础上与特定国家建立贸易关系和政治对话。这一战略与美国的战略和欧盟最近的战略并没有明显差别。欧盟已经大大削减了其对地区间主义的承诺(参见本书第26章)，于2007年将巴西指定为“战略伙伴”，并寻求与哥伦比亚、秘鲁和厄瓜多尔达成双边自由贸易协定。

地区化可能会影响地区组织近期的衔接和制度设计(Breslin et al.,2002)。贸易自由化和出口增长战略导致了南锥体地区、墨西哥和中美洲的经济日益地区化，这分别反映在南共市(MERCOSUR)(Schelhase,2008)、北美自由贸易协定(NAFTA)、中美洲一体化体系(SICA)和中美洲自由贸易协定(CAFTA)(Bull,2004)等的建立上。社会和市场行为体之间非正式的和事实上的交流仍然影响很弱。由于受到20世纪90年代国家倡议以及后霸权计划的限制，现在判断目前非经济政策领域的地区合作与协调方案，是否会通过越来越多自下而上的推动来影响地区主义，还为时过早。

最后，扩散研究(参见本书第5章)强调，在安第斯法院的建立(Alter,2012)、南共市的内部市场建设(Lenz,2012)和议会制度设计(Rüland and Bechle,2011)以及民主规范和社会公民身份的传播(Grugel,2007)当中，欧盟发挥了积极施动者作用。从地区内视 【161】
角看，拉加一体化研究所(INTAL)作为美洲开发银行的一个单位，自1965年创立以来就一直扮演着扩散主体的角色，进行着社会化、调查研究和新思想的传播(Bull and Boas,2003)。

显然,地区主义不仅关系到贸易,也关系到促进政治目标的实现。它是在地区层次和多边及全球舞台上建立并保持权力的一种方式(Tussie,2009a)。民主(Dabène,2009;Gardini,2010)和总统外交(Malamud,2005;Merke,2010)被视为推动地区合作的最相关"政治"因素,尤其在20世纪90年代更是如此。近期的部分倡议中,"左"倾的总统们发挥着核心作用(Veiga and Rios,2007),并且与地区领导权的争夺相关联(Burges,2007;Giacalone,2013)。南美国家联盟(UNASUR)和美洲玻利瓦尔联盟(ALBA)就是这样的两个例子。前者是以巴西的地缘政治设计为基础,为南美洲的各种次地区方案提供一个单一的保护伞,而后者则是一个通过低价供应石油来提升委内瑞拉在该地区影响力的工具,对该地区较小的经济体特别有吸引力(Briceño-Ruiz,2010)。这些研究假定存在一个更宽泛的国家概念:既是拥有偏好和利益的行为体,也是企业、公民社会主体和学术界表达政治偏好的(制度)舞台(尤见 Tussie,2009b;Botto,2009)。

政治因素也是地区计划败亡的原因,从旧地区主义开始就是这样。20世纪90年代,当美洲自由贸易区(FTAA)围绕美国期待的西半球贸易自由化开展活动时,这一倡议成为美国和拉美国家对地区合作的构想相互冲突的牺牲品。美洲自由贸易协定的失败导致美国和某些国家之间签订了一系列双边协议。此外,它还催生了新的计划——太平洋联盟(PA)和美洲玻利瓦尔联盟(ALBA),并导致该地区重新政治化,像南共市(MERCOSUR)议程的扩大和南美国家联盟(UNASUR)的成立所表明的一样,如此就形成了经济合作的三个不同轴心(Briceño-Ruiz,2014)。这种"积极的"一体化方式依赖于许多政府的共同"左"派立场,这体现在它们优先考虑非贸易议程而进行的南美合作和南南合作战略中(Serbin,2012)。

拉美地区合作的制度

尽管拉丁美洲开展了强有力和持续的地区合作,但其制度化程度仍然薄弱,显示出法律供过于求和遵约程度低之间的巨大差距,以及一体化范围和程度之间的差异(Dabène,2009,23)。地区合作计划并没有导致超国家机构的建立,因为这些计划都有意识地避免"传统国际组织中和欧共体所代表的地区主义模式中的那种制度结构和官僚
【162】结构"(Fawcett and Hurrell,1995,3)。考虑到欧盟(政治上和经济上)努力在该地区推广其一体化制度模式,这似乎是自相矛盾的(Briceño-Ruiz and Puntigliano Rivarola,2009)。南共市提供了一个很好的例子,因为欧盟支持其建立了关税同盟(Sanchez Bajo,2005)、地区议会(Dri,2010)和经济社会协商论坛(Grugel,2004b),并继续支持其发展监管制度(Bianculli,2013)。

乍一看，美洲人权法院和安第斯共同体法院似乎与周围格格不入。安第斯条约组织设有一个协商理事会、一个经济和社会咨询委员会和一个地区议会（PARLANDINO）。安第斯议会于1979年就建立了，但在1997年新条约签署之前几乎可有可无。即使在今天，它的表现就像其他安共体（CAN）机构的情况一样，远远落后于启发过它们的欧盟对等机构：权限仍然不明确，作出的决定也没有约束力。超国家主义仍然是一纸空文，显示法律上的地区主义和事实上的地区实践之间存在不对称。

加共体（CARICOM）和南共市（MERCOSUR）通过建立议会或直接机制，开辟了允许公民参与的渠道，如20世纪90年代建立的协商理事会和论坛（INTAL-ITD-STA，2002）。拉美国家将地区组织视为巩固国内民主的一种手段，同时也用于应对其自身的"民主赤字"。结果并不怎么样，社会行为体在地区计划建设和发展中所起的作用还是通过国家主导的制度框架来实现（Grugel，2004a）。参与在很大程度上仍然局限于商业行为体，特别是跨国公司和"多国公司"（Gardini，2006），它们有意将地区合作的相关风险降至最低（Phillips，2003b），而更广泛的社会行为体所起的作用就很有限，制度上也没什么保障。颇为矛盾的是，那些与各种"后"浪潮相关并致力于密切的政治和发展议程的地区计划，即南美联盟（UNASUR）、美洲玻利瓦尔联盟（ALBA）和拉加共同体（CELAC），并没有克服这种民主赤字（Serbin，2012；本书第25章）。正如旧地区主义的情形一样，任何朝向超国家主义的发展演进都被放弃了。

因此，拉美地区主义是通过政府间机制向前发展的，总统们发挥了关键作用。依靠总统来谈判和执行地区战略，应该有足够的灵活性去推进计划、避免可能出现的瘫痪和僵局，还可以化解特定事件引发的危机（Malamud，2003；Dominguez，1998）。然而，缺乏坚实的体制基础，可能会对地区合作的可持续性产生负面影响（Emerson，2014）。

制度解释提及，各国政府都不愿意放弃政治主权，并希望对地区合作进程保持严格的控制。这种不情愿和总统们的领导作用都与国内政治特点即总统制有关，而且还与这样的现实有关，即其他行为体——比如各国议会——在制定地区和国际政策方面所起的作用微不足道。地区制度的发展变动与成员国的制度类似（Duina，2006，185），因为 【163】
国内特征限制着可选择的制度选项（Dabène，2012）。社会和市场行为体的相对弱势刺激了自上而下的一体化发展（Kaltenthaler and Mora，2002），地区化因此就很弱。最后，鉴于对外政策一贯追求自主性和独立性，地区主义就一直是这些国家实现和捍卫国家利益战略的基本组成部分（Tickner，2008）。这种对自主性和主权的关注，也存在于非洲和亚洲的地区主义之中（参见本书第6章、第11章和第13章）。

此外，拉美地区主义的发展是波浪式前进的，导致出现以组织重叠为特征的多层次地区主义，这也同样是非洲经验的一个特点。如今，由于新计划超越传统经济问题，转而在新政策领域开展合作，所以交织重叠的地区主义似乎变得越来越重要。最近的地区发展表明，成员资格不再是排他性的(参见附表 A8.1)，拉美国家在这一进程中是关键行为体。在减少依附和促进发展的需要驱动下，今天的地区主义包含了经济、政治和社会议程。

经济合作已经贯穿了拉美地区主义的历史。尽管旧地区主义和新地区主义都遵循一个相当普遍的模式，但今天该地区至少展示了三个不同的经济合作轴心，分别由南共市(MERCOSUR)、太平洋联盟(PA)和美洲玻利瓦尔联盟(ALBA)构成。在政治方面，拉加共同体(CELAC)继承了孔塔多拉集团和后来的里约集团，是对美洲国家组织(OAS)没能建立地区共识的明确回应。对于这两个议程来说，在努力推进或深化该地区自主性以摆脱依附与抵制美国霸权之间的矛盾仍然存在。从历史的角度来看，在基础设施、卫生和教育等多种政策上都一直有合作。总的来说，今天重叠交叉的地区主义直接反映了拉美国家在经济和政治方面的巨大差异，而这种差异又转化为更加复杂的地区合作样式，有旧的也有新的，甚至有更新的方案。

至于这种交叉、复合的地区架构的政治和制度后果，一些人认为，它可能导致地区主义“消亡”或“终结”(Malamud and Gardini，2012)，也可能延续美洲国家组织(OAS)多年来所展示的最小公分母逻辑。然而另一些人认为，交叉的地区主义是一个基于不同政策与合作形式的多层面、动态性过程(Riggirozzi and Tussie，2012)，开启了南美联盟(UNASUR)宪章所确立的可变设计的大门。这种“模块化地区主义”(Gardini，2013)或“制度弹性”(Hofmann and Mérand，2013)允许各国支持最能满足其偏好和战略的地区集团。总之，拉美地区主义的这种交叉性与蒂克纳(Tickner，2008)所定义的拉美国家国际战略的“实用”特征密不可分。

拉美地区主义的影响

【164】 虽然我们还缺乏对拉美地区合作影响的系统分析，但已有研究探讨了地区主义如何以及在多大程度上促进了贸易和发展、民主、社会福利以及安全。

经济合作与贸易

拉美地区合作主要涉及的是贸易。历次浪潮过后，这方面却成就不彰。第一波是短暂的，因为相关倡议没有达到预期的成本和收益分配效果(如 LAFTA)，也没有实现预期的贸易自由化范围和工业化程度(如 CACM)。幻想破灭并没有阻止 20 世纪 70 年代再次尝试。这一时期建立了新的机构，包括安第斯集团，作为对拉美自由贸易协会(LAFTA)失败的直接反应,该集团确立了创新而意义深远的合作,包括共同对外关税、工业政策协调以及相关社会议程(如教育、卫生和劳工)方面的合作。即使这些举措带来了一些增长,区内贸易仍然很小,非互补性、沟通不畅和主权诉求阻碍了一体化。从经济上讲,20 世纪 90 年代的地区倡议在“锁定”结构改革方面相当成功。与此同时,南共市(MERCOSUR)与中美洲共同市场(CACM)、安共体(CAN)一道,为提高区内贸易的比重做出了贡献,但仍落后于亚洲(ECLAC,2008)。就南共市而言,20 世纪 90 年代末的巴西危机和阿根廷主权债务危机导致其停滞不前,而关税同盟的制度化仍然难以实现。南共市幸存下来是事实,但并不意味着就成功(Gomez Mera,2013)。

21 世纪头十年间,由于新自由主义引发的争议越来越多,各国尝试了各种不同的经济合作模式,后来因出现全球金融危机,严重影响了区内贸易,造成拉美国家对除中国以外所有其他主要目的地的出口都出现了萎缩。尽管所有国家都对其贸易伙伴实施了限制,但拉美地区的保护主义措施比其他地区还要更少(Tussie,2011)。

尽管存在这些不足,但在地区和半球层次的定期互动促进了交往,并为政府官员、官僚和技术干部提供了学习和社会化的空间,从而激发了他们对合作计划的专心投入。

社会议程

鉴于其对经济合作的高度重视，拉美地区一体化直到最近仍然发展不均衡。各国主要追求的是消极一体化,即消除贸易壁垒,但这与积极监管一直不匹配,后者侧重于 【165】
在社会政策领域设立共同标准和规则。总的来说,社会议程一向疲弱。这不仅适用于安共体(CAN),也适用于广泛的西半球峰会(SOA)进程,在该进程中,贸易和社会政策并行不悖,有关美洲自由贸易协定(FTAA)的谈判与有关教育、卫生和妇女问题的社会议程未见趋同。

20 世纪 90 年代新自由主义方法的失败标志着一个转折点。在国内层次,经济和发展政策未能带来实质性的经济增长,并导致了危机、失业、贫困和日益加剧的社会两极分化。新的左翼领导人上台的同时,出现了偏离自由贸易的现象,并提出了发展型地区主义(参见本书第 17 章)。这一潮流以国家、政治和社会关切的回归为标志(Serbin,2012),其中,旨在促进教育、卫生、就业、能源、基础设施和安全等新领域地区合作的行为、制度和机制仍然存在差异。由于国家主导的做法持续存在,这些发展是否以及会如何促进地区化,还有待观察。尽管还处于萌芽阶段,但这些议程正在为拉美地区主义勾画新的轮廓,尤其比之于 20 世纪 90 年代美国(和欧盟)主导的自由贸易模式时。

民主、和平与人权

地区合作曾被描绘成一种工具,能够用来巩固民主(Gardini,2010)和防止威权主义反弹(Steves,2001;本书第 21 章)。促进民主和人权据称是 20 世纪 90 年代地区合作的一项重大成就,正如南共市(MERCOSUR)所为(Carranza,2014),尽管在较早的倡议,比如安共体(CAN)和美洲国家组织(OAS)中,也发现过类似的工具。

美洲人权委员会在 20 世纪七八十年代就是这样一个相关行为体,当时独裁统治和侵犯人权的行为遍及该地区。后来,随着各国经历民主重建,民主越来越跟安全与和平交织在一起。为此,南共市不仅扩大了其最初的目标,增加了对地区民主的承诺(1998 年),而且还于 1999 年宣布南共市国家与玻利维亚和智利组成一个和平区。因此可以说,该集团立基于坚实的、有时具有开创性的地区规范和标准体系之上,比如《拉丁美洲和加勒比禁止核武器条约》(《特拉特洛尔科条约》,1967 年)。2001 年,加共体(CARICOM)还成立了一个犯罪与安全问题地区工作组,以解决毒品交易、武器走私和洗钱引起的安全问题。

类似的发展还包括:将民主与安全联系在一起的《美洲国家组织圣地亚哥宣言》(1991 年),以及为通过《美洲民主宪章》(2001 年)来捍卫民主而建立的制度机制。美洲国家组织以促进民主为名进行的干预仍然是有选择性的(Arceneaux and Pion-Berlin,
【166】 2007)。另外,美洲国家组织最近因处理具有挑战性政治局势的方式而在美国和拉美国家均引起诸多争议和批评,例如 2009 年的洪都拉斯政变,这反过来又成为拉加共同体(CELAC)建立的部分起因。与此同时,南美国家联盟(UNASUR)正在将自己定位为一个促进民主的地区安全组织。

地区制度和规范在该地区建设和维持了和平,并加强了国家间关系的和平性质,有助于巩固多元型安全共同体(Kacowicz,2005)。与非洲和亚洲相比,拉丁美洲对捍卫民主表现出了更大的兴趣,无论是从规范还是从制度的角度看都是如此(Acharya,2012),但是这并非毫无挑战。

结论:拉美地区主义路向何方?

地区主义在拉美国家历史上已经存在了几个世纪。拉美地区主义并不是集中体现在某个单一倡议中,而是通过不断创设地区计划而发展演变,并经历了不同的阶段,每个阶段都随时空变化而有不同特点。从理论和实践的角度来看,拉丁美洲不仅仅是一个规则接受者，而且发展了自己的地区主义样式。

今天，该地区证明了地区合作形式的日益扩散，显示出成员的交叠，并致力于推进既互补又竞争的政治、经济和社会议程。如果以欧盟为基准来衡量，这一复杂组合可能会被认为是功能失调的，因为它阻碍着地区大联合之下的整合与团结。为了更全面地理解当前地区格局的重组，需要将各种理论见解和方法路径结合起来。

首先，支撑拉美地区主义的两种构想今天仍然在起作用。一方面，太平洋联盟(PA)的组建表明，“开放的地区主义”模式再度活跃，这些国家寻求与美国、亚洲和欧洲加强贸易关系。另一方面，一批相关国家正在超越贸易，不再把贸易作为地区合作的唯一重点。南美国家联盟(UNASUR)、拉加共同体(CELAC)、美洲玻利瓦尔联盟(ALBA)以及较小程度上的南共市(MERCOSUR)等倡议提供的新证据证明，拉美地区议程更趋政治化，提供公共产品(包括规范、标准和政策)的空间不再限于贸易领域。其次，特定历史背景下的制度变迁，国家和非国家行为体的分布及其观念、偏好和战略，对于揭示这些浪潮的演变特征至关重要，告诉我们地区治理安排是如何帮助各国应对国内和全球挑战的。最后，地区合作方案和平台的多样化不仅反映了以前的地区合作经验和国内变化——以前的发展模式过时了，而且还反映了国际上的大变革。总之，由于当前全球秩序出现变化，区外大国的影响力发生转移，政治和经济平衡也在不断变化，所以，尽管现在拉美这些地区计划存在着交织重叠，但它们还是为拉美国家寻求在当前全球秩序中发挥更大作用奠定了基础。

【167】

附　录

附表 A8.1　拉丁美洲的地区组织

成立年份	机构名称(缩写)	涵盖的议题领域	成员	官网地址
1948	美洲国家组织(OAS)	综合性	安提瓜和巴布达、阿根廷、巴哈马群岛、巴巴多斯、伯利兹、玻利维亚、巴西、加拿大(1990年完整加入)、智利、哥伦比亚、哥斯达黎加、多米尼克、多米尼加共和国、厄瓜多尔、萨尔瓦多、格林纳达、危地马拉、圭亚那、海地、洪都拉斯、牙买加、墨西哥、尼加拉瓜、巴拿马、巴拉圭、秘鲁、圣基茨和尼维斯、圣卢西亚、圣文森特和格林纳丁斯、苏里南、特立尼达和多巴哥、美国、乌拉圭、委内瑞拉 * 古巴1962年被开除，2009年被再次邀请但拒绝加入	http://www.oas.org/

续表

成立年份	机构名称（缩写）	涵盖的议题领域	成员	官网地址
1951	中美洲国家组织(ODECA)	综合性	哥斯达黎加、萨尔瓦多、危地马拉、洪都拉斯、尼加拉瓜	http://www.sica.int/sgsica/index_en.aspx
1960	中美洲共同市场(CACM)(由ODECA创建)	贸易和经济合作	哥斯达黎加(1962)、危地马拉、洪都拉斯、萨尔瓦多、尼加拉瓜	
	拉美自由贸易协会(LAFTA)	贸易和共同市场建设	阿根廷、玻利维亚(1967)、巴西、智利、哥伦比亚(1961)、厄瓜多尔(1961)、墨西哥、巴拉圭、秘鲁、乌拉圭、委内瑞拉(1966)	
1964	拉美议会	综合性	阿根廷、阿鲁巴、玻利维亚、巴西、智利、哥伦比亚、哥斯达黎加、古巴、库拉索、多米尼加共和国、厄瓜多尔、萨尔瓦多、危地马拉、洪都拉斯、墨西哥、尼加拉瓜、巴拿马、巴拉圭、秘鲁、圣马丁、苏里南、乌拉圭、委内瑞拉	http://www.parlatino.org/
1965	加勒比自由贸易协会(CARIFTA)	贸易	安提瓜和巴布达、巴巴多斯、圭亚那、特立尼达和多巴哥、多米尼克(1968)、格林纳达(1968)、圣基茨和尼维斯(1968)、圣卢西亚(1968)、圣文森特和格林纳丁斯(1968)、蒙特塞拉特(1968)、牙买加(1968)、伯利兹(1971)	http://www.caricom.org/
1968	东加勒比共同市场(ECCM)(后转型为OECS秘书处)	贸易	安提瓜和巴布达(1981)、格林纳达、蒙特塞拉特、圣卢西亚、圣文森特和格林纳丁斯(1979)、圣基茨和尼维斯(1980)	http://www.oecs.org/
1969	安第斯条约组织	综合性	玻利维亚、智利(1976年退出)、哥伦比亚、厄瓜多尔、秘鲁、委内瑞拉(1973)	http://www.comunidadan dina.org/
1973	加勒比共同体和共同市场(CARIFTA转型为CARICOM)	贸易	巴巴多斯、圭亚那、牙买加、特立尼达和多巴哥；1983年其他8个加勒比领地加入CARICOM；巴哈马(1983年加入共同体但没有加入共同市场)；苏里南(1995)、海地(2002)	http://www.caricom.org/
1975	拉美经济体系(SELA)	贸易	阿根廷、巴哈马、巴巴多斯、伯利兹、玻利维亚、巴西、哥伦比亚、哥斯达黎加、古巴、智利、多米尼加共和国、厄瓜多尔、萨尔瓦多、格林纳达、危地马拉、圭亚那、海地、洪都拉斯、牙买加、墨西哥、尼加拉瓜、巴拿马、巴拉圭、秘鲁、苏里南、特立尼达和多巴哥、乌拉圭、委内瑞拉	http://www.sela.org/
1980	拉美一体化协会(LAIA)(取代LAFTA)	贸易	阿根廷、玻利维亚、巴西、智利、哥伦比亚、古巴(1999)、厄瓜多尔、墨西哥、巴拉圭、巴拿马(2011)、秘鲁、乌拉圭、委内瑞拉	http://www.aladi.org/

续表

成立年份	机构名称（缩写）	涵盖的议题领域	成员	官网地址
1981	东加勒比国家组织(OECS)	综合性	安提瓜和巴布达、多米尼克、格林纳达、蒙特塞拉特、圣基茨和尼维斯、圣卢西亚、圣文森特和格林纳丁斯；安圭拉和英属维京岛（联系成员）	http://www.oecs.org/
1986	里约集团（前身是孔塔多拉集团和“八国集团”）	安全和防务	阿根廷、伯利兹、玻利维亚、巴西、智利、哥伦比亚、哥斯达黎加、古巴、多米尼加共和国、厄瓜多尔、萨尔瓦多、危地马拉、圭亚那、海地、洪都拉斯、牙买加、墨西哥、尼加拉瓜、巴拿马、巴拉圭、秘鲁、苏里南、乌拉圭、委内瑞拉，以及 CARICOM 成员国	
1991	南方共同市场（Mercosur）	综合性	阿根廷、巴西、巴拉圭、乌拉圭、委内瑞拉（2012）、玻利维亚（2015）、智利、哥伦比亚、秘鲁、厄瓜多尔、圭亚那、苏里南（尚待批准）	http://www.mercosur.int/
	中美洲一体化体系(SICA)（改革后的ODECA）	综合性	伯利兹（2000）、哥斯达黎加、多米尼加共和国（2013）、萨尔瓦多、危地马拉、洪都拉斯、尼加拉瓜、巴拿马；以下为地区观察员：阿根廷、巴西、智利、哥伦比亚、厄瓜多尔、墨西哥、秘鲁、美国和乌拉圭	http://www.sica.int/
1994	加勒比国家协会（ACS）	综合性	安提瓜和巴布达、巴哈马、巴巴多斯、伯利兹、哥伦比亚、哥斯达黎加、古巴、多米尼克、多米尼加共和国、萨尔瓦多、格林纳达、危地马拉、圭亚那、海地、洪都拉斯、牙买加、墨西哥、尼加拉瓜、巴拿马、圣基茨和尼维斯、圣卢西亚、圣文森特和格林纳丁斯、苏里南、特立尼达和多巴哥、委内瑞拉；以下为联系成员：阿鲁巴、库拉索、法国（代表法属圭亚那、瓜德罗普、马提尼克、圣巴茨和圣马丁）、荷兰（代表博内尔、萨巴和尤斯特歇斯）	http://www.acs-aec.org/
	北美自由贸易协定（NAFTA）	贸易	加拿大、墨西哥、美国	https://www.naf-ta-sec-al ena.org/
	三国集团	贸易	哥伦比亚、墨西哥、委内瑞拉(2006年退出)	
	美洲峰会	综合性	美国国家组织（OAS）成员国	http://www.summit-amer icas.org/
1997	安第斯共同体(CAN)（取代安第斯条约组织）	综合性	玻利维亚、哥伦比亚、厄瓜多尔、秘鲁、委内瑞拉（2006 年退出）	http://www.comunid qqadan dina.org/

续表

成立年份	机构名称（缩写）	涵盖的议题领域	成员	官网地址
1998	美洲自由贸易区（FTAA）（美洲峰会的一部分）	贸易	美洲国家组织（OAS）成员国；2005 年谈判停止	http://www.ftaa-alca.org/
2004	美洲玻利瓦尔人民联盟（ALBA）	综合性	安提瓜和巴布达（2009）、玻利维亚（2006）、古巴、多米尼克（2008）、厄瓜多尔（2009）、格林纳达（2014）、尼加拉瓜（2007）、圣基茨和尼维斯（2014）、圣卢西亚（2013）、圣文森特和格林纳丁斯（2009）、委内瑞拉 * 洪都拉斯于 2008 年加入后又于 2010 年退出	http://www.portalalba.org/
2008	拉美和加勒比一体化与发展峰会（CALC）	综合性	智利、哥伦比亚、哥斯达黎加、厄瓜多尔、萨尔瓦多、危地马拉、洪都拉斯、墨西哥、尼加拉瓜、巴拿马、秘鲁	
	南美国家联盟(UNASUR)	综合性	阿根廷、玻利维亚、巴西、智利、哥伦比亚、厄瓜多尔、圭亚那、巴拉圭、秘鲁、苏里南、乌拉圭、委内瑞拉；以下为观察员：巴拿马和墨西哥	http://www.unasursg.org/
2011	拉美和加勒比国家共同体（CELAC）（里约集团和 CALC 的继承者）	综合性	安提瓜和巴布达、阿根廷、巴哈马、巴巴多斯、伯利兹、玻利维亚、巴西、智利、哥伦比亚、哥斯达黎加、古巴、多米尼加共和国、多米尼克、厄瓜多尔、萨尔瓦多、格林纳达、危地马拉、圭亚那、海地、洪都拉斯、牙买加、墨西哥、尼加拉瓜、巴拿马、巴拉圭、秘鲁、圣卢西亚、圣基茨和尼维斯、圣文森特和格林纳丁斯、苏里南、特立尼达和多巴哥、乌拉圭、委内瑞拉	http://www.celacinternational.org/
	太平洋联盟（PA）	综合性	智利、哥伦比亚、墨西哥、秘鲁（哥斯达黎加正在加入过程中）	http://alianzapacifico.net/

参考文献

Acharya, A.2009.*Regional Worlds in a Post-Hegemonic Era*.Cahiers de Spirit, Spirit Working Paper No. 1, June.

Acharya, A.2012.Comparative Regionalism: A Field Whose Time has Come? *The International Spectator: Italian Journal of International Affairs*, 47(1): 3-15.

Alter, K.J.2012.The Global Spread of European Style International Courts.*West European Politics*, 35

(1):135–154.

Arceneaux, C. and Pion-Berlin, D. 2007. Issues, Threats, and Institutions: Explaining OAS Responses to Democratic Dilemmas in Latin America. *Latin American Politics and Society*, 49(2): 1–31.

Battaglino, J. 2012. Defence in a Post-Hegemonic Regional Agenda: The Case of the South American Defence Council. In: P. Riggirozzi and D. Tussie (eds.), *The Rise of Post-Hegemonic Regionalism: The Case of Latin America*. Dordrecht: Springer, 81–100.

Bianculli, A.C. 2003. *La sociedad civil en la Organización de los Estados Americanos: Cambios en la Governance de Cara al Siglo XXI*. International Relations Master's Thesis, Facultad Latinoamericana de Ciencias Sociales (FLACSO-Argentina).

Bianculli, A.C. 2013. *The Effect of Trade Agendas on Regulatory Governance: When the EU Meets the Global South*. KFG Working Paper 57. Berlin: Research College "The Transformative Power of Europe," Freie Universität Berlin.

Bianculli, A.C. forthcoming. *Negotiating Trade Liberalization in Argentina and Chile: When Trade Policy Creates Domestic Politics*. Abingdon and New York: Routledge.

Bianculli, A.C. and Ribeiro Hoffmann, A. (eds.) forthcoming. *Regional Organizations and Social Policy in Europe and Latin America: A Space for Social Citizenship?* Basingstoke: Palgrave Macmillan.

Boas, M., Marchand, M.H., and Shaw, T.M. 1999. Special Issue: New Regionalisms in the New Millennium. *Third World Quarterly*, 20(5): 897–1070.

Botto, M. (ed.) 2009. *Research and International Trade Policy Negotiations: Knowledge and Power in Latin America*. Abingdon: Routledge-IDRC.

Botto, M. and Bianculli, A.C. 2011. Comparative Asymmetric Trade Negotiations in the Southern Cone: FTAA and EU-MERCOSUR. In: S. Bilal, P. De Lombaerde and D. Tussie (eds.), *Asymmetric Trade Negotiations*. Aldershot: Ashgate Publishing, 83–120.

Breslin, S., Hughes, C.W., Phillips, N., and Rosamond, B. (eds.) 2002. *New Regionalism in the Global Political Economy: Theories and Cases*. London: Routledge.

Bresser Pereira, L.C. 2011. From Old to New Developmentalism in Latin America. In: J.A. Ocampo and J. Ros (eds.), *The Oxford Handbook of Latin American Economics*. Oxford: Oxford University Press, 108–129.

Briceño-Ruiz, J. 2007. Strategic Regionalism and Regional Social Policy in the FTAA Process. *Global Social Policy*, 7(3): 294–315.

Briceño-Ruiz, J. 2010. From the South American Free Trade Area to the Union of South American Nations: The Transformations of a Rising Regional Process. *Latin American Policy*, 1(2): 208–229.

Briceño-Ruiz, J. 2014. *Regional Dynamics and External Influences in the Discussions about the Model of Economic Integration in Latin America*. EUI Working Paper, RSCAS 2014/11. Florence: European University Institute.

Briceño-Ruiz, J. and Puntigliano Rivarola, A. 2009. The European Union and the "Making" of South American Regionalism. In: P. De Lombaerde and M. Schulz (eds.), *The EU and World Regionalism: The*

Makability of Regions in the 21st Century.Farnham:Ashgate,101–114.

Bull,B.2004.*Business Regionalization and the Complex Transnationalization of the Latin American States*.Working Paper 2004/02.Oslo:Centre for the Development and the Environment,University of Oslo.

Bull,B.and Boas,M.2003.Multilateral Development Banks as Regionalising Actors:The Asian Development Bank and the Inter–American Development Bank.*New Political Economy*,8(2):245–261.

Burges,S.2007.Building a Global Southern Coalition:The Competing Approaches of Brazil's Lula and Venezuela's Chávez.*Third World Quarterly*,28(7):1343–1358.

Carciofi,R.2008.Cooperation and Provision of Regional Public Goods:The IIRSA Case.*Integration and Trade*,28:51–82.

Cardoso,F.H.and Faletto,E.1979.*Dependency and Development in Latin America*.Berkeley,CA:University of California Press.

Carranza,M.E.2014.Resilient or Declining? Latin American Regional Economic Blocs in the Postneoliberal Era.*Latin American Politics and Society*,56(3):163–172.

Dabène,O.2009.*The Politics of Regional Integration in Latin America:Theoretical and Comparative Exploration*.New York:Palgrave Macmillan.

Dabène,O.2012.Consistency and Resilience through Cycles of Repoliticization.In:P.Riggirozzi and D. Tussie(eds.),*The Rise of Post–Hegemonic Regionalism:The Case of Latin America*.Dordrecht:Springer, 41–64.

De Lombaerde,P.and Schulz,M.(eds.)2009.*The EU and World Regionalism:The Makability of Regions in the 21st Century*.Farnham:Ashgate.

Dominguez,J.I.1998.*International Security and Democracy:Latin America and the Caribbean in the Post–Cold War Era*.Pitt Latin American series.Pittsburgh,PA:University of Pittsburgh Press.

Dri,C.F.2010.Limits of the Institutional Mimesis of the European Union:The Case of the Mercosur Parliament.*Latin American Policy*,1(1):52–74.

Duina,F.2006.*The Social Construction of Free Trade:The European Union,NAFTA,and Mercosur*. Princeton,NJ:Princeton University Press.

ECLA.1950.*The Economic Development of Latin America and its Principal Problems*.New York:United Nations.

ECLAC.1994.*Open Regionalism in Latin America and the Caribbean:Economic Integration as a Contribution to Changing Production Patterns with Social Equity*.Santiago de Chile:United Nations–Economic Commission for Latin America and the Caribbean.

ECLAC.2008.*Latin America in the World Economy*.Santiago de Chile:United Nations.

Emerson,G.2014.Strong Presidentialism and the Limits of Foreign Policy Success:Explaining Cooperation between Brazil and Venezuela.*International Studies Perspectives*,doi:10.1111/insp.12071.

Fawcett,L.1995.Regionalism in Historical Perspective.In:L.Fawcett and A.Hurrell(eds.),*Regionalism in World Politics:Regional Organization and International Order*.Oxford:Oxford University Press,

9–36.

Fawcett, L.2005.The Origins and Development of Regional Ideas in the Americas.In: L.Fawcett and M. Serrano(eds.), *Regionalism and Governance in the Americas: Continental Drift*.Basingstoke: Palgrave Macmillan, 25–51.

Fawcett, L.2013.*The History and Concept of Regionalism*.UNU–CRIS Working Paper W–2013/5. Bruges: United Nations University Institute.

Fawcett, L.and Hurrell, A.1995.Introduction.In: L.Fawcett and A.Hurrell(eds.), *Regionalism in World Politics: Regional Organization and International Order*.Oxford: Oxford University Press, 1–6.

Gamble, A.and Payne, A.(eds.)1996.*Regionalism and World Order*.New York: St.Martin's Press.

Gardini, G.L.2006.Government–Business Relations in the Construction of Mercosur.*Business and Politics*, 8(1): 1–28.

Gardini, G.L.2010.*The Origins of Mercosur: Democracy and Regionalization in South America*.New York: Palgrave Macmillan.

Gardini, G.L.2013.The Added Value of the Pacific Alliance and"Modular Regionalism"in Latin America.*LSE IDEAS*.<http://blogs.lse.ac.uk/ideas/2013/06/the–added–value–of–the–pacific–alliance–and–modular–regionalism–in–latin–america/>(accessed March 21, 2014).

Giacalone, R.2013.Venezuela en Unasur: integración regional y discurso político.*Desafíos*, 25: 129–163.

Gomez Mera, L.2013.*Power and Regionalism in Latin America: The Politics of Mercosur*.Notre Dame, IN: University of Notre Dame Press.

Grabendorff, W.1982.Las posibilidades de conflicto regional y el comportamiento en conflictos interestatales en América Latina.*Nuevo Mundo*, 5: 47–66.

Grugel, J.1996.Latin America and the Remaking of the Americas.In: A.Gamble and A.Pane(eds.), *Regionalism and World Order*.New York: St.Martin's Press, 131–167.

Grugel, J.2004a.Civil Society and Inclusion in New Regionalism: Can Civil Society Influence a Trade–led Agenda? Paper prepared for the Second Annual Conference of the Euro–Latin Study Network on Integration and Trade(ELSNIT), Florence.

Grugel, J.2004b.New Regionalism and Modes of Governance: Comparing US and EU Strategies in Latin America.*European Journal of International Relations*, 10(4): 603–626.

Grugel, J.2006.Regionalist Governance and Transnational Collective Action in Latin America.*Economy and Society*, 35(2): 209–231.

Grugel, J.2007.Democratization and Ideational Diffusion: Europe, Mercosur and Social Citizenship.*Journal of Common Market Studies*, 45(1): 43–68.

Haas, E.B.1967.The Uniting of Europe and the Uniting of Latin America.*Journal of Common Market Studies*, 5(4): 315–343.

Haas, E.B.and Schmitter, P.C.1964.Economics and Differential Patterns of Political Integration: Projections about Unity in Latin America.*International Organization*, 18(4): 705–737.

Herz, M.2011.*The Organization of American States(OAS): Global Governance away from the Media*.New

York and London: Routledge.

Hettne, B. and Söderbaum, F. 2000. Theorising the Rise of Regionness. *New Political Economy*, 5(3): 457–473.

Hofmann, S. and Mérand, F. 2013. Regional Organizations à la Carte: The Effects of Institutional Elasticity. In: T.V. Paul (ed.), *International Relations Theory and Regional Transformation*. Cambridge: Cambridge University Press, 133–157.

Hurrell, A. 1995a. Explaining the Resurgence of Regionalism in World Politics. *Review of International Studies*, 21(4): 331–358.

Hurrell, A. 1995b. Regionalism in the Americas. In: L. Fawcett and A. Hurrell (eds.), *Regionalism in World Politics: Regional Organization and International Order*. Oxford: Oxford University Press, 250–282.

Hurrell, A. 1995c. Regionalism in Theoretical Perspective. In: L. Fawcett and A. Hurrell (eds.), *Regionalism in World Politics: Regional Organization and International Order*. Oxford: Oxford University Press, 37–73.

INTAL–ITD–STA. 2002. The Trade Policy Making Process. Level One of Two Level Game: Country Studies in the Western Hemisphere. In: INTAL (ed.), *Occasional Paper*. Buenos Aires: INTAL–ITD–STA.

Kacowicz, A. 2005. *The Impact of Norms in International Society: The Latin American Experience, 1881—2001*. Notre Dame, IN: Notre Dame University Press.

Kaltenthaler, K. and Mora, F.O. 2002. Explaining Latin American Economic Integration: The Case of Mercosur. *Review of International Political Economy*, 9(1): 72–97.

Legler, T. 2014. Beyond Reach? The Organization of American States and Effective Multilateralism. In: J.I. Dominguez and A. Covarrubias (eds.), *Routledge Handbook of Latin American in the World*. New York and Abingdon: Routledge, 311–328.

Lenz, T. 2012. Spurred Emulation: The EU and Regional Integration in Mercosur and SADC. *West European Politics*, 35(1): 155–173.

Mace, G. 1988. Regional Integration in Latin America: A Long and Winding Road. *International Journal*, 43(3): 404–427.

Mace, G. 1999. The Origins, Nature, and Scope of the Hemispheric Project. In: M. Gordon and L. Bélanger (eds.), *The Americas in Transition: The Contours of Regionalism*. Boulder, CO: Lynne Rienner, 19–36.

Malamud, A. 2003. Presidentialism and Mercosur: A Hidden Cause for a Successful Experience. In: F. Laursen (ed.), *Comparative Regional Integration: Theoretical Perspectives*. Aldershot: Ashgate, 53–74.

Malamud, A. 2005. Mercosur Turns 15: Between Rising Rhetoric and Declining Achievement. *Cambridge Review of International Affairs*, 18(3): 421–436.

Malamud, A. and Gardini, G.L. 2012. Has Regionalism Peaked? The Latin American Quagmire and its Lessons. *The International Spectator: Italian Journal of International Affairs*, 47(1): 116–133.

Margheritis, A. 2013. Piecemeal Regional Integration in the Post-Neoliberal Era: Negotiating Migration Policies within Mercosur. *Review of International Political Economy*, 20(3): 541–575.

Mattli, W.1999.*The Logic of Regional Integration: Europe and Beyond*.Cambridge: Cambridge University Press.

Meade, T.A.2010.*A History of Modern Latin America: 1800 to the Present*.Chichester: Wiley-Blackwell.

Merke, F.2010.De Bolívar a Bush: Los Usos del Regionalismo en América Latina.Paper presented at V Congreso Latinoamericano de Ciencia Política(ALACIP), Buenos Aires.

Mittelman, J.H.2000.*The Globalization Syndrome: Transformation and Resistance*. Princeton, NJ: Princeton University Press.

Murh, T.2010.Counter-Hegemonic Regionalism and Higher Education for All: Venezuela and the ALBA.*Globalisation, Societies and Education*, 8(1): 39-57.

Nye, J.S.1968.Comparative Regional Integration: Concept and Measurement.*International Organization*, 22(4): 855-880.

Ocampo, J.A.1998.Beyond the Washington Consensus: An ECLAC Perspective.*CEPAL Review*, 66: 7-28.

Ocampo, J.A.and Ros, J.2011.Shifting Paradigms in Latin America's Economic Development.In: J.A.Ocampo and J.Ros(eds.), *The Oxford Handbook of Latin American Economics*.Oxford: Oxford University Press, 3-25.

Phillips, N.2003a.Hemispheric Integration and Subregionalism in the Americas.*International Affairs*, 79(2): 327-349.

Phillips, N.2003b.The Rise and Fall of Open Regionalism? Comparative Reflections on Regional Governance in the Southern Cone of Latin America.*Third World Quarterly*, 24(2): 217-234.

Price, M.D.and Cooper, C.W.2007.Competing Visions, Shifting Boundaries: The Construction of Latin America as a World Region.*Journal of Geography*, 106(3): 113-122.

Riggirozzi, P.and Tussie, D.2012.The Rise of Post-Hegemonic Regionalism in Latin America.In: P.Riggirozzi and D.Tussie(eds.), *The Rise of Post-Hegemonic Regionalism: The Case of Latin America*. Dordrecht: Springer, 1-16.

Rosenthal, G.1991.Un Informe Crítico a 30 Años de Integración en América Latina.*Nueva Sociedad*, 113(June): 60-65.

Rüland, J.and Bechle, K.2011.*Defending State-Centric Regionalism through Mimicry and Localization: Regional Parliamentary Bodies in the Association of Southeast Asian Nations(ASEAN) and Mercosur*. Occasional Paper 2.Southeast Asian Studies at the University of Freiburg.

Sanahuja, J.A.2008.Del "Regionalismo Abierto" al "Regionalismo post Liberal": Crisis y Cambio en la Integración en América Latina yel Caribe.In: L.Martínez Alfonso, L.Peña, and M.Vazquez(eds.), *Anuario de la Integración Regional de América Latina y el Gran Caribe 2008-2009*.Buenos Aires: Coordinadora Regional de Investigaciones Económicas y Sociales-CRIES, 11-54.

Sanahuja, J.A.2010.*Post-Liberal Regionalism in South America: The Case of UNASUR*.EUI Working Paper RSCAS 2012/05.Florence: European University Institute.

Sanchez Bajo, C.2005.European Union-Mercosur Interregionalism: Negotiations, Civil Society and Governance.In: M.Bøås, M.H.Marchand, and T.Shaw(eds.), *The Political Economy of Regions and Re-*

gionalism.Basingstoke:Palgrave Macmillan,33–57.

Schelhase,M.2008.*Globalization,Regionalization and Business*.Basingstoke:Palgrave Macmillan.

Schmitter,P.C.1969.Three Neo–Functional Hypotheses about International Integration.*International Organization*,23(1):161–166.

Schmitter,P.C.1970.Central American Integration:Spill–Over,Spill–Around or Encapsulation? *Journal of Common Market Studies*,9(1):1–48.

Serbin,A.2012.New Regionalism and Civil Society:Bridging the Democratic Gap? In:P.Riggirozzi and D.Tussie(eds.),*The Rise of Post–Hegemonic Regionalism:The Case of Latin America*.Dordrecht:Springer,147–166.

Söderbaum,F.2005.The International Political Economy of Regionalism.In:N.Phillips(ed.),*Globalizing International Political Economy*.Basingstoke:Palgrave Macmillan,221–245.

Steves,F.2001.Regional Integration and Democratic Consolidation in the Southern Cone of Latin America.*Democratization*,8(3):75–100.

Tickner,A.B.2003.Hearing Latin American Voices in International Relations Studies.*International Studies Perspectives*,4(4):325–350.

Tickner,A.B.2008.Latin American IR and the Primacy of Lo Práctico.*International Studies Review*,10(4):735–748.

Trucco,P.2012.The Rise of Monetary Agreements in South America.In:P.Riggirozzi and D.Tussie(eds.),*The Rise of Post–Hegemonic Regionalism:The Case of Latin America*.Dordrecht:Springer,101–124.

Tussie,D.2003.Regionalism:Providing a Substance to Multilateralism? In:T.M.Shaw and F.Söderbaum(eds.),*Theories of New Regionalism:A Palgrave Reader*.Basingstoke:Palgrave Macmillan,99–116.

Tussie,D.2009a.Latin America:Contrasting Motivations for Regional Projects.*Review of International Studies*,35(S1):169–188.

Tussie,D.(ed.)2009b.*The Politics of Trade:The Role of Research in Trade Policy and Negotiation*.Leiden:Brill.

Tussie,D.2011.Protectionism After the Crisis:The Case of Latin America.*Triple Crisis*.<http://triplecrisis.com/protectionism–after–the–crisis–the–case–of–latin–america/>(accessed February 20,2015).

Tussie,D.and Botto,M.(eds.)2003.*El ALCA y las Cumbres de las Américas:Una Nueva Dialéctica Público–Privada?* Buenos Aires:FLACSO–Argentina.

Veiga,P.M.and Rios,S.2007.O Regionalismo Pós–Liberal na América do Sul:Origens,Iniciativas e Dilemas.*Revista Brasileira de Comércio Exterior*,93.UN CEPAL.

Ventura de Freitas Lima,D.2011.Saúde Pública e Integração Regional:Tensões Entre o Direito à Saúde e o Comércio Internacional.In:A.Von Bogdandy,F.Piovesan,and M.Morales Antoniazzi(eds.),*Direitos Humanos,Democracia e Integração Jurídica na América do Sul*.Rio de Janeiro:Max Planck Institute,Lumen Juris,PUC–SP,vol.1,449–472.

Wionczek,M.S.1970.The Rise and the Decline of Latin American Economic Integration.*Journal of Common Market Studies*,9(1):49–66.

第9章 欧 洲

弗兰克·席梅尔芬尼希(Frank Schimmelfennig)

欧洲在地区一体化方面一马当先，欧洲一体化研究也成为地区主义研究的重中之重。令人好奇的是,长期以来地区主义的研究几乎都是以欧洲为中心,而且欧洲地区主义研究和欧洲一体化理论又都以欧盟(EU)及其组织发展和表现为中心。这方面的文献在所有关于欧盟的学术手册里十分丰富(如 Jones et al.,2012;Jørgensen et al.,2006)。相比之下,本章主要从地区视角予以讨论。一开始我们会讨论,“欧洲”作为一个文明地区和制度性地区是如何被建构的，看它如何从全球体系的核心区发展到冷战时的分裂地区,后又发展成 20 世纪 90 年代以来的统一地区。本章不把欧洲地区主义看作欧盟的均匀深化和扩大过程,而是把欧洲一体化看作一个有差别的一体化地区体系的建立过程,它扩展到了几乎所有政策领域和所有相关国家，但却是在集中化的不同层次上对它们加以整合。把欧洲一体化理解成一个有差别的地区建设过程,就需要重新思考欧洲一体化的理论,并重新评估它们的影响。 【178】

如何定义欧洲地区:地理、文明与制度

自希腊神话时代,“欧洲”就已经是一种建构,其地理定义也构成了任何欧洲地区叙事不可或缺的核心,并且往往也是百科辞书中有关“欧洲”词条的基点。[①]地理上,欧洲就是欧亚大陆的西部大半岛,传统上的划分是以地中海、黑海和高加索山脉为南界,以大 【179】西洋为西界,以北冰洋为北界,以乌拉尔山脉和里海为东界。位于这个传统欧洲地理界线之内的国家,都有充分理由被认为“属于欧洲”(European),不论它们在政治、文化或

① http://www.britannica.com/EBchecked/topic/195686/Europe; http://en.wikipedia.org/wiki/Europe.

制度上有什么特殊性。不管是专制的白俄罗斯、伊斯兰的阿尔巴尼亚，还是中立且不愿意加入一体化的瑞士，都属于欧洲。

只论地理条件还不够。欧洲的边界在北部、西部和南部基本上都无甚争议，划界清楚，因为那里是大片的海域。其中的例外是几个传统上归欧洲统属的岛国，比如冰岛和塞浦路斯。相比之下，由于缺乏"实际分界物"而造成的"文化、政治或经济上的断续"[1]，欧洲的东边在地理上一直不好定界。最典型的争议在于俄罗斯和土耳其，它们面积最大、人口最多，领土有一部分位于欧洲，但更大比例的领土位于欧洲地理界线之外。此外，在南高加索和中亚，还有一些"横跨边界的国家"。

尽管在大陆上没有明确标识的物理边界，但欧洲一直被认为是"西方"文明的家园：这里有古典欧洲的希腊罗马文明、中世纪欧洲的（拉丁）基督文明、现代欧洲的西方"启蒙"文明。这些欧洲文明往往都把自己与"东方"文明区别开来，包括波斯文明、突厥文明、俄罗斯文明等，这些东方文明又被抽象地称为"东方专制主义"（亚里士多德语）、"亚细亚生产方式"（马克思语）或"水利帝国"（魏特夫语），所有这些称呼最后都被爱德华·萨义德（Edward Said）统称为"东方主义"（Said，1978）。"东方"具有丰富的内涵，成了欧洲最重要的"他者"所在（Neumann，1999）。

在这些文明叙事当中，仍然有两个分明留存至今。一个是作为"基督教西方"的、更具本质主义的宗教性欧洲建构，其伴生着的"他者"是伊斯兰，这对于南边和东边围绕着穆斯林国度的欧洲来说，一直是一种强大的叙事，从"十字军东征"时代、西班牙"光复"（Reconquista）和欧洲中部防御奥斯曼帝国入侵时期，到近年来围绕在尚未谈成的欧盟宪法条约中提及基督教问题和土耳其入盟问题而发生争论，一直都是这样。相比之下，另一个是作为"西方自由民主共同体"的、更具可塑性的政治性欧洲建构，它对于包容一个世俗化的民主土耳其而言是开放的。据此来看，欧洲的"他者"曾经一面是法西斯主义和"大屠杀"，一面是共产主义——德国和俄国都曾企图称雄欧洲，采用的都是"全能主义"（totalitarianism）政体（例见 Judt，1992；Pakier and Strath，2010；Risse，2010；Waever，1998）。文明性欧洲建构的特点则是，呈现为一个有着时间-内部差异化和空间-外部差异化的混合体，前一种差异化体现在欧洲与其过去之间，后一种差异化体现在欧洲与其文化或政治上有差别的邻居之间（Diez，2004；Neumann，1999；Rumelili，2004）。

最后，基于地区组织归属（参见本章附表 A9.1）而从制度上定义欧洲，反映出地区一体化已成为当代欧洲的一个显著特征。不过，这仍然解决不了欧洲边界划分上的问
【180】题。最宽泛的制度定义是"欧安组织的欧洲"（OSCE-Europe）。该组织有 57 个成员国，不

① http://www.britannica.com/EBchecked/topic/195686/Europe.

仅包括那些边界上的国家,还包括美国、加拿大和蒙古。“欧委会的欧洲”(CoE-Europe)排除了美国、加拿大和中亚国家,其成员有47国。“北约的欧洲”(NATO-Europe)和“欧盟的欧洲”(EU-Europe)当前都是28国[①],不过,前者包括北美国家而后者不包括。此外,联合国统计部门所定义的欧洲不包括中亚、南高加索和北美,通常保留冷战时代的两个欧洲集团——西欧及其他国家集团(WEOG)和东欧国家集团(GEE),共由53国组成。

总之,所有这些欧洲定义的相似之处在于,将欧亚大陆的西部视为欧洲的地理核心,而对于东部边界都予以模糊和灵活对待。在政治和媒体话语中,“欧洲”则几乎就是指欧盟(EU)。

欧洲地区如何发展?核心地区、分裂地区和统一地区

欧洲作为国际体系中的一个地区,其发展可以分为三个大的阶段:核心地区阶段、分裂地区阶段和统一地区阶段。大致到20世纪中叶,欧洲一直是全球性国际体系的核心或中心,而不只是其中的一个地区。在16—19世纪的“地理大发现”时代、殖民主义时代和帝国主义时代,欧洲大国和贸易公司在世界上扩张,创立了全球性国际体系。在20世纪前半叶,这种支配性地位开始衰落。非欧洲大国——美国和日本——崛起并建立了它们自己的帝国,两次世界大战严重削弱了欧洲大国,去殖民化又将殖民帝国变成很小的海外领地。

在1945—1990年间,欧洲发展成国际体系当中一个与其他地区一样的地区。同时,冷战将欧洲深深分裂。政治上和制度上,两个分立的地区出现在欧洲大陆:一个是由美国领导的,有着像欧委会、北约和欧共体这类地区制度的自由民主的西欧地区;一个是由苏联支配的,有着华约和经互会(CMEA Comecon)组织的共产主义的东欧地区。东西两边的组织成员互不交叠,只有一些欧洲小国保持着中立或不结盟的地位。直到20世纪70年代初才出现缓和,建立了第一个泛地区的对话平台,即在“赫尔辛基进程”基础 【181】
上建立的欧安会(CSCE)。

最近的阶段开始于冷战结束、共产主义苏联垮台,以及大多数前共产主义国家向民主化转型。东方的地区组织解体了,欧安会(CSCE)于1995年被制度化为一个泛地区组织——欧安组织(OSCE),而西方的地区组织(CoE、NATO、EU)开始向东扩大。在此过程中,欧洲已由分裂转向了统一。所有重要的地区组织(OSCE、CoE、NATO、EU)都变成覆

① 英国已“脱欧”,如今欧盟只有27国。——译者

盖全地区性的了。它们的成员相互交叠而不再排斥，都奉行西方的基本自由民主价值和规范，并形成了一种功能上的分工。NATO 专注于军事安全，EU 专注于经济一体化，而 CoE 专注于人权，OSCE 保持在低水平一体化基础上开展一系列广泛的活动（参见附表 A9.1）。这个地区差不多有一半国家（22 国）都隶属于全部的重要地区组织（上述四个组织），另有八个国家参加了这四个组织中的三个。只有科索沃这个新独立、没有完全组织好的国家，还没有参加上述任一组织。几乎所有国家都与这些组织有着某种形式的联系，即使不是其成员国。

此外，这些地区组织之间的合作也越来越多。欧盟建立了与北约的安全合作，双方于 2002 年达成《柏林—揽子补充协议》，允许欧盟动用北约军力资源来进行其自身的维和行动。欧盟也加入了欧委会（CoE）的《欧洲人权公约》进程，因此也开始受欧洲人权法院的管辖。最后，有几个地区组织已被排除出地区的统一进程，或者已变得不再重要。西欧联盟（WEU）本是西欧国家于 1948 年建立的一个防务联盟，被欧盟于 2009 年通过《里斯本条约》予以实质合并，而且又于 2011 年正式解散。欧洲自由贸易联盟（EFTA）于 1960 年由不参加欧共体（EEC）的七国建立，随着欧盟（EU）的扩大而失去了大多数成员。此外，其自由贸易区通过 1994 年的欧洲经济区协定（EEA）（以及与瑞士订立的双边协定）而并入了欧盟内部市场。

后冷战时代，制度上的欧洲往往被描绘成一个“同心圆”地区，其外围边界是开放的、可塑的、模糊的（Christiansen et al.，2000；Lavenex，2011）。不过，2013 年的乌克兰事件改变了这种情况：在后苏联地带出现了西方地区主义和俄罗斯/欧亚地区主义的竞争和相互排斥（参见本书第 10 章）。2000 年，俄罗斯、白俄罗斯与几个中亚国家建立了“欧亚经济共同体”；2010 年，白俄罗斯、哈萨克斯坦和俄罗斯之间的关税同盟生效实施；2014 年这三国还建立了“欧亚经济联盟”，2015 年亚美尼亚和吉尔吉斯斯坦加入。另外，
【182】俄罗斯总统普京宣布，他有意将该关税同盟扩大到所有后苏联国家（除了已加入欧盟的国家）。这些计划与欧盟的“东方伙伴关系计划”迎头相撞。同样，格鲁吉亚和乌克兰想加入北约的愿望也受到了俄罗斯的抵制。后苏联地区一体化当中的这种对抗，似乎正解释了为什么会存在由来已久的欧洲东部边界问题。

欧洲地区主义研究成果有何进展？

关于欧洲的研究成果基本上都是有关地区主义而非地区化的。地区组织的建立和发展从一开始就是其核心关切。此外，相关文献也越来越以欧盟为中心，而有关其他组织的文献也不再论及地区主义理论（参见本书第 6 章）。20 世纪 50 年代和 60 年代初期

地区主义研究兴起之时，尽管总体上把欧洲看作地区建设的先行者和最先进的典型，但那时还并未出现一味只关注地区主义或欧洲共同体的情况。卡尔·多伊奇有关北大西洋地区安全共同体的一体化分析是这方面的典型，他所选案例都是多国和相邻国家，而不是地区组织，他提出的"多元型安全共同体"（pluralistic security communities）概念突出了跨国性联系、价值观和同理心的发展（Deutsch，1957）。

厄恩斯特·哈斯论"欧洲联合"的经典名作（Haas，1958）实际上只论述的是欧洲煤钢联营（ECSC）和共同市场的发展，但他的许多其他专著和文章则考察了欧委会（CoE）、欧洲经合组织（OEEC）、比荷卢联盟合作体（the Benelux cooperation）、北欧理事会（the Nordic Council）、欧洲自由贸易联盟（EFTA）和西欧联盟（WEU），甚至东欧的经互会（CMEA）——大多是进行相互比较或与其他地区的组织进行比较（Haas，1960，1961；Haas and Schmitter，1964）。约瑟夫·奈有关"分片渐次达到和平"的著作（Nye，1971）也仍然是这种风格。

后来，有关文献越来越关注欧洲经济共同体（EEC）。在头十年里，欧洲经济共同体的一体化发展迅猛，而其他地方的地区主义却停滞不前；主流的新功能主义范式从一种国际关系学方法转变为一种政治体系方法，似乎专门针对欧洲经济共同体而不适合其他组织（Lindberg，1963；Lindberg and Scheingold，1970）；政府间主义对新功能主义的批评（Hoffmann，1966）从未远离欧洲经济共同体。当哈斯于20世纪70年代中期宣布地区一体化理论过时的时候，他所针对的几乎只有欧洲经济共同体（Haas，1976）。

20世纪80年代末以至于整个90年代，地区一体化研究复兴，新功能主义（如今常谓为超国家主义）（如Stone Sweet and Sandholtz，1996）和（自由）政府间主义（Moravcsik，1998）之间的争论再起，都与欧洲经济共同体（EEC）的发展密不可分，特别是其内部大 【183】
市场计划和货币联盟计划。与地区或地区化视角不同的是，这些研究专注于组织内研究，即注重研究其组织成员国之间的谈判和决策问题，研究其组织内的任务扩大、集中化和制度化进程。随着研究的"治理转向"和"行为转向"，这种专注更加分明，重拾了70年代早期新功能主义所放弃的立场，把欧盟当作一个独特的政治体系或多层治理体系来加以分析，这个体系俨然一个联邦制国家而非一个地区组织（比如Hix，1994；Jachtenfuchs，2001）。

不仅如此，"欧洲"和"欧洲一体化"已经成了欧盟的同义词。在欧洲并非没有关于其他地区组织的研究，但它们的任务并不是为了促进地区主义研究。这一印象在冷战结束后研究新形势的绝大多数文献中更加突出。冷战的结束对于地区视角的新生是一个机会。在20世纪90年代初的一个短暂时间内，这个机会确实清晰可见。在基欧汉等人的作品（Keohane et al.，1993）和施内德等人的作品（Schneider et al.，1995）中，有几篇文章探讨了地区一体化扩大和深化的总体动向、弥合东西方分裂的地区化以及各个机构在东欧所起的作用。此后不久，有些著作还使用标题《再造欧洲》（Mayhew，1998）、《欧洲再联合》（Torreblanca，2001）、《欧洲的未来》（Cameron，2004）和《欧洲不再分裂》（Vachudova，2005），以表明这种开放性探索的立场——尽管事实上它们高度认同这种以前分裂地区的重新一体化是伴随着欧盟的扩大而发生的。同时，“欧洲化”（Europeanization）这个概念从最初适用于欧盟成员国（如 Green Cowles et al.，2001）发展到适用于整个地区（Borzel and Risse，2012； Schimmelfennig，2012），而“欧洲治理”（European governance）概念已发展到运用于欧盟对邻近国家的外部治理上（Lavenex and Schimmelfennig，2009）。

只有很少研究是例外。对于欧洲地区组织（最常见的是欧盟和北约）的综合或比较分析，在有关这些组织扩大的研究中普遍存在（Jacoby，2004；Kuus，2007；Lasas，2010；Schimmelfennig，2003）。这类作品曾就欧洲的地区共同体和制度建设提出过几种理论观点（另参见 Adler，1998 和 Waever，1998 对欧安组织和欧盟作为安全共同体的研究）。另有一些作品研究了欧盟与其他地区组织（首先是北约）的关系，它们所重点关注的是安全政策协调（比如 Howorth and Keeler，2003），但是也有研究欧盟与欧委会（CoE）关系的（Kolb，2013）。不过，这类作品缺少从理论上研究地区主义的视角。

最后，还有研究试图对欧盟作为一个包含其成员国和非成员国的地区体系之枢纽或核心进行概念界定和分析。有些作者使用“帝国”比喻来突出欧盟的泛地区影响，突出其权威形式是从顶上设计，而不是取代各国的领土管辖、分级成员资格和模糊的边界（比如 Beck and Grande，2007；Marks，2012；Zielonka，2006）。洛伊芬等人（Leuffen et
【184】 al.，2013）把欧盟视为一个“差异化的一体化体系”，其中，政策规制的推广在其成员国领土上是各不相同的，在欧洲地区那些非成员国领土上也都不一样。研究者虽然从有利于欧盟的角度出发，但这些概念再次引入了一种真正的地区视角。

欧洲地区主义的动因：理论概念与方法

欧洲在地区主义理论中扮演了突出而特殊的角色。地区主义诸理论，特别是地区一体化诸理论，大都是基于欧洲经验而得到发展的。因此，欧洲地区主义研究就不存在地区主义概念和理论不大适用于本地区的问题。人们只不过会争论，哪一种“欧洲的”理论最适用于欧洲。如前所述，理论的发展不仅更重视制度性的地区主义而非地区化，并且过分关注欧盟。因此，本节将重点介绍研究欧盟的主要理论方法，不过，我会格外强调如何将这些方法应用到更广大的地区。

研究欧洲一体化理论方法的极大多样性,反映着欧盟研究的学科多样性。主要的分歧存在于国际关系学方法与比较政治学或政策分析方法之间,前者把欧盟当作一种(高度制度化的)国际组织来进行分析,并试图解释其章程或组织上的发展动态,后者把欧盟作为一种政治体系或政策制定体系来进行概念分析和理论分析。由于本节的主要关注点在地区主义的动因上,所以就会更多地讨论那些试图解释地区建设机制和条件的"发展型"理论。

传统上,欧洲一体化理论被分成政府间主义理论和新功能主义理论。这些理论不仅受到国际关系理论发展的影响,而且还反映着欧盟一体化本身的起伏发展。新功能主义在一体化理论的早期阶段是主导性的理论。受法国总统戴高乐企图阻止欧共体向超国家一体化方向进一步发展的影响,20 世纪 60 年代中期就出现了政府间主义(Hoffmann,1966)。80 年代中期之后,不管是政府间主义还是新功能主义,都经历了一个内部分化的过程。政府间主义阵营中的重大创新是自由政府间主义(liberal intergovernmentalism)(Moravcsik,1998),而新功能主义的改造靠的是超国家制度主义(supranational institutionalism)(Stone Sweet and Sandholtz,1997)。建构主义方法稍后才从国际关系学中借鉴过来(Christiansen et al.,2001)。最后,批判政治经济学方法对地区主义也作出了【185】特别重要的贡献。[1]这些理论方法对于欧洲地区主义的主要结构动因和行为体各持不同看法。

政府间主义将各国政府及其利益放在核心位置,认为一体化决策是在政府间谈判中作出的,各国政府在其中讨价还价以扩大其国家利益,而且往往是最强大的政府占上风。政府间主义有现实主义的和自由主义的分支。

现实主义的政府间主义在解释一体化时,会把地缘战略动机和总体权力关系作为地区一体化当中的核心要素。总的来看,国家被视为完全自给自足的行为体,因此它们不愿意转移职能,尤其是当一体化波及那些对国家主权和权力敏感的政策领域时(Hoffmann,1966)。但是地区一体化可以作为针对地区内外主导大国施行均势政治的工具。根据霸权稳定论,地区一体化也可能有利于区内外某个强大的领导国,方便其发挥核心、"金主"和执法者的作用(Mattli,1999)。在现实主义者看来,欧洲一体化的起源可以解释成建立某种美利坚帝国的形式(Lundestad,1997),或者一种对抗苏联的尝试(Rosato,2011),或者一种从二战废墟中"挽救民族国家"的方式(Milward,1994)。进一步的一体化被归因为德国在欧洲"根深蒂固的霸权"(Crawford,2007),而且被视为是试图

① 最近对欧洲一体化理论的综述,请参见如下这些作品:Wiener and Diez,2009;Leuffen et al.,2013;Saurugger,2013。

通过超国家一体化对德国庞大的经济实施控制(Grieco,1996)。

依据现实主义的政府间主义,地区主义的关键动因就是地缘政治利益、谋求自主和势力均衡。地区主义得益于权力的集中——这既是一体化试图对付的威胁，又是协调和稳定的源泉。据此来看,欧洲作为一个地区的出现乃是其权力衰落的结果,而欧洲的分裂是地缘政治两极化的结果。同时，两极引发超级大国在各自势力范围内推动实行地区一体化，并受制于它们的地缘政治竞争。苏联的垮台使得欧洲得以围绕一个单一的西欧权力中心而统一,而俄罗斯重新表露的地缘政治野心如今又制造着新的地区边界。总之，现实主义的政府间主义为欧洲地区主义发展的地缘政治背景提供了一种有用的解释。

安德鲁·莫劳夫奇克(Andrew Moravcsik)的“自由政府间主义”(Moravcsik,1998)将国际经济相互依赖看作一体化的根本动因。相互依赖创造国际合作的需求,以避免外部性并获得切实收益。欧洲一体化当中的国家利益体现在“国内冲突过程之中”,它首先反映了“强大的经济生产者的商业利益”。接下来,这些国家利益在政府间谈判中相互冲突博弈。“博弈的结果反映出各国的相对权力大小——更准确地说反映出不对称
【186】性相互依赖的类型”(Moravcsik,1998,3)。最后,政府建立超国家机构,以解决对一体化政策的可信承诺问题。

自由政府间主义的“看家本领”是,分析欧洲一体化扩展到新的经济政策领域时进行的条约谈判。莫劳夫奇克的作品特别涵盖了建立欧洲经济共同体、内部大市场和货币联盟上的谈判。从更宽泛的角度看,自由政府间主义会乐见地区主义随着“全球化”对欧洲的压力及区内相互依赖的增大而增强,这些都会提高不合作的(机会)成本。如果各国的偏好改变、它们的(非对称)相互依赖增强,并且国家自主性的代价提高,那么它们就会更愿意参加地区组织(另参见 Mattli,1999)。

不同于政府间主义,超国家主义(或新功能主义)假定一体化具有转化和能动效应。尽管一体化开始时可能是受国际相互依赖、国家偏好和讨价还价能力的驱动,但其进一步发展却是制度化自身不断强化的结果,这就超出了成员国的控制范围。换句话说,虽然自由政府间主义把地区主义看作(跨国性)地区化发展的结果,超国家主义理论却将后来发生的地区化归因于地区主义的作用。此外,地区主义经常会走到地区化前面。为了从理论上总结欧洲一体化的态势，超国家主义一体化理论借鉴了历史制度主义(Pierson,1996; Stone Sweet and Sandholtz,1997)。内源性的“外溢”(Haas,1958; Schmitter,1969)在一体化政策与非一体化政策之间形成外部性问题,或者给已经一体化的政策带来合作与遵约问题。多国公司和跨国利益集团放大并着手处理这些问题，它们要求实行更多、更严格的超国家规则。超国家组织处理这些需求,就会推动更大程

度的一体化。“不完全契约”为机构偏移(agency slippage)和执行走样(bureaucratic drift)打开了大门。地区一体化沉没成本所导致的“路径依赖”和制度变革的高门槛,使得各国很难纠正它们的一体化安排中的“外溢”现象,这些是它们预料不到和不希望发生的(Pierson,1996)。从中期来看,一体化的成长是一系列累加决策无意而为的结果,这些决策将国家职能转移到地区层次,每一项决策的做出都是因为之前的一体化步骤有失当和失效之处,是因为各国算计来算计去还是觉得,如果不向前走而是维持现状、收回一体化职能或者从经济一体化安排中退出的话,到头来要付出更大的代价。

从更宽泛的地区视角看,地理上的“外溢”最有可能出现。这是由已经一体化的和尚未一体化的国家之间存在的外部性造成的。当一个地区组织深化其经济一体化时,它会增加其市场权力、从非成员国转移贸易和投资并对它们施加规章制度选择的压力——从而提高收益并降低加入成本。因此,许多国家(比如英国和北欧诸国)就改变了它们最初不加入共同市场的决策。地理上的“外溢”于是就构成了一种刺激地区一体 【187】
化动态成长的机制,使之超出起初的成员资格限制(受地缘政治背景所造成的约束和机会的限制)。

地区一体化研究中的建构主义(如 Risse,2009)假定,各国在一个高度制度化和文化同质的国际环境下互动,这个环境还受到各国集体拥有的思维框架和规则的框定。地区制度不只是设计用来作为有效解决集体行动问题的工具,而且还是按照它们所代表的国际共同体的合法性和适当性标准建立起来的。地区一体化与共同体建设进程休戚相关。总的来看,一体化依托的是跨国共同体的力量:集体的地区认同感越强,共同或一致的信念、价值和规范的共享程度就越高,一体化的达成也就越发可能(参见本书第 24 章)。命运共同体价值和规范支撑着地区一体化。地区制度背景下密集的互动往来令各国代表潜移默化地接受这些价值和规范(Checkel,2007)。相反,排他性的民族认同则不支持地区一体化(Hooghe and Marks,2005,2008)。随着时间的推移,(观念上的)共同体建设与(制度上的)一体化会相互影响,并逐渐相互加强。

从地区视角看,政治意识形态和政权类型是最重要的建构性因素。冷战时期欧洲的分裂不仅是两大霸权国之间的分裂,而且是西方自由民主与苏维埃共产主义之间的分裂。民主转型首先发生在 20 世纪 70 年代的南欧,后来 90 年代发展到东欧,为西方实行自由民主的地区组织的扩张扫清了道路。只要那些军事和经济上弱小的国家是这个共同体合法的(欧洲的和民主的)成员,那么无论欧盟还是北约都会接纳它们(Schimmelfennig,2003)。不过,如果有的国家抱有强大的排他性民族认同或强大的独立和中立观念,那么即使它们是自由民主的,它们也不愿意加入这些地区组织(Gstöhl,2002)。

最后,研究欧洲地区主义的批判政治经济学方法重点关注跨国阶级关系和生产体制(如 Van Apeldoorn,2002; Bieler,2005)。在他们看来,冷战时代欧洲的分裂最主要是资本主义和社会主义之间的分裂,其中,地区一体化主要是用来跨国性地传播和维护各自的生产模式和阶级结构。跨国性阶级是地区主义的主要行为体。社会主义体系崩溃后,欧洲的统一不仅意味着资本主义的散布,也意味着自由民主在整个地区的重新确立,在此过程中,欧盟的单一市场及其与非成员国之间的贸易自由化协议就成了主要的“沟通管道”(conduit),欧盟的超国家机构成了主要的执行者。据此来看,这个地区又按照各国在跨国生产体制中所处的位置而划分成核心国家和边缘国家。欧洲经济一体化始于西北欧的核心国家,其特点是由熟练而高薪的劳动力从事高技术商品的生产,如今
【188】已扩张到边缘国家,首先是南欧,然后是东欧。这些边缘国家受到核心国家资本的渗透,被整合进核心国家的生产网络当中,为其提供处于价值链较低端的廉价劳力和便宜商品。这种地区经济上的核心-边缘结构在欧洲一体化过程中一直牢固存在着。

由不同理论方法所指出的几种地区主义动因和条件相互交叠、相互强化。权力堡垒、意识形态共同体和生产体制在欧洲分裂时代基本上是同频共振的,而在地区统一过程中又都倾向于一起扩张。在东方开始出现的欧洲与欧亚边界,所划分的不仅是俄罗斯与西方的军事势力范围,还是民主与专制的范围。此外,建构主义方法和政治经济学方法根据身份认同和经济上的核心-边缘地位,而突出了这个统一地区的内部制度分工和经济分工。相比之下,在欧洲一体化的任一理论方法看来,扩散都是不重要的。它们似乎全都认为,欧洲一体化就是“土生土长的”,其发展动力来自地区内部和组织内部的结构和发展,它是地区间或组织间交叉影响的源泉,而不是其产物。

欧洲地区主义如何发展:深化、扩大与差异化

正如欧洲一体化研究文献一样,目前对地区制度设计和发展进行的测评和描述也都集中在欧盟身上。施米特(Schmitter,1969,163)介绍了两种基本测评方法:范围测评和层次测评,前者就是测量一体化政策领域的数量,后者是评估“承诺实行共同决策的程度”(另见 Börzel,2005,221)。洛伊芬等人(Leuffen et al.,2013)将层次测评和范围测评合并成一种称为“垂直一体化”的测评法,并增加了“水平一体化”方法,即测量成员数目或地区的覆盖面,作为第三种一体化维度。尽管这仍然是一种欧盟中心的方法,但它把整个地区都考虑了进去。此外,洛伊芬等人(Leuffen et al.,2013)考虑到了“差异化”(differentiation),即成员国免于和不参加某些政策以及非成员国选择性地参与一体化,他们把这种“差异化”作为制度设计的另外一种特征。这种方法再次告诉我们,他们所讨论的是欧洲一体化而不只是欧盟一体化。

图9.1表示的是20世纪50年代到2013年间，沿着三个维度（垂直一体化即深化、水平一体化即扩大，以及差异化）的一体化发展轨迹（Schimmelfennig et al.，2015）。每年的赋值代表的是18个政策领域的平均值。垂直一体化是基于博泽尔的层次标准（按照从0至1的标准）。水平一体化代表着正式参与每个政策领域最高层次一体化的欧洲国家占比。①差异化是按照每年有差异的政策领域的份额来测量的，既包括内部差异化（成 【189】
员国不参与最高层次一体化的政策领域），又包括外部差异化（非成员国参与最高层次的一体化政策领域）。

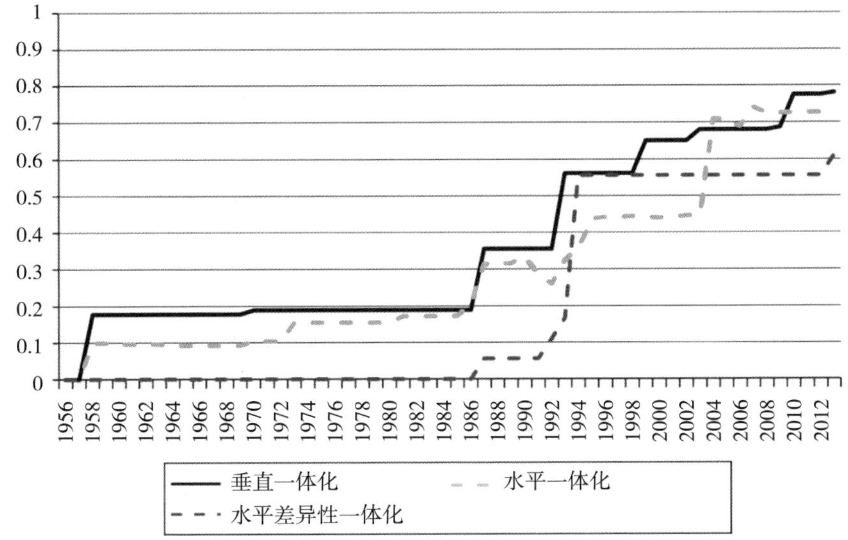

图9.1 欧盟一体化的发展（18个政策领域的年度平均值）

从中我们可以看出三个重大的发展趋势。第一，欧洲一体化有一个不断深化的历程。其中既有加速成长的阶段（20世纪50年代和90年代），又有相对停滞的阶段（20世纪70年代和21世纪初叶），但至今未见有反转发生。②截至2013年，垂直一体化的平均值为0.8，这表明，“共同体方法”的增强版正在成为典型的决策模式（该方法包含由欧盟委员会提出立法建议、由理事会进行有效多数票决、由欧洲议会进行联合决策，并由欧洲法院司法执行）。第二，水平一体化那条线同样表明，目前来看，平均有四分之三的欧洲国家参与了欧盟的一体化政策。令人称奇的是，垂直一体化和水平一体化的曲线展现出大致相同的发展轨迹，并且达到大致相同的一体化层次。这表明，并不存在有人所称的深化与扩大之间的两难选择（如Kelemen et al.，2014）。不过，第三，一体化的动态

① 各国名单请见Leuffen et al.，2013，16，另外自2008年始又多了一个科索沃。

② 20世纪90年代初，水平一体化那条线上出现的些微下挫，是由统计上增加了许多新加入欧洲地区的国家造成的。

成长并非整齐划一。20 世纪 90 年代，内外差异化上曾出现过一次陡增，超过一半的政策领域如今有着这样或那样的差异性。此外，欧盟还创造并运用越来越多的欧盟成员等级来与本地区所有国家建立制度性的关系，其中有通过各种形式的欧盟联合体而达成的简单贸易与合作协议，也有几种意义上的完整成员资格——从经济联盟到货币同盟，不一而足(Schimmelfennig，2015)。欧洲一体化理论大多注重解释垂直一体化，也略微重视解释水平一体化或扩大，但它们却把差异性一体化当作一种反常现象，而不是当
【190】作欧洲地区建设的一个构成性特征。不过还好，它们可以延伸用以解释差异性一体化(Leuffen et al.，2013)。

差异性一体化可以用政策和国家特性加以解释。关于政策，欧盟传统上就是一种"监管型的"政体(Majone，1996)，它寻求创造和监管共同市场，但并不实行大规模的再分配和强制政策。从综合垂直一体化和水平一体化的角度来看，欧盟的内部市场政策总体上表现出最高水平：它们是超国家意义上的一体化，成员国中没有退出的，而且还有非成员国(EEA 成员国)的参与。其他政策被高度政治化。欧盟的主要开支政策(农业政策和凝聚政策）都有再分配性的含义。这些政策领域的一体化起初也是作为对市场自由化的一种补偿，但是只限于针对其成员国。影响到核心国家权力的政策(Genschel and Jachtenfuchs，2014)会造成对主权和身份的关心。为此，它们的一体化进程就相对较晚，而且有很高的内部差异性(Schimmelfennig and Winzen，2014)。欧元区货币同盟只包含 28 个成员国中的 19 个。与内部安全和移民相关的政策(申根协定、司法与内务)，直到 20 世纪 90 年代末才(部分)实现超国家的一体化，并且内部和外部都存在差异性。最后，外部安全与福利政策上的垂直一体化水平依然还很低，因为它们极其强烈地影响到核心国家权力和再分配。

转过来我们再看看国家特性对差异性地区一体化的影响，这需要区分两种情况：一种情况是有国家拒绝(进一步)与欧盟一体化，另一种情况是有国家被欧盟核心国家拒绝让其(进一步)一体化(Schimmelfennig，2015)。如果有国家担心超国家一体化会损害其国内良好治理与效率，并高度珍视其国家自主权和自主身份的话，它们就会拒绝进一步一体化。它们越富裕、越民主，就会治理得越好，其民族认同也会越强大，那么它们就会越早地拒绝进一步一体化，在欧盟中的成员地位也更低一些。同样，核心国家担心表现不佳的国家加入进来会产生再分配问题、导致效率下降并使欧盟的民主身份遭到削弱，所以它们就会拒绝那些较穷的或治理较差的国家进一步参与一体化。只有那些国家变得更富有、民主更加巩固、治理得以改善，它们才被允许进一步去争取获得体系的完整成员资格。

对欧洲的其他重要地区组织来说，并不存在同样的制度发展历程。我们也可以对

它们做一些大致的比较。第一，唯有欧盟在多个政策领域具有高水平的超国家一体化特征,并且在冷战结束后经历过重要的垂直一体化发展。欧委会(CoE)只在人权保护领域拥有超国家性的权力:设在斯特拉斯堡的欧洲人权法院可接受个人申诉并可做出约束性裁决。北约(NATO)在布鲁塞尔设有一体化军事指挥部,但它在冷战后的制度发展特点是军事行动上高度灵活(Schimmelfennig,2007)。相对而言,设在维也纳的欧安组织 【191】 (OSCE)不具有超国家特征。这种比较表明,欧洲一体化中的超国家主义乃是一小部分志同道合的创始成员最初的选择。

第二，这些组织在从西向东扩张的速度上各不相同。欧安组织从一开始就是全欧洲性的,很快就吸纳了本地区新生的国家。欧委会在20世纪90年代迅速扩展,其民主标准并不高。这两个组织都有包容性的成员资格设计,都在其内部推广自由民主。相对而言,欧盟和北约遵循的就是排他性的成员组成规则,它们都要求参与国首先巩固其国内民主。所以这两个组织直到90年代末才开始扩张,并一直明显比欧安组织和欧委会的成员要少很多。

第三,欧盟是这些地区组织当中差异化程度最大的。北约为(绝大多数)非成员国创设了“和平伙伴关系计划”。相比之下,欧安组织和欧委会没有为本地区国家建立过正式的差异化制度。切实为成员国提供安全和经济利益,似乎与排他性成员资格密切相关,而排他性成员资格又与外部差异化如影随形。

地区主义对欧洲有什么影响:和平、福利、不平等与民主

地区主义对欧洲的和平、福利、不平等与民主有什么影响呢? 和平往往被认为是欧洲一体化最重要的成就,欧盟因此曾荣获2012年诺贝尔和平奖。确实,历经数百年大国折冲并在20世纪发动过两次世界大战的欧洲国家,通过结成欧盟已经建立起稳固的安全共同体,并将这种安全共同体扩大到东欧和南欧。不过,欧盟和平起因很多:它也可以解释为是民主和平的结果(所有欧盟成员国都是民主国家),或者是美利坚治下和平的结果(所有大的欧盟成员国也都是北约成员国)。此外,欧洲和平有可能不限于欧盟的范围。北欧诸国是后来才加入欧盟并且只是部分国家加入，它们之间形成安全共同体已有一个多世纪之久。欧盟还无力在其成员国范围之外终结或遏止战争。前南斯拉夫内战是北约终止的。不过,科索沃战争促使欧盟决定发展自己的安全和防务政策,建立维和部队并随后部署到波斯尼亚、科索沃和马其顿,并对西巴尔干半岛诸国提供了入盟机会。欧盟扩大仍然是维持欧洲和平最可靠的方式:对候选国提出的加入条件,强烈地刺激它们去严格致力于和平管理国内冲突和周边冲突;同时,在欧盟成员国之间发生 【192】

暴力冲突几乎是不可想象的。

经济学研究的结论一般都是，欧盟成员国资格及其扩大带来了积极的福利效应。坎波斯等人(Campos et al.,2014)认为,加入欧盟对所有新成员国(除了希腊)的收入(平均约为12%)和经济增长率都有积极影响。在新成员国当中,这种积极影响的程度有很大差别,但全部都能够缩小与老成员国之间的差距(不过还是不包括希腊)。另外,欧元区国家比尚未采用共同货币的国家受益明显更多。即使与欧盟签订联系协议,也对福利有积极影响,并且这种影响对非成员国比对成员国的影响要大(Egger and Larch,2011)。只不过,这种影响可能部分归因于它们对入盟的期待。

欧洲一体化对收入不平等的影响，在不同时间和不同收入水平国家间各有不同。根据贾森·贝克菲尔德(Jason Beckfield,2009,2013)的研究,欧洲各国间的不平等直到20世纪70年代初才急剧降低,70至90年代之间没有波动,而在21世纪头十年中期达到历史最低点。相比之下,由于自20世纪70年代初以来欧洲一体化加强了新自由主义政策,欧洲各国国内的不平等则有所加剧。总体结果仍然是收入不平等有所降低。不过,这一分析并未考虑到金融危机的影响。

最后，欧盟扩大对整个地区的民主有着积极影响。欧盟在非成员国中间推进民主已证明是有效的——不过前提是欧盟将成员国资格(或者先行建立的联系国资格)作为民主团结的激励条件(Schimmelfennig and Scholtz,2008；另参见Vachudova,2005；Schimmelfennig et al.,2006)。尽管欧盟的激励并不会导致政权更迭,但却有助于克服各国内部对尚未广受欢迎的自由民主改革的抵制,并通过引导非自由主义党派修改其战略来“锁定”民主团结(Schimmelfennig,2005)。北约的政治准入条件也产生了积极影响(Schweickert et al.,2011)。相比之下,欧委会和欧安组织基于社会化的民主促进方法,则因为没有设置条件而产生不了效果(Kelley,2004)。比较有争议的是,一旦有新的国家加入,欧盟在多大程度上能够稳定其民主。最近中东欧出现的非自由主义现象,让人不禁质疑那种认为不会发生民主倒退的观点(Levitz and Pop-Eleches,2010),而且欧盟早就备受“民主赤字”的困扰(Hix and Føllesdal,2006)。

“欧洲化”研究所针对的是地区一体化对欧洲政策、政治和政体的影响,主要关注的是欧盟及其一系列个别政策。在政策和政体层面，中东欧国家在冷战后加入欧盟的过程中尤其普遍存在着“欧洲化”现象(Schimmelfennig and Sedelmeier,2005)。在政治层面,欧洲一体化总体上还是强化了行政权力,并在新老成员国中都缩小了国内政策选择
【193】和参与的范围(Jurje,2013)。至于欧盟的“欧洲化”影响是否会超出其当前成员国的范围,仍然很不确定。虚弱的国家能力和经济能力,减缓了西巴尔干国家的一体化进程；在东欧,由于俄罗斯的地缘政治抵制和欧盟不愿提供可靠的入盟机会,从而进一步阻碍

了一体化的进程。结果,“欧洲化”就有赖于单纯政策层面的国际和国内条件,因而颇不完整,且往往流于浅表(比如可参见 Langbein and Börzel,2013)。

结 论

欧洲无疑是地区主义研究中最受关注的地区。地区一体化的理论方法普遍受到战后欧洲经验的鼓舞,并往往完全聚焦于此。有大量文献分析了这里的制度和政策发展,以及欧洲层次的政治和决策过程。正如本章所指出的,如此丰富的文献几乎无一例外地都聚焦于欧盟的组织发展和活动。对欧盟之外的欧洲和其他欧洲地区组织的研究都带有欧盟烙印,对地区主义的理论贡献也微乎其微。

在某种程度上,这种欧盟中心意识在后冷战时代反而得到实证验证,因为出现了欧盟的扩大、欧盟任务的扩张及其对其他地区组织的渗透。不过,欧盟扩大的步伐已明显放慢,在可见的将来还是有一些国家(不论东方的还是西方的)不愿意加入它。与此同时,欧盟也扩大到了新的政策领域,其超国家一体化也有深化,并已经创设了新的成员国资格等级,提高了一体化政策的内外差异化。欧盟在安全与防务政策上的动作尚停留在较低的一体化水平,而俄罗斯与土耳其方面新的坚决表态,也让欧盟在地区建设上显然不再能独行其是。目前看来欧洲仍然是一个有差异性的一体化体系。

【194】

附 录

附表 A9.1 欧洲的地区组织

成立年份	机构名称(缩写)	涵盖的议题领域	成员	官网地址
1944	比荷卢联盟	综合性(起初是经济)	比利时、荷兰、卢森堡	http://www.benelux.int/fr
1949	欧洲委员会(CoE)	民主、人权	比利时、丹麦、法国、爱尔兰、卢森堡、荷兰、挪威、瑞典、英国; 后加入有:希腊、土耳其(1949),德国、冰岛(1950),奥地利(1956),塞浦路斯(1961),瑞士(1963),马耳他(1965),葡萄牙(1976),西班牙(1977),列支登士敦(1978),圣马力诺(1988),芬兰(1989),匈牙利(1990),捷克斯洛伐克(1991—1993),波兰(1991),保加利亚(1992),捷克、爱沙尼亚、立陶宛、罗马尼亚、斯洛伐克、斯洛文尼亚(1993),	http://www.coe.int/en/

续表

成立年份	机构名称（缩写）	涵盖的议题领域	成员	官网地址
			安道尔（1994），阿尔巴尼亚、拉脱维亚、马其顿、摩尔多瓦、乌克兰（1995），克罗地亚、俄罗斯（1996），格鲁吉亚（1999），亚美尼亚、阿塞拜疆（2001），波黑（2002），塞尔维亚（2003），摩纳哥（2004），门的内哥罗（2007）	
1949—1991	经济互助委员会（CMEA，Comecon）	经济	保加利亚、捷克斯洛伐克、匈牙利、波兰、罗马尼亚、苏联、阿尔巴尼亚（1949—1961），东德（1950），蒙古（1962），古巴（1972），越南（1978）	http://en.wikipedia.org/wiki/Comecon
1949	北大西洋公约组织（NATO）	安全防务	比利时、加拿大、丹麦、法国、冰岛、意大利、卢森堡、荷兰、挪威、葡萄牙、英国、美国 后加入：希腊，土耳其（1952），德国（1955），西班牙（1982），捷克、匈牙利、波兰（1999），保加利亚、爱沙尼亚、拉脱维亚、立陶宛、罗马尼亚、斯洛伐克、斯洛文尼亚（2004），阿尔巴尼亚、克罗地亚（2009）	http://www.nato.int/
1952	北欧理事会	综合性	北欧四国（丹麦、冰岛、挪威、瑞典），后芬兰加入（1955）	http://www.norden.org/en/nordic-council
1952（欧洲煤钢共同体）1958（欧洲经济共同体）1994（欧盟）	欧洲联盟（EU）	综合性（起初是经济）	比利时、法国、德国、意大利、卢森堡、荷兰 后加入：丹麦、爱尔兰、英国（1973），希腊（1981），西班牙、葡萄牙（1986），奥地利、芬兰、瑞典（1995），塞浦路斯、捷克、爱沙尼亚、匈牙利、拉脱维亚、立陶宛、马耳他、波兰、斯洛伐克、斯洛文尼亚（2004），保加利亚、罗马尼亚（2007），克罗地亚（2013）	http://europa.eu/index_en.htm
1954—2011	西欧联盟（WEU）	安全（防务）	比利时、法国、德国、意大利、卢森堡、荷兰、英国 后加入：葡萄牙、西班牙（1990），希腊（1995）	http://www.weu.int/
1955—1991	华沙条约组织（WTO）	安全（防务）	阿尔巴尼亚（1968年退出）、保加利亚、捷克斯洛伐克、民主德国（1990年退出）、匈牙利、波兰（1990年退出）、罗马尼亚、苏联	http://en.wikipedia.org/wiki/Warsaw_Pact

续表

成立年份	机构名称（缩写）	涵盖的议题领域	成员	官网地址
1960	欧洲自由贸易联盟（EFTA）	贸易	奥地利（1995年退出）、丹麦（1973年退出）、挪威、葡萄牙（1986年退出）、瑞典（1995年退出）、瑞士、英国（1973年退出） 后加入：冰岛（1970）、芬兰（1986—1995）、列支登士敦（1991）	http://www.efta.int/
1973（欧安会）1995（欧安组织）	欧洲安全与合作组织（OSCE）	集体安全、民主	奥地利、比利时、保加利亚、加拿大、塞浦路斯、捷克斯洛伐克（1993年退出）、丹麦、芬兰、法国、联邦德国、民主德国（1990年退出）、希腊、梵蒂冈、匈牙利、爱尔兰、冰岛、意大利、列支登士敦、卢森堡、马耳他、摩纳哥、荷兰、挪威、波兰、罗马尼亚、圣马力诺、苏联（俄罗斯）、西班牙、瑞典、瑞士、土耳其、英国、美国、南斯拉夫（塞尔维亚）、阿尔巴尼亚 后加入：爱沙尼亚、拉脱维亚、立陶宛（1991），亚美尼亚、阿塞拜疆、白俄罗斯、波黑、克罗地亚、格鲁吉亚、哈萨克斯坦、吉尔吉斯斯坦、摩尔多瓦、斯洛文尼亚、塔吉克斯坦、土库曼斯坦、乌克兰、乌兹别克斯坦（1992），捷克、斯洛伐克（1993），马其顿（1995），安道尔（1996），门的内哥罗（2006），蒙古（2012）	http://www.osce.org/

参考文献

Adler, E.1998.Seeds of Peaceful Change: The OSCE's Security Community-Building Model.In: E.Adler and M.Barnett (eds.), *Security Communities*.Cambridge: Cambridge University Press, 119-160.

Beck, U.and Grande, E.2007.*Cosmopolitan Europe*.Cambridge: Polity Press.

Beckfield, J.2009.Remapping Inequality in Europe: The Net Effect of Regional Integration on Total Income Inequality in the European Union.*International Journal of Comparative Sociology*, 50 (5-6): 486-509.

Beckfield, J.2013.The End of Equality in Europe? *Current History*, 112(752): 94-99.

Bieler, A.2005.Class Struggle over the EU Model of Capitalism: Neo-Gramscian Perspectives and the Analysis of European Integration.*Critical Review of International Social and Political Philosophy*, 8 (4): 513-526.

Börzel, T.A.2005.Mind the Gap! European Integration between Level and Scope.*Journal of European*

Public Policy, 12(2): 217-236.

Börzel, T.A. and Risse, T. (eds.) 2012. From Europeanisation to Diffusion. Special Issue of *West European Politics*, 35(1).

Cameron, F. 2004. *The Future of Europe: Integration and Enlargement*. London: Routledge.

Campos, N., Cosicelli, F., and Moretti, L. 2014. *Economic Growth and Political Integration: Estimating the Benefits from Membership in the European Union Using the Synthetic Counterfactuals Method*. IZA Discussion Paper 82. Bonn: IZA.

Checkel, J.T. (ed.) 2007. *International Institutions and Socialization in Europe*. Cambridge: Cambridge University Press.

Christiansen, T., Jørgensen, K.E., and Wiener, A. (eds.) 2001. *The Social Construction of Europe*. London: Sage.

Christiansen, T., Petito, F., and Tonra, B. 2000. Fuzzy Politics Around Fuzzy Borders. *Cooperation and Conflict*, 35(4): 389-415.

Crawford, B. 2007. *Power and German Foreign Policy: Embedded Hegemony in Europe*. Basingstoke: Palgrave Macmillan.

Deutsch, K.W., Burell, S.A., Kann, R.A., Lee, M., Lichterman, M., Lindgren, R.E., Loewenheim, F.L., and Van Wagenen, R.W. 1957. *Political Community and the North Atlantic Area: International Organization in the Light of Historical Experience*. Princeton, NJ: Princeton University Press.

Diez, T. 2004. Europe's Others and the Return of Geopolitics. *Cambridge Review of International Affairs*, 17(2): 319-335.

Egger, P. and Larch, M. 2011. An Assessment of the Europe Agreements: Effects on Bilateral Trade, GDP, and Welfare. *European Economic Review*, 55(2): 263-279.

Genschel, P. and Jachtenfuchs, M. (eds.) 2014. *Beyond the Regulatory Polity? The European Integration of Core State Powers*. Oxford: Oxford University Press.

Green Cowles, M., Caporaso, J., and Risse, T. (eds.) 2001. *Transforming Europe: Europeanization and Domestic Change*. Ithaca, NY: Cornell University Press.

Grieco, J.M. 1996. State Interests and International Rule Trajectories: A Neorealist Interpretation of the Maastricht Treaty and European Economic and Monetary Union. *Security Studies*, 5(3): 261-306.

Gstöhl, S. 2002. *Reluctant Europeans: Norway, Sweden, and Switzerland in the Process of Integration*. Boulder, CO: Lynne Rienner.

Haas, E.B. 1958. *The Uniting of Europe: Political, Social and Economic Forces, 1950-1957*. Stanford, CA: Stanford University Press.

Haas, E.B. 1960. *Consensus Formation in the Council of Europe*. Berkeley, CA: University of California Press.

Haas, E.B. 1961. International Integration: The European and the Universal Process. *International Organization*, 15(3): 366-392.

Haas, E.B. 1976. Turbulent Fields and Regional Integration Theory. *International Organization*, 30(2):

173–212.

Haas, E.B.and Schmitter, P.C.1964.Economics and Differential Patterns of Political Integration: Projections about Unity in Latin America.*International Organization*, 18(4): 705–737.

Hix, S.1994.The Study of the European Community: The Challenge to Comparative Politics.*West European Politics*, 17(1): 1–30.

Hix, S.and Føllesdal, A.2006.Why There is a Democratic Deficit in the EU: A Response to Majone and Moravcsik.*Journal of Common Market Studies*, 44(3): 533–562.

Hoffmann, S.1966.Obstinate or Obsolete? The Fate of the Nation State and the Future of Western Europe.*Daedalus*, 95(4): 861–898.

Hooghe, L.and Marks, G.2005.Calculation, Community and Cues: Public Opinion on European Integration.*European Union Politics*, 6(4): 419–443.

Hooghe, L.and Marks, G.2008.A Postfunctionalist Theory of European Integration: From Permissive Consensus to Constraining Dissensus.*British Journal of Political Science*, 39(1): 1–23.

Howorth, J.and Keeler, J.T.S.2003.*Defending Europe: The EU, NATO, and the Quest for European Autonomy*.Basingstoke: Palgrave Macmillan.

Jachtenfuchs, M.2001.The Governance Approach to European Integration.*Journal of Common Market Studies*, 39(2): 221–240.

Jacoby, W.2004.*The Enlargement of the European Union and NATO: Ordering from the Menu in Central Europe*.Cambridge: Cambridge University Press.

Jones, E., Menon, A., and Weatherill, S. (eds.)2012.*The Oxford Handbook of the European Union*.Oxford: Oxford University Press.

Jørgensen, K.E., Pollack, M.A., and Rosamond, B. (eds.)2006.*Handbook of European Union Politics*. London: Sage.

Judt, T.1992.The Past is Another Country: Myth and Memory in Postwar Europe.*Daedalus*, 121(4): 83–118.

Jurje, F.2013.*Europeanization and New Member States: A Comparative Social Network Analysis*.Abingdon: Routledge.

Kelemen, R.D., Menon, A., and Slapin, J.(eds.)2014.The European Union: Wider and Deeper? *Journal of European Public Policy*, 21(5): 643–646.

Kelley, J.2004.International Actors on the Domestic Scene: Membership Conditionality and Socialization by International Institutions.*International Organization*, 58(3): 425–457.

Keohane, R.O., Nye, J.S., and Hoffmann, S.(eds.)1993.*After the Cold War: International Institutions and State Strategies in Europe, 1989—1991*.Cambridge, MA: Harvard University Press.

Kolb, M.2013.*The European Union and the Council of Europe*.Basingstoke: Palgrave Macmillan.

Kuus, M.2007.*Geopolitics Reframed: Security and Identity in Europe's Eastern Enlargement*.Basingstoke: Palgrave Macmillan.

Langbein, J.and Börzel, T.A. (eds.)2013.Explaining Policy Change in the European Union's Eastern Neighbourhood.*Special Issue of Europe-Asia Studies*, 65(4).

Lašas, A.2010.*European Union and NATO Expansion: Central and Eastern Europe*.Basingstoke: Palgrave Macmillan.

Lavenex, S.2011.Concentric Circles of "EUropean" Integration: A Typology of EU External Governance Relations.*Comparative European Politics*, 9: 372–393.

Lavenex, S.and Schimmelfennig, F.2009.EU Rules Beyond EU Borders: Theorizing External Governance in European Politics.*Journal of European Public Policy*, 16(6): 791–812.

Leuffen, D., Rittberger, B., and Schimmelfennig, F.2013.*Differentiated Integration: Explaining Variation in the European Union*.Basingstoke: Palgrave Macmillan.

Levitz, P.and Pop–Eleches, G.2010.Why No Backsliding? The European Union's Impact on Democracy and Governance Before and After Accession.*Comparative Political Studies*, 43(4): 457–485.

Lindberg, L.N.1963.*The Political Dynamics of European Economic Integration.Stanford*, CA: Stanford University Press.

Lindberg, L.N.and Scheingold, S.A.1970.*Europe's Would–Be Polity: Patterns of Change in the European Community*.Englewood Cliffs, NJ: Prentice–Hall.

Lundestad, G.1997."*Empire*" *by Integration: The United States and European Integration, 1945—1997*. Oxford: Oxford University Press.

Majone, G.1996.*Regulating Europe*.London: Routledge.

Marks, G.2012.Europe and Its Empires: From Rome to the European Union.*Journal of Common Market Studies*, 50(1): 1–20.

Mattli, W.1999.*The Logic of Regional Integration: Europe and Beyond*.Cambridge: Cambridge University Press.

Mayhew, A.1998.*Recreating Europe: The European Union's Policy towards Central and Eastern Europe*. Cambridge: Cambridge University Press.

Milward, A.S.1994.*The European Rescue of the Nation–State*.London: Routledge.

Moravcsik, A.1998.*The Choice for Europe: Social Purpose and State Power from Messina to Maastricht*. Ithaca, NY: Cornell University Press.

Neumann, I.B.1999.*Uses of the Other: The East in European Identity Formation*.Minneapolis, MN: University of Minnesota Press.

Nye, J.S.1971.*Peace in Parts: Integration and Conflict in Regional Organization*.Boston, MA: Little, Brown & Co.

Pakier, M.and Stråth, B.(eds.)2010.*A European Memory? Contested Histories and Politics of Remembrance*.Oxford: Berghahn.

Pierson, P.1996.The Path to European Integration: A Historical Institutionalist Analysis.*Comparative Political Studies*, 29(2): 123–163.

Risse, T.2009.Social Constructivism and European Integration.In: A.Wiener and T.Diez(eds.), *European Integration Theory*.Oxford: Oxford University Press, 159–176.

Risse, T.2010.*A Community of Europeans? Transnational Identities and Public Spheres*.Ithaca, NY:

Cornell University Press.

Rosato, S.2011.*Europe United: Power Politics and the Making of the European Community*.Ithaca, NY: Cornell University Press.

Rumelili, B.2004.Constructing Identity and Relating to Difference: Understanding the EU's Mode of Differentiation.*Review of International Studies*, 30(1): 27–47.

Said, E.1978.*Orientalism*.New York: Pantheon.

Saurugger, S.2013.*Theoretical Approaches to European Integration*.Basingstoke: Palgrave Macmillan.

Schimmelfennig, F.2003.*The EU, NATO, and the Integration of Europe: Rules and Rhetoric*.Cambridge: Cambridge University Press.

Schimmelfennig, F.2005.Strategic Calculation and International Socialization: Membership Incentives, Party Constellations, and Sustained Compliance in Central and Eastern Europe.*International Organization*, 59(4): 827–860.

Schimmelfennig, F.2007.Functional Form, Identity–Driven Cooperation: Institutional Designs and Effects in Post–Cold War NATO.In: A.Acharya and A.I.Johnston(eds.), *Crafting Cooperation: Regional International Institutions in Comparative Perspective*.Cambridge: Cambridge University Press, 145–179.

Schimmelfennig, F.2012.Europeanization beyond Europe.*Living Reviews in European Governance*, 7(1): 5–25.

Schimmelfennig, F.2015.*Circles and Hemispheres: The Making of a System of Graded EU Membership*. Unpublished manuscript.

Schimmelfennig, F., Engert, S., and Knobel, H.2006.*International Socialization in Europe: European Organizations, Political Conditionality, and Democratic Change*.Basingstoke: Palgrave Macmillan.

Schimmelfennig, F., Rittberger, B., and Leuffen, D.2015.The European Union as a System of Differentiated Integration: Interdependence, Politicization, and Differentiation.*Journal of European Public Policy*, 22(6): 764–782.

Schimmelfennig, F.and Scholtz, H.2008.EU Democracy Promotion in the European Neighborhood: Political Conditionality, Economic Development and Transnational Exchange.*European Union Politics*, 9(2): 187–215.

Schimmelfennig, F.and Sedelmeier, U.(eds.)2005.*The Europeanization of Central and Eastern Europe*. Ithaca, NY: Cornell University Press.

Schimmelfennig, F.and Winzen, T.2014.Instrumental and Constitutional Differentiation in the European Union.*Journal of Common Market Studies*, 52(2): 354–370.

Schmitter, P.C.1969.Three Neo–Functional Hypotheses about International Integration.*International Organization*, 23(1): 161–166.

Schneider, G., Weitsman, P.A., and Bernauer, T.(eds.)1995.*Towards a New Europe: Stops and Starts in Regional Integration*.Westport, CT: Praeger.

Schweickert, R., Melnykovska, I., Belke, A., and Bordon, I.2011.Prospective NATO or EU Membership and Institutional Change in Transition Countries.*Economics of Transition*, 19(4): 667–692.

Stone Sweet, A. and Sandholtz, W. 1997. European Integration and Supranational Governance. *Journal of European Public Policy*, 4(3): 297–317.

Torreblanca, J.I. 2001. *The Reuniting of Europe: Promises, Negotiations, and Compromises*. Aldershot: Ashgate.

Vachudova, M.A. 2005. *Europe Undivided: Democracy, Leverage, and Integration after Communism*. Oxford: Oxford University Press.

Van Apeldoorn, B. 2002. *Transnational Capitalism and the Struggle over European Integration*. London: Routledge.

Wæver, O. 1998. Insecurity, Security and Asecurity in the West European Non-War Community. In: E. Adler and M. Barnett (eds.), *Security Communities*. Cambridge: Cambridge University Press, 69–118.

Wiener, A. and Diez, T. (eds.) 2009. *European Integration Theory, 2nd edition*. Oxford: Oxford University Press.

Zielonka, J. 2006. *Europe as Empire: The Nature of the Enlarged European Union*. Oxford: Oxford University Press.

第10章 欧 亚

凯思琳·J.汉考克(Kathleen J.Hancock)
亚历山大·利布曼(Alexander Libman)

苏联解体以来,取代这个庞大共产主义国家的15个新独立国家中,有一部分围绕着俄罗斯形成一个地区,而其他国家分离后加入了欧洲,还有一些国家与一个或多个其他地区在某些时间段和议题领域建立了联系。[①]除去波罗的海三国,这些后苏联国家现在通常被统称为"欧亚"(Eurasia),以表示它们遍布两大洲的基本地理事实。但对于某些国家来说,这也表示一种政治观点,即该地区在历史上并不完全属于任何一个大陆,而是有自己独特的空间。自1991年以来,主要是俄罗斯、欧洲国家和美国的学者一直在研究该地区,其中,西方学者主要在理论性文献中论及该地区,而实证性研究不多,着重进行实证研究的是俄罗斯学者,偶尔也有白俄罗斯、哈萨克斯坦和乌克兰的同行加入。当这两组学者更加紧密地合作时,我们就会看到他们的研究成果对于我们理解该地区的经济、政治、文化等问题有重要贡献。反过来看,系统地将这个有时被遗忘的地区纳入地区主义学者的比较分析中,会促进有关领域的研究,不仅对于那些研究欧亚问题的学者如此,对于那些从比较视角研究地区主义的学者也是如此。 【202】

① 本章初稿在2014年7月23—25日于布宜诺斯艾利斯举行的国际研究协会——拉美社科院(ISA-FLACSO)国际联席会议和2013—2014年于柏林举办的三次高等研究中心(KFG)的研讨会上进行了介绍。感谢塔尼娅·博泽尔和托马斯·里塞以及所有与会人员的指导和评论,他们对本章写作帮助极大。

地区界定

给“欧亚”命名

与世界其他地区不同,“欧亚”曾经是一个单一国家,即苏联(USSR),这个国家在成立69年后,于1991年12月26日分崩离析。随后有15个共和国独立:波罗的海三国
【203】(爱沙尼亚、拉脱维亚和立陶宛),欧洲边界三国(白俄罗斯、乌克兰和摩尔多瓦),高加索三国(亚美尼亚、阿塞拜疆和格鲁吉亚),中亚五国(哈萨克斯坦、吉尔吉斯斯坦、塔吉克斯坦、土库曼斯坦和乌兹别克斯坦),以及俄罗斯。

二战结束时,战胜国将世界划分为美国领导下的资本主义民主国家和苏联领导下的共产主义国家。随着东西方之间的“铁幕”落下,东欧地区变成了共产主义欧洲。从制度上,苏联及其所谓的东欧“卫星国”通过华沙条约组织和经济互助委员会联合在了一起(Stone,1996;Metcalf,1998)。

1989—1991年间,曾经统一的共产主义地区在政治和经济上发生彻底转变,分裂为东欧和欧亚。东欧的共产主义体制先一步瓦解,1989年是波兰,然后是捷克斯洛伐克(后来分裂为捷克和斯洛伐克)及罗马尼亚,接下来1990年是保加利亚、匈牙利和东德——是年10月东德与西德合并为现在的德国。东欧国家加入了欧盟(EU),并创建了一些过渡性集团,如匈牙利、波兰、捷克和斯洛伐克组成维谢格拉德集团(Visegrád Group),订立《中欧自由贸易协定》。[①]就在事态迅速发展、共产主义政府如多米诺骨牌般纷纷倒台之时,一些苏维埃共和国开始进行谈判,试图将苏联改革为一个集中度较低的主权国家联盟。而当白俄罗斯、俄罗斯和乌克兰宣布苏联不复存在并成立“独立国家联合体”(CIS),宣布放弃共产主义意识形态而自愿致力于达成深度经济和政治一体化时,这种商谈就变得毫无意义了。一些苏维埃制度在国家解体后得以幸存,并成为各个新地区组织的一部分。

学者们用不同名称来界定以前的这15个共和国。在20世纪90年代初,研究者通常称它们为“后苏联空间”或“新独立国家”。由于波罗的海国家强烈渴望加入欧洲一体化,也就越来越多地被分开看待,而且它们最终于2004年加入了欧盟和北约。1994年以后,所有其他原苏联国家都属于独联体,所以有些人就把这些国家统称为“独联

---

① 在早期对后苏联的研究中,人们把这些地区一体化的尝试与欧亚地区主义一起进行讨论,但在欧盟于21世纪前十年接纳东欧国家之后,就不再把中东欧看作一个单独的地区了。

体”——由于其成员纷杂,在格鲁吉亚于2008年宣布脱离后,这个词又出现了问题。在俄罗斯,有人非正式使用“周边”(near abroad)一词,表示该地区处于俄罗斯的势力范围之内,这是一种19世纪的观念,遭到许多新独立国家和西方国家反对。鉴于其政治色彩,学界不再使用该术语。

进入21世纪以来,越来越多的文献使用“欧亚”这一地理术语,一些经济协定、研究机构和期刊就是如此。该术语与一种反西方的政治意识形态——“欧亚主义” 相关联,曾出现在20世纪20年代的俄罗斯移民圈子中, 在现代俄罗斯还偶有使用(Laruelle,2008)。不过,没有经验证据表明这种意识形态与当今的地区主义之间存在联系。对于大多数使用英语的学者来说,该术语没有政治含义。

有争议的边界

尽管人们普遍使用“欧亚”一词,但对该地区仍有争议。一些国家及其公民所处的地 【204】
理、经济、文化和政治空间,仍使他们将自己视为两个或多个地区的一部分。我们讨论以下四个地区,它们要么是原苏联12国的一部分,要么超出欧亚之外,包括12个以上国家中的一些国家。

迄今为止,最有争议的地区是欧亚与欧洲的交界处,其中乌克兰是地理和政治上横跨两地的主要国家。白俄罗斯坚定地选择留在俄罗斯和欧亚这边, 波罗的海三国选择与欧洲在一起,但乌克兰领导人及其公民仍然在东西方之间徘徊不定,既与俄罗斯也与欧盟保持着紧密的政治和经济联系(Prizel,1998)。俄罗斯领导人经常迫使乌克兰加入欧亚,但收效甚微。2013年,俄罗斯总统弗拉基米尔·普京让乌克兰总统维克多·亚努科维奇选择,是与欧盟签署联系国协定和自由贸易协定,还是选择加入俄罗斯领导的俄白哈关税同盟,从而结束了乌克兰的谨慎平衡做法。如果乌克兰与欧盟达成协议,普京就以严重的经济后果相威胁。11月20日,俄罗斯同意向乌克兰提供低价天然气和贷款,以换取其加入俄白哈关税同盟。11月21日, 乌克兰内阁以与俄罗斯存在经济纠纷为由,暂停了对该协议的讨论,并呼吁与欧盟、俄罗斯举行三方会谈。乌克兰民众涌上街头,举行大规模抗议。亚努科维奇最终逃离了乌克兰,新当选的总统佩德罗·波罗申科发誓坚决反对俄罗斯。在匆忙举行的克里米亚全民公决中, 大多数居民投票同意加入俄罗斯,俄罗斯遂将克里米亚半岛并入俄罗斯领土(Englund,2014)。迄至2015年2月,在莫斯科的政治军事支持下, 乌克兰东部亲俄罗斯分子仍与乌克兰军队发生着冲突(Socor,2014)。这场冲突的结果还不确定,乌克兰属于欧亚还是欧洲也在未定之中。

第二个争论最多的地区是中亚,包括哈萨克斯坦、吉尔吉斯斯坦、塔吉克斯坦、土库曼斯坦和乌兹别克斯坦。尽管这些国家的发展轨迹有所不同(Gleason,1997),但大多数学者仍将中亚视为一个天然的集团,因为它们相互毗连,主要由穆斯林组成,大都说突厥语(除了塔吉克斯坦使用一种波斯语),有着悠久的历史、文化和经济联系,并且宗族政治发达(Olcott,1995,2005; Collins,2004,2006; Qoraboyev,2010)。此外,中亚的能源和自然资源也相互连通。五国使用一个统一电网，那是苏联时代的遗留物(Hancock,2009);它们还通过河流相接(Spoor and Krutov,2003;Zakhirova,2013)。相对贫穷的吉尔吉斯斯坦和塔吉克斯坦位于上游,而富藏化石燃料资源的哈萨克斯坦、土库曼斯坦和乌兹别克斯坦位于下游(Wegerich,2004)。吉尔吉斯斯坦和塔吉克斯坦偶尔会利用其上游
【205】地位拒绝其他国家用水,以此进行政治报复。共同问题将各国联系在一起,特别是:咸海生态退化,有组织犯罪、吸毒、贩毒和武器走私的增长,大量对外移民,以及权力结构中的犯罪问题(Ubaidulloev,2010)。2007 年联合国中亚地区预防性外交中心的任务,指出了这些共同威胁(UNRCCA,2014)。另外,中亚可能还是非正式地区主义表现最突出的地域之一，这种非正式地区主义被称为“市场网络”(bazaar networks)(Kaminski and Mitra,2012)。尽管存在这些共同点,但 1993—2004 年签署的所有中亚经济协议均未生效。

有些学者认为中亚应该包括阿富汗和蒙古,而另一些学者则认为应包括中国(Byrd et al.,2006),其着眼点还是以前与俄罗斯帝国主义的联系(Christian,1994)。2001 年成立的上海合作组织(SCO)是该地区最重要的组织,中国和俄罗斯都是该组织成员。大多数上合组织研究都考察了该组织应对安全威胁的能力,其中有些研究将它视为有效的安全框架(Aris,2009),而另一些研究则对此高度怀疑(Laumulin,2006)。俄罗斯和中国的学者对上合组织如何适应其主要成员国的外交政策提出了质疑(Yuan,2010;Facon,2013)。其他学者则争论,上合组织是一个制衡美国和欧盟的反西方联盟,还是仅仅为了应对其成员国的安全挑战(Aris,2009;Song,2013)。最后,也有学者将上合组织看作是一个推广特定规范和价值的“专制”联盟(Ambrosio,2008;Lewis,2012)。

最后一个次地区是黑海地区。考古发现表明，黑海文明作为经济地区可以追溯到公元前 3000 年(Bauer and Doonan,2012;Bauer,2009),该地区在冷战后时代重新崛起(Ivan,2012;Aydin,2005,2009)。杜德乌和格德斯(Dudäu and Guedes,2012)认为,随着中亚各国争相向欧洲出售石油,该地区变得越来越重要。此外,各国签署了 1992 年的公约,以治理黑海中来自多瑙河、第聂伯河和顿河的排放污染。1993 年,联合国和世界银行的全球环境基金(GEF)和多个国家出资设立了“黑海环境计划”。最后,艾丁(Aydin,2009)认为,在“9·11”事件后,美国将该地区视为通往中东的门户,因此具有战略利益,这反过来引起了欧盟和俄罗斯的关注,后者将美国的军事基地视为对其地区优势的威胁。

跨高加索地区的国家没有组成一个地区，因为亚美尼亚和阿塞拜疆之间的冲突使合作无法进行。另一个集团横跨东西方：格鲁吉亚、乌克兰、阿塞拜疆和摩尔多瓦。1997年，这几个国家组建了“古阿姆集团”（GUUAM）（包括2003年退出的乌兹别克斯坦），该组织被广泛认为与俄罗斯领导的独联体形成对峙。2006年5月，“古阿姆”（GUAM）成员为该集团注入了新的活力，它们为该组织加了一个子名称——“民主与经济发展组织”（Organization for Democracy and Economic Development），并声明它们要立志加入北约和欧盟。在乌克兰选出一个对北约持中立立场的政府后，该组织陷入了瘫痪。2005年，乌克兰和格鲁吉亚倡议成立了“民主选择共同体”（Community of Democratic Choice），但该组织基本上一直处于休眠状态（Bugajski，2008）。

地区主义

欧亚地区的地区协议成员交叠，犹如“意大利面条碗”，这是整个后苏联时期该地区发展的特征。学者们通常将欧亚地区主义划分为三个时期（Olcott et al.，1999；Hancock，2009；Obydenkova，2011；Libman and Vinokurov，2012a）。 【206】

第一个时期为1992—1994年，独联体（CIS）占主导地位，其目标模糊而宽泛。一些创始文件讨论了强有力的经济和政治合作，而另一些文件则将独联体视为协调改革并缩小解体代价的工具，即所谓的“文明离婚”。最初，独联体建立在苏维埃组织和制度的基础上（比如卢布区，这是基于俄罗斯卢布的货币区），其中大多数都无法正常运行。1993年，独联体成员国模仿世界其他地区特别是欧盟的地区协议，签署了几项新协议（新卢布区、独联体经济同盟、独联体支付同盟和独联体自由贸易区）。学界普遍认为，这些协议从未得到执行，这使独联体几乎成了一个空谈机构。仅有的例外是独联体工业委员会的组建，它在欧亚地区继承苏联时期不可分割的基础设施（铁路、电网）和通用标准（航空）（参见 Libman and Vinokurov，2012b）等领域大获成功。

第二个时期为1995—2000年，较小的国家集团签署了与独联体不同的协议（Bremmer and Bailes，1998；Hancock，2009）。大多协议要求所有成员充分遵守，并使用加权投票进行决策。这样的集团包括“1995关税同盟”——后来成为由俄罗斯、白俄罗斯、哈萨克斯坦、吉尔吉斯斯坦和塔吉克斯坦组成的“欧亚经济共同体”（EurAsEC），以及仅由俄罗斯与白俄罗斯之间签订的多项协议。欧亚经济共同体建立了有限的自由贸易协定（FTA）和一定的关税统一。俄白联盟包括劳动力和资本的自由流动，以及有限的自由贸易协定和关税同盟，但是各国并未完全执行协议。因此，经济一体化仍然停留在一系列不完整的协议上。“集体安全条约组织”（Collective Security Treaty Organization）

内的安全合作也是如此。

最后一个时期为 2006 年至今,协议得到了较充分的执行。各国成立了欧亚开发银行(EDB),俄罗斯、白俄罗斯和哈萨克斯坦共同组建了“2010 关税同盟”(CU)。欧亚开发银行(EDB)成立于 2006 年,从成员国那里获得了大量资金,用于资助支持地区一体化的项目。“2010 关税同盟”创设了强大的管理贸易关系的超国家机构——欧亚经济委员会,建立了共同关税税则,并取消了其成员边界上的内部海关检查站。不像“1995 关税同盟”那样,只是被部分实施(Hancock,2009)并因而成为下一个协议的基础,“2010 关税同盟” 被认为是第一个全面运作的欧亚一体化协议 (Dragneva and Wolczyk,2013)。
【207】 2012 年,该“关税同盟”成员国签署了经济政策协调和要素自由转移的协议。2014 年,欧亚经济联盟(EEU)协议签署,其中包括实现服务和部分商品(例如能源和医药)市场自由化的宏伟目标,尽管有很长的时限(长达 10 年)。因此,就执行协定而言,第二和第三个时期之间发生了根本性的转变。

驱动因素

大多数研究集中于解释欧亚地区主义为什么动因不足。那些注重驱动因素的学者,大多强调欧亚各国共同历史上的东西,包括地区内的公路、铁路、管线、电网、单一货币、广泛的贸易网络和中央政府。地区主义旨在管理这些相互依赖关系,并从中受益(Libman and Vinokurov,2012a)。此外,在一些国家(尤其是俄罗斯和白俄罗斯),地区主义的一个重要驱动因素是公众需求,也就是他们对苏联的怀旧(Libman,2007)和国家间持续的社会联系(这将在“地区化”部分中讨论)。

为了解释为什么欧亚没有形成地区主义,大多数学者借鉴的是理性选择、建构主义和国内政治观点。首先,一体化会在成员国之间造成再分配冲突。国家政策,尤其是俄罗斯的政策,给邻国带来了负外部性。例如,各国实行单边货币贬值或施加关税和非关税壁垒(例如涉及卫生问题),并更改国家管制商品(尤其是天然气)的价格。结果,这些政策改变了贸易条件,使一些国家比其他国家更具竞争力,迫使失败者采取进一步的贸易保护主义措施。其次,地区主义与国家建设计划相矛盾,后者旨在使自己的国家与俄罗斯保持距离(Abdelal,2001; Hale,2008)。[①]一些研究表明,各国在建设什么样的欧亚地区主义上有不同看法(Kubicek,2009)。达登(Darden,2009)认为,一些统治精英的经济

① 与标准的现实主义解释不同的是,这种疏远不是由国际实力考量引起,而是由担心与俄罗斯的更紧密联系会妨碍形成独立的民族认同而引起。

意识形态是反地区主义的。再次,有些人声称,由于非民主国家难以做出可信的承诺,所以它们参与地区合作的可能性较小,这一点在“2010关税同盟”问题上并不成立。最后,其他的国家努力或一体化努力可能更可取(Malfliet et al.,2007;Hancock,2009),特别是与欧盟的一体化可能更具优势(Movchan and Guicci,2011;Shepotylo,2013)。但是只有乌克兰、摩尔多瓦,或许还有格鲁吉亚拥有此选项,因为其他国家都不位于欧洲,而白俄罗斯又因其专权统治无法加入欧盟(Hancock,2006)。

该地区的权力不对称是欧亚地区主义的重要动因。在欧亚,俄罗斯显然是占主导地位的国家,占该地区国内生产总值的76%(截至2012年)。鉴于俄罗斯帝国和苏联的历史,再加上普京领导下的民族主义和威权主义抬头,许多人提出了关于俄罗斯推动欧 【208】
亚地区主义的动机问题。比较研究表明,地区财阀国家被定义为是可以向其他成员国提供大量利益的经济占优势国家(Hancock,2009),它们历来是成功实现地区经济一体化所必需的(Mattli,1999)。俄罗斯究竟是在扮演这种传统角色,还是在扮演其他不同的角色呢?从现实主义的角度出发,许多研究认为,鉴于经济联系的程度、弱势的国家地位以及最近俄罗斯在该地区咄咄逼人的行动,较小的国家就担心受到俄罗斯领导的组织的威胁。一些人认为,俄罗斯的实力不足以迫使欧亚国家加入地区组织(Libman,2007),而另一些人则认为,俄罗斯可以利用其经济和政治力量来诱使其他国家加入。例如,俄罗斯要求白俄罗斯大幅降低天然气价格,以换取它成为高度活跃的一体化成员(Hancock,2006)。因此,对于俄罗斯在增强一体化上是发挥积极作用还是消极作用尚无共识。此外,尚不清楚领导国为何一贯支持多边地区主义,而不是与个别国家进行双边谈判,这本可给俄罗斯带来更大的影响力——这可能与国内目的、地缘政治顾虑(Kricovic,2014)或显得更少威胁性有关。

俄罗斯在欧亚地区主义中的作用变化很可能归因于国内政治变化。可能绝大多数文献都把欧亚一体化解释成俄罗斯外交政策的工具,认为俄罗斯在外交政策中据以权衡轻重、操控邻国(Tsygankov,2007;Savietz,2012)。这些文献往往过分强调了俄罗斯作为地区一体化的主要推动者的作用。有时,白俄罗斯和哈萨克斯坦比俄罗斯更积极地推动地区主义,而俄罗斯甚至拒绝了一些关于更深层次一体化的提议。

这些针对欧亚地区主义可行性的大量批判性评估与“2010关税同盟”很不一致。该同盟的条约相对于其前身的成功之处,尚未有文献做出解释。一些初步研究,将地区主义的增强与2008年全球经济衰退联系在一起,认为全球经济衰退使得各国更愿意合作(Vinokurov and Libman,2014);或者认为,与20世纪90年代相比,经济上的相互依存度降低了,使得这些政权更愿意与强大的邻国合作(Libman and Vinokurov,2015);或者认为,“欧洲睦邻政策”的扩展,使得俄罗斯更有兴趣发展替代性的地区计划(Delcour and Kostanyan,2014)。[①]目前仍然缺乏关于该主题的实证研究。同样,几乎没有人试图解释前述第二个地区主义时期的"意大利面条碗效应"。可能是领导者们一直在尝试不同的地区结构配置,以改进先前的协议,但还没有研究来验证这种合理的猜想。

制度设计

由于欧亚大多数地区组织从未具体落实过,所以其制度设计就很少受到实证检验。【209】欧亚地区主义为制度设计提供了众多方法。独联体成立时是一个政府间组织,所有成员国都有权选择退出协议或决定,而许多国家确实这样做了。人们通常认为,这种设计思路是制度难以落实的原因之一(Gleason,2004)。在欧亚地区主义的第二和第三个时期,制度的正式设计经常照搬模仿欧盟(Brusis,2014)。从这一点来看,可以通过扩散文献的视角来理解欧亚地区主义的设计(参见本书第 5 章)。由于欧盟直到最近也很少与欧亚地区组织互动,而且大多数欧亚地区组织的官僚都没有欧洲经验,所以欧亚地区代表着一个颇不寻常的案例(Furman and Libman,2014)。甚至如前所述,某些欧亚地区组织的设计虽然明显是为了平衡欧盟的东扩政策,但仍然照搬了欧盟的设计。对于这个主题,有必要进一步加以研究。

欧亚地区主义的设计肯定受到了俄罗斯地区大国作用的影响。有一个案例研究的是"2010 关税同盟"的设计。加入这一关税同盟后,各成员国大幅调整了关税税则。通常认为,"2010 关税同盟"的共同关税税则以俄罗斯的税则为样板,就像"1994 关税同盟"一样。姆克特尔奇扬(Mktrchyan,2013a)对此观点提出了质疑,认为俄罗斯的影响力甚至小于人们的预期。从更一般的意义上,汉考克(Hancock,2009)把欧亚地区当作财阀性地区协议的罕见例子,较小的成员国将决策权委托给最富裕的成员国,而不是像欧盟那样委托给某个超国家机构。由此来看,欧亚地区主义随着时间的流逝发生了许多变化。独联体地区主义主要是政府间的,而欧亚地区主义第二个时期的主要特点是财阀协议。这些变化可能受到俄罗斯内部政治变革(使财阀政治协议更易于接受或更令人满意)的推动,但也可能与国家之间力量平衡的变化有关。最后这个因素最有可能解释为什么财阀性设计难以持久:尽管"2010 关税同盟"是作为一个财阀性协议而成立的,但不到两年时间,它就变成了一个所有成员国都享有同等权力的超国家组织。

---

① 从这一点来看,欧亚地区主义类似于某些拉丁美洲的地区组织,它们也是为了抵消美国的影响而创建的(参见本书第 8 章)。

影 响

关于欧亚地区主义影响的文献最少。在“2010关税同盟”成立前，几乎从未见有人对地区主义的大多数传统经济影响（即贸易或投资）进行过实证研究（除了著名的作品*Michalopoulos and Tarr*，1997），鉴于大多数欧亚地区组织都存在严重的落实不够的问题，这就不足为奇了。“2010关税同盟”的落实问题虽小得多，却引发了对其经济影响的大量研究。迄今为止，大多数研究都试图预测该关税同盟对经济联系和福利后果的可能影响。那些使用可计算一般均衡（CGE）模型的研究预测认为，就整体福利而言，该关税同盟将对其成员国产生有限或负面的影响（World Bank，2012；Tarr，2012；Carneiro，2013），
但这种影响在各成员国之间会分布不均（Astrov et al.，2012）。如果该关税同盟能够成功 【210】
消除国家之间的非关税壁垒，并促进外国直接投资（FDI）和劳动力流动，就可以提高福利（Tarr，2012）。欧亚开发银行（EDB）仅进行过一项研究，明确预测该关税同盟将大大改善其成员国的经济表现（EDB，2012b）。近来还有研究考察了经验上观察到的贸易影响。他们通常发现欧亚地区主义对贸易没有影响，或者很少有证据证明存在贸易创造，甚至有证据证明出现了贸易转移（Mogilevskii，2012；Libman and Ushkalova，2013；Isakova，2013）。有人认为欧亚地区主义确实具有巨大的贸易创造效应（Mktrchyan，2013b）。我们预计，还会有这种类型的分析。

人们经常在不同的背景下研究欧亚地区主义，例如地区经济组织的非传统影响，其真实理由与宣布的目标大不相同。有关俄罗斯最终目标的问题，以及该地区非民主政体的普遍存在，使欧亚地区成为近来日益增多的关于专制和“加强政权”的文献中一个鲜明案例（参见本书第2章和第21章）。尽管没有任何欧亚组织明确反对民主，但它们可以被用来防止民主化。在有关加强政权的文献中，经常有对俄罗斯进行的研究，但是很少有这种论文明确考虑到欧亚地区组织。学者们主要从两个角度来研究。其一，欧亚地区主义可能被解释成专制政权提高其合法性的借口（Libman，2007）。例如，白俄罗斯总统亚历山大·卢卡申科建立政权的依据就是做俄白联盟的保护者。这一论点还解释了，为什么虽然没有什么效果，但还是要反复去建立或发展地区组织——可见它们不过只是借口。[1]其二，许多研究着眼于这些组织如何提供合法性。例如，独联体选举监督团似乎经常在背后支持欧亚国家进行选举操纵（Kelley，2012；Russo，2015）。有些人还强调

① 叶夫斯季格涅夫（Yevstigneev，1997）甚至认为，欧亚经济地区主义就是保护苏联式垄断集团利益的粉饰工具，而不是真正的经济事业。

了安全部门合作的作用(Olcott et al.,1999),部分伪装成以反恐为名。在这种背景下,欧亚地区主义就显得特别有意思,如上所述,它一方面在正式制度上效仿欧洲地区主义,但另一方面又往往将自己定位为欧盟的竞争者。

这是一个新兴研究领域,还有许多未解之谜。第一,目前尚不清楚哪个行为体正在利用欧亚地区主义作为加强政权的工具。尽管在这种背景下经常讨论的是俄罗斯(Cameron and Orenstein,2012),但另有研究表明,专权者结成联盟相互支持的情况更为复杂(Furman,2004; Allison,2008; Collins,2009)。即使那样,由于大多数后苏联国家的政权都没有明确的意识形态基础,所以专权者在国外促进专制政体的动机尚不清楚。加强政权与地缘政治目标之间的关系尤其值得研究(Babayan and Risse,2015)。第二,
【211】应该建立什么样的因果关系。欧亚地区组织主要由专制政体组成的事实,可能既反映其中存在着促进专制政权的因素,又反映出这些政权自行选择专制还有其他原因(Libman and Obydenkova,2013;Jackson,2014)。明确地与有关非民主政体间地区合作的文献建立起联系,对我们的研究有好处(Mattes and Rodriguez,2014)。第三,有关加强政权的有效性问题存有争议,特别是当考虑到欧亚地区主义是否对加强政权有帮助时争议更加突出。对外部行为体的作用和政权转型的国内条件加以区分,仍具有挑战性。第四,为了加强政权而加入地区组织有什么非预期的后果。他们既可能加强了政权,如通过影响贸易关系的结构(Libman and Obydenkova,2014);但也可能危害其权力和稳定,如一旦把重点完全放在经济问题上(Melnykovska et al.,2012),或者专权者的决策受到超国家机构的制约(Obydenkova and Libman,2015)。一个特殊的挑战是,许多欧亚地区组织的自我定位尚不明确。只有少量研究着眼于这个问题(Furman and Libman,2014),其中大都认为,即使是成功的组织也免不了会有不同群体之间的观念交锋。

地区化

尽管直到最近,欧亚地区的地区主义仍存在严重的实施差距问题,但更多的证据表明,该地区存在强大的地区化。地区化研究可以细分为对贸易、投资、移民、能源和文化的研究。几项计量经济学研究发现,苏联解体后,地区内部贸易大幅度下降,但用标准重力模型来分析,仍高于预期水平(Djankov and Freund,2002;Fidrmuc and Fidrmuc,2003;De Sousa and Lamotte,2007)。关于外国直接投资(FDI)和劳务移民的研究显示出比贸易数据所表明的地区化更明显,从而使欧亚地区成了标准理论中的一个例外——它假定劳务和投资是比贸易更发达的地区化现象。一方面,有大量证据表明跨境投资在增长,特别是注意到俄罗斯和哈萨克斯坦的新兴跨国公司(Crane et al.,2005;Vahtra,2005;

Kalotay and Sulstarova，2010；Kheyfets，2011）。另一方面，俄罗斯和哈萨克斯坦的经济增长吸引了来自较贫穷国家的大量临时劳务移民。对于某些欧亚国家来说，来自国外临时移民的汇款成为其经济增长的主要来源之一。外国直接投资（FDI）研究文献大多使用案例研究法，试图找出欧亚地区吸引俄罗斯和哈萨克斯坦大量投资及公司所面临障碍的原因。欧亚移民问题主要是社会学家在研究，旨在确定移民的社区特征及其行为模式。最近也有经济学家和政治学家对此进行了一些研究（Korobkov，2007； EDB，2012c）。①

能源、自然资源和相关基础设施对于在欧亚部分地区创始或加强地区主义有重大影响。学者们认为它们扮演着不同的角色，有时会产生凝聚力，有时也会产生张力。根据经济理论，汉考克和莱恩（Hancock，2006，2009；Hancock and Lane，2015）认为，石油和天然气管线使白俄罗斯、哈萨克斯坦、土库曼斯坦和乌克兰，比在没有这些管线的情况下更接近俄罗斯，但也给这些国家带来了寻找替代路线以减少对俄罗斯依赖的压力。管线是特定关系资产（relation-specific assets）的一个示例，这些资产将一个或多个国家连接在一起，破坏该关系进行重建或重新调整的成本很高。地区电网也将不同国家连接在一起，如同石油和天然气项目连接着一国的开采与另一国的跨境炼油厂。 【212】

文化是连接欧亚国家的另一个要素。俄语仍然是通用语言（Pavlenko，2006），欧亚国家的人们通常在地区内的其他国家有亲戚或朋友。俄罗斯大众文学和俄罗斯电视台在整个独联体地区占据着媒体主导地位。斯捷尔什涅娃（Sterzhneva，1999）指出，欧亚地区这种"社会一体化"的程度非常高，甚至比欧盟都高。20世纪90年代，有很大一部分人确认自己有着超越于他们各国的共同"苏联"血统。尽管情况不同，但民族主义日益比地区主义强大。有研究（Rose and Munro，2008）表明，俄罗斯人将自己国家视为"欧亚"国家，但是这种自我认同并不一定表明他们愿意与其他欧亚国家发展联系。来自欧亚国家的投票观察机构联合实施过一项大规模的跨国民意调查，即"欧亚观察"（Eurasian Monitor），而且自2012年起欧亚开发银行（EDB）也负责实施过一项名为"欧亚开发银行一体化晴雨表"（EDB Integration Barometer）的调查。这些调查包括不同国家和不同领域（比如经济、文化或社会领域）的混合写照，但至少在某些国家和某些领域，自认为属于"欧亚"的情形仍占大多数（EDB，2012a）。

---

① 欧亚的地区化研究面临的一个主要问题是缺乏数据。独联体设有国家间统计委员会，负责维护大多数欧亚国家的详细统计资料。这比许多没有统计信息的发展中国家要好得多。但是关于跨境经济联系的信息质量仍然值得怀疑。贸易数据虽然好一些，但也存在多种不足（对于有着发达的非正式跨境网络的中亚而言尤为重要）；此外，在打破内部边界的关税同盟（CU）中，创建可靠的贸易统计数据也面临着挑战。有关投资和劳动力流动的数据甚至不如贸易数据可靠。自2010年以来，欧亚开发银行（EDB）已做出重大努力，主要是为了改善两个项目的数据质量："欧亚一体化指标体系"（SIEI）汇集了有关国家之间各种形式经济联系的大量指标；"共同投资监督项目"则收集有关欧亚地区外国直接投资（FDI）交易的新闻信息。尽管这些数据收集仅受到有限的关注，但我们希望学者都来利用它们去发表翔实的微观研究成果。

驱动因素

与地区主义一样，地区化研究通常也将共同历史遗产作为欧亚经济和社会相互依存的主要因素。从这点来看，地区化的各个不同方面可以相互促进（例如，文化上的接近和共同的基础设施可以加强移民往来和外国直接投资流动）。库尔玛娜里耶娃和维诺库罗夫（Kurmanalieva and Vinokurov，2011）研究了贸易关系的路径依赖和长期的共同基础设施对贸易的作用（另见 Hancock，2006，2009）。投资的兴旺发展部分归因于持续存在的苏联企业联系，但在某种程度上也可以用新兴产业中新兴公司的活跃来解释，这都得益于欧亚国家文化上的相近性。对此话题，库兹涅佐夫（Kuznetsov，2007）使用商
【213】业管理研究中的理论工具箱进行了系统讨论。最后，移民还归因于跨境族群网络的存在及文化和语言上的接近。此外，移民和投资中的联系比贸易中的联系更为明显，这一事实可以解释为从单一国家演变而来的一个地区化特征（Libman and Vinokurov，2010c）。

移民和外国直接投资（FDI）的出现很少受到正式地区组织的支持，实际上，它们蓬勃发展的领域正是政府间合作失败或政府试图限制移民或外国直接投资流入的领域。这并不是说，政治因素对跨国公司和移民没有影响。相反，在普京领导下，俄罗斯似乎积极地利用其跨国公司的经济扩张作为政治主导工具（Tsygankov，2006），同时也利用较传统的能源依赖工具（Nygren，2007）。在很多情况下，对欧亚地区的投资是由政治关联性不大的俄罗斯公司甚至中小企业进行的。因此，欧亚有点类似于东亚，盛行的主要还是市场导向的一体化，而不是政府间合作（参见本书第 11 章）。

制度设计

关于欧亚地区各种地区化形式的制度设计，几乎没有经验证据，也没有任何关于该主题的理论文献。欧亚地区化通常在非正式领域进行。大多数投资都是通过离岸公司进行组织的，这使得投资交易不透明。欧亚劳务移民主要是非正式和半合法的，甚至是非法的。在欧亚地区的某些部分（比如中亚和高加索地区），非正式贸易网络在组织跨境贸易关系中起着至关重要的作用。有一个文献对此话题进行了调研（Kaminski and Mitra，2012）。因此，研究欧亚的地区化制度（比如跨境网络）成为一项尚未完成的艰巨任务。在大多数情况下，要确定地区化的存在已足够困难，给实证研究提供有关其组织方式的详细说明就更不可行了。

影 响

关于地区化影响的证据同样有限。首先，没有关于地区化如何影响地区主义需求的研究。相关文献中普遍存在一种论点，即日益增长的经济相互依赖应该使公司对正式地区组织更感兴趣，但从未针对欧亚地区进行过相关调研。由于大多数欧亚国家都是威权政体，所以商业利益对其领导人决策的影响高度不确定。直到最近，欧亚地区主义和地区化似乎仍是作为独立进程而开展的，彼此之间几乎没有影响。“2010关税同盟”的创建使情况有了改观，因为该组织对贸易产生了重大影响；不过如上所述，关于这种影响的经验证据还是有限。【214】

对于地区化影响其他社会或经济特征的研究，也同样受到限制。迄今为止，唯一得到经验性调查研究的问题是贸易关系在维护经济增长中的作用。大量研究认为，地区内贸易占比更高的国家表现出更高的经济增长率（Jenish，2013；Libman and Obydenkova，2014）。这再次与经济学中有关“组织解体”（disorganization）的文献观点一致（Blanchard and Kremer，1997），后者将后共产主义世界的经济衰退归因于计划经济倒台后经济联系的割裂，包括那些被欧亚新边界中断的经济联系。最后，许多研究着眼于微观层面的地区化后果。对于外国直接投资（FDI）而言，一个有趣的问题是，俄罗斯的投资如何影响目标国家的商业惯例——尽管在某些情况下，它们似乎与引入更好的惯例有关，但在另外一些情况下，俄罗斯的商业行为只是加剧了腐败行为，并且偏爱不透明的环境（Libman，2007）。对于移民而言，存在着广泛的社会后果，从劳动力市场的变化、仇外心理的发展，到文化的传播。对此，不断有社会学家、人类学家和经济学家加以研究。

结 论

直到最近，欧亚地区还是比较地区主义研究中被遗忘的地区。西方许多学者和政治领袖认为，一体化的努力实际上是俄罗斯重建苏联的尝试，因此还是把它放到研究帝国主义的文献中更好。自2014年乌克兰-俄罗斯危机爆发以来，这种观点似乎占了上风，尽管主要出现在媒体和智库研究中。本章试图证明，该地区正在发生的事情比通常想象的要多得多，我们应当把欧亚地区纳入比较地区主义研究中。至少，建立帝国应该只是一个可探讨的观点，而不应该是一种前提假定。

欧亚研究增加了地区主义研究的丰富性，尽管研究结果尚有争议：那里有多少地区主义？制度起了什么作用？各国应该加入这些正式协议吗？该地区的竞争程度如何？最后，我们讨论一下欧亚地区主义研究面临的一些挑战，以及值得更多关注的领域。

首先，欧亚地区主义在苏联解体后马上兴起，这可能影响了它的发展方式及其政治
【215】经济行为体的行为。[①]欧亚地区主义研究虽然提出了解释地区组织成败的观点，但还是应当将这些观点与对苏联解体和分裂的解说明确区分开来，或者应当解释，为什么某些因素以某种方式影响了苏联的发展，却可能对欧亚地区主义的发展方式产生不一样的影响。除了极少数例外(Hale，2008)，这种研究十分奇缺。

其次，大多数研究集中在正式的地区经济一体化上。我们建议更多地研究其他类型的地区主义，比如精英人士之间的互动、游说团体和利益集团的影响、公民对地区主义的看法，以及安全地区主义。同时，应仔细调研欧亚地区组织(特别是欧亚经济联盟)的运作，以及欧亚经济委员会的官僚机构组成。关于加强政权和能源地区主义的研究大有可为，应进一步加以探讨。

鉴于俄罗斯日益专权的性质，其意图很难被证明，学界无法就许多重要问题做出总结性的论断。例如，关于普京是否在战略上精心策划了对克里米亚的接管及乌克兰东部的独立运动，或者他是否严重误算了乌克兰人民对于强迫他们放弃加入欧盟协议的反应，以及他是否尽其最大努力择机恢复国力，均尚无定论。他是否一直在以"关税同盟"为手段迫使乌克兰重回欧亚地区怀抱，还是真诚地努力仿照欧盟的路子开创经济地区一体化?在这两种论点中，我们认为后一种有道理：他曾希望建立一个欧亚联盟，如有必要，他多多少少会采取适当的经济压力和激励措施，但他低估了乌克兰的民族主义，从而导致了持续的冲突。尽管如此，我们也只能使用逻辑上的有限证据来支持这些看法。学者们可能需要很长时间才能正式地用文件证明普京对欧亚地区主义的意图。

最后，如本章开头所述，两个独立的学术共同体需要携手合作：欧美学者贡献他们的理论视角，而俄罗斯/欧亚学者贡献他们的实证研究。这两个方面的研究结合起来，可以帮助我们理解该地区和如何将其纳入比较地区主义。我们希望本章可以成为这种协作研究的一个模范成果。

【216】

① 利布曼和维诺库罗夫(Libman and Vinokurov，2012a)试图发展一种他们称之为欧亚"维系式地区主义"(holding-together regionalism)的理论。

附 录

附表 A10.1 欧亚的地区组织

成立年份	组织名称（缩写）	涵盖的议题领域	成员	官网地址
主要组织				
1991	独立国家联合体（CIS）	综合性	亚美尼亚、阿塞拜疆、白俄罗斯、格鲁吉亚（1993年加入，2009年退出）、哈萨克斯坦、吉尔吉斯斯坦、摩尔多瓦、俄罗斯、土库曼斯坦（自2005年以来自称为准成员）、塔吉克斯坦、乌克兰（自2015年起可能退出）、乌兹别克斯坦	http://www.cis.minsk.by/
1993	独联体经济同盟	经济（从未实施）	亚美尼亚、白俄罗斯、哈萨克斯坦、吉尔吉斯斯坦、摩尔多瓦、俄罗斯、塔吉克斯坦、土库曼斯坦、乌克兰、乌兹别克斯坦	http://www.cis.minsk.by/
1996（1997、1999）	俄白联盟（起初为"俄白共同体"）	综合性	白俄罗斯、俄罗斯	http://wwwsoyuzby/
2000—2014	欧亚经济共同体（EurAsEC）	经济	白俄罗斯、哈萨克斯坦、吉尔吉斯斯坦、俄罗斯、塔吉克斯坦、乌兹别克斯坦（2006—2008年）	http://evrazes.com/
2002	集体安全条约组织（OCST）	安全	亚美尼亚、白俄罗斯、哈萨克斯坦、吉尔吉斯斯坦、俄罗斯、塔吉克斯坦、乌兹别克斯坦（2006—2012年）	http://www.odkb-csto.org/
2003	统一经济空间	经济（从未实施）	俄罗斯、白俄罗斯、哈萨克斯坦、乌克兰	http://en.wikipedia.org/wiki/Eurasian_Economic_Community#Common_Economic_Space
2006	欧亚开发银行（EDB）	金融	俄罗斯、哈萨克斯坦、亚美尼亚（2009年）、白俄罗斯（2010年）、吉尔吉斯斯坦（2011年）、塔吉克斯坦（2009年）	http://eabr.org/
2011	独联体自由贸易区（CIS FTA）	贸易	亚美尼亚、白俄罗斯、哈萨克斯坦、俄罗斯、摩尔多瓦、乌克兰、吉尔吉斯斯坦、塔吉克斯坦、乌兹别克斯坦（特殊地位）	http://www.cis.minsk.by/
2010（2012、2015）	欧亚经济联盟（自2015年起，之前为关税同盟和统一经济空间）	经济	俄罗斯、白俄罗斯、哈萨克斯坦、亚美尼亚（2015年）、吉尔吉斯斯坦（2015年）	http://www.eurasiancommission.org/en/Pages/default.aspx

续表

成立年份	组织名称（缩写）	涵盖的议题领域	成员	官网地址
	中亚地区主义（后苏联时代的中亚）			
2002—2005	中亚合作组织（CACO）	经济	哈萨克斯坦、吉尔吉斯斯坦、塔吉克斯坦、乌兹别克斯坦	
2007	联合国中亚地区预防性外交中心	安全、环境	哈萨克斯坦、吉尔吉斯斯坦、塔吉克斯坦、土库曼斯坦、乌兹别克斯坦	http://unrcca.un-missions.org/
	中亚地区主义（广义的中亚）			
1985	经济合作组织（ECO）	经济	阿富汗（1992年）、阿塞拜疆（1992年）、伊朗、哈萨克斯坦（1992年）、吉尔吉斯斯坦（1992年）、巴基斯坦、土耳其、塔吉克斯坦（1992年）、土库曼斯坦（1992年）、乌兹别克斯坦（1992年）	http://www.ecosec-retariat.org/
1997	中亚区域经济合作组织（CAREC）	经济	阿富汗、阿塞拜疆、中国、哈萨克斯坦、吉尔吉斯斯坦、蒙古、巴基斯坦、塔吉克斯坦、土库曼斯坦、乌兹别克斯坦	http://www.carecp-rogram.org/
1998	联合国中亚经济特别计划（SPECA）	经济	阿塞拜疆、阿富汗、哈萨克斯坦、吉尔吉斯斯坦、塔吉克斯坦、土库曼斯坦、乌兹别克斯坦	http://www.unece.org/speca/welcome.html
2001	上海合作组织（SCO）	安全	中国、哈萨克斯坦、吉尔吉斯斯坦、俄罗斯、塔吉克斯坦、乌兹别克斯坦	http://www.sectsco.org/EN123/
2003	欧亚反洗钱和反恐融资小组（EAG）	金融、安全	白俄罗斯、印度、哈萨克斯坦、中国、吉尔吉斯斯坦、俄罗斯、塔吉克斯坦、土库曼斯坦、乌兹别克斯坦	http://www.eurasia-ngroup.org/
2009	突厥理事会	文化、经济	阿塞拜疆、哈萨克斯坦、吉尔吉斯斯坦、土耳其	http://www.turkkon.org/tr-TR/AnaSayfa
	黑海地区组织			
1992	黑海经济合作组织（BSEC）	经济、文化	阿尔巴尼亚、亚美尼亚、阿塞拜疆、保加利亚、格鲁吉亚、希腊、摩尔多瓦、罗马尼亚、俄罗斯、塞尔维亚、土耳其（2004年）、乌克兰	http://www.bsec-organization.org/Pages/homepage.aspx
1993（2009）	黑海环境计划（BSEP）；又称“黑海委员会”（BSC）	环境	保加利亚、格鲁吉亚、罗马尼亚、俄罗斯、土耳其、乌克兰	http://www.black-sea-commission.org
2001	黑海海军合作任务组（BlackSeaFor）	安全	保加利亚、格鲁吉亚、罗马尼亚、俄罗斯、土耳其、乌克兰	http://www.mfa.gov.tr/blackseafor.en.mfa
	为限制俄罗斯的影响而创建的组织			
1997（2001、2006）	古阿姆（GUAM）民主与经济发展组织（乌兹别克斯坦退出前为GUUAM）	安全、民主促进	格鲁吉亚、乌克兰、阿塞拜疆、摩尔多瓦、乌兹别克斯坦（1999—2002年）	http://guam-organization.org/en/node

参考文献

Abdelal, R.2001.*National Purpose in the World Economy: Post-Soviet States in Comparative Perspective*.Ithaca, NY: Cornell University Press.

Allison, R.2008.Virtual Regionalism, Regional Structures and Regime Security in Central Asia.*Central Asian Survey*, 27(2): 182–202.

Ambrosio, T.2008.Catching the "Shanghai Spirit": How the Shanghai Cooperation Organization Promotes Authoritarian Norms in Central Asia.*Europe-Asia Studies*, 60(8): 1321–1344.

Aris, S.2009.The Shanghai Cooperation Organization: "Tackling the Three Evils."*Europe-Asia Studies*, 61(3): 457–482.

Astrov, V., Havlik, P., and Pindyuk, O.2012.*Trade Integration in the CIS: Alternate Options, Economic Effects and Policy Implications for Belarus, Kazakhstan, Russia and Ukraine*.WIIW Research Report 381.Vienna: Vienna Institute for International Economic Studies.

Aydin, M.2005.Europe's New Region: The Black Sea in the Wider Europe Neighborhood.*Southeast European and Black Sea Studies*, 5(2): 257–283.

Aydin, M.2009.Geographical Blessing versus Geopolitical Curse: Great Power Security Agendas for the Black Sea Region and a Turkish Alternative.*Southeast European and Black Sea Studies*, 9(3): 271–285.

Babayan, N.and Risse, T. (eds.) 2015.Democracy Promotion and the Challenges of Illiberal Regional Powers.*Special Issue of Democratization*, 22(3).

Bauer, A.A.2009.The Terroir of Culture: Long-Term History, Heritage Preservation, and the Specificities of Place.*Heritage Management*, 2(1): 81–104.

Bauer, A.A.and Doonan, O.P.2012.Fluid Histories: Culture, Community, and the Longue Durée of the Black Sea World.In: R.Ivan (ed.), *New Regionalism or No Regionalism? Emerging Regionalism in the Black Sea Area*.Farnham: Ashgate, 13–30.

Blanchard, O.and Kremer, M.1997.Disorganization.*Quarterly Journal of Economics*, 112(4): 1091–1126.

Bremmer, I.and Bailes, A.1998.Sub-Regionalism in the Newly Independent States.*International Affairs*, 74(1): 131–148.

Brusis, M.2014.*A Eurasian European Union? Relaunching Post-Soviet Economic Integration*.Unpublished manuscript.Munich: Ludwig Maximilian University.

Bugajski, J.2008.*Expanding Eurasia: Russia's European Ambitions*.Washington, DC: Center for Strategic and International Studies.

Byrd, W., Raiser, M., Dobronogov, A., and Kitain, A.2006.*Economic Cooperation in the Wider Central Asia Region*.World Bank Working Paper 75.Washington, DC: World Bank.

Cameron, D.R.and Orenstein, M.A.2012.Post-Soviet Authoritarianism: The Influence of Russia in Its Near Abroad.*Post-Soviet Affairs*, 28(1): 1–44.

Carneiro, F.G.2013.*What Promises Does the Eurasian Customs Union Hold for the Future?* The World Bank Economic Premise No.108.Washington, DC: World Bank.

Christian, D.1994.Inner Eurasia as a Unit of World History.*Journal of World History*, 5(2): 173–211.

Collins, K.2004.The Logic of Clan Politics: Evidence from the Central Asian Trajectories.*World Politics*, 56(2): 224–261.

Collins, K.2006.*Clan Politics and Regime Transition in Central Asia*.Cambridge: Cambridge University Press.

Collins, K.2009.Economic and Security Regionalism among Patrimonial Authoritarian States: The Case of Central Asia.*Europe–Asia Studies*, 61(2): 249–281.

Crane, K., Peterson, D.J., and Oliker, O.2005.Russian Investment in the Commonwealth of Independent States.*Eurasian Geography and Economics*, 46(6): 405–444.

Darden, K.2009.*Economic Liberalism and Its Rivals: The Formation of International Institutions among the Post–Soviet States*.New York: Cambridge University Press.

De Sousa, J.and Lamotte, O.2007.Does Political Disintegration Lead to Trade Disintegration Evidence from Transition Countries.*Economics of Transition*, 15(4): 825–843.

Delcour, L.and Kostanyan, H.2014.*Towards a Fragmented Neighborhood: Policies of the EU and Russia and their Consequences for the Area that Lies in between*.CEPS Essay 17.Brussels: Centre for European Policy Studies.

Djankov, S.and Freund, C.2002.Trade Flows in the Former Soviet Union, 1987 to 1996.*Journal of Comparative Economics*, 30(1): 76–90.

Dragneva, R.and Wolczuk, K.(eds.)2013.*Eurasian Economic Integration*.Cheltenham: Edward Elgar.

Dudău R.and Guedes, A.M.2012.Energy Politics in the Black Sea Region.In: R.Ivan(ed.), *New Regionalism or No Regionalism? Emerging Regionalism in the Black Sea Area*.Farnham: Ashgate, 69–93.

EDB.2012a.*EDB Integration Barometer—2012*.St.Petersburg: EDB Center for Integration Studies.

EDB.2012b.*Comprehensive Assessment of the Macroeconomic Effects of Various Forms of the Deep Economic Integration of Ukraine with Member States of the Customs Union and the Common Economic Space within the EurAsEC*.St.Petersburg: EDB Center for Integration Studies.

EDB.2012c.*Labor Migration in the CES*.St.Petersburg: EDB Center for Integration Studies.

Englund, W.2014.Kremlin Says Crimea is now Officially Part of Russia after Treaty Signing, Putin Speech.*Washington Post*, March 18.

Facon, I.2013.Moscow's Global Foreign and Security Strategy: Does the Shanghai Cooperation Organization Meet Russian Interests? *Asian Survey*, 53(3): 461–483.

Fidrmuc, J.and Fidrmuc, J.2003.Disintegration and Trade.*Review of International Economics*, 11(5): 811–829.

Furman, D.2004.Rossia, SNG i ES.*Mir Peremen*, 3: 61–74.

Furman, E.and Libman, A.2014.Europeanization and the Eurasian Economic Union.In: P.Dutkiewicz and R.Sakwa(eds.), *Eurasian Integration: The View from Within*.Abingdon: Routledge, 173–192.

Gleason, G.1997.*Central Asian States: Discovering Independence*.Boulder, CO: Westview Press.

Gleason, G.2004.The Reintegration of Eurasia: Functional Theory and Inter-State Policy Coordination. In: K.Khudolev(ed.), *Post-Communist Countries in the Globalized World*.St.Petersburg: St.Petersburg University Press.

Hale, H.2008.*The Foundations of Ethnic Politics: Separatism of States and Nations in Eurasia and the World*.New York: Cambridge University Press.

Hancock, K.J.2006.The Semi-Sovereign State: Belarus and the Russian Neo-Empire.*Foreign Policy Analysis*, 2(2): 117–136.

Hancock, K.J.2009.*Regional Integration: Choosing Plutocracy*.Basingstoke: Palgrave Macmillan.

Hancock, K.J.and Lane, T.R.2015.Energy in Russia and Eurasia: Fuel for Foreign Policy.In: S.Wegren (ed.), *Putin's Russia: Past Imperfect, Future Uncertain, 6th edition*.Lanham, MD: Rowman & Littlefield, in press.

Isakova, A., Koczan, Z., and Plekhanov, A.2013.*How Much Do Tariffs Matter? Evidence from the Customs Union of Belarus, Kazakhstan and Russia*.EBRD Working Paper 154.London: European Bank for Reconstruction and Development.

Ivan, R. (ed.)2012.*New Regionalism or No Regionalism Emerging Regionalism in the Black Sea Area*. Farnham: Ashgate.

Jackson, N.2014.Trans-Regional Security Organizations and Statist Multilateralism in Eurasia.*Europe-Asia Studies*, 66(2): 181–203.

Jenish, N.2013.*Regional Trade and Economic Growth in the CIS Region*.Institute of Public Policy and Administration Working Paper 21.Bishkek: University of Central Asia.

Kalotay, K.and Sulstarova, A.2010.Modelling Russian Outward FDI.*Journal of International Management*, 16(2): 131–142.

Kaminski, B.and Mitra, S.2012.*Borderless Bazaars and Regional Integration in Central Asia*.Washington, DC: World Bank.

Kelley, J.G.2012.International Influences on Elections in New Multiparty States.*Annual Review of Political Science*, 15(June): 203–220.

Kheyfets, B.2011.*Rossiyskiy Biznes v Stranakh EvrAzES: Modernizatsionnyi Aspekt*.Moscow: Ekonomika.

Kirckovic, A.2014.Imperial Nostalgia or Prudent Geopolitics? Russia's Effort to Reintegrate the Post-Soviet Space in Geopolitical Perspective.*Post-Soviet Affairs*, 30(6): 503–528.

Korobkov, A.2007.Migration Trends in Central Eurasia: Politics versus Economics.*Communist and Post-Communist Studies*, 4(2): 169–189.

Kubicek, P.2009.The Commonwealth of Independent States: An Example of Failed Regionalism? *Review of International Studies*, 35(S1): 237–256.

Kurmanalieva, E.and Vinokurov, E.2011.*Holding Together or Falling Apart: Results of Gravity Equation of the CIS Trade*.Unpublished manuscript, Eurasian Development Bank.

Kuznetsov, A. 2007. *Internatsionalizatsiya Rossiyskoy Ekonomiki: Investitsionnyi Aspekt*.Moscow: URSS.

Laruelle, M.2008.*Russian Eurasianism: An Ideology of Empire*.Baltimore, MD: Johns Hopkins University Press.

Laumulin, M.2006.*The Shanghai Cooperation Organization as Geopolitical Bluff? A View from Astana*. IFRI Working Paper 12.Paris: French Institute of International Relations.

Lewis, D.2012.Who's Socialising Whom? Regional Organisations and Contested Norms in Central Asia. *Europe-Asia Studies*, 6(7): 1219-1239.

Libman, A.2007.Regionalization and Regionalism in the Post-Soviet Space: Current Status and Implications for Institutional Development.*Europe-Asia Studies*, 59(3): 401-430.

Libman, A.and Obydenkova, A.2013.Informal Governance and Participation in Non-Democratic International Organizations.*Review of International Organizations*, 8(2): 221-243.

Libman, A.and Obydenkova, A.2014.International Trade as a Limiting Factor in Democratization: An Analysis of Subnational Regions in Post-Communist Russia.*Studies in Comparative International Development*, 49(2): 168-196.

Libman, A.and Ushkalova, D.2013.*Foreign Trade Effects of the Customs Union between Belarus, Kazakhstan, and Russia*.GWU Central Asia Program Central Asia Economic Paper 8.Washington, DC: George Washington University.

Libman, A.and Vinokurov, E.2012a.*Holding-Together Regionalism: Twenty Years of Post-Soviet Integration*.Basingstoke: Palgrave Macmillan.

Libman, A.and Vinokurov, E.2012b.Post-Soviet Integration and the Interaction of Functional Bureaucracies.*Review of International Political Economy*, 19(5): 867-894.

Libman, A.and Vinokurov, E.2012c.Regional Integration and Economic Convergence in the Post-Soviet Space: Experience of the Decade of Growth.*Journal of Common Market Studies*, 50(1): 112-128.

Libman, A.and Vinokurov, E.2015.Autocracies and Regional Integration: The Case of the Eurasian Economic Union and Its Predecessors.Mimeo.

Malfliet, K., Verpoest, L., and Vinokurov, E.(eds.)2007.*The CIS, the EU and Russia: The Challenges of Integration*.Basingstoke: Palgrave Macmillan.

Mattes, M.and Rodríguez, M.2014.Autocracies and International Cooperation.*International Studies Quarterly*, 58(3): 527-538.

Mattli, W.1999.*The Logic of Regional Integration*.Cambridge: Cambridge University Press.

Melnykovska, I., Plamper, H., and Schweickert, R.2012.Do Russia and China Promote Autocracy in Central Asia? *Asia Europe Journal*, 10(1): 75-89.

Metcalf, L.K.1998.*The Council of Mutual Economic Assistance: The Failure of Reform*.New York: Columbia University Press.

Michalopoulos, C.and Tarr, D.1997.The Economics of Customs Unions in the Commonwealth of Independent States.*Post-Soviet Geography and Economics*, 38: 125-143.

Mktrchyan, A.2013a.Determining the Common External Tariff in a Customs Union: Evidence from the Eurasian Customs Union.Mimeo.

Mktrchyan, A.2013b.*Tariff Changes and Non-Tariff Trade Costs: An Assessment of the Eurasian Customs Union*.EERC Working Paper No.14E.Kiev: EERC.

Mogilevskii, R.2012.*Customs Union of Belarus, Kazakhstan and Russia: Trade Creation and Trade Diversion in Central Asia in 2010–2011*.Institute of Public Policy and Administration Working Paper 12. Bishkek: University of Central Asia.

Movchan, V.and Guicci, R.2011.*Quantitative Assessment of Ukraine's Regional Integration Options*. Kyiv: Institute for Economic Research and Policy Consulting.

Nygren, B.2007.*The Rebuilding of Greater Russia: Putin's Foreign Policy towards the CIS Countries*. Abingdon: Routledge.

Obydenkova, A.2011.Comparative Regionalism: Eurasian Cooperation and European Integration—The Case for Neofunctionalism? *Journal of Eurasian Studies*, 2(2): 87–102.

Obydenkova, A.and Libman, A.(eds.)2015.*Autocratic and Democratic External Influences in Post-Soviet Eurasia*.Farnham: Ashgate.

Olcott, M.B.1995.*The Kazakhs, 2nd edition*.Stanford, CA: Hoover Institution Press.

Olcott, M.B.2005.*Central Asia's Second Chance*.Washington, DC: Carnegie Endowment for International Peace.

Olcott, M.B., Aslund, A., and Garnett, S.W.1999.*Getting It Wrong: Regional Cooperation and the Commonwealth of Independent States*.Washington, DC: Carnegie Endowment for International Peace.

Pavlenko, A.2006.Russian as a Lingua Franca.*Annual Review of Applied Linguistics*, 26(January): 78–99.

Prizel, I.1998.*National Identity and Foreign Policy: Nationalism and Leadership in Poland, Russia and Ukraine*.Cambridge: Cambridge University Press.

Qoraboyev, I.2010.From Central Asian Regional Integration to Eurasian Integration Space? Changing Dynamics of Post-Soviet Regionalism.In: E.Vinokurov(ed.), *EDB Eurasian Integration Yearbook 2010*. Almaty: EDB, 206–230.

Rose, R.and Munro, N.2008.Do Russians See their Future in Europe or the CIS? *Europe-Asia Studies*, 60(1): 49–66.

Russo, A.2015.A "Potemkin Village"? Governance Transfer by the CIS.In: T.Börzel and V.Van Hüllen (eds.), *Governance Transfer by Regional Organizations*.Basingstoke: Palgrave Macmillan, 141–156.

Savietz, C.R.2012.The Ties That Bind? Russia's Evolving Relations with Its Neighbors.*Communist and Post-Communist Studies*, 45(3—4): 401–412.

Shepotylo, O.2013.*Export Potential, Uncertainty, and Regional Integration: Choice of Trade Policy for the Ukraine*.Working Paper.Kyiv: School of Economics.

Socor, V.2014.Secessionist Leaders in Ukraine's East Step up Political Demands in the Wake of Elections.*Eurasia Daily Monitor*, November 10.

Song, W.2013.Feeling Safe, Being Strong: China's Strategy of Soft Balancing through the Shanghai Cooperation Organization.*International Politics*, 50(5): 664–685.

Spoor, M.and Krutov, A.2003.The "Power of Water"in a Divided Central Asia.*Perspectives on Global Development and Technology*, 2(3): 593–614.

Sterzhneva, M.1999.*Evropeiskiy Soyuz i SNG: Sravnitel'nyi Analiz Institutov*.Moscow: MONF.

Stone, R.1996.*Satellites and Commissars: Strategy and Conflict in the Politics of Soviet-Bloc Trade*. Princeton, NJ: Princeton University Press.

Tarr, D.2012.*The Eurasian Customs Union among Russia, Belarus and Kazakhstan: Can It Succeed Where Its Predecessor Failed?* FREE: Forum for Research on Eastern Europe and Emerging Economies Working Paper, November.

Tsygankov, A.P.2006.If Not by Tanks, then by Banks? The Role of Soft Power in Putin's Foreign Policy. *Europe-Asia Studies*, 58(7): 1079–1099.

Tsygankov, A.P.2007.Finding a Civilizational Idea: "West, " "Eurasia, "and"Euro-East"in Russia's Foreign Policy.*Geopolitics*, 12(3): 375–399.

Ubaidulloev, Z.2010.Regionalism in Central Asia.In: M.A.Kaw (ed.), *Central Asia in Retrospect & Prospect*.New Delhi: Readworthy, 35–42.

UNRCCA.2014.United Nations Regional Center for Preventative Diplomacy. <http://unrcca.unmissions.org>(accessed October 31, 2014).

Vahtra, P.2005.*Russian Investments in the CIS: Scope, Motivations and Leverage*.Pan-European Institute Electronic Publication 9.Turku: Turku School of Economics and Business Administration.

Vinokurov, E.and Libman, A.2014.Do Economic Crises Impede or Advance Regional Economic Integration in the Post-Soviet Space? *Post-Communist Economies*, 26(3): 341–358.

Wegerich, K.2004.Coping with Disintegration of a River-Basin Management System: Multi-Dimensional Issues in Central Asia.*Water Policy*, 6(4): 335–344.

World Bank.2012.*Assessment of Costs and Benefits of the Customs Union for Kazakhstan*.Washington, DC: World Bank.

Yevstigneev, V.1997.*Valyutno-Finansovaya Integraciya v ES i SNG: Sravnitel'nyi Semanticheskiy Analiz*.Moscow: Nauka.

Yuan, J.D.2010.China's Role in Establishing and Building the Shanghai Cooperation Organization (SCO).*Journal of Contemporary China*, 19(67): 855–869.

Zakhirova, L.2013.The International Politics of Water Security in Central Asia.*Europe-Asia Studies*, 65 (10): 1994–2013.

第11章 亚 洲

安雅·耶茨奇克(Anja Jetschke)
片田纱织(Saori N.Katada)

过去20年间,亚洲经历了显著的地区化,其经济、政治和社会联系更加密切和深入。谈到地区制度上的团结,亚洲却似乎完全不在状态(Langhammer,1995)。亚洲过去罕有地区一体化的研究。20世纪90年代初,在该地区的政策圈论及"地区"时,是把它作为欧盟通过主权共享和主权委托达成一体化模式的反模式(参见Stieglitz,1996;World Bank,1993)。学术界在争论亚洲地区时,一向是传统的国际关系学方法占优势。近来这一状况有所改观,亚洲特别是东南亚,已经不仅成为地区制度建设的中心,而且成为讨论地区主义性质及其制度设计和影响的活跃之地。 【225】

本章认为,亚洲地区主义的一个最令人感到困惑的特点是,其正式制度化程度有限,或者说其地区化水平高而地区主义水平低,两者对比形成反差。我们梳理了各种解释这一现象的文献。本章第一节会从各个角度定义亚洲地区。第二节将描述亚洲地区制度的演进和特色,重点强调其活跃的地区化发展与"软性"地区制度之间的反差。第三节考察各种理论方法是如何对这种反差加以实证检验的。第四节讨论的是亚洲人对制度设计的思考。在现有文献中,我们找不到一种对亚洲地区主义的总体特色有特别说服力的解释。我们把两种主要方法——有关发展型国家的研究方法以及IPE和IR中的扩散方法——贯通使用,以解释亚洲制度中有限的授权程度,同时也解释其中一个新近出现的现象——制度效仿。

作为一个地区的亚洲:地理、文明、权力与制度

【226】 地区这种建构有其“自然的、心理的和行为的特征”,在每个不同时期都会被反复地定义和再定义(Pempel,2005,4)。亚洲的地理界定非常模糊,其陆地和岛屿广袤众多,人口和文化多种多样,因而其地区认同也各不相同。亚洲地区地域广阔,从东边的太平洋岛屿延伸到西边的巴基斯坦,北至蒙古,南到印尼和巴布亚新几内亚。[①]亚洲的地理边界线在太平洋沿岸很好划出,而在大陆上就不容易了。蒙古算是亚洲没错,但巴基斯坦和阿富汗算不算就不好说了。[②]

既然不好划分自然地理边界线,就有人通过权力来建构这个地区(Katzenstein,2005),如此就可以把“亚洲”界定出不同的次地区。政治上,亚洲大陆很早就是中国历代王朝的地盘,它们自视为华夏文明的中心,周边围绕着几个朝贡国(Kang,2012)。18世纪时,中华帝国最为广大,其影响范围甚至及于印度次大陆(尼泊尔)、东南亚(越南和缅甸)和东亚(日本和朝鲜)。在亚洲被殖民化时期(1842—1942年),它主要被分成两个次地区,一个是欧洲大国主导下的东南亚,另一个是中、日、俄主导下的东北亚。中国被殖民大国分割成多个势力范围,几近覆亡。

19世纪末直到二战时,亚洲的政治地图再次被改画。它被“重新亚洲化”,那时的日本扩张到东亚大陆,将欧洲大国的势力从东南亚赶走,试图建设一个“大东亚共荣圈”,囊括朝鲜、满洲、东南亚(包含印尼和菲律宾)。东西方对峙的冷战时期,亚洲主要按意识形态划线,共产主义的中国、朝鲜和前法国殖民地为一边,日本和东南亚等倒向西方的国家为另一边。这些经历导致了亚洲的多样性。21世纪,亚洲的地区主义仍然在一个具有挑战性和易变性的环境中发展。

从文明角度看,亚洲也是从外部加以界定的(Suzuki,2014)。最早是由一位希腊历史学家起名,后来经西方殖民主义者定名,亚洲很久以来都是一种战略性和文化性的观念建构,被西方人看作非欧洲的一部分(Goderment,1997)。尽管一些亚洲人士如孙中山、尼赫鲁或冈仓天心等人提出过不同的亚洲想象,但20世纪的现代亚洲仍然为主要
【227】 的非亚洲大国所界定,冷战时期主要就是美国和苏联。最后,亚洲认同脱离外来者得以

---

① 世界银行把以下国家称为“东亚”:美属萨摩亚、柬埔寨、中国、斐济、印尼、日本、基里巴斯、巴基斯坦、斯里兰卡、韩国、朝鲜、老挝、马来西亚、马绍尔群岛、密克罗尼西亚、蒙古、缅甸、帕劳、巴布亚新几内亚、菲律宾、萨摩亚、新加坡、所罗门群岛、泰国、东帝汶、图瓦卢、汤加、瓦鲁阿图、越南。而“南亚”包括:阿富汗、孟加拉国、不丹、印度、马尔代夫、尼泊尔、巴基斯坦和斯里兰卡。

② 本章作者的亚洲界定排除了西亚、中亚以及俄罗斯亚洲部分,因为本书另有章节论述。——译者

解放是最近几十年的事,亚洲逐渐从内部建构其自身认同,尽管其内部的“亚洲观念”在本地区多个成员当中还有很大争论(Acharya,2010)。

另一种定义亚洲的方式是通过其制度,不过这引起了某些挑战。如本章所论,20 世纪 90 年代中期,亚洲无论是作为一个地区还是由一系列次地区组成,其地区制度都很脆弱,尽管该地区日益被共同的安全威胁和活跃的商业网络连接在一起(Katzenstein and Shiraishi,1997)。于是,我们就可以用亚洲的次地区集团来定义它,比如用东盟(ASEAN)成员身份来定义东南亚,用南盟(SAARC)成员身份来定义南亚。

历史上,跨地区主义对亚洲的制度方法而言曾是一种重要的现象(参见本书第 26 章)。1955 年由印度和印尼发起的不结盟运动覆盖了亚洲和非洲的重要国家,成为一种重要的跨地区主义组织。亚太经合组织(APEC)也是这样的组织,它旨在实现成员间的贸易自由化,20 世纪 90 年代中期极盛时曾一度有东亚地区内外 21 个经济体参与其中(Katzenstein and Shiraishi,1997)。最近,随着中国崛起,亚太地区的战略思想家又提出了“印太”概念,以涵盖从西半球到大洋洲再到印度洋的广大地区(Medcalf,2013)。

无论如何定义,亚洲各国的发展水平和政治体系都差异巨大。该地区有民主制也有威权制,有资本主义也有社会主义经济体制,这个地区当前占世界人口的 60%,还拥有世界上人口最多的两个国家——中国和印度。这些国家的人们主要信奉的是儒家思想、佛教、印度教、基督教或伊斯兰教,也有的国家信仰多元化。有的国家人均国内生产总值在世界平均水平之上,有的则远达不到世界平均水平。

亚洲地区主义的历史演进及其解释

关于亚洲地区主义的争论,有三个观察出发点:一是亚洲的正式地区制度化水平很低(参见后面讨论“制度设计”的部分);二是其地区化水平却很高,反映在亚洲地区生产 【228】 网络当中(Asian Development Bank,2010),这与上一点共存且相悖,令人困惑;三是在贸易和安全等领域密集的双边条约共存——这往往有助于加强地区多边制度(参见本章附表 A11.1)。于是,亚洲地区主义的推动力量中,“自下而上和社会力量主导”对“自上而下和国家力量主导”的问题,就成了大家热烈争论的话题(Quiliconi and Wise,2009; Solís and Katada,2009)。

经济上的生产网络是这个地区发展活力的关键部分。它们常常被视为亚洲经济地区化的主要推动力量,而不是国家主导的多边机构。将该地区联结起来的,是非正式的和公司推动的制造业网络,它们跨越多国,将投资和公司内贸易联系在一起(Hatch and Yamamura,1996),或者是海外华人商业网络(Peng,2002; Weidenbaum and Hughes,1996)。

伴随着经济交流，该地区通过发达的基础设施、通信联络和商业人员往来，建立了各种各样的联系渠道。这些活动将商业导向的地区生产和地区投资策略紧密联系起来，它们主要由日本和中国引领(Hatch and Yamamura，1996；Peng，2002；Tachiki，2005；Aggarwal，2005；Katzenstein，2005)。区内联系快速增加，15 个东亚国家的贸易成十倍增长，达到 5316 万亿美元(图 11.1)，本地区伙伴占其贸易的 50%、对外直接投资(FDI)的 48%(Asian Development Bank，2015；Hameiri and Wilson，2014)。按地区计算贸易量的话，差别更明显，东亚几乎占到亚洲经济贸易的 80%，而南亚和东南亚的贸易各占全部亚洲贸易的 10%(Dent，2014)。

地区主义在亚洲的特点是，其地区制度建设步伐缓慢。在有制度的地方，尤其是贸易和安全这两个最突出的领域，其制度化水平明显很低。学界对此有各种各样的描述："自我封闭的安全多边主义"(Katzenstein and Okawara，2004，116)，"持续的低制度化"(Beeson，2010，330)，或者"组织差距"(Calder and Fukuyama，2008)之类。特别突出的是，在亚洲，地区制度建设的多种全球做法都进展缓慢或者明显行不通，比如和平维护、冲突调解——尽管当地冲突非常密集(Mullenbach，2005；本书第 14 章)，又比如负责争端解决的地区法院(Alter，2014；本书第 23 章)，以及国家的民主治理(本书第 21 章；Börzel and Van Hüllen，2015；Jetschke，2015)。

尽管围绕地区化进行的互动很频繁，但其现有的制度，如东盟或"10+3"却显得很不正式，其制度的集中度相对很弱、协议的约束性较差、协议内容相对含糊，所达成的也
【229】是最低限度的共识(Kahler and Maclntyre，2013)。总之，亚洲目前经历的是没有地区主义的地区化(Maclntyre and Ravenhill，2013)。

亚洲没有覆盖本地区全部国家的泛亚洲性地区组织，不像美洲有美洲国家组织(OAS)或非洲有非洲联盟(AU)，而且亚洲也不存在地区范围的共同身份认同(参见本书第 24 章)。有些国家，像朝鲜或柬埔寨和老挝，直到最近也没有从根本上很好地与地区结构和国际结构建立密切联系。亚洲地区主义的演进因为是否包含美国和东太平洋其他国家的争议而变得复杂(Higgott and Stubbs，1995；Goh，2009)。但是在次地区，还是存在着更深度的地区治理结构。这样的次地区往往在与美国进行跨地区合作上十分积极。

这些地区发展是如何演进的呢？二战后地区制度建设的较早努力中，许多是外来因素驱动的，包括法国和英国为东南亚所做的后殖民设计(分别是法语同盟和马来联盟)，或者美国主导的东南亚条约组织(SEATO，1954)这个类似北约的联盟。这些地区安排都没能延续下来。在地区国家间最早建立的地区组织是《东南亚友好与经济条约》(SEAFET，1957)，以及后来的东南亚联盟(ASA，1961)。东南亚联盟(ASA)后来因印尼和马来西亚于 1963 年发生军事冲突而失效，但在两国解决边界纠纷之后演化成了东盟

(ASEAN)。

成立于1967年的东盟(ASEAN),最早由印尼、马来西亚、菲律宾、新加坡和泰国建立,成为这个地区历史最悠久的地区组织(Jetschke,2012)。越南战争结束,美中缓和,越南侵略柬埔寨,这些事件促使东盟成员国在地区层次不断会晤,并建立了日常的外交渠道(Narine,2002;Acharya,2001)。20世纪80年代文莱加入,冷战结束后又扩及柬埔寨、老挝、缅甸、越南四国。东盟建立的起初目的是为了抵御任何大国的外来干涉,如今已经慢慢扩大到其他合作领域,比如贸易、投资、非传统安全问题,以及环境和公共卫生(Caballero-Anthony and Cook,2013)。

在东南亚和东北亚缺少其他地区组织的情况下,东盟(ASEAN)为东亚的其他地区组织提供了向心力,比如1994年建立的东盟地区论坛(ARF)、“10+3”和东亚峰会(EAS,2005)。通过“10+”机制,东盟不仅将东南亚与东北亚大国联系起来,也将东南亚和南亚联系在一起,毕竟印度现在越来越积极地与东盟开展互动。从某种角度来看,东盟如今变得“很新潮”,在多个议题领域中都积极推动着地区一体化的诸多努力。一个更大的地区间对话机制——亚欧会议(ASEM,1996)——也建立了起来,把十多个东北亚和东南亚国家与欧盟联系起来(Gilson,2012)。

南亚最重要的地区组织是南盟(SAARC),它从1985年起为其成员国提供了一个全面的地区合作平台(Saez,2012;Dash,2012)。然而在这个次地区,地区主义被印巴冲突和印度在该地区的压倒性势力所重重遮掩,印度被看作对其大多数邻国的威胁(Dash,2012)。这个地区的经济一体化和区内贸易水平极其低下,由于存在着严重的安全困境,其经济地区化的发展受到极大牵制。印度在印度洋沿岸国家中打造了一个一体化组织——环印度洋国家联盟(IORA,1997),这是一个跨地区组织,包括亚洲国家、阿拉伯国家和非洲国家。该组织并未订立约束性的协议。 【230】

上海合作组织(SCO)建于2001年,由中国、俄罗斯、哈萨克斯坦、吉尔吉斯斯坦、塔吉克斯坦和乌兹别克斯坦组成,已经成为一个重要的地区组织。上合组织的前身是“上海五国”机制(1996),其宗旨是成为一个建立信任和维护安全的机构。该组织展现了中国促进其与俄罗斯等陆上邻国间安全关系并影响它们的努力。有学者认为,该组织是为了限制北约在中亚地区的影响(Aris,2011)。

1997年的亚洲金融危机普遍被视为亚洲地区主义发展的重要转折点,无论是制度建设上还是地区认同的意义上都是如此。危机的相互依赖性质意味着,任何单个国家都无力应对这场危机,但却缺乏地区制度。美国或国际货币基金组织(IMF)都不提供援助,于是各国领导人面临着“要么自助、要么无助”的选择(Lin and Rajan,1999)。地区制度建设应运而生(Wesley,1999;Webber,2001),出现了更加排外和更加正式的地区制度,如“10+3”。《清迈倡议》(CMI,2000)从“10+3”合作中诞生,成为东亚和东南亚地区合作的典范(Henning,2002;Chey,2009;Ciorciari,2011)。“10+3”还刺激了成员间的功能合作,包括投资、贸易、环境和毒品控制(Tsunekawa,2005;Terada,2012)。最后,东亚峰会(EAS)自2005年开始运转,将所有“10+3”成员国首脑以及澳大利亚、新西兰和印度的首脑聚合在一起,2011年时又扩及俄罗斯和美国。

双边的贸易和安全协议也有很大发展。安全上，主要是美国与亚洲国家间既存的双边防务和军事安排，美国及其亚洲盟友都不肯有所改变，不肯转向多边倡议(Cha,2014)。贸易上,亚洲国家间发展了纵横交织的各种地区和跨地区的自由贸易区(FTA)网络,从而造成了一种双边FTA交叠的“面条碗”效应(Dent,2010;Kawai and Wignaraja,2013)。

【231】

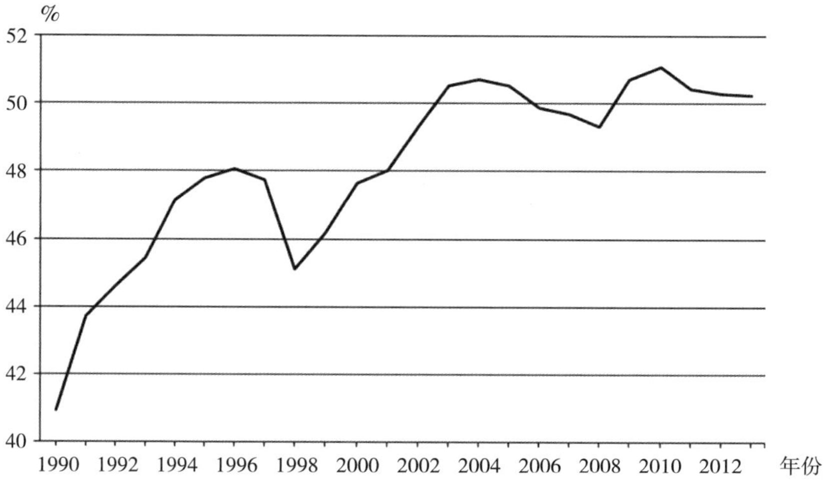

图11.1 东盟的区内贸易份额

资料来源:亚洲开发银行、亚洲地区一体化研究中心。

在一场广泛的地区主义争论当中,现有的国际关系学(IR)研究方法如何解释这种地区主义水平低而地区化水平高的谜题呢?现实主义方法将亚洲的这种制度化程度低甚至缺少制度的现象,解释成主要大国的政策后果(Mastanduno,2009;Roy,1994)。在现实主义看来,制度是次要的,离开了支持它们的主要大国,它们就没有了解释力。结果是,在受到霸权国支持的地方就会出现强大的制度,而在几个主要大国为竞争霸权而激烈冲突的地方,制度就弱或者没有制度。冷战期间,这样的大国有苏联和美国,也有日本和中国。美苏之间在亚洲的对抗复制了全球两极体系，使得两大相互排斥的集团成员之间无法实现地区制度性合作。

冷战后,在现实主义看来,这种权力格局有所改变,随着俄罗斯相对实力的衰落,中国迅速走进大国权力争夺的舞台中心。于是,有一种观点认为“冷战在东亚并未终结”

(Wesley,2009,71),认为亚洲的“争夺正酣”(Friedberg,1993; 参见 Christensen,1999),或者说古典的势力均衡问题依然存在。实力的快速转移阻碍了制度化(Grieco,1997)。即便在亚洲国家打算建立一定水平合作的领域,比如亚洲金融危机之后在金融和货币领域那样,中国和日本之间的竞争也深深地影响着合作的水平(Grimes,2009)。尽管现实主义很好地解释了亚洲国家间安全合作相对较低的水平,但它难以解释增强它们之间互动的高水平地区化,尤其是东亚和东南亚国家间从现实主义角度看,这些经济上的互动也应当受到国家对安全的关心那样的影响, 可以从相对获益的角度来加以看待(Mastanduno,2014)。

在国际政治经济学(IPE)理论和方法中,地区制度并不特别被重视。卡赞斯坦在对亚洲和欧洲的地区主义进行的比较研究(Katzenstein,2005)中解释说,亚洲地区主义的形成和特征乃是美国独特的自由主义霸权与地区核心国家(这里指日本)之间紧密关系的产物。美国霸权确保地区是“多孔的”,即它们无法形成贸易堡垒而深嵌于国际贸 【232】易结构当中。不过,核心国家的国内结构也从根本上影响着地区的形成。国内政治的网络化特征已被日本外部化, 并为地区合作的形成创设了生产网络。尽管这种解释对东亚有说服力,但在南亚就可能难以服人,因为美国虽与巴基斯坦有联系,但却影响不到开放的地区主义在南亚的演进。

自由主义理论解释各种水平的地区主义时的出发点, 是各国的国内结构与跨国集团政治。据此,国家之间在特定议题领域的相互依赖给地区制度创造了需求,要求它为应对这些挑战提供解决办法。因此,米尔纳(Milner,1999)提出,要求提高规模报偿的产业压力推动着政府去寻求建立地区贸易安排(参见本书第 15 章)。尽管自由主义理论有精彩的分析,但它们最终难以解释我们的谜题,毕竟我们没有在如此紧密的交流网络条件下看到更高水平的地区主义。卡赞斯坦(Katzenstein,2005)和其他学者(Goldsmith,2007; Ravenhill,2009)甚至提出,高水平的地区化和生产网络降低了建立地区多边制度的压力。哈格德(Haggard,2014)注意到,这一观点又令自由主义解释自相矛盾,因为这破坏了相互依赖和制度建设之间的因果联系。在索林根对亚洲、中东和拉美的比较研究(Solingen,1998)中,她认为,在地区层次上形成“地区秩序”,受到各种不同国内联盟(国际主义联盟和民族主义联盟)布局的影响(参见本书第 4 章)。因此,受国内联盟竞合的影响,地区贸易秩序多多少少会表现出开放性和稳定性。有关“发展型国家”的文献(Haggard,1990;Clark and Chan,1995;Woo-Cumings,1999;Johnson,1982)解释说,亚洲的开放性来自个别国家的自由化战略,因为东亚国家(尤其以日本为首)优先发展出口导向型工业化,并且单边降低贸易壁垒。按照这种解释,受单边国家战略驱动,即使没有建立地区制度,地区内也会出现普遍的经济自由化。

建构主义采用以认同为中心的办法，来解决这种地区化水平高而制度化水平低的不匹配谜题。建构主义者认为，产生稳定的地区主义和可预期互动的，不是一个制度的正式化程度，而是制度塑造集体认同的能力，就是意识到与别国同属于某个国际共同体并拥有相同身份（Acharya，2009；Khong，2004；Narine，2002；本书第24章）。因此，地区主义可以没有正式制度。东盟成员国就曾致力于创造这种集体认同，只是其他次地区还做不到。另外，这种认同建立在对于维护主权的共同信念基础上（参见本书第6章）。由于日本和中国在东亚、印度和巴基斯坦在南亚进行领导权争夺，这样一种集体积极认同就无法形成，所以这些次地区也就缺少共同制度。也有人把亚洲金融危机视为激发亚
【233】洲国家认同的一道分水岭。许多亚洲国家在面对经济困难和西方指责时产生了政治怨愤，致使许多亚洲领导人谴责“区外国家”为造成其困境的根源（Higgott，1998）。找到了为本地区问题负责的“他者”，也就令亚洲的团结变得更加易于实现（Terada，2003）。

英国学派作为一种解释地区主义的历史路径，吸收了之前那些方法的许多概念，集中关注地区主义的路径依赖演进。这一方法并不指望在地区层次有任何普遍有效的法则，而是聚焦于地区特有的初级制度（国际和地区规范）和次级制度（地区组织），以解释亚洲地区秩序的相对稳定性（Buzan and Zhang，2014a；Goh，2013；Hurrell，2007）。这种方法一开始就注意到了亚洲国家间巨大的差异性和紧张的冲突性，并用以解释为什么亚洲绝不会出现那种在“特别努力之下达成地区性秩序、安全与繁荣”的稳定性（Buzan and Zhang，2014b，15）。因此说，亚洲代表着一种特别有趣的地区案例，它在与欧洲非常不同的条件下实现了跟欧洲一样的集体获益。

正如上述讨论所展示的，各个理论方法为高地区化而低地区主义这一谜题提供了不同的解释。在我们看来，任何一种方法都并非比别的方法有更大解释力。实际上，亚洲地区主义理论的解释力目前还经不起严格的理论检验。但是很清楚的是，从理论方法的更广泛意义上来看，如果对照地区一体化的标准模式，亚洲还完全无法适用（参见本书第6章）。

解释制度设计及其影响

鉴于亚洲地区制度总体上委托水平低的特点，在存在制度的地方，政府间主义就决定着地区合作的路径（Lake，2007；Haggard，2014）。很少有亚洲地区制度发展成活跃的地区安排。因此，对地区制度设计的讨论就集中在两个问题上：为什么委托授权这么少？政府间地区主义起作用吗？

在亚洲各类地区主义之中，东盟是合作最紧密的，不管是从其建立集体决策的地区

结构上看,还是从其实际的经济一体化活动上看,都是如此。从制度设计上看,东盟始建于20世纪60年代末,其高度分散化的制度结构跟欧洲自由贸易区(EFTA)的分散化设计(Jetschke,2012)没什么两样,跟今天的北美自由贸易协定(NAFTA)(参见本书第7章)也没什么差别。尽管东盟有许多功能性的委员会,负责部门事务上的合作,但每个委员会还是向各个正式负责设立它的成员国负责。东盟秘书长并非依靠一个中心化的总秘书处开展工作,而是在每个成员国的国别秘书处支持下工作(Wah,1992)。东盟所有的决策机制都坚持协商一致的原则(Alagappa,2003)。 【234】

正像其他学者(Khong and Nesadurai,2007)曾详细谈到的,东盟经过1992年和2008年两次组织变革,已经提高了内部的集中化程度:建立了一个统一的秘书处,扩充了职员,加强了秘书长的地位。《东盟宪章》(2008年起生效)提出了建设一体化东盟共同体的愿景,其一体化架构由经济共同体、政治安全共同体和社会文化共同体组成。东盟经济共同体(AEC)试图仿效欧洲共同体模式实现共同市场目标,但并不建立像欧盟委员会那样的机构。由一个协商性的理事会加上一个新设立的制度化的常设代表机构,共同负责政策协调。东盟在引入人权机制方面也迈出了前所未有的步子。该机制严格遵循政府间原则,依托联合国宪章体系,采用联合国的国别人权报告审议机制(Jetschke,2015;Langlois,2012)。尽管东盟有自己的合作方式,但它一直没有采用"遵约"程序(这个概念在成员国中一直有争议),不过,它通过设立地区标准、评估各国朝向共同目标的进展情况以及促进相互学习而建立了推动政策执行的机制。然而东盟的这种明显进展与东盟在更大地区范围内所推动的制度还是有区别的。作为东盟地区论坛(ARF)的主办方,其集中化和成熟程度仍存在争议,因为东盟成员国不同意按美、日的主张而赋予该论坛更大领导权和能力(Yuzawa,2012a)。

尽管存在差异,但该地区制度建设的总体方式还是有相似之处的。制度设计反映着对于低主权代价和自愿遵约机制的偏好,而且遵循一致同意的决策方式(Kahler,2000)。虽然不是由一个(像欧盟委员会那样的)超国家实体在进行监督,我们还是能够经常看到,东盟内有看似科学的监督实体或机构在进行信息收集,并推进标准化管理和相互学习。它与全球性国际组织之间也有着系统性的联系(Dent,2014),以至于某些功能赋予了这些国际组织。比如,亚洲如今并没有地区法院,但各国政府依靠世贸组织(WTO)或国际货币基金组织(IMF)提供争端解决的机制。如弗滕(Voeten,2013)所表明的,亚洲国家并不反对法治化的争端解决办法,它们只是将其授权给了亚洲之外的制度。

低水平的委托授权也是亚洲地区货币安排的特色。其中,大多数国家在过去几十年里一直依赖美元作为汇率基准(参见本书第16章),现在开始向依赖中国货币人民币

【235】方向逐渐转变(Katada and Henning,2014)。在金融领域,显著的制度化可见于《清迈倡议》(CMI)演变成一项多边制度,即《清迈倡议多边化》(CMIM)。《清迈倡议》起初是作为一个双边货币互换网络而设计的,据此可以确保那些金融能力强的东亚国家(中、日、韩)与那些金融能力差的国家对接。不过,资金支付要靠先前与国际货币基金组织(IMF)的诚信谈判,这就意味着:(a)亚洲政府自身的承诺没有带来高成本;(b)"地区问题地区解决"(Acharya,2014,49)要依靠先前的国际承诺。"清迈倡议"基金将是对IMF协议的补充,并且已经得到IMF附加条件的支持(Grimes,2014)。随着时间的推移,东亚各国政府对《清迈倡议》的资金承诺已经大大增加(从400亿美元增加到了2400亿美元),与IMF的关联性也随之降低了——为保证对宏观经济进行监督,2011年建立了东盟与中日韩("10+3")宏观经济研究办公室(AMRO)。事实上,《清迈倡议》提高了IMF提供给各国所需的资金份额,从而使之成为"实际应对货币危机基金的更大潜在提供者"(Grimes,2014,289)。因此,《清迈倡议多边化》机制虽然代表着一种创新性的无超国家授权的制度设计,但它的实际授权承诺还从未经受过检验。

在贸易领域,本地区的自由贸易协定(FTA)不仅进展缓慢(Solís and Katada,2007),而且比其他地区更少法治性,比如北美自由贸易协定(NAFTA)当中具有法律约束力的争端解决机制(Smith,2000;本书第7章)。尽管最近签订的大多数FTA包含有争端解决条款,但它们只能称作是"准"司法型的机制,因为它们缺少一个常设的第三方争端仲裁法院,只是建立了很弱的保障遵约的机制(Chase et al.,2013;本书第23章)。印度与其邻国达成的自由贸易协定(FTA)根本就没有争端解决条款。①另外,与欧洲法院形成鲜明对照的是,这个地区的贸易争端还从来没有被提交给过本地区的任何争端解决机制,即便是东盟的争端解决机制也没有过。因此,与《清迈倡议多边化》(CMIM)相似,这种授权承诺依然未经检验。

既然亚洲地区制度化水平低,自发的一体化活力不够,对其地区制度设计的理论争论也就聚焦在是否存在有效的无授权型制度上。在这场争论中,地区一体化理论基本上是缺席的,因为亚洲的情况与欧洲或拉美的争论颇不一样。亚洲的这一经验谜题,还挑战着欧洲中心论的制度设计理论的解释价值(Breslin and Higgott,2000;本书第6章)。

20世纪90年代,建构主义成为解释东盟制度设计以及其后各地区组织的主导性方法。亚洲地区主义的支持理念,即特别强调主权、不干涉和领土完整而反对强化委托授权的形式,已经成为争论的核心。根据阿查亚(Acharya,2009)的观点,这些理念深深
【236】地嵌入东南亚和南亚国家的反殖民认同中,并形成了它们的制度先验认知。随着东盟

① 指印度与阿富汗、斯里兰卡、不丹和尼泊尔达成的自由贸易协定(FTA)。

"驱动着"许多其他地区倡议，这些理念就被导入到其他地区制度中，比如东盟地区论坛（ARF）和"10+3"。关于地区主义的影响，建构主义表明，像东盟这样的制度对其成员国进行了"社会化"，使它们形成一定模式的合作行为（Johnston，2008）。这一方法解释不了的是，为什么制度进程虽已抵达合作的"玻璃天花板"，但其社会化影响却没有导致更深层次的地区主义形式出现？像东盟地区论坛（ARF）这样的地区组织，并没有发展出更深入的合作机制，或者没能按照它们原先的设计安排去运行（Haacke，2009），而且亚洲的许多地区安排都被批评为只是"清谈馆"（Martin Jones and Smith，2007）。

从自由主义视角看，缺少委托授权的原因在于亚洲地区内外各国之间存在巨大的多样性（Kahler and MacIntyre，2013；Capanelli et al.，2010）。抵制委托授权，是由制度扩张和制度深化两方面所引发的困境造成的。东盟偏爱松散形式的组织，已反映了其创始成员国之间的差异性，后来又影响到亚洲的制度发展。吸纳新成员的需求提升了这种差异性，首先在东盟自身（伴随着越南、老挝、缅甸和柬埔寨的加入），然后是东盟地区论坛（ARF）或东亚峰会（EAS）。监督，作为委托授权的主要功能，后来为主权维护所取代，比如那些有研究能力的机构，它们是建议提高执行力的（Haggard，2013，210–216）。但是我们又该怎么解释那些创设了这些机构却又不急着推动给它们委托授权的制度呢，比如《清迈倡议多边化》（CMIM）和东盟地区论坛（ARF）（Yuzawa，2012a）？

解释东盟执行力不足的这一需要，促使学者去考察制度设计在地区组织之中的扩散以及制度相似性，它们又令我们去重点关注亚洲制度是如何嵌入国际经济结构之中的（Ba，2014；本书第5章）。许多作者提出，遵循国际规范或迎合经济竞争的压力，引起亚洲地区制度的适应性变化，这一过程标志着开始摆脱"东盟方式"（Katsumata，2010）。有些研究指出，东盟受到了欧盟扩散效应的影响（Jetschke and Murray，2012）。此处主要的争论点是，这种政策转移是受合法性驱动的照搬模仿的结果呢，还是这些采纳应用实际上提高了东盟的效率并减轻或延缓了它之前的执行力问题呢（Jetschke，2009；Wong，2012；Rüland and Bechle，2014；Murray and Moxon-Browne，2013；Beeson and Stone，2013）。

我们的另一种自由主义解释关注的是亚洲发展型国家的性质，以及这种制度遗产给地区主义造成的约束（Katada and Henning，2014；Katada，2012；Haggard，1990；Beeson and Breslin，2014；Stubbs，2012）。从内部看，"发展型国家"的特点是：有一批重视发展的 【237】 精英，国家体制相对自主，经济官僚成熟而中立，公民社会不发达且不重要，有能力管理本地的和对外的经济利益（Leftwich，2000）。其观点是发展型国家主导了经济追赶的进程，控制着政策议程、政治和制度，作为"守门人"应付着来自地区和全球的压力，并响应着自下而上的社会需求（Johnson，1982）。后来对"开放的地区主义"的偏好，乃是在本地区所依赖的全球开放性要求与国内对经济自由化的抵制之间，达成某种平衡的结果

(Ravenhill,2001)。

我们认为,发展型国家信条在亚洲主要大国中占据主导,可以解释为什么这里同时存在地区化、双边协定和扩散效应。受国内私人行为体驱动的地区化以垂直型生产网络的形式出现,且主要出现在几个大的发展型国家,这使得政府能够对跨国企业保持控制(Borrus et al.,2000)。国家平衡着国内行为体之间相互冲突的利益,它们有些主张开放的地区主义而有些主张发展型地区主义(Nesadurai,2003)。这些发展型国家还能让它们选择性地采用对外模式。尤其是,欧洲共同市场(相对)成功并越来越对自由贸易协定(FTA)感兴趣,而全球世贸组织谈判进程在 21 世纪初开始陷于停滞,国家于是一方面要照顾本地区企业界积极寻求避免被排除在 FTA 潮流之外的不利局面,另一方面还要顾及国内保护主义的呼声(Pekkanen et al.,2007)。国家就成了响应自下而上功能合作需要的主要管道,但是它们在指导制度设计的过程、权衡来自地区和全球的各种外部压力时,能力和权力又是各不相同的(Pekkanen et al.,2014;Pekkanen,forthcoming)。

东盟相对较高的制度化也可以从这个视角来加以解释。东南亚国家——除了新加坡——都比东亚发展型国家更弱小,因此它们难以创造并控制自己的生产网络,尽管它们也部分地效仿了日本和中国台湾的发展战略。渐渐地,它们开始与中国和印度这些新兴大国竞争外来直接投资(FDI)。最终,它们"锁定"了自己在东亚生产网络中的位置,这在经济上是相当不可取的(Ravenhill,2014)。因此,吸取欧盟经验而走向地区主义,可能是一种摆脱那种经济上对己不利的生产网络的策略,也可能同时标志着——特别是在亚洲金融危机之后——实现既定计划的可预测性、承诺和愿望。

总之,国家有效地控制着议题与政治之间的"外溢"(Haas,1970)。结果是各个功能领域,从紧急融资到毒品控制和环境保护(Tsunekawa,2005),并没有汇聚成一个更广的、全面的和更加一致性的地区框架。也正因如此,亚洲与欧洲的一体化"路线图"迥然不同(Dieter and Higgott,2003)。

结论:亚洲的软地区主义与一体化挑战

【238】 亚洲的一体化与地区合作已持续了几十年。以东盟为中心,本地区如今已发展出了不少功能性的合作安排。但从比较的角度来看,亚洲地区合作仍然在制度化方面很弱,各国对地区机构的功能授权和权威委托也很有限。我们认为,造成这种制度性挑战的根源在于,该地区由发展型国家占主导,它们明显偏爱政府间合作而不是委托授权。就此而言,亚洲地区主义所面临的挑战还有很多。

第一,软性的和缓慢推进的地区主义实际进展不大,部分因为该地区内有许多"否决者”(veto players),建立共识的努力太缓慢。地区合作的大多数目标仅仅停留在纸面上,几乎还没有遵约机制,而且该地区建立可信的监督实施机制,或可靠的争端解决程序,依然十分困难。

第二,该地区在功能层面进展良好,在许多议题领域创立了交叠而松散的地区一体化安排,而且并不是通过自上而下的办法来精简机构和协调行动。功能合作往往对参与方都有好处,但跨议题领域的合作与议题领域的“外溢”就几乎难得一见,也未曾给地区一体化提供动力。

第三,亚洲这种分散化的地区主义,与低度制度化的地区治理和全球治理,其所产生的影响意义重大。地区性质与成员构成的不确定(尤其是包不包括美国),分裂着该地区,也使地区公共产品的生产效果极其不彰。唯一可能的例外是东盟,这种次地区合作已拥有某种新的次地区认同,并已被高度地制度化。东盟的确打算将更大的国家纳入进去,以在各个领域(从贸易到人权)都建立地区范围的合作安排。从全球层次看,亚洲地区虽有三个重要的全球性大国(中、日、印),并拥有意义重大的整体经济实力,但它在全球治理当中尚缺少一个一致声音和一个有效存在。各个国家仍在其本国人民与全球体系中间发挥着沟通中介的作用。

【239】

附 录

附表 A11.1 亚洲(东北亚、东南亚和南亚)的地区制度

成立年份	制度名称(缩写)	涵盖的议题领域	成员	官网地址
1966	亚洲开发银行(ADB)	经济	阿富汗、澳大利亚、柬埔寨、印度、印尼、日本、韩国、老挝、马来西亚、尼泊尔、新西兰、巴基斯坦、菲律宾、萨摩亚、新加坡、斯里兰卡、中国台北、泰国 后加入:越南(1966),中国香港(1969)、斐济(1970)、巴新(1971)、汤加(1972)、孟加拉国(1973)、缅甸(1973)、所罗门群岛(1973)、基里巴斯(1974)、库克群岛(1976)、马尔代夫(1978)、瓦努阿图(1981)、不丹(1982)、中国(1986)、马绍尔群岛(1990)、密克罗尼西亚(1990)、蒙古(1991)、瑙鲁(1991)、图瓦卢(1993)、哈萨克斯坦(1994)、吉尔吉斯斯坦(1994)、乌兹别克斯坦(1995)、塔吉克斯坦(1998)、阿塞拜疆(1999)、土库曼斯坦(2000)、东帝汶(2002)、帕劳	http://www.adb.org/

续表

成立年份	制度名称（缩写）	涵盖的议题领域	成员	官网地址
			(2003)、亚美尼亚(2005)、文莱(2006)、格鲁吉亚(2007) 非区内成员：奥地利、比利时、加拿大、丹麦、芬兰、德国、意大利、荷兰、挪威、英国、美国、瑞典(1966)、瑞士(1967)、法国(1970)、西班牙(1986)、土耳其(1991)、葡萄牙(2002)、卢森堡(2003)、爱尔兰(2006)	
1967	东南亚国家联盟(ASEAN)	综合性	印度尼西亚、泰国、马来西亚、新加坡、菲律宾 后加入：文莱(1984)，越南(1995)，老挝、缅甸(1997)，柬埔寨(1999)	http://www.asean.org/
1985	南亚区域合作联盟(SAARC)	经济、社会和文化发展、对外交往	孟加拉国、不丹、印度、马尔代夫、尼泊尔、巴基斯坦、斯里兰卡 后加入：阿富汗(2005)	http://www.saarc-sec.org/
1989	亚太经合组织(APEC)	贸易	澳大利亚、文莱、加拿大、印尼、日本、韩国、马来西亚、新西兰、菲律宾、新加坡、泰国、美国 后加入：中国台湾、中国香港、中国(1991)，墨西哥、巴新(1993)，智利(1994)，秘鲁、俄罗斯、越南(1998)	http://www.apec.org/
1990	亚太全球变化研究网络(APN)	环境	澳大利亚、孟加拉国、不丹、柬埔寨、中国、斐济、印度、印尼、日本、老挝、马来西亚、蒙古、尼泊尔、新西兰、巴基斯坦、菲律宾、韩国、俄罗斯、斯里兰卡、泰国、美国、越南	http://www.apn-gcr.org/
1991	亚太国家人权机构论坛(APF)	人权	澳大利亚、印度、印尼、新西兰后加入：菲律宾(1996)，斯里兰卡(1997)，尼泊尔(2000)，蒙古(2001)，韩国、马来西亚、泰国(2002)，阿富汗、约旦、巴勒斯坦(2004)，卡塔尔(2005)，东帝汶、马尔代夫(2007)，孟加拉国(2011)，缅甸(2012)，阿曼、萨摩亚(2013)，哈萨克斯坦(2014)	http://www.asia-pacificforum.net/
1993	东北亚次区域环境合作计划(NEASPEC)	环境	中国、朝鲜、日本、蒙古、韩国、俄罗斯	http://www.neaspec.org/
1993	东盟政府间人权委员会(AICHR)	人权	东盟成员国	http://www.aichr.org/

续表

成立年份	制度名称（缩写）	涵盖的议题领域	成员	官网地址
1994	东盟地区论坛（ARF）	安全	东盟10国，加拿大、中国、日本、韩国、欧盟28国、印度、澳大利亚、俄罗斯、新西兰、美国 后加入：蒙古、巴布亚新几内亚（1999），朝鲜（2000），巴基斯坦（2004），东帝汶（2005），孟加拉国（2006），斯里兰卡（2007）	http://www.aseanregionalforum.asean.org/
1996	亚欧会议（ASEM）	综合性	东盟10国、欧盟28国、中国、日本、韩国 后加入：印度、巴基斯坦、蒙古（2008），澳大利亚、新西兰、俄罗斯（2010），哈萨克斯坦（2014）	http://www.aseminfoboard.org/
1995	曼谷条约（SEANWFZ）	不扩散	东盟成员国	http://www.sectsco.org/
2001	上海合作组织（SCO）	安全	中国、俄罗斯、哈萨克斯坦、吉尔吉斯斯坦、塔吉克斯坦、乌兹别克斯坦	http://www.sectsco.org/
2001	湄公河流域疾病监测（MBDS）	卫生	柬埔寨、中国、老挝、缅甸、泰国、越南	http://www.mbds-foundation.net/
2002	东盟跨境烟霾污染协议	环境	东盟成员国	http://haze.asean.org/?page_id=185
2003	六方会谈（SPT）	安全	中国、日本、韩国、朝鲜、俄罗斯、美国	http://en.wikipedia.org/wiki/Six-party_talks
2004	南亚自由贸易协定（SAFTA）	贸易	印度、孟加拉国、不丹、马尔代夫、尼泊尔、巴基斯坦	http://saarc-sec.org/areaofcooperation/detail.php?activity_id=5
2005	东亚峰会(EAS，或10+8）	综合性	东盟10国、中国、日本、韩国，澳大利亚、新西兰、印度 后加入：俄罗斯、美国（2011）	http://www.asean.org/asean/external-relations/east-asia-summit-eas
2010	清迈倡议多边化（CMIM）	金融	东盟10国、中国、中国香港、日本、韩国	http://acf.eabr.org/e/parthners_acf_e/RFAs_acf_e/CMIM_e/
2011	10+3宏观经济研究办公室（AMRO）	金融	东盟10国、中国、中国香港、日本、韩国	http://www.amro-asia.org/

参考文献

Acharya, A.2001.*Constructing a Security Community in Southeast Asia:ASEAN and the Problem of Regional Order*.Abingdon and New York: Routledge.

Acharya, A.2009.*Whose Ideas Matter? Agency and Power in Asian Regionalism*.Ithaca, NY: Cornell University Press.

Acharya, A.2010.Asia is Not One.*Journal of Asian Studies*, 69(4): 1001–1013.

Acharya, A.2014.*Constructing a Security Community in Southeast Asia:ASEAN and the Problem of Regional Order*.Abingdon: Routledge.

Aggarwal, V.K.2005.Beyond Network Power? The Dynamics of Formal Economic Integration in Northeast Asia.*The Pacific Review*, 18(2): 189–216.

Alagappa, M.2003.Institutional Framework: Recommendations for Change.In: S.Siddique and S.Kumar (eds.), *The 2nd ASEAN Reader*.Singapore: Institute of Southeast Asian Studies, 22–27.

Alter, K.J.2014.*The New Terrain of International Law: Courts, Politics, Rights*.Princeton, NJ: Princeton University Press.

Aris, S.2011.*Eurasian Regionalism: The Shanghai Cooperation Organisation*.Basingstoke: Palgrave Macmillan.

Asian Development Bank.2010.*Production Networks and Trade Patterns in East Asia: Regionalization or Globalization*.ADB Working Paper Series on Regional Economic Integration.Manila: Asian Development Bank.

Asian Development Bank.2015.Integration Indicators Database.<http:// aric.adb.org/integrationindicators> (accessed March 11, 2015).

Ba, A.2014.Institutional Divergence and Convergence in the Asia–Pacific? ASEAN in Practice and in Theory.*Cambridge Review of International Affairs*, 27(2): 295–318.

Beeson, M.2010.Asymmetrical Regionalism: China, Southeast Asia and Uneven Development.*East Asia*, 27(4): 329–343.

Beeson, M.and Breslin, S.2014.Regional and Global Forces in East Asia's Economic Engagement with International Society.In: B.Buzan and Y.Zhang (eds.), *Contesting International Society in East Asia*.Cambridge: Cambridge University Press, 93–117.

Beeson, M.and Stone, D.2013.The European Union Model's Influence in Asia after the Global Financial Crisis.*European Journal of East Asian Studies*, 12(2): 1–24.

Borrus, M., Ernst, D., and Haggard, S.(eds.)2000.*International Production Networks in Asia*.London and New York: Routledge.

Börzel, T.A.and Van Hüllen, V.(eds.)2015.*Governance Transfer by Regional Organizations: Patching Together a Global Script*.Basingstoke: Palgrave Macmillan.

Breslin, S.and Higgott, R.2000.Studying Regions: Learning from the Old, Constructing the New.*New Po–*

litical Economy,5(3):333–352.

Buzan,B.and Zhang,Y.(eds.)2014a.*Contesting International Society in East Asia*.Cambridge:Cambridge University Press.

Buzan,B.and Zhang,Y.2014b.Introduction:Interrogating Regional International Society in East Asia.In: B.Buzan and Y.Zhang(eds.),*Contesting International Society in East Asia*.Cambridge:Cambridge University Press,1–27.

Caballero-Antony,M.and Cook,A.D.B.(eds.)2013.*Non-traditional Security in Asia.Issues,Challenge and Framework for Action*.Singapore:Institute of Southeast Asian Studies.

Calder,K.and Fukuyama,F.(eds.)2008.*East Asian Multilateralism:Prospects for Regional Stability*. Baltimore,MD:Johns Hopkins University Press.

Capanelli,G.,Lee,J.-W.,and Petri,P.A.2010.Economic Interdependence in Asia:Developing Indicators for Regional Integration and Cooperation.*Singapore Economic Review*,55(1):125–161.

Cha,V.D.2014.American Alliances and Asia's Regional Architecture.In:S.M.Pekkanen,J.Ravenhill,and R.Foot(eds.),*The Oxford Handbook of the International Relations of the Asia-Pacific*.Oxford:Oxford University Press,737–756.

Chase,C.,Yanovich,A.,Crawford,J.-A.,and Ugaz,P.2013.*Mapping of Dispute Settlement Mechanisms in Regional Trade Agreements:Innovative or Variations on a Theme?* Staff Working Paper ERSD-2013-07.Geneva:WTO Economic Research and Statistics Division.

Chey,H.K.2009.The Changing Political Dynamics of East Asian Financial Cooperation:The Chiang Mai Initiative.*Asian Survey*,49(3):450–467.

Christensen,T.J.1999.China,the US-Japan Alliance,and the Security Dilemma in East Asia.*International Security*,23(4):49–80.

Ciorciari,J.D.2011.Chiang Mai Initiative Multilateralization.*Asian Survey*,51(5):926–952.

Clark,C.and Chan,S.1995.MNCs and Developmentalism:Domestic Structure as an Explanation for East Asian Dynamism.In:T.Risse-Kappen(ed.),*Bringing Transnational Relations Back In:Non-State Actors,Domestic Structures and International Institutions*.Cambridge:Cambridge University Press,112–145.

Dash,K.C.2012.Dynamics of South Asian Regionalism.In:M.Beeson and R.Stubbs(eds.),*Routledge Handbook of Asian Regionalism*.Abingdon and New York:Routledge.

Dent,C.M.2010.Organizing the Wider East Asia Region.In:A.D.Bank(ed.),*ADB Working Paper Series on Regional Economic Integration*.Manila:Asian Development Bank.

Dent,C.M.2014.Principal Developments and Future Directions in Asia's Trade.In:S.M.Pekkanen,J. Ravenhill,and R.Foot(eds.),*The Oxford Handbook of the International Relations of the Asia-Pacific*.Oxford:Oxford University Press,263–283.

Dieter,H.and Higgott,R.2003.Exploring Alternative Theories of Economic Regionalism:From Trade to Finance in Asian Co-operation.*Review of International Political Economy*,10(3):430–454.

Friedberg,A.L.1993.Ripe for Rivalry:Prospects for Peace in a Multipolar Asia.*International Security*,18

(3):5-33.

Gilson,J.2012.The Asia-Europe Meeting(ASEM).In:M.Beeson and R.Stubbs(eds.),*Routledge Handbook of Asian Regionalism*.Abingdon and New York:Routledge,394-405.

Goderment,F.1997.*The New Asian Renaissance*.London:Routledge.

Goh,E.2009.Hegemony,Hierarchy and Order.In:W.T.Tow(ed.),*Security Politics in the Asia-Pacific:A Regional-Global Nexus?* Cambridge:Cambridge University Press,101-121.

Goh,E.2013.*The Struggle for Order:Hegemony,Hierarchy and Transition in Post-Cold War East Asia*. Oxford:Oxford University Press.

Goldsmith,B.2007.A Liberal Peace in Asia? *Journal of Peace Research*,44(1):5-27.

Grieco,J.1997.Systemic Sources of Variation in Regional Institutionalization in Western Europe,East Asia,and the Americas.In:E.D.Mansfield and H.V.Miner(eds.),*The Political Economy of Regionalism*.New York:Columbia University Press,164-187.

Grimes,W.W.2009.*Currency and Contest in East Asia.The Great Power Politics of Financial Regionalism*.Ithaca,NY and London:Cornell University Press.

Grimes,W.W.2014.The Rise of Financial Cooperation in Asia.In:S.M.Pekkanen,J.Ravenhill,and R.Foot (eds.),*The Oxford Handbook of the International Relations of the Asia-Pacific*.Oxford:Oxford University Press,285-304.

Haacke,J.2009.The ASEAN Regional Forum:From Dialogue to Practical Security Cooperation?*Cambridge Review of International Affairs*,22(3):427-449.

Haas,E.B.1970.The Study of Regional Integration:Reflections on the Joy and Anguish of Pretheorizing. *International Organization*,24(4):607-646.

Haggard,S.1990.*Pathways from the Periphery:The Politics of Growth in the Newly Industrializing Countries*.Cambridge:Cambridge University Press.

Haggard,S.2013.The Organizational Architecture of the Asia-Pacific:Insights from the New Institutionalism.In:M.Kahler and A.MacIntyre(eds.),*Integrating Regions:Asia in Comparative Context*.Stanford,CA:Stanford University Press,195-221.

Haggard,S.2014.The Liberal View of the International Relations of Asia.In:S.M.Pekkanen,J.Ravenhill, and R.Foot(eds.),*The Oxford Handbook of the International Relations of the Asia-Pacific*.Oxford: Oxford University Press,45-62.

Hameiri,S.and Wilson,J.D.2014.The Contested Rescaling of Economic Governance in East Asia:A Special Issue.*Australian Journal of International Affairs*,69(2):115-125.

Hatch,W.and Yamamura,K.1996.*Asia in Japan's Embrace:Building a Regional Production Alliance*. Cambridge:Cambridge University Press.

Henning,C.R.2002.*East Asian Financial Cooperation*.Washington,DC:Washington Institute for International Economics.

Higgott,R.1998.The Asian Economic Crisis:A Study in the Politics of Resentment.*New Political Economy*,3(3):333-356.

Higgott, R.and Stubbs, R.1995.Competing Conceptions of Economic Regionalism: APEC versus EAEC in the Asia Pacific.*Review of International Political Economy*, 2(3): 516–535.

Hurrell, A.2007.One World? Many Worlds? The Place of Regions in the Study of International Society. *International Affairs*, 83(1): 127–146.

Jetschke, A.2009.Institutionalizing ASEAN: Celebrating Europe through Network Governance.*Cambridge Review of International Affairs*, 22(3): 407–426.

Jetschke, A.2012.ASEAN.In: M.Beeson and R.Stubbs(eds.), *Routledge Handbook of Asian Regionalism*. Abingdon and New York: Routledge, 327–337.

Jetschke, A.2015.Why Create a Regional Human Rights Regime? The ASEAN Inter-Governmental Commission for Human Rights.In: T.Börzel and V.Van Huellen(eds.), *Governance Transfer by Regional Organizations: Patching Together a Global Script*.Basingstoke: Palgrave Macmillan, 107–124.

Jetschke, A.and Murray, P.2012.Diffusing Regional Integration: The EU and Southeast Asia.*West European Politics*, 35(1): 174–191.

Johnson, C.1982.*MITI and the Japanese Miracle: The Growth of Industrial Policy, 1925—1975*.Stanford, CA: Stanford University Press.

Johnston, A.I.2008.*Social States: China in International Institutions, 1980—2000*.Princeton, NJ: Princeton University Press.

Kahler, M.2000.Legalization as Strategy: The Asia-Pacific Case.*International Organization*, 54(3): 549–571.

Kahler, M.and MacIntyre, A.(eds.)2013.*Integrating Regions: Asia in Comparative Context*.Stanford, CA: Stanford University Press.

Kang, D.C.2012.*East Asia before the West: Five Centuries of Trade and Tribute*.New York: Columbia University Press.

Katada, S.N.2012.Regional Financial Cooperation.In: M.Beeson and R.Stubbs(eds.), *Routledge Handbook of Asian Regionalism*.Abingdon and New York: Routledge, 129–137.

Katada, S.N.and Henning, C.R.2014.Currency and Exchange Rate Regimes in Asia.In: S.M.Pekkanen, J. Ravenhill, and R.Foot(eds.), *The Oxford Handbook of the International Relations of the Asia-Pacific*.Oxford: Oxford University Press, 306–325.

Katsumata, H.2010.Mimetic Adoption and Norm Diffusion: "Western" Security Cooperation in Southeast Asia? *Review of International Studies*, 37(2): 557–576.

Katzenstein, P.2005.*A World of Regions: Asia and Europe in the American Imperium*.Ithaca, NY and London: Cornell University Press.

Katzenstein, P.and Okawara, N.2004.Japan and Asian-Pacific Security.In: J.J.Suh, P.Katzenstein, and A. Carlson(eds.), *Rethinking Security in East Asia: Identity, Power, and Efficiency*.Stanford, CA: Stanford University Press, 97–130.

Katzenstein, P.and Shiraishi, T. (eds.)1997.*Network Power: Japan and Asia*.Ithaca, NY and London: Cornell University Press.

Kawai, M. and Wignaraja, G. 2013. *Patterns of Free Trade Areas in Asia*. Honolulu: East-West Center.

Khong, Y.F. 2004. Coping with Strategic Uncertainty: The Role of Institutions and Soft Balancing in Southeast Asia's Post-Cold War Strategy. In: J.J.Suh, P.Katzenstein, and A.Carlson (eds.), *Rethinking Security in Eat Asia: Identity, Power, and Efficiency*. Stanford, CA: Stanford University Press, 172–208.

Khong, Y.F. and Nesadurai, H. 2007. Hanging Together, Institutional Design and Cooperation in Southeast Asia: AFTA and the ARF. In: A.Acharya and A.I.Johnston (eds.), *Crafting Cooperation: Regional International Institutions in Comparative Perspective*. Cambridge: Cambridge University Press, 32–82.

Lake, D.A. 2007. Delegating Divisible Sovereignty: Sweeping a Conceptual Minefield. *Review of International Organizations*, 2(3): 219–237.

Langhammer, R.J. 1995. Regional Integration in East Asia: From Market-Driven Regionalization to Institutionalized Regionalism. *Weltwirtschaftliches Archiv—Review of World Economics*, 131(1): 167–201.

Langlois, A.J. 2012. Asian Regionalism and Human Rights: The Case of the ASEAN Intergovernmental Commission on Human Rights. In: M.Beeson and R.Stubbs (eds.), *Routledge Handbook of Asian Regionalism*. Abingdon and New York: Routledge, 216–225.

Leftwich, A. 2000. *On the Primacy of Politics in Development*. Cambridge: Polity Press.

Lin, C.L. and Rajan, R.S. 1999. Regional Responses to the Southeast Asian Financial Crisis: A Case of Self-Help or No Help? *Australian Journal of International Affairs*, 53(3): 261–281.

MacIntyre, A. and Ravenhill, J. 2013. The Future of Asian Regional Institutions. In: M.Kahler and A.MacIntyre (eds.), *Integrating Regions: Asia in Comparative Context*. Stanford, CA: Stanford University Press, 245–266.

Martin Jones, D. and Smith, M.L.R. 2007. Making Process, Not Progress: ASEAN and the Evolving East Asian Regional Order. *International Security*, 32(1): 148–184.

Mastanduno, M. 2009. The United States: Regional Strategies and Global Commitments. In: W.Tow (ed.), *Security Politics in the Asia-Pacific: A Regional-Global Nexus?* Cambridge: Cambridge University Press, 67–84.

Mastanduno, M. 2014. Realism and Asia. In: S.M.Pekkanen, J.Ravenhill, and R.Foot (eds.), *The Oxford Handbook of the International Relations of the Asia-Pacific*. Oxford: Oxford University Press, 25–43.

Medcalf, R. 2013. The Indo-Pacific: What's in a Name? *The American Interest*, 9. <http://www.the-american-interest.com/articles/2013/10/10/the-indo-pacific-whats-in-a-name/>(accessed April 1, 2015).

Milner, H.V. 1999. The Political Economy of International Trade. *Annual Review of Political Science*, 2: 91–114.

Mullenbach, M.J. 2005. Deciding to Keep Peace: An Analysis of International Influences on the Establishment of Third-Party Peacekeeping Missions. *International Studies Quarterly*, 49(3): 529–555.

Murray, P. and Moxon-Browne, E. 2013. The European Union as a Template for Regional Integration? The Case of ASEAN and its Committee of Permanent Representatives. *Journal of Common Market Studies*, 51(3): 522–537.

Narine, S. 2002. *Explaining ASEAN: Regionalism in Southeast Asia*. Boulder, CO and London: Lynne Rienner.

Nesadurai, H.2003.*Globalisation, Domestic Politics and Regionalism: The ASEAN*.London and New York: Routledge.

Pekkanen, S.M.forthcoming.*Asian Designs: Governance in the World Order.*

Pekkanen, S.M., Ravenhill, J., and Foot, R.(eds.)2014.*The Oxford Handbook of the International Relations of the Asia-Pacific*.Oxford: Oxford University Press.

Pekkanen, S.M., Solís, M., and Katada, S.N.2007.Trading Gains for Control: International Trade Forums and Japanese Economic Diplomacy.*International Studies Quarterly*, 51(4): 945-970.

Pempel, T.J. (ed.)2005.*Remapping East Asia: The Construction of a Region*.Ithaca, NY and London: Cornell University Press.

Peng, D.2002.Invisible Linkages: A Regional Perspective of East Asian Political Economy.*International Studies Quarterly*, 46(3): 423-447.

Quiliconi, C.and Wise, C.2009.The US as a Bilateral Player: The Impetus for Asymmetric Free Trade Agreements.In: M.Solis, B.Stallings, and S.N.Katada(eds.), *Competitive Regionalism: FTA Diffusion in the Pacific Rim*.Basingstoke: Palgrave Macmillan, 97-117.

Ravenhill, J. (ed.)2001.*APEC and the Construction of Pacific Rim Regionalism*.Cambridge: Cambridge University Press.

Ravenhill, J.2009.East Asian Regionalism: Much Ado about Nothing? *Review of International Studies*, 35 (S1): 215-235.

Ravenhill, J.2014.Production Networks in Asia.In: S.M.Pekkanen, J.Ravenhill, and R.Foot (eds.), *The Oxford Handbook of the International Relations of the Asia-Pacific*.Oxford: Oxford University Press, 348-369.

Roy, D.1994.Hegemon on the Horizon? China's Threat to East Asian Security.*International Security*, 19 (1): 149-168.

Rüland, J.and Bechle, K.2014.Defending State-Centric Regionalism through Mimicry and Localisation: Regional Parliamentary Bodies in the Association of Southeast Asian Nations(ASEAN)and Mercosur. *Journal of International Relations and Development*, 17: 61-88.

Saez, L.2012.*The South Asian Association for Regional Cooperation(SAARC): An Emerging Collaboration Architecture*.New York: Routledge.

Smith, J.M.2000.The Politics of Dispute Settlement Design: Explaining Legalism in Regional Trade Pacts.*International Organization*, 54(1): 137-180.

Solingen, E.1998.Regional Orders at Century's Dawn.*Global and Domestic Influences on Grand Strategy*. Princeton, NJ: Princeton University Press.

Solís, M.and Katada, S.N.2007.Introduction: Understanding East Asian Cross-Regionalism: An Analytical Framework.*Pacific Affairs*, 80(2): 229-257.

Solís, M.and Katada, S.N.2009.Explaining FTA Proliferation: A Policy Diffusion Framework.In: M.Solis, B.Stallings, and S.N.Katada(eds.), *Competitive Regionalism: FTA Diffusion in the Pacific Rim*.Basingstoke: Palgrave Macmillan, 1-24.

Stieglitz, J.E.1996.Some Lessons from the East Asian Miracle.*The World Bank Research Observer*, 11 (2): 151–177.

Stubbs, R.2012.The Development State and Asian Regionalism In: M.S.Beeson and R.Stubbs (eds.) *Routledge Handbook of Asian Regionalism*.Abingdon and New York: Routledge, 90–99.

Suzuki, S.2014.Imagining "Asia": Japan and "Asian" International Society in Modern History.In: B. Buzan and Y.Zhang(eds.), *Contesting International Society in East Asia*.Cambridge: Cambridge University Press, 51–72.

Tachiki, D.2005.Between Foreign Direct Investment and Regionalism: The Role of Japanese Production Networks.In: T.J.Pempel(ed.), *Remapping East Asia: The Construction of a Region*.Ithaca, NY: Cornell University Press, 149–169.

Terada, T.2003.Constructing an "East Asian"Concept and Growing Regional Identity: From EAEC to ASEAN+3.*The Pacific Review*, 16(2): 251–277.

Terada, T.2012.ASEAN Plus Three: Becoming More Like a Normal Regionalism.In: M.S.Beeson and R. Stubbs(ed.), *Routledge Handbook of Asian Regionalism*.Abingdon and New York: Routledge, 364–374.

Tsunekawa, K.2005.Why So Many Maps There? Japan and Regional Cooperation.In: T.J.Pempel (ed.), *Remapping East Asia: The Construction of a Region*.Ithaca, NY: Cornell University Press, 101–148.

Voeten, E.2013.Regional Judicial Institutions and Economic Cooperation: Lessons for Asia? In: M. Kahler and A.MacIntyre(eds.), *Integrating Regions: Asia in Comparative Context*.Stanford, CA: Stanford University Press, 58–77.

Wah, C.K.1992.The Institutional Structure.In: K.S.Sandhu, S.Siddique, C.Jeshurun, A.Rajah, J.L.H.Tan, and P.Thambipillai(eds.), *The ASEAN Reader*.Singapore: Institute of Southeast Asian Studies, 50–57.

Webber, D.2001.Two Funerals and a Wedding? The Ups and Downs of Regionalism in East Asia and Asia–Pacific after the Asian Crisis.*The Pacific Review*, 14(3): 339–372.

Weidenbaum, M.L.and Hughes, S.1996.*The Bamboo Network: How Expatriate Chinese Entrepreneurs are Creating a New Economic Superpower in Asia*.New York: Simon & Schuster.

Wesley, M.1999.The Asian Crisis and the Adequacy of Regional Institutions.*Contemporary Southeast Asia*, 21(1): 54–73.

Wesley, M.2009.Asia–Pacific Institutions.In: W.T.Tow(ed.), *Security Politics in the Asia–Pacific: A Regional–Global Nexus?* Cambridge: Cambridge University Press, 49–66.

Wong, R.2012.Model Power or Reference Point? The EU and the ASEAN Charter.*Cambridge Review of International Affairs*, 25(4): 669–682.

Woo–Cumings, M.(ed.)1999.*The Developmental State*.Ithaca, NY and London: Cornell University Press.

World Bank.1993.*The East Asian Miracle: Economic Growth and Public Policy*.Washington, DC: World Bank.

Yuzawa, T.2012a.The ASEAN Regional Forum: Challenges and Prospects.In: M.Beeson and R.Stubbs (eds.), *Routledge Handbook of Asian Regionalism*.Abingdon and New York: Routledge, 338–349.

Yuzawa, T.2012b.The Fallacy of Socialization? Rethinking the ASEAN Way of Institution–Building.In: R.Emmers(ed.), *ASEAN and the Institutionalization of East Asia*.Abingdon and New York: Routledge, 75–88.

第12章　中东北非

莫滕·瓦尔比约恩(Morten Valbjørn)

2002年《阿拉伯地区人类发展报告》指出,“也许世界上从没有其他国家集团像阿 【250】
拉伯国家集团这样具有如此合作的、甚至一体化的潜力”(UNDP,2002,121)。这种看法源自如下观察,中东阿拉伯地区尤其表现出极高程度的地区化,这种表现在地区主义文献中往往被认为是有利于地区主义的。

就此来看,部分由于有着共同的经历,该地区的社会、文化和宗教同质化程度相对较高,而且在其阿拉伯部分还有共同的语言。这不仅反映在各种泛区运动和跨国意识形态中,也反映在阿拉伯或穆斯林身份的存在上,这种身份对其民众而言,和其领土国家身份一样重要(Telhami,2013)。鉴于存在一个独特的伊斯兰社群(乌玛)或阿拉伯民族,这些人声称,穆斯林或阿拉伯人之间存在特殊的纽带和义务,有时他们甚至呼吁合并现有的国家。在社会层面,该地区存在很深入的社会互动,具体表现在广泛的跨境家庭联系中,同时也存在跨国性的政治和经济行为体网络,这些行为体包括伊斯兰分子、移民和工商界人士(Legrenzi and Harders,2008,2)。此外,阿拉伯媒介市场(包括报纸、广播和最近兴起的卫星电视)的出现,进一步催生了一个“阿拉伯公共领域”(Lynch,2006)。在此背景下,阿拉伯世界被描绘成一个“信息、思想和意见可以在其中几乎不受国界限制而相互共鸣的巨大舆论场”(Noble,1991,56)。

乍一看,1945年后成立的第一个地区组织恰好是阿拉伯国家联盟(LAS),似乎证实了高水平的地区化一定会带来强大的地区组织,促进地区主义的发展。1958年叙利亚
和埃及正式合并为阿拉伯联合共和国(UAR),1971年海湾诸小国决定成立阿拉伯联合 【250】
酋长国(UAE),同样都是影响深远的政治一体化范例。然而《阿拉伯地区人类发展报告》指出,“阿拉伯国家仍将独自且孤立地面对外部世界以及该地区自身所引起的挑战”(UNDP,2002,12,强调为笔者所加)。许多学术文献都认为,该地区的合作与一体化潜

力尚未开发出来。即便中东地区不是只在比较地区主义的讨论中被简单忽视（参见Gamble and Payne,1996），中东的经验也通常被描绘为一个“缺乏地区主义的地区”（Aarts,1999），“地区主义大潮当中的特殊例外”（Çarkoğlu et al.,1998,30）或者“地区主义者在其中徒劳地努力培养更加多元的政治环境的黑洞”（Legrenzi and Harders,2008,1）。因此，现有的地区组织都被视为纯粹仪式性的和象征性的，或者只不过是一间间微不足道的“清谈馆”（Murden,2009；Tripp,1995）。

本章旨在探讨这种观念错位之谜，即一方面人们直觉上以为高度的地区化会转化为发达的地区主义，另一方面又普遍把中东视为一个（非常）缺乏地区主义的地区。我们的探讨分五步进行。首先着力解决如何把握中东地理变幻莫测的问题，接下来的两节追溯一下中东地区多层面的地区主义经验，并考察一些较为重要的地区组织实例的制度设计。针对认为中东地区缺乏地区主义的主流观点，我们有必要提供些许不同的看法，因为事实上可能在这里找到相当多具有不同制度设计的正式组织。同时，也很显然，这些组织一直软弱无用，存在的时间往往也不长。然后，本章转而探讨中东地区主义的驱动因素和阻碍因素问题。本章认为，地区化与地区主义之间的关系比地区主义文献中所认为的还要更加模糊。某些形式的地区化甚至看起来是一种负担，而不是对地区主义有利的因素，而且乍看上去失败的地区主义在现实中的表现却可能是成功的。因此，地区组织软弱低效的制度设计往往是各国有意为之，有些是各国试图对抗地区化和更激进的地区主义方案的一部分。最后一节探讨中东地区的地区主义经验是否及如何产生重大影响。当涉及与地区主义有关的经典问题（冲突解决、贸易和民主）时，其影响一直相当有限。不过，我们还是考察了不同类型的预期到或未预期到的后果。

中东指什么？把握变幻莫测的中东

在考察地区化和地区主义的中东经验之前，我们有必要解决一下把中东称为一个
【251】“地区”是否有意义的问题，如果有意义又怎样予以界定。虽然这个问题乍一看可能很乏味，但事实证明它是一个有争议的问题，因为中东被遮盖在“地理认识的迷雾”之中，根据加桑·萨拉马（Ghassan Salamé,1994,19）的说法，这使得“任何试图划定其边界、为其界定出表演天地的尝试基本上都不成功”。

甚至连最基本的问题、过去由尼基·凯迪（Nikkie Keddie,1973）提出的“中东存在吗”，都一直存有争议。有些人认为，与其把中东称为“一个由彼此关联的部分组成的单一系统”，不如说这个地区是“由更小的系统组成的，其不同的部分是彼此独立运作的”（Kramer,2008）。另一些人则认为，这一地区最主要的特征与挑战是该地区属于“南方”

或“第三世界”的一部分。还有些人认为，“中东”这个词是虚构的，因为它指的是一个“想象中的地区”，是通过话语实践构建出来的，它与表现（或再现）西方独特的自我认同和主宰世界其他地区的风潮紧密相关（Said，1995）。

对于那些谈及“中东”的人来说，又出现了一个问题：这个地区的确切位置在哪里？自从“中东”这个概念被英国军官戈登（T.E.Gordon）在 1900 年发明之后，对此问题的回答一直千差万别（Koppes，1976）。根据马汉（A.T.Mahan，1902）的说法，这个术语指的是波斯湾周围地区，它对于从苏伊士运河至新加坡的海上航线具有重要的战略意义，而在奇罗尔（Chirol，1903）看来，它指的是印度的脆弱边疆，包括波斯，以及中国西藏和尼泊尔。在两次世界大战之间，“中东”向东位移，正如英国皇家空军的“中东空军司令部”所反映的那样，“中东”不仅覆盖了埃及、巴勒斯坦、约旦和苏丹，还包括了肯尼亚、马耳他和亚丁。中东在冷战期间继续发生转变，例如，艾森豪威尔政府以三种不同的方式为中东定界，其中一种是包括阿富汗和巴基斯坦，但不包括阿拉伯国家。在后冷战时代，中东既有扩大也有缩小。有时候，一个（大）中东覆盖了“从马拉喀什到孟加拉”的地区（Institute for National Strategic Studies，1995，67）。在其他时候，它又被划分为“海湾（波斯湾）”和“北非”，并且只涉及当时卷入巴以冲突当中的国家，正如“中东和平进程”这个概念所反映的那样。

关于中东的确切位置，不同的观点分歧与另一个尚未解决的争议问题密切相关，即应该如何定义中东。我们可以看到两种基本定义策略。一种策略是从外部认识该地区，认为中东是一个“不断变动的战略概念”，就是说，这个地区是由它在一个更大的全球系统中的位置和角色所定义的，这种灵活的界定反映了地区外大国的战略利益变化（例如参见 Mahan，1902；Hansen，2001）。这种来自外部的并带着十足欧洲中心主义的观点刚好反映在“中东”这个名称中，因为其设定的地中海东南部地区只有站在欧洲的位置上看才具有地理意义。我们也可能找到一种出自内部的地区理解，即用地区内的特征来 【252】
定义该地区。不过，这些区内特征的具体性质是有争议的。有些人认为，中东是一个由地区内国家间权力平衡所界定的地区次系统（Walt，1987），或者是一个地区安全复合体（Buzan and Waever，2003）。另一些人则强调基于石油所带来的资本、劳动力和观念流动之上的地区相互依赖模式（Ibrahim，1982），或强调存在不同的（主要）地区制度，如阿拉伯主义（Barnett，1998；Buzan and Gonzalez-Pelaez，2009）。还有一些人认为，中东是一个独特的“文化大陆”，界定它的是某种共同的阿拉伯文化或伊斯兰文明（Huntington，1996）。

本章并不打算规定中东的“真实”大小和性质，在随后各节的探讨中，我们承认中东的地理位置的确变幻莫测（参见 Bilgin，2004）。因此，我们考察了不同的地区主义方案是如何与不同的并经常相互竞争的地区概念相联系的，其中一些国家，比如以色列或其他非阿拉伯国家，有时被排除在外，有时被纳入其中。

多面的中东地区化和地区主义经验

尽管有关中东地区主义的记述通常开始于二战后阿盟（LAS）的成立，但事实上，不仅有关地区化的表述，而且关于地区主义最早的宏大构想，都可以追溯到奥斯曼帝国崩溃的前后时期。

新兴的地区化与早期地区主义构想

19 世纪末，民族主义思想从西方传播开来，文学上的"复兴"运动兴起，新的媒介——报纸——出现，这些为阿拉伯民族主义的早期形成做出了贡献。当时普遍认为，在说阿拉伯语的人们之间存在着特殊的联系，他们都被认为是由共同语言、历史、文化和传统组成的单一阿拉伯民族的一部分（Valbjørn，2009）。民族主义也带来了一个最早的地区主义宏大构想。1905 年，纳吉布·阿祖里（Negib Azoury）号召将奥斯曼帝国境内各个阿拉伯语地区整合成一个以苏伊士为西方边界的阿拉伯民族国家，也因此，在他看来，埃及并不属于阿拉伯世界（Dawisha，2003，25）。

【253】 这个想法最初没有太多追随者，但它在奥斯曼帝国崩溃后获得了新的共鸣。在建立最初的国家托管制度的同时，家庭与部落之间的历史联系及各种新的现代化进程（例如阿拉伯报纸的广泛传播、新型交通工具的使用、教育机会的扩大等），把来自各个新建边界之中的阿拉伯人联结到一起，并有助于他们感到自己属于一个更大的阿拉伯"想象的共同体"。这种在阿拉伯世界范围内日益增强的地区化，也影响到关于新的地区秩序应该建立在什么原则基础上的争论：它是以该新成立的国家为基础，其中一些国家不过是人为的建构，没有太多历史遗产，其边界跨越了现有的社区，还是应该基于某种地区主义，它会强化阿拉伯世界中"国家"与"民族"之间的一致性？

特别是哈希姆家族促进了后来的构想，视之为他们"保守的泛阿拉伯主义"的一部分（Valbjørn，2009）。比如在两次世界大战之间，伊拉克国王费萨尔提出了各种"肥沃新月统一"计划，迈出了通向阿拉伯语世界联合的第一步，而他的亲戚、外约旦的阿米尔·阿卜杜拉（Amir Abdallah）则发起了一个"大叙利亚"计划，以合并黎巴嫩、外约旦、巴勒斯坦和叙利亚，并与伊拉克建立某种联邦关系（Kienle，1990，9）。

这些构想都没有实现。这不仅归咎于来自英帝国的压力和新生国家缺乏展现地区性权力的能力，而且还归咎于由埃及、沙特阿拉伯和叙利亚领导的反哈希姆联盟。这些阿拉伯国家所采用的说辞也是阿拉伯人之间有着特殊的关系。但它们没有实现统一，相反倒提出了一种更弱的地区主义构想，其基础是在国家主权范围内进行有限的文化、经济和政治合作（Barnett and Solingen，2007，187）。

动荡年代的竞争性（阿拉伯）地区主义构想

尽管或者可能因为两次世界大战之间出现过许多宏大的阿拉伯统一计划，1945 年成立的中东首个正式地区组织采用了现在这些更为温和的地区主义原则。阿盟最初由埃及、伊拉克、约旦、黎巴嫩、沙特阿拉伯、叙利亚和也门建立，它有明确的阿拉伯标准——成员国只能是阿拉伯国家。其宪章规定，阿盟应当“促使成员国之间的联系更加密切”，“协调彼此间的政治活动”，从而“为全体阿拉伯国家的共同利益服务”（League of Arab States，1945）。仔细观察可知，很明显，它在创立之初并非服务于阿拉伯世界的统一，而是试图“捍卫”每个阿拉伯国家的“独立和主权”（League of Arab States，1945）。

阿盟建立在相当温和的地区合作原则之上，并不意味着其对地区一体化更雄心勃勃的构想已经式微。相反，20 世纪五六十年代出现了一种新的“革命性泛阿拉伯主义”（Valbjørn，2009）。在整个中东地区都设有分支机构的“巴斯”运动号召人们，通过（阿拉伯）统一、自由（免受非阿拉伯势力干涉）和社会主义，来复兴一个“不可分割的阿拉伯民族”的光辉历史（Dawisha，2003，125，151；Choueiri，2008，309）。魅力领袖纳赛尔在“阿拉伯之声”发表系列广播讲话，在整个“阿拉伯舆论场”（Noble，1991，56）中引发共鸣，他呼吁建立一个以维护“阿拉伯共同利益”为己任的阿拉伯集体安全体系，即使这种共同利益与阿拉伯个别国家的狭隘利益相抵触。 【254】

作为一个非常先进的地区一体化例子，“阿拉伯联合共和国”（UAR）是 1958 年埃及和叙利亚正式合并为名义上统一的国家之后形成的。这意味着迈向阿拉伯统一的第一步，但它并没有存续很久，1961 年就解体了。1963 年，叙利亚、伊拉克、埃及和也门进行的一次更雄心勃勃的联合尝试也失败了。

阿盟也受到影响，因为它变成了革命的和保守的阿拉伯国家之间，围绕“阿拉伯”的规范意义（另参见后面“国际关系大理论”一节中有关建构主义的讨论），而形成的所谓“阿拉伯冷战”的重要舞台（Kerr，1965；参见 Barnett，1996）。保守的阿拉伯国家集团不认可泛阿拉伯主义的愿景，但担心泛阿拉伯主义在自己的人民中受到欢迎。因此，它们并不拒绝阿拉伯民族主义本身，而是试图推广阿盟最初极简版的合作主张，即在一个主张“兄弟情谊、团结协作”的阿拉伯框架内，实行阿拉伯主权国家间的合作（Valbjørn and

Bank,2012,11)。

1955 年成立的巴格达条约组织(the Baghdad Pact),虽然作为这个时代为数不多的地区组织之一,而且性质上并不仅限于阿拉伯国家参加,但也受到了这些阿拉伯内部发展动态的影响——尽管阿拉伯国家内部存在分歧，但它们也有着共同的规范要求，令阿拉伯国家如果单方面与以色列订约或签署亲西方条约的代价非常高昂。巴格达条约组织明显地以“从外部”理解地区为基础,是英美试图组建亲西方地区组织的结果,主要旨在对抗苏联威胁，类似于北约（NATO)、里约（the Rio Pact）和东南亚条约组织(SEATO)。然而除了伊拉克外,没有任何其他阿拉伯国家愿意加入这样一个被认为只是为保护西方而非阿拉伯利益的组织。1958 年军事政变后,伊拉克退出了巴格达条约组织,留下的国家改称中央条约组织(CENTO),成了一个极其低效的组织,其成员(巴基斯坦、伊朗、土耳其)被地区边缘化。

“阿拉伯协调”中的政府间地区主义

1967 年阿以冲突的爆发,不仅标志着革命性泛阿拉伯主义的终结,而且标志着一
【255】种新型阿拉伯地区主义的开端，随后的几十年往往因此被定义和描述为从“革命”(thawra)向“资源”(tharwa)的转变。

除了地区均势向海湾地区转移之外,20 世纪 70 年代初的石油繁荣还导致阿拉伯世界出现了新型的社会和经济联系——或地区化。劳动力的流动正从不够富裕但劳动力富余的阿拉伯国家流向富裕的阿拉伯产油国。与此同时,体现为汇款、投资和援助的资本流动则发生了相反方向的变化(Kerr and El-Sayed,1982)。这种循环既产生了新的经济联系,又促进了思想观念、价值观念和生活习惯的交流,培育了对于更大的阿拉伯社群的归属感。

在 1978 年的一项调查中,78%的阿拉伯受访者表示阿拉伯人构成了一个单一民族(Hinnebusch,2003,59),但这并没有转化为新的、广泛的统一计划,除了利比亚的卡扎菲在徒劳地呼吁利比亚、埃及和突尼斯要团结一致。相反,这个时代出现了一种基于某种“合格主权”(qualified sovereignty)的地区合作新形式,其中,阿拉伯国家间的协作遵循的是政府间主义原则(Hinnebusch,2003,176)。除了出现一种由埃及、沙特阿拉伯和叙利亚领导的新型“阿拉伯协调”(Arab concert),并在阿盟框架内举行的阿拉伯首脑会议上得以制度化以外,还出现了比以往任何时候都更大数量的阿拉伯国家间组织(参见附表 A12.1)。其中包括像阿拉伯石油输出国组织(OAPEC)、阿盟建立的“阿拉伯经济和社会发展基金”,以及由个别富产石油的阿拉伯国家建立的各种阿拉伯发展基金会那样

的经济组织(Hourani,2002,423;Hinnebusch,2003,45)。

这一时期也出现了比阿拉伯世界规模更大和更小的地区主义形式。前一类有伊斯兰合作组织(OIC,以前称为伊斯兰会议组织),它是一个成立于1969年的政府间组织,由57个成员国组成,包括各阿拉伯国家、伊朗和土耳其。虽然伊斯兰合作组织有意"保护和保障穆斯林世界的利益",但它在历史上一直没有发挥作用,"在世界事务中并未采取现实主义的行动,只不过是发表发表宣言罢了"(Ahmad,2008,125)。1971年成立的阿联酋(UAE)则更为成功,当时英国刚从海湾地区撤出。虽然阿联酋在某个层次上代表了一个影响深远的政治一体化的例子,但它俨然不同于之前的阿拉伯统一计划,比如阿联(UAR)。这个联邦的目的不是要朝阿拉伯联合迈出第一步,而最主要的是保护这些小国,或者更具体地说,是保护它们的统治家族(Tripp,1995;Heard-Bey,1999)。

分裂的阿拉伯世界之上和之下的地区主义

在20世纪的最后几十年里,阿拉伯世界范围之上和之下出现的地区主义方案格外引人注目,其中70年代的"阿拉伯协调"被阿拉伯世界的日益分裂所取代。在与以色列 【256】签订《戴维营和平协议》之后,埃及被驱逐出阿盟(直到1989年),在20世纪80年代两伊战争中,叙利亚选择与非阿拉伯国家伊朗结盟。1990年,萨达姆·侯赛因打破了另一个核心的阿拉伯规范,派坦克越界进入科威特,而且陷入瘫痪的阿盟无力提供"阿拉伯解决方案",只好由美国来领导国际干预。在这场干预活动中,不仅亲美的阿拉伯国家如沙特阿拉伯和埃及,而且连叙利亚,都支持对一个阿拉伯国家进行打击的战争。后来于1991年发表的《大马士革宣言》,原本是要提供一个科威特战争后阿拉伯安全框架,把埃及、叙利亚和海湾国家都包含在内,但被很快证明只是一纸空文(Barnett,1996,429)。阿盟在1990—1996年间未再举办过阿拉伯峰会,这也表明它陷入了瘫痪。在20世纪80年代中期油价下跌之后,阿拉伯社会—经济与资本-劳动力循环的关联程度进一步降低。

与之相反的是,这些年来出现了一些新的次地区合作形式。最著名的是海湾合作委员会(GCC),包括沙特阿拉伯、科威特、巴林、卡塔尔、阿联酋和阿曼,于1981年在伊朗革命和两伊战争的背景下成立。虽然海合会(GCC)在安全和经济合作的既定目标和实际成就之间存在着明显的差距,但它仍然被认为是中东地区主义的一个较为成功的例子(例如Fawcett,2013,195)。该地区的其他地方出现过一些不太成功的次地区主义。1989年,埃及、约旦、伊拉克和阿拉伯也门共和国成立了阿拉伯合作理事会(ACC),其宗旨是促进成员国之间的贸易和繁荣。事实上,这同样不过是其成员国的战略手段,每个成员国都在追求自己的目标，因而该组织在科威特战争后就不复存在了(Tripp，1995,298)。同样在1989年,阿尔及利亚、利比亚、毛里塔尼亚、摩洛哥和突尼斯组成了阿拉伯马格里布联盟(AMU),该联盟旨在促进北非的经济社会进步与和平,以及人员、货物和资本的自由流动(Lawson,2008,25)。与其他次地区主义方案相比,该联盟更是对欧洲地区日益扩大的一体化和保护主义的回应(Tripp,1995,295),终究来看,它那些经常被政治争执所纠缠的成员国似乎对与欧盟(EU)进行双边谈判更感兴趣。

这就意味着,20世纪末另一种地区主义趋势越出了阿拉伯世界的范围。关于欧盟与地中海南岸国家合作的一系列倡议,体现在1995年《巴塞罗那宣言》和"欧洲-地中海伙伴关系"(EMP)中,代表的是一种跨地区主义,其中,地中海现在成了地区合作构想的框架(参见本书第26章)。这种趋势的另一个例子是西蒙·佩雷斯(Simon Peres)关于"新中东"的地区主义构想(Peres and Naor,1993)。受到《奥斯陆协议》签订时的乐观主义启发,人们以为阿以和平有望,使地区合作成为可能,在维护和平的同时建立一个维护共同利益的地区共同市场。然而随着阿以和平进程的恶化,这个方案从未得以实现。

新千年的延续和变化

【257】 从地区主义的角度来看,新千年的标志是延续了既有的趋势。2004年,"欧洲睦邻政策"(ENP)启动。四年后,地中海同盟(UfM)随之建立,但迄今为止,它一直还是说得多、做得少。至于阿盟,它在2003年伊拉克战争发生时再次瘫痪。在2006年夏季战争中,它又变成了一场进行"阿拉伯峰会决斗"的"新阿拉伯冷战"竞技场(Valbjørn and Bank,2012),而且它在2002年阿拉伯峰会上为解决阿以冲突而提出的"阿拉伯和平倡议"也无疾而终。然而从地区化的角度来看,还是发生了一些变化。最重要的是,卡塔尔于1996年开播的半岛电视台和新的全阿拉伯卫星媒体的扩散,标志着阿拉伯中东地区开始出现一种新的信息革命,这种新型革命在随后的十年间为开创或复兴一个"新的阿拉伯公共领域"做出了贡献(Lynch,2006)。

虽然这并没有引发新的宏大地区主义方案，但在2011年，这种"阿拉伯舆论场"(Noble,1991,56;Valbjørn,2012)的复兴显然产生了影响。很难想象,发生在突尼斯偏远地区、如今世人皆知的穆罕默德·布瓦吉吉(Mohammed Bouazizi)自焚事件,会以同样的方式在整个阿拉伯世界中产生共鸣,引发了一场遍及中东地区的"突尼斯海啸"(Tunis-ami)。在这场阿拉伯动乱之初,这种扩散引发了种种猜测,人们设想阿拉伯世界是否会从此开启一个地区合作的新时代。在这里，一个新生的但也改变了的阿盟——不管它是"阿拉伯社会联盟"(League of Arab Societies)或"阿拉伯的东盟"(Arab ASEAN)

(Charai and Brande,2012;Lynch,2012)——可能都会在一个民主与和平的“新中东”扮演意义重大和积极进取的角色。这些期望在利比亚发生国内抗议运动的时候得到了某种支持,阿盟在其中扮演了重要角色,它为北约主导的干预提供了地区合法性。然而当叙利亚抗议运动演变成内战时,该组织再一次分裂和瘫痪了。相比之下,海合会(GCC)就更有效率,决心也更大。当抗议运动扩散到巴林时,“半岛之盾”部队出动对和平示威施以武力镇压,而且“专制君主制俱乐部”随后也为约旦和摩洛哥的君主制政府提供了支援。

在“阿拉伯之春”运动后期,当最初的乐观情绪被绝望所取代时,又出现了另一种地区化。多场内战的爆发和阿拉伯国家体制的弱化,导致了新的跨国身份,它不是基于一个阿拉伯共同体的归属感,而是部落主义或宗派主义(什叶派 vs.逊尼派)。现在,越来越多的相互联结是冲突和难民“外溢”的结果,而非资本和劳动力流动的结果。就地区主义而言,这种新趋势最引人注目的表现就是,“伊斯兰国”在叙利亚和伊拉克宣布建立一个“伊斯兰哈里发国”,并呼吁将更多的“穆斯林土地”合并到这个政治建构中。

对多层面的中东地区主义经验进行的这些历史回顾表明,我们有必要为“中东地区 【258】
是一个缺乏地区主义的地区” 这一主流观点提供些许不同看法。我们有可能确认一系列地区主义的方案,区别在于它们的抱负不同(从旨在合并现有国家的政治一体化到有限的主权国家政府间合作),和对地区的界定不同(反映在各不相同的成员组成上)。也很明显的是,地区化与地区主义之间关系的确切性质比通常假设的更加难以辨识。虽然有可能识别出高水平地区化的例子,它们已经产生了影响深远的一体化方案,但它们有时也与更为温和的地区主义形式同步涌现,而且在其他时候,这种联系又几乎看不到。

地区组织的制度设计

上一节的历史回顾为我们提供了丰富的案例,说明中东存在各种影响深远的地区一体化构想。然而从一些实际的地区组织制度设计来看,它们很少支持一种隐含着实际权威转移的地区主义,而只是基于主权原则的相当温和的地区合作形式。同时,我们可以通过集体决策结构来识别这些组织之间的某种差异,即看它们是更接近于“共享”(即基于一致同意的决策规则,一些成员国拥有否决权或实行多数决规则的安排),还是更接近于“委托”(即把决策权转移给特定的机构,参见本书第 22 章)。

至于阿盟,它覆盖的议题领域广泛,因为它旨在通过实施政治、经济、文化、科学和社会领域的设计项目,来促进实现阿拉伯世界的利益。制度上,它由两个核心机关组成——理事会和常设秘书处,另有一些常设委员会和附属机构,这些机构多年来不断扩大,使得如今的阿盟已是一个雇员数千的官僚机构。理事会的所有权威决定都需要得到一致同意,并且只对接受它们的国家有约束力。这往往导致该组织陷入瘫痪,而且到20世纪80年代,它所通过的4000多项决议中有80%从未得到实施,可见它有多么低效(Barnett and Solingen,2007,213)。在运转结构上,一个更加非正式的组成部分又使其主体机构的作用被边缘化,这个组成部分就是最初由纳赛尔发起的阿拉伯国家元首“峰会”,它在20世纪70年代的“阿拉伯协调”中颇为发挥作用。

【259】 与阿盟相比,马盟(AMU)所涉及的议题领域就比较有限,因为它主要解决的是经济问题。根据盟约,它建立了一系列地区机构,包括总统理事会、外长理事会、百人议会、法院、总秘书处和一些具体的协调性团体。然而马盟的这些机构,完全是在个别成员国的默许之下运转的,而制定政策的权威完全由总统理事会掌握,所有的决策都需要全体一致同意才能生效(Lawson,2008,25)。

海合会(GCC)最初也具有马盟(AMU)的一些相同制度特征,但在其创立至今的30年当中,它已经变成中东地区主义最成功和最先进的例子之一(Fawcett,2013,195)。尽管其宪章只提到“经济与金融事务”,但是战略性事务尤其是内部安全一开始就是其关注的最重要内容。早在1984年,它就建立了一支集体快速部署部队——“半岛之盾”部队,各成员国在协调甚至统一应对内部威胁方面留有可观的记录(Legrenzi,2011)。虽然海合会在经济战线上经历了多次挫折,但近期有些超国家机构已经开始要求对以前由个别国家管辖的地区经济部门拥有一定的政策制定权(Lawson,2012,21)。虽然海合会仍然是一个政府间组织——由六个国家元首组成的最高理事会和部长理事会组成其核心机关,并附设有一个总部在利雅得的秘书处,但它的决策过程出现了另一个重大发展。原先的一致同意原则事实上在实践中被放弃了,结果只有沙特阿拉伯有能力和权威对是否采纳拟议的地区倡议行使否决权(Lawson,2012,12)。

如果阿拉伯合作理事会(ACC)在科威特战争中幸存下来,那它可能会是一个地区组织的典型,甚至比今天的海合会(GCC)还要有前途。该组织声称旨在通过共同市场促进经济一体化,并没有提及安全问题。它的制度设计乍看类似于马盟(AMU),有一个由四国元首组成的最高机构,还有一个部长级机构和一个总秘书处——它们不享有任何独立权力,因为决策权只属于最高机构。不过,与大多数其他地区组织相反,在其成立宪章中就坚定奉行多数决策原则,在其存在的18个多月里,其发展轨迹和方向十分独特(Lawson,2008,28)。

总之,与许多影响深远的地区一体化构想相比,中东地区实际建立的大多数地区组织都有着政府间主义的设计,其机构独立于成员国的权力非常有限,各成员国一直不愿意将任何重大权力移交到地区层次。

中东地区主义的驱动(和阻碍)因素

由于中东地区主义的历史经验十分复杂，所以相关理论争论就不仅或不主要在于关注地区主义驱动因素的解释，而在于关注对一个有着高水平地区化的地区成功实现地区主义的阻碍因素进行识别。下面,我们将有关理论方法分成三个分析性工具箱,讨论一下它们是否以及怎样为解释中东地区主义的多层面历史经验提供见解。【260】

基于欧洲经验的一体化理论

一个工具箱是由基于欧洲经验的经典地区一体化理论和制度主义理论组成。20 世纪 70 年代的石油繁荣以及阿拉伯世界中资本、劳动力和观念的相应流动,最初是由新功能主义关于相互依赖和“外溢”的理论来加以观察分析的。这增加了对地区合作和一体化的期望(Kerr and El-Sayed,1982)。欧洲的例子已经被当成一个样板,中东应该认真学习,不仅因为欧洲是地区一体化最成功的例子,而且因为它展示了一个冲突四起的地区是如何实现和平的(Tibi,1999;Galal and Hoekman,2003)。

一方面,这些与欧洲经验的比较让人们注意到,一些中东地区主义方案如何受到了地中海北岸形势发展的启发和影响。这涉及各种“阿拉伯共同市场”方案,像马盟(AMU) 和佩雷斯的“新中东”计划以及海合会的机构和宪章也都受到了欧盟的启发(Fawcett,2013,197;Legrenzi,2002,26;2011,38)。另一方面,批评者警告说,在地区主义方案之间进行比较是错误的,他们认为这些方案在目标、地区组织运作的具体背景和时机、成员国的政治性质上都有很大的区别。这些批评者质疑,把这类文献中的理论应用到中东是否有用(Fawcett,2013,189;Legrenzi and Harders,2008,5;Lawson,2008,15;Lustick,1997,677)。

国际关系大理论

另一个工具箱包括的是各种传统的国际关系(IR)大理论。其中一个是现实主义传统,据此来看,地区主义所处的最主要国际环境必定是无政府状态、安全困境、势力均衡和自助型国家。与其他制度一样,中东的地区组织不过被看作是大国的工具、地区大国对抗的舞台,或者是弱势国家对外部安全威胁的反应。这种现实主义的观点为中东地区【261】

主义的驱动因素和阻碍因素都提供了不少见解。作为冷战遏制的工具，巴格达条约组织反映了当时超级大国的对抗。阿拉伯合作理事会(ACC)部分上是为了平衡叙利亚,也许还有沙特阿拉伯(Tripp,1995,298),海合会(GCC)的组建很大程度上是海湾小国对它们感到的伊朗和伊拉克威胁所作出的反应。此外,哈希姆家族、纳赛尔和叙利亚复兴党以及伊拉克所提出的各种宏大统一方案，可以看作潜在大国的称霸计划。这些方案都受到了其他地区国家的制约平衡,尽管它们在言辞上是以阿拉伯共同事业为缘由,但主要还是受狭隘的“国家理由”或西方大国的驱使。西方大国“对于任何超越现存国家间合作形式的独立性阿拉伯统一计划(以阿盟为典型)，都会视之为西方利益的对立面”(Lustick,1997,670–671)。

建构主义提供了另一种国际关系理论视角,它强调共同身份和规范的作用,认为它们影响着对利益、安全和友好或敌意的认知。虽然这一传统在一个多重身份并存的地区往往特别有用(Fawcett,2013),但这些身份对中东地区主义的影响却非常难以辨别。为了解释为什么长期以来大多数地区制度都局限于阿拉伯范围,即不包括以色列、伊朗和土耳其,我们有必要了解,各种形式的阿拉伯民族主义如何引导阿拉伯国家去界定威胁,识别它们应该“自然地”与谁进行交往(Barnett,1996,402)。一方面,这产生了一种制度安排的愿望,这些制度安排反映了中东国家对其作为阿拉伯国家的自我理解;另一方面,这也带来了加入其他组织的成本,尽管出于狭隘的“国家理由”视角,它们可能更愿意加入其他组织。20 世纪 80 年代次地区主义的兴起,以类似的方式反映出阿拉伯民族主义的衰落如何激发了其他身份认同的兴起,如“海湾”身份或“北非(马格里布)”身份(Barnett,1996,423)。同时,巴尼特(Barnett,1996)指出,共同身份并不一定促进合作。以阿拉伯身份为例,它更有可能产生一种独特的身份政治。因此,阿拉伯国家之间的共同身份并不会转化成关于阿拉伯政治支配性规范的任何协议(参见本书第 24 章)。相反,阿拉伯国家间激烈竞争的一个重要方面,尤其是在 20 世纪五六十年代的“阿拉伯冷战”过程中,是争夺阿拉伯意义的解释权,同时指责对手与“真正的阿拉伯利益”相悖,令它们声名狼藉。这种竞争影响了地区主义的发展。因此,在如何平衡个别国家对主权的关注和对“阿拉伯共同利益”的关注问题上,阿盟分裂为“革命的”和“保守的”阿拉伯阵营之间较量的重要战场。阿联(UAR)也可以看作是这种象征性对垒的工具。通过“抬高”阿拉伯正当行为的“标准”,这一意义深远的地区主义实验不仅挑战了保守的阿拉伯国
【262】家的“阿拉伯性”,而且同时在“革命的”埃及、伊拉克和叙利亚之间的竞相轮番出价中下了一着“先手棋”,这些革命国家每一个都试图比别国表现得“更具阿拉伯性”。

国际政治经济学(IPE)传统在很大程度上是新马克思主义的变种,也为解释中东地区主义的性质提供了另一种国际关系视角。从这个视角来看，收入的性质决定了地区

组织的首选制度设计。虽然石油贫乏的阿拉伯国家梦想着深化地区一体化，包括对阿拉伯的石油财富进行实际重新分配，但盛产石油的海湾国家只希望进行松散的地区合作，实行以主要解决冲突为目的的政府间主义原则。20世纪70年代的石油繁荣和相关的地区化，并没有产生自由主义一体化理论所设想的那种地区主义，而是在全球资本主义中心-外围体系中形成了一个地区性的中心-外围秩序。"外围中心"(盛产石油的海湾国家)的利益，比该地区石油贫乏的国家更接近西方"中心"(Alnasrawi，1991)。要理解为什么20世纪70年代的广泛统一计划被政府间形式的地区主义所取代，就必须注意海湾国家日益增长的地区影响力。它们用发展援助和贷款的方式来买通其他国家接受它们主张的更温和的地区主义构想(Luciani and Salamé，1988，49；Hinnebusch，2003)。

虽然每种国际关系大理论传统都为中东地区主义的动因和阻碍提供了相关洞察，但是它们也都有盲点。曾有许多人尝试将几种国际关系理论结合起来，构建一个更加"灵活、包容的理论框架"(Fawcett，2013，189)。在对海合会(GCC)的分析中，莱格伦齐(Legrenzi，2002，2011；参见 Barnett，1996，425)同时借鉴了现实主义和建构主义的观点。他用前一种理论传统来解释其形成的主要动因(关心安全)，而以海湾国家的身份变化和阿拉伯规范的转变来解释其造成的反响的特殊性质，并说明为什么海合会已经证明其比以前的许多地区主义实验都更具韧性。欣内布施(Hinnebusch，2003，28)也认为，我们必须综合考虑超国家身份、纳赛尔的地区雄心，以及全球因素和实力因素(冷战两极格局和超级大国对抗)，才能理解20世纪60年代阿拉伯国家关系中的地区主义发展水平。

国际关系与比较政治的综合

最后一个工具箱是将国际关系和比较政治的理论见解综合起来的各种方法。据此，我们有必要密切关注国际动态与国内政治的相互作用，才能更全面地理解各地区组织的具体制度设计和地区主义的发展程度。

在讨论阿盟的制度设计时，巴尼特和索林根(Barnett and Solingen，2007)综合考虑了建构主义所关注的阿拉伯民族主义思想对地区政治的影响，并考虑到对国内机制性质的重视。他们的结论是，这一地区组织的脆弱性不应该被认为是"设计失败"造成的， 【263】
因为它"在设计上就没打算要成功"。因此，阿盟的有限合作水平和弱式制度设计，在他们看来正反映了阿拉伯领导人合法性的缺乏和对国内政权安全的担忧(参见本书第10章，其中涉及欧亚地区时有类似情况)。阿拉伯民族主义政治不仅导致阿拉伯国家接受了"阿拉伯统一"的说法，目的在于使它们自己的政权合法化，而且在实践中它们还担心这会损害自己的主权。正由于有这样一些利益考虑和担心，阿盟才被故意设计为含糊其词地承诺为了“共同的阿拉伯事业”，但同时又抗拒着地区化和更宏大的地区主义方案的影响。从这个意义上说，它的成功故事中充满着自相矛盾。

特里普(Tripp,1995)以类似的方式指出，有必要将外部推动的意识与对国内政治的关注结合起来。虽然阿联(UAR)的实验必须放在20世纪50年代激进泛阿拉伯主义的背景下加以认识，但同样重要的是，需要注意导致其形成和解体的政变，主要是由对叙利亚某些群体的恐惧所引起的。根据特里普的研究(Tripp,1995;另参见Van Hüllen,2015,130)，那些不与自己的人民分享权力的专制政权，会更不愿意将实质性主权委托给一个地区实体。在这种背景下，中东威权国家的地区一体化水平有限就在所难免了。

然而在某些情况下，政权相似性和威权主义可能又有利于地区主义。已有人用内部相似性来解释阿联酋(UAE)和海合会(GCC)的相对成功，这些石油丰富的海湾君主制小国至少都关注其内部安全，这个领域正是其最发达的合作领域之一(Tripp,1995;Fawcett,2013)。同样，阿盟主要威权制成员之间现有合作的一个重要方面也与“加强政权型地区主义”有关，其目的是在国际和国内加强专制政权的地位、合法性和总体利益。为了理解为什么阿盟在21世纪初期采纳了一份《阿拉伯人权宪章》，范·许伦(Van Hüllen,2015)认为这并不能说明阿拉伯政权对保护人权有了新的承诺。相反，这是一种审慎的行动，意在抵御外界干涉其国内和地区事务的企图。同时，她指出，这“让阿盟成员国可以向国内选民和国际社会同时发出信号，表明它们是一个符合全球标准的‘现代’地区组织，以便获得或重新获得合法性并稳定其统治”(Van Hüllen,2015,131)。

总之，这三个工具箱为我们理解该地区多层面地区主义经验的某些方面提供了有用的见解。同时，很明显，中东的背景与欧洲经验大不相同，所以基于欧洲的经典一体化理论不太适用。而更一般的国际关系理论，虽然它们都提供了重要的见解，但每一种都有盲点。因此，采用多种国际关系理论视角，而非认定其中一种，可能会更加有用。国
【264】际关系理论对国际层次的高度关注，还应通过关注地区主义的国内层次加以补充，而这是比较政治学的方法所提供的启示。为了把握中东地区主义，我们有必要采用一个“灵活、包容的理论框架——它既包括权力和影响力的政治学，也包括扩散观念、规范和国内考虑的作用”(Fawcett,2013,189)。

中东地区主义的有限和模糊影响

关于地区主义影响的一般性讨论，往往是以地区组织如何帮助其成员克服集体行动问题为理论假设的出发点。人们认为，地区组织有助于：①冲突解决与和平；②共同

市场的形成;③民主和人权的出现和巩固。

如果用这些术语来判断地区主义的影响,那么反映在中东地区的影响就非常有限,因为该地区的地区组织基本上都是软弱和低效的。在安全和冲突解决方面,阿盟发挥了一些作用。例如,在 1961 年的科威特-伊拉克冲突中发挥过调解作用,2002 年提出过解决阿以冲突的“阿拉伯和平倡议”,并在“阿拉伯之春”运动期间为人道主义干预利比亚提供了地区合法性。然而其和平计划从未实现,阿拉伯国家间的“集体安全”宏伟构想也同样未实现。阿盟非但没能提供“阿拉伯解决方案”,还经常因为内部冲突而陷入瘫痪,就像在 1990 年的科威特战争、2003 年的伊拉克战争、2006 年的夏季战争、2009 年的加沙战争等危机时期。事实上,在 1945—1981 年间它所处理的 77 起阿拉伯国家间冲突局势中只有 6 起成功了(Barnett and Solingen,2007,214)。就经济而言,石油、劳动力流动、汇款和援助未能形成真正的阿拉伯内部经济,许多共同市场计划从未实现。正如特里普(Tripp,1995,288)所注意到的,“在经济合作事务上,达成共识的程度往往与所讨论的经济问题的集中性成反比”。至于说到民主和人权,中东地区有许多全阿拉伯范围的非政府组织(NGO),比如阿拉伯人权组织。尽管阿盟采纳了《阿拉伯人权宪章》等倡议,但也很难说这些地区组织推进了该地区的自由化或民主化(Van Hüllen,2015)。

尽管如此,要说中东多层面的地区主义经验没有任何影响,那肯定也不正确。在教育和文化合作等不太敏感的领域,阿拉伯国家之间的气氛并不那么紧张。不同阿拉伯 【265】
地区组织的存在有助于“阿拉伯认同感”(a sense of “Arabness”)的增强和某种程度的阿拉伯共同利益的衍生。这不仅仅体现在阿拉伯世界内石油富足国对石油贫乏国的大规模发展援助上。尽管缺乏强大的地区组织,但“阿拉伯规范”的存在在某些重大关头也促进了地区治理的出现。这影响了阿拉伯国家的联盟选择(比如禁止加入巴格达条约组织),让那些违反规范的国家付出代价(在《戴维营协议》签订之后,埃及被排除出阿盟),并对全球主权制度提出不同的解释(比如 20 世纪 70 年代“阿拉伯协调”期间提出的“合格主权”概念)。至于次地区组织,海合会(GCC)加强了独特的“海湾”身份,并由此促进了一种独特的“次地区化”。

除了这些影响之外,还可以识别不同于通常与地区主义有关的其他形式的影响。安全困境非但没有得到缓解,高水平的地区化和一些影响广泛的地区主义构想似乎加剧了阿拉伯国家的不安全感。因此,阿拉伯国家间的相互联结及它们在阿拉伯性和主权性上的分歧,过去已为有抱负的阿拉伯大国介入其他阿拉伯国家的内政提供了独特的机会。这种干涉据称是代表阿拉伯民族行事,从而导致了“主权的地位下降”(Halliday,2009,15;参见 Barnett,1998)。在这种阿拉伯国家间的对抗中,一些地区制度,如阿联(UAR),被用来提高谁是“真正的阿拉伯”的标准,并用以贬损对手。其他地区制度如阿盟的建立则是为了对抗影响广泛的阿拉伯统一计划，保护成员国的主权，或者更具体地说，保护这些国家统治者的安全。这就指向了最后一种地区主义影响的形式。阿盟传统上并不提倡民主、尊重人权，而一向是一个“专制性阿拉伯国家俱乐部”(Shehata 引自 Bank and Valbjørn，2010，314)。最经常召开且有成效的阿盟会议是阿拉伯内政部长会议，就像最重要的协调是阿拉伯情报部门之间的协调一样(Mattes，2010)。内部安全也是海合会(GCC)国家间以最高级形式进行合作的领域之一，最近在暴力镇压巴林的和平示威中发挥了重要作用。

结论：强地区化和弱地区主义

尽管中东可能不是一个缺乏地区主义的地区，但很明显，对高水平地区化转化为发
【266】达地区主义的期望还没有落到实处。相反，大多数影响深远的一体化构想从未实现，或者充其量不过是昙花一现的实验，大部分实际的地区组织都抱负平平，而且往往都很低效。如果“新中东”由缺少合法性的弱国组成，且有一种新的，由内战、难民和基于宗派主义的跨国身份所驱动的“恶性”地区化存在，那么这对于不久的将来改善中东地区主义而言不是一个好兆头。

不过，这并不意味着对中东地区进行比较地区主义讨论是没有意义的。因此，该地区的多层面地区主义经验为今后在这一领域的研讨提供了许多教训。其中一个教训涉及地区化与地区主义之间的关系，这二者在中东地区并非互不关联。这里的发展动态在性质上与地区主义文献中的经典预期刚好存在差异。中东的情况是，高水平地区化往往成为一种负担，而不是推进地区主义的助力器。因此我们有必要了解，在何种情况下，不同形式的地区化会导致真正的地区主义或其反面。另一个教训是，乍看失败了的地区主义可以在实际上很成功，承认这一现象很重要。因此，软弱和低效的地区组织制度设计有时可能是有意而为的，某种程度上是为了对抗地区化和更宏大的地区主义方案的影响，并且是为了保护成员国的主权，尤其是其统治者的主权。还有一个教训，是关于如何解释地区主义驱动因素和阻碍因素的理论争论的。中东的经验证明了我们从其他地区得出的印象，即采用单一理论方法或一个分析层次行不通，采用一个灵活、包容的理论框架才更为有效，这不仅包括用更多的理论方法去观察，也需要密切关注地区政治和国内政治的复杂相互作用。最后一个教训是有关地区主义影响的。在这里，中东地区提示我们，拓宽研究视角很重要，不要局限于地区主义相关的主要经典议题。因此，除了冲突解决、贸易和民主之外，地区主义在某些情况下也可能与不安全的加剧或威权主义的巩固有关。所以说，即便我们很难把中东描述为一个发达地区主义的成功故事，

还是有许多理由认为，从比较地区主义的一般讨论来看，该地区多层面的经验值得关注。

【267】

附　录

附表 A12.1　中东的地区组织

成立年份	组织名称（缩写）	涵盖的议题领域	成员	官网地址
1945	阿拉伯国家联盟（LAS）	综合性	埃及、伊拉克、约旦、叙利亚、黎巴嫩、沙特、也门 后加入：利比亚（1953），苏丹（1956），摩洛哥（1958），突尼斯（1958），科威特（1961），阿尔及利亚、巴林、阿曼、卡塔尔、阿联酋（1971），毛里塔尼亚（1973），索马里（1974），巴勒斯坦（1976），吉布提（1977），科摩罗（1993）	http://www.arableagueonline.org/
1955—1979	巴格达条约/中东条约组织（1955—1959）；从 1959 年起改为中央条约组织（CENTO）	安全	伊拉克（1955—1959）；土耳其、伊朗、巴基斯坦和英国	http://en.wikipedia.org/wiki/Central_Treaty_Organization
1958—1961	阿拉伯联合共和国（UAR）	综合性	埃及和叙利亚	http://en.wikipedia.org/wiki/United_Arab_Republic
1968	阿拉伯石油输出国组织（OAPEC）	经济	利比亚、沙特、科威特（1968），阿尔及利亚、巴林、卡塔尔、阿联酋（1970），伊拉克、叙利亚（1972），埃及（1973—1979，1989），突尼斯（1982—1986）	http://www.oapecorg.org/
1971	阿拉伯联合酋长国（UAE）	综合性	阿布扎比、阿治曼、迪拜、富吉拉、沙伽、拉斯海马、乌姆盖万	http://governmentae/en
1971	伊斯兰合作组织（OIC）（前伊斯兰会议组织）	综合性	中东成员：阿盟成员国、伊朗、土耳其	http://www.oic-oci.org/
1981	海湾合作理事会（GCC）	综合性	巴林、科威特、阿曼、卡塔尔、沙特、阿联酋	http://www.gcc-sg.org/eng/
1989	阿拉伯马格里布联盟（AMU）	综合性	阿尔及利亚、利比亚、毛里塔尼亚、摩洛哥、突尼斯	http://www.maghrebarabe.org/en/
1989—1990	阿拉伯合作理事会（ACC）	综合性	埃及、伊拉克、约旦、北也门	http://en.wikipedia.org/wiki/Arab_Cooperation_Council

参考文献

Aarts, P.1999.The Middle East: A Region without Regionalism or the End of Exceptionalism? *Third World Quarterly*, 20(5): 911–925.

Ahmad, I.2008.The Organization of the Islamic Conference: From Ceremonial Politics Towards Politicization? In: C.Harders and M.Legrenzi (eds.), Beyond Regionalism? Regional Cooperation, *Regionalism and Regionalization in the Middle East*.Aldershot: Ashgate, 125–138.

Alnasrawi, A.1991.*Arab Nationalism, Oil, and the Political Economy of Dependency*.New York: Greenwood Press.

Bank, A.and Valbjørn, M.2010.Bringing the (Arab) Regional Level Back In: Jordan in the New Arab Cold War.*Middle East Critique*, 19(3): 303–319.

Barnett, M.1996.Identity and Alliances in the Middle East.In: P.Katzenstein (ed.), *The Culture of National Security: Norms and Identity in World Politics*.New York: Columbia University Press, 400–447.

Barnett, M.1998.*Dialogues in Arab Politics: Negotiations in Regional Order*.New York: Columbia University Press.

Barnett, M.and Solingen, E.2007.Designed to Fail or Failure of Design? The Origins and Legacy of the Arab League.In: A.Acharya and A.I.Johnston (eds.), *Crafting Cooperation: Regional Institutions in Comparative Perspective*.Cambridge: Cambridge University Press, 180–220.

Bilgin, P.2004.Whose "Middle East"? Geopolitical Inventions and Practices of Security.*International Relations*, 18(1): 25–41.

Buzan, B.and Gonzalez–Pelaez, A. (eds.) 2009.*International Society and the Middle East: English School Theory at the Regional Level*.Basingstoke: Palgrave Macmillan.

Buzan, B.and Wæver, O.2003.*Regions and Powers: The Structure of International Security*.Cambridge: Cambridge University Press.

Çarkoğlu, A., Eder, M., and Kirişci, K.1998.*The Political Economy of Regional Cooperation in the Middle East*.London: Routledge.

Charai, A.and Braude, J.2012.The League of Arab Societies.Foreign Policy: *The Middle East Channel*.< http://www.foreignpolicy.com/articles/2012/02/23/the_league_of_arab_societies?page =full >(accessed February 23, 2015).

Chirol, V.1903.*The Middle Eastern Question, or Some Political Problems of Indian Defence*.London: John Murray.

Choueiri, Y.2008.Nationalisms in the Middle East: The Case of Pan–Arabism.In: Y.Choueiri (ed.), *A Companion to the History of the Middle East*.Oxford: Wiley–Blackwell, 291–312.

Dawisha, A.2003.*Arab Nationalism in the Twentieth Century: From Triumph to Despair*.Princeton, NJ: Princeton University Press.

Fawcett, L.2013.Alliances and Regionalism in the Middle East.In: L.Fawcett(ed.), *International Relations of the Middle East*.Oxford: Oxford University Press, 185–204.

Galal, A.and Hoekman, B.M.2003.*Arab Economic Integration: Between Hope and Reality*.Cairo: Egyptian Center for Economic Studies.

Gamble, A.and Payne, A.(eds.)1996.*Regionalism and World Order*.Basingstoke: Palgrave Macmillan.

Halliday, F.2009.The Middle East and Conceptions of "International Society".In: B.Buzan and A.Gonzalez–Pelaez(eds.), *International Society and the Middle East: English School Theory at the Regional Level*.Basingstoke: Palgrave Macmillan, 1–23.

Hansen, B.2001.*Unipolarity and the Middle East*.New York: St.Martin's Press.

Heard–Bey, F.1999.The United Arab Emirates: A Quarter Century of Federation.In: M.C.Hudson(ed.), *Middle East Dilemma: The Politics and Economics of Arab Integration*.London: I.B.Tauris, 128–149.

Hinnebusch, R.2003.*The International Politics of the Middle East*.Manchester: Manchester University Press.

Hourani, A.2002.*A History of the Arab Peoples*.London: Faber & Faber.

Huntington, S.P.1996.*The Clash of Civilizations and the Remaking of World Order*.New York: Touchstone.

Ibrahim, S.E.1982.*The New Arab Social Order: A Study of the Social Impact of Oil Wealth*.Boulder, CO: Westview Press.

Institute for National Strategic Studies.1995.*Strategic Assessment 1995: US Security Challenges in Transition*.Washington, DC: National Defense University.

Keddie, N.1973.Is There a Middle East? *International Journal of Middle East Studies*, 4(3): 255–271.

Kerr, M.1965.*The Arab Cold War, 1958–1964: A Study of Ideology in Politics*.Oxford: Oxford University Press.

Kerr, M.and El–Sayed, Y.1982.*Rich and Poor States in the Middle East: Egypt and the New Arab Order*.Boulder, CO: Westview Press.

Kienle, E.1990.*Ba'th v.Ba'th: The Conflict between Syria and Iraq, 1968–1989*.London: I.B.Tauris.

Koppes, C.R.1976.Captain Mahan, General Gordon, and the Origins of the Term "Middle East."*Middle Eastern Studies*, 12(1): 95–98.

Kramer, M.2008.*The Myth of Linkage*.<http:// blogs.law.harvard.edu/ mesh/2008/06/the_myth_of_linkage/> (accessed May 13, 2015).

Lawson, F.H.2008.Comparing Regionalist Projects in the Middle East and Elsewhere: One Step Back, Two Steps Forward.In: C.Harders and M.Legrenzi(eds.), *Beyond Regionalism? Regional Cooperation, Regionalism and Regionalization in the Middle East*.Aldershot: Ashgate, 13–32.

Lawson, F.H.2012.*Transformation of Regional Economic Governance in the Gulf Cooperation Council*. CIRS Centre for International and Regional Studies Occasional Paper No.10.Doha: Georgetown University School of Foreign Service in Qatar.

League of Arab States.1945.Pact of the League of Arab States, March 22, 1945.*The Avalon Project at*

Yale Law School.<http://avalon.law.yale.edu/20th_century/arableag.asp>(accessed May 13,2015).

Legrenzi,M.2002.The Gulf Cooperation Council in Light of International Relations Theory.*International Area Studies Review*,5(2):21–37.

Legrenzi,M.2011.*The GCC and the International Relations of the Gulf:Diplomacy,Security and Economy Coordination in a Changing Middle East*.London:I.B.Tauris.

Legrenzi,M.and Harders,C.2008.Beyond Regionalism? Regional Cooperation,Regionalism and Regionalization in the Middle East.In:C.Harders and M.Legrenzi(eds.),*Beyond Regionalism Regional Cooperation,Regionalism and Regionalization in the Middle East*.Aldershot:Ashgate,1–10.

Luciani,G.and Salamé,G.1988.*The Politics of Arab Integration*.New York:Croom Helm.

Lustick,I.1997.The Absence of Middle Eastern Great Powers:Political"Backwardness"in Historical Perspective.*International Organization*,51(4):653–683.

Lynch,M.2006.*Voices of the New Arab Public:Iraq,al–Jazeera,and Middle East Politics Today*.New York:Columbia University Press.

Lynch,M.2012.Making the Arab League Matter.*Foreign Policy:The Middle East Channel*. <http://mideast.foreignpolicy.com/ posts/2012/04/08/ making_the_arab_league_matter>(accessed May 13,2015).

Mahan,A.T.1902.*Retrospect and Prospect:Studies in International Relations,Naval and Political*.London:Low,Marston & Co.

Mattes,H.2010.Der Rat der Arabischen Innenminister:Das effizienteste Unterkomitee der Arabischen Liga.*GIGA Focus Nahost 2/2010*.Hamburg:German Institute for Global and Area Studies.

Murden,S.W.2009.The Secondary Institutions of the Middle Eastern Regional Interstate Society.In:B. Buzan and A.Gonzalez–Pelaez(eds.),*International Society and the Middle East:English School Theory at the Regional Level*.Basingstoke:Palgrave Macmillan,117–139.

Noble,P.1991.The Arab System:Pressures,Constraints,and Opportunities.In:B.Korany and A.E.H. Dessouki(eds.),*The Foreign Policies of Arab States*.Boulder,CO:Westview Press,67–166.

Peres,S.and Naor,A.1993.*The New Middle East*.New York:Henry Holt & Co.

Said,E.1995.*Orientalism:Western Conceptions of the Orient(with a new Afterword)*.London:Penguin.

Salamé,G.1994.The Middle East:Elusive Security,Indefinable Region.*Security Dialogue*,25(1):17–35.

Telhami,S.2013.*The World Through Arab Eyes:Arab Public Opinion and the Reshaping of the Middle East*.New York:Basic Books.

Tibi,B.1999.From Pan–Arabism to the Community of Sovereign Arab States:Redefining the Arab and Arabism in the Aftermath of the Second Gulf War.In:M.C.Hudson(ed.),*Middle East Dilemma:The Politics and Economics of Arab Integration*.London:I.B.Tauris,92–106.

Tripp,C.1995.Regional Organizations in the Arab Middle East.In:L.Fawcett and A.Hurrell(eds.),*Regionalism in World Politics:Regional Organization and International Order*.Oxford:Oxford University Press,283–308.

UNDP.2002.*The Arab Human Development Report Creating Opportunities for Future Generations*.New York:United Nations Development Programme,Regional Bureau for Arab States.

Valbjørn, M.2009.Arab Nationalism(s)in Transformation: From Arab Interstate Societies to an Arab-Islamic World Society.In: B.Buzan and A.Gonzalez-Pelaez(eds.), *International Society and the Middle East: English School Theory at the Regional Level*.Basingstoke: Palgrave Macmillan, 140-169.

Valbjørn, M.2012.Upgrading Post-Democratization Studies: Examining a Re-politicized Arab World in a Transition to Somewhere.*Middle East Critique*, 21(1): 25-35.

Valbjørn, M.and Bank, A.2012.The New Arab Cold War: Rediscovering the Arab Dimension of Middle East Regional Politics.*Review of International Studies*, 38(1): 3-24.

Van Hüllen, V.2015.Just Leave Us Alone: The Arab League and Human Rights.In: T.A.Börzel and V. Van Hüllen(eds.), *Governance Transfer by Regional Organizations: Patching Together a Global Script*. Basingstoke: Palgrave Macmillan, 125-140.

Walt, S.M.1987.*The Origins of Alliances*.Ithaca, NY: Cornell University Press.

第13章　撒哈拉以南非洲

克里斯托夫·哈特曼(Christof Hartmann)

【272】　事后看来，冷战的结束显然是非洲政治发展轨迹中的一个重要分水岭。它改变了这个大陆上暴力冲突的性质,并引发了各国国内政治结构的重大转型,再也回不到25年前的状态。从发展的角度来看,自20世纪80年代初的经济和债务危机以来,非洲的经济发生了巨大变化。与苏联解体几乎同时，整个非洲大陆的国家干预主义发展模式终结了。由捐赠国引导的宏观经济“结构调整”改革的一个重要方面,就是外贸制度的自由化,以便刺激出口部门,帮助非洲国家更好地融入国际经济体系。

据我们观察,20世纪90年代以来,非洲地区主义的新动态无疑与非洲大陆以多种方式融入国际体系的这些变化模式有关。没有了全球强权政治，非洲人终于有更多的空间去做决策,并找到“非洲问题的非洲解决方案”。与此同时,它们又面临新的安全和政治挑战，需要超越单个国家层次去应对。新一代政治领导人拥有经选举授予的合法性,他们宣称非洲将发挥新的作用,提出“非洲复兴”概念,并呼吁建立相应的全大陆性政治机构。政治经济改革的不同命运，也增强了整个非洲大陆各个国家和政权发展道路的异质性,既有成熟的民主国家和中等收入经济体如加纳或纳米比亚,又有崩溃的国家如中非共和国或索马里。撒哈拉以南非洲的这种多样性,加上这里有多达近50个国家的情形,解释了为什么20世纪90年代在非洲部分地区,特别是西部和南部非洲,会出现次地区安排的复兴。

非洲地区主义的政治新动态，以及一些组织成为地区主义花样翻新的实验室这一事实,最终引发越来越多的学术关注。在独立后的早期,非洲地区主义已经在比较研究
【272】中占据突出地位(Nye,1965),但20世纪70年代和80年代经济一体化的停滞降低了人们对它的政治和学术兴趣。不过在过去的20年里,非洲大陆内外的研究人员已再次关注到非洲地区主义。关于非洲地区主义的第一场辩论主要涉及经济合作的不同方面,

讨论非洲是如何在被全球经济边缘化的背景下开展经济合作的，以及这种合作又是否与非洲大陆不同形式的地区化有关。第二场辩论是独立进行的，在更大程度上受到国际关系(IR)理论的影响，讨论非洲内部的安全挑战和所谓“非洲和平与安全架构”(African Peace and Security Architecture，APSA)的方方面面。非洲的智库和学者在这些辩论中发挥了突出的作用，但尚未出现具体的研究地区主义的非洲方法。非洲学者中既有人采用地区一体化主流研究中的功能主义思维(Oyejide，1999)，也有人选择强调非国家行为体作用的“新地区主义”(Aning，1999)。即使是那些从泛非主义思维路线出发、强调集体自力更生的人，也基本上主张以欧盟为主要灵感来源的非洲地区主义模式，认为按照这些思路进行一体化是可行的(Asante，1997)。

关于非洲地区主义的实证研究面临诸多挑战。接触到有关决策和政策的数据非常困难，更不用说有关决策过程的数据了。对于非正式经济活动的重要性只能估计。从非洲地区制度安排的网站上，很难有效获取最新信息。这些组织的一些核心决策从未发布在其正式文件中。没有有关国家元首闭门谈判的信息，也没有退休总统的回忆录。很少有本地研究人员可以接触政策制定者。在许多组织的官僚机构中，几乎没有固定的工作人员，诸如准备政策文件之类的事务有时会外包给咨询公司。在这种情况下，多年来对非洲地区主义的研究主要就是对个别组织的案例研究，或集中于具体的政策或措施，比如非洲统一组织(OAU)的不干涉原则或维和任务，以及与这些行动有关的后勤和法律问题。由于数据的获取非常麻烦，相关研究也就主要集中在对制度结构、政策和措施进行全面描述上。

近年来，理论性分析已稳步增多，但对于所争论的问题，仍然缺乏超脱于某个学派具体理论观点的系统解释和比较解释。因此，本章将概述 20 世纪 90 年代初以来学界围绕非洲地区主义和地区化进行过的经验论证和学术争论。从比较的角度来看，非洲地区主义最令人困惑的似乎一直是，一方面表现出国家主导的地区主义的雄心、创新和多元化，另一方面这些项目又缺乏更广泛的社会参与。虽然这里提到的各种理论方法会对这一悖论提供不同的解释，但笔者将主要从整个非洲大陆国内结构和国家-社会互动的日益分化开始讨论，这使得关于非洲地区主义、其主要驱动因素或影响的总体概括成为 【273】
问题。在不否认全球化和外部驱动因素对于理解地区合作重要性的情况下，非洲国家的政治和社会变革可以解释，为什么国家主导的地区主义在非洲大陆一些地方朝着更具合法性的地区建设项目发展、有着更广泛的目标，而在另外一些地方却仍然是寻租的温床。

非洲地区的建构

非洲大陆“地区性”合作的最初尝试，始于大多数非洲领土仍处于殖民统治之下的时候。其特点是，在非洲精英中坚持非洲身份、反对殖民主义和被边缘化，并反对奴隶制、离间和种族隔离式统治等殖民遗产。泛非主义起源于非洲大陆之外，是散居海外的非洲裔人士的抗议运动。然而事实证明，这是一种强大的、鼓舞人心的思想，它不仅促进了非洲统一的总体思想，也促进了在整个非洲大陆建立地区性安排并以经济和军事手段维持非洲独立的努力(Ajala，1973；Franke，2009；Prah，2003)。

1963年非统组织(OAU)成立前曾有一次重要辩论，围绕的问题是，应该首先接受从殖民者那里继承下来的国家体系，还是由非洲人争取用一种更有力的统一形式去实现一个由所有非洲国家组成的联邦(Clapham，1996)。赞成渐进性和功能性合作以避免立即转让主权的人占了上风，因此非统组织建立在现有边界不可侵犯的原则和承认绝对国家主权的基础上。将非洲人联合成“非洲合众国”的泛非思想，特别是通过加纳首任国家元首恩克鲁玛的宣扬，成为鼓舞后来几代非洲人的政治思想(Murithi，2005；Nkrumah，1963)。然而它并没有真实反映20世纪60年代以后非洲大陆的政治实践。非统组织最初也没有推动非洲国家实行经济一体化。非统组织的主要目标是政治性的，即反对南部非洲的种族隔离、剩余殖民地和少数白人政权，以及在许多国家之间边界不稳的情况下避免其组织成员发生暴力冲突。

非统组织的非洲概念包含整个大陆，即指除白人统治下的南非以外所有非洲大陆上当时已独立的国家。它包括北非的埃及、利比亚、突尼斯、阿尔及利亚、摩洛哥和苏丹，这些国家以前都是阿拉伯联盟的成员国。因此，非洲大陆一体化从一开始就超越了撒哈拉以南非洲和北非之间的文化边界(Amate，1986)。尽管在过去几十年中，萨赫勒地区一些国家(毛里塔尼亚、马里、尼日尔、乍得、苏丹)的“阿拉伯人”后裔和“非洲人”后裔之间
【274】发生过旷日持久的暴力冲突，但非统组织从未质疑这种全大陆性的政治合作方式。利比亚曾是许多撒哈拉以南非洲国家的主要捐助者，利比亚国家元首卡扎菲甚至多次试图领导该组织。因此说，非统组织的地区主义是包容性的。除了摩洛哥因西撒哈拉政府被接纳为非统组织成员而于1984年退出该组织外，所有非洲国家都派代表参加了2002年作为非统组织继承者而成立的非洲联盟(AU)，并将继续作为其成员。因此，今天的非

洲联盟拥有 54 个成员国。[①]

虽然政治合作是在大陆层次进行的，但在 20 世纪 60 年代末至 70 年代中期，在次大陆或“地区”层次也成立了各种组织，其目的是改造非洲经济。联合国非洲经济委员会（UNECA）在将非洲分为五个地区方面发挥了重要作用。然而这些试图自上而下创建地区的尝试，既面临着殖民遗产塑造的地区主义计划的竞争，又缺乏参与国政府和社会的承诺和赋权（Oyejide，1999）。

在东非，东非共同体（EAC）建立于 1967 年，联合了肯尼亚、乌干达和坦桑尼亚这三个前英国殖民地。它建立在先前殖民安排的基础上，但却把没有英国殖民背景、更加不稳定的“非洲之角”国家排除在外，这有损于建设一个更全面的东非共同体的思想。在西非，由法国在去殖民化时期创建的西非货币联盟（UMOA）旨在使法国与其前殖民地保持货币上的联合，它是西共体（ECOWAS）开展地区合作的主要绊脚石；有一半西共体成员国正在这一具体政策领域朝着统一的方向迈进，甚至将超国家权能充分赋予一个地区银行。[②]法国一直是西非货币联盟（后来更名为“西非经济货币联盟”，即 UEMOA）的积极成员，并作为一个外部的、相当强大的行为体直接参与非洲地区合作。

西共体内部地区建设的挑战已经足够难以捉摸，然而东部和南部非洲地区主义的地理条件更具挑战性。其成员交叠尤为突出，几乎所有国家都是两个或三个不同地区合作方案的成员（ECA，2004，40）。南部非洲发展协调会议（SADCC）是出于政治和经济两方面原因而创立的，即帮助减少前线国家对其邻国南非的经济依赖，为外部资源支持反种族隔离斗争提供渠道，不管这些资源是物质上的还是象征性的（Lorenz and Cornelissen，2011）。最终，在纳米比亚于 1992 年加入该组织后，该组织转型为南部非洲发展共同体（SADC），这是一个旨在通过贸易自由化和功能合作来发展经济一体化的组织。其中某些成员已经在 1981 年为东部和南部非洲建立过一个特惠贸易区（PTA），随后在 1994 年又转型为东部和南部非洲共同市场（COMESA）。【275】有些国家虽然已成为该共同市场的成员，但它们在地理上显然不属于东部和南部非洲（如埃及或利比亚），其他东部和南部非洲国家并没有参与这一合作方案，而是倾向于通过东非共同体（EAC，2000 年恢复）或南共体（SADC）开展合作。换句话说，存在着相互竞争的地区主义和相互竞争的潜在政治计划。

---

① 非统组织（OAU）还包括非洲大陆东西部的一些岛国，它们在地理位置上更靠近非洲，尽管像毛里求斯这样的岛国居民向来多是印度裔。（需要说明一下，摩洛哥已于 2017 年重返非盟，晚于本书出版时间，因此，今天非盟的实际成员国数目为 55 个。——译者）

② 法语非洲国家在去殖民化时期实际从未“要求过”获得这些权能，因此创建一个货币联盟并非有意牺牲现有的国家主权。

虽然不同的次地区组织在实现其经济议程方面都面临诸多困难，但其中有几个组织在应对日益增加的安全威胁方面发挥了重要作用。20 世纪 90 年代初因国家衰退造成的长期暴力冲突、小型武器扩散以及最近打击国际恐怖主义网络的斗争，构成了需要在地区层次有效应对的主要威胁。西共体在 1990 年的利比里亚和 1997 年的塞拉利昂，发起过最早的人道主义干预行动，成为受到广泛研究的对象（Abass，2000；Coleman，2007；Francis，2001；Olonisakin，2000）。非洲地区组织（见附表 A13.1）获得了相当全面的政治授权，涉及选举观察、反腐败、民主保护和危机预防。尽管非盟试图赋予特定地区行为体在其“和平与安全架构”（APSA）中的专属角色，但在东非出现了机构重叠的挑战，东非共同体（EAC）、政府间发展组织（IGAD）和新组建的东非快速反应部队（EASF）成员各有不同，并存在着利益和授权上的冲突（Lindskov Jacobsen and Nordby，2012）。

这些所谓的“地区经济共同体”（RECs）都希望成为多维度的地区安排，而起初非统组织（1980 年《拉各斯行动计划》）与后来的非盟，也都要求有义务谋求经济发展。它们的目标是，在长达 34 年的时间内，分六个阶段将整个非洲大陆发展转变成一个“非洲经济共同体”。与此同时，自 2001 年以来，在南非的最初领导下，“非洲发展新伙伴计划”（NEPAD）一直在努力建立一个协调非洲大陆层次、发展干预措施的框架（Taylor，2005）。

因此，大陆性和地区性合作层次之间原有的分工受到来自两个方向的挑战。非盟及其技术机构 NEPAD 认为，“地区经济共同体”本身并不是“地区主义”，而是由非盟自己赋权并指导的一个政治经济大厦的“支柱”。实际的决策过程和当时的现实情况有很大的不同（Gandois，2009）。在和平与安全领域，例如在科特迪瓦危机和津巴布韦危机的管理上，就存在着特别明显的重大政策分歧。西共体（ECOWAS）和南共体（SADC）或多或少地阻碍了非盟在冲突管理方面发挥监督和领导作用。

对于这些各不相同、有时相互冲突的自上而下的地区建设努力，有一个重要障碍是，它们同现有的精英或大众层次的地区化模式是脱节的。几个世纪以来，非洲一直是一个移民密集的大陆，传统的贸易路线跨越了现在属于其中几个地区的独立国家，这些国家使用的贸易语言，如迪乌拉语、豪萨语或斯瓦希里语，有成千上万人会说能懂
【276】 （Iliffe，1995）。这种社会活力有利于人口的地区聚集，但在国家主导的地区主义计划中却很难得到反映。有成千上万的非洲居民一直在邻国生活和工作。受到“新地区主义方法”的启发，有一大批文献强调了该大陆各地区跨国进程的强度（Bach，2009；Grant and Söderbaum，2003；Iheduru，2003；Shaw，2000；Söderbaum，2011）。然而，还不清楚哪一个地区建设计划实际上是从非正式工人、家庭、商业网络、小商贩、移民劳工和难民之间的广泛互动中产生的。更为明显的是，在非洲大陆的大部分地区，在构建更高程度的“地区性”（Hettne and derbaum，2000），以及更广泛地发展共同的地区认同或意识（Hurrell，

1995)方面,国家精英和国内选民(如私营企业或公民社会)几乎没有互动。

因此,撒哈拉以南非洲的地区构建仍有争议。整个大陆和各个地区之间存在着竞争,这种竞争体现在话语中可以说成是相互辅助,但在行为实践中并没有得到调和。尽管泛非主义仍然是一种强有力的话语,但整个非洲大部分地区的地区政治仍然以重叠交叉的地区主义为特征。这种重叠交叉表明,具有纯粹经济议程的安排并不被当地人视为特有的或主要的地区表现形式,潜在的文化传统、经济实践和政治遗产(如反对压迫的共同经历),继续阻碍着由非盟或外部行为体精心设计的自上而下的地区建设计划(Vale,2004)。

非洲地区主义的驱动因素

对于理解地区主义的兴起和发展变化,相关文献中已提出了一些解释。这些解释方法中大多数可以说跟非洲的情形合拍,当然得看具体分析的是非洲众多地区主义当中的哪个方面或哪个组织。

按照功能主义的逻辑,非洲的经济交往水平低、各成员国之间存在巨大差异,这些因素造成没有足够的地区性需求去实行强有力的经济一体化。相反,将具有经济性质的安排转变为安全治理制度,至少部分是为了应对后冷战时期日益增多的内战所带来的负外部性,这些内战席卷了西非、中非和东非的大部分地区。利比里亚、塞拉利昂、卢旺达或索马里的冲突对其地区环境稳定都造成了破坏,但只有在西非,现有的地区组织才得以转变成应对这些新地区安全挑战的组织(Francis,2005;Iheduru,2011)。我们可以 【277】
把非统组织向非盟的转型和"非洲发展新伙伴计划"(NEPAD),解释为新兴非洲精英阶层对外部势力极力影响非洲大陆的回应,这种外部影响既包括前殖民势力和联合国在维持和平方面的大规模存在,也包括双边捐助者和布雷顿森林机构对非洲设置种种条件。原先基本上丧失功能的非统组织成功复兴并转型成为非盟,表明非洲人愿意自己解决他们自己当中的冲突(Coleman,2011;Murithi,2008)。"非洲发展新伙伴计划"(NEPAD)创造性地引入了"非洲相互审查机制"(African Peer Review Mechanism),其明确的目标就是不要再让非洲以外的国家对非洲人的治理状况进行监督检查(Herbert and Gruzd,2007;Hope,2002;Kanbur,2004)。

地区组织内部设立的官僚机构最近被一些学者认定为地区主义的驱动因素。蒂耶库(Tieku,2011)和弗兰克(Franke,2009)分析了非盟委员会在制定非盟政治议程和制定新政策方面日益增强的作用。鉴于所有地区组织的政府间性质,这种作用有明显的局限性。因此,恩格尔和波尔托(Engel and Porto,2010)在评估非盟委员会的独立作用时就非常谨慎。当然，为了更好地了解各种委员会和秘书处作为整个非洲大陆地区主义的驱动因素所发挥的不断变化的种种作用,我们还需要进行更多研究。

地区政治和大陆政治的转型，也被解读为最强大的非洲国家试图在积极捍卫自己的利益(Adebajo and Landsberg,2003)。“非洲发展新伙伴计划”(NEPAD)是由南非、尼日利亚、阿尔及利亚和塞内加尔的总统们联合发起的。关于非盟的谈判既有意阻止利比亚在大陆政治中发挥主导作用,又试图在最强大的国家尼日利亚和南非之间寻求妥协(Tieku,2004)。人们对尼日利亚是否真的有资格成为霸主的争论越来越多,但在非洲其他地区，霸主的缺失已被用作各种地区主义计划缺乏落实的一个解释(Hancock,2014)。许多关于西共体在利比里亚和塞拉利昂维持和平的文章认为,这些行动主要服务于地区大国尼日利亚的政治经济利益（Adebajo,2002;Adeleke,1995;Van Walraven,1999),科尔曼的书(Coleman,2007)以类似的方式分析了尼日利亚和南非等地区大国如何利用地区主义来加强其国家偏好和干预策略的合法性。

第三种解释关注的地区主义驱动因素是思想和规范的力量。据此，非洲大陆性和地区性合作的新动态就与南非总统姆贝基关于“非洲复兴”的影响广泛的谈话(Vale and Maseko,1998)有关,这是一种不断变化的非洲大陆自我认知(也有鉴于中国在非洲大陆的大量投资活动)，以及泛非主义在整个非洲大陆知识界的复兴(Franke,2009,214)。非盟“和平与安全架构”(APSA)以其创新的特点,特别是大陆预警系统、非
【278】洲快速反应部队和高度介入性干预机制，令许多观察家困惑不解。许多以前学者的分析,如克拉彭(Clapham,1996),都认为非洲国家在国际体系中的脆弱性将进一步加强非洲内部及其与外部行为体的关系中捍卫对外主权的必要性。建构主义者如今强调,有关“人道安全”和“保护的责任”(R2P)的国际规范是如何在非洲背景下得以本土化的,以及如何开始用于塑造非洲地区组织的议程和政策(Engel and Porto,2009;Franke,2009;Williams,2007)，包括对利比亚和科特迪瓦的军事干预(Bellamy and Williams,2011;Ipinyomi,2012)。

最令人信服的解释还是，非洲大陆的政权类型和国内政治结构解释了非洲政府为何以及如何投身于地区一体化。例如,成员交叠对于决策者来说显然是合理的,他们对积累外交地位和获取“租金”相当感兴趣,同时又不想失去对其经济和新家长制政体的控制权(Herbst,2007)。因此,现有的地区合作形式非常成功,毕竟它们加强了现任政府的地位、国际认可和声誉，还可能带来更多物质资源的流入。索德鲍姆(Söderbaum,2004)称之为非洲地区主义的“加强主权”功能。“峰会和大会是松散甚至虚构的地区组织结构中的重要组成部分,这种社会实践随后在大量部长级会议和其他会议上被重复和制度化，实际上并不涉及成员国内部或成员国之间的真正辩论和更广泛的磋商”

(Söderbaum,2011,67–68)。根据这类文献,对非洲弱国来说,维护主权是主要优先事项,只能接受不挑战主权的地区合作形式。此外,关税收入在国家预算中占相当大的比例,包括实质性贸易自由化在内的地区经济一体化形式会对关税收入产生负面影响。①

非国家行为体对地区一体化到底是起推动还是阻碍作用,一直是有争议的问题。许多非洲国家的政治自由化和民主化进程,已为公民社会表达诉求和偏好开辟了空间。由人权委员会和倡议团体组成的地区网络已经出现。现在跨国行动主义的出现比过去有更好的条件,地区政治团体也更方便得到各种非国家行为体的支持(Iheduru,2011)。在另一些学者看来,可以拿本土私营部门的弱点来解释市场一体化的失败。从这一角度来看,"非洲发展新伙伴计划"(NEPAD)代表了一种尝试,即尝试将非洲地区主义中高度国家化的决策传统(Van de Walle,2001)与更密切接触北方国家的要求结合起来。非洲各国政权不仅承诺在"非洲相互审查机制"下励行善治,而且其地区主义也应该能够与经济全球化、市场准入、投资流动和债务减免相协调(De Waal,2002;Taylor,2010)。索德 【279】
鲍姆和泰勒(Söderbaum and Taylor,2008)强调,南非试图通过实施"空间发展倡议"(SDI)和发展走廊来重组南共体地区。经济一体化是通过私有化和跨国项目中的公私伙伴关系来实现的,比如连接南非工业中心和莫桑比克港口的天然气管线或收费公路。然而此类举措的出现,似乎取决于是否有强大的私营部门的利益在该地区扩张,而且这些私营部门与国家政府有密切的联盟关系,这种情况在南部非洲以外可能并不存在。

最后,外部行为体也被认为直接推动了非洲的地区主义。中部非洲的一些地区组织持续存在的原因,可能不是参与国的领导人从中得益,而是非盟需要在每个它划定的次地区都有一个支柱,从而动员外部支持来建立适当的结构。非盟"和平与安全架构"(APSA)及其地区分支的建立,曾经就是一个从非洲以外引进大量能力建设和专门知识的过程(Engel and Porto,2010)。在更广泛的层次上,非洲地区主义反映了一种"外翻性"(extraversion)的结构背景,这在非洲政治的许多其他方面都是显而易见的(Bayart,2000)。

在欧盟的经济伙伴协定(EPA)谈判策略中,直接从外部施加影响显而易见,该协定意在取代欧盟与其在非洲、加勒比和太平洋(ACP)的前殖民地之间订立的《科托努协定》。事实证明,以前的欧洲市场免税准入无关乎非加太国家与欧盟之间贸易的增长,非加太国家的不对称贸易优惠也不是根据世界贸易组织的最惠国(MFN)待遇而享有的。因此,欧盟考虑的是建立一系列自由贸易区,把非洲四个地区集团的国家(加上加勒比

① 许多非洲国家政府在与欧盟进行"经济伙伴关系协定"(EPAs)谈判时,最担心的不是欧洲进口的无限制涌入,而是失去以前在欧盟进口关税上的既得收入。

和南太平洋地区的国家)与欧盟联系在一起,这将允许欧盟仍然给予非洲人进入欧盟市场的优惠待遇,同时根据世界贸易组织的法律对最惠国待遇原则适用合法的例外。EPA谈判本应在2007年结束,但事实证明这是艰难而漫长的,直到2014年才完成。除西非外，没有一个地区的谈判集团与现有的地区组织相对应。鉴于东部和南部非洲有许多重叠的成员国,如果欧盟希望所有国家只属于一个谈判小组,这在某种程度上就不可避免了,但欧盟如果这样做,会被视为一项不支持非洲大陆地区一体化的政策。在EPA中,非洲国家实际上必须确定各自的自由化时间表和一揽子例外事项,这在南共体内部就会造成地区内壁垒(Meyn,2008),以至于南共体成员国被归入(或自行加入)三个不同的谈判集团(Stevens,2006)。可以肯定的是,EPA既不能加强非洲大陆的地区合作理念,也不能加强其实践,反而可能会削弱一些地区组织,如南部非洲关税同盟(SACU)(Muntschick,2013)。

理解制度设计的差异

【280】 非洲地区主义包括一系列令人印象深刻的不同安排:有关税同盟(如只有有限的五个成员国的南部非洲关税同盟),也有全大洲性组织(如非盟);既包括实际上只存在于纸面上的虚构"组织",也包括运作正常的货币联盟。

经济学家主要分析了经济地区一体化的制度特征，概述了非洲国家可以从更强有力的地区一体化和多边贸易自由化中获得的好处(ECA,2004;Hancock,2014;Kayizzi-Mugerwa,2002;Mistry,2000;Oyejide,1999)。非洲地区经济合作的主要特点是，侧重于地区内关税减让(大多落后于计划)、限制性原产地规则和相对较高的对外贸易壁垒(Yang and Gupta,2007)。与此同时，非洲地区组织中地区一体化的理想水平仍然高于世界上大多数其他地区,但只有三个货币联盟明显得到了落实,它们都是过去殖民时代的残余。在南部非洲的共同货币区(CMA)中,不同的货币仍然存在,但采用的是固定汇率。西非和中非的非洲法郎(FCFA)区由两个不同的货币联盟组成,但它们在完全相同的条件下与欧元的联系,使该法郎区看起来像一个单一的实体(Asche and Brücher,2009;ECA,2012)。在各个关税同盟中,只有南部非洲关税同盟(SACU)可以认为具有功能完整的共同对外关税。其他宣布成为关税同盟的地区组织,如UEMOA或EAC,多年来允许在协议关税和内部自由化时间表上有相当大的例外。目前非洲在各大洲中内陆国家所占比例仍然最高,许多国家的人口相对较少,但这种创造更大市场的需求,并没有引导现有地区安排去切实满足更深层次市场一体化的需要。另外，联合国为促进解决非洲地区组织成员资格重叠问题的"合理化"努力也未见成效,可能的例外是,南共体

(SADC)、东南非共同市场(COMESA)和东非共同体(EAC)已就实现三方快速一体化(三方自贸区)进行了谈判(ECA and AU,2006)。

另有人站在截然不同的角度提出了质疑，质疑真正的进程到底在多大程度上反映了市场驱动的地区一体化进程。在南部非洲背景下,亨茨(Hentz,2008)就认为,出于多种原因,南非选择把地区合作理解成是发展型和功能性的,而不是市场驱动的(参见本书第 17 章)。由国家主导的跨国共享项目,特别是在水资源、运输和水力发电方面,旨在克服基础设施和生产基础上的地区贸易壁垒(McCarthy,1999),或帮助管理钻石贸易、干旱和人道主义危机、难民遣返、石油和天然气管线、集装箱运输或卫星电视(Shaw,2000)。在这一过程中,地区组织的秘书处或委员会从贸易自由化的议程制定者转变为 【281】
“地区发展代理者”,并充当捐助方的筹资人和中间人(Bach,2004)。

在更极端的情况下,虽然官方提倡进一步贸易自由化并主张地区主义,但国家精英对维持边界差异更感兴趣,比如海关、货币或财政方面的差异,这使他们能够从事非法活动、维护走私网络。丹尼尔·巴赫(Daniel Bach)称这个过程为“跨国地区化”,因为国家代理人参与规避管理跨境流动的官方规则,并把地区主义本质上用作“捞取资源”的手段(Bach,2005)。这种做法在西非相当普遍,戈吕布和姆巴耶(Golub and Mbaye,2008)对冈比亚、伊古埃和苏莱(Igué and Soulé,1992)对贝宁也有类似的记述,这可能解释了为什么西非各国政府继续履行雄心勃勃的贸易自由化时间表,但实际上也可能有理由抵制实施正式的一体化方案。

许多地区安排缺乏更深层次的一体化，这也解释了为什么制度的基础规则基本上仍然是政府间的,在决策程序上仍然是非正式的。如果地区主义不像赫布斯特(Herbst,2007)或索德鲍姆(Söderbaum,2004)所宣称的那样,是关于政策协调或贸易自由化的,那么协商一致就是最有效的决策规则,“意大利面碗”也就不是地区主义无效的表征,而是在其他政治目标方面发挥作用,例如确保国内或国际合法性。因此有许多文献声称,非洲地区主义内部的制度结构大多都是政府间的、基于共识的,具有包容性的成员规则和非正式的决策过程，国家元首往往自己出面在有争议的问题上进行讨价还价。在霸权存在的地方，霸权国不愿意被地区机构束缚。然而其中一些假设受到了来自两个不同方面的挑战。

汉考克(Hancock,2009)提出了一个财阀(富国)代表理论(a theory of plutocratic delegation),她特别用南部非洲关税同盟(SACU)对这一理论进行说明。南部非洲关税同盟(SACU)成立于 1910 年,但在 20 世纪 60 年代随着博茨瓦纳、莱索托和斯威士兰从大英帝国独立出来,它在稍加修改的条件下幸存下来,即增加了对这三个较小经济体的关税征收份额。各国没有创建超国家结构，而是将政策制定权委托给地区一体化计划中最富有的成员国——在这个例子中就是南非。根据汉考克的说法,SACU 采取的这种财阀式结构一直持续到南非的种族隔离政策结束,当时新的非洲人国民大会(ANC)政府选择了一个更具政府间性质的结构。西非和中非的法语国家货币联盟,也以类似的方式发展了更强有力的一体化形式,包括将决策权委托给一个超国家的中央银行。这个中央银行受到一个富裕国家的强大影响,这个国家不是非洲成员国,而是法国及其财政部(Canac and Garcia-Contreras,2011)。如今,由于非洲金融共同体法郎与欧元挂钩,这些非洲地区组织就相当于将政策制定权委托给了欧洲中央银行(Stasavage,2003; Gurtner,1999)。

【282】 政府间主义面临的第二个挑战来自非盟和西共体的制度转型,以及"保护的责任"(R2P)规范的适用。关于非盟,据说 2002 年的制度改革使得它与欧盟更加相似(Packer and Rukare,2002),尤其是通过建立一个更强大的委员会作为进一步整合努力的发动机。然而新的和平与安全理事会(PSC)作为非盟中最具超国家性质的机构,却效仿了联合国的做法,拥有 15 个成员国,并有权决定对成员国进行制裁,包括军事干预(Murithi,2005)。西共体在 1999 年通过设立一个调解与安全理事会(MSC)而建立了类似的新型干预机制,该理事会仅由 15 个成员国中的 9 个组成,并以其成员三分之二多数表决形式,就人道主义干预和对成员国使用武力等问题做出决定(Hartmann,2013)。这与以往对协商一致和不干涉的理解大相径庭,即使在实践中,调解与安全理事会(MSC)会议一般都由西共体全体成员参加。自 2005 年以来,西共体法院通过个人申诉程序获得了裁定侵犯人权行为的权限(Alter et al.,2013)。

这种制度创新的部分原因是扩散(Börzel and Risse,2012)。对非洲内部(西共体和非盟之间)或非洲与世界各地区创新之间的扩散机制进行更系统的分析,仍然存在很大缺失。伦茨(Lenz,2011)或布兹杜冈(Buzdugan,2013)是例外,他们声称,欧盟的地区一体化模式确实有影响,南共体的制度改革及其引入共同市场目标的决定当中,既有仿效也有说服,或者有社会化在起作用。欧盟式的制度变革,当时是由南共体在预算上对欧盟支持的依赖而引发的。甚至连"意大利面碗"也可能部分是捐助者行为造成的后果,因为它们的捐款占秘书处预算的很大一部分,而且来自外部的技术性建议,往往是保持谈判和实施得以正常进行的重要因素(Asche and Brücher,2009)。

在分析 1999 年西共体新型军事干预机制的诞生之谜时,哈特曼和斯特里宾格(Hartmann and Striebinger,2014)将成员国的政权变动确定为一个决定性的解释变量。民主化的地区霸权国尼日利亚和其他脆弱的西非民主国家,都明显有意在地区层次"锁定"其国内民主发展。这可能还因为,当时这些竞争性威权政权试图通过签署议定书来寻求国际合法性,同时又期望议定书不会得到执行。比较研究的理论文献中,关于政体类型在解释地区主义制度模式中相关性的其他假设(Pevehouse,2005;Solingen,2008),在有关非洲的文献中几乎找不到共鸣(除了 Fawcett and Gandois,2010;Welz,2012)。鉴于许多国家最近发生了民主化,我们的确很难假定政体类型与地区合作和一体化的成功之间存在关联。

【283】

地区主义的影响

贸易与发展

如果我们将官方目标作为衡量成功的标准，那么经济一体化的尝试在很大程度上都是失败的(Asante,1997; Mistry,2000)。东非共同体(EAC)1977 年明显分崩离析,因为有政策分歧,也因为坦桑尼亚认为东非共同体主要维护的是最强大经济体肯尼亚的利益。在许多其他地区经济共同体中,条约条款都得不到执行,因为所需的附件和执行时间表从未制定。在其他情况下,商定的贸易自由化仍然是一种幻想,因为时间表虽已存在,但被官方推迟而没有转化为国家法律,或者根本没有在边境区域实施(Asche and Brücher,2009;ECA and AU,2006)。

总的来说,地区一体化对非洲内部贸易的影响似乎微不足道,地区内部贸易在整个非洲大陆范围内停滞在 8%~9%,或者相对于其与世界其他地区的贸易而言增长不稳定(Cissokho et al.,2013;Yang and Gupta,2007)。鉴于地区内贸易规模小,贸易转移也就微不足道,所以很难认为地区一体化恶化了非洲国家的贸易机制。市场规模小、运输设施差和贸易成本高,使得非洲国家难以从贸易自由化中获益(Geda and Kebret,2008;Yang and Gupta,2007)。

人们最希望看到的成功故事是,20 世纪 90 年代初南部非洲发生政治变革,并期望当时最强大的非洲经济体南非能成为地区经济一体化的引擎。然而这是不可能发生的,因为政治斗争和各国(特别是南非)历来戚戚于捍卫国家主权,使得南共体陷入瘫痪。许多南共体成员国并不执行自由贸易协定,而是与其他南共体成员国另行缔结双边贸易协定,以避免对南非企业开放市场(Lee,2003)。近年来,复兴的东非共同体在经济合作领域取得了很大进展,建立了关税同盟和某些领域的共同市场,并扩大了地区内贸易。然而整个进程仍然是受乌干达总统穆塞韦尼的政治野心的强烈驱动，谈不上是受任何有意义的超国家或跨国家机制或动力的驱使,而且卢旺达、布隆迪和南苏丹的一体化将是该组织面临的一个重大挑战。

地区安排——暂时不算东非共同体的话(Busse and Shams,2005)——不仅在促进贸易方面无效，而且在加强竞争力和吸引外国直接投资方面也无效。它们较为成功的领域是在向撒哈拉以南非洲输送官方发展援助(ODA)方面，特别是为道路基础设施、电信和能源部门的大型项目提供资金方面。对许多非洲国家来说，地区组织作为综合开
【284】发河流流域等共同资源的论坛所提供的短期利益，显然比非歧视性自由贸易可能带来的长期收益更重要(Gathii,2011)。在某种程度上，即使地区组织的官僚机构没有发挥任何作用，许多地区组织还是成功地创造了一个使成员国或私人行为者之间的合作合法化的地区空间(比如"空间发展倡议")。功能性合作也可能诱导出口商和当地实业家形成本土性政策网络。根据伊赫杜鲁(Iheduru,2011)的说法，西共体委员会的私营部门司在促进此类政策网络在地区电信和信息技术市场的影响方面发挥了重要作用。

和平与安全

地区主义对和平与安全的影响很难测度。非统组织极其尊重现有边界的政策，被认为在整个后殖民时代避免了重大的国家间战争和分离主义运动(Clapham,1996; Pondi,1990; Williams,2007)。对主权的有力保护有助于稳定非洲国家体系，使其总体上没有多少分裂主义倾向(Englebert,2009)。然而非统组织和后来的非盟，都无力应对发生在埃塞俄比亚和厄立特里亚之间的残酷战争(1998—2000 年)，估计有数十万人丧生其中；它们也无力应付发生在刚果民主共和国境内的"非洲大战"(1998—2003 年)，有时会有共计达 10 个邻国的军队在刚果民主共和国的土地上交战。非洲国家内部，特别是在萨赫勒地区和"非洲之角"地区，不断出现暴力冲突。非盟"和平与安全架构"(APSA)是对大量这类冲突的回应，但在非洲大陆的许多地区仍然存在不稳定和暴力冲突，仍然缺乏人道安全保障(Khadiagala,2009)。

随着南非领导的布隆迪维和部队(2003—2004 年)取得成功，暴力冲突得以停止，非盟维和行动近年来有所进展(Boshoff,2010)。此后，非盟在科摩罗、苏丹和索马里进行了干预，取得了不同程度的成功(Williams,2009)。在西共体和南共体等地区组织拥有干预授权(根据需要使用军事手段)的次地区，非盟已将主动权交给了它们。自从在利比里亚(1990 年)和莱索托(1998 年)进行军事干预以来，西共体和南共体都积极参与了冲突管理与和平维护，但在为这些任务争取地区支持和合法性并切实取得成功方面遇到许多困难。就西非的情形而言，联合国经常会接管西共体的维和任务(Coleman,2011)。

非盟"和平与安全架构"(APSA)不断提高许多人的期望，并吸引各方面的关注以及外部资金的支持。弗兰克(Franke,2009)将非盟安全文化的规范转变和随之而来的政策行动，解释为非洲大陆新生安全共同体的标志，特别是在没有国家间战争的情况下(也

可参见 Kacowicz，1998）。其他人则持更加怀疑的态度，指出它缺乏国内稳定和巩固的民主，就只是一个相当局部的规范调整过程，而同时其成员国对大陆性安全合作规划缺乏政治和财政承诺（Williams，2010）。南森（Nathan，2012）称南部非洲是一个“不安全的共同体”，认为安全共同体的先决条件显然没有得到满足。非洲社会明显缺乏人道安全保障，而没有公开的国家间战争，只会掩盖一些国家对邻国事务的持续干预，特别是资助反叛运动。 【285】

民主与治理

地区组织对其成员国的民主和治理有什么影响吗？近年来，人们越来越有兴趣比较制度结构对于民主和治理向成员国转移的相关性（Börzel and Van Hüllen，2015；Hartmann，2008； Legler and Tieku，2010；Van der Vleuten and Hoffmann，2010）。对治理改进或政权变动的方法论评估仍有很大争议，地区组织（甚至在非洲以外）通常缺乏一套更精细的政策工具，来影响成员国层次的具体治理部门，并非停留在支持选举治理上。

根据之前讨论的干预手段，非洲地区组织在制裁违宪夺权方面最为积极，并威胁使用军事力量扶植民选领导人，就像西共体 1997 年在塞拉利昂和 2010 年在科特迪瓦所做的那样。军事或民事政变经常导致相关国家被暂停组织资格，导致地区组织采取外交行动以恢复其宪政进程，某些情况下还会实行经济和军事制裁（Vandeginste，2013；Souaré，2014）。简要回顾一下 20 世纪 90 年代初以来非洲大陆的政权变动，我们可以发现这方面一个有意思的地区模式。在西部和南部非洲，民主似乎有更好的机会得以维持，而在其他地区（特别是在中部非洲），竞争性威权政权或威权制政权占主导地位。虽然民主的维持显然主要是国内驱动因素造成的，但地区主义似乎是通过这种地区杠杆机制（制裁）及地区联系和扩散机制发挥作用（Hartmann，2015）。

结　论

虽然非洲地区主义多年来一直主要是区域研究专家关注的问题，但近来越来越多的国际关系学者和比较地区主义学者发现，将非洲地区组织纳入自己的分析，是一个有意思的研究主题（Alter，2011；Börzel and Van Hüllen，2015）。在收集数据、从比较和理论导向的视角分析各种地区主义规划方面，还有许多工作要做。我们不仅需要更好地理解地区组织在动因和影响上的差异，还需要更好地解释地区主义中各种利益、角色和成员国遵约方面的差异。采取这种比较的视角，也会让研究人员能够更好地把握不同 【286】

国内和跨国社会行为者与国家精英之间的互动。

没有任何其他大陆像非洲一样，以正式和超国家的方式努力建立一个大陆范围的经济共同体。与此观点截然相反，还有一种同样占主导地位的看法认为，非洲是一个国家脆弱、社会经济发展落后的大陆。尽管非盟“和平与安全架构”(APSA)和非洲经济共同体(AEC)的宏伟计划作为愿景可能有用，但它们不会很快实现。相反，在非洲大陆的部分地区，合作取得了很大进展，但目标更加温和、方法更加有限。许多非洲国家管理发展进程的能力有限，参与更复杂的经济一体化制度构建的挑战更大(Draper，2012)。人道安全不能靠某些地区救星带来，特别是不能只靠军事干预，而只能通过改变现有的政治结构来实现。同样，经济发展也只有在国家能够为私人经济活动创造激励机制、提供一定的政治稳定并能够对其进行监管的情况下才能实现。各种地区设计只有考虑到国家层次的执行和能力挑战、考虑到将新规范内化和适应当地情况所需的时间，才会运转得起来。

【287】

附 录

附表 A13.1 撒哈拉以南非洲的地区组织

成立年份	组织名称(缩写)	涵盖的议题领域	成员	官网地址
1910	南部非洲关税同盟(SACU)	贸易	博茨瓦纳、莱索托、南非、斯威士兰、纳米比亚(1990)	http://www.sacu.int
1963/1999	非洲统一组织(1963) 非洲联盟(1999)	综合性	54个非洲国家(摩洛哥除外[①])	http://www.au.int
1975	西非国家经济共同体(ECOWAS)	综合性	贝宁、布基纳法索、科特迪瓦、冈比亚、加纳、几内亚、几内亚比绍、利比里亚、马里、尼日尔、尼日利亚、塞内加尔、塞拉利昂、多哥、佛得角(1976)	http://www.ecowas.int
1983	中非国家经济共同体(ECCAS)	综合性	布隆迪、喀麦隆、中非共和国、刚果、加蓬、赤道几内亚、刚果民主共和国、圣多美和普林西比、乍得、安哥拉(1999)	http://www.ceeac-eccas.org

① 由于摩洛哥已于2017年返回非盟，如今非盟的实际成员国数目为全部55个非洲国家。——译者

续表

成立年份	组织名称（缩写）	涵盖的议题领域	成员	官网地址
1986	政府间发展组织（IGAD）	经济合作	吉布提、埃塞俄比亚、肯尼亚、索马里、苏丹、乌干达、厄立特里亚（1993）、南苏丹（2011）	http://www.igad.int
1992	南部非洲发展共同体（SADC）	综合性	安哥拉、博茨瓦纳、莱索托、马达加斯加、马拉维、莫桑比克、纳米比亚、斯威士兰、坦桑尼亚、赞比亚、津巴布韦、南非（1994）、毛里求斯（1995）、刚果民主共和国（1997）、塞舌尔（1997）	http://www.sadc.int
1994	中非国家经济和货币共同体（CEMAC）	贸易、金融、经济一体化	喀麦隆、刚果、中非共和国、乍得、赤道几内亚、加蓬	http://www.cemac.int
1994	西非经济和货币联盟（UEMOA）	贸易、金融、经济一体化	贝宁、布基纳法索、科特迪瓦、马里、尼日尔、塞内加尔、多哥、几内亚比绍（1997）	http://www.uemoa.int
1994	东部和南部非洲共同市场（COMESA）	贸易、经济一体化	布隆迪、科摩罗、刚果民主共和国、吉布提、厄立特里亚、埃塞俄比亚、肯尼亚、马达加斯加、马拉维、毛里求斯、卢旺达、苏丹、斯威士兰、乌干达、赞比亚、津巴布韦、埃及（1999）、塞舌尔（2001）、利比亚（2005）、南苏丹（2011）	http://www.comesa.int
2000	东非共同体（EAC）	综合性	肯尼亚、坦桑尼亚、乌干达、布隆迪（2007）、卢旺达（2007）	http://www.eac.int

注：必须强调的是，在此处列出的成立年份之前，其中一些组织就以不同的名称和不同的任务授权存在了。南部非洲发展共同体（1980 年时为“南部非洲发展协调会议”，SADCC）和东南非共同市场（1981 年时为“特惠贸易区”）就是这种情况。东非共同体早在 1967 年至 1977 年间就已存在。其中一些组织的成员不太稳定，一些国家离开了（细节未在此给出），或离开后又返回（如南共体的塞舌尔）。

参考文献

Abass，A.2000.The New Collective Security Mechanism of ECOWAS：Innovations and Problems.*Journal of Conflict and Security Law*，5（2）：211–229.

Adebajo，A.2002.*Liberia's Civil War：Nigeria，ECOMOG and Regional Security in West Africa*.Boulder，CO：Lynne Rienner.

Adebajo，A.and Landsberg，C.2003.South Africa and Nigeria as Regional Hegemons.In：M.Baregu and C.Landsberg（eds.），*From Cape to Congo：Southern Africa's Evolving Security Challenges*.Boulder，CO：Lynne Rienner，171–203.

Adeleke, A.1995.The Politics and Diplomacy of Peacekeeping in West Africa: The ECOWAS Operation in Liberia.*Journal of Modern African Studies*, 33(4): 569–593.

Ajala, A.1973.*Pan-Africanism: Evolution, Progress and Prospects*.London: André Deutsch.

Alter, K.J.2011.The Global Spread of European Style International Courts.*West European Politics*, 35 (1): 135–154.

Alter, K.J., Helfer, L.R., and McAllister, J.R.2013.A New International Human Rights Court for West Africa: The ECOWAS Community Court of Justice.*American Journal of International Law*, 107(4): 737–779.

Amate, C.O.1986.*Inside the OAU: Pan-Africanism in Practice*.London: Macmillan.

Aning, E.K.1999.Eliciting Compliance from Warlords: The ECOWAS Experience in Liberia, 1990—1997.*Review of African Political Economy*, 26(81): 335–348.

Asante, S.K.B.1997.*Regionalism and Africa's Development: Expectations, Reality and Challenges*.Basingstoke: Macmillan.

Asche, H.and Brücher, J.2009.Myth and Reality of African Regional Integration.*Recht in Afrika*, 12(2): 169–186.

Bach, D.2004.The Dilemmas of Regionalization.In: A.Adebajo and I.Rashid(eds.), *West Africa's Security Challenges*.Boulder, CO: Lynne Rienner, 69–89.

Bach, D.2005.The Global Politics of Regionalism: Africa.In: M.Farrell, B.Hettne, and L.Van Langenhove (eds.), *Global Politics of Regionalism: Theory and Practice*.London: Pluto Press, 171–186.

Bach, D.2009.Régionalismes, Régionalisation et Globalisation.In: M.Gazibo and C.Thiriot (eds.), *L'Afrique en Science Politique*.Paris: Karthala, 343–361.

Bayart, J.-F.2000.Africa in the World: A History of Extraversion.*African Affairs*, 99(395): 217–267.

Bellamy, A.J.and Williams, P.D.2011.The New Politics of Protection? Côte d'Ivoire, Libya, and the Responsibility to Protect.*International Affairs*, 87(4): 825–850.

Börzel, A.T.and Risse, T.2012.From Europeanisation to Diffusion: Introduction.*West European Politics*, 35(1): 1–19.

Börzel, T.A.and Van Hüllen, V.(eds.)2015.*Governance Transfer by Regional Organizations*.Basingstoke: Palgrave Macmillan.

Boshoff, H.2010.*The Burundi Peace Process: From Civil War to Conditional Peace*.Pretoria: Institute of Security Studies.

Busse, M.and Shams, R.2005.Trade Effects of the East African Community.*Journal of International Law and Trade Policy*, 6(1): 62–83.

Buzdugan, S.R.2013.Regionalism from Without: External Involvement of the EU in Regionalism in Southern Africa.*Review of International Political Economy*, 20(4): 917–946.

Canac, P.and Garcia-Contreras, R.2011.Colonial Hangover: The Case of the CFA.*Journal of Asian and African Studies*, 46(1): 54–68.

Cissokho, L., Haughton, J., Makpayo, K., and Seck, A.2013.Why Is Agricultural Trade within ECOWAS

So High? *Journal of African Economies*,22(1):22–51.

Clapham,C.S.1996.*Africa and the International System:The Politics of State Survival*.Cambridge:Cambridge University Press.

Coleman,K.P.2007.*International Organisations and Peace Enforcement:The Politics of International Legitimacy*.Cambridge:Cambridge University Press.

Coleman,K.P.2011.Innovations in "African Solutions to African Problems":The Evolving Practice of Regional Peacekeeping in sub–Saharan Africa.*Journal of Modern African Studies*,49(4):517–545.

De Waal,A.2002.What's New in the New Partnership for Africa's Development? *International Affairs*, 78(3):463–475.

Draper,P.2012.Breaking Free from Europe:Why Africa Needs Another Model of Regional Integration. *The International Spectator:Italian Journal of International Affairs*,47(1):67–82.

ECA.2004.*Assessing Regional Integration in Africa*.Addis Ababa:Economic Commission for Africa.

ECA.2012.*Assessing Regional Integration in Africa:Towards an African Continental Free Trade Area*. Addis Ababa:Economic Commission for Africa.

ECA and AU.2006.*Assessing Regional Integration in Africa II:Rationalizing Regional Economic Communities*.Addis Ababa:Economic Commission for Africa.

Engel,U.and Porto,J.G.2009.The African Union's New Peace and Security Architecture:Toward an Evolving Security Regime? *African Security*,2(2–3):82–96.

Engel,U.and Porto,J.G.(eds.)2010.*Africa's New Peace and Security Architecture:Promoting Norms,Institutionalizing Solutions*.Farnham:Ashgate.

Englebert,P.2009.*Africa:Unity,Sovereignty,and Sorrow*.Boulder,CO:Lynne Rienner.

Fawcett,L.and Gandois,H.2010.Regionalism in Africa and the Middle East:Implications for EU Studies.*Journal of European Integration*,32(6):617–636.

Francis,D.J.2001.*The Politics of Economic Regionalism:Sierra Leone in ECOWAS*.Aldershot:Ashgate.

Francis,D.J.2005.Expanding the Frontiers of Regional Integration:Regional Economic and Security Dynamics.In:R.Cline–Cole and E.Robson(eds.),*West African Worlds:Paths Through Socio–Economic Change,Livelihoods and Development*.Harlow:Prentice–Hall,129–150.

Franke,B.2009.*Security Cooperation in Africa:A Re–Appraisal*.Boulder,CO:Lynne Rienner.

Gandois,H.2009.*From Ploughshare to Sword:Regionalism in Africa*.Saarbrücken:Lambert.

Gathii,J.T.2011.*African Regional Trade Agreements as Legal Regimes*.Cambridge:Cambridge University Press.

Geda,A.and Kebret,H.2008.Regional Economic Integration in Africa:A Review of Problems and Prospects with a Case Study of COMESA.*Journal of African Economies*,17(3):357–394.

Golub,S.S.and Mbaye,A.A.2008.National Trade Policies and Smuggling in Africa:The Case of the Gambia and Senegal.*World Development*,37(3):595–606.

Grant,J.A.and Söderbaum,F.(eds.)2003.*The New Regionalism in Africa*.Aldershot:Ashgate.

Gurtner,F.J.1999.The CFA Franc Zones and the Theory of Optimum Currency Area.*Afrika Spectrum*,34

(1):33–57.

Hancock, K.2009.*Regional Integration: Choosing Plutocracy*.Basingstoke: Palgrave Macmillan.

Hancock, K.2014.African Regionalism: The Complex Role of Regional Trade.In: D.E.Deece (ed.), *The International Political Economy of Trade*.Cheltenham: Edward Elgar, 268–298.

Hartmann, C.2008.Regional Organizations and the Promotion of Democracy in Sub–Saharan Africa.In: R. Schmitt–Beck, T.Debiel, and K.–R.Korte(eds.), *Governance and Legitimacy in a Globalized World*. Baden–Baden: Nomos, 207–227.

Hartmann, C.2013.*Governance Transfer by the Economic Community of West African States*.SFB 700 Working Papers.Berlin: SFB 700.

Hartmann, C.2015.*Leverage and Linkage: How Regionalism Shapes Regime Dynamics*.Zeitschrift für vergleichende Politikwissenschaft, 9.

Hartmann, C.and Striebinger, K.2014.Writing the Script? ECOWAS' Intervention Mechanism.In: A.T. Börzel and V.Van Hüllen(eds.), *Governance Transfer by Regional Organizations*.Basingstoke: Palgrave Macmillan, 68–83.

Hentz, J.J.2008.South Africa and the "Three Level Game": Globalisation, Regionalism and Domestic Politics.*Commonwealth & Comparative Politics*, 46(4): 490–515.

Herbert, R.and Gruzd, S.2007.Taking Stock of the African Peer Review Mechanism.*South African Journal of International Affairs*, 14(1): 5–28.

Herbst, J.2007.Crafting Regional Cooperation in Africa.In: A.Acharya and A.I.Johnston (eds.), *Crafting Cooperation: Regional International Institutions in Comparative Perspective.Cambridge*: Cambridge University Press, 129–144.

Hettne, B.and Söderbaum, F.2000.Theorising the Rise of Regionness.*New Political Economy*, 5(3): 457–473.

Hope, K.R.2002.From Crisis to Renewal: Towards a Successful Implementation of the NEPAD.*African Affairs*, 101(404): 387–402.

Hurrell, A.1995.Regionalism in Theoretical Perspective.In: L.Fawcett and A.Hurrell (eds.), *Regionalism in World Politics: Regional Organization and International Order*.Oxford: Oxford University Press, 37–73.

Igué, J.and Soulé, B.1992.*L'Etat–Entrepot au Bénin: Commerce Informel ou Solution à la Crise?*Paris: Karthala.

Iheduru, O.C.2003.New Regionalism, States and Non–State Actors in West Africa.In: J.A.Grant and F. Söderbaum(eds.), *The New Regionalism in Africa*.Aldershot: Ashgate, 47–66.

Iheduru, O.C.2011.The "New" ECOWAS: Implications for the Study of Regional Integration.In: T.M. Shaw, J.A.Grant, and S.Cornelissen(eds.), *The Ashgate Research Companion to Regionalisms*.Farnham: Ashgate, 213–240.

Iliffe, J.1995.Africans: The History of a Continent.Cambridge: Cambridge University Press.Ipinyomi, F. 2012.Is Côte d'Ivoire a Test Case for R2P? Democratization as Fulfilment of the International Com–

munity's Responsibility to Prevent.*Journal of African Law*,56(2):151–174.

Kacowicz,A.M.1998.*Zones of Peace in the Third World:South America and West Africa in Comparative Perspective*.Albany,NY:State University of New York Press.

Kanbur,R.2004.The African Peer Review Mechanism(APRM):An Assessment of Concept and Design. *Politikon*,31(2):157–166.

Kayizzi–Mugerwa,S.2002.Privatization in Sub–Saharan Africa:On Factors Affecting Implementation. *WIDER Discussion Paper*.Helsinki:UNU/WIDER.

Khadiagala,G.M.2009.Regionalism and Conflict Resolution:Lessons from the Kenyan Crisis.*Journal of Contemporary African Studies*,27(3):431–444.

Lee,M.C.2003.*The Political Economy of Regionalism in Southern Africa*.Boulder,CO:Lynne Rienner.

Legler,T.and Tieku,T.K.2010.What Difference Can a Path Make? Regional Democracy Promotion Regimes in the Americas and Africa.*Democratization*,17(3):465–491.

Lenz,T.2011.Spurred Emulation:The EU and Regional Integration in Mercosur and SADC.*West European Politics*,35(1):155–173.

Lindskov Jacobsen,K.and Nordby,J.R.2012.East Africa:Regional Security Organisations and Dynamics. *DIIS Policy Brief*.Copenhagen:Danish Institute for International Studies.

Lorenz,U.and Cornelissen,S.2011.Regional Organisation,Regional Arena:The SADC in Southern Africa.In:T.M.Shaw,J.A.Grant,and S.Cornelissen(eds.),*The Ashgate Research Companion to Regionalisms*.Farnham:Ashgate,241–254.

McCarthy,C.1999.Regional Integration in Sub–Saharan Africa.In:T.A.Oyejide,I.Elbadawi,and P.Collier (eds.),*Regional Integration and Trade Liberalization in Sub–Saharan Africa*.Basingstoke:Macmillan, 12–49.

Meyn,M.2008.*Economic Partnership Agreements:A "Historic Step" towards a "Partnership of Equals"?* Overseas Development Institute Working Paper 288.London:ODI.

Mistry,P.S.2000.Africa's Record of Regional Co–operation and Integration.*African Affairs*,99(4):553–573.

Muntschick,J.2013.Explaining the Influence of Extra–Regional Actors on Regional Economic Integration in Southern Africa:The EU's Interfering Impact on SADC and SACU.In:U.Lorenz–Carl and M. Rempe(eds.),*Mapping Agency:Comparing Regionalisms in Africa*.Farnham:Ashgate,77–95.

Murithi,T.2005.*The African Union:Pan–Africanism,Peacebuilding and Development*.Aldershot:Ashgate.

Murithi,T.2008.African Indigenous and Endogenous Approaches to Peace and Conflict Resolution.In:D. J.Francis(ed.),*Peace and Conflict in Africa*.London:Zed Books,16–30.

Nathan,L.2012.*Community of Insecurity:SADC's Struggle for Peace and Security in Southern Africa*. Farnham:Ashgate.

Nkrumah,K.1963.*Africa Must Unite*.New York:Praeger.

Nye,J.S.1965.*Pan Africanism and East African Integration*.Cambridge,MA:Harvard University Press.

Olonisakin, F.2000.*Reinventing Peacekeeping in Africa: Conceptual and Legal Issues in ECOMOG Operations*.The Hague: Kluwer.

Oyejide, T.A.1999.*Regional Integration and Trade Liberalization in Sub-Saharan Africa*.Basingstoke: Macmillan.

Packer, C.and Rukare, D.2002.The New African Union and Its Constitutive Act.*American Journal of International Law*, 96(2): 365–378.

Pevehouse, J.C.2005.*Democracy from Above: Regional Organizations and Democratization*.Cambridge: Cambridge University Press.

Pondi, J.E.1990.*Secrets of Survival: The OAU after a Quarter-Century*.London: Hurst.

Prah, K.K.2003.The Wish to Unite: The Historical and Political Context of the Pan-African Movement. In: M.Muchie (ed.), *The Making of the African-Nation: Pan-Africanism and the African Renaissance*. London: Adonis and Abbey, 13–39.

Shaw, T.M.2000.New Regionalism in Africa in the New Millennium: Comparative Perspectives on Renaissance, Realism and/or Regressions.*New Political Economy*, 5(3): 399–414.

Söderbaum, F.2004.Modes of Regional Governance in Africa: Neoliberalism, Sovereignty Boosting, and Shadow Networks.*Global Governance*, 10(4): 419–436.

Söderbaum, F.2011.Africa Meets Europe: Towards Comparative Regionalism.In: A.Warleigh-Lack, N. Robinson, and B.Rosamond (eds.), *New Regionalism and the European Union: Dialogues, Comparisons and New Research Directions*.Abingdon: Routledge, 59–79.

Söderbaum, F.and Taylor, I.(eds.)2008.*Afro-Regions: The Dynamics of Cross-Border Micro-Regionalism in Africa*.Uppsala: NAI.

Solingen, E.2008.The Genesis, Design and Effects of Regional Institutions: Lessons from East Asia and the Middle East.*International Studies Quarterly*, 52(2): 261–294.

Souaré, I.K.2014.The African Union as a Norm Entrepreneur on Military Coups d'état in Africa (1952—2012): An Empirical Assessment.*Journal of Modern African Studies*, 52(1): 69–94.

Stasavage, D.2003.*The Political Economy of a Common Currency: The CFA Franc Zone since 1945*. Aldershot: Ashgate.

Stevens, C.2006.The EU, Africa and Economic Partnership Agreements: Unintended Consequences of Policy Leverage.*Journal of Modern African Studies*, 44(3): 441–458.

Taylor, I.2005.*NEPAD: Towards Africa's Development or Another False Start?* Boulder, CO: Lynne Rienner.

Taylor, I.2010.Governance and Relations between the European Union and Africa: The Case of NEPAD. *Third World Quarterly*, 31(1): 51–67.

Tieku, T.K.2004.Explaining the Clash and Accommodation of Interests of Major Actors in the Creation of the African Union.*African Affairs*, 103(411): 249–267.

Tieku, T.K.2011.The Evolution of the African Union Commission and Africrats: Drivers of African Regionalisms.In: T.M.Shaw, A.J.Grant, and S.Cornelissen (eds.), *The Ashgate Research Companion to Re-*

gionalisms.Farnham:Ashgate,193–212.

Vale,P.2004."New Ways to Remember …" Community in Southern Africa.*International Relations*,18(1):73–89.

Vale,P.and Maseko,S.1998.South Africa and the African Renaissance.*International Affairs*,74(2):271–287.

Van de Walle,N.2001.*African Economies and the Politics of Permanent Crisis,1979—1999*.Cambridge:Cambridge University Press.

Van der Vleuten,A.and Hoffmann,A.R.2010.Explaining the Enforcement of Democracy by Regional Organizations:Comparing EU,Mercosur and SADC.*Journal of Common Market Studies*,48(3):737–758.

Van Walraven,K.1999.*The Pretence of Peace-Keeping:ECOMOG,West Africa,and Liberia,1990—1998*.The Hague:Kluwer.

Vandeginste,S.2013.The African Union,Constitutionalism and Power-Sharing.*Journal of African Law*,57(1):1–28.

Welz,M.2012.*Integrating Africa:Decolonization's Legacies,Sovereignty and the African Union*.Abingdon:Routledge.

Williams,P.D.2007.From Non-Intervention to Non-Indifference:The Origins and Development of the African Union's Security Culture.*African Affairs*,106(423):253–279.

Williams,P.D.2009.The African Union's Peace Operations:A Comparative Analysis.*African Security*,2(2–3):97–118.

Williams,P.D.2010.Explaining and Understanding Security Cooperation in Africa.*African Security Review*,19(2):97–105.

Yang,Y.and Gupta,S.2007.Regional Trade Arrangements in Africa:Past Performance and the Way Forward.*African Development Review*,19(3):399–431.

第三部分

地区治理

第14章　地区安全治理

阿里·卡佐维奇(Arie M.Kacowicz)
加利亚·普雷斯-巴纳森(Galia Press-Barnathan)

本章探讨的是“地区安全治理”(Regional Security Governance,RSG)的概念和实践,着重强调三个主要问题:其兴起、制度设计和影响。[①]这些与全球地区安全组织的扩散相关,不过时间限定在冷战结束后的当代。[②] 【297】

安全问题已经扩及新安全威胁,越来越涉及非国家行为体,并且更强调规范的作用以及合作与共同安全实践。但尽管有这些变化,国家仍是地区制度性安全结构之“锚”。国家在设计制度时越来越考虑其他行为体的存在,反映出国家日益意识到如下事实:安全是多面性的,既有国内的、也有跨国的挑战和解决之道。这些情况归结起来表明,“治理”的观念在安全领域也很值得一提。如博泽尔在本书第3章中所言,“治理”这一术语不偏向于国家或非国家行为体,也不偏向于正式或非正式的制度。尽管安全领域的国家中心主义仍很突出,但我们决定借助“治理”这一透镜来考察安全领域的发展,给予非国家行为体和跨国安全问题以更大的关注。同时,我们认为安全治理提供者主要是国家和

---

① 我们要感谢 Keren Sasson 和 Daniel Wajner 之前提供的研究协助和建议,感谢 James Sperling 建议并提供了有关本章主题的最全面文献,感谢 Inken von Borzyskowski,Frank Schimmelfennig,Peter Haas,Britta Weiffen 以及本书主编们透彻的评论,并感谢蒂森基金会(the Thyssen Foundation)对于这个研究地区治理与全球治理关系的计划的支持。

② 我们提及23个相关地区组织作为地区安全治理(RSG)的供给者,名称如下:美洲的美洲国家组织(OAS)、里约集团(Rio Group)或拉加经济共同体(CELAC)、南美国家联盟(UNASUR)、南方共同市场(MERCOSUR)、加勒比共同体(CARICOM)和安第斯共同体(CAN);非洲的非统组织或非盟(OAU/AU)、西共体(ECOWAS)、南共体(SADC)和东非共同体(EAC);欧洲的北约(NATO)、欧盟(EU)和欧安组织(OSCE);欧亚地区的独联体(CIS)、集体安全条约组织(CSTO)和上合组织(SCO);亚洲的东盟(ASEAN)、东盟地区论坛(ARF)、亚太经合组织(APEC)、东亚峰会(EAS)和南盟(SAARC);中东的阿盟(LAS)和海合会(GCC)。完整的地区组织列表请见本章附表A14.1。

政府间组织，但强调，面对后冷战世界，安全威胁的性质发生了变化，其中非国家行为体的作用越来越明显，也出现了许多复杂的安全安排（比如亚洲在反恐和打击海盗方面的多边合作，或者非洲安全部门网络的作用）。附表 A14.1 列出了全世界的主要地区安全治理组织。

研究进展

【298】冷战期间，地区安全被定义为权力两极化分布的结果，以及美国和苏联的战略利益两极分布的结果（Sperling，2014，1；Frazier and Stewart-Ingersoll，2010，732）。随着冷战的结束，地区的活力更加凸显，于是就出现了一批新文献，着重对地区安全进行研究，其中包括：莱克和摩根（Lake and Morgan，1997）对主要地区体系的比较，阿德勒和巴尼特（Adler and Barnett，1998）对安全共同体的分析，索林根（Solingen，1998）对国内联盟和国家间联盟以及地区秩序塑造的分析，莱姆基（Lemke，2002）关于地区安全体系中的权力转移理论，布赞和韦弗尔（Buzan and Waever，2003）的地区安全复合体理论，以及卡赞斯坦（Katzenstein，2005）的"多孔化"地区秩序观。

除了这种对地区的最新研究兴趣，后冷战时期还有一个特点，即对于什么构成了"安全"，发生了共识上的转变：不再坚持传统的从军事上以国家为中心加以认识，而是将指称对象扩大到国家之外，对安全概念的理解就更加宽泛，涵盖了非军事的部门和议题领域，而且更强调国内的和跨国的威胁（Buzan et al.，1998；Miller，2001）。这一认识上的转变，加上引发地区政治更大自主性的体系性变迁，催生了新的地区组织，同时也令原有的地区机构活力重现（Kirchner and Dominguez，2011a；Tavares，2010；Acharya and Johnston，2007）。由于危机管理观念的引入，各国不再像过去那样只重视管理当前威胁（Wallander and Keohane，1999），人们也更加关注作为重要治理机制的安全制度的作用。

克里斯图等人（Christou et al.，2010，4）指出，当今有关地区安全治理（RSG）的文献出现过"四次浪潮"：第一次主要关注的是定义，第二次争论的是相关行为体是谁，第三次将其应用于欧洲安全政策，第四次试图将这个概念同时应用到非欧洲地区和全球层次。最近的这次浪潮包含这样一批学者，他们将治理视角用于解释国家间和国家内冲突的频次与强度的差异，并对当前地区体系进行了比较研究（Sperling，2003，2008；Kirchner and Dominguez，2011a；Breslin and Croft，2012；Sperling and Webber，2014；Christou and Croft，2010；Lucarelli et al.，2013）。

地区安全治理是什么:定义与分类

"安全治理"这一概念为分析安全领域的政策制定和政策执行提供了一个框架,它 【299】
指出安全治理有多种行为体和多个层次,并假定影响安全政策形成的是规范、思想、实践和制度,而不只是预先存在的物质利益。其核心要素包括这样一个规则体系,其中包含个人和公司行为体、不同层次的(既有公共的也有私人的)权威和行为体、正式和非正式的安排,以及共同的监管目标和解决冲突目标(参见本书第 1 章;另见 Kirchner and Dominguez,2011b,10–12)。

安全治理有三个可观察到的不同分析层次:全球层次、地区层次和国家层次。在全球层次,它主要指的是联合国(UN)系统,为处理安全问题提供最广泛的结构,从军控、裁军、防止武器扩散,到冲突预防、和平缔造、和平实施、和平维护以及冲突后的和平建设。相应地,在国家层次,安全治理指的是安全部门的组织和管理,包括所有主要负责保护国家及其内部社区的机构。我们所用的地区安全治理(RSG)概念则是指**某个特定地区安全安排的发展和动态变化,其制度体现在地区组织和次地区组织身上,它们在安全领域有着共同的认识、规则和实践**(参见 Hanggi,2005,9;Oelsner,2009,193–194;Kirchner and Sperling,2007,18)。

地区安全治理的分类

在全球不同地区,有着广泛的不同性质的地区安全制度和组织。有关地区安全治理(RSG)的学术作品也广泛多样,反映着不同的概念界定和认识方法。不像现实主义者强调均势和结盟,或者强调霸权和帝国图谋,英国学派学者则倾向于强调大国协调和地区安全复合体。自由主义者研究集体安全,新自由制度主义者研究安全规制,而建构主义者聚焦多元安全共同体(参见 Mansfield and Solingen,2010,153;Adler and Greve,2009,64)。最近编辑出版的几本文集提供了大量不同类型的地区安全治理分类,它们并不相互排斥(比如 Sperling,2014,20;Kirchner and Domínguez,2013,117),其中包括:地区均势和暂时(非正式)结盟、地区大国协调(更加制度化的均势形式)、地区合作安全、地区集体防御(正式结盟)、地区集体安全以及多元安全共同体。这些区分的根据,是它们所要解决的安全威胁或风险的类型、它们的制度化程度,以及它们包含的行为体。我们也可以把它们放在一个连续区间上,从纯粹现实主义的关切,到地区社会的想象,然后一直到更加自由主义的安全视角。地区治理安排往往反映着几种理想类型的特点。

久而久之，地区安全治理可能发生演变和“升级”，就像在南美洲的南共市(MERCOSUR)或北大西洋地区的北约(NATO)一样。

【300】 另外,地区安全治理(RSG)的提供如今渐渐不只出自专注于安全的地区组织,比如实行正式结盟或合作安全的框架(像北约、欧安组织、非统组织/非盟、东盟地区论坛、独联体),还出自综合性的地区组织,它们起初就在经济政治目标中容纳了越来越多的安全任务和目标(像欧盟、南美国家联盟、南共市、东盟和西共体)。

解释地区安全治理的兴起

解释各种类型地区安全治理(RSG)兴起的动因有多种(参见 Haftendorn et al.,1999)。这些动因可以分成地区内部因素和外部因素,分成引发安全治理需求的因素和影响实际供给的因素。尽管在本书所论及的地区治理其他议题领域中，我们已看到非国家行为体正在起着日益重要的作用,但在安全领域却不是这么回事,即便当今的很多安全威胁都已不再紧紧围绕国家而发生了。因此,我们的一个主要结论是:在安全领域中,地区治理仍在由国家和国家工具(如地区组织)全面负责。

地区安全治理需求

从需求侧看,既然地区安全治理具有传统的安全职能,即预防冲突、缔造和平、维护和平、实施和平和建设和平,那么,地区安全治理兴起的前提条件就是,存在着实际的和地区行为体能够感受得到的共同安全威胁——这里的地区行为体首先和最主要是指某个地区内的各个国家。从外部因素看，传统现实主义思维关注的核心是共同的外部威胁,视之为解释地区安全治理兴起的最有效触发者。例如,北约就是在冷战早期为了应付共同感受到的苏联威胁而发起成立的(Tavares,2010,71)。这种威胁的长期性促使北约制度化,并形成一个安全共同体(Webber et al.,2004,9;Domínguez,2011,47)。同样,东盟,特别在其安全治理方面,是在越南侵入柬埔寨及美国输掉越南战争之后而升级的,它在越南加入该组织之前,一直把“共产主义威胁”作为共同外部威胁(Khong,
【301】 2004;Jetschke,2011,3)。还有,特拉特洛尔科拉美无核区机制也是对 1962 年古巴导弹危机的直接反应(Kacowicz,2005)。

此外,特别是在发展中世界,共同外部威胁可以被看作是一种对区外大国干预的担心,从而引起某种“防御性安全地区主义”(Mansfield and Solingen,2010,158)。这种担心在东盟以及后来东盟地区论坛(ARF)的创立过程中是最主要的驱动因素,它们就是为了在本地区防止中国、日本或美国实行霸权，维持地区权力平衡。在拉美，里约集团（2011 年之后改称“拉美和加勒比国家共同体”，即 CELAC）可以说是为了对抗美国在北美洲和中美洲（如果不是整个西半球的话）实行霸权的企图（Flemes and Nolte，2010，3）。

冷战结束以来，我们可以发现，新型的安全威胁既有来自国内的也有跨国性的。跨国犯罪、恐怖主义、毒品走私、传染性疾病及人口贩卖这些威胁，对地区安全治理提出了新的需求逻辑，特别是因为这些威胁具有双重性或者“国内国际性”（intermestic）（国内性+国际性），这就要求有更大的协作，让新的行为体参与进来（参见 Kirchner and Domínguez，2011a）。这种担忧在整个西半球都很明显（比如美洲国家组织的新角色，参见 Chanona，2011），在拉美尤甚（UNASUR，CAN，CARICOM，MERCOSUR，CELAC），在东亚也出现新的安全框架（比如 ARF 的打击跨国犯罪反恐工作组）。同样，重新活跃起来的非盟（AU）也一定会设法应付大量国内和跨国威胁，包括粮食匮乏、艾滋病流行、毒品走私、恐怖主义和私人军火贩卖生意（Barbarinde，2011，273）。

从某个地区的内部因素看，地区安全治理的出现可能是对其共同面对的地区潜在安全威胁的反应，或者是出于遏制某个地区行为体的需要。应对共同威胁的需要包括：管理、降低和消除国家间冲突和国内冲突，处理地区危机，并至少维持最低水平的消极和平（Kacowicz，1998）。这种情形已出现在许多综合性和安全性地区组织中，比如：拉美的南共市（MERCOSUR）和南美国家联盟（UNASUR），西半球的美洲国家组织（OAS），东南亚的东盟（ASEAN）和东盟地区论坛（ARF），欧亚地区的集体安全条约组织（CSTO）和上合组织（SCO），以及非洲的非统组织（OAU）/非盟（AU）、西共体（ECOWAS）和南共体（SADC）。至于遏制某个地区行为体的需要，在西欧联盟（和欧盟自身）的发展以及北约的成立中都可以看到，它们是出于欧美各国遏制、笼络和整合德国而不激起新安全风险的打算。同样，东盟地区论坛（ARF）也可以看作是接触和遏制中国的一个重要场所。这种内部因素还受到地区外部环境变化的影响，毕竟冷战的结束在地区层次引起了管理地区安全的更迫切要求（Press-Barnathan，2005）。

解释地区安全治理兴起的第二种内部因素，是指对国家稳定造成的共同国内政治 【302】
威胁，尽管不至于威胁到政权存续。例如，东盟创立的很大一部分原因，是各国国内共同面临着红色革命的威胁，而当时的东南亚各国政府还不够强大。同样，维持政权生存的国内策略，也是中东阿拉伯地区创立阿盟（LAS）和海合会（GCC）的重要决定因素（参见本书第 12 章）。因此，我们可以说，发展中国家更愿意进行地区安全合作以维护其国家主权。这就是索德鲍姆（Söderbaum，2004）所谓的“加强主权的地区主义”（参见本书第 2 章和第 13 章）。国家虚弱、内部存在安全困境，都会带来主权维护型的安全地区制度的扩散。因此，像非统组织（OAU）、独联体（CIS）、东盟（ASEAN）和阿盟（LAS）这样的组织，都奉行严格的不干涉原则（参见 Kelly,2007,218;Acharya and Johnston,2007;Kirchner and Dominguez,2011b;Barnett and Solingen,2007）。

有时候地区安全治理的出现，会源于地区政治人物在跨国范围内推动或维护某种类型政权的共同利益需要,不管这种政权属于什么性质的。例如,南共市(MERCOSUR)这一计划就明显源于阿根廷和巴西稳定其民主转型的政治策略需要(Oelsner,2011,190;Kirchner and Dominguez,2013,11;参见本书第 8 章)。相反,有人可能会认为,上合组织作为一种典型的合作安全制度，其所反映的恐怕也是有相似想法的政治领导人的需要(Hussain,2011,250;参见本书第 10 章)。

第四种内部因素结合了新的跨国安全威胁和“旧的”(传统)安全威胁,指的是在某个地区处理共同消极安全外部性的需要。对地区稳定构成威胁的国内安全问题会激起消极外部性,其形式包括:难民潮、环境恶化、传染病大流行,以及国内不稳定的跨界“外溢”。这些问题在 20 世纪 60 年代以来非洲的几个次地区颇为盛行,自冷战结束以来及“9·11”事件之后更加突出,包括内战升级。伴随而来的,还有日益严重的、因国家失败以及犯罪和恐怖主义等而产生的消极外部性。因此,如果早先对难民的担忧基本上还是本地性的（比如在东盟各国之间或在西共体成员国之间——西共体建立了一个监督工作组加以军事应对),那么更近期对恐怖主义的担忧已经波及区外行为体,比如美国对东亚反恐与跨国犯罪工作组(CTTC)的介入。最近于 2014 年夏季创立的“非洲联盟支持西部非洲埃博拉疫情联合会”(ASEOWA）就建立了一个由非盟领导的军民联合人道主义任务小组,生动展示了为应对西非埃博拉疫情带来的外部性而做出的广泛地区努力。

由于在无政府状态下开展合作还面临着各种各样的挑战,所以我们无法证明,用地区安全治理(RSG)来管理和解决冲突的需求事实上真的会创造出这样一种机制,或者
【303】说,我们无法证明这种机制真的有效。地区安全治理(RSG),尤其是当它被视为某种地区集体物品的话,是不会自动出现的,而一定是政治交涉(political bargaining)的结果。要建立、发展和维持地区安全治理(RSG),就需要行为体为之付出意愿、动机和物质资源,至少在短期和中期内是这样。这些行为体可能是关键国家(pivotal states),在某些特殊情况下,甚至可能是地区霸权国、区外大国和国际组织。这些反映的正是地区安全治理的供给一面。

地区安全治理的供给

地区霸权国或关键国家的作用

霸权稳定论文献认为,一个霸权国既有动机也有能力提供集体物品,如地区安全治理(RSG)。地区霸权国能够负担最初创建新安排的高昂成本,为不情愿参与的国家提供边际补偿,同时能够动用其物质实力并通过承诺来确保那些有顾虑的国家不至于背叛和欺骗。支持或领导这样的地区安全治理(RSG),可以帮助它以较低成本维护其地区优势。作为本地区最强大的行为体,它可以制定规则,运用地区安全治理机制,促使地区其他国家在维持和平与稳定或管理和解决冲突方面分担更多责任,并能够利用地区平台在全球层次更好地开展竞争。由于地区安全治理的多边性质,它的治理方案还强化了霸权国的地区和国际合法性(Press-Barnathan,2005,2014)。举例来说,尼日利亚在 1975 年西共体(ECOWAS)的创建中扮演了关键角色,并作为西非维和部队(ECOMOG)的支持方,对利比里亚内战进行了干预。取得这一成就主要靠的是石油美元(或石油奈拉),与尼日利亚对其邻国的大规模援助(Kacowicz,1998,148-159)。

有一部分研究地区安全治理(RSG)的文献在讨论地区安全供给者时,不使用地区霸权国而使用"关键国家"的说法(Frazier and Stewart-Ingersoll,2010;Talliafero,2012)。这个概念本身显得更为灵活,因为几个关键国家在同一个地区可以共存。因此,地区安全治理(RSG)框架的出现、其性质及成功的程度,往往取决于这些国家的动机以及它们之间的关系。比如,南共体(SADC)的创立和发展,就主要受到南非在后种族隔离时代的地区志向影响,同时也受到它与津巴布韦竞争地区影响力的制约(Bøås and Hveem,2001,110-111;参见本书第 13 章)。

总之,地区大国可以发挥一些独特功能,从地区安全治理的发展和维护,到处理地区安全治理与全球治理机制的关系(Frazier and Stewart-Ingersoll,2010,737)。因此,像美洲国家组织(OAS)、南共市(MERCOSUR)和南美国家联盟(UNASUR)、独联体(CIS)和集体安全条约组织(CSTO)、西共体(ECOWAS)、南共体(SADC)及其他许多这种地区组织,它们的创建及其适当作用的发挥,实际上是像美国在西半球、巴西在南美洲、俄罗斯在后苏联世界、尼日利亚在西部非洲以及南非在南部非洲所分别发挥的最关键作用的结果。 【304】

区外霸权国或大国的作用

通常情况下，如果我们不注意区外霸权国和大国所发挥的作用，我们就无法理解地区安全治理（RSG）的出现与深化（如 Millner，1997；Ripsman，2005）。它们的动机与地区霸权国的动机有点类似，但它们的利害考虑却是从全球视角出发进行的。比如，二战后东亚的安全治理机制是双边轴辐式联盟结构，是由美国创立和维护的。同样地，二战后欧洲的地区安全治理框架即北约，也是美国为了减轻与苏联对抗的成本而精心主导设计的产物。虽如此说，我们也不应过分夸大区外大国在创建和塑造地区安全治理（RSG）结构上的能力，因为我们显然得考虑到，美国在中东地区的安全治理上，比如对阿盟（LAS）以及一定程度上对海合会（GCC），其影响就很有限。

国际组织和地区组织的作用

我们也可以把国际组织看作地区安全治理（RSG）的重要供给方。在全球范围内，联合国扮演着最重要的角色。冷战结束之后，随着联合国负担的维和任务越来越多，它也就越发有兴趣鼓励并授权地区组织在管理地区安全方面扮演更重要的角色。因此，联合国就成了地区安全治理的一个供给方，为地区组织提供能力支援、专业培训、政治和规范支持，从而在管理和解决冲突当中扮演更加积极的角色，特别是通过维和行动（参见 Barnett，1995）。例如，联合国与美洲国家组织（OAS）及孔塔多拉集团（里约集团或拉加共同体的前身）合作，终止了中美洲内战。同样，联合国在非洲虽然并未在 2002 年推动创立非盟（AU），但在培育其发挥冲突管理作用方面扮演了积极角色，再也不像过去非统组织（OAU）那样软弱无力。在地区组织与联合国的这些互动中，我们可以看到“扩散”的踪影（参见本书第 5 章）。

最后，在供给侧我们还能看到，在其他领域（最明显是经济领域）提供地区治理的地区组织，反过来会在地区安全治理（RSG）供给中发挥突出作用。比如，曼斯菲尔德和索林根（Mansfield and Solingen，2010，152）以及哈夫特尔（Haftel，2012）的研究均表明，特惠贸易协定（PTA）在其成员国之中可以减少政治军事摩擦，这说明，在经济地区治理与安全地区治理之间存在紧密关联（参见本书第 15 章）。一种新功能主义逻辑认为，高水平的经济合作，甚至在某些部门领域实际上的经济一体化，会促使政治领导人和企业集团高度重视保持地区稳定与和平，以避免破坏贸易或外来直接投资（FDI）的流动。于是
【305】这些组织就会转而去开发管理和解决地区安全冲突的工具。另外，经济相互依赖的加强改变了政治领导人对安全的认识，从而模糊了安全目标与经济目标的界线，也模糊了安全地区治理与经济地区治理的界线。我们评估的 23 家地区组织中有很多是综合性

机构,原先的经济性组织也发展其安全与军事部门。比如,南共市(MERCOSUR)的宪法性条约并未提及安全或防务,但它的外长政治顾问机制延伸到了国防部长身上,国防部长们也开起了每年两次的会议,而且到2007年,他们实施了一项《地区安全相互合作与协作总体计划》(参见Oelsner,2011)。同样,哈特曼(Hartmann)也称,在非洲有如此之多的地区经济共同体(REC)不断在向多维度发展,部分原因是内战增多,以及对安全来源的认识在改变(参见本书第13章)。

解释地区安全治理的制度设计

地区安全治理(RSG)政策的制度设计有着明显的多样性,这说明它们具有不同的特征和表现。对制度设计进行比较有几个标准,这要考虑到地区组织会发展特别的制度框架,以落实其安全概念。制度化意味着实行了多边机制,并作为一种日常的和平手段,以解决国家间冲突和国内冲突。地区安全治理(RSG)政策的制度化,令地区组织将其地区制度的逻辑、目标和原则转化成战略计划、政策和行动,反过来这些战略计划、政策和行动又影响着地区安全的供给。在此过程中,成员国为了维护这些地区组织的利益,应该会将各个不同层次的权威委托给它们(参见Weiffen et al.,2011,279;Kirchner and Domínguez,2011b,14;2011c,320)。伦茨和马克斯(Lenz and Marks)认为,在制度设计上有两个主要的区分:一个是政府间主义与超国家主义的区分,一个是共享与委托的区分(参见本书第22章)。

瓦兰德和基欧汉(Wallander and Keohane,1999,24-26)从三个维度评估安全制度的制度化:预期上的共识程度、其规则的特殊性和其成员间的功能差异。阿查亚和江忆恩(Acharya and Johnston,2007,21-22)也看到了成员资格、议题范围以及正式规则与制度授权的性质,尽管他们还额外提及规范,并认为规范构成着制度的正式和非正式意识形态。总之,地区安全治理(RSG)机制的差别,可能取决于其制度化的程度、其相对于成员国的自主性程度,以及其是否吸纳非国家行为体。

我们这里的任务主要是,简要解释各个地区在制度设计上的差别。我们将评述四种不同的解释:(1)基于现实主义假设的权力政治解释;(2)基于新自由制度主义、功能主义和理性制度设计的理性主义解释(参见Keohane,1984;Koremenos et al.,2001);(3)聚焦于国内行为体为某种制度设计而提出政治挑战和政治目标的国内政治解释;(4)聚焦于成员国规范、观念、认同和共享价值对制度性质所产生影响的规范-建构主义解释。还有一种要考虑的机制是扩散机制(参见本书第5章)。 【306】

现实主义解释

现实主义的观点认为，地区安全治理(RSG)的制度设计反映着某个地区安全复合体中实力强大的成员国的利益。它们可能是相关区外大国，也可能是地区关键国家，或者两者都是。例如，北约的发展就受到美国坚持多边框架的有力影响，使其不至于成为一个更加排外的联盟或者一系列双边联盟。二战后美国在亚洲也塑造了该地区的轴辐式安全治理结构。冷战期间的苏联和今已解散的华约也是如此。

同样，地区关键国家寻求设计地区安全制度是为了最好地服务于它们的政治目标。在非洲，尼日利亚在 2002 年非统组织(OAU)转型为非盟(AU)时与南非联手的一个原因就是，它希望在维和行动中增加地区分担，因为它在西非维和部队(ECOMOG)所进行的维和行动中过于积极的作用受到了舆论批评(参见 Tieku，2004)。

各国选择达成某种制度规则的原因是，它们想让这些规则起更大的杠杆作用，并且想长期锁定某种理想的权力分配格局。若非如此，它们对制度设计所能产生的影响，可能就会受到它们与地区其他国家彼此争锋的政治竞争的限制。但是处于激烈权力争夺之中的地区制度可能会很软弱，毕竟谁也不希望赋予太多权力给它，以免被自己的对手利用(Press-Barnathan，2014)。从印巴长期对抗来看，南亚区域合作联盟(SAARC)就是这样的例子。

理性主义解释

根据这种解释方法，塑造地区安全治理制度设计的是成员国所面对安全挑战的类型。因此，威胁和风险的性质对地区安全治理的制度设计会产生直接影响(Krahmann，
【307】 2005，6–7)。比如，瓦兰德和基欧汉(Wallander and Keohane，1999，28–29)就划分了为应对威胁而设计的安全制度(如正式联盟)，和为处理安全风险而设计的安全制度(如安全管理制度)。前者要求资源的有效共享，以协调积极防御并实施有效威慑。相比之下，后者就要求制度设计建立在最充分的信息交流并最有利于冲突管理的基础上，以避免冲突升级和陷入安全两难。有些制度是多面性的，因为它们同时应付威胁和风险。威胁导向的安排更接近于传统的国家间安全合作。

比如，冷战时北约的创立就有双重目标，既为了平衡苏联(的威胁)，也为了消除德国军事复活的风险。这就要求有一个多边框架，建立有效的机制以实现军事资源共享、相互交流标准化，并建立常规化的“标准操作程序”(Standard Operating Procedures)

(Press-Barnathan,2003)。随着冷战的结束、苏联军事威胁的消失,北约渐渐改变其制度设计而成为一个安全管理机构。20 世纪 90 年代的各种和平伙伴协议及其朝向东欧的逐步扩张,就可以看作是这样一个过程,这也是一种更好地管理后冷战时代新型未知风险的方式(Domínguez,2011;Webber et al.,2004,9)。

与之相反,有一个很不一样的欧洲地区安全治理框架——欧安组织(OSCE),它在 1975 年创建时称为欧安会(CSCE),是冷战期间为了加强东西方建设性接触而设计的一个独特安全管理制度。如今,欧安组织(OSCE)成员广泛而包容(有来自北美、欧洲和欧亚的 57 个国家),议程所涉议题领域宽泛,并采用一系列不那么正式的更加灵活做法,允许进行信息交换,包括在学者、军人和官员之间进行直接对话,从而形成"共同体建设实践"(Adler,1998,119-125)。欧安组织曾开创了一种全面的安全观,包含有人道的和政治军事的维度,有裁军、军控和建立信任措施(CBMs),也有经济和环境维度,有法治和反腐,并建立起了民主、繁荣与安全的关联机制(Ibryamova,2011,81-82;Galbreath,2007,1-2)。

转而看看东亚,后冷战时代的东南亚面临着最严重的战略不确定性挑战,因为不清楚美国仍在多大程度上会介入该地区的安全,也不知道中国的意图或日本的走向(参见本书第 11 章)。由此,东盟地区论坛(ARF)就被设计成一种安全管理制度,其成员广泛,以鼓励不同层次的信息交流和对话(Khong and Nesadurai,2007,58-60;Khong,2004)。东盟地区论坛(ARF)为了预防性外交和建立信任的需要,还发展了广泛的第三轨外交框架,以促进成员间的持久和平,同时也维护它们的主权(Weber,2011,219-225)。

新型非传统安全威胁的出现,也要求变革地区安全治理机制,加强多边情报交流,增进本地法律执行机构、法律专家以及私人商业行为体之间的合作。这些新挑战迫使 【308】人们创建并实行更宽泛的治理结构,毕竟,地区安全的提供越来越与国内安全和国际商业活动交织在一起。随着亚洲针对恐怖主义、海盗和犯罪而实施的新型治理机制的出现,这一特点已很明确。在其他地方,比如西非,由于传统国家机构在参与地区安全治理上太软弱,所以那里的非国家行为体已成为地区治理框架的重要参与者。比如,非洲安全部门网络(the African Security Sector Network)、西非公民社会论坛(the West African Civil Society Forum)、非洲战略与和平研究会(the African Strategic and Peace Research Group)、西非和平建设网络(the West African Network for Peace-building)和小型武器行动网络(Action Network on Small Arms),这些团体在研究分析、倡议建言、冲突调解、政策对话和教育培训方面都扮演着重要角色(Ebo,2007)。

在西半球,由于恶性冲突与敌对不多,"和平区"盛行,特别是在南美(Kacowicz,1998),那里的组织就着重于集体安全和合作安全方面,比如美洲国家组织(OAS)、南美国家联盟(UNASUR),较小程度上还有南共市(MERCOSUR)。吊诡的是,拉美的地区组织更擅长处理本地区"传统的"国际和平与安全问题而不是"非传统的"安全挑战。自冷战结束以来,美洲国家组织(OAS)已在两个领域——民主稳定与多维安全——发展出复杂的制度框架(Chanona,2011,107)。

国内政治解释

地区安全治理(RSG)的制度设计还受到成员国的国内政治考量和政治环境的影响和制约。带有超国家性质的、高度发达的多边地区安全治理结构,最有可能出现在稳定的自由民主国家之间,就像欧盟的情形。反之,如果各国认为其伙伴国家的国内太虚弱或不稳定的话,它们就不太情愿主动提出建立地区安全制度。比如,美国曾反对韩国在亚洲建立一个地区性的"太平洋公约"的设想,其中一个原因就是美国觉得李承晚作为一个盟友还不可靠(Cha,2010)。

同样,发展中国家的国内挑战表明,它们的制度设计性质可能与全球北方的地区安全治理有所不同,因为它们的主要目的不一定是防止国家间冲突,而是赋予其国家领导人比自己的社会更大的权力和合法性。比如像巴尼特和索林根(Barnett and Solingen,2007)所说的,阿盟的"设计就不是为了成功",因为它的制度设计既体现着泛阿拉伯观念的激励,又体现着对其成员国国家主权的保护。换言之,阿拉伯国家主要关心的是它们政权的国内生存,而不是地区合作。同样,东盟及其派生机制对不干涉规范的珍视,
【309】 也是源于1967年其创始成员国面对国内共产主义暴动时所共有的虚弱和恐惧。这两个例子中,我们都很难将其中的国内政治考量与规范议程区分开。

建构主义-规范解释

地区安全治理(RSG)的性质还受到规范-理念因素的制约。这些因素可能包括地区规范的构成性或约束性影响,关键国家和霸权国家的规范议程或世界观的影响,以及/或者更广范围的规范背景的影响,比如其他地区组织和全球组织(首要是联合国)的直接或间接鼓舞。

我们可以比较一下北约(最初建立在西方自由民主价值观之上)和欧盟安全架构(建立在共同的超国家主义规范和后威斯特伐利亚价值观之上)所具有的多边性,东盟和东盟地区论坛(ARF)所具有的政府间性和不太正式性——建立在"东盟方式"的主权、不干涉和共识建设等规范之上(Acharya,2009a,2009b),以及拉美的和平与安全规

范(基于格劳秀斯式的国际法框架)(Kacowicz,2005)。

另外,地区安全规范往往与世界其他地区的规范相互作用,首要的是欧洲地区,那里传统上被视作其他地区组织的楷模(Murray and Moxon-Browne,2013)。欧洲规范和相应的制度结构向世界扩散,尽管不是自动地,但通过直接或间接机制,通过竞争、学习、模仿或规范仿效而扩散开来(参见本书第 5 章)。如阿查亚所展示的,东南亚地区安全治理的性质反映着地区内外安全规范的互动,反映着外部规范相对于某种地区性“先决条件”而被本地化的程度。例如,东盟地区论坛(ARF)受到了欧洲“共同安全”观念的影响,只是并没采纳欧洲的其他安全治理观念,比如集体干预(Acharya,2009a)。同样,南美国家联盟(UNASUR)采纳了欧盟的措辞和愿景,有意在南美创建一个多元型安全共同体(Weiffen et al.,2011)。有人认为,“非洲和平与安全架构”(APSA)这个概念乃是“人道安全”和“保护的责任”(R2P)等相关规范付诸本地化的一个范例(参见本书第 13章)。

最后,强大行为体的规范愿景还影响着地区安全治理政策的规范内容及其相应的指导原则。例如,要理解南非在非盟 2002 年创建时所起的领导作用,就得提及姆贝基总统的“非洲复兴”思想,他认为需要再次发挥南非在全球舞台上应有的积极有效作用,并希望在非洲促进民主。特别有意思的是,姆贝基的愿景与尼日利亚总统奥巴桑乔的愿望颇为合拍,奥巴桑乔希望带动非洲各国领导人(重新)定义安全,把安全界定为“人道安全”的同时也视之为一种相互依赖现象。这种愿景进而被转化成强调公民社会对安全事务的介入(Tieku,2004)。

在最终的安全制度设计问题上,没有任何单个分析框架可以提供一个令所有人都 【310】
满意的预测(参见本书第 22 章)。看来起核心作用的,还是那些强大的相关国家及其对威胁或风险性质的判断。这种判断受到国内考量的影响,使制度设计的性质又被产生地区合法性的规范思想所左右。未来的研究应当着眼于考察这些不同因素之间的互动,并看看我们是否能够找到更广义的有关制度设计的理性主义-理念互动模型。

地区安全治理的影响

对地区安全治理(RSG)的影响进行评估,是一项复杂而又困难的任务,因为评估的标准很难统一。人们可以从国内、地区和全球层次来评估地区安全治理的影响,不过,我们这里主要是从地区层次进行评估。首先,我们看看它对地区稳定的影响——所谓地区稳定,就是没有武装冲突或地区保持和平,可以按照从消极和平一直到稳定和平以及出现多元型安全共同体这样一个连续的系列来对之加以考察(Kacowicz and Bar-Siman-Tov,2000)。其次,从国内政治意义上,看它对国内安全部门的影响及它对其他国内安全相关改革的影响。设定这些国内条件的目的，乃是假设它们会反过来对地区变动有所反馈。

地区安全治理与地区稳定

地区安全治理(RSG)的几种机制对地区稳定的水平可能都会有积极影响。传统形式的国家间军事同盟合作,在1945年之后预防重大战争方面起到了积极作用,欧亚皆然,前者通过北约,后者通过美国所创建的双边同盟体系。我们转而来看看地区安全制度的影响,会发现,它们主要是通过冲突预防、安全保证、保护和强制等实现稳定(Kirchner and Domínguez,2011b,8,15)。越来越多的文献研究地区组织对冲突管理、冲突解决与和平的影响(比如Haftel,2012;Mitchell and Hensel,2007)。不同作者都指出,地区组织的不同影响与地区性国际组织的制度化水平,和相关大国的竞争水平高度相关(比如Boehmer et al.,2004)。同样,香农(Shannon,2009)认为,地区组织并不推动成员国进行双边谈判,而是鼓励多边会谈,并在它们与第三方外交干预进行讨价还价时居间调解。
【311】这种例子有:哥伦比亚与委内瑞拉的关系(2008—2010年)、俄乌关系(2014—2015年)。

在欧洲，冷战时的北约曾经将成员国的军事计划、共享资源和政治合作整合在一起,创建了一个跨大西洋的地区多元安全共同体(Deutsch et al.,1957)。随着苏联威胁的消失,以及欧洲东扩,新的安全威胁出现,给扩大后的北约和欧盟保持地区稳定带来了新的挑战。起初,北约运用双边性的“和平伙伴关系计划”和积极东扩,在确保东欧新独立国家顺利转型方面成效显著。许诺加入北约对于东欧新独立国家来说，也有助于用西方的自由共同体规范对它们进行社会化(Schimmelfennig,2004)。

北约所执行的某些特定集体安全功能，尤其是在危机管理行动上所承担的新军事任务,反映了欧洲的安全治理越来越具有异态分层性(heterarchical nature)(Webber et al.,2004,9-10)。相比之下,欧安组织(OSCE)这个成员更多的欧洲地区组织,在这个地区显然只是一个次要的秩序维护机制，因为其重点在于人道安全而缺少武装力量(Ibryamova,2011,90-101)。这一点很重要,因为欧洲是唯一践行后威斯特伐利亚模式的地区。不过,围绕2014—2015年俄乌冲突所发生的事件已经告诉我们,即使在欧洲,主权和民族国家仍然在军事安全事务中至高无上。

评估地区安全治理(RSG)在发展中世界所起的作用,就跟欧洲的情况非常不一样。在非洲,由于国家普遍能力弱而国内暴力冲突集中,地区安全组织面临的挑战一直是如何管理国内暴力。因此,很自然我们会发现,非洲在安全领域成就小、失败多(Tavares,2010,22)。在西非,西非维和部队(ECOMOG)(西共体的军事手段)于1990年和1997年之间在利比亚采取过重大的和平维护与和平实施行动,2003年又有一次。但在看待这种行动是否害大于利上,观点就出现了分歧,有人认为这些行动拖长了内战,造成非洲国家耽于消极主权(Jackson and Rosberg,1982)。不过,埃博(Ebo,2007)指出,自从2003年利比亚内战结束后,次地区安全形势已有所好转,因此和平建设的任务越来越侧重于和平巩固而不是冲突管理。西共体(ECOMAS)、东共体(EAC)和南共体(SADC)在过去几十年里都实施过大量维和行动,且都还比较成功(Söderbaum and Tavares,2009,70-71)。最后,非盟(AU)在布隆迪、达尔富尔和索马里也采取过积极干预的立场(Tavares,2010,22-23)。

在东亚,东盟(ASEAN)和东盟地区论坛(ARF)所发挥的作用就特别不好明确评定。比如,琼斯和史密斯(Jones and Smith,2007)认为,东盟在安全事务上没有做出过什么有意义的贡献,它也未曾对其成员国的基本国家利益造成改变。相反,阿查亚(Acharya,2009a)认为,东盟通过互动和社会化进程驱动了建立地区规范和认同的进程(另见 【312】 Katsumata,2010)。不过,东盟国家所集体奉行的规范框架,显然并没有被更大地区范围的安全论坛——比如东盟地区论坛(ARF)、亚太经合组织(APEC)或东亚峰会(EAS)——所共享。中国自20世纪90年代末积极参加这些论坛,其转变可以视为这些论坛起了社会化作用的证明。同时,这种社会化的作用明显又有局限,因为中国拒绝在这些地区层次讨论棘手的南海争端。

在拉美,美洲国家组织(OAS)在制止冲突升级方面取得过一些历史性功绩。不过,由于这个地区没有大的国家间战争,该组织的主要贡献就只体现在安全保证政策上。它在地区治理上做出过重要贡献,但在成为一个真正有效的多边制度上往往还显不足(Shaw,2004)。只是在冷战结束后,美洲国家组织(OAS)才再次更加积极地介入冲突管理和冲突解决,调解了委内瑞拉和圭亚那1997年的冲突,推动了洪都拉斯和尼加拉瓜(2001年)、伯利兹和危地马拉(2003年)、哥伦比亚和厄瓜多尔(2008年)的和谈(Tavares,2010,72-75)。最近,南美国家联盟(UNASUR)在地区冲突管理上也扮演了重要角色。它成功地采取了非正式的临时性冲突管理措施——不管这些冲突是国内性还是国家间的。南美国家联盟(UNASUR)在制止玻利维亚(2008年)和厄瓜多尔(2010年)的民主崩溃上采取了行动,并缓和了哥伦比亚和委内瑞拉的边界紧张局势(2010年)(参见 Weiffen et al.,2013,380-382)。

最后,在中东,安全治理机制在地区稳定和地区秩序维护方面的作用,就相对没什么可圈点之处。阿盟在过去50年间通过了超过4000个解决阿拉伯整体利益问题的议案,但80%从未得到执行(Barnett and Solingen,2007)。阿盟所能起的作用完全取决于主导国家在某些时候的领导力。例如,当埃及的地区霸权与普遍性、跨国性的阿拉伯情感相一致时，阿盟的作用就更重要一些，能够形成共同规范去约束各国不要放肆地追逐各自利益（Sela，1998）。照理说，海合会（GCC）是为其成员提供和平解决争端的一个制度化论坛，但它一旦涉及传统安全保障和援助问题，各成员国就宁肯诉诸它们与美国的双边协定。面对"阿拉伯之春"，海合会（GCC）发挥了论坛作用，其中沙特等国得以借此强调其地区领导作用。当"阿拉伯之春"威胁保守的君主政体时，该组织试图予以约束，动用了"半岛之盾"部队对巴林进行了武装干预，并给约旦和摩洛哥加入该组织提供了机会（Kamrava，2011）。

地区安全治理对国内层次的影响

除了对地区稳定有直接影响，地区安全治理（RSG）还有意无意地对其成员国国内
【313】层次产生影响。在后冷战时期的欧洲，北约（NATO）和欧盟（EU）通过"和平伙伴关系计划"及联系协议，对东欧和原苏联地区的安全部门改革投入了资源。北约还通过"地中海对话"（the Mediterranean Dialogue）和"伊斯坦布尔合作倡议"（the Istanbul Cooperation Initiative），对其地中海地区对话伙伴国的安全防务部门改革施加了影响。

安全部门的民主治理标准不是由联合国系统设置的，而是由地区性和跨地区性组织如欧安组织（OSCE）、北约（NATO）、欧盟（EU）、美洲国家组织（OAS）、南美国家联盟（UNASUR）和南共市（MERCOSUR）来设置的。在非洲，如前所述，其地区安全威胁主要来自国内，往往与国家的严重虚弱相关。因此，其地区安全治理的重点就放在国内安全部门改革上，即着重发展国内安全部门的民主治理，提高其透明度、责任性、监督职能和政策发展（Ball et al.，2003）。同时，非洲的地区安全治理要务还与公民社会密切相关，比如创建西非和平建设网络（WANEP）、西非公民社会论坛（WACSOF）和长老会（the Council of Elders，2000 年建立）（Tavares，2010，38–40）。事实上，哈特曼（Hartmann）强调，非盟和西共体进行改革对于锁定那里的民主改革十分重要（参见本书第 13 章）。尽管从国际合作角度来看，这种国内反馈效应并不重要，但我们对安全治理的着重分析所指向的是其潜在重要意义——不管是在应对地区安全挑战的根源意义上，还是在渐进确立应对这些挑战的另外平台意义上。

结论：未来研究议程

上述对全球地区安全安排的全面梳理表明，在全球各个地区，地区安全治理（RSG）机制很久以来都是以传统安全为核心，但也渐渐地扩大着对安全概念的理解。在欧洲，

战后的北约同盟演化为一个安全管理机制，与欧安组织（OSCE）相互补充。在亚洲，传统上是地区国家与美国之间形成了双边轴辐联盟，20世纪90年代时新增了东盟地区论坛（ARF），集中关注安全管理、第三轨外交和反恐之类新议题。在非洲，非统组织（OAU）升格为非盟（AU）的同时强化了国家间合作框架，但也给非国家行为体和超国家层次留【314】出了空间。在拉美，老的美洲国家组织（OAS）仍在，又新增了南美国家联盟（UNASUR），虽然它还是以国家为中心的，但更重视国内的和"国内国际的"安全威胁，比如维护民主的稳定性和安全的多维性。

随着新议题和治理机制的演进，这些地区安全治理机制对以前的政府间竞争合作结构形成了依赖，或者与之发生意义重大的互动。因此，尽管安全的定义已涉及更加广泛的问题，包括人道安全、环境恶化、传染性疾病、非法移民、跨国犯罪、大规模杀伤性武器扩散和贫困——这些问题都被视为是对各国及各个社会的安全构成的"新型"威胁——但是在这些问题上，我们很少发现非国家行为体发挥了地区治理机制作用的例子。相反，世界各地让我们印象深刻的是，基于国家行动的地区治理机制在持续发挥着作用。这就是说，对于国家行为体所面临的安全挑战的性质应有宽泛的理解，需要开发各不相同的应对工具并做出新型的合作努力。因此，地区安全治理实践在演变，其中国家仍占主导地位，只是渐渐地意识到需要考虑新行为体的作用，并开始探索复杂安全环境下的新安全结构。

未来的研究应当去探索地区治理与全球治理的结合部（nexus），以及它们之间可能的联系与配合。我们看到，在各个组织之间和之中的互动越来越多，地区内、地区间以及地区与全球间的治理方案皆然，安全领域也是如此。比如，越来越多的联合维和行动出现——联合国与非盟在达尔富尔，北约与欧盟在巴尔干和利比亚，北约与联合国在前南斯拉夫、阿富汗、伊拉克、利比亚（包括与非盟）等。反恐行动也反映着各种全球、地区和国家行为体的各种联动配合。所有这些趋势合在一起，使得全球治理和地区治理的界线模糊了，凸显了它们之间的互动。大国如美、中、俄、欧盟，它们在单边和双边意义上都是最重要的安全提供者，开始越来越多地借重各种多边机制，以较小代价推进其自身的安全目标。同时，地区国家或关键国家也利用同样的组织来提高它们对其地区安全管理的投入，据以削弱区外大国的过分干预，并在区外大国无力干预和提供必要的公共品时，能够自主进行更加有效的地区安全治理。这些互动都有待进一步研究探讨。

最后，我们建议进一步探讨安全和经济之间的关联，因为它们之间的关联是双向的。不仅经济合作会"外溢"到安全领域，反之亦有可能发生，比如阿根廷与巴西之间成功的安全合作导致南共市（MERCOSUR）的创建就是一个例子。

【315】

附 录

附表 A14.1 地区安全治理组织

地区	成立年份	组织名称(缩写)	涵盖的主要议题领域	成员	官网地址
非洲	1975	西非国家经济共同体(ECOWAS)	综合性;地区集体安全	15 国	http://www.ecowas.int/
	1992	南部非洲发展共同体(SADC)	综合性;地区合作安全	安哥拉、博茨瓦纳、民主刚果、莱索托、马达加斯加、马拉维、毛里求斯、莫桑比克、纳米比亚、塞舌尔、南非、斯威士兰、坦桑尼亚、赞比亚、津巴布韦	http://www.sadc.int/
	2000	东非共同体(EAC)	综合性	布隆迪、肯尼亚、卢旺达、坦桑尼亚、乌干达	http://www.eac.int/
	2002	非盟(AU)	综合性;地区合作安全	非洲 54 国	http://www.africa-union.org/
美洲	1948	美洲国家组织(OAS)	综合性;地区合作安全	35 国	http://www.oas.org/
	1969	安第斯共同体(CAN)	综合性;多元型安全共同体	玻利维亚、哥伦比亚、厄瓜多尔、秘鲁(另有 5 个联系国:阿根廷、巴西、巴拉圭、智利、乌拉圭)	http://www.comunidadandina.org/
	1973	加勒比共同体(CARICOM)	综合性;地区合作安全	安提瓜和巴布达、巴哈马、巴巴多斯、伯利兹、多米尼加、格林纳达、圭亚那、海地、牙买加、蒙特塞拉特、圣基茨和尼维斯、圣卢西亚、圣文森特和格林纳丁斯、苏里南、特立尼达和多巴哥	http://www.caricom.org/
	1991	南方共同市场(MERCOSUR)	综合性;地区合作安全;多元型安全共同体	巴西、阿根廷、乌拉圭、巴拉圭、委内瑞拉	http://www.mercosur.int/
	2008	南美国家联盟(UNASUR)	综合性;地区合作安全	安共体国家+共市国家+智利、圭亚那、苏里南	http://www.unasur.org/
	2011	拉美和加勒比经济共同体(CELAC)	综合性;地区合作安全	33 国	http://www.celac.gov/

续表

地区	成立年份	组织名称(缩写)	涵盖的主要议题领域	成员	官网地址
亚洲	1967	东盟(ASEAN)	综合性;多元型安全共同体	泰国、印尼、马来西亚、菲律宾、越南、柬埔寨、新加坡、文莱、老挝、缅甸	http://www.aseansec.org/
	1985	南盟(SAARC)	综合性;地区协调	阿富汗、孟加拉、不丹、印度、马尔代夫、尼泊尔、巴基斯坦、斯里兰卡	http://www.saarc-sec.org/
	2005	东亚峰会(EAS)	综合性;地区合作安全	18 国	http://wwwaseanorg/asean/external-relations/east-asia-summit-eas
欧洲	1949	北约(NATO)	安全;地区集体防御(正式联盟);多元型安全共同体	美国、比利时、加拿大、法国、英国、荷兰、丹麦、意大利、冰岛、卢森堡、挪威、葡萄牙、希腊、土耳其、德国、西班牙、捷克、匈牙利、波兰、保加利亚、爱沙尼亚、拉脱维亚、立陶宛、罗马尼亚、斯洛文尼亚、阿尔巴尼亚、克罗地亚	http://www.nato.int/
	1992	欧盟(EU)	综合性;多元型安全共同体	28 国	http://www.europa.eu.int/
	1995	欧安组织(OSCE)	安全;地区合作安全	57 国	http://www.osce.org/
欧亚	2001	上合组织(SCO)	安全;地区协调	中国、哈萨克斯坦、吉尔吉斯斯坦、俄罗斯、塔吉克斯坦、乌兹别克斯坦	http://www.sects.co.org/
	2003	集体安全条约组织(CSTO)	安全;地区集体安全	俄罗斯、白俄罗斯、亚美尼亚、哈萨克斯坦、吉尔吉斯斯坦、塔吉克斯坦(乌兹别克斯坦于 2012 年退出)	http://www.odkb-csto.org/
中东	1945	阿拉伯国家联盟(LAS)	综合性;地区集体安全	22 国	http://www.las-portal.org/
	1981	海湾合作理事会(GCC)	综合性;地区集体安全;多元型安全共同体	科威特、巴林、阿曼、卡塔尔、沙特、(阿联酋)	http://www.gcc-sg.org/

资料来源:Kirchner and Domínguez (2011a)。

参考文献

Acharya, A.2009a.*Constructing a Security Community in Southeast Asia:ASEAN and the Problem of Regional Order, 2nd edition*.Abingdon: Routledge.

Acharya, A.2009b.*Whose Ideas Matter? Agency and Power in Asian Regionalism*.Ithaca, NY: Cornell University Press.

Acharya, A.and Johnston, A.I.2007.Comparing Regional Institutions: An Introduction.In: A.Acharya and A.I.Johnston (eds.), *Crafting Cooperation:Regional International Institutions in a Comparative Perspective*.Cambridge: Cambridge University Press, 1–31.

Adler, E.1998.Seeds of Peaceful Change: The OSCE's Security Community–Building Model.In: E.Adler and M.Barnett (eds.), *Security Communities*.Cambridge: Cambridge University Press, 119–160.

Adler, E.and Barnett, M.(eds.) 1998.*Security Communities*.Cambridge: Cambridge University Press.

Adler, E.and Greeve, P.2009.When Security Community Meets Balance of Power: Overlapping Mechanisms of Security Governance.*Review of International Studies*, 35(S1): 59–84.

Ball, N, Fayemi, J.K, Olonisakin, F, Rupiya, M, and Williams, R.2003.Governance in the Security Sector. In: N.Van de Walle, N.Ball, and V.Ramachandran(eds.), *Beyond Structural Adjustment: The Institutional Context of African Development*.New York: Palgrave Macmillan, 263–304.

Barbarinde, O.2011.The African Union and the Quest for Security Governance in Africa.In: E.J.Kirchner and R.Domínguez R. (eds.), *The Security Governance of Regional Organizations*.Abingdon: Routledge, 273–299.

Barnett, M.1995.Partners in Peace? The UN, Regional Organizations, and Peace–Keeping.*Review of International Studies*, 21(4): 411–433.

Barnett, M.and Solingen, E.2007.Designed to Fail or Failure of Design? The Origins and Legacy of the Arab League.In: A.Acharya and A.I.Johnston(eds.), *Crafting Cooperation:Regional International Institutions in Comparative Perspective*.Cambridge: Cambridge University Press, 180–220.

Bøås, M.and Hveem, H.2001.Regionalisms Compared: The African and Southeast Asian Experience.In: B.Hettne, A.Inotai, and O.Sunkel(eds.), *Comparing Regionalisms: Implications for Global Development.* Basingstoke: Palgrave Macmillan, 93–131.

Boehmer, C, Gartzke, E, and Nordstrom, T.2004.Do Intergovermental Organizations Promote Peace? *World Politics*, 57(2): 1–38.

Breslin, S.and Croft, S.2012.Researching Regional Security Governance: Dimensions, Debates, Discourses.In: S.Breslin and S.Croft(eds.), *Comparative Regional Security Governance*.Abingdon: Routledge, 1–22.

Buzan, B.and Wæver, O.2003.*Regions and Powers: The Structure of International Security*.Cambridge: Cambridge University Press.

Buzan, B, Wæver, O, and De Wilde, J.1998.*Security: A New Framework for Analysis*.Boulder, CO: Lynne

Rienner.

Cha, V.2010.Powerplay: Origins of the American Alliance System in Asia.*International Security*, 34(3): 158–196.

Chanona, A.2011.Regional Security Governance in the Americas: The Organization of the American States.In: E.J.Kirchner and R.Domínguez(eds.), *The Security Governance of Regional? Organizations*. Abingdon: Routledge, 107–135.

Christou, G.and Croft, S.(eds.)2010.Special Issue: European Security Governance.*European Security*, 19(4): 337–529.

Christou, G, Croft, S, Ceccorulli, M, and Lucarelli, S.2010.*European Union Security Governance: Putting "Security" Back In*.EU–GRASP Working Paper No.22.Bruges: United Nations University Institute—Comparative Regional Integration Studies.

Deutsch, K.W, Burell, S.A, Kann, R.A, Lee, M, Lichterman, M, Lindgren, R.E, Loewenheim, F.L, and Van Wagenen, R.W.1957.*Political Community in the North Atlantic Area: International Organization in the Light of Historical Experience*.Princeton, NJ: Princeton University Press.

Domínguez, R.2011.Security Governance in the North Atlantic Treaty Organization.In: E.J.Kirchner and R.Domínguez(eds.), *The Security Governance of Regional Organizations*.Abingdon: Routledge, 46–78.

Ebo, A.2007.Non–State Actors, Peacebuilding and Security Governance in West Africa: Beyond Commercialization.*Journal of Peacebuilding and Development*, 3(2): 53–69.

Flemes, D.and Nolte, D.2010.Introduction.In: D.Flemes(ed.), *Regional Leadership in the Global System: Ideas, Interests and Strategies of Regional Powers*.Farnham: Ashgate, 1–14.

Frazier, D.and Stewart–Ingersoll, R.2010.Regional Powers and Security: A Framework for Understanding Order within Regional Security Complexes.*European Journal of International Relations*, 16(4): 731–753.

Galbreath, D.J.2007.*Global Institutions: The Organization for Security and Co–operation in Europe*.Abingdon: Routledge.

Haftel, Y.2012.*Regional Economic Institutions and Conflict Mitigation: Design, Implementation, and the Promise of Peace*.Ann Arbor, MI: University of Michigan Press.

Haftendorn, H, Keohane, R.O, and Wallander, C.(eds.) 1999.*Imperfect Unions: Security Institutions over Time and Space*.Oxford: Oxford University Press.

Hänggi, H.2005.Approaching Peacebuilding from a Security Governance Perspective.In: A.Bryden and H.Hänggi(eds.), *Security Governance in Post–Conflict Peacebuilding*.Münster: LIT Verlag, 3–19.

Hussain, I.2011.The Shanghai Framework and Central Asia: Chop–Suey Governance? In: E.J.Kirchner and R.Domínguez(eds.), *The Security Governance of Regional Organizations*.Abingdon: Routledge, 243–272.

Ibryamova, N.2011.The OSCE as a Regional Security Actor.In: E.J.Kirchner and R.Domínguez(eds.), *The Security Governance of Regional Organizations*.Abingdon: Routledge, 79–104.

Jackson, R.H.and Rosberg, C.G.1982.Why Africa's Weak States Persist: The Empirical and the Juridical in Statehood.*World Politics*, 35(1): 1–24.

Jetschke, A.2011.*Is ASEAN a Provider of Regional Security Governance?* Occasional Paper No.4.Ham–

burg:German Institute of Global and Area Studies.

Jones,D.M.and Smith,M.I.R.2007.Making Process,Not Progress:ASEAN and the Evolving East Asian Regional Order.*International Security*,32(1):148–184.

Kacowicz,A.M.1998.*Zones of Peace in the Third World:South America and West Africa in a Comparative Perspective*.Albany,NY:State University of New York Press.

Kacowicz,A.M.2005.*The Impact of Norms in International Society:The Latin American Experience,1881—2001*.Notre Dame,IN:University of Notre Dame Press.

Kacowicz,A.M.and Bar–Siman–Tov,Y.2000.Stable Peace:A Conceptual Framework.In:A.M.Kacowicz,Y.Bar–Siman–Tov,O.Elgstrom,and M.Jerneck(eds.),*Stable Peace among Nations*.Lanham,MD:Rowman & Littlefield,11–35.

Kamrava,M.2011.*The Modern Middle East:A Political History since the First World War*.Los Angeles,CA:University of California Press.

Katsumata,H.2010.*ASEAN's Cooperative Security Enterprise:Norms and Interests in the ASEAN Regional Forum*.Basingstoke:Palgrave Macmillan.

Katzenstein,P.J.2005.*A World of Regions:Asia and Europe in the American Imperium*.Ithaca,NY:Cornell University Press.

Kelly,R.E.2007.Security Theory in the "New Regionalism."*International Studies Review*,9(2):197–229.

Keohane,R.O.1984.*After Hegemony:Cooperation and Discord in the World Political Economy*.Princeton,NJ:Princeton University Press.

Khong,Y.F.2004.Coping with Strategic Uncertainty:The Role of Institutions and Soft Balancing in Southeast Asia's Post–Cold War Strategy.In:J.J.Suh,P.J.Katzenstein,and A.Carlson(eds.),*Rethinking Security in East Asia:Identity,Power,and Efficiency*.Stanford,CA:Stanford University Press,172–208.

Khong,Y.F.and Nesaduri,H.E.S.2007.Hang Together,Institutional Design and Cooperation in Southeast Asia:AFTA and the ARF.In:A.Acharya and A.I.Johnston(eds.),*Crafting Cooperation:Regional International Institutions in a Comparative Perspective*.Cambridge:Cambridge University Press,32–82.

Kirchner,E.J.and Domínguez,R.(eds.) 2011a.*The Security Governance of Regional Organizations*.Abingdon:Routledge.

Kirchner,E.J.and Domínguez,R.2011b.Regional Organizations and Security Governance.In:E.J.Kirchner and R.Domínguez(eds.),*The Security Governance of Regional Organizations*.Abingdon:Routledge,1–21.

Kirchner,E.J.and Domínguez,R.2011c.The Performance of Regional Organizations in Security Governance.In:E.J.Kirchner and R.Domínguez(eds.),*The Security Governance of Regional Organizations*.Abingdon:Routledge,300–331.

Kirchner,E.J.and Domínguez,R.2013.*Security Governance in a Comparative Regional Perspective*.UN–U–CRIS Working Papers W–201 3/8.Bruges:United Nations University Institute—Comparative Regional Integration Studies.

Kirchner,E.J.and Sperling,J.(eds.) 2007.*EU Security Governance*.Manchester:Manchester University Press.

Koremenos,B,Lipson,C,and Snidal,D.2001.The Rational Design of International Institutions.*Interna–*

tional Organization,55(4):761–799.

Krahmann,E.2005.American Hegemony or Global Governance? Competing Visions of International Security.*International Studies Review*,17(4):531–545.

Lake,D.and Morgan,P.M.(eds.) 1997.*Regional Orders:Security in the New World*.University Park,PA:Pennsylvania State University Press.

Lemke,D.2002.*Regions of War and Peace*.Cambridge:Cambridge University Press.

Lucarelli,S,Van Langenhove,L,and Wouters,J.2013.*The EU and Multilateral Security Governance*.Abingdon:Routledge.

Mansfield,E.D.and Solingen,E.2010.Regionalism.*Annual Review of Political Science*,13:145–163.

Miller,B.1997.The Great Powers and Regional Peacemaking:Patterns in the Middle East and Beyond.*Journal of Strategic Studies*,20(1):103–142.

Miller,B.2001.The Concept of Security:Should it be Redefined? *Journal of Strategic Studies*,24(2):13–42.

Mitchell,S.M.and Hensel,P.R.2007.International Institutions and Compliance with Agreements.*American Journal of Political Science*,51(4):721–737.

Murray,P.and Moxon– Browne,E.2013.The European Union as a Template for Regional Integration? The Case of ASEAN and its Committee of Permanent Representatives.*Journal of Common Market Studies*,51(3):522–537.

Oelsner,A.2009.Consensus and Governance in Mercosur:The Evolution of the South American Security Agenda.*Security Dialogue*,40(2):191–212.

Oelsner,A.2011.Mercosur's Incipient Security Governance.In:E.J.Kirchner and R.Domínguez(eds.),*The Security Governance of Regional Organizations*.Abingdon:Routledge,190–216.

Press–Barnathan,G.2003.*Organizing the World:The US and Regional Cooperation in Asia and Europe*.London:Routledge.

Press–Barnathan,G.2005.The Changing Incentives for Security Regionalization:From 11/9 to 9/11.*Cooperation and Conflict*,40(3):281–304.

Press–Barnathan,G.2014.The Impact of Regional Dynamics on US Policy Toward Regional Security Arrangements in East Asia.*International Relations of Asia Pacific*,14(3):357–391.

Ripsman,N.R.2005.Two Stages of Transition from a Region of War to a Region of Peace:Realist Transition and Liberal Endurance.*International Studies Quarterly*,49(4):669–693.

Schimmelfennig,F.2004.*The EU,NATO and the Integration of Europe:Rules and Rhetoric*.Cambridge:Cambridge University Press.

Sela,A.1998.*The End of the Arab–Israeli Conflict:Middle East Politics and the Quest for Regional Order*.Albany,NY:State University of New York Press.

Shannon,M.2009.Preventing War and Providing the Peace? International Organizations and the Management of Territorial Disputes.*Conflict Management and Peace Studies*,26(2):144–163.

Shaw,C.M.2004.Cooperation,*Conflict and Consensus in the Organization of American States*.Basingstoke:Palgrave Macmillan.

(p.322)Söderbaum, F.2004.Modes of Regional Governance in Africa: Neoliberalism, Sovereignty Boosting, and Shadow Networks.*Global Governance*, 10(4): 419–436.

Söderbaum, F.and Tavares, R. (eds.)2009.Special Issue: Regional Organizations in African Security. *African Security*, 2(2–3): 69–217.

Sperling, J.2003.Eurasian Security Governance: New Threats, Institutional Adaptations.In: J.Sperling, S. Kay, and S.V.Papacosm(eds.), *Limiting Institutions? The Challenge of Eurasian Security Governance*. Manchester: Manchester University Press, 3–28.

Sperling, J.2008.State Attributes and System Properties: Security Multilateralism in Central Asia, Southeast Asia, the Atlantic and Europe.In D.Bourantonis, K.Ifantis, and T.Panayotis(eds.), *Multilateralism and Security Institutions in an Era of Globalization*.Abingdon: Routledge, 101–135.

Sperling, J.2014.Regional Security Governance.In: J.Sperling(ed.), *Handbook of Governance and Security*.Cheltenham: Edward Elgar, 98–119.

Sperling, J.and Webber, M.2014.Security Governance in Europe: A Return to System.*European Security*, 23(2): 126–144.

Taliaferro J.W.2012.Neoclassical Realism and the Study of Regional Order.In: T.V.Paul(ed.), *International Relations Theory and Regional Transformation*.Cambridge: Cambridge University Press, 74–103.

Tavares, R.2010.*Regional Security: The Capacity of International Organizations*.Abingdon: Routledge.

Tieku, T.K.2004.Explaining the Clash and Accommodation of Interests of Major Actors in the Creation of the African Union.*African Affairs*, 103(411): 249–267.

Wallander, C.and Keohane, R.O.1999.Risk, Threat, and Security Institutions.In: H.Haftendorn, R.O.Keohane, and C.Wallander(eds.), *Imperfect Unions: Security Institutions over Time and Space*.Oxford: Oxford University Press, 21–47.

Webber, M, Croft, S, Howorth, J, Terriff, T, and Krahmann, E.2004.The Governance of European Security. *Review of International Studies*, 30(1): 3–26.

Weber, K.2011.Lessons from the ASEAN Regional Forum: Transcending the Image of Paper Tiger? In: E. J.Kirchner and R.Domínguez(eds.), *The Security Governance of Regional Organizations*.Abingdon: Routledge, 219–242.

Weiffen, B, Dembinski, M, Hasenclever, A, Freistein, K, and Yamauchi, M.2011.Democracy, Regional Security Institutions, and Rivalry Mitigation: Evidence from Europe, South America, and Asia.*Security Studies*, 20(3): 378–415.

Weiffen, B, Wehner, L, and Nolte, D.2013.Overlapping Regional Security Institutions in South America: The Case of OAS and UNASUR.*International Area Studies Review*, 16(4): 370–389.

第15章　地区贸易治理

金秀妍(Soo Yeon Kim)
爱德华·D.曼斯菲尔德(Edward D.Mansfield)
海伦·V.米尔纳(Helen V.Milner)

特惠贸易协定(PTA)的大量涌现,是当代国际经济中地区贸易治理的最突出、最普遍特征。[①]世界贸易组织(WTO)报告称,截至2015年1月8日,世界PTA总数达到446个,其中259个正在实施中(见附表A15.1)。[②] PTA在其成员国之间实行自由贸易,互相给予市场准入优惠待遇。它们还扮演着经济地区主义或地区制度建设的重要推手作用,各国为此积极合作并相互协调贸易(有时还有其他)政策(Mansfield and Milner,1999,591;Fishlow and Haggard,1992)。 【323】

本章中,我们分析学术界热议的地区贸易治理的核心问题,重点主要放在有关PTA的大量政治经济学文献上。为此,我们强调其中的一个重要前沿课题是:寻求广泛的"边境内"(behind-the-border)贸易自由化,即成员国之间就国内贸易相关法制体系进行的协调,带来了深层一体化协定的出现。2011年,WTO报告称,随着全球生产分工的升级,深层一体化PTA扩散开来。本章除了回顾这类文献并对进一步的研究提出建议外,还特别指出一些解释这种PTA制度设计潮流的研究方向。

为了与本书其他章节保持一致,我们把"地区贸易治理"定义为:规制和管理国家间贸易的正式和非正式制度的集合,这些国家通常位于但不总是限于某个特定的地理区

① "特惠贸易协定"(PTA)这个术语在本章中是一个通用术语,用来指WTO体系之外组建的各种非多边性协议。WTO也把这些协议称为"地区贸易协定"(RTA),尽管它们并不都是由同一地区的国家组建的。

② 在附表A15.1中,我们列出了在WTO备案的多边PTA,以反映本章主要分析的国际制度。本书的其他章节(比如讨论世界各地地区秩序的第二部分)也列出了与本章讨论内容相关的一些协定。(截至2017年底,向WTO报告的RTA个数累计已达673个,实际付诸实施的达459个。——译者)

域。本章集中关注 PTA 这种国家主导的正式制度，尽管贸易治理不只是通过 PTA 来进行的(Katzenstein,2005)。这些协定的典型特征是，在签约国中相互承诺进行贸易自由
【324】化并相互给予市场准入优惠。我们并不考虑单方面给予另一方优惠待遇的那种非互惠性协定，[①]这种协定相对较为少见，并且它们也不是地区贸易治理的主流形式。

在本章所考虑的 PTA 中，有些由位于同一地理区域的国家组成，另一些则包括不在同一地区的国家。PTA 的目标和制度形式也各有不同。有些只是部分减少特定国家之间的贸易壁垒，而自由贸易区(FTA)则寻求取消所有贸易壁垒。关税同盟是有着针对第三方统一对外关税的 FTA，共同市场是提供资本、劳务和商品自由流动的关税同盟，而经济同盟则是成员间还要进行财政金融政策协调的共同市场。这些不同形式的 PTA 有一个共同点，就是它们对非成员实行歧视而对成员实行贸易自由化。在很多情况下，它们实行的自由化程度比 WTO 的规定要更大。

我们对地区贸易治理及 PTA 的分析步骤如下。首先我们考察影响 PTA 建立和扩大的国内国际政治因素。然后我们考察 PTA 的设计，先讨论一下各国是否通过这种制度形式实行贸易自由化，再讨论它们是怎么通过调整这些协定的范围和力度来做到这一点的。接下来，我们考察这些协定的影响。最后我们强调，近年来新出现的所谓"超大型 PTA"(mega-PTAs)会怎样影响多边贸易体制的稳定和治理。

地区贸易治理的兴起：为什么各国组建 PTA？

有关 PTA 的政治经济学文献方兴未艾，为这些协定的起源提供了重要见解。[②]组建 PTA 的国内政治因素主要有：利益集团和其他社会行为体、国家的政体类型、关键政治角色能够阻止政策变革的程度。组建 PTA 的国际政治因素包括：大国关系、多边制度以及战略互动。下面我们对这些文献一一进行考察。

组建 PTA 的国内政治因素

特惠贸易协定在成员国间实行自由贸易，而对第三方实行歧视。这种歧视引发某些

① 非互惠性贸易协定的例子有，在普遍优惠制(GSP)下出现的各种国家方案，它们是延伸到部分发达国家的单边优惠，以及如下这些贸易协议：《美非增长与机会法案》(the US African Growth and Opportunity Act)、《安第斯贸易优惠法案》(the Andean Trade Preference Act)、《澳大利亚与新西兰关于南太平洋地区贸易和经济合作的协定》(Australia and New Zealand's South Pacific Regional Trade and Economic Cooperation Agreement)。WTO 将这些协定称作优惠贸易的"安排"(arrangements)。

② 这部分内容出自 Mansfield and Milner,1999。

国内行为体的寻租活动，它们可能会形成支持组建和维护 PTA 的潜在力量（Hirschman, 【325】 1981；Gunter，1989，9）。如果纳入 PTA 就能够防止第三方竞争或者扩大国际市场份额的话，企业就有明确的理由要求组建 PTA（Haggard，1997）。出口型企业也是这样，它们愿意从 PTA 提供的国外市场优惠准入中获得好处。吉利根（Gilligan，1997）认为，这些部门中的公司偏爱 PTA 是因为这些协定是互惠性的，它们可以从互惠性而非单边性贸易自由化中获取巨大收益。同样，米尔纳（Milner，1997）、马特利（Mattli，1999）和蔡斯（Chase，2005）指出，有明显规模经济的出口企业更有理由去游说建立 PTA。加入 PTA 可以给它们提供进入更大市场的机会，因此有助于它们降低生产成本、提高利润率。多国公司也有理由支持 PTA，认为 PTA 会保护它们的贸易和生产网络（Manger，2009；WTO，2011）。此外，尽管几乎不可能建立一个反过来影响不到至少某些政治权势部门的 PTA，但往往有可能从相关安排中排除这些部门（Eichengreen and Frankel，1995；Grossman and Helpman，1995）。因此，PTA 对于那些需要获取进口竞争部门和出口导向部门支持的政府官员来说，也是有一定吸引力的。

一个有前景的 PTA，其国内政治支持、创造或转移贸易的程度以及覆盖产品的范围，部分取决于每个国家关键产业部门的偏好和影响。政府官员必须在增进一国总体经济福利和迎合支持其当选的利益集团之间掌握好平衡。格罗斯曼和埃尔普曼（Grossman and Helpman，1995，668；1994）指出，一个 PTA 在政治上是否可行，往往取决于它所造成的歧视的程度。转移贸易的协定对某些利益集团有利，但其代价却由全体民众来承受。如果这些利益集团比其他社会团体有更大政治影响力的话，那么一个转移贸易的 PTA 就会比一个创造贸易的 PTA 有更大机会组建（Grossman and Helpman，1995，681；另参见 Pomfret，1988，190）。格罗斯曼与埃尔普曼还发现，如果在一个 PTA 中不包括某些产业部门，政府会提高国内对协定的支持，这解释了为什么许多 PTA 都不覆盖那些政治上敏感的产业。与先前的研究结论相一致的是，他们的发现暗示着，转移贸易的 PTA 要比创造贸易的 PTA 面临更少的政治障碍。

这类研究的困难之处在于，缺乏实证证据表明，哪些国内团体支持 PTA、这些协定服务于谁的利益、为什么某些团体偏爱地区的而不是多边的自由化。在当今国际贸易体系中，海外贸易集中在国际供应链上，这就使得了解多国公司作为国内外政治行为体的作用变得尤为重要。比如，对那些深度卷入全球生产分工并在政治上参与 PTA 谈判的行业利益集团进行研究，会加深我们对那种最支持国际供应链贸易的贸易自由化类型的认识（Milner，1988；Manger，2012）。此外，处于地区和全球生产网络核心的多国公司，【326】 其政治上的能动性值得引起格外关注。

政治制度

一些相关研究认为,各国政治制度的相似性,影响着它们是否会组建一个优惠协定以及组建协定后的效能。许多学者认为,一个地区就意味着其组成国家间在制度上具有实际同质性。同样,有些观察者认为,创设一个地区协定的可行性,取决于意向成员国是否具有相对近似的经济或政治制度。如果贸易自由化要求更广泛意义上的和谐一致,比如像《单一欧洲法案》(SEA)那样,那么成员国的国内制度越相近,各国就越容易就建立共同地区政策和制度达成一致。又有人指出,地理上紧邻的国家如果政治制度差别太大,就不太会有动力去建立地区性安排。

随着各国制度上的初始差异变得越来越重要,达成一个 PTA 的潜在收益和困难也都在加大。因此,各国间制度相似性的程度,预感到加入某个优惠贸易集团会促使这些国家进行制度改革,这些可能与它们是否组建 PTA 有很大关联(Hurrell,1995,68-71)。不过,现有文献并未说明,地区一体化在政治上不可行的前提中,制度差异到底有多大影响。也没有人指出,如果没有早先的国内支持的话,地区协定是否能帮助成员国锁定制度改革。

曼斯菲尔德和米尔纳在一些研究中强调过,有两种制度特点对组建 PTA 有影响:国家的政体类型和否决者的数量(Mansfield et al.,2002,2007;Mansfield and Milner,2012)。他们指出,民主制领导人有动机达成这种协定,因为选民难以分辨哪些是对国家不利并且超出领导人控制的事情,哪些是由领导人任内政绩不佳所造成的恶果。因此,选民会因为他们认为一个民选国家首脑干得不好就把他(她)选下台,哪怕他(她)其实干得并不差。加入一个一体化安排可以帮助政府首脑们防止这种可能性出现,因为这些地区制度往往能够提供有关成员国行为的可靠信息。如有国家违背其对该制度的承诺,将会引起其他成员国或组织本身的警告。通过公开一个民选领导人的活动,PTA 可以帮助这个领导人避免因为选民误认为他(她)政绩不佳而被选下台。在非民选制中,选举活动比较不重要,就不大能以此刺激领导人参加一体化安排。因此,民主制从 PTA
【327】中可以得到好处,而威权制得不到;民主制领导人可以通过签订这些协定来提高对他们的政治支持,而威权领导人普遍不必这样做。

曼斯菲尔德和米尔纳还指出,由于否决者数量越来越多,国家越来越不愿意加入 PTA。否决者是机构行为体或党派行为体,要改变政策就必须经过它们的同意。否决者理论关注的,是那些基于其机构角色或党派性而有能力和意愿阻止政策变革的代理人。他们的同意对于改变现行政策是必不可少的。分享决策权的制度的存在为否决者创造了活跃的条件。政策制定的难度随着否决者数量的增加而增大,因为它们的偏好各异、行为体内部的一致性下降。

特惠贸易协定要求各国改革贸易政策,现有的否决者理论认为,实现这种改革的可能性取决于这些否决者的数量而不是国家间谈判。现有研究指出,如果领导人面对一批偏好各异而又有能力阻止政策建议的国内集团,那么就很难缔结国际协定。在其他条件都相同的情况下,增加否决者数量并不会扩大参与组建PTA国际谈判的国家可以接受的协定范围,而往往会缩小这种协定的范围,因此就会降低这些国家中的合作愿望。

国际政治与PTA的组建

除了国内政治因素,国家间权力和安全关系以及多边制度和国家间战略互动,在塑造地区主义方面也起着重要作用。体系因素对各国选择组建PTA的影响程度,是一个值得更大关注的研究领域,尤其当我们考虑到中国和新兴市场在经济治理中的崛起时,更是如此。这里,我们简要讨论一下有关影响PTA组建和贸易之间关系的更广泛因素的研究现状。

政治权力与国家间冲突

在国家间政治关系与PTA组建之间的关系中,最核心的是贸易对国家政治军事权力的影响。戈瓦(Gowa,1994,另参见Mansfield,1993)指出,从开放贸易中获得的收益促进了国民收入的增长,这可以用于加强国家的政治军事实力。各国不能不重视的是,贸易虽不危害政治健康,却存在着安全外部性。她认为,各国可以通过与其政治军事盟友而非别的国家进行更自由的贸易往来,从而克服这些外部性。既然PTA在成员间实行贸易自由化,那么戈瓦的观点表明,这种安排特别有可能在政治盟友中间组建。盟国组建PTA增强了它们的整体政治军事实力,缘此又促进了其成员共同安全目标的实现。这些政治上的好处,对于那些可能从协定中获取经济利益不多的国家(相对于那些坚 【328】
持获得更大经济收益的国家)而言,降低了它们所面临的政治风险。

在优惠贸易安排与权力关系之间,还有一种潜在的联系,源于成员国对协定的经济依赖。尽管更大的经济收益有助于动员国内支持贸易协定,但从PTA中获得经济收益最大的国家,也可能比其他参与国更加脆弱,更经不起贸易安排中商业联系的破坏。由此来看,对源于协定的经济利益依赖较小的成员,其政治影响力似乎有所增加。

二战以来,较强大的国家以PTA为手段巩固它们对较弱小伙伴国的政治影响。冷战期间把苏联与其东欧卫星国联系在一起的经互会(CMEA),以及欧共体(EC)与其成员国以前的殖民地之间建立的许多安排,都是典型的例子。美国于1982年发起的"加勒比盆地计划"(the Caribbean Basin Initiative)也是类似的例子(Pomfret,1988,163)。另有观点认为,地区制度限制了成员国行使权力的能力。比如一项对欧盟(EU)的研究就认为,尽管德国的权力令其可以塑造欧洲的制度,但德国纠缠于这些制度当中,令其失去了国家间谈判的锋芒,也消解了它在欧洲的霸权(Katzenstein,1997)。另一方面,也有证据表明,较弱小国家认识到这种权力不对称,不太情愿加入与更强大国家组建的PTA(Mansfield and Milner,2012)。

多边制度与战略互动

二战以来发生的两次地区主义浪潮的一个最突出特征是,它们激起了多边合作的框架(Mansfield and Milner,1999)。当今的绝大多数PTA都是在WTO及其前身关贸总协定(GATT)的支持下建立的。在过去60年间,GATT/WTO的参加方如此快速地建立了PTA,是因为它们认为地区自由化是多边自由化的"垫脚石",对于那些相信优惠贸易安排是通向全球开放贸易基石的人来说,这是一个核心假设。或者说,GATT/WTO成员组建这种安排,可能是为了部分抵消多边层次上日渐加深的保护主义裂痕,并保护非竞争性产业部门。那些把PTA看作是多边自由化"绊脚石"(Bhagwati,1993)的人主要担心的是,为此原因而组建的安排会转移贸易并破坏未来的多边自由化努力(Bhagwati,2008)。

除了试图管制PTA的组建,GATT/WTO还曾努力对这些PTA中的战略相互依赖加以管理。很多人认为,战略互动是一种导致近期PTA扩散的强大力量(Pomfret,1988;Oye,1992;Yarbrough and Yarbrough,1992;de Melo and Panagariya,1995,5–6;Fernández
【329】 and Portes,1998;Baccini and Dür,2012;Baldwin and Jaimovich,2012)。比如,各项研究均指出,欧洲自由贸易联盟(EFTA)的创立是对欧洲经济共同体(EEC)的回应(Pomfret 1988,161,178)。此外,有些观察者声称,北美自由贸易协定(NAFTA)刺激了西半球和亚太地区建立双边经济安排(Serra et al,1997,8–9)。鲍德温(Baldwin,1995)的"地区主义多米诺理论"的提出,就是为了解释欧盟和北美自贸协定如何引起了各种其他PTA纷纷组建。

在对这一最近趋势的解释中,有人认为,PTA的建立会激起第三方的担心,害怕这种协定会危害它们的竞争力,因而导致它们去组建一个对抗性的集团(参见本书第5章)。同样,一国加入现有的PTA也可能激起其经济对手的担忧,怕如果不以同样方式回应的话,它们在国际市场上的竞争优势将被取代(Pomfret,1988;Yarbrough and

Yarbrough,1992)。此外,PTA 的组建和扩大可能是彼此反应的结果,因为它们通常比其成员方拥有更集中的市场权力, 也就拥有更大的谈判权力(Oye,1992;Fernández and Portes,1998;Mansfield and Reinhardt,2003)。比如,各个拉美国家在过去十年间纷纷建立 PTA 来提高它们在与美国和北美自由贸易协定进行谈判时的影响力。同样地,欧洲经济共同体(EEC)最早的成员国相信,它的创立将会增强它们对美国谈判的权力,而中欧自由贸易区的参加方希望其组建会增强它们谈判加入欧共体和欧盟的实力(Haggard,1997;Whalley,1998,72)。

地区贸易治理制度设计的政治学

近年来学界有关 PTA 和地区贸易治理的研究集中关注的是制度设计问题。这类研究廓清了对贸易协定具体条款的分析,有助于探明这些条款中所规定的自由化的性质和程度。从理性设计方案的视角来看,制度设计的组成部分可能包括:成员资格限制、覆盖范围、机构职能的集中化、灵活性条款、规定制度运转的规则如投票规则(Koremenos et al.,2001)。有关研究还试图评估 PTA 中的自由化承诺,考察其具体部门条款超越 WTO 协议当前规定义务的程度。

一些研究项目为了分析制度设计的原因和影响,对 PTA 条款进行编码。“贸易协定的设计”(DESTA)项目(Dür et al.,2014)可能是当前学界对 PTA 进行测量的最大规模研究项目。它纳入了 591 个贸易协定(该项目总共认定过 737 个),包括在 WTO 备案 【330】 的,也包括未备案的。该项目涵盖 10 个议题领域,包含约 100 个数据点,这 10 个议题领域是:工业品市场准入、服务、投资、知识产权、竞争、公共采购、标准、贸易救济、非贸易议题和争端解决。埃斯特瓦迪奥达尔、索米宁和泰赫(Estevadeordal,Suominen,and Teh,2009)进行了一项更具体的测量研究,他们按照协定各成员经济发展的多样性、贸易流动和地理环境,重点选取了 74 个协定样本。该项目研究了促使政府采用“浅层”(shallow)还是“深层”(deep)PTA 的因素。它还对 6 个关键议题领域进行编码,包括传统领域如市场准入和贸易救济,也包括较新的议题如贸易技术壁垒、服务、投资和竞争。

肖富尔和莫尔(Chauffour and Maur,2011)重点研究的是发展中国家的 PTA 组建策略(参见本书第 17 章)。该研究项目建立在德梅洛和帕纳加里亚(de Melo and Panagariya,1996)的更早研究,以及希夫和温特斯(Schiff and Winters,2003)和世界银行的《贸易壁垒》(Trade Blocs,2000)等作品基础上,涵盖了传统的市场准入条款,也涉及与发展中国家有关的 PTA 特别相关的边境内贸易议题。该作品涵盖贸易便利化、劳工流动(GATS 模式四即“自然人流动”)、政府采购、知识产权、环境、劳工权利和人权,对于人们了解这些新的深层一体化议题领域如何被纳入 PTA,提供了很有价值的指标。

深层一体化 PTA

近期发布的 WTO 报告(WTO,2011)指出,“深层 PTA”的兴起是贸易协定设计中的重要新发展。“深层 PTA”研究的重点不再是关税和其他跨境贸易壁垒,因为当前 PTA 很少有不实行贸易特惠措施的。超过一半的世界贸易适用了最惠国待遇(MFN)规定的零关税,因为没有什么特惠可给予的了,而且特惠机制往往限制了对于适用最惠国待遇关税率的某种商品的豁免。

相反,该报告认为,应该关注的是那些促进着深层一体化的 PTA 的兴起。深层一体化有三个特点:(a)边境内贸易规则的自由化;(b)对外国公司利益的保护;(c)管理国际生产和贸易的国内管制体系的一致性(Kim,2015)。寻求成员间深层一体化的 PTA 包括如下措施:投资条款、跨国管制的一致性、知识产权保护、竞争政策等。深层一体化类似于“积极监管”(positive regulation),这是 WTO 时代的自由化方式,强调积极采取与贸易相关的国内管制,以加强一国贸易体制与 WTO 的一致性(Ostry,2002,11)。它与 GATT 时代“浅层一体化”的“选择性承诺”(à la carte)方式正相反,后者的特点是签订诸边协定(plurilateral agreements)、有限承诺不提高“边境壁垒”(如关税和数量限制)。

【331】 该 WTO 报告还指出,为了促进效率而拆分各国生产过程的国际生产网络,对于深层 PTA 的兴起是至关重要的。随着全球生产网络日益广布,它们对国际贸易越来越重要,因为这些网络把生产过程各个阶段的商品和服务的跨国流动卷入了进去。该 WTO 报告的核心论点是,全球生产网络培育了深层 PTA,而这些 PTA 反过来又强化了这些网络及其促成的国际贸易流动。另外,深层 PTA 通常是福利增进性的,它们倾向于加强并进一步巩固现有 WTO 协议中所体现的规则。

全球生产网络固然重要,但它们还不是 PTA 深化的唯一影响因素。现有文献识别了影响 PTA 深度的几项关键政治因素。第一, 唐斯、罗克和巴尔苏姆(Downs,Rocke,and Barsoom,1998)认为,如果一小部分国家有兴趣进行这种深度 PTA 的组建的话,那么深层一体化就最容易实现。事后,允许兴趣不同的国家加入,但它们必须遵守签约方最初建立它的条件。

第二,新功能主义者一直认为,一体化出现在当一部分国家之间经济交往足够密集的时候,而从这些交往中获益的有组织的经济利益团体会向政府施压,要求政府通过政策集中、创造共同制度来管理经济相互依赖(参见本书第 3 章;以及 Mitrany,1943;Haas,1958,1964)。新功能主义者强调,任何最初因这种密集交往网络而作出的一体化决策,都会产生并无意间创造经济和政治“外溢”，最终深化地区一体化。国家间就某些经济议题进行的合作，有可能引起其他相关领域中的合作（Lindberg，1963）。

第三，成员国国内否决者的数量可能影响 PTA 的一体化深度。由于否决者数量的增加，一个深层 PTA 的国内批准变得越来越困难（Mansfield and Milner，2012）。根据贸易协定要求而进行的国内变革，以及国家领导人为了加入协定而承受的相关政治代价，取决于协定旨在达到的一体化程度。贸易安排所设想实现的一体化范围越广，它们可能覆盖的商品和服务就越多，因而也就会影响到更多部门和更大的社会群体。深层 PTA 往往会削减某些否决者（比如国内立法机关）的决策权，提高调节的成本，影响到社会的更多群体，并弱化国内团体游说政府的能力。结果是，加剧了社会中大部分群体对贸易协定的反对，因为它们预期自己会受到负面影响。代表那些受影响群体的否决者数量的增加，可能会抵制深层一体化的这些预期后果，阻止对协定的批准。

第四，国内制度可能也影响一体化的深度。一种可能性是，民主制往往比其他政体形式更愿意达成深层 PTA（Mansfield and Milner，2012）。由于民主领导人不能公然无视追求贸易保护的特殊利益集团，选民们可能要求国家领导人对于因保护主义而造成的【332】不利经济条件负责，尽管这种经济条件并非由特殊利益集团的需要所推动的政策造成。领导人可以通过加入一个 PTA 来解决这一问题。既然这一问题在较具竞争性的选举体制中更加尖锐，那么民主制中的行政首长就尤其可能会加入优惠安排。PTA 能够改善这些可信承诺问题，而且深层一体化协定能为领导人提供更大的信誉。因此，民主领导人更有动力去签署旨在实现相当广泛一体化的协定，而威权制度领导人就不会。

最后，政治军事关系可能影响 PTA 成员的一体化深度。在由盟友组成的 PTA 中，从深层自由化中获取的经济收益，为联盟的整体政治军事能力提供了支撑，并且各成员的共同安全目标，使得那些从贸易安排中获益较少的国家，不至于受到那些获益较多国家的政治威胁（Mansfield，1993；Gowa，1994）。同样地，敌对国不大有政治上的理由去组建一个 PTA，也更不大会去加深成员国间的一体化，因为有些参与国可能会比另一些参与国获得更大经济利益，而那些获益较少的国家其相对政治军事权力可能会最终削弱。

在这方面并非巧合的是，该 WTO 报告（2011）观察到，东盟（ASEAN）通过东盟自由贸易区（AFTA）协定已经走向深层一体化，而各种非洲的 PTA 则没有。毕竟，东盟有意抑制本地区国家间的政治军事紧张关系，并推动政治合作。从政治角度看，这一 PTA 比非洲的那些 PTA 追求更深度的一体化是完全可以理解的，非洲充斥着政治敌意和对抗关系，即使在 PTA 成员国之间也是（参见本书第 11 章和第 13 章）。

争端解决

除了关于 PTA 深度的研究，另一批对这些协定的制度设计进行的研究，重点关注的是成员间解决贸易争端的可用途径（参见本书第 23 章）。史密斯（Smith，2000）着眼于成员国是否就解决贸易争端的法律机制达成一致。他发现，较大的国家偏爱更法制化的争端解决机制，而且这种安排更有可能出现在其成员规模明显大小不一的 PTA 中。只有在所倡议的一体化深度很深（比如共同市场）的情况下，那种成员规模分布比较均匀的 PTA 才会实行法制化的争端解决。同样，布施（Busch，2007）分析了争端解决中的择地诉讼（forum shopping）问题。他认为，那些既是 PTA 成员方又是 WTO 成员方的国家，决定在哪种环境下提起诉讼是非常讲究策略的。决定在哪里提起诉讼，关系到这个地方
【333】是否可能作出有利于原告的裁决，而且关系到这个地方所产生的裁决判例为未来的起诉提供最大的好处。

灵活性

有关研究还考察了影响灵活性机制设计的因素，比如贸易救济，以及其他允许各国在遇到外来冲击时暂时推迟其贸易自由化承诺的条款。PTA 给予各国政府一定的自由裁量政策空间，有助于它们改善国内的不确定性状况。在外来冲击引起国内保护主义压力的地方，政府喜欢的协定可能是有一个可以临时规避而不至于造成其完全退出的机制。罗森多夫和米尔纳（Rosendorff and Milner，2001）认为，包含规避条款，对于政府回应保护主义压力、解决国内不确定性来说是最理想的。科雷梅诺斯（Koremenos，2005）也提出，有时间期限的协定与重新谈判，有可能使协定变得更加灵活。库奇克（Kucik，2012）在考察了灵活性条款的政治经济特点后发现，进口竞争型企业受益于 PTA 中的灵活性条款，而出口依赖型企业则会因此加大成本。

PTA 对地区贸易治理的影响

大量早期研究 PTA 影响的学术文献，集中在它们是创造贸易还是转移贸易上（Viner，1950）。贸易创造型协定从 PTA 之外效率较低的生产者那里，转移生产到 PTA之内效率较高的生产者，因而增进了参与方的福利。贸易转移型安排则相反，从制度之外效率较高的生产者那里，转移生产到协定国中效率较低的生产者，从而造成福利损失。

现有大量证据证明,19 世纪时期的 PTA 所创造的贸易大于它们所转移的贸易,而两次世界战之间组建的协定则是贸易转移型的(Mansfield and Milner,2012)。对于二战结束以来组建的 PTA,现有的理论和实证研究还没有达成十分一致的意见,尽管近来有一篇实证研究的评论文章认为,“通常情况下是贸易创造而非贸易转移”(Freund and Ornelas,2010)。在这篇评论文章中,弗罗因德和奥尼拉斯探讨了如下问题:(a)考虑到某些利益集团的游说可能产生广泛的歧视,那么 PTA 是否会转移贸易;(b)它们是否阻碍 【334】
更广泛的单边贸易自由化努力;(c)PTA 是否破坏多边主义。他们发现,最后一个问题至今还未得到充分检验,也没有什么证据证明 PTA 普遍转移贸易或阻碍单边贸易自由化。

大量研究成果针对 PTA 产生影响的条件,提出了各种各样的理论性和实证性见解(Bhagwati,1991,1993,1994;Baldwin,1995;Levy,1997;Bagwell and Staiger,1999b;Panagariya,2000;Pomfret,1997;Aghion et al.,2004;Limão,2006a,2006b;Baier and Bergstrand,2007)。例如利维(Levy,1997)就提出,双边 PTA 并不为多边协定带来利好,因为双边协定给有限的产业部门带来大量的、不成比例的收益,这些部门最终会反对多边协定。巴格韦尔和施泰格(Bagwell and Staiger,1999b)关注的是,PTA 如何与多边关税结构进行互动,认为当多边合作水平较低时,PTA 对多边贸易体系是最有利的。而阿吉翁、安特拉斯和埃尔普曼(Aghion,Antras,and Helpman,2004)分辨了 PTA 促进多边自由化的一些影响,和抑制自由化的另一些影响;利芒(Limão,2006a,897)则考察了美国关税,发现多边关税减让在美国参与的 PTA 所覆盖的产品上更低。这些研究成果推动了越来越多的作品去研究,是否 PTA 的扩散会侵蚀二战后时代指导着国际经济关系的多边体制,或者是否 PTA 对于更大范围的多边开放与稳定是“垫脚石”(Lawrence,1996;Bhagwati,2008)。

近年来,人们还研究了 PTA 对外来投资、环境、人权以及国际安全的影响。比特和米尔纳(Büthe and Milner,2008)以及巴尔塔吉、埃格和普法费尔梅尔(Baltagi,Egger,and Pfaffermayr,2008)发现,PTA 在发展中国家和转型国家对外来直接投资有刺激作用。优惠协定为保护外国资产的完整性提供了制度性的机制,因此令投资者放心并增加了投资流动。利芒(Limão,2005)认为,把贸易政策与其他政策领域如环境联系起来,可以促进更大范围的国家间合作。他指出,通过 PTA 建立的这种联系对环境合作有好处。同样,哈夫纳-伯顿(Hafner-Burton,2009)发现,PTA 促进涉及人权的议题联系。她发现,贸易协定是人权保护规范化的一条途径。曼斯菲尔德和佩韦豪斯(Mansfield and Pevehouse,2000)发现,PTA 减少了国家间政治军事冲突的可能性,尤其是在国际贸易规模很大的协定中,因为成员方会认为,一旦发生争斗会毁掉从 PTA 中获取的经济收益。

另外，关于 PTA 对国际贸易流动的影响评估早已有之(Frankel,1997;Baier and Bergstrand,2007)。近来有大量研究考察了 PTA 对成员国贸易产生影响的制度特征。比如希克斯和金(Hicks and Kim,2015)将影响贸易流动的实施机制(如某种带有灵活性的正式争端解决机制),与传统贸易自由化措施进行了对比。他们发现,那些减少贸易障碍，比如削减所有部门关税及放宽阻碍贸易的技术壁垒的条款，可以带来正的贸易效应。他们还发现,如果 PTA 既实行贸易自由化、又带有制度灵活性的话,贸易流动就会
【335】增加,因而这从实证角度支持了罗森多夫和米尔纳(Rosendorff and Milner,2001)关于灵活性条款重要性的见解。希克斯和金发现,在实施措施的力度与协议后贸易流动之间没有关联。理查德和科诺(Rickard and Kono,2014)从另一个角度发现,PTA 中有关放宽政府采购的条款对于协议后的采购模式并没有影响。他们认为这一结果归因于议题领域本身的不透明,并且他们的研究还广泛论及通过 PTA 对类似不透明政策领域进行管制的困难。

超大型 PTA:一个新生儿?

地区贸易治理在当代最重要的发展,是有望出现一批超大型 PTA,即《跨太平洋伙伴关系协定》(TPP)、《跨大西洋贸易与投资伙伴协定》(TTIP)以及《区域全面经济伙伴关系协定》(RCEP)。TPP 是 2005 年《跨太平洋战略经济伙伴关系协定》的扩大版,原先包括文莱、智利、新西兰和新加坡。随着美国以及澳大利亚、加拿大、日本、马来西亚、墨西哥、秘鲁的加入,它成长为一个新的超大型 PTA。TTIP 将把美国和欧盟联系在一起。最后,RCEP 会把东盟各国、中国、澳大利亚、印度、日本、韩国和新西兰联系到一起。

地区贸易治理从双边和诸边协定发展到超大型 PTA,对国际经济治理有重要意义。首先,这些协定规模庞大,不只是就其各个成员已经加入的 PTA 数目而言,而且就这些集团的经济规模而言。在 TPP 中,当下谈判协定的“环太 12 国”[①]涵盖了全球 GDP 的几乎 40%、全球贸易的 1/3。TTIP 的经济规模甚至更大:它涵盖的经济体占全球 GDP 的一半、全球贸易的 1/3。

这些新型伙伴关系的规模，按照其伙伴国家的经济潜力和政治经济发展的差异性来看,扩展了当前有关贸易协定的学术研究边界。一个关键问题是,超大型 PTA 在多边贸易体制与更普遍性的 PTA 之间到底占有什么位置。就它们的范围、成员资格及其他

① 原文为“Ocean's Twelve”,是作者风趣地借用美国侠盗电影《十二罗汉瞒天过海》的片名,来指称参与 TPP 谈判的环太平洋 12 个国家,此处直译为“环太 12 国”。——译者

设计特征而言，它们与现有的 PTA 是一回事，还是更近似于多边贸易体制（Bagwell and Staiger，1999a）？比如，美国与欧盟之间的 TTIP 包含世界上两个最大的经济体，一旦它们谈成一个强大的、超越 WTO 规则的协议，就会产生扭转制度现状的经济威力（Gruber，2000）。事实上，WTO 一开始的历史也证明了美国和欧共体/欧盟的影响力：它们都抛弃 GATT、支持 WTO 实行"单边承诺"，而其他国家为了能进入这些关键市场都纷纷如法炮制（Goldstein and Gowa，2002）。世界确实因中国和其他新兴市场的崛起而改变了，但是达成 TTIP 这样规模的协定，可能会比其他 PTA 更符合多边贸易体制。【336】

或者说，这些超大型 PTA 可能只是比现有的协定规模更大，而从分析的角度看，并没有什么两样。除了 TTIP 外，TPP 和 RCEP 包含国家众多，而且组成了十分可观的经济空间，但对全球贸易体系并没有同样大的潜在影响。实际上，这些制度可能既包含更大的多边贸易体制的内容，又包含较为有限的地区贸易协定的内容。不过，从分析的角度看，分辨它们之间关联的程度，对于评估这些超大型 PTA 对多边体系的贡献还是很重要的。

从贸易治理的质量角度来看，这些协定与其他 PTA 相似的程度可能更为重要。比如，TPP 被推崇为 21 世纪最新一代的 PTA：它包含促进深层一体化的条款，并创造了协调贸易规则的体系，许多条款在 WTO 多哈回合谈判中都没有解决。它们涵盖的领域包括知识产权、电子商务和竞争政策等。同样，TTIP 也会在国际贸易体系中的两大领先经济体之间达成一个高质量的协定。最后，RCEP 是近年才加入超大型 PTA 的谈判行列，它以东盟成员国为核心，基本上都赞成即将于 2015 年生效的东盟经济共同体（AEC）。东盟经济共同体有意在本地区创造一个单一生产基地，其协议的关键目标是实现监管趋同。

监管趋同对于 TTIP 和 TPP 也一样是贸易自由化承诺的关键目标。这两大协定在边境内贸易规则上有可能作出有力承诺，这种规则会影响贸易和生产成本、支持国际供应链贸易。通过监管协调进行深层一体化的趋势（Lawrence，1996），反映了生产网络的兴起，这种生产网络已将贸易治理的重心转向了支撑"贸易—投资—服务"关系的基本准则（Baldwin，2011）。这一点受到全球贸易体系的支持，因为如今关税已经过时，中间产品贸易日益成为国际贸易中很大的部分，占到世界制造业贸易的 30%之多（Feenstra，1998；Hummels et al.，2001；Yeats，2001）。

超大型 PTA 的扩散动态

关于地区贸易治理的现有学术研究，只是刚开始探讨超大型 PTA 的作用。在考虑地区贸易治理怎样和为何从主要是双边方式向新兴超大型 PTA 演变时，比较地区主义研究关注到这样三个重要问题。

【337】 第一，为什么各国政府转向超大型 PTA？这个问题在比较地区主义研究中尤为重要，因为这些协定都有一个地区重心。超大型 PTA 当前在拉美或非洲并不存在，尽管拉美的南共市（MERCOSUR）和非洲的南共体（SADC）是最为相近的组织。此外，从人口规模上看，现有最大的自由贸易协定（FTA）是中国-东盟自由贸易协定，2011 年生效。同样很有意思的是，这样三个预期中的超大型 PTA 协定中，有两个都是以亚洲为中心。历史上，该地区在 PTA 规划方面一直典型地落后于其他地区（Mansfield and Milner，1999），但近年来它已成了这种制度最为活跃的地方之一（Fiorentino et al.，2006）。

超大型 PTA 的纯粹经济规模表明，效率考虑可能在各国决定组建它们过程中起一定作用。至少这三个制度中有两个——TPP 和 TTIP——有着明确的监管趋同的目的，旨在通过理顺国际供应链上中间产品的流动来减少生产成本。这种监管趋同在深层一体化相关条款中有规定，目的是为了与各种各样国内与贸易相关的管制，比如技术贸易壁垒、竞争政策和投资等保持兼容（Kim，2015）。这些协定的规模还表明，各国加入它们可能是为了增强自己的市场权威和相对于第三方的谈判砝码，这一因素曾推动了各种现有 PTA 的建立（Mansfield and Milner，1999）。

虽然这些超大型 PTA 只是近年来出现的现象，围绕这些制度形式进行的学术解释还很少，但是现有关于贸易协定的政治学和经济学文献，还是提供了某种初步方向。在当前超大型 PTA 中，TPP 是 2005 年《跨太平洋战略伙伴关系协定》的扩大版，当时由新西兰、新加坡、智利和文莱签署。随着该协定升级为 TPP，其成员也扩及美国和七个新谈判伙伴。曼斯菲尔德和佩韦豪斯（Mansfield and Pevehouse，2013）提出了一系列政治经济因素，用来解释为什么 PTA 扩大、联合并发展成超大型 PTA。

第二，这些超大型 PTA 提供了什么样的贸易治理模式？这个问题的一个言下之意是，在这三个谈判中的超大型 PTA 中，存在着竞争性的贸易治理模式。或者，我们也可以认为，这些只是按地区划分的平等协定，几个国家在不止一个协定中有成员资格。现有学术研究指出了 PTA 治理模式的几个初步迹象。比如，霍恩、马夫罗迪斯和萨皮尔（Horn，Mavroidis，and Sapir，2010）区分了美国式协定和欧盟式协定，注意到欧盟式协定覆盖了更多不在 WTO 范围的领域，但都基本上是法律上无法执行的条款。巴奇尼、迪尔和埃尔希格（Baccini，Dür，and Elsig，2015）进一步论证了这样的区分，他们确定出三大类贸易协定：美国模式、欧盟模式和“南方”模式。现有研究如果更加密切注意南方模式 PTA 这个大类的话，必将会取得巨大进展，尤其是关注一下它们是否符合美国模式或欧盟模式，或者它们是否提供了一种显著不同的竞争性贸易治理模式。
【338】

第三，地区贸易治理的模式，不论是从双边或诸边协定、还是从超大型 PTA 演变而来，它们是美国、欧盟或某个第三国领导的贸易自由化具体模式扩散的结果吗？贸易治理模式的扩散问题，对于理解比较地区主义至关重要(参见本书第 5 章)。从贸易治理的角度，有关研究发现，美国模式和欧盟模式可以很容易地扩散到其他地区，因为这些领先经济体决定着它们偏爱的贸易自由化模式。这些模式强调的是某些对美欧尤为重要的领域。例如，欧盟模式协定因其竞争条款而闻名，有些美国模式协定则重视劳工与环境标准(Horn et al.，2010)。比如，金和曼格(Kim and Manger，2013)考察了美国模式的服务贸易自由化。美国针对服务贸易自由化的负面清单方式，靠的是对广泛的部门实行自由化豁免，这与只对特定部门实行自由化的正面清单方式形成对比。这种模式最初应用于北美自由贸易协定(NAFTA)中，后来扩散到拉美的有关协定，最近又扩散到美国与亚洲国家的协定中。迪纳(Duina，2006)也指出，在北美自贸协定(NAFTA)、南共市(MERCOSUR)和欧盟(EU)组建后的法律架构中，以及它们各自在地理邻接地区发展的不同地区主义中，都有着很大的差别。

结论：PTA、地区贸易治理和多边贸易体制

在过去 70 年左右，多边贸易体制发展了对外贸易，它始于 1947 年 GATT 的建立，1995 年为 WTO 取代后继续发展。同期有两波 PTA 浪潮：第一波浪潮发生在 20 世纪 60 年代和 70 年代初，第二波发生在柏林墙倒塌后时期。对于两波发展趋势的关系，学界有热烈争论。有的研究表明，这些安排有益于多边开放，比如通过减少参与多边谈判的行为体数量，因而抑制讨价还价和集体行动问题，或者通过劝说成员方同意并加强经济改革，从而有可能促进多边开放(Summers，1991；Lawrence，1996)。但也有人认为，PTA 具有保护主义性质，它们会转移对多边谈判的关注(Bhagwati，2008)。

这一争论在过去几年里有特别重要的意义。各国如今仍然表现出对建立 PTA 的浓 【339】厚兴趣。有一批国家还在谈判超大型 PTA，它们都比任何现有协定的规模要大。许多观察者担心，这些超大型 PTA 会取代 WTO 而不是加强多边机制。比如他们指出，在看到 GATT 乌拉圭回合谈判无望达成协定时，美国于 20 世纪 90 年代决定启动一系列 PTA(最突出的是 NAFTA)。随着多哈回合濒临破裂，美国又进行组建 TTIP 和 TPP 的谈判。许多观察者认为，这些倡议最清楚地表明，美国、欧盟和其他各个经济大国都不相信 WTO 能够在多边贸易谈判上取得任何进展，于是都转向了地区倡议。

随着 WTO 仍然试图复活多哈回合谈判，其成员方将不得不把它们的双边和诸边承诺，与它们在 WTO 层次上的提议和谈判相调和。有可能的是，近年来 PTA 所填补的

治理鸿沟,将很大程度上决定着多边贸易谈判的未来进展。

国际贸易体制曾经围绕 GATT 及后来的 WTO 而相当统一和完整,该体制一度日益完善并遍及全球,同时也涉入新的议题和新的国家。自 20 世纪 90 年代后期以来,该体制已变得越来越复杂和分化(Keohane and Victor,2011)。它开始变得像其他议题领域如国际投资和气候变化一样。如今各国的贸易关系更加不和谐，而在贸易纠纷中又都更加挑剔。这种变化可能反映了国内政治和国际政治的转变。大的发展中国家也是重要的贸易国如中国、印度和巴西的崛起,增加了偏好的多样性,这些在任何全球贸易谈判中都得加以考虑。涉及贸易关系的议题之间越来越相互关联,包括知识产权、投资、环境保护和气候变化、人权及劳工,使得构建单一性多边贸易协定非常困难。民主国家数量的日益增加,也给贸易领域带来新的利益,而且给谈判桌前带来了越来越多的重要否决者。这些趋势似乎是对全球贸易体制的割裂，并导致贸易体系内部各种不同协定的扩散。正如另一些人注意到的,这种割裂可能会破坏整个贸易体系的长期利好,制造更多冲突,并减缓全球贸易投资的增长(Keohane and Victor,2011)。

【340】

附　录

附表 A15.1　向世界贸易组织(WTO)报备的特惠贸易协定(PTA)

地区贸易协定(RTA)名称	类型	生效日期
欧共体条	CU&EIA	1958 年 1 月 1 日
欧洲自由贸易联盟(EFTA)条约	FTA&EIA	1960 年 5 月 3 日(G) 2002 年 6 月 1 日(S)
中美洲共同市场(CACM)协定	CU	1961 年 6 月 4 日
冰岛加入 EFTA 协定	FTA	1970 年 3 月 1 日
欧盟-域外国家和领土(OCT)协定	FT	1971 年 1 月 1 日
欧共体扩大(9 国)协定	CU	1973 年 1 月 1 日
欧盟-瑞士-列支敦士登协定	FTA	1973 年 1 月 1 日
贸易谈判议定书(PTN)	PSA	1973 年 2 月 1 日
欧盟-冰岛协定	FTA	1973 年 4 月 1 日
欧盟-挪威协定	FTA	1973 年 7 月 1 日
加勒比共同体和共同市场(CARICOM)协定	CU & EIA	1973 年 8 月 1 日(G) 2002 年 7 月 4 日(S)
亚太贸易协定(APTA)	PSA	1976 年 6 月 17 日
澳大利亚-巴布亚新几内亚协定(PATCRA)	FTA	1977 年 2 月 1 日
欧盟-叙利亚协定	FTA	1977 年 7 月 1 日

续表

地区贸易协定(RTA)名称	类型	生效日期
欧共体扩大(10国)协定	CU	1981年1月1日
南太平洋地区贸易经济合作协定(SPARTECA)	PSA	1981年1月1日
拉美一体化协会(LAIA)	PSA	1981年3月18日
澳大利亚-新西兰协定(ANZCERTA)	FTA&EIA	1983年1月1日(G) 1989年1月1日(S)
欧共体扩大(12国)协定	CU	1986年1月1日
安第斯共同体(CAN)	CU	1988年5月25日
发展中国家全球贸易特惠体系(GSTP)	PSA	1989年4月19日
欧盟-安道尔协定	CU	1991年7月1日
南方共同市场(MERCOSUR)	CU&EIA	1991年11月29日(G) 2005年12月7日(S)
东盟自由贸易区(AFTA)	FTA	1992年1月28日
经济合作组织(ECO)	PSA	1992年2月17日
欧洲自由贸易联盟-土耳其协定	FTA	1992年4月1日
欧洲自由贸易联盟-以色列协定	FTA	1993年1月1日
西非国家经济共同体(ECOWAS)协定	CU	1993年7月24日
美拉尼西亚先锋集团(MSG)	PSA	1994年1月1日
欧洲经济区(EEA)	EIA	1994年1月1日
北美自由贸易协定(NAFTA)	FTA&EIA	1994年1月1日
东部和南部非洲共同市场(COMESA)	CU	1994年12月8日
独立国家联合体(CIS)	FTA	1994年12月30日
欧共体扩大(15国)协定	CU&EIA	1995年1月1日
南亚特惠贸易安排(SAPTA)	PSA	1995年12月7日
欧盟-土耳其协定	CU	1996年1月1日
欧盟-法罗群岛协定	FTA	1997年1月1日
欧盟-巴勒斯坦协定	FTA	1997年7月1日
欧亚经济共同体(EAEC)	CU	1997年10月8日
俄白哈协定	CU	1997年12月3日
泛阿拉伯自由贸易区(PAFTA)	FTA	1998年1月1日
欧盟-突尼斯协定	FTA	1998年3月1日
中非经济货币共同体(CEMAC)	CU	1999年6月24日
欧洲自由贸易联盟-巴勒斯坦协定	FTA	1999年7月1日
欧洲自由贸易联盟-摩洛哥协定	FTA	1999年12月1日

续表

地区贸易协定(RTA)名称	类型	生效日期
西非经济货币同盟(WAEMU)	CU	2000年1月1日
欧盟–南非协定	FTA	2000年1月1日
欧盟–摩洛哥协定	FTA	2000年3月1日
欧盟–以色列协定	FTA	2000年6月1日
欧盟–墨西哥协定	FTA&EIA	2000年7月1日(G) 2000年10月1日(S)
东非共同体(EAC)	CU&EIA	2000年7月7日(G) 2010年7月1日(S)
南部非洲发展共同体(SADC)	FTA	2000年9月1日
欧盟–前南马其顿共和国协定	FTA&EIA	2001年6月1日(G) 2004年4月1日(S)
欧洲自由贸易联盟–墨西哥协定	FTA&EIA	2001年7月1日
中国加入亚洲贸易协定(APTA)	PSA	2002年1月1日
智利–哥斯达黎加(智利–中美洲)协定	FTA&EIA	2002年2月15日
欧盟–圣马力诺协定	CU	2002年4月1日
欧洲自由贸易联盟–前南马其顿共和国协定	FTA	2002年5月1日
欧盟–约旦协定	FTA	2002年5月1日
智利–萨尔瓦多(智利–中美洲)协定	FTA&EIA	2002年6月1日
欧洲自由贸易联盟–约旦协定	FTA	2002年9月1日
欧洲自由贸易联盟–新加坡协定	FTA&EIA	2003年1月1日
海湾合作理事会(GCC)	CU	2003年1月1日
欧盟–智利协定	FTA&EIA	2003年2月1日(G) 2005年3月1日(S)
欧盟–黎巴嫩协定	FTA	2003年3月1日
巴拿马–萨尔瓦多(巴拿马–中美洲)协定	FTA&EIA	2003年4月11日
太平洋岛国贸易协定(PICTA)	FTA	2003年4月13日
欧共体扩大(25国)协定	CU&EIA	2004年5月1日
共同经济区(CEZ)	FTA	2004年5月20日
欧盟–埃及协定	FTA	2004年6月1日
南部非洲关税同盟(SACU)	CU	2004年7月15日
欧洲自由贸易联盟–智利协定	FTA&EIA	2004年12月1日
东盟–中国协定	FTA&EIA	2005年1月1日(G) 2007年7月1日(S)
欧洲自由贸易联盟–突尼斯协定	FTA	2005年6月1日

续表

地区贸易协定(RTA)名称	类型	生效日期
欧盟–阿尔及利亚协定	FTA	2005年9月1日
南亚自由贸易协定(SAFTA)	FTA	2006年1月1日
多米尼加–中美洲–美国自由贸易协定(CAFTA-DR)	FTA&EIA	2006年3月1日
跨太平洋战略经济伙伴关系协定	FTA&EIA	2006年5月28日
欧洲自由贸易联盟–韩国协定	FTA&EIA	2006年9月1日
欧盟–阿尔巴尼亚协定	FTA&EIA	2006年12月1日(G) 2009年4月1日(S)
欧洲自由贸易联盟–黎巴嫩协定	FTA	2007年1月1日
欧共体扩大(27国)协定	CU&EIA	2007年1月1日
2006中欧自由贸易协定(CEFTA)	FTA	2007年5月1日
布隆迪和卢旺达加入东非共同体(EAC)协定	CU	2007年7月1日
欧洲自由贸易联盟–埃及协定	FTA	2007年8月1日
欧盟–黑山协定	FTA&EIA	2008年1月1日(G) 2010年5月1日(S)
萨尔瓦多–洪都拉斯–中华台北协定	FTA&EIA	2008年3月1日
欧洲自由贸易联盟–南部非洲关税同盟协定	FTA	2008年5月1日
欧盟–波黑协定	FTA	2008年7月1日
智利–洪都拉斯(智利–中美洲)协定	FTA&EIA	2008年7月19日
欧盟–加勒比论坛国家EPA	FTA&EIA	2008年11月1日
巴拿马–哥斯达黎加(巴拿马–中美洲)协定	FTA&EIA	2008年11月23日
东盟–日本协定	FTA	2008年12月1日
欧盟–科特迪瓦协定	FTA	2009年1月1日
巴拿马–洪都拉斯(巴拿马–中美洲)协定	FTA&EIA	2009年1月9日
南共市–印度协定	PSA	2009年6月1日
巴拿马–危地马拉(巴拿马–中美洲)协定	FTA&EIA	2009年6月20日
欧洲自由贸易联盟–加拿大协定	FTA	2009年7月1日
哥伦比亚–北部三角(萨尔瓦多、危地马拉、洪都拉斯)协定	FTA&EIA	2009年11月12日
巴拿马–尼加拉瓜(巴拿马–中美洲)协定	FTA&EIA	2009年11月21日
欧盟–巴布亚新几内亚/斐济协定	FTA	2009年12月20日
东盟–韩国协定	FTA&EIA	2010年1月1日(G) 2009年5月1日(S)
东盟–印度协定	FTA	2010年1月1日

续表

地区贸易协定(RTA)名称	类型	生效日期
东盟-澳大利亚-新西兰协定	FTA&EIA	2010年1月1日
欧盟-塞尔维亚协定	FTA&EIA	2010年2月1日(G) 2013年9月1日(S)
智利-危地马拉(智利-中美洲)协定	FTA&EIA	2010年3月23日
欧洲自由贸易联盟-塞尔维亚协定	FTA	2010年10月1日
欧洲自由贸易联盟-阿尔巴尼亚协定	FTA	2010年11月1日
欧盟-韩国协定	FTA&EIA	2011年7月1日
欧洲自由贸易联盟-秘鲁协定	FTA	2011年7月1日
欧洲自由贸易联盟-哥伦比亚协定	FTA&EIA	2011年7月1日
欧盟-东部和南部非洲国家过渡性经济伙伴关系协定(EPA)	FTA	2012年5月14日
欧洲自由贸易联盟-乌克兰协定	FTA&EIA	2012年6月1日
墨西哥-中美洲协定	FTA&EIA	2012年9月1日
欧洲自由贸易联盟-黑山协定	FTA	2012年9月1日
独联体成员国自由贸易区条约	FTA	2012年9月20日
欧洲自由贸易联盟-中国香港协定	FTA&EIA	2012年10月1日
欧盟-哥伦比亚和秘鲁协定	FTA&EIA	2013年3月1日
欧盟扩大(28国)协定	CU&EIA	2013年7月1日
欧盟-中美洲协定	FTA&EIA	2013年8月1日
欧盟-乌克兰协定	FTA&EIA	2014年6月27日
欧盟-喀麦隆协定	FTA	2014年8月4日
欧洲自由贸易联盟-中美洲(哥斯达黎加和巴拿马)协定	FTA&EIA	2014年8月19日
欧盟-摩尔达维亚协定	FTA&EIA	2014年9月1日
欧盟-格鲁吉亚协定	FTA&EIA	2014年9月1日
欧洲自由贸易联盟-波黑协定	FTA	2015年1月1日
欧亚经济联盟(EAEU)	FTA&EIA	2015年1月1日
亚美尼亚加入欧亚经济联盟协定	FTA&EIA	2015年1月2日

说明:表中(G)指的是涵盖商品的协定;(S)指的是涵盖服务的协定。

根据WTO规定,地区贸易协定(RTA)的签署国可以用以下几种协定形式报备:[①]自由贸易区(FTA)——根据1994年GATT第24条第8款(b)规定确认;关税同盟(CU)——根据1994年GATT第24条第8款(a)规定确认;经济一体化协议(EIA)——涵盖服务,根据GATS第5条规定确认;“部分范围”协定(PSA)——仅涵盖特定产品,根据WTO授权条款第4款(a)有关规定报备。

---

① http://rtais.wto.org/UserGuide/RTAIS_USER_GUIDE_EN.html(访问日期:2015年3月2日)。

参考文献

Aghion, P, Antras, P, and Helpman, E.2004.*Negotiating Free Trade*.NBER Working Paper Series 10721. Cambridge, MA: National Bureau of Economic Research.

Baccini, L.and Dür, A.2012.The New Regionalism and Policy Interdependence.*British Journal of Political Science*, 42(1): 57–79.

Baccini, L, Dür, A, and Haftel, Y.Z.2015.Innovation and Imitation in International Governance: The Diffusion of Trade Agreement Design.In: A.Dür and M.Elsig(eds.), *Trade Cooperation: The Purpose, Design, and Effects of Preferential Trade Agreements*.Cambridge: Cambridge University Press, 167–194.

Bagwell, K.and Staiger, R.W.1999a.An Economic Theory of GATT.*American Economic Review*, 89(1): 215–248.

Bagwell, K.and Staiger, R.W.1999b.Regionalism and Multilateral Tariff Cooperation.In: J.Piggott and A. Woodland(eds.), *International Trade Policy and the Pacific Rim*.Basingstoke: Palgrave Macmillan, 157–185.

Baier, S.L.and Bergstrand, J.H.2007.Do Free Trade Agreements Actually Increase Members' International Trade? *Journal of International Economics*, 71(1): 72–95.

Baldwin, R.1995.A Domino Theory of Regionalism.In: R.Baldwin, P.Haaparanta, and J.Kiander(eds.), *Expanding Membership of the European Union*.Cambridge: Cambridge University Press, 25–53.

Baldwin, R.2011.*21st Century Regionalism: Filling the Gap between 21st Century Trade and 20th Century Trade Rules*.Policy Insight No.56.London: Centre for Economic Policy Research.

Baldwin, R.and Jaimovich, D.2012.Are Free Trade Agreements Contagious? *Journal of International Economics*, 88(1): 1–16.

Baltagi, B.H, Egger, P, and Pfaffermayr, M.2008.Estimating Regional Trade Agreement Effects on FDI in an Interdependent World.*Journal of Econometrics*, 145(1–2): 194–208.

Bhagwati, J.1991.*The World Trading System at Risk*.Princeton, NJ: Princeton University Press.

Bhagwati, J.1993.Regionalism and Multilateralism: An Overview.In: J.de Melo and A.Panagariya(eds.), *New Dimensions in Regional Integration*.Cambridge: Cambridge University Press, 22–51.

Bhagwati, J.1994.Threats to the World Trading System: Income Distribution and the Selfish Hegemon. *Journal of International Affairs*, 48 (Spring): 279–285.

Bhagwati, J.2008.*Termites in the Trading System: How Preferential Agreements Undermine Free Trade*. Oxford: Oxford University Press.

Busch, M.2007.Overlapping Institutions, Forum Shopping, and Dispute Settlement in International Trade. *International Organization*, 61(4): 731–764.

Büthe, T.and Milner, H.V.2008.The Politics of Foreign Direct Investment into Developing Countries: Increasing FDI through International Trade Agreements? *American Journal of Political Science*, 52(4):

741–762.

Chase, K.A.2005.*Trading Blocs: States, Firms, and Regions in the World Economy*.Ann Arbor, MI: University of Michigan Press.

Chauffour, J.–P.and Maur, J.C.(eds.) 2011.*Preferential Trade Agreement Policies for Development: A Handbook*.Washington, DC: International Bank for Reconstruction and Development/World Bank.

De Melo, J.and Panagariya, A.(eds.)1995.*New Dimensions in Regional Integration*.Cambridge: Cambridge University Press.

Downs, G.W, Rocke, D.M, and Barsoom, P.N.1998.Managing the Evolution of Multilateralism.*International Organization*, 52(2): 397–419.

Duina, F.2006.*The Social Construction of Free Trade: The European Union*, NAFTA, and Mercosur. Princeton, NJ: Princeton University Press.

Dür, A, Baccini, L, and Elsig, M.2014.The Design of International Trade Agreements: A New Dataset. *Review of International Organizations*, 9(3): 353–375.

Eichengreen, B.and Frankel, J.A.1995.Economic Regionalism: Evidence from Two 20th Century Episodes. *North American Journal of Economics and Finance*, 6(2): 89–106.

Estevadeordal, A, Suominen, K, and Teh, R.(eds.)2009.*Regional Rules in the Global Trading System*. Cambridge: Cambridge University Press.

Feenstra, R.C.1998.Integration of Trade and Disintegration of Production in the Global Economy.*Journal of Economic Perspectives*, 12(4): 31–50.

Fernández, R.and Portes, J.1998.Returns to Regionalism: An Analysis of Nontraditional Gains from Regional Trade Agreements.*World Bank Economic Review*, 12(2): 197–220.

Fiorentino, R.V, Verdeja, L, and Toqueboeuf, C.2006.*The Changing Landscape of Regional Trade Agreements: 2006 Update*.WTO Discussion Paper No.12.Geneva: World Trade Organization.

Fishlow, A.and Haggard, S.1992.*The United States and the Regionalization of the World Economy*.Paris: OECD Development Centre Research Project on Globalization and Regionalization.

Frankel, J.A.1997.*Regional Trading Blocs in the World Economic System*.Washington, DC: Institute for International Economics.

Freund, C.and Ornelas, E.2010.Regional Trade Agreements.*Annual Review of Economics*, 2(1): 139–166.

Gilligan, M.J.1997.*Empowering Exporters: Reciprocity, Delegation, and Collective Action in American Trade Policy*.Ann Arbor, MI: University of Michigan Press.

Goldstein, J.and Gowa, J.2002.US National Power and the Post–War Trading Regime.*World Trade Review*, 1(2): 153–170.

Gowa, J.1994.*Allies, Adversaries, and International Trade*.Princeton, NJ: Princeton University Press.

Grossman, G.M.and Helpman, E.1994.Protection for Sale.*American Economic Review*, 84(4): 833–850.

Grossman, G.M.and Helpman, E.1995.The Politics of Free Trade Agreements.*American Economic Review*, 85(4): 667–690.

Gruber, L.2000.*Ruling the World: Power Politics and the Rise of Supranational Institutions*.Princeton, NJ: Princeton University Press.

Gunter, F.R.1989.Customs Union Theory: Retrospect and Prospect.In: D.Greenaway, T.Hyclak, and R.J. Thornton (eds.), *Economic Aspects of Regional Trading Arrangements*.New York: Harvester Wheatsheaf, 1–30.

Haas, E.B.1958.*The Uniting of Europe: Political, Social, and Economic Forces, 1950–1957*.Notre Dame, IN: University of Notre Dame Press.

Haas, E.B.1964.*Beyond the Nation State: Functionalism and International Organization*.Stanford, CA: Stanford University Press.

Hafner-Burton, E.2009.*Forced to be Good: Why Trade Agreements Boost Human Rights*.Ithaca, NY: Cornell University Press.

Haggard, S.1997.Regionalism in Asia and the Americas.In: E.D.Mansfield and H.V.Milner (eds.), *The Political Economy of Regionalism*.New York: Columbia University Press, 20–49.

Hicks, R.and Kim, S.Y.2015.Does Enforcement Matter? Judicialization in PTAs and Trade Flows.*World Trade Review*, 14 (Supplement S1): S83–S106.

Hirschman, A.O.1981.*Essays in Trespassing: Economics to Politics and Beyond*.Cambridge: Cambridge University Press.

Horn, H, Mavroidis, P.C, and Sapir, A.2010.Beyond the WTO? An Anatomy of EU and US Preferential Trade Agreements.*The World Economy*, 33(1): 1565–1588.

Hummels, D, Ishii, J, and Yi, K.-M.2001.The Nature and Growth of Vertical Specialization in World Trade.*Journal of International Economics*, 54(1): 75–96.

Hurrell, A.1995.Regionalism in Theoretical Perspective.In: L.Fawcett and A.Hurrell (eds.), *Regionalism in World Politics*.Oxford: Oxford University Press, 3–73.

Katzenstein, P.J.(ed.) 1997.*Tamed Power: Germany in Europe*.Ithaca, NY: Cornell University Press.

Katzenstein, P.J.2005.*A World of Regions: Asia and Europe in the American Imperium*.Ithaca, NY: Cornell University Press.

Keohane, R.O.and Victor, D.G.2011.The Regime Complex for Climate Change.*Perspectives on Politics*, 9 (1): 7–23.

Kim, S.Y.2015.Deep Integration and Regional Trade Agreements.In: L.L.Martin (ed.), *The Oxford Handbook of the Political Economy of International Trade*.Oxford: Oxford University Press, 360–379.

Kim, S.Y.and Manger, M.2013.*Hubs of Governance: Path-Dependence and Higher-Order Effects of PTA Formation*.Paper presented at the Annual Meeting of the Political Economy of International Organizations, Mannheim and Heidelberg, Germany, February 7–9, 2013.

Koremenos, B.2005.Contracting Around International Uncertainty.*American Political Science Review*, 99 (4): 549–565.

Koremenos, B, Lipson, C, and Snidal, D.2001.The Rational Design of International Institutions.*International Organization*, 55(4): 761–799.

Kucik, J.2012.The Domestic Politics of Institutional Design: Producer Preferences over Trade Agreement Rules.*Economics and Politics*, 24(2):95–118.

Lawrence, R.Z.1996.*Regionalism, Multilateralism, and Deeper Integration*.Washington, DC: Brookings Institution.

Levy, P.I.1997.A Political–Economic Analysis of Free–Trade Agreements.*American Economic Review*, 87(4):506–519.

Limão, N.2005.Trade Policy, Cross–Border Externalities and Lobbies: Do Linked Agreements Enforce More Cooperative Outcomes? *Journal of International Economics*, 67(1):175–199.

Limão, N.2006a.Preferential Trade Agreements as Stumbling Blocks for Multilateral Trade Liberalization: Evidence for the U.S.*American Economic Review*, 96(3):896–914.

Limão, N.2006b.Preferential vs.Multilateral Trade Liberalization: Evidence and Open Questions.*World Trade Review*, 5(2):155–176.

Lindberg, L.N.1963.*The Political Dynamics of European Economic Integration*.Stanford, CA: Stanford University Press.

Manger, M.S.2009.*Investing in Protection: The Politics of Preferential Trade Agreements between North and South*.Cambridge: Cambridge University Press.

Manger, M.S.2012.Vertical Trade Specialization and the Formation of North–South PTAs.*World Politics*, 64(4):622–658.

Mansfield, E.D.1993.Effects of International Politics on Regionalism in International Trade.In: K.Anderson and R.Blackhurst(eds.), *Regional Integration and the Global Trading System*.New York: Harvester Wheatsheaf, 199–217.

Mansfield, E.D.and Milner, H.V.1999.The New Wave of Regionalism.*International Organization*, 53(3): 589–627.

Mansfield, E.D.and Milner, H.V.2012.*Votes, Vetoes, and the Political Economy of International Trade Agreements*.Princeton, NJ: Princeton University Press.

Mansfield, E.D, Milner, H.V, and Pevehouse, J.C.2007.Vetoing Cooperation: The Impact of Veto Players on Preferential Trading Arrangements.*British Journal of Political Science*, 37(3):403–432.

Mansfield, E.D, Milner, H.V, and Rosendorff, B.P.2002.Why Democracies Cooperate More: Electoral Control and International Trade Agreements.*International Organization*, 56(3):477–513.

Mansfield, E.D.and Pevehouse, J.C.2000.Trade Blocs, Trade Flows, and International Conflict.*International Organization*, 54(4):775–808.

Mansfield, E.D.and Pevehouse, J.C.2013.The Expansion of Preferential Trading Arrangements.*International Studies Quarterly*, 57(3):592–604.

Mansfield, E.D.and Reinhardt, E.2003.Multilateral Determinants of Regionalism: The Effects of GATT/ WTO on the Formation of Preferential Trading Arrangements.*International Organization*, 57(4):829–862.

Mattli, W.1999.*The Logic of Regional Integration: Europe and Beyond*.Cambridge: Cambridge University Press.

Milner, H.V.1988.*Resisting Protectionism: Global Industries and the Politics of International Trade*. Princeton, NJ: Princeton University Press.

Milner, H.V.1997.Industries, Governments, and the Creation of Regional Trade Blocs.In: E.D.Mansfield and H.V.Milner(eds.), *The Political Economy of Regionalism*.New York: Columbia University Press, 77–106.

Mitrany, D.1943.*A Working Peace System*.London: Royal Institute of International Affairs.

Ostry, S.2002.The WTO: Post–Seattle and Chinese Accession.In: S.Ostry, A.S.Alexandroff, and R.Gomez (eds.), *China and the Long March to Global Trade: The Accession of China to the World Trade Organization*.London: Routledge, 9–21.

Oye, K.A.1992.*Economic Discrimination and Political Exchange: World Political Economy in the 1930s and 1980s*.Princeton, NJ: Princeton University Press.

Panagariya, A.2000.Preferential Trade Liberalization: The Traditional Theory and New Developments. *Journal of Economic Literature*, 38(2): 287–331.

Pomfret, R.1988.*Unequal Trade: The Economics of Discriminatory International Trade Policies*.Oxford: Blackwell.

Pomfret, R.1997.*The Economics of Regional Trading Arrangements*.Oxford: Oxford University Press.

Rickard, S.and Kono, D.Y.2014.Think Globally, Buy Locally: International Agreements and Government Procurement.*Review of International Organizations*, 9(3): 333–352.

Rosendorff, B.P.and Milner, H.V.2001.The Optimal Design of International Trade Institutions: Uncertainty and Escape.*International Organization*, 55(4): 829–857.

Schiff, M.and Winters, L.A.2003.*Regional Integration and Development*.Washington, DC: World Bank.

Serra, J, Aguilar, G, Cordoba, J, Grossman, G, Hills, C, Jackson, J, Katz, J, Noyola, P, and Wilson, M.1997. *Reflections on Regionalism*.Washington, DC: Brookings Institution.

Smith, J.M.2000.The Politics of Dispute Settlement Design: Explaining Legalism in Regional Trade Pacts.*International Organization*, 54(1): 137–180.

Summers, L.H.1991.Regionalism and the World Trading System.In: Federal Reserve Bank of Kansas City (ed.), *Policy Implications of Trade and Currency Zones*.Kansas City, MO: Federal Reserve Bank, 295–301.

Viner, J.1950.*The Customs Union Issue*.New York: Carnegie Endowment for International Peace.

Whalley, J.1998.Why Do Countries Seek Regional Trade Agreements? In: J.A.Frankel(ed.), *The Regionalization of the World Economy*.Chicago, IL: University of Chicago Press, 63–83.

World Bank.2000.*Trade Blocs*.Oxford: Oxford University Press.

World Trade Organization.2011.*The WTO and Preferential Trade Agreements: From Co-existence to Coherence* (*World Trade Report 2011*).Geneva: World Trade Organization.

Yarbrough, B.V.and Yarbrough, R.M.1992.*Cooperation and Governance in International Trade: The Strategic Organizational Approach*.Princeton, NJ: Princeton University Press.

Yeats, A.2001.Just How Big is Global Production Sharing? In: H.Kierzkowski and S.Arndt(eds.), *Fragmentation: New Production Patterns in the World Economy*.Oxford: Oxford University Press, 108–143.

第16章　地区货币金融治理

凯思琳·R.麦克纳马拉(Kathleen R.McNamara)

【351】　货币和金融是所有国内、地区和国际政治经济的核心。中央银行的政策、私人资本流动规则、不同政治权威间的货币政策协调,以及金融机构的运作,对我们的日常生活都有着基础性的塑造作用。金融市场和货币制度在我们的经济生活中制造了赢家和输家,并且能够影响体系的稳定或不稳定。地区对于塑造经济环境有特别的作用,因为它们总是紧密地联结在一起,并处于共同的经济循环之中。地区性联结的一个主要不利之处反映在金融危机中,而且危机往往具有地区性,正如最近几十年来发生的亚洲金融危机、拉美债务危机和欧元区危机(Henning,2013)。因此,地区货币金融治理事务应该成为一个受到学者、决策者、私营部门利益集团和选民们同等重视的关键领域。

尽管地区货币金融体系在现实世界中明显十分重要,仍未见学界发展出一个经得起检验的、体系性的比较货币金融治理理论。这可能是因为,地区货币金融治理相对受到时代的局限,当然这一现实当中也有重要例外,那就是相当特殊的欧盟(EU)。缺乏货币金融治理深化和扩大的实例,就意味着对地区治理的后果没什么影响,因而学术界没什么兴趣来研究这个领域,尽管在亚洲等地开始出现颇具雄心的地区机制。

对于为何我们看到的地区货币金融治理如此有限,最有说服力的观点有两种。第一,在全球层次已有正式和非正式的制度治理着国际货币体系和全球金融市场(Drezner,2014)。这些制度尽管远非完善,但它们代表着政府间合作的框架,立足于地缘政治现实,对地区层次的倡议表现出排斥。第二,货币金融一体化尽管有其潜在的功能性好
【352】处,但它面临着一个极其政治性和政治化的领域,在这里,各政治权威尽力维护着它们的政策特权。完全把国家对货币金融治理的控制权转交给一个地区性权威,比如实行单一货币,这种情况更多的是历史上的政治发展如国家建构的自然结果,而不是主权国家间国际合作的结果。有关经济增长、就业、通胀或金融部门利润的决策,触及了现代

政体权威与统治的核心。本章中笔者指出，除了从国际合作的角度来理解地区货币金融治理，地区治理研究的一个新方向是对国家建构的研究。采用历史上的国家治理案例,就会更加注意用比较的方式,去理解地区货币金融治理的起源和制度设计中各个变量的决定因素。

在未来几十年,学术研究文献可能会有显著改变,会更多地探讨欧盟之外地区货币金融治理的潜在动因及其成本和收益。世界上的主要政治行为体越来越希望摆脱以美国为中心的多边货币金融治理体系,而趋向于采用地区性解决方案(Eichengreen,2011; Kirshner,2014; Desai and Vreeland,2011)。世界各国首都的战略性政治行为体,都开始设想一个与美国联邦储备署和美国主导的国际货币基金组织(IMF)脱钩的世界。围绕赞成还是反对各种类型的货币金融一体化,初步出现了一个小型但热烈的争论,这些货币金融一体化跨越不同地理范围,正式化程度不一,双边或多边不等。在现实世界中,欧盟经验已经成为一系列进取型政策的出发点,这些政策遍及各个地区集团,从海合会(GCC)到南共市(MERCOSUR)再到东盟(ASEAN)。基于欧盟的政策设计仍不断出现,尽管欧元区发生了危机,并且还缺少一个完整的模板来理解这些努力的成本收益与潜在政治决定因素。

如果这些努力不是停留在愿望上而是成为具体现实，还欧盟之外货币金融政策上的地区治理得以实现的话,就不仅会转变地区货币金融治理形势,还预示着将出现非常重要的转变,那就是世界体系从单极走向多极(Barma et al.,2007;Kupchan,2012)。然而到现在为止,现实中成熟的地区货币金融治理还主要局限在欧洲。

本章首先就地区货币金融治理作出界定，并为思考制度设计的差异提出一个初步的类型分析,涉及地区货币金融治理的实现程度和强度。然后,笔者转而考察学术界解释货币金融治理兴起及其制度设计差异的成果,为此将会吸收国家、地区和国际层次的各种理论来加强说服力。接下来，是评估学术界对货币金融治理所产生影响的研究成 【353】
果。最后是本章结论,评述一下最新但仍然有限的、评估欧盟之外地区货币基金和新的地区性支配货币的有关学术成果。

界定地区货币金融治理

在货币和金融领域,治理既包含地区一体化又包含地区合作(参见本书第 1 章)。在超国家层次把主权和权威转移给标志着地区一体化的地区机构的做法,只真实地出现在欧盟的案例中(参见本书第 3 章和第 9 章)。地区货币金融事务上的合作并不以主权和权威的转移为标志,而以主要基于共识原则的政府间协议为标志,这样的案例相当有限,并且不如全球性多边合作和双边协定那么显眼。但是,货币金融治理上的地区合作在未来几十年里有望增多。

货币治理和金融治理是两个交叉的领域。尽管把它们放在一起进行研究有望取得重要共识和收获,但它们几乎总是被分开来研究,而且理论和实证研究也不一定提到跨这两个领域的发展动态。货币治理可以界定为:对作为货币的金钱的制造、监管和管理,是现代社会中公共行为体在其权限范围内进行的几乎排他性的活动。如此一来,货币区大多时候都具有"地区主义"或国家主导的制度建设的特点。相比之下,金融治理一般追求的是管理各种形式的私人部门的货币扩张,集中关注的是信用创造和银行业及相关经济部门的活动。虽然公共权威机构制定这些金融部门规则并致力于付诸实施,但这些规则本身主要还是针对私人部门活动的。因此,金融更加有可能受到地区化进程的驱动,这种地区化进程并不直接根植于国家之中,而是由整个国家和全球的政治经济活动引起的,这些活动以某种方式为采取地区行动带来压力。

货币治理以货币为中心(Cohen,1998,2003)。货币反过来又可以根据功能界定为价值储备、交换媒介和会计单位(McKinnon,1969)。在现代,各国中央银行所围绕的公共权威是金钱货币的制造者。国家中央银行增加或缩减一个经济体中的货币供应量,传统上依靠的是向中央银行借钱的银行需要支付的隔夜利率的变化,目的在于刺激或抑制国民经济(Blinder,1998)。最近,中央银行试验用新的技术改造宏观经济,最突出的是量化宽松,据此,央行通过从银行收购证券比如政府债券来增加货币供给,从而增加央
【354】行储备并刺激经济运行。因此,对货币的控制是高度政治性的,毕竟它对于整个经济和整体国民中的损益分配都很重要,尽管有人努力使央行去政治化(Berman and McNamara,1999)。

意料之中的是,考虑到货币管理中存在的权力,对于货币的制造和管理实行排他性控制,自现代行政国家于19世纪后半期兴起以来,在学者们看来就已是一种主权民族国家的特权(Helleiner,2003;McNamara,2002)。统一的货币给予政治精英巨大的权力和巨大的责任,因为货币供应完全操纵在政治权威机构手中。对金钱进行治理的核心是确保流动性或货币的充足供应,而且要维护体系的稳定和信心以及政府铸币的长期价值。

金融治理与货币治理相关,它集中关注的是为金融市场创造条件以稳定货币关系,不论是在公共还是私人的金融活动领域(Held and Young,2009)。有关金融治理的学术文献主要关心的是规则和程序的创设,以管理经济金融部门,其中,起引擎作用的是私人行为体而不是中央银行及其货币政策(Underhill et al.,2012)。因此,金融治理涵盖信用创造,以及金融资产、金融工具的创造和交换,也包含更广泛的为金融创造条件的财政政策。所以说,它既可以是公共行为体和机构的事,也可以是私人金融行为体和公司

的事。政府应该致力于整个金融体系的稳定，虽然个别公司、私人机构和政府都有动机采取它们认为理性的行动，但是却可能给总体经济带来不利后果（Drezner，2014）。规制、监督和危机管理就是这一领域的核心治理工具，比如国际《巴塞尔协议》（Basle Accords）要求，银行必须留存一定量的资本以降低杠杆率或总体贷款组合风险。

至于货币治理，最发达的治理机制还是在国家层次，而且学者们探讨过，金融治理框架如何被逐步缔造出来，以应对各种具体的国内部门利益要求并匹配国家制度结构。还有的学者考察过，国际扩散过程如何与国家传统和制度相互作用，正是这些国家传统和制度造就了国家层次的金融治理（Brooks and Kurtz，2012）。还有新的研究考察了国内治理机制如何与跨国力量之间进行互动，从而形成金融和其他领域中相互依赖的治理机制（Farrell and Newman，2014；Newman and Bache，2010）。欧盟花费几十年进行市场融合，但直到近些年还在规避金融一体化（Posner，2009）。随着欧洲货币联盟与欧元的诞生，欧盟如今已开始更紧密地进行一体化，尤其是在欧元区危机发生后，它开始转向注重地区金融治理策略，对此已有相关文献进行跟踪研究（Quaglia，2010，2014）。

在全球层次，金融治理主要是以国际货币基金组织（IMF）为中心（Vreeland，2007； 【355】
Best，2005）。IMF 最初是为了组织和监督基于美元的国际汇率机制而创立，现已演变成一个更大的组织，着重监测各国国内经济，并给各国提供稳定基金以平衡国际收支问题。在该体系内，还有一系列围绕金融稳定问题的地区合作努力，最突出的有美欧之间的合作，和较为初步的亚洲地区合作（Henning，2009；Sohn，2005）。

除了 IMF，还有众多正式的全球金融治理机构，比如国际清算银行（BIS）、金融行动特别工作组（FATF）、巴塞尔银行监管委员会（BCBS）、国际证监会组织（IOSCO）、联合论坛（Joint Forum）、金融稳定论坛（FSF）（Brummer，2011；Fioretos，2010）。地区行为体在很大程度上要依赖这些国际金融治理机制，而且总体来看，地区金融治理仍然有非常大的局限性（Eichengreen，2010），当然还是有一个显著的例外，那就是欧盟进行银行监管和金融规制的超国家权威已有所发展（Jones，2015）。不过，正如下面要讨论的，更多非正式和双边的安排，比如货币互换安排，已在亚洲等地成长起来，以努力确保金融稳定（Brummer，2007）。有关建立更正式制度（如地区货币基金）的建议也同样被提出，旨在根据地区行为体的需要设计更具体的治理方案（Eichengreen，2010；Desai and Vreeland，2011）。

地区货币金融治理的分类和事例

学术文献中没有大家都认可的或标准的分类法可用于比较各种货币金融治理制度，因为学者们大都关注的是一个个特定案例，而不是把它们放在一起进行比较。这也就意味着，很少人去评估这样一些重要问题，比如我们是否看到跨地区的和地区内的不同类型，或者扩散可能会如何发生，从而造成制度在出现时间上或地理上的相似性。我们这里只做一个简单区分，运用政治权威的共享和委托程度作为比较标准，来探讨一下制度设计和构成上的差异（参见本书第 22 章）。一个重要的区分是超国家主义和政府间合作的程度，本节中我们将运用这个区分标准，来解析一下地区货币治理及地区金融治理的制度差异（参见本书第 1 章和第 3 章）。

货币和金融的高度政治性，塑造了地区合作的路径，也限制了其发展程度，尽管有
【356】潜在经济收益。虽然现实世界的进展不大，但一直有某些学者有兴趣认为，把较少的货币治理从民族国家层次向上转移到地区和（或）国际层次可能会增加收益（Dornbusch，2001；Rogoff，2001；Cohen，2003）。在有关地区治理的文献中，人们交替使用“货币联盟”“通货联盟”“单一货币”来表达这么一个地理区域，它有一种货币政策、一种通货或者实行永久固定汇率。顺着政治权威向超国家实体委托的连续序列来看，一个地区实行单一货币代表着它的最远端。世纪之交，欧元、欧洲中央银行以及欧洲货币联盟的创设，代表着迄今为止唯一明显持续下来的成功地区货币以及后来的金融一体化（McNamara，2012）。不过，作为一种地区治理的显著创新，它催生了大量研究成果，我们将会在后面几节予以讨论。

一系列更为广泛的现象是，地区货币合作并不把主权转移给地区机构，而是植入建立在共识原则上的政府间合作。实际上，地区化的政府间合作有多种方式，并不一定建立完全的货币联盟或实行统一货币。货币合作可以采取既固定又有弹性的汇率机制形式，其中参加方保证维持其相对币值在一个合理范围内（Machlup，1977）。这种地区性的、更广泛的国际汇率机制在历史上曾经比今天更加流行。在 19 和 20 世纪，全球机制比如“金本位制”和布雷顿森林体系（Eichengreen，1996；Ruggie，1982；Kindleberger，1976）均间或实行过地区性的合作，比如两战之间的不同货币集团或者 20 世纪七八十年代的欧洲汇率机制（Tsoukalis，1977；Ludlow，1982；Gros and Thygesen，1999；McNamara，1998）。从授权范围来看，这类活动处于委托授权的较低水平。

当今时代，有两个地区性货币安排，它们并非完全成熟的货币联盟，但却有货币一体化的性质，同时也有地区合作的性质。就它们本身而言，可以把它们置于超国家权威委托与政府间主义之间的连续序列的中间位置。它们一个是拥有加勒比元和联合央行的“东加勒比货币区”（ECCA），另一个是使用非洲法郎但有两个地区央行的“非洲法郎区”（CFA zone）。非洲的这两家地区央行是由八个非洲国家组建的西非国家中央银行（BCEAO）和由六个国家组建的中非国家银行（BEAC）。然而在上述案例中，单一地区货币是与区外主流货币挂钩的，加勒比元与美元（更早与英镑）挂钩，而非洲法郎与法国法

郎和后来的欧元挂钩。

地区金融治理还有一个不那么传统的形式，那就是双边互换安排(Liao and McDowell,2014;McDowell,2012)。货币互换安排是一种经谈判达成的合作,以使两个国家之间的货币和金融交易稳定化和常态化。它们可以用于在两种不同货币之间进行贸易 【357】和对外投资账户的结算,或者为金融交易提供结账服务,发挥兑换媒介和计账单位的功能。这种形式的活动由中央银行操作,代表着一种可能很重要的地区合作新形式,它依靠的是关键监管行为体之间的协议网络,而不是由独立国际组织制定的成套规则(Farrell and Newman,2014)。

作为全球金融治理活动中的新兴成分，双边互换已被用于保障在出现支付平衡或流动性问题时的备用基金。美元流动性额度和外币流动性额度在主要国家央行中已广为使用,尤其是在近来的金融危机期间,美联储与欧洲央行曾主动运用它们以确保向消费者、家庭和企业提供充足的信用。2009年,美联储与欧洲、亚洲和中美洲的众多央行之间建立了一批双边互换安排(Board of Governors of the Federal Reserve System,2014)。尽管这些互换安排不是永久性的,但它们的确代表着一种新型的跨边界金融治理,可能具有地区特色和地区启示,尤其是因为在新兴市场经济体中已建立了新的经常性互换工具(Mohan and Kapur,2014)。

亚洲曾经有双边货币互换的悠久历史(Sohn,2005),代表着某种地区化,这种地区化发生在行为体有意愿去推动就地解决不稳定问题的时候。最近,随着“清迈倡议多边化”(CMIM)协议安排的创立(协议签订于2009年12月),这些努力已开始正式制度化并形成地区治理(Sussangkarn,2011)。该倡议生效于2010年3月,是东盟国家、中国、中国香港、日本和韩国之间建立的一个多边货币互换协议。它建立在最初的“清迈倡议”所作双边互换安排基础上,以共享金融储备为核心,按照出资额实行权重投票制,从而提升了监测能力(Ciorciari,2011)。不过,学者们注意到,它距离建立正式的亚洲货币基金组织（Asian Monetary Fund）还有很长的路要走，并且仍然需要IMF通过备用安排(SBA)在监管和有条件出资方面积极介入(Grimes,2011;Henning,2009)。

单边行动与这些协作行动的例子相反,也能够造成某种类型的货币地区化,即使它不包含表明行为体一起平等治理的决策,但它是向一个事实上的政治权威进行的、未予正式制度化的授权(Cohen,2003,136)。还有一系列其他活动可以看作是地区货币治理,它们符合类似于单边行动的范畴,也有地区治理效果。科恩指出,当一个国家“单边地或通过协议用另一国的现有货币取代本国货币，采用这种被特别描述为完全或正式‘美元化’的方法”时,货币治理仍在发生(Cohen,2003,137)。货币替代的发生往往与地区集团化有关,因为“追随者”国家(Cohen,2003,137)用以替代本国货币的是本地区的

霸权货币。因此,厄瓜多尔和巴拿马用的是美国美元,而摩纳哥、科索沃、马其顿和安道
【358】尔则用的是欧元，北塞浦路斯用的是土耳其里拉，图瓦卢和基里巴斯用的是澳大利亚元,纳米比亚用的是南非兰特,等等。另一种有地区影响的单边治理是货币钉住,据此,一国决定单边地保持其货币与另一外国货币挂钩，最经常的是与本地区主导的经济政治行为体的货币挂钩。作为一种国家治理体系的货币委员会,也可以根据其实际产生的影响而被看作是地区治理机制。

地区金融治理的另一个领域完全植根于私人行为体的行为。这方面,地区金融中心如香港、新加坡或伦敦得到发展,因为本地区的行为体被吸引到位于这些中心的深度和高流动性的金融市场。或者,地区货币出现,因为私人行为体开始在这个地区使用一种主导性的货币,而冷落全球储备货币(美元)。因此,我们现在正看到比如人民币区开始出现,它以中国为中心,而同样的是,围绕欧元区的国家更有可能拿欧元作为其储备和交易货币来使用。

解释货币金融治理的兴起与变化

由于有关地区金融与货币治理的学术文献尚未系统地就跨治理类型的结果进行比较,所以就没有现成的理论框架解释货币金融治理的变化。然而,我们可以通过考察具体案例上的不同思路,来构想一些潜在的解释,从而指出不同学派关注的关键动因。我们可以这样对现有理论进行分类:①考察地区金融与货币一体化有利条件的理论,即最佳货币区(OCA)理论;②更具政治性的理论,分别主张权力重要、观念重要和更广泛的政治发展重要。尽管最佳货币区理论强调把经济条件和效率作为地区治理的动因,这与货币金融一体化其实无关，而更具政治性的思路才能让我们去有效利用那些或许可通往地区治理的条件。特别是,通过比较政治发展的视角来分析地区治理,这种方法可能是最有前景的,因为它通过关注与货币金融治理相伴随的政治主权上的激烈权衡,搞清楚了我们观察到的货币金融一体化的模式。对地区和国家层次货币治理的控制,涉及有关权力和权威的重要问题,不能单从经济效率角度加以评估(Cohen,2013)。

经济效率逻辑

【359】当评估我们观察货币金融治理的位置和时机时，经济逻辑是一种首当其冲的直觉出发点。它的道理在于，我们可能会期望行为体去推动形成在经济成本收益上有回报的治理机制。或者说,各国政府应该致力于国际和地区合作,以最大化经济福利。比如,

既然金融稳定对投资者而言大概是最有利的，那么我们应该看到，私人和公共行为体为了确保稳定就会去推动采用新型的治理机制（Frieden，1991）。不过，私人行为体也能够从更松散的管制机制中受益，这种机制允许更多投机，因为这样可以为某些银行和投资公司创造巨大的收益，即使会带来系统的不稳定（Johnson and Kwak，2010）。正如辛格（Singer，2007）明确指出的，国内政治考量对国际金融管制的影响，要比经济效率逻辑的作用更大，因此这个领域的地区治理如此有限就不足为奇了。

目前有关地区治理起源的规模最大且研究最充分的文献，采用的就是一种经济效率方法，所问的问题是，何时货币金融一体有意义或没意义。最佳货币区论是这类文献的核心成就（Mundell，1961；Mongelli，2002）。按照最佳货币区论，实行单一货币的好处是它胜过货币自主的损失，这或者因为在这样的货币区内存在名义价格和工资弹性（Friedman，1953），或者因为劳动和资本的流动性高（Mundell，1961），或者因为各国市场是高度全球化的（McKinnon，1963），并且最终，一个经济体在生产和消费上会更具多样性（Kenen，1969）。

最佳货币区被证明是一个很有吸引力的工具，学者们都愿意用它来解析地区货币合作与一体化的利弊。它给评估一个地区性货币区可能的成本收益和可能的经济可持续性，提供了一个现成的模板，而且本身已被应用于世界上所有重要地区。毫不奇怪的是，迄今最成熟的研究是以欧盟为中心的，所问的问题是，欧洲是否构成一个最佳货币区（Eichengreen，1991；Bayoumi and Eichengreen，1992）。多数学者发现，欧盟并不是实行单一货币的理想经济候选者，虽然他们对于它是不是比任何其他大型联邦体系（如美国）更糟糕这一问题并无共同意见（Bayoumi and Eichengreen，1992），而且也不都认为财政联邦主义可以扮演什么补偿性的角色（Eichengreen，1991，24）。弗兰克尔和罗斯（Frankel and Rose，1998；Rose，2008）提出，可能这里的因果关系应该颠倒过来：我们应该预想的是，如果我们创设一个单一货币，它就会使这个地区变成一个最佳货币区。这一推理路线在有关美国经济史的作品中得到了响应（Rockoff，2000）。

最佳货币区论所提供的清晰范本告诉我们，它已被应用于欧洲之外的广大地区。对此，有国际清算银行（BIS）组织的一系列综合性研究为证（BIS，2003）。来自各地区央行的经济学家，包括来自欧盟中的非欧元区、中东和海合会、非洲和南部非洲、西部非洲以及东盟，他们打算对他们所在地区走向地区货币金融治理的准备情况进行评估，结果发现，这一走向所需要的经济政治基础还远不具备。多数观察家把欧元的启用（尽管还存在问题），当作世界大多数地区开展众多研究的动因。有一项拉美研究认为，它不仅不是一个最佳货币区，而且它所建立的货币联盟也不会降低经常账户逆转和投资枯竭的可能性，而且事实上外来冲击在货币联盟国家中有可能被放大（Edwards，2006，9）。拉 【360】

美南锥体地区的四个南共市成员国发布过有关货币联盟的议题文件，但实际上它们并没有朝那个目标前进。

东非共同体(EAC)的非洲地区主义经验，也激发学者去评估它是否可能是一个实行单一货币的理想场所。尽管如前所述，非洲法郎区作为一种地区货币治理形式已经存在了很长时间，但它对外部权威货币(法郎和后来的欧元)的依赖意味着它不是一个天然的地区集团。最近有一项对东非共同体(EAC)的研究，考察了五个非洲大湖地区国家之间商业往来活动的同步性问题(Kishor and Ssozi，2009)。他们的结论是，它遭受系统性经济冲击的可能性相对较小，说明它不是一个理想的货币区，但他们注意到，这些国家商业往来的同步性在增加(Kishor and Ssozi，2009)。

同样，海合会(GCC)也曾被当作一个其成员间的货币金融联盟来研究。对该地区的计量经济学研究已得出结论，认为海湾国家的经济活动并不同步(Nusair，2012，370–371)。另有一些人指出，海湾地区与美国及其美元的政治经济联系使得它不大可能很快走向地区货币治理(Momani，2008)。不过虽说如此，各国领导人已反复声明，他们有一个最终走向统一的海湾货币的时间表(MacDonald and Al Faris，2010)。海合会在其官网上概述的“合作和努力实现的领域”，就包括各成员国为实现货币联盟、单一货币和统一央行而达成一系列协议(Cooperation Council for the Arab States of the Gulf，2014)。

在评估地区货币治理的得失利弊方面，可能取得进展最大的研究成果还是围绕亚洲是不是一个理想货币区的问题而出现的(Cohen，2008，304–305)。东盟(ASEAN)有着最佳的追踪地区机制发展轨迹的记录，包括经济合作、协商与协作的制度化习惯，且不考虑其组织深化的程度。片田和亨宁(Katada and Henning，2014)在对有关亚洲货币治理的文献进行全面评价时引述到渡边和小仓(Watanabe and Ogura，2006)，说他们“注意到绝大多数研究(14 项中有 12 项)确认，东亚地区有一些国家集团符合条件”，可以实行货币联盟(Katada and Henning，2014，313)。较早有一篇艾肯格林和巴尤米的文章(Eichengreen and Bayoumi，1999)试图改变现有争论，提出有九个东亚国家按照最佳货币区标准堪比于欧洲，尽管它们还达不到理想标准。然而关键是，他们进而指出，东盟【361】框架并未达到欧盟同样的政治和制度发展水平，因此它朝向那个目标的任何努力都没有优势。我们再一次看到，对于走向地区货币金融治理的经济智慧和政治可能性，学术上虽还不能肯定，却阻止不了东盟声明其希望在该地区最终实行单一货币(Keng Yong，2004)。

这种经济效率解释框架尽管有其逻辑性，却并未完全抓住整体上市场是如何运作的，并且可能漏掉了关键因素，而这些关键因素有助于决定一个货币区未来成功与稳定的可能性。这些缺失导致了一个明显的实证歪曲：历史上不管是否成功，都没有货币联盟曾经实际上满足最佳货币区论的所有要求。事实上，货币稳健性的关键决定因素在于政治边界的存在。国家边界造就了大量国家货币的存在，它们被一起使用着，尽管从经济结构上看这是不完善的。对于出现这种情况的主要原因，有一种完全不同的市场运行观点，考察的是政治权威、权力和制度。下面要讨论的思路就更明显论及这些政治因素。

政治逻辑

经济效率逻辑在解释我们从哪里看到地区金融货币治理的发展方面如此乏力，这一事实意味着我们需要给予政治逻辑更多的考虑。有几条理论路线可能很有用，即使它们在现有文献中并未得到充分论述，它们是：地缘政治权力思路、观念思路和政治制度思路。

首先，地区金融与货币治理很可能是地缘政治权力及其带来的领导权集中（或不集中）的产物。在更广泛的国际合作文献中，罗伯特·吉尔平等人的著作集中关注霸权国在塑造经济秩序中的作用（Gilpin，1981）。这里，最有权力的国家会出面设定经济活动的游戏规则，组建更广泛的治理结构，以便利自己，并且保证体系的稳定。金德尔伯格的思路认为，一个愿意并能够为克服集体行动问题提供治理的行为体很重要，如果没有这种治理，就会导致金融或货币不稳定和严重破坏（Kindleberger，1973）。这一思路已通过系统的学术方式应用到了许多地区治理案例中，但是也有研究对霸权的作用提出了质疑，认为它解释不了欧洲货币一体化的进展（McNamara，1998）。另有人提出，欧元区深刻而持续的危机表明，德国不愿意扮演领导者角色（Matthijs and Blyth，2011）。亚洲已成为研究日本所扮演地区金融事务角色的中心（Katada，2008）。说到中国，则有活跃但仍有待不断探讨的争论，争论这个崛起大国在塑造地区治理机制或采取更为单边和双边的措施中所扮演的角色（Sohn，2015）。如果未来在货币金融领域于欧洲之外有更多地区治理行动的话，学者们一定将会探讨新兴大国所发挥的作用，比如美国（在美洲）、俄 【362】
罗斯（在欧亚）、南非（在南部非洲）、中国（在亚洲），或许还有巴西（在南美）。还有人开始思考，这些新兴大国在未来的加入，在面对以美国为中心的金融危机时，对于跨地区的货币金融治理可能意味着什么（Stuenkel，2013）。

第二类政治方面的解释关注的是具体的共享观念，或者更宽泛地看，是社会性建构的偏好和认识，在塑造地区货币金融治理当中扮演什么角色。关于欧元发展的研究在相关文献中最多。作为一种必要条件，经济自由主义驱动地区货币一体化的作用，对于这种思路是最重要的（McNamara，1998；Verdun，1999；Jabko，2006）。在金融方面，尽管整个欧盟金融市场实行的解除管制(deregulation)措施都有相似的新自由主义根源,但对于欧盟现在追求更加激进的对金融部门再管制(re-regulation)的尝试,则可以从中管窥到决策者们对那种(新自由主义)思想的抵制(Posner,2010)。

最后一类思路正好集中关注政治逻辑,它出自比较政治发展或国家构建的有关文献。这类较新的文献其部分动力,来自观察到单一货币的发展不在于它们的经济最优性,而在于它们是更大的权力集中化政治工程的一部分(McNamara,2008,2015)。麦克纳马拉(McNamara,2015)提出了最佳嵌入性货币区理论(optimal embedded currency area theory)思想,来对蒙代尔等人的最佳货币区路径加以补充。按照这种观点,货币联盟和金融治理只有作为一系列更广泛的制度结构的一部分才能得到发展,这些制度结构旨在稳定某种特定授权规则之下进行的经济交流。这些制度组合中,既存在着经济理性逻辑,也贯穿着政治和文化逻辑。这里的重要政策含义在于,缺少建立地区货币的理想经济条件,并不注定意味着一个地区从不会支持单一货币,而是说,地区货币如果要成功实现,就需要建立通过政治制度来调节的机制,就像国家层次的货币一样。实际上,大量关于欧洲案例的文献已经开始努力解释,更广泛的制度在推动地区货币一体化方面起什么作用(Jones,2015;Jabko,2015; McNamara,2015)。还有一部著作更加细致地考察了,具有强大管制能力的银行联盟在支持地区货币上起什么作用,这部著作加强了对制度基础的重视,并且将之与地区金融治理议题联系起来(Pisani-Ferry et al.,2012)。这部作品的探讨还比较不成熟,但它对于思考如何将欧洲案例中的教训应用到其他地区,还是有重要启示的。

货币金融治理的影响与启示

欧洲的货币金融治理案例告诉观察者,这种治理并非总是且到处都是积极的事情。
【363】当一些国家如葡萄牙、爱尔兰、意大利、希腊和西班牙的公私债务导致投资者逃离,并且它们的经济极度放缓时,它们无法低估本国汇率,加上救助的有条件性,从而导致了灾难性的后果(Blyth,2013)。另有人也指出了地区治理的积极效应:强制低通胀、金融现代化和效率提升(Beetsma and Giuliodori,2010)。情况的确是这样,无论欧元区危机的原因是什么,欧盟有能力动用新的地区基金比如“欧洲稳定机制”(ESM)进行应对,并在欧洲层次实施新的谨慎监控,对于稳定至关重要(Matthijs and Blyth,2015)。

在欧盟例子之外,评估其他类型地区治理机制如货币委员会的影响,相关文献也同样各有说辞。尽管美元化的影响的确给厄瓜多尔或萨尔瓦多这样的国家带来了更大的经济稳定,但是,失去为了国民经济需要而调整宏观经济政策的能力,也是严重的后果

(Swiston,2011)。货币委员会在阿根廷或撒哈拉以南非洲这样的地区也曾经带来过稳定时期,创造过浓厚的投资气氛,但当国际市场不再相信这些制度安排的魅力时,也不可避免地导致了周期性的危机(Khan,2011)。可以肯定的是,这些不同货币金融治理安排有着重要的分配性影响,制造着赢家和输家,政治科学家们会对其影响方式作出进一步很好的研究。然而,围绕地区治理的后果和启示,可能最有意思的问题是未来在欧洲之外的发展,因为这个领域的进展将告诉我们很多有关地缘政治变迁方面的更大问题。

第一个学术思考(及现实世界大众关注)的领域,是有关设立新的地区货币银行的建议。这些银行的功能就像国际货币基金组织(IMF)一样,但由地区范围的一组有限国家组成。亚洲金融危机向世界上的一些国家表明,有必要在美国主导的西方金融借贷模式之外选择别的模式,不再采用基于结构调整和财政紧缩的模式。最近的全球金融危机更加让人们相信,美国不再适合充当新兴经济体的领导者。更广的政治背景则是,设想美国霸权最终衰落以及西方体系被替代(Kirshner,2014;Kupchan,2012;Stuenkel,2013)。因此,有少量研究追踪了新兴经济体设计它们自己的地区货币基金的热切努力。这些基金大多数还在规划设计之中,旨在提供原本由IMF提供的信用、流动性和金融稳定,只是在地区层次上来做。关于这些基金的研究针对的是政策讨论和分析,并非系统的学术探讨,因为这些基金主要还都有名无实。正如德赛和弗里兰在他们倡议建立更多这类基金的文章中所写的:"由于经济相互依赖在地区层次最严重,地区合作似乎非常适合一个多极的世界"(Desai and Vreeland,2011,109)。这里的理论假设是,地区经济联系将对具体地区的治理提出需求,而不是千篇一律,让布雷顿森林多边机制这种建立在美欧规范和偏好基础上的机制来治理。

的确,地区货币基金已经进入公共辩论,并被当成地区集团愿望的象征表达,它们希望创立经济发展和政治权威的替代之"锚"。德赛和弗里兰注意到,政治领导人都在散布各种倡议,比如俄罗斯领导人弗拉基米尔·普京就号召各国"协调起来,打破美元的束缚,创造一个地区权力的全球新结构"(Desai and Vreeland,2011,110)。他们还提到"10+3"(东盟10国加中日韩)的"清迈倡议",之前我们讨论过,他们认为可以把它视为"亚洲货币联盟"的潜在先驱,而南美国家联盟(UNASUR)(联合了南共市和安共体)则是一个尚有争议的例子。加上查韦斯总统倡议的"南方银行"(Banco del Sur)以及非洲联盟呼吁的"非洲货币基金"(African Monetary Fund),我们可以看到,这种地区货币金融治理创新"被本地区许多人视为是对布雷顿森林机构的必要平衡"(Desai and Vreeland,2011,110)。甚至更近期,由巴西、俄罗斯、印度、中国和南非领导人于2014年7月的一次峰会上宣布成立的"金砖银行"或"新开发银行"(New Development Bank),为金融基础设施和"可持续发展"留出500亿美元,并承诺为各国提供1000亿美元用于平衡 【364】

收支困难(Desai and Vreeland,2014)。金砖国家银行的组成靠的是双边出资额度,而不是真正独立的组织,而且观察者认为,其成员国的政治分歧和不同偏好可能使它难以建立起借贷目标和统一规则(Economist,2014)。因此,这些倡议究竟会有多重要,仍然有待观察。

新兴治理的第二个领域也是尚未成为现实的思考，不过，它已经引发了热烈的探讨,尽管相关文献还比较少。它是指在地区环境下,美元作为国际储备货币的地位可能受到地区性主导货币的削弱。按照艾肯格林和豪斯曼（Eichengreen and Hausmann,2005)的说法,摆脱美元的一个关键实用动机是"原罪"问题。这个"原罪"指的是,用本国低估值的货币无法进行长期借贷,这迫使某些国家既要支付更多的短期债务,又要用外币借贷。这种情况生动地体现在迈克尔·刘易斯(Michael Lewis)对冰岛金融危机的报道中,据说那些其车主背负有美元车贷的路虎汽车在雷克雅未克街头突然神秘爆炸,因为一旦冰岛货币克朗急剧贬值的话,还贷就似乎不可能了(Lewis,2009)。对美元的依赖造成了波动性,随着无对冲保护的外债累积起来,往往就引发货币危机,给新兴市场的公私部门都带来灭顶之灾。

尽管地区货币基金、汇率机制或货币联盟有助于改变这种状况,但已有某些学者在探讨另一个潜在变化，就是用一个地区性主导货币取代美元的趋势。赫莱纳和柯什纳（Helleiner,2008;Helleiner and Kirshner,2009）围绕这些问题已经做过几个联合研究项目,他们也单独发表过个人著作(Kirshner,2014)。在这些项目中,学者们考察的问题有:日本在东亚的潜在作用（Katada,2008）、中国的超大规模影响力可能带来什么(Bowles
【365】 and Wang,2008; Kirshner,2014)、普京的金融帝国主义(Johnson,2008)、欧元可能对美元的去中心化影响（McNamara,2008）以及美国对任何地区兴起货币治理的可能反应（Helleiner,2008; Helleiner and Kirshner,2009)。尽管这些著作触及了未来发生剧变的可能性,但它们也提到美国及其美元经久的优越地位,以及在走向真正的地区性主导货币机制之路上可能会摩擦不断。

结　论

货币金融深深地融入国内政治,以及主权政治权威缔造国民经济条件的能力之中。因此毫不奇怪的是,地区主义在这个领域的发展程度就相对有限,除了欧盟。不过,有两个外部动力已经给现实世界的变革施加了压力。第一个是持续的全球化,刺激人们在面临资本流动空前加剧并有可能出现不稳定的危机时,去寻找地区性解决方案。第二个是存在着对美国国际霸权的不满，认为现有的全球货币金融治理机制反映的是美国的偏好和权力。感觉到这个世纪很可能就是一个有利于新兴经济体和地区支配性行为体的世纪，这种观念可能正在创造一种新的政治现实。尽管学术界对这些议题的讨论还不充分,并仍在继续思考,但相关文献确实已为未来的探讨打下了基础。

认识地区货币金融治理的发展动态，对于全球各地的公民都意义重大。货币金融治理欠佳,已经一再导致汇率失调,抑制了经济增长和就业,并导致了大面积的金融危机,对社会造成了极大破坏。了解该领域地区治理的可能性和局限,依然利害攸关。

【366】

附　录

附表 A16.1　地区货币金融治理

地区	成立年份	组织名称（缩写）	涵盖的主要议题领域	成员（加入年）	官网地址
非洲	1945	非洲法郎区（CFA）	适用于非洲使用非洲法郎的区域,但有两个地区央行(西非国家中央银行和中非国家中央银行)	西非央行成员国有:毛里塔尼亚（1945—1973 年）,马里（1945—1961、1984),象牙海岸（1945),尼日尔(1945),塞内加尔(1945),多哥（1945),几内亚比绍(1997) 中非央行成员国有:喀麦隆(1945),中非共和国(1945),乍得(1945),刚果(1945),加蓬(1945),赤道几内亚(1984)	–
	1991	非盟/非洲货币基金(AU/AMF)	建议为非盟国家创立一个由非洲央行管理的经济货币联盟	摩洛哥(1963—1984)、中非共和国（1963—2012 暂停资格)、阿尔及利亚(1963)、贝宁（1963)、布基纳法索(1963)、布隆迪(1963)、喀麦隆(1963)、乍得(1963)、象牙海岸(1963)、民主刚果(1963)、刚果共和国(1963)、埃及(1963)、埃塞俄比亚（1963)、加蓬(1963)、加纳(1963)、肯尼亚(1963)、几内亚(1963)、利比里亚（1963)、利比亚(1963)、马达加斯加(1963)、马里(1963)、毛里塔尼亚（1963)、尼日尔(1963)、尼日利亚(1963)、	http://www.au.int/

续表

地区	成立年份	组织名称（缩写）	涵盖的主要议题领域	成员（加入年）	官网地址
				卢旺达（1963）、塞内加尔（1963）、塞拉利昂（1963）、索马里（1963）、苏丹（1963）、多哥（1963）、突尼斯（1963）、乌干达（1963）、马拉维（1964）、坦桑尼亚（1964）、赞比亚（1964）、冈比亚（1965）、博茨瓦纳（1966）、莱索托（1966）、赤道几内亚（1968）、毛里求斯（1968）、斯威士兰（1968）、几内亚比绍（1973）、佛得角（1975）、科摩罗（1975）、莫桑比克（1975）、圣多美和普林西比（1975）、塞舌尔（1976）、吉布提（1977）、安哥拉（1979）、津巴布韦（1980）、西撒哈拉（1982）、纳米比亚（1990）、厄立特里亚（1993）、南非（1994）、南苏丹（2011）	
美洲	1981	东加勒比货币联盟（ECCA）	货币一体化及地区合作；共用加勒比元和联合央行；与美元挂钩	安提瓜和巴布达、多米尼加、格林纳达、圣基茨和尼维斯、圣卢西亚、圣文森特和格林纳丁斯、蒙特塞拉特、英属维京岛（1984）、安圭拉岛（1995）、马提尼克岛（2015）	http://www.eccb-centralbank.org/
	1991	南方共同市场（MERCOSUR）	公布了有关货币联盟的文件，但未见实施	巴拉圭（2012年暂停资格）、阿根廷、巴西、乌拉圭、委内瑞拉（2012年取得完全资格）	http://www.mercosur.int/msweb/portal%20intermediario/
	2009	南方银行（Banco del Sur）	查韦斯倡议成立的货币基金和贷款机构；截至2013年该银行仍只是一个法律实体而已	阿根廷、玻利维亚、巴西、厄瓜多尔、巴拉圭、乌拉圭、委内瑞拉	
	2010	南美国家联盟（UNASUR）	仍就地区货币基金进行争论	阿根廷、玻利维亚、巴西、智利、哥伦比亚、厄瓜多尔、圭亚那、巴拉圭、秘鲁、苏里南、乌拉圭、委内瑞拉	http://www.unasursg.org/es

续表

地区	成立年份	组织名称（缩写）	涵盖的主要议题领域	成员（加入年）	官网地址
亚洲	1967	东南亚国家联盟（ASEAN）	就希望实行本地区单一货币发表过声明，不过学术界仍有争议	印度尼西亚、马来西亚、菲律宾、新加坡、泰国、文莱（1984）、越南（1995）、老挝（1997）、缅甸（1997）、柬埔寨（1999）	http://www.asean.org/
	2009	清迈倡议多边化（CMIM）	多边货币互换协议；共享财政储备，对基金支付实行加权投票制，并提高监控能力	东盟10国、中国、日本、韩国、中国香港	
欧洲	1979	欧洲汇率机制（ERM）	欧洲经济共同体引入的机制，以降低汇率波动、实现欧洲货币稳定	比利时、丹麦、法国、德国、爱尔兰、意大利、卢森堡、荷兰、英国、希腊（1981）、葡萄牙（1986）、西班牙（1986）	
	1989	欧洲货币联盟（EMU）	负责银行监管和金融管制的超国家权威机构；有欧元和欧洲央行，是迄今为止唯一持续下来的地区货币一体化和后来金融一体化的案例	比利时、法国、德国、意大利、卢森堡、荷兰、丹麦（1973）、爱尔兰（1973）、英国（1973）、希腊（1981）、葡萄牙（1986）、西班牙（1986）、奥地利（1995）、芬兰（1995）、瑞典（1995）、塞浦路斯（2004）、捷克（2004）、爱沙尼亚（2004）、匈牙利（2004）、拉脱维亚（2004）、立陶宛（2004）、马耳他（2004）、波兰（2004）、斯洛伐克（2004）、斯洛文尼亚（2004）、保加利亚（2007）、罗马尼亚（2007）、克罗地亚（2013）	http://europa.eu/index_en.htm
	2012	欧洲稳定机制（ESM）	为欧元区建立的永久性防火墙，为面临或正在经历财政困难的欧元区国家提供财政援助和保障	奥地利、比利时、塞浦路斯、爱沙尼亚、芬兰、法国、德国、希腊、爱尔兰、意大利、拉脱维亚、立陶宛、卢森堡、马耳他、荷兰、斯洛伐克、斯洛文尼亚、西班牙、保加利亚（2013）、克罗地亚（2013）、捷克（2013）、丹麦（2013）、匈牙利（2013）、波兰（2013）、葡萄牙（2013）、罗马尼亚（2013）、瑞典（2013）、英国（2013）	http://www.esm.europa.eu/

续表

地区	成立年份	组织名称（缩写）	涵盖的主要议题领域	成员（加入年）	官网地址
中东	1981	海湾合作理事会(GCC)	各国领导人声明强调朝向实行一个海湾货币的最终目标设定一个时间表	巴林、科威特、阿曼、卡塔尔、沙特阿拉伯、阿联酋	http://www.gcc-sg.org/eng/

参考文献

Bank for International Settlements(BIS).2003.*Regional Currency Areas and the Use of Foreign Currencies*.BIS Papers No 17,Monetary and Economic Department. <http://www.bis.org/publ/bppdf/bispap17.pdf>(accessed May 12,2015).

Barma,N,Ratner,E,and Weber,S.2007.A World Without the West.*The National Interest*,July-August:23-30.

Bayoumi,T.and Eichengreen,B.1992.*Shocking Aspects of European Monetary Unification*.NBER Working Paper 3949.Cambridge,MA:National Bureau of Economic Research.

Beetsma,R.and Giuliodori,M.2010.The Macroeconomic Costs and Benefits of the EMU and other Monetary Unions:An Overview of Recent Research.*Journal of Economic Literature*,48(3):603-641.

Berman,S.and McNamara,K.R.1999.From the Archives—Bank on Democracy:Why Central Banks Need Public Oversight. *Foreign Affairs*,March/April.<https://www.foreignaffairs.com/articles/1999-03-01/archives-bank-democracy>(accessed May 12,2015).

Best,J.2005.*The Limits of Transparency:Ambiguity and the History of International Governance*.Ithaca,NY:Cornell University Press.

Blinder,A.1998.*Central Banking in Theory and Practice*.Cambridge,MA:MIT Press.

Blyth,M.2013.*Austerity:The History of a Dangerous Idea*.Oxford:Oxford University Press.

Board of Governors of the Federal Reserve System.2014.US Federal,*Credit and Liquidity Programs and the Balance Sheet*.<http://www.federalreserve.gov/monetarypolicy/bst_liquidityswaps.htm>(accessed November 25,2014).

Bowles,P.and Wang,B.2008.The Rocky Road Ahead:China,the US and the Future of the Dollar.*Review of International Political Economy*,15(3):335-353.

Brooks,S.M.and Kurtz,M.J.2012.Paths to Financial Policy Diffusion:Statist Legacies in Latin America's Globalization.*International Organization*,66(1):95-128.

Brummer,C.2007.Ties that Bind:Regionalism,Commercial Treaties,and the Future of Global Economic Integration.*Vanderbilt Law Review*,60(5):1349-1408.

Brummer, C.2011.*Soft Law and the Global Financial System*.Cambridge: Cambridge University Press.

Ciorciari, J.D.2011.Chiang Mai Initiative Multilateralization: International Politics and Institution-Building in Asia.*Asian Survey*, 51(5): 926–952.

Cohen, B.J.1998.*The Geography of Money*.Ithaca, NY: Cornell University Press.

Cohen, B.J.2003.Monetary Governance in a World of Regional Currencies.In: M.Kahler and D.Lake (eds.), *Governance in a Global Economy*.Princeton, NJ: Princeton University Press, 136–168.

Cohen, B.J.2008.*Global Monetary Governance*.Abingdon: Routledge.

Cohen, B.J.2013.Currency and State Power.In: J.Goldstein and M.Finnemore (eds.), *Back to Basics: State Power in a Contemporary World*.Oxford: Oxford University Press, 159–176.

Cooperation Council for the Arab States of the Gulf.2014.*The Monetary Union and the Single Currency*. <http://www.gcc-sg.org/eng/indexeeff.html? action=Sec-Show&ID=58>(accessed November 25, 2014).

Desai, R.and Vreeland, J.2011.Global Governance in a Multipolar World: The Case for Regional Monetary Funds.*International Studies Review*, 13(1): 109–121.

Desai, R.and Vreeland, J.2014.What the New Bank of BRICS is All About.*The Monkey Cage*, 17 July.< http://www.washingtonpost.com/blogs/monkey-cage/wp/2014/07/17/what-the-new-bank-of-brics-is-all-about/>(accessed November 25, 2014).

Dornbusch, R.2001.Fewer Monies, Better Monies.*American Economic Review*, 91(2): 238–242.

Drezner, D.2014.*The System Worked: How the World Stopped Another Great Depression*.Oxford: Oxford University Press.

Economist.2014.The BRICS Bank—An Acronym with Capital: Setting up Rivals to the IMF and World Bank is Easier than Running Them.*The Economist*, July 19, São Paolo.

Edwards, S.2006.Monetary Unions, External Shocks and Economic Performance: A Latin American Perspective.*International Economic and Economic Policy*, 3(3–4): 225–247.

Eichengreen, B.1991.*Is Europe an Optimum Currency Area?* NBER Working Paper 3579.Cambridge, MA: National Bureau of Economic Research.

Eichengreen, B.1996.*Globalizing Capital: A History of the International Monetary System*.Princeton, NJ: Princeton University Press.

Eichengreen, B.2010.The International Financial Architecture and the Role of Regional Funds.Paper prepared for the fifth annual FLAR Economic Studies Conference in Cartagena, Colombia, August 8–9.

Eichengreen, B.2011.*Exorbitant Privilege: The Rise and Fall of the Dollar and the Future of the International Monetary System*.Oxford: Oxford University Press.

Eichengreen, B.and Bayoumi, T.1999.Is Asia an Optimum Currency Area.In: S.Collingnon, J.Pisani-Ferry, and Y.C.Park (eds.), *Exchange Rate Politics in Emerging Asian Countries*.London: Routledge, 347–366.

Eichengreen, B.and Hausmann, R.2005.*Other People's Money: Debt Denomination and Financial Instability in Emerging Market Economies*.Chicago, IL: University of Chicago Press.

Farrell, H.and Newman, A.2014.Domestic Institutions Beyond the Nation State: Charting the New Interdependence Approach.*World Politics*,66(2):331-363.

Fioretos,O.2010.Capitalist Diversity and the International Regulation of Hedge Funds.*Review of International Political Economy*,17(4):696-723.

Frankel,J.and Rose,A.1998.The Endogeneity of the Optimum Currency Area Criteria.*Economic Journal*,108(449):1009-1025.

Frieden,J.1991.Invested Interest:The Politics of National Economic Policies in a World of Global Finance.*International Organization*,45(4):425-445.

Friedman,M.1953.*Essays in Positive Economics*.Chicago,IL:University of Chicago Press.

Gilpin,R.1981.*War and Change in World Politics*.Cambridge:Cambridge University Press.

Grimes,W.W.2011.The Asian Monetary Fund Reborn? Implications of Chiang Mai Initiative Multilateralization.*Asia Policy*,11(1):79-104.

Gros,D.and Thygesen,N.1999.*European Monetary Integration*.London:Longman.

Held,D.and Young,K.2009.*The World Crisis—Global Financial Governance:Principles of Reform*. IDEAS Reports SR001.London:LSE IDEAS,London School of Economics and Political Science.

Helleiner,E.2003.*The Making of National Money:Territorial Currencies in Historical Perspective*.Ithaca,NY:Cornell University Press.

Helleiner,E.2008.Political Determinants of International Currencies:What Future for the US Dollar? *Review of International Political Economy*,15(3):354-378.

Helleiner,E.and Kirshner,J.(eds.) 2009.*The Future of the Dollar*.Ithaca,NY:Cornell University Press.

Henning,C.R.2009.*Future of the Chiang Mai Initiative:An Asian Monetary Fund*? Policy Brief PB09-5. Washington,DC:Peterson Institute for International Economics.

Henning,C.R.2013.Economic Crisis and Regional Institutions.In:M.Kahler and A.MacIntyre(eds.),*Integrating Regions:Asia in Comparative Context*.Stanford,CA:Stanford University Press,170-192.

Jabko,N.2006.*Playing the Market:A Political Strategy for Uniting Europe,1985-2005*.Ithaca,NY:Cornell University Press.

Jabko,N.2015.Elusive Economic Government and Forgotten Fiscal Union.In:M.Matthijs and M.Blyth (eds.),*The Future of the Euro*.Oxford:Oxford University Press,70-89.

Johnson,J.2008.Forbidden Fruit:Russia's Uneasy Relationship with the US Dollar.Review of *International Political Economy*,15(3):379-398.

Johnson,S.and Kwak,J.2010.*Thirteen Bankers:The Wall Street Takeover and the Next Financial Meltdown*.New York:Vintage Books.

Jones,E.2015.Forgotten Financial Union:How You Can Have a Euro Crisis without a Euro.In:M. Matthijs and M.Blyth(eds.),*The Future of the Euro*.Oxford:Oxford University Press,44-69.

Katada,S.N.2008.From a Supporter to a Challenger Japan's Currency Leadership in Dollar-Dominated East Asia.*Review of International Political Economy*,15(3):399-417.

Katada,S.N.and Henning,C.R.2014.Currency and Exchange Rate Regimes in Asia.In:S.Pekkanen,J. Ravenhill,and R.Foot(eds.),*The Oxford Handbook of the International Relations of Asia*.Oxford:Oxford University Press, 306–326.

Kenen, P.B.1969.The Theory of Optimal Currency Areas: An Eclectic View.In: R.Mundell and A.Swoboda(eds.), *Monetary Problems of the International Economy*.Chicago, IL: University of Chicago Press, 41–60.

Keng Yong, O.2004.Towards ASEAN Financial Integration.Remarks by Mr.Ong Keng Yong, Secretary-General of ASEAN at the Economix 2004 Conference, University of Indonesia, Jakarta, February 18.

Khan, M.S.2011.The Design and Effects of Monetary Policy in Sub-Saharan African Countries.*Journal of African Economies*, 20(S2): ii16–ii35.

Kindleberger, C.1973.*The World in Depression 1929–1939*.Berkeley, CA: University of California Press.

Kindleberger, C.1976.Systems of International Organization.In: D.Calleo(ed.), *Money and the Coming World Order*.New York: Basic Books.

Kirshner, J.2014.Regional Hegemony and an Emerging RMB Zone.In E.Helleiner and J.Kirshner (eds.), *The Great Wall of Money: Power and Politics in China's International Monetary Relations*.Ithaca, NY: Cornell University Press, 213–240.

Kishor, N.K.and Ssozi, J.2009.*Is the East African Community an Optimum Currency Area?* MPRA Paper 17645.Munich Personal RePEc Archive.<http:// mpra.ub.uni-muenchen.de/17645/> (accessed May 12, 2015).

Kupchan, C.2012.*No One's World: The West, the Rising Rest, and the Coming Global Turn*.Oxford: Oxford University Press.

Lewis, M.2009.Wall Street on the Tundra.*Vanity Fair*, April.

Liao, S.and McDowell, D.2014.Redback Rising: China's Bilateral Swap Agreements and RMB Internationalization.*International Studies Quarterly*, doi: 10.1111/isqu.12161.

Ludlow, P.1982.*The Making of the European Monetary System*.Oxford: Butterworth Scientific.

MacDonald, R.and Al Faris, A.(eds.)2010.*Currency Union and Exchange Rate Issues: Lessons for the Gulf States*.Cheltenham: Edward Elgar.

Machlup, F.1977.*A History of Thought on Economic Integration*.New York: Columbia University Press.

McDowell, D.2012.The US as "Sovereign International Last-Report Lender": The Fed's Currency Swap Programme during the Great Panic of 2007–09.*New Political Economy*, 17(2): 157–178.

McKinnon, R.I.1963.Optimum Currency Areas.*American Economic Review*, 53(4): 717–725.

McKinnon, R.I.1969.Private and Official International Money: The Case for the Dollar.*Princeton Essays in International Finance*, 74 (April): 1–40.

McNamara, K.R.1998.*The Currency of Ideas: Monetary Politics in the European Union*.Ithaca, NY: Cornell University Press.

McNamara, K.R.2002.Statebuilding and the Territorialization of Money: Creating the American Greenback.In: D.M.Andrews, C.R.Henning, and L.W.Pauly(eds.), *Governing the World's Money*.Ithaca, NY: Cornell University Press, 128–147.

McNamara, K.R.2008.A Rivalry in the Making? The Euro and International Monetary Power.*Review of*

International Political Economy, 15(3): 439–459.

McNamara, K.R.2012.Banking on Legitimacy: The ECB and the Eurozone Crisis.*Georgetown Journal of International Affairs*, 13(2): 143–150.

McNamara, K.R.2015.The Forgotten Problem of Embeddedness: History Lessons for the Euro.In: M.Matthijs and M.Blyth(eds.), *The Future of the Euro*.Oxford: Oxford University Press, 21–43.

Matthijs, M.and Blyth, M.2011.Reading Kindlberger in Berlin: Why Only Germany can Fix the Euro. *Foreign Affairs*. <http://www.foreignaffairs.com/articles/136685/matthias–matthijs–and–mark–blyth/why–only–germany–can–fix–the–euro>(accessed May 12, 2015).

Matthijs, M.and Blyth, M.(eds.) 2015.*The Future of the Euro*.Oxford: Oxford University Press.

Mohan, R.and Kapur, M.2014.*Monetary Policy Coordination and the Role of Central Banks*.IMF Working Paper WP/14/70.Washington, DC: International Monetary Fund.

Momani, B.2008.Gulf Cooperation Council Oil Exporters and the Future of the Dollar.*New Political Economy*, 13(3): 293–314.

Mongelli, F.P.2002. "*New*" *Views on the Optimum Currency Area Theory: What is EMU Telling Us?* ECB Working Paper 138.Frankfurt: European Central Bank.

Mundell, R.1961.A Theory of Optimal Currency Areas.*American Economic Review*, 51 (September): 657–665.

Newman, A.and Bache, D.2010.Transgovernmental Networks and Domestic Policy Convergence: Evidence from Insider Trading Regulation.*International Organization*, 64(3): 505–528.

Nusair, S.A.2012.Is the Gulf Cooperation Council an Optimum Currency Area? *The Developing Economies*, 50(4): 351–377.

Pisani–Ferry, J, Sapir, A, Véron, N, and Wolff, G.B.2012.*What Kind of European Banking Union?* Policy Contributions 731(June).Brussels: Bruegel.

Posner, E.2009.Making Rules for Global Finance: Transatlantic Regulatory Cooperation at the Turn of the Millennium.*International Organization*, 63(4): 665–699.

Posner, E.2010.Is a European Approach to Financial Regulation Emerging from the Crisis? In: E. Helleiner, S.Pagliari, and H.Zimmermann(eds.), *Global Finance in Crisis: The Politics of International Regulatory Change*.New York: Routledge, 108–120.

Quaglia, L.2010.*Governing Financial Services in the European Union: Banking, Securities and Post–Trading*.Abingdon: Routledge.

Quaglia, L.2014.*The European Union and Global Financial Regulation*.Oxford: Oxford University Press.

Rockoff, H.2000.*How Long Did It Take the United States to Become an Optimal Currency Area?* NBER Historical Working Paper 124.Cambridge, MA: National Bureau of Economic Research.

Rogoff, K.2001.Why Not a Global Currency? *American Economic Review*, 91(2): 243–247.

Rose, A.2008.Is EMU Becoming an Optimum Currency Area? The Evidence on Trade and Business Cycle Synchronization.Manuscript.University of California, Berkeley.

Ruggie, J.G.1982.International Regimes, Transactions, and Change: Embedded Liberalism in the Postwar

Economic Order.*International Organization*,36(Summer):379–415.

Singer,D.2007.*Regulating Capital:Setting Standards for the International Financial System*.Ithaca,NY: Cornell University Press.

Sohn,I.2005.Asian Financial Cooperation:The Problem of Legitimacy in Global Financial Governance. *Global Governance:A Review of Multilateralism and International Organizations*,11(4):487–504.

Sohn,I.2015.China's Monetary Ambition:Renminbi Internationalization in Comparative Perspective.Unpublished paper.Washington,DC:Brookings Institution.

Stuenkel,O.2013.The Financial Crisis,Contested Legitimacy,and the Genesis of Intra–BRICS Cooperation.*Global Governance*,19(2013):611–630.

Sussangkarn,C.2011.Chiang Mai Initiative Multilateralization:Origin,Development,and Outlook.*Asian Economic Policy Review*,6(2):203–220.

Swiston,A.J.2011.*Official Dollarization as a Monetary Regime:Its Effects on El Salvador*.IMFWorking Paper WP/11/129.Washington,DC:International Monetary Fund.

Tsoukalis,L.1977.*The Politics and the Economics of European Monetary Integration*.London:Allen & Unwin.

Underhill,G,Blom,J,and Mügge,D.2012.*Global Financial Integration Thirty Years On:From Reform to Crisis*.Cambridge:Cambridge University Press.

Verdun,A.1999.The Role of the Delors Committee in Creating EMU:An Epistemic Community?*Journal of European Public Policy*,6(2):308–328.

Vreeland,J.R.2007.*The International Monetary Fund:Politics of Conditional Lending*.New York:Routledge.

Watanabe,S.and Ogura,M.2006.*How Far Apart Are the Two ACUs from Each Other Asian Currency Unit and Asian Currency Union*.Working Paper Series No.06–E–02.Tokyo:Bank of Japan.

第17章　地区发展治理

拉斯洛·布鲁斯特(Laszlo Bruszt)
斯特凡诺·帕莱斯蒂尼(Stefano Palestini)

【374】　地区主义与发展这两个概念一向是交织在一起的，但是它们之间相联系的因果逻辑和实际性质不断受到质疑。直到20世纪70年代，在全球的核心地带之外，地区主义都是与发展理念紧密联系在一起的。那时的地区主义主要是指，通过国家之间的协调，来联合促进和保护共同制定的经济发展目标。到20世纪80年代，随着国家主义发展模式的失败，地区主义就主要跟市场一体化的进展关联起来，这种市场一体化始于自由贸易协定而走向共同市场。此时的地区主义，主要是关于跨国市场的扩大和深化，同时经济发展被假定为一种几近由市场自动生成的附带结果。20世纪90年代始，特别是新千年以来，出现了第三种认识，对目前有关市场自发促进发展的理念构成了挑战。它呼吁实行各种形式的地区治理，认为它们有可能预见和缓解地区市场生成条件与发展之间的潜在冲突。本章对涉及这些议题的主要争论进行全面梳理，重点在于地区主义与发展相关联的源起、设计和影响，突出那些有用的分析框架，并提醒注意现有文献中的主要不足之处。

我们使用"地区发展治理"(Regional Development Governance，RDG)这个概念，来区分某个地区"之内"起作用的倡议与那些在该地区"之外"处理发展问题的机制。这里，我们将"地区发展治理"与"外来发展援助"或"官方发展援助"(ODA)政策区别开来，后者比如欧盟给予各发展中国家的贸易优惠措施，或者"金砖国家"(BRICS)在非洲或拉美国家实施的有关项目(WTO and OECD，2013；IDA，2007；Arndt et al.，2014)。本章中，地区发展治理指的是，来自同一地区两个或更多国家的国家行为体和非国家行为体所采取的、旨在解决发展及发展相关议题的政策。

【375】　当然，在地区发展治理(RDG)与官方发展援助(ODA)之间存在着灰色地带。比如，

地区开发银行(RDB)就同时属于这两套安排。地区开发银行是某些地区内为低收入和中等收入国家的发展提供金融和技术援助的多边金融机构。它们的援助资金是通过为一系列政策领域提供低息贷款和赠款的方式进行正式分配的(Ottenhoff,2011;Estevadeordal et al.,2004)。通过这种方式,地区开发银行对本章中论及的大部分倡议予以精心策划、实施和监督,因此它们在地区发展治理当中至关重要。尽管所有的地区开发银行在促进发展、推动地区合作和一体化方面都有相似的任务要求,但它们自身的公司治理则根据其是由富裕的非借款国支配还是由借款国支配而有所不同(Humphrey and Michaelowa,2013;Humphrey,2014)。

本章中,我们指出,积极介入地区发展治理倡议中发展政策设计的,有地区和次地区开发银行、地区组织、地区基金以及各种不同形式的国家和非国家行为体。地区发展治理实际上是一种共享和利用金融资源的机制,而且不仅仅是由经合组织(OECD)国家来提供地区公共产品,这种地区公共产品涵盖从基础设施互联互通,到按照地区既定的政策优先议程进行监管协调。在这些倡议当中,发展政策既因地区一体化进程而起,也对地区一体化进程有所推动。

本章的结构如下:第一节对地区发展治理倡议作一个简要的历史回顾,强调不同时期的政策转变;第二、三、四节分别就地区发展治理的源起、制度变化和影响予以讨论;最后本章在总结中强调了谁来定义发展的问题,以及地区发展治理的具体模式是如何与地区发展政策对谁有利这个问题交织在一起的。

地区发展治理的历史回顾

如果我们从历史角度来看地区发展治理(参见附表 A17.1),对于界定什么是发展、什么是治理,马上就会看到一些明显的差别。在这些概念背后我们发现,在特定时期,认知共同体所支持的政策范式各有不同。对于现代化理论,也包括依附论的某些变体而言,发展指的主要是国家生产结构的经济转型,它会给一国国民经济及其在世界经济中的有关部门带来角色变化(Rostow,1966;Cardoso and Faletto,1979;Larrain,1989)。而其他认知共同体,主要但不完全以国际金融机构(IFI)为代表,则认为发展指的是全球竞争力的变革,最起码包括有足够能力在开放经济环境中生存,并且在全球和地区市场上逐步增加出口份额(Bhagwati,1993;Bowles,2000;Delors,1989;WTO and OECD,2013)。【376】

我们也看到两种治理定义(参见本书第 1 章)。第一种定义强调公私权威当中的集中化协调的作用。根据第二种定义,地区治理则被理解成基于私人经济行为体的施动者进行分散化协调的结果,这些私人经济行为体通过价格和其他市场信号相互竞争或协调行动。处于这两者中间的定义承认私人行为体的施动作用,尽管通常认为它们从属于公共决策与计划(Lapavitsas and Noguchi,2005;Wade,2011;Rodrik et al.,2002;Cimoli et al.,2011)。

图 17.1 根据这些对"发展"和"治理"的不同定义,用图解的方式展示了地区发展治理的演变轨迹。

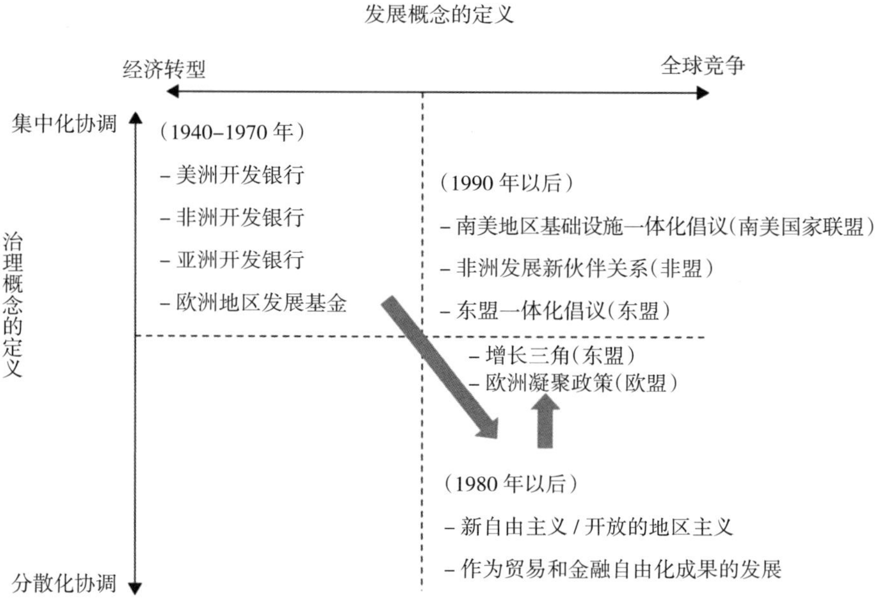

图 17.1 地区发展治理(RDG)的演变轨迹

经典发展地区主义(1940—1970 年)

【377】 这个时期与佩恩和菲利普斯(Payne and Phillips,2010)所谓发展理论的黄金年代是一致的,那时的发展主要被理解为国家生产结构的转型,使之沿着从农耕和初级产业向工业化和高技术经济发展之路转型(参见 Larrain,1989;Chang,2011;Rostow,1966;Cardoso and Faletto,1979)。发展政策是通过集中化治理进行协调,即在政府与公共权威之间进行协调:中央计划、政府间协调,如果可能还有超国家监测(Sloan,1971;Tinbergen,1965;Perroux,1955;Prebisch,1963)。那个时期,地区发展治理倡议的例子是三个最大的开发银行的创设,即 1959 年的美洲开发银行(IDB)、1964 年的非洲开发银行(AfDB)和 1966 年的亚洲开发银行(ADB)。有趣的是,我们注意到,东欧和东南欧的经济学家以及南美的经济学家,特别是劳尔·普雷维什(Raúl Prebisch)的思想,极大地影

响了“国际机构可以促进较贫穷国家经济发展”的观念(Helleiner,2009,192)。这些思想深深认识到,在与核心国家贸易不平衡的不利条件下,国家间合作即地区主义可以当作一种支持发展民族经济、实现经济转型的工具（参见 Prebisch,1963;ECLAC,1959;Sloan,1971;Dosman,2006;参见本书第 8 章)。

新自由主义与开放的地区主义(1980 年以后)

在 20 世纪 70 年代末,发展主义思想——斯隆(Sloan,1971)所谓的“发展地区主义”——在政策制定者中间失去了影响力，尤其是在那些在世界银行和国际货币基金组织中工作的优秀职业发展经济学家当中。发展被重新定义为旨在培养全球竞争力的行动,就是通过政策导向“把价格弄对”,让私人经济体理性地分配可用资产。据此,一个地区最有竞争力的经济部门将能够走进全球市场并参与竞争，从而吸引外国投资者(Bhagwati,1993;Bowles,2000)。按这种方式形成地区性市场,要求把贸易和价格从公共干预中解放出来,使之自由化,并允许对经济产出进行分散化协调和私人投资决策。国家和地区组织所扮演的角色纯粹是消极一体化,即减少关税和非关税壁垒,允许商品在一个自由贸易区内自由流动,最终允许劳工与资本在一个共同市场内自由流动(Balassa,1962;Bhagwati,1993)。

新自由主义政策思想和“开放的地区主义”——起初被人们称为地区一体化的新范式——给地区发展治理倡议几乎没有留下余地。在这个时期,地区开发银行(RDB)的活动被重新定位为支持消除贫困和进行结构调整,后者指的是帮助发展中地区的国家,将其公共资产私有化和市场自由化(Vivares,2013;Babb,2009)。

新兴地区发展治理倡议(1990 年以来)

20 世纪 90 年代末开始出现几种新的地区发展治理倡议，并且自新千年以来更加分明,它们慢慢地、逐渐地脱离了开放的地区主义规划。图 17.1 中,我们把这些新兴的地区发展治理倡议大体放在前两个阶段的中间。一方面，当前这些地区发展治理倡议确实不同于 20 世纪 60 年代的倡议，因为它们的目标相比于实现生产结构的总体经济转型更加温和,而与开放的地区主义目标更为接近。另一方面,刚刚兴起的这种新型发展地区主义的支持者，不相信自由化市场本身会对不同发展水平的各国都有益。他们把之前存在的发展不平衡,看作是有碍于地区市场一体化前进的因素(European Commission,1997;Delors,1989;Stiglitz and Charlton,2006;Lapavitsas and Noguchi,2005;Wade, 【378】

2011;Bruszt and McDermott,2014)。从这个视角来看,地区发展治理的主要目标是,运用地区公共权力去创设或升级制度,使之能够提高不同类型经济行为体、经济部门和国民经济的竞争力,并且扩大经济行为体的范围,使之能够依靠并受益于地区自由市场规则。在这种地区发展治理思路中,竞争力不像是在新自由主义的地区主义中那样,不再是自发的比较优势的结果,而是发展项目、能力建设倡议和监管型一体化的产物。在更加开放的市场中,这种机会分配靠的是地区公共物品的提供,比如基础设施互联互通、能源一体化以及通过发展政策进行能力建设,这些发展政策可以扩大更开放市场的受益范围(Rodrik et al.,2002;Bruszt and McDermott,2009; Jordana and Levi-Faur,2005; Estevadeordal et al,2004)。

图 17.1 提供了一些地区发展治理倡议的例子,我们将会在下面几节进一步分析。1988 之后的"欧洲结构基金"(European Structural Funds)以及总体上的"欧洲凝聚政策"(European Cohesion Policies),是这种新兴的地区发展治理形式的早期例子。在欧洲的这种范式转换背后,是欠发达的南欧国家的加入,同时伴随着完成地区市场建设的革新冲动,而这种范式转换的主要动力是,担心地区市场的日益自由化会加大欧洲的发展差距,危害进一步的地区整合(Delors,1989;Keating,2008)。

我们列出了另外几个案例,都是将发展议题与地区整合进展联系在一起的协调行动方面的例子。20 世纪 90 年代,在东南亚出现了几个地区发展治理倡议,比如大湄公河次地区合作(GMS)、印尼—马来—泰国增长三角(IMT-GT)和东盟东部增长区(BIMP-EAGA)。所有这些合作项目,都不同程度地与东盟及其自身的经济合作,以及与一体化进程有关联。此外,在所有这些项目中,亚洲开发银行(ADB)都既是政策倡导者,在不同国家和市场行为体之间牵线搭桥,又是政策筹划者,用"增长三角"的概念筹划着不同项目(Dent and Richter,2011;Bull and Bøås,2003)。

【379】 2000 年,就在亚洲金融危机刚结束时,东盟领导人发表了"东盟一体化倡议"(I-AI),旨在协调和实施一系列计划,涉及基础设施联通、人力资源开发、信息通讯技术和经济一体化诸领域。2005 年之后,"东盟一体化倡议"的范围已扩及能力建设,就是在新加坡主导协调下通过一些培训项目进行的能力建设(Carpenter et al.,2013)。

2000 年,南美 12 国国家首脑通过"南美地区基础设施一体化倡议"(IIRSA),该倡议是在巴西领导下设计的,但具体协调和管理则由两个地区开发银行负责:一个是美洲开发银行(IDB),一个是安第斯开发银行(CAF),同时参与的还有一个小的次地区基金——拉普拉塔河流域发展基金(FONPLATA)。该倡议起初授权设计并资助了一系列项目,涉及领域包括交通互联互通、能源及电讯的一体化。2010 年,"南美地区基础设施一体化倡议"转型为新生的南美国家联盟(UNASUR)的基础设施计划委员会(COSI-

PLAN)(Palestini and Agostinis,2015;参见本书第 8 章)。

2001 年,墨西哥与中美洲国家出台了"普埃布拉-巴拿马计划"(Plan-Puebla-Panama)倡议,后称"中美洲计划"(Mesoamerican Project,MP),该计划涉及领域包括基础设施(能源、交通和电讯)互联互通,可持续发展与人类发展,以及旅游和贸易(Rodríguez,2004)。"中美洲计划"尤其是为了能够从美洲自由贸易区(FTAA)中获益,并应对其竞争压力而作出的必要反应(Palestini and Agostinis,2015)。就像在"南美地区基础设施一体化倡议"中一样,地区开发银行——美洲开发银行(IDB)、安第斯开发银行(CAF)和中美洲经济一体化银行(CABEI)——也在"中美洲计划"中扮演关键的治理角色。

在非洲,大多数地区发展治理倡议包含在"非洲发展新伙伴计划"(NEPAD)之中,该计划是 2001 年由非盟(AU)成员国批准实施的,旨在协调发展合作、共享不同来源的金融资源。"非洲发展新伙伴计划"(NEPAD)实际上希望成为一个平衡发展政策融资的中心。非洲次地区组织如西共体(ECOWAS)和南共体(SADC)也建有地区发展治理机制,即所谓的"特殊目的机构"(SPVs),旨在协调和资助发展政策,尤其是基础设施联通领域。"特殊目的机构"(SPVs)是授权来识别、协调和管理地区基础设施优先发展计划并与私人投资者进行谈判的机构(Kararach,2014;UNCTAD,2013)。

能源一体化是非洲的关键地区性公共产品。事实上,非洲次地区有巨大的能源潜力,尤其是在水电方面,但由于缺乏能源基础设施和联通性,它们在这方面的生产能力相对欠缺。已有几个倡议出台,以平衡能源方面的投资,同时也协调国家和次地区冲突性市场中的能源监管。一个著名倡议是 2008 年出台的非洲能源委员会(African Energy Commission,AFREC),其目的是在次地区和地区优先发展基础上,筹划制定能源开发政策、战略和规划。"非洲发展新伙伴计划"(NEPAD)接着也开始专门开发非洲河流流域的水电潜力,整合输电网络和油气管线,以便利跨境能源流通(Kararach,2014,171)。

地区发展治理的兴起动因

为什么国家和市场行为体——不论国家和跨国的——在各种地区环境下会决定合作和共管它们所制定的发展政策,其背后的具体动因是什么?为回答地区发展治理(RDG)的起源,有关比较地区主义和跨国治理的文献提供了一些理论解释。【380】

不对称相互依赖

首先一个动因是,地区和全球市场一体化过程中经济不对称相互依赖日益增加。

位于同一地理区域的国家和非国家行为体更加容易相互依赖，也就是说，它们通过自己的行为给对方施加成本或带来收益。当行为体高度相互依赖时，比如在经济一体化进程的背景下，未加协调的行为，其结果往往是次优的，因此行为体更加愿意合作，并通过某种地区发展治理来管理可能的发展外部效应(Keohane and Ostrom，1995；Milner and Moravcsik，2009；本书第 3 章)。

布鲁斯特和麦克德莫特(Bruszt and McDermott，2012，2014)已经延伸使用这种方法，来解释地区发展治理倡议在地区监管一体化领域的兴起。20 世纪 80 年代或 90 年代时，地区或全球市场的创建主要是作为贸易和金融自由化的一种功能；21 世纪有所不同，地区和全球市场主要是围绕监管而建立的(Baldwin，2011；Braithwaite，2008；Jordana and Levi-Faur，2014)。

相互依赖的经济体之间，由于经济发展水平不一，且国内行为体在履行和受益于一致性规则方面能力不平衡，所以其监管一体化可能带来最紧迫的政治问题(Bruszt and McDermott，2014)。实际上，在不同发展水平的经济体中实行统一的标准和监管，很容易在几个发展中的市场经济体内保护落后，而将大量经济行为体排斥在国际市场之外。在新兴市场经济中，政府往往缺少能力实行跨国监管，也难以监督和管理其发展的后果(Stiglitz and Charlton，2006；Ismail，2007)。即使较发达的市场提供准入，新标准也会给绝大多数公私行为体施加成本，凭它们有限的资源和能力是无法承担的(Dunn，2003)。欠发达国家的这两个问题——没有能力实行统一规则或者在执行这些规则方面能力欠缺——可能会减少较强大经济体的潜在收益，或者阻碍市场一体化的进展。

较强大经济体中的公私行为体获益于市场一体化，会致力于地区发展治理，以改变为了减少规则转移所造成潜在消极后果的本地条件，并提高各种类型的国内行为体适
【381】应和受益于地区市场的能力(Bruszt and McDermott，2014)。头几轮跨国监管所带来的消极发展后果可能会"外溢"到其他政策领域，地区规则制定中较有权力的行为体可能会从中认识到，如果它们不致力于提高较弱小行为体执行和受益于监管一体化的能力，它们就会失去其潜在收益。例如，1988 年欧盟结构基金所实行的改革就直接关系到扩大地区市场范围的意愿，其前提假设是，市场日益增加的作用会进一步增加欧洲内部的发展不平衡，从而危及进一步的地区一体化。这个学习过程，有助于欠发达的南欧国家成为负责地区市场交易政策设计的地区组织的正式成员。在权力关系更加不对称的地区安排中，这种学习可能更慢。比如，墨西哥食品安全机制不健全，就是北美自由贸易协定(NAFTA)内部生产链反复发生危机的原因之一。这就导致美国的商业利益集团采取行动，并出现了各种跨国发展项目，目的在于升级墨西哥国内执行和受益于严格的美国食品安全监管要求的能力(Bruszt and McDermott，2012)。

同样的担心在欧盟东扩过程中甚至更加突出。由于地理相邻和地缘政治相近，欧盟核心成员没法将中东欧(CEE)经济体加入市场一体化的潜在政治经济成本外部化。这些国家的准入原则之一是"有能力承受欧盟市场的竞争压力和市场冲击"，直接反映了欧盟成员国的担心，即担心如果没有相应策略，不能预估到并致力于减轻地区市场一体化潜在的发展负外部性，东扩就会给它们带来过大的成本(Bruszt and Langbein, 2014)。

重大事件与政策扩散

正如我们在对地区发展治理进行历史回顾时所提及的，研究发展问题的学者群体(包括经济学家、社会学家、政治学家和公共行政学家等)所持有和反对的政策观念，也可以是地区发展治理倡议的驱动因素。政策观念在行为体面临危机时尤其有用(Schmitter, 1970; Blyth, 2002; Dabène, 2012; Palestini and Agostinis, 2015)。在"动荡时期"，当外来冲击损及现有秩序或给原来行动路线带来不确定性时，观念就会引导行动。例如，1989 年苏联行将解体，诱发了西欧国家提出地区机制来解决其东部接壤国的经济转型问题。为此，在短短 18 个月里，创建了欧洲重建和发展银行(EBRD)(Bronstone, 1999)。同样，在亚洲金融危机发生后，不久就出台了"东盟一体化倡议"(IAI)。开启谈判将北美自由贸易协定(NAFTA)扩及整个美洲(形成美洲自由贸易区)，代表着另一类重要事件，它激起中美洲和南美洲各国——在美洲开发银行(IDB)与拉美和加勒比经委会(ECLAC)的支持下——去开创雄心勃勃的地区基础设施发展项目："普埃布拉-巴拿马计划"(PPP)和"南美地区基础设施一体化倡议"(IIRSA，参见 Estevadeordal et al., 【382】
2004)。

地区发展治理也会通过政策扩散或政策转移，从一个地区向另一个地区扩散。当一个地区的国家和非国家行为体想要解决发展问题或外部性问题时，它们很有可能会到处寻找合适的制度解决方案(参见本书第 5 章)。比如，这可以解释地区和次地区开发银行在全球各个角落几乎同步出现的现象：中美洲开发银行(1960 年)、拉普拉塔河流域发展基金(1969 年)、加勒比开发银行(1969 年)、东非开发银行(1967 年)、西非开发银行(1975 年)以及中非国家开发银行(1975 年)。

权力与安全

最后，国际体系中的地缘政治也可以解释地区发展治理倡议的兴起。权力与安全因素常常被拿来解释地区开发银行(RDB)的创设。这些银行被解释成全球和地区大国扩大和稳定其在特定地区影响力的工具(Vivares,2013;Babb,2009)。美国支持创建美洲开发银行(IDB)作为美洲体系的一部分,或者日本与美国就亚洲开发银行(ADB)的治理发生的争端,都可以按照这种方式来加以解释。现实主义的视角也可以用来解释最近美国对中国倡议建立亚洲基础设施投资银行(AIIB)的反对——该银行被视为是世界银行和亚洲开发银行(美国利益在其中占优势)的潜在对手(New York Times,October 20,2014)。在一个较小范围内,委内瑞拉和巴西之间就创立南美开发银行(南方银行)的摩擦——南方银行被认为会抵消巴西国家开发银行的作用——也可以看作是地区大国之间的争端(Burges,2007;Palestini and Agostinis,2015)。

综合动因

上述三种动因——不对称相互依赖、认知共同体与扩散、地缘政治——为分析地区发展治理倡议兴起的原因,提供了有用的分析工具。它们相互之间未必冲突,实际上可以很好地结合在一起,来综合解释地区发展治理的兴起(参见本书第27章)。让我们举一些例子:南共市经济融合基金(FOCEM)和东盟一体化倡议(IAI)都是用于减轻经济不对称或缩小发展差距的地区政策,这种成员国发展差距存在于发展高度不均衡的地区环境中(让我们试想一下巴西和巴拉圭或者新加坡和缅甸)。在这里,"不对称相互依赖"和"扩散机制"同时起作用。事实上,两种地区政策的出现都是深化地区一体化的结果,凸显了巴西与较小的南共市成员国之间的不平等,以及东盟创始六国与后来新加入的柬、老、缅、越四个欠发达成员国之间的不平等,南共市经济融合基金(FOCEM)和东
【383】盟一体化倡议(IAI)正是为了解决经济不对称相互依赖问题。实际上,在南共市经济融合基金(FOCEM)的例子中,有欧盟专家在其中扮演了积极角色,是他们把有关(欧洲)结构基金的知识传授给了南共市官员(De Andrade Correa,2010;Dabène,2009;Jetschke and Murray,2012)。

地缘政治是创建地区开发银行的重要动因。不过,它只解释了一部分原因。认知共同体和政策思路在创建这些开发银行时扮演着重要的角色。比如,美洲开发银行(IDB)的创建就离不开"发展主义",即20世纪四五十年代时由拉美经济学家阐述的成套经济思想(Helleiner,2009;另参见Sikkink,1991)。同样,日、美在亚洲开发银行董事会中的冲突,也不完全是权力之争,而还因为存在两种不同的对发展与治理概念的理解:一方是日本发展经济学家的看法,另一方是美国新古典经济学家的观念(Strand,1999;Dent,2008;Bull and Bøås,2003)。

地区发展治理的制度差异

上一节所描述的地区发展治理倡议在各个地区大有不同，这为比较地区主义学者开辟了一条有意思的研究道路。为了把握这种制度特征上的差异，我们运用一种简单的、在别的地方使用过的分析表格来进行分析(Bruszt and McDermott,2014),它重点关注具体地区发展治理的目标和手段。关于地区发展治理的目标,我们主要看两个维度:范围和深度。至于手段,我们一方面看监督和援助模式,另一方面看问题解决模式。

地区发展治理的目标

就其目标来看,地区发展治理有着目标范围和深度的不同。范围指的是不同政策领域或部门,它们是具体地区发展治理倡议所同时针对的范围。地区发展治理的范围可以相当狭窄,聚焦于某个具体政策领域或数量很小的一些部门,也可以很宽泛,涵盖不同的相关政策领域或部门。完全聚焦于交通互联互通的项目是狭窄范围的例子。“非洲发展新伙伴计划”(NEPAD)是一个显然范围宽泛的倡议案例,涵盖了很广泛的政策领域和公共产品。地区发展治理的范围甚至可以更广,以至于可以用来指欠发达的欧盟东部相邻国家的整合(Bruszt and Langbein,2014)。深度指的是对国内能力建设强调的程度。地区发展治理如果只是针对资源转移以满足获得执行共同规则的初步能力，像根据贸易协定要求的各种贸易援助项目,那么它就是浅层的。相反,如果地区发展治理致力于增强较弱小行为体受益于共同规则的能力,进行各种资源的转移和/或增强较弱小行为体的能力,使它们能够在国内和地区政策制定中有效表达意见,那么它就是深层的。欧【384】盟结构基金支持人力资源提升,促进研发投资和本地发展机构,这些都是深层治理的典型(Bruszt and Vedres,2012)。

地区发展治理的手段

地区发展治理倡议在援助和监督模式上以及问题解决模式上各不相同。援助和监督模式指的是行为体(国家和非国家行为体、国内和跨国行为体)之间互动的制度化方式。行为体间的互动可以是二元的,包含同一类型的行为体(比如只有国家行为体,或者只有公司与公司、NGO 与 NGO 等),也可以是多元的,包括各种各样类型的国家和非国家行为体,它们持续不断地创造着专业性的关联(Padgett and Ansell,1993)。例如,北美自由贸易协定(NAFTA)内的地区发展治理,主要是二元的国家与国家之间关系,它假定一般的经济政治动机,会自发地在对等集团或行为体之间培育跨国联系(Bruszt and McDermott,2012)。相比之下,欧盟中的地区发展治理则有目的地在东扩过程中发展起来,支持多元性,在各种各样与该领域有关的集团,比如在 NGO、协会、公司和次国家政府中,运用法律条件和资源来培育跨国联系。促进多元性,给外部行为体提供了更多样化的、与国内变革有关的信息和机会,而许多国内行为体则借由新的联盟、资源和知识,加强自身的权力(Andonova,2004; Jacoby,2004;Tallberg,2002)。对于内外双方而言,如果跨国性的水平联系有相对更大的多元性的话,那么发展中国家中就不太可能会出现单独的把关者,由它们控制着某个政策领域的资源、渠道和信息。

最后,地区发展治理在问题解决模式上也各不相同,它可能依靠简单的清单合规方式,或者依靠联合解决问题的方式,后者意味着相关的国内外行为体分享和分析政策领域内及跨政策领域的信息,以发现缺陷并找到解决它们的办法(Carothers,2003;Easterly,2006; Sabel and Zeitlin,2008)。通过清单合规解决问题的结果是,信息只是用来决定一国是否符合特定的目标,而不再考虑别的。这里的假设是,这种清单展示会刺激相关国内行为体采取正确的行动。相反,通过联合解决问题的结果则强调,相关行为体需要评估缺陷,以便接下来形成另外的解决方案。

以上各个维度我们用表 17.1 来表示。这四个维度合在一起,可以让我们对地区发展治理的制度设计进行比较和对比,并帮助我们评估潜在的变革之路。注意,在地区发展治理的不同制度设计背后,我们可以看到,对于地区发展治理所打算解决的治理问题存在不同认识。比如,在那些依赖二元关系(国家与国家)并主要采用清单合规方式的倡议设计背后,关键的假设是,地区发展治理的主要推动者(比如某个地区开发银行或某个地区组织秘书处)事前了解什么是正确的发展目标、什么是实现这些目标的最佳策
【385】略。从这个视角来看,关键的治理困境是,如何正确地激励规则遵从者、正确地利用“大棒和胡萝卜”、完善监督和制裁机制等,并等待实现预期的结果。这就是美国在北美自由贸易协定中针对墨西哥国内行为体采取的主导性的地区发展治理方法(Bruszt and McDermott,2012)。

表 17.1 地区发展治理的制度差异

维度		定义	赋值	案例
目标	范围	具体地区发展治理倡议所针对的政策领域的数量	狭窄或宽泛	非洲基础设施与发展项目(狭窄) 非洲发展新伙伴计划(宽泛)
	深度	重视国内能力建设	浅层或深层	欧盟凝聚政策(深层) NAFTA 援助计划(浅层)

续表

维度		定义	赋值	案例
手段	援助和监督模式	行为体之间的互动方式制度化	二元或多元	南美地区基础设施一体化倡议(二元) 大湄公河次区域合作(多元)
	问题解决模式	地区和国内行为体分享和分析政策领域内及跨政策领域信息的方式	清单合规或联合解决问题	欧盟结构基金(清单合规) 欧盟准入政策(联合解决问题)

在依赖多元性和联合解决问题方式的倡议背后,则是完全不同的假设。在这里,隐含的假设是,尽管地区发展治理的主要推动者可以制定广泛的发展框架目标,但发展问题的实际深度,以及由此而来的更加具体的发展目标,则只能在发展项目所针对的行为体的参与下确定。此外,这一框架中的假设是,在不同的当地环境中,为了实现广泛的既定发展目标,没有普遍可用的方法。关于什么方法管用以及如何推行,信息十分散乱,在许多情况下,对这种信息进行收集和运用的国内行为体并不具有这样做的能力。在此框架下,地区发展治理就不能仅仅聚焦于帮助规则遵从者取得根据地区市场规则行事的能力。若要让这种治理模式管用,就需要同时帮助主要推动者和规则遵从者获得【386】这些能力,去共同寻找识别和减缓发展问题的途径。这种多元综合与联合解决问题的方式,在欧盟针对中东欧国家的准入政策上是占主导的(Bruszt and McDermott,2012;Andonova and Tuta,2014;Spendzharova and Vachudova,2014)。

在"东盟一体化倡议"(IAI)的情况中,新加坡扮演了领导国的角色,它在主要关注基础设施的"IAI工作计划"当中强调人力资源开发领域。新加坡完全明白,新的东盟成员国缺乏能力(在这里是指缺乏技术和管理能力)会损害经济一体化的收益。为此,新加坡政府将地区发展治理从浅层倡议导向深层倡议。到2012年,有超过22000名来自欠发达的印支四国政府官员参加过新加坡在IAI培训中心举办的培训课程,涉及领域有英语、贸易金融以及公共行政(Carpenter et al.,2013)。

"南美地区基础设施一体化倡议"(IIRSA-COSIPLAN)和"大湄公河经济合作计划"(GMS)是两个在目标上有很大相似性的地区发展治理倡议,两者的目的都是在基础设施联通领域生产地区公共产品,以在各自地区内促进贸易和投资。然而它们在运营模式上却各不相同。前者基本上是一个二元性的倡议,依靠政府间机制运行,其中各国政府集中了最重要的执行和技术功能(Palestini and Agostinis,2015)。后者则相反,是一个多元性的例子。尽管其主要的执行机制是部长会议,但"大湄公河经济合作计划"(GMS)为市场行为体和地方政府创造了联系和伙伴关系,使它们积极参与到计划的设计和融资活动中(McGillivray and Carpenter,2013)。

地区发展治理倡议制度设计差异的根源仍需进一步探讨。上面提及的研究指出了可能的原因，比如地区集团间不同程度的不对称相互依赖。更大程度的不对称相互依赖表明，有必要进一步扩大和切实深化地区发展治理；同时，也说明那些有权国家对于发挥某种领导作用有着更强烈的偏好。其他可能起作用的解释要素有，地区内各国能力的差别，以及地区开发银行所扮演的不同角色，是它们在策划和安排国家和市场行为体参与、资助和执行地区发展治理倡议。

地区发展治理的影响

有关地区发展治理倡议的影响及效果，相关可用信息既稀缺又分散。如前表明的那样，地区发展治理倡议在目标上有很大不同：有些集中关注一个或多个政策领域，另一些则旨在为更大范围的政策领域提供地区公共产品。这就让我们很难对地区发展治理倡议的影响进行测量和比较，它们在不同的地区有着不同的范围和深度。困难还在于要解决本章导论中提出的基本问题：谁来界定发展？主导的发展理念决定着用什么
【387】样的方式去评估一个地区发展治理（RDG）的效果。尽管有些地区组织试图用高度聚合性的指标如国内生产总值（GDP）来测量发展的效果，但另有些组织采用反映更广泛的发展所产生分配问题的指标，如“人类发展指数”（参见 McGillivray et al.，2013；有一个更全面评估地区发展治理倡议的发展效果的例子，可参见《巴卡报告》：Barca，2009，93）。

第一种评估地区发展治理倡议有效性的方法，是看它们的产出。由此，我们会看到的图景，是在不同地区背景下它们所提供和实现的地区公共产品，尽管这些公共产品明显有差异，正如表 17.2 用南美和东南亚的例子所表明的一样。

表 17.2 IIRSA-COSIPLAN 和 IAI 的计划实施情况

RDG 倡议	目标	计划数量	投资额 *
南美地区基础设施一体化倡议（IIRSA-COSIPLAN）	为了实现南美地区基础设施的一体化而进行计划和项目的协调	交通互联互通：实施了 84 个项目，还有 155 个在执行中 能源基础设施：实施了 21 个项目，还有 12 个在执行中	1100 亿美元（预计投入交通互联互通） 508 亿美元（预计投入能源基础设施）
东盟一体化倡议（IAI）	为了缩小发展差距并加快东盟新成员的一体化	基础设施（交通和能源）：实施了 31 个项目 能力建设：实施了 102 个项目 信息通信技术：实施了 31 个项目 地区经济一体化：实施了 67 个项目 旅游：实施了 11 个项目	553.33 亿美元（2002—2008 年间）

* 对于 IIRSA-COSIPLAN，预计投资额是根据其《2012—2022 年工作计划》计算得出；对于 IAI，投资额是根据其《2002—2008 年工作计划》计算得出（Palestini and Agostinis，2015；Carpenter et al.，2013）。

一种更加引人深思的研究做法是，试图挑选出能够解释地区发展治理的不同影响和效果的因素。按照这种做法，我们可以引用的学术研究作品探讨的是外部指导下发展计划的治理问题（Easterly，2006；Stiglitz and Charlton，2006；Edwards and Hulme，1996；Moss et al.，2006）。在这类作品中，有三个关键主题与地区发展治理的影响研究有直接关联（Bruszt and Vedres，2012）。

第一个主题是，外部动员和资源转移的努力受到批评，被认为有很高的道义危害风险。有些地区发展治理倡议倾向于复制外部的发展援助模式，项目的目标和资助的目的都由外部资助者或地区主导行为体事前加以确定，而欠发达国家的国内行为体只是作为外部转移的接受者参与其中。这里的问题是，外部转移来的资源可能像是一种租金，冲淡了建设国内制度的激情。它可能会扭曲责任、妨碍内生的问题解决能力建设，最终可能导致持久的“习得性失助”（learned helplessness）（Moss et al.，2006；Edwards and Hulme，1996）。 【388】

信息不对称也很常见，一个地区发展治理倡议中的政策制定者（总秘书处或委员会、地区开发银行等）并没有具体议题上的基本知识，而政策遵从者即通常是当地的行为体却拥有这些知识。常见的情形是，这些行为体对于需要什么类型的制度改革或具体调整，一个既有项目的某些要素为什么会失败，应当采取什么调整路线，了解得并不全面、也不完整。此外，反馈渠道往往也不存在，或者被严重扭曲，对外部发展组织的问责机制也更加无力。结果，政策制定者就喜欢制定“不切实际的目标，并为实现它们而规划贪大求全的路线图”（Easterly，2006，367）。

要克服这里所提到的这些障碍，主要还得靠政策制定者所谓的对计划项目的“拥有者身份”。在有关发展治理的文献中，我们可以发现更多详细的机制，它们在实验式的治理框架下处理这些问题，依靠的是分配性问责关系和联合解决问题的方式，把政策制定者和遵从者放到多元性监督和援助网络当中（Barca，2009；Sabel and Zeitlin，2008；Idczak and Musialkowzka，2014）。“本地化”（Acharya，2004；本书第5章）奉行的是类似的治理原则，其中，一项政策的设计要考虑到大量不同的、来自本地的行为体以及它们的信念与实践，是它们将项目具体落实到地区情境中。

一般而言，促进多元性为地区发展治理倡议中的行为体提供了更多样化的信息和实验，这些关系到国内的变革，而许多国内行为体通过新的联盟、资源和知识得到授权（Andonova，2004；Jacoby，2004；Tallberg，2002）。此外，多元性还防止单个把关者掌控有关既定政策领域的资源、渠道和信息。不过，数量更多的行为体也加大了治理挑战。“南美地区基础设施一体化倡议”（IIRSA）就是这样的一个例子。由于缺少一个积极主动的行为体来引介不同的潜在利益相关者，这个倡议组合就变成了主要是由各个国家项目组成,而缺少对地区一体化产生重大影响的跨国家和超国家项目(Palestini and Agostinis,2015)。

地区组织的交叠也可能影响地区发展治理的有效性。例如在非洲,就有30个地区组织,它们中有许多在授权和成员组成上都相互交叠,且都有地区发展治理的倡议。在这种情况下,资源竞争和协调困难会破坏倡议的实施(Kararach,2014;本书第13章)。在其他地区,地区组织能够履行差异化的功能,虽然有成员组成上的交叉,但是并没有真正的授权交叉。比如在南美洲,南美国家联盟(UNASUR)就承担有同时属于某些次地区组织的发展倡议(参见Nolte,2014;本书第8章)。

【389】最后,一个可以增强地区发展治理有效性的因素是,社会责任性越来越大。在大多数地区,公民不了解地区政策,也不知道地区公共产品是怎么来的,甚至包括那些可能直接影响他们日常生活的地区公共产品。比如,很少有秘鲁人知道,穿过他们市镇连接巴西西南部市镇的新修高速公路,是由IIRSA这个地区倡议还是由秘鲁国家公共工程部来实施的。即使在欧盟这个唯一最接近地区政体的地区机制里,政策制定者也不无遗憾地知道,在欧洲议会中,对于"欧洲凝聚计划"的结果和影响并没有激烈的争辩(参见Barca,2009)。

结 论

本章对地区发展治理(RDG)作了一个综述,并把地区发展治理定义为,同一地区两个或多个国家的国家行为体和非国家行为体出台政策,将发展和发展相关议题与更广泛的地区合作和(或)经济一体化相关议题结合起来的种种方式。我们表明,在二战后时期,地区发展治理主要指向通过集中化治理支持工业化和经济转型,而在20世纪八九十年代,随着新自由主义经济思想占据主流地位,地区发展治理倡议就从属于贸易自由化和结构调整的目标。在过去20年间,新的发展政策出现在了各个地区环境中,旨在协调促进市场一体化和促进发展的不同要求,途径是提供地区公共产品和增强各项国内能力。

对地区发展治理倡议的比较研究还处在起步阶段。对这些治理机制的种种动因和维度的更深入探讨,可以让我们更好地理解以下问题:谁以及在多大程度上界定了发展?地区发展治理是如何在地区一体化进程中形成财富和机会的分配的?总之,谁是发展的受益者?

导致地区发展治理的形成可能有几种因素。我们提到,一个地区各国间的不对称相互依赖是其中一个因素,它能够诱发一个地区内更强大、资源更丰富的行为体,去寻找如何在加深一体化过程中提高收益和降低成本的办法，其途径是推动实行能够预见并减轻一体化的发展负外部性的治理形式。但是相互依赖只是导致地区发展治理倡议形成的一个因素。外部冲击、特殊事件和地缘政治考虑，可能也会激发地区行为体去探索如何协作和协调发展的努力。在这些情况下，(增强的)相互依赖可能是地区发展治理倡议造成的。

地区发展治理倡议在目标和手段上各有不同。我们所举的例子是关于地区发展治理的特性如何影响其后果和有效性的，这些特性包括：它们如何定义其目标，如何针对欠发达国家中的公私行为体开展能力建设，以及如何把它们纳入联合解决问题之中。

我们对地区发展治理与外部资助的发展项目进行的区分当然还是粗略的，因为许 【390】
多地区发展治理倡议都接受和共享来自“区外伙伴”的资助。发展中经济体有一大部分地区公共产品，实际上是通过官方发展援助(ODA)和外来投资进行融资的，而随着中国和印度成为重要贡献方，它们又日益通过南南合作来融资。然而发展中和新兴经济体正在转向采用地区发展治理的形式，这种形式提高了它们在界定发展上的自主性，并有助于降低援助资金流波动所带来的脆弱性，这在全球经济不景气的时代，当经合组织(OECD)资助方重新考虑它们的发展援助项目时，成为一个尤其重要的考虑因素(Kararach，2014)。如果我们以“东盟一体化倡议”(IAI)的第一个工作计划(2002—2008年)为例，可以发现，有60%的出资来自内部，即东盟六国。只有36.6%的出资来自OECD资助方，还有余下的3.4%来自相关发展机构(国际劳工组织、世界银行、联合国工业发展组织和汉斯·赛德尔基金会)，并且资源的协调和分配是由东盟秘书处和亚洲开发银行来做的(Carpenter et al.，2013，164)。

同样，在开发银行领域，有一种总的趋势是，从以多边开发银行(如世界银行)为主，转向以地区甚至次地区开发银行为主。据认为，由于后者“更加贴近当地实际”，所以它们与地区认同有共识，并在地区内的国家和非国家行为体当中享有更高的合法性(Grabel，2012；Griffith-Jones et al.，2008)。拉美和东南亚的两个例子肯定了这一观察。在拉美，安第斯开发银行(CAF)是1968年由安第斯国家建立的，它与安第斯地区一体化进程紧密相连，受益于拉美国家对它的广泛接纳，各国往往首选它作为资助者，而不首选世界银行，甚至不首选美洲开发银行(IDB)(Palestini and Agostinis，2015；Rubio，2013)。在东南亚，1997年亚洲金融危机之后，东盟国家激烈批评国际货币基金组织(IMF)和“华盛顿共识”政策，指责它们加剧了危机。东盟转向了亚洲开发银行(ADB)，亚行过去支持过几个大的地区倡议，如“东盟+3”机制、“清迈倡议”或“亚洲货币联盟倡议”(Dent，2008；Palestini，2012；本书第16章)，因此它被认为对地区主义更加投入。亚行(ADB)在该地区的合法性，因为2005年在黑田东彦行长任内创立的“地区一体化办公室”而得到强化，该办公室从那时以后作为一个事实上的总秘书处与东盟秘书处一起发挥着作用（Dent，2008）。

总之，地区发展治理（RDG）倡议在过去20年间发生了变化。尽管我们能够看得出，原来的国家与市场二元划分发生了转变，但是，仍有必要进一步开展比较研究，以探索市场与国家行为体之间在解决发展问题时更具体的协作形态，并探讨它们的发展影响。地区发展治理倡议和地区开发银行都宽泛地使用像"地区公共产品"或"增强对发展计划的'所有权'"这样的概念，它们可能指的是更大范围的不同解决方案，需要加以更深入探讨。在较低发展水平的国家之间，地区发展治理倡议通常所涉范围更窄，在塑造其成员能力方面更肤浅。区外赞助者的加入可能会推动发展，但这种外来干预却引发了关系到本章所讨论的赞助者与接受赞助者之间关系治理的所有问题。

【391】

附 录

附表 A17.1 地区发展治理的组织

地区	成立年份	组织名称（缩写）	涵盖的主要议题领域	成员（加入年）	官网地址
非洲	1964	非洲开发银行（AfDB）	发展计划融资	非盟成员国，加上27个区外国家	http://www.afdb.org/en/
	1967	东非开发银行（EADB）	发展计划融资	东非共同体成员国、非洲开发银行、荷兰开发融资公司（FMO）、德国投资开发公司（DEG）、非洲控股小企业投资公司（SBIC）、非洲商业银行、渣打银行、巴克莱银行	http://eadb.org/
	1973	西非开发银行（BOAD）	发展计划融资	贝宁、布基纳法索、科特迪瓦、几内亚比绍、马里、尼日尔、塞内加尔、多哥、西非国家央行（BCEAO）、法国、德国复兴信贷银行（代表德国）、欧洲投资银行（代表欧盟）、非洲开发银行（AfDB）、比利时、印度进出口银行（代表印度）、中国人民银行（代表中国）、摩洛哥	http://www.boad.org/en
	1975	中非国家开发银行（BDEAC）	发展计划融资	中非经济货币共同体（CEMAC）成员国，加上非洲开发银行（AfDB）、法国、利比亚、科威特	http://www.bdeac.org/index.php#
	1995	南部非洲电力联营公司（SAPP）	能源互联互通计划	南共体（SADC）成员国	http://www.sapp.co.zw/

续表

地区	成立年份	组织名称（缩写）	涵盖的主要议题领域	成员（加入年）	官网地址
	1998	南共体银行业协会	发展计划融资	南共体（SADC）成员国	http://www.sad-cbanking.org/index.aspx
	1999	西共体投资开发银行（EBID）	发展计划	西共体（ECOWAS）成员国	http://bidc-ebid.com/en/index.php
	2001	西非电力公司（WAPP）	能源互联互通计划	西共体（ECOWAS）成员国	http://www.ecowapp.org/
	2001	非洲发展新伙伴计划（NEPAD）	发展计划协调与管理	非盟（AU）成员国	http://www.nepad.org/
	2003	中非电力联营公司（CAPP）	能源互联互通计划	中非经济共同体（ECCAS）成员国	N/D
	2003	南共体地区指示性发展计划	南共体（SADC）发展与一体化计划协调与管理	南共体（SADC）成员国	http://www.sadc.int/about-sadc/overview/strategic-pl/re-gional-indica-tive-strategic-devel-opment-plan/
	2005	东非电力联营公司（EAPP）	能源互联互通计划	布隆迪、民主刚果、埃及、埃塞俄比亚、肯尼亚、利比亚、卢旺达、苏丹、坦桑尼亚、乌干达	http://eappool.org/
	2008	非洲能源委员会（AFREC）	能源合作与一体化计划协调与管理	非盟（AU）成员国	http://afrec-energy.org/En/presentation.html
	2010	非洲基础设施开发计划（PIDA）	地区基础设施（能源、交通、通讯）协调与落实	非盟（AU）成员国	http://www.afdb.org/en/top-ics-and-sectors/ini-tiatives-partner-ships/pro-gramme-for-infras-tructure-develop-ment-in-africa-pida/
	2012	东非共同体产业化政策	产业政策与能力提升协调与落实	东非共同体（EAC）成员国	http://industrializa-tion.eac.int/
	1959	美洲开发银行（IDB）	发展计划融资与协调	美洲国家组织（OAS）成员国，加上日本、以色列、韩国、中国、奥地利、比利时、克罗地亚、丹麦、芬兰、法国、德国、意大利、荷兰、挪威、葡萄牙、斯洛文尼亚、西班牙、瑞典、瑞士和英国	http://www.iadb.org/en/inter-ameri-can-develop-ment-bank,2837.html

续表

地区	成立年份	组织名称（缩写）	涵盖的主要议题领域	成员（加入年）	官网地址
美洲	1960	中美洲经济一体化银行（CABEI）	发展计划融资	危地马拉、萨尔瓦多、洪都拉斯、尼加拉瓜、哥斯达黎加(1960) 巴拿马、多米尼加、伯利兹、墨西哥、阿根廷、中国、哥伦比亚、西班牙	http://www.bcie.org/?lang=en
	1968	拉美开发融资机构协会（ALIDE）	拉美地区开发融资机构合作与代表	来自拉美地区负责发展计划融资的80家公私融资机构。也包括区外融资机构。	http://www.alide.org.pe/
	1969	拉普拉塔河流域国家政府间协调委员会（CIC）	促进、协调拉普拉塔河流域次地区发展计划	阿根廷、玻利维亚、巴西、巴拉圭、乌拉圭	http://www.cic-plata.org/?id=home
	1969	加勒比开发银行(CDB)	发展计划融资	安圭拉、安提瓜和巴布达、巴巴多斯、伯利兹、英属维京岛、开曼群岛、多米尼加、格林纳达、圭亚那、海地、牙买加、蒙特塞拉特、圣基茨和尼维斯、圣卢西亚、圣文森特和格林纳丁斯、苏里南、巴哈马、特立尼达和多巴哥、特克斯和凯科斯群岛、哥伦比亚、墨西哥、委内瑞拉、加拿大、中国、德国、意大利、英国	http://www.caribank.org/
	1970	安第斯开发银行(CAF)(今拉美开发银行)	发展计划融资与协调	阿根廷、玻利维亚、巴西、智利、哥伦比亚、哥斯达黎加、多米尼加、厄瓜多尔、牙买加、墨西哥、巴拿马、巴拉圭、秘鲁、葡萄牙、西班牙、特立尼达和多巴哥、乌拉圭、委内瑞拉	http://www.caf.com/en
	1973	拉美能源组织（OLADE）	能源计划和政策合作与协调	阿根廷、玻利维亚、巴西、智利、哥伦比亚、厄瓜多尔、巴拉圭、秘鲁、乌拉圭、委内瑞拉、巴巴多斯、古巴、多米尼加、格林纳达、圭亚那、海地、牙买加、特立尼达和多巴哥、苏里南、伯利兹、哥斯达黎加、萨尔瓦多、危地马拉、洪都拉斯、墨西哥、尼加拉瓜、巴拿马、阿尔及利亚(永久观察员国)	http://www.o-lade.org/en
	1977	拉普拉塔河流域发展基金（FONPLATA）	发展计划协调与融资	阿根廷、玻利维亚、巴西、巴拉圭、乌拉圭	http://www.fonplata.org/
	1993—2003	北美环境合作基金(NAFEC)	环境计划协调与合作	美国自由贸易协定(NAFTA)成员国	http://www.cec.org/Page.asp?PageID=122&ContentID=1860&SiteNodeID=367

续表

地区	成立年份	组织名称（缩写）	涵盖的主要议题领域	成员（加入年）	官网地址
	1994	北美开发银行（NADB）	发展计划协调与融资，尤其在美墨边境地区	美国自由贸易协定（NAFTA）成员国	http://www.nadbank.org/about/origins.asp
	1994	边境环境合作委员会（BECC）	协调和落实旨在改善美墨边境环境条件的计划	美国自由贸易协定（NAFTA）成员国	http://www.becc.org/about-us
	2000–2010	南美地区基础设施一体化倡议（IIRSA）/UNASUR-COSIPLAN	地区交通、能源和电信基础设施的协调、融资和监督	南美国家联盟（UNASUR）成员国	http://www.iirsa.org/Page/Detail? menuItemId=45
	2001	普埃布拉-巴拿马计划（PPP）-中美洲计划（MP）	发展计划协调与监督，特别是在地区基础设施领域	伯利兹、哥伦比亚、哥斯达黎加、萨尔瓦多、危地马拉、洪都拉斯、墨西哥、尼加拉瓜、巴拿马、多米尼加（2006）	http://www.proyectomesoamerica.org/joomla/
	2004	南共市经济融合基金（FOCEM）	发展计划协调与融资，以在南共市（Mercosur）成员国中减轻不对称	南共市（MERCOSUR）成员国	http://www.mercosur.int/focem/
	2007	南美国家联盟（UNASUR）能源理事会	协调能源合作与一体化计划	南美国家联盟（UNASUR）成员国	http://www.unasursg.org/es/node/22
	2009	南美国家联盟（UNASUR）社会发展理事会	协调相关计划，旨在加强社会发展和社会保护体系	南美国家联盟（UNASUR）成员国	http://www.unasursg.org/es/node/26
	1966	亚洲开发银行（ADB）	发展计划融资与协调	阿富汗、亚美尼亚（2005）、澳大利亚、阿塞拜疆（1999）、孟加拉国（1973）、不丹（1982）、文莱（2006）、柬埔寨、中国（1986）、库克群岛（1996）、斐济（1970）、格鲁吉亚（2007）、中国香港（1969）、印度、印度尼西亚、日本、哈萨克斯坦（1994）、基里巴斯（1974）、韩国、吉尔吉斯（1994）、老挝、马来西亚、马尔代夫（1978）、马绍尔群岛	http://www.adb.org/

续表

地区	成立年份	组织名称（缩写）	涵盖的主要议题领域	成员（加入年）	官网地址
亚洲	1966	亚洲开发银行（ADB）	发展计划融资与协调	（1990）、密克罗尼西亚（1990）、蒙古（1991）、缅甸（1973）、瑙鲁（1991）、尼泊尔、新西兰、巴基斯坦、帕劳（2003）、巴布亚新几内亚（1971）、菲律宾、萨摩亚、新加坡、所罗门群岛（1973）、斯里兰卡、中华台北、塔吉克斯坦（1998）、泰国、东帝汶（2002）、汤加（1972）、土库曼斯坦（2000）、图瓦卢（1993）、乌兹别克斯坦（1995）、瓦努阿图（1981）、越南、奥地利、比利时、加拿大、丹麦、芬兰、法国（1970）、德国、爱尔兰（2006）、意大利、卢森堡（2003）、荷兰、挪威、葡萄牙（2002）、西班牙（1986）、瑞典、瑞士（1967）、土耳其（1991）、英国、美国	http://www.adb.org/
	1973	伊斯兰发展银行（ISDB）（包括非洲穆斯林国家在内）	发展计划融资与协调	伊斯兰合作组织（OIC）成员国	http://www.isdb.org/irj/portal/anonymous?guest_user=idb_en
	1992	大湄公河次区域合作（GMS）	发展计划协调以加强该次区域经济合作	柬埔寨、中国（云南省和广西壮族自治区）、老挝、缅甸、泰国、越南	http://www.adb.org/countries/gms/main
	1993	印尼—马来—泰国增长三角（IMT-GT）	协调发展计划以加速欠发达省份的经济转型	印度尼西亚、马来西亚、泰国	http://www.imtgt.org/
	1994	文莱—印尼—马来—菲律宾东盟东部增长区（BIMP-EAGA）	协调发展计划以缩小发展差距	文莱、印度尼西亚、马来西亚、菲律宾（各自的部分省份）	http://www.adb.org/countries/subregional-programs/bimp-eaga[①]
	1996	南亚发展基金（SADF）	发展计划融资	南盟（SAARC）成员国	http://www.icb.gov.bd/news_sadf.php

① 这是亚行网站上对该组织的介绍，其官网地址实际应为：https://www.bimp-eaga.asia/。——译者

续表

地区	成立年份	组织名称（缩写）	涵盖的主要议题领域	成员（加入年）	官网地址
	2000	东盟一体化倡议（IAI）	协调计划以缩小东盟成员国之间的差距	东盟（ASEAN）成员国	http://wwwasean org/communities/asean-economic-community/category/initiative-for-asean-integration-and-narrowing-the-development-gap
	2012	东盟基础设施基金	交通互联互通计划融资（东盟的主要互联互通计划）	东盟（ASEAN）成员国	http://www.adb.org/site/aif/main
欧洲	1958	欧洲投资银行（EIB）	有利于欧洲增长和就业的发展计划融资	欧盟（EU）成员国	http://www.eib.org/about/index.htm
	1975	欧洲地区发展基金（ERDF）	发展计划融资，以缩小欧洲各地区间的发展差距	欧盟（EU）成员国	http://europa.eu/legislation_summaries/agriculture/general_framework/g24234_en.htm
	1990	跨欧洲交通网络（TEN-T）	协调交通互联互通计划	欧盟（EU）成员国	http://ec.europa eu/transport/infrastructure/tentec/tentec-portal/site/en/abouttent.htm
	1991	欧洲复兴开发银行	通过项目培育增长和投资，以促进各国向市场经济转型	阿尔巴尼亚、亚美尼亚、阿塞拜疆、白俄罗斯、波黑、保加利亚、克罗地亚、塞浦路斯、埃及、爱沙尼亚、前南斯拉夫、格鲁吉亚、希腊、匈牙利、约旦、哈萨克斯坦、科索沃、吉尔吉斯斯坦、拉脱维亚、立陶宛、马其顿、摩尔多瓦、蒙古、黑山、摩洛哥、波兰、罗马尼亚、俄罗斯、塞尔维亚、斯洛伐克、斯洛文尼亚、塔吉克斯坦、突尼斯、土耳其、土库曼斯坦、乌克兰、乌兹别克斯坦	

续表

地区	成立年份	组织名称（缩写）	涵盖的主要议题领域	成员（加入年）	官网地址
	1994	波兰-匈牙利经济重建援助计划——欧共体援助中东欧计划（PHARE）	作为入盟策略的发展计划融资	新欧盟（EU）成员国	http://europa.eu/legislation_summaries/enlargement/2004_and_2007_enlarge-ment/e50004_en.htm
	1999	入盟结构政策工具（ISPA）	为候选国基础设施计划提供发展援助	欧盟（EU）候选成员国	
	1999	农业和农村发展特别准入计划（SAPARD）	为候选国农业和食品工业提供发展援助	欧盟（EU）候选成员国	http://ec.eu-ropa.eu/agricul-ture/exter-nal/enlarge/back/index_en.htm
欧亚	2006	欧亚开发银行（EDB）	为促进经济增长和地区一体化而进行发展计划的协调和融资	俄罗斯、哈萨克斯坦、亚美尼亚（2009）、塔吉克斯坦（2010）、白俄罗斯（2011）、吉尔吉斯斯坦（2011）	http://eabr.org/e/about/
大洋洲	1989	太平洋岛国开发银行	为加速这些岛国的经济社会发展而进行发展计划融资	雅浦、波纳佩、帕劳、科斯雷、楚克、关岛、北马里亚纳群岛联邦（CNMI）	http://www.pacificidb.com/

参考文献

Acharya, A.2004.How Norms Spread: Whose Norms Matter? Norm Localization and Institutional Change in Asian Regionalism.*International Organization*, 58: 239–275.

Andonova, L.B.2004.*Transnational Polities at the Environment: The European Union and Environmental Policy in Central and Eastern Europe*.Cambridge, MA: MIT Press.

Andonova, L.B.and Tuta, I.A.2014.Greener Together? Transnational Networks and Environmental Protection in the Enlarged EU.In: L.Bruszt and G.A.McDermott (eds.), *Leveling the Playing Field: Transnational Regulatory Integration and Development*.Oxford: Oxford University Press, 126–155.

Arndt, C, Jones, S, and Tarp, F.2014.Aid Effectiveness.In: M.Ndulo and N.Van de Walle (eds.), *Problems, and Paradoxes of Aid: Africa's Experience*.Newcastle upon Tyne: Cambridge Scholars Publishing, 16–37.

Babb, S.2009.*Behind the Development Banks*.Chicago, IL: University of Chicago Press.

Balassa, B.1962.*The Theory of Economic Integration*.London: Unwin University Books.

Baldwin, R.2011.*Trade and Industrialisation after Globalisation's 2nd Unbundling: How Building and Joining a Supply Chain are Different and Why It Matters*.NBER Working Paper Series 17716.Cambridge, MA: National Bureau of Economic Research.

Barca, F.2009.*An Agenda for A Reformed Cohesion Policy: A Place–Based Approach to Meeting European Union Challenges and Expectations*.Independent Report.Prepared at the Request of the European Commissioner for Regional Policy, Danuta Hübner.Brussels: European Commission.

Bhagwati, J.1993.Regionalism and Multilateralism: An Overview.In: J.De Melo and A.Panagariya (eds.), *New Dimensions in Regional Integration*.Cambridge: Cambridge University Press, 22–50.

Blyth, M.2002.*Great Transformations: Economic Ideas and Institutional Change in the Twentieth Century*.Cambridge: Cambridge University Press.

Bowles, P.2000.Regionalism and Development After(?) the Global Financial Crises.*New Political Economy*, 5(3): 433–455.

Braithwaite, J.2008.*Regulatory Capitalism: How It Works, Ideas for Making It Work Better*.Cheltenham: Edward Elgar.

Bronstone, A.1999.*The European Bank for Reconstruction and Development*.Manchester: Manchester University Press.

Bruszt, L.and Langbein, J.2014.Strategies of Regulatory Integration via Development: The Integration of the Polish and Romanian Dairy Industries into the EU Single Market.In: L.Bruszt and G.A.McDermott (eds.), *Leveling the Playing Field: Transnational Regulatory Integration and Development*.Oxford: Oxford University Press, 58–79.

Bruszt, L.and McDermott, G.A.2009.Transnational Integration Regimes as Development Programmes.In L.Bruszt and R.Holzhacker(eds.), *The Transnationalization of Economies, States and Societies: New Challenges for Governance in Europe*.Berlin: Springer.

Bruszt, L.and McDermott, G.A.2012.Integrating Rule Takers: Transnational Integration Regimes Shaping Institutional Change in Emerging Market Democracies.*Review of International Political Economy*, 19 (5): 742–778.

Bruszt, L.and McDermott, G.A. (eds.) 2014.*Leveling the Playing Field: Transnational Regulatory Integration and Development*.Oxford: Oxford University Press.

Bruszt, L.and Vedres, B.2013.Associating, Mobilizing, Politicizing: Local Developmental Agency from Without.*Theory and Society*, 42(1): 1–23.

Bull, B.and Bøås, M.2003.Multilateral Development Banks as Regionalising Actors: The Asian Development Bank and the Inter–American Development Bank.*New Political Economy*, 8(2): 245–261.

Burges, S.W. 2007. Building a Global Southern Coalition: The Competing Approaches of Brazil's Lula and Venezuela's Chávez. *Third World Quarterly*, 28(7): 1343–1358.

Cardoso, F.H. and Faletto, E. 1979. *Dependency and Development in Latin America*. Berkeley, CA: University of California Press.

Carothers, T. 2003. *Promoting the Rule of Law Abroad: The Problem of Knowledge*. Carnegie Endowment Working Papers No.34. Washington, DC: Carnegie Endowment for International Peace.

Carpenter, D, Alavi, R, and Zulkifli, I. 2013. Regional Development Cooperation and Narrowing the Development Gap in ASEAN. In: M.McGillivray and D.Carpenter (eds.), *Narrowing the Development Gap in ASEAN: Drivers and Policy Options*. Abingdon: Routledge, 134–177.

Chang, H.-J. 2011. Hamlet without the Prince of Denmark: How Development Has Disappeared from Today's Development Discourse. In: S.R.Khan and J.Christiansen (eds.), *Towards New Developmentalism: Markets as Means rather than Master*. Abingdon: Routledge, 47–57.

Cimoli, M, Dosi, G, and Stiglitz, J.E. 2011. *Industrial Policy and Development: The Political Economy of Capabilities Accumulation*. Oxford: Oxford University Press.

Dabène, O. 2009. *The Politics of Regional Integration in Latin America*. Basingstoke: Palgrave Macmillan.

Dabène, O. 2012. *Explaining Latin America's Fourth Wave of Regional Integration*. Paper presented at the Latin American Studies Association Panel "Waves of Change in Latin America. History and Politics," San Francisco.

De Andrade Correa, F. 2010. Regional Integration and Development. In: M.T.Franca Filho, L.Lixinski, and M.B.Olmos Giupponi (eds.), *The Law of MERCOSUR*. Oxford: Hart Publishing, 395–412.

Delors, J. 1989. *Report on Economic and Monetary Union in the European Community*. European Commission, Committee for the Study of Economic and Monetary Union. Presented April 17.

Dent, C.M. 2008. The Asian Development Bank and Developmental Regionalism in East Asia. *Third World Quarterly*, 29(4): 767–786.

Dent, C.M. and Richter, P. 2011. Sub-Regional Cooperation and Developmental Regionalism: The Case of BIMP-EAGA. *Contemporary Southeast Asia*, 33(1): 29–55.

Dosman, E. 2006. *Raúl Prebisch: Power, Principle and Ethics of Development*. Buenos Aires: INTAL.

Dunn, E.C. 2003. Trojan Pig: Paradoxes of Food Safety Regulation. *Environment and Planning*, 35(8): 1493–1511.

Easterly, W.R. 2006. *The White Man's Burden: Why the West's Efforts to Aid the Rest Have Done So Much Ill and So Little Good*. New York: Penguin Press.

ECLAC. 1959. *The Latin American Common Market*. Santiago: General Secretariat Economic Commission for Latin American and the Caribbean.

Edwards, M. and Hulme, D. 1996. Too Close for Comfort? The Impact of Official Aid on Nongovernmental Organizations. *World Development*, 24(6): 961–973.

Estevadeordal, A, Frantz, B, and Nguyen, T.R. 2004. *Regional Public Goods: From Theory to Practice*. Washington, DC: Asian Development Bank and Inter-American Development Bank.

European Commission.1997.*Agenda 2000:For a Stronger and Wider Union*.Brussels:European Commission.

Griffith-Jones,S,Griffith-Jones,D,and Hertova,D.2008.*Enhancing the Role of Regional Development Banks*.G-24 Discussion Paper No.50.New York:United Nations Conference on Trade and Development.

Helleiner,E.2009.The Development Mandate of International Institutions:Where Did It Come From? *Studies in Comparative International Development*,44(3):189-211.

Humphrey,C.2014.The Politics of Loan Pricing in Multilateral Development Banks.*Review of International Political Economy*,21(3):611-639.

Humphrey,C.and Michaelowa,K.2013.Shopping for Development:Multilateral Lending,Shareholder Composition and Borrower Preferences.*World Development*,44:142-155.

IDA.2007.*Aid Architecture:An Overview of the Main Trends in Official Development Assistance Flows*. Washington,DC:International Development Association/World Bank.

Idczak,P.and Musialkowska,I.2014.Assessment of the System of Project Selection under the Cohesion Policy:The Case of the Wielkopolska Region.*Evaluační teorie a praxe Ročník*,2(2):1-30.

Ismail,F.2007.Aid for Trade.*World Economics*,8(1):15-45.

Jacoby,W.2004.*The Enlargement at the European Union and NATO:Ordering from the Menu in Central Europe*.Cambridge:Cambridge University Press.

Jetschke,A.and Murray,P.2012.Diffusing Regional Integration:The EU and Southeast Asia.*West European Politics*,35(1):174-191.

Jordana,J.and Levi-Faur,D.2005.The Diffusion of Regulatory Capitalism in Latin America:Sectoral and National Channels in the Making of a New Order.*Annals of the American Academy for Political and Social Sciences*,598(1):102-124.

Jordana,J.and Levi-Faur,D.2014.Regional Integration and Transnational Regulatory Regimes:The Polycentric Architecture of Governance in Latin American Telecommunications.In:L.Bruszt and G.A. McDermott(eds.),*Leveling the Playing Field:Transnational Regulatory Integration and Development*. Oxford:Oxford University Press,271-293.

Kararach,G.2014.*Development Policy in Africa:Mastering the Future*? Basingstoke:Palgrave Macmillan.

Keating,M.2008.Thirty Years of Territorial Politics.*West European Politics*,31(1-2):60-81.

Keohane,R.O.and Ostrom,E.1995.*Local Commons and Global Interdependence:Heterogeneity and Cooperation in Two Domains*.London:Sage.

Lapavitsas,C.and Noguchi,M.2005.*Beyond Market-Driven Development:Drawing on the Experience of Asia and Latin America*.Abingdon:Routledge.

Larrain,J.1989.*Theories of Development:Capitalism,Colonialism,and Dependency*.Cambridge:Polity Press.

McGillivray,M.and Carpenter,D.(eds.) 2013.*Narrowing the Development Gap in ASEAN:Drivers and Policy Options*.Abingdon:Routledge.

McGillivray,M,Carpenter,D,and Iamsisaroj,S.2013.Monitoring Progress Towards Narrowing the Development Gap.In:M.McGillivray and D.Carpenter(eds.),*Narrowing the Development Gap in ASEAN: Drivers and Policy Options*.Abingdon:Routledge,65–83.

Milner,H.and Moravcsik,A.2009.*Power,Interdependence,and Non–State Actors in World Politics*.*Princeton*,NJ:Princeton University Press.

Moss,T.J,Pettersson,G,and Van de Walle,N.2006.*An Aid–Institutions Paradox? A Review Essay on Aid Dependency and State Building in Sub–Saharan Africa*.Center for Global Development Working Paper No.74.Washington,DC:Center for Global Development.

Nolte,D.2014.*Latin America's New Regional Architecture:A Cooperative or Segmented Regional Governance Complex?* EUI Working Paper 2014/8.Florence:Robert Schuman Centre for Advanced Studies.

Ottenhoff,J.2011.*Regional Development Banks*.Center for Global Development Brief.Washington,DC: Center for Global Development.

Padgett,J.and Ansell C.1993.Robust Action and the Rise of the Medici,1400–1434.*American Journal of Sociology*,98(6):1259–1320.

Palestini,S.C.2012.Regímenes de Integración Regional:La Construcción Institucional de los Mercados del Sur Global.*Revista de Sociología*,27:55–78.

Palestini,S.C.and Agostinis,G.2015.Constructing Regionalism in South America:The Cases of Sectoral Cooperation on Transport Infrastructure and Energy.*Journal of International Relations and Development*,advance online publication 8 May 2015;doi:10.1057/jird.2015.15.

Payne,A.and Phillips,N.2010.*Development*.Cambridge:Polity Press.

Perroux,F.1955.Note sur la Notion de Pôle de Croissance.*Économie appliquée*,8:307–320.

Prebisch,R.1963.*Hacia una Dinámica del Desarrollo Latinoamericano*.Mexico City:Fondo de Cultura Económica.

Rodríguez,E.2004.The Puebla–Panama Plan:A Political Mechanism for Coordinating Joint Actions.In: A.Estevadeordal,B.Frantz,and T.R.Nguyen(eds.),*Regional Public Goods:From Theory to Practice*. Washington,DC:Inter–American Development Bank and Asian Development Bank,337–346.

Rodrik,D,Subramanian,A.and Trebbi,F.2004.Institutions Rule:The Primacy of Institutions Over Geography and Integration in Economic Development,*Journal of Economic Growth*,9(2):131–165.

Rostow,W.W.1966.*The Process of Economic Growth*.New York:W.W.Norton.

Rubio,V.2013.*The Political Economy of Financial Cooperation in South America:CAF's Continuity, Growth and its Role on Regional Long–Term Development Lending*.Paper prepared for the Congress of the Latin American Studies Association (LASA),Washington,DC,May 29–June 1.

Sabel,C.F.and Zeitlin,J.2008.Learning from Difference:The New Architecture of Experimentalist Governance in the European Union.*European Law Journal*,14(3):271–327.

Schmitter,P.C.1970.A Revised Theory of Regional Integration.*International Organization*,24(4):836–868.

Sikkink,K.1991.*Ideas and Institutions:Developmentalism in Brazil and Argentina*.Ithaca,NY:Cornell University Press.

Sloan, J.W.1971.The Strategy of Developmental Regionalism: Benefits, Distribution, Obstacles, and Capabilities.*Journal of Common Market Studies*, 10(2): 138–162.

Spendzharova, A.and Vachudova, M.2014.Strategies for Integration in the EU's Pre-Accession Process: Reshaping Party Positions and State Institutions.In: L.Bruszt and G.A.McDermott(eds.), *Leveling the Playing Field: Transnational Regulatory Integration and Development*.Oxford: Oxford University Press, 156–182.

Stiglitz, J.E.and Charlton, A.2006.Aid for Trade.*International Journal of Development Issues*, 5(2): 1–41.

Strand, J.R.1999.State Power in a Multilateral Context: Voting Strength in the Asian Development Bank. *International Interactions*, 25(3): 265–286.

Tallberg, J.2002.Paths to Compliance: Enforcement, Management, and the European Union.*International Organization*, 56(3): 609–643.

Tinbergen, J.1965.*International Economic Integration*.Amsterdam: Elsevier.

UNCTAD.2013.*Economic Development in Africa Report 2013*.New York: United Nations.

Vivares, E.2013.*Financing Regional Growth and the Inter-American Development Bank: The Case of Argentina*.Abingdon: Routledge.

Wade, R.2011.The Market as Means rather than Master: The Crisis of Development and the Future Role of the State.In: S.R.Khan and J.Christiansen(eds.), *Towards New Developmentalism: Markets as Means rather than Master*.Abingdon: Routledge, 21–46.

WTO and OECD.2013.*Aid for Trade at a Glance: Connecting to Value Chains*.Paris: OECD Publishing.

第 18 章　地区社会性别治理

安娜·范·德尔·弗伦丁（Anna van der Vleuten）

【405】　社会性别治理是由各国、国际劳工组织（ILO）和其他联合国机构等共同进行的，它主要体现在国家层次和全球层次，但是近年来，在地区层次也出现了一定程度的社会性别治理。本章首先提出，社会性别治理在地区层次上可以划分为四种机制，这些机制的形成受到功能性和规范性参考标准的供给、外部行为体的参与、国家和超国家机构的不同能力以及国内和跨国动员的影响。其次，本章认为，在全球化背景以及地区主义的“新自由主义”特征存有争议的情况下，更为地区性的社会政策制定虽说不是完全没有，但也明显只是偶有发展，而且也没有趋势表明会成为具有约束力的工具。在讨论这些问题之前，让我们首先对这个研究领域作个界说。

社会治理是指“运用政治权力，取代、补充或修正经济体系的运作，以实现其自身无法实现的结果”（T.H.Marshall 的话，转引自 Falkner，2013，269）。尽管其市场矫正动机和政策工具性质与发展治理（参见本书第 17 章）类似，但社会治理的重点是个人（或个人组成的群体），而不是国家以及国民经济或地区经济。撇开人权、（劳工）移民和人口贩运问题（分别参见本书第 21 和第 20 章），我们这里所谈的“社会治理”通常可以定义为：**通过协调社会、卫生和劳工标准，规范社会权利，重新分配利益，并在教育、住房和卫生健康领域提供服务等来调节市场的政策**（Deacon et al.，2007；Falkner，2013）。本章重点关注的是，由地区组织所提供的社会规范（劳工权利、工作场所健康与安全标准、性别平等
【406】和非歧视）、社会保护（旨在实现社会融合和减少贫困的政策）和社会再分配（地区援助计划）。

在本章看来，性别治理是社会治理的一个具体方面，涵盖所有旨在实现机会平等和待遇公平的规则，以及旨在重新分配男女之间利益的措施。这就是说，性别治理要更全面些。在政治、经济和社会中实现性别平等是一个贯穿各领域的目标，这一点体现在

“性别主流化”(gender mainstreaming)策略中,这种变革策略就是通过将性别观点纳入“那些通常参与政策制定的行为体所参与制定的所有层级、所有阶段的所有政策之中”,以实现性别平等(Verloo,2005,350)。另外,基于对男女两性的不同影响,地区环境、金融、安全、发展和移民治理也都构成性别治理的实例,不过,本章仅限于讨论社会治理。最后,性别不仅仅是一个变量,也是一种视角,对此,本章最后有一节将予以介绍。

地区社会性别治理是保护我们免受全球化负面影响的避难所吗？或者反过来问,它是一种加速削弱国家福利体制的合法化手段吗？尽管这个问题很突出，但围绕它并没有形成连贯性的研究成果。不像地区安全研究或地区发展研究(分别参见本书第 14 和第 17 章),我们无法找到一个称作地区社会性别研究的领域。本章所综述的是地区主义研究、全球政治经济学、欧洲和欧盟研究、性别研究以及比较政治学等领域学者的著作。地区社会治理是一个同样研究得不够充分的政策领域(Deacon et al.,2011),除了对欧盟有一些关于其社会政策(Leibfried and Pierson,1995;Hantrais,2007;Threlfall,2010;Anderson,2015)、性别平等政策(Hoskyns,1996;Kantola,2010;Van der Vleuten,2007)以及社会政策欧洲化(Falkner,2007;Sedelmeier,2009)等方面的研究。在世界其他地区,我们发现,学术界对于全球化和贸易自由化对就业、劳工条件和性别平等的影响有十分重要的评估(Rai and Waylen,2008;Riggirozzi,2012),并且对于地区社会治理如何发展有所展望(Deacon et al.,2011;Kingah,2013)。不像全球社会性别治理研究主要讨论公司治理和公私伙伴关系，主要涉及对企业社会责任和联合国全球契约(UN Global Compact)的研究(Thissen-Smits and Bernhagen,2013;Prügl and True,2014),地区社会治理则主要研究的是政府治理。

本章在解释社会性别治理的出现及其制度设计之前，首先探讨一下它发展的时间节点和历程。接下来,本章将从政策和机会结构角度研究其影响。结论部分将提出一种性别视角,对本章的主要发现进行总结,并提出未来研究的议程。

地区社会性别治理的兴起

在国际劳工和妇女运动的推动下,并在 1919 年凡尔赛建立国际劳工组织(ILO)的 【407】
制度化形势下，超越民族国家的劳工权利和妇女权利首先在全球层次得到发展。按照“三方原则”组织起来的国际劳工组织,在二战后成为联合国体系的一部分,它通过的诸项公约如今已发展为劳工和社会权利的世界标准(Deacon et al.,2011)。其中,有八项公约被定义为“核心劳工标准”,即有关结社自由、集体谈判权、废除强制劳动、废除童工以及消除就业和职业歧视的标准(ILO,2015)。这些公约的批准和监督是一个持续的过程,由国际劳工组织、联合国教科文组织(UNESCO)、联合国各地区组织以及美国和欧盟等共同推动。美国和欧盟将它们纳入其贸易协定中,并为批准公约的发展中国家提供更多的好处(Baert et al.,2008;Deacon et al.,2011)。国际劳工组织基本公约的批准率在世界各地区之间有所不同,美洲 94%、非洲 98%、欧洲 99.8%,这些地区几乎所有国家都批准了几乎所有公约,相比之下,在阿拉伯国家和亚洲则分别只有 80%和 68%的批准率。[①]这些差异反映在世界不同地区组织的表现中。有些地区组织已经在其创立文件中或成立后不久,就确立了关于社会规范或性别平等的原则,例如,美洲玻利瓦尔联盟-人民贸易协定(ALBA-TCP)、南美国家联盟(UNASUR)、欧洲经济共同体/欧盟(EEC/EU)、北美自由贸易协定(NAFTA)和南部非洲发展共同体(SADC)等。大多数地区组织则是在联合国一系列事件发生后,才参与到社会性别治理中,这些事件包括:1995 年在哥本哈根举行的社会发展问题世界峰会、在北京举行的第四届世界妇女大会("北京 1995"),尤其是 2000 年的《联合国千年宣言》。欧亚和中东地区的一些地区组织仍然避免共同制定社会政策。在不同地区,不仅在何时发展社会性别治理,而且在发展了什么以及如何使其制度化方面,都存在着明显差异。

四种地区社会性别治理机制

根据地区组织的原则,可以区分出四种具有不同逻辑的社会性别治理机制:个人权利机制、市场主导的监管机制、国家主导的发展型机制和国家主导的保守型机制(详见表 18.1)。

【408】

表 18.1 15 个地区组织中的地区社会性别治理

	社会权利和规制					制度设计			
	劳工权利	性别平等与非歧视	工作场所安全与健康	社会保护	再分配(地区基金、援助)	1.不承诺 2.软承诺 3.硬承诺	社会对话	公民社会更广泛的接触	执行
1.个人权利机制									
欧委会(CoE)	X	X	X	–	–	3	–	X	诉讼法院
美洲国家组织(OAS)	X	X	X	–	–	3	–	–	诉讼委员会,法院

① 笔者根据 ILO Comparatives 得出。参见 http://www.ilo.org/dyn/normlex/en/f? p=1000:10011:3058852868253565::::P10011_DISPLAY_BY:3 (访问日期:2015 年 2 月 28 日)。

续表

	社会权利和规制					制度设计			
2.市场一体化机制									
安共体（CAN）	X	X	–	X	X	3	X	–	法院
欧盟(EU)	X	X	X	X	X	3	X	X	法院,委员会报告,同行互查
南共市（MERCO-SUR）	X	X	X	–	X	3	X	X	报告裁决
北美自贸定（NAFTA）	X	X	X	–	–	3	X	–	投诉
3.国家主导的发展型机制									
美洲玻利瓦尔联盟–人民贸易协定（ALBA–TCP）	–	X	–	X	X	2	X	X	–
非盟(AU)	X	X	–	X	–	2	X	X	报告法院
西共体（ECOWAS）	X	X	–	–		2	–	X	报告法院
南共体（SADC）	X	X	X	X	–	2	X	X	报告(法庭：2014年起只处理国家间争端)
南美联盟（UNASUR）	–	X	–	X	–	2		X	–
4.国家主导的保守型机制									
东盟（ASEAN）	X	–	X		X	2	X	X	监督
南盟（SAARC）	–	X	–	X	X	1	–	–	–
海合会（GCC）	–	–	–	–	X	1			–
阿盟(LAS)	–	X	X	–	X	1			报告

资料来源：笔者根据以下资料整理而成：Baert et al.（2008）；Deacon et al.（2010，2011）；CoE：http://www.coe.int/en/；OAS：http://www.oas.org/；CAN：http://www.comunidadandina.org/；EU：http://www.europa.eu/；Mercosur：http://www.mercosur.int/；NAFTA：http://www.naftanow.org/；ALBA–TCP：http://www.alba–tcp.org/；AU：http://www.au.int/；ECOWAS：http://www.ecowas.int/；SADC：http://www.sadc.int/；UNASUR：http://www.unasursg.org/；ASEAN：http://www.asean.org/；SAARC：http://www.saarc–sec.org/；GCC：http://www.gcc–sg.org/eng/；LAS：http://www.arableagueonline.org/。

【410】 个人权利机制是在没有市场一体化任务的地区组织中发展起来的，例如欧洲委员会(CoE)和美洲国家组织(OAS)。它们所做的是标准制定,而不是社会保护或社会再分配工作。欧洲委员会在1961年通过一份《欧洲社会宪章》,其中列出了31种公民和工人的权利,包括享受社会福利服务的权利、组织工会的权利、罢工的权利以及免遭解雇的权利等(Threlfall,2010)。美洲国家组织在其《社会宪章》中指出,“美洲各国人民合法地渴望获得社会正义,各国政府有责任促进这种权利的实现”(OAS,2012)。该《社会宪章》包含了一系列丰富的、基于个人权利的社会和经济权利。20世纪90年代,美洲国家组织还通过了几项旨在确保经济、社会和政治生活各领域中男女权利平等的文书(Lohaus,2013)。这些机制的决策基本上是政府间的行为,不允许三方委员会或除法律专家以外的公民社会行为体有组织地参与。它们拒绝任何对国家主权的干涉，但也建立了强有力的监督委员会和法院,以便个人可以提出申诉。

第二种社会性别治理机制中的地区组织则有市场一体化任务。从根本上讲，它们集中于消除不正当竞争的障碍。由于在薪酬、社会保障福利和其他劳工条件方面,对女性的待遇不如男性(反之亦然)会造成竞争优势,因此,这些地区组织对性别平等也进行了规制。性别治理并不解决身体政治问题,除非这种问题可以纳入服务(如堕胎)或劳动条件(如工作场所的性骚扰)的自由市场范畴。在这些地区组织中,社会治理发展最好的是欧盟,它在性别平等、工作场所健康与安全以及较小程度的社会和劳工权利方面,均采用了具有约束力的标准。2009年,欧盟在《里斯本条约》所附的《基本权利宪章》中纳入了“欧洲社会模式”,其中描述了一些共同价值,例如集体谈判自由、所有人机会均等、社会福利和团结，并“坚信经济和社会的进步必须齐头并进”(Stratigaki,2012,174)。这似乎是朝着建立社会公民身份和更全面的社会维度迈出的一步,但欧盟的社会政策仍然高度分散(Barnard and Deakin,2012)。在新自由主义的“四大自由”(劳工、商品、服务和资本)观念与社会政策之间还存在宪法上的不对称(Scharpf,2002),这在福利国家的背景下是可以理解的,因为它们刚刚发展到经济和货币政策相协调的程度。在南共市(MERCOSUR)中,也存在类似的逻辑。与有效保护投资者的迁徙自由相比,南共市并没有有效的劳工权利机制(Baert et al.,2008)。1998年《社会劳工宣言》是工会长期鼓动的最终结果。它不是具有约束力的文件,但被视为“为了保留工人在国家层次上已经享有的权利，并确保工会对南方共同市场的支持而必须采取的基本行动”(Duina,2006,141)。性别平等主要通过工会进入议程,并一直仅限于就业领域,直到21
【411】 世纪初南美各国政府“向左转”之后,南方共同市场才开始从新自由主义范式转向后自由主义范式,从而根据“北京1995”(Ribeiro Hoffmann,2014),从广义上采纳了有关性别平等的建议。在安共体(CAN)中,市场一体化机制薄弱,根据巴尔特等人(Baert,2008,19)

的观察，“诸如工作场所的安全与卫生、劳动力迁移、社会保障和能力建设等议题得到了讨论，但影响不大”。

《社会发展整体计划》不涉及劳工权利，《性别平等方案》也缺乏具体措施（Cánepa，2011）。这些组织经常在劳工和妇女运动的推动下，才采用社会法规。它们建立了协商性的三方机构，但只有在欧盟中，企业和工会的代表才通过《社会伙伴协议》机制获得立法权（Threlfall，2010）。市场一体化机制会建立某种执行机制，因为所有国家都希望其他国家受到相同规则的约束，以使市场正常运转。这些机制的范围包括从申诉程序到成熟的超国家法院，即欧盟的欧洲法院（ECJ）（参见本书第23章）。欧洲法院在维护个人的社会权利方面发挥着重要作用，但是，显然它不是一个社会进步法院。欧洲法院最终将市场自由置于基本社会权利之上，这反映了“市场一体化机制”的逻辑（比如，the Viking，Laval，and Rüffert 这个案例；Reich，2008）。

第三种机制，即国家主导的发展型机制，它把消除贫困和社会不平等的斗争置于市场一体化目标之前（参见本书第17章）。一个很好的例子是美洲玻利瓦尔联盟-人民贸易协定（ALBA-TCP），它监管不力，但它旨在通过所谓的“大国家计划”建立一个地区发展的福利机制，该计划在两个或多个成员国之间实行，并由跨国的“国家大公司”运营（Riggirozzi，2012）。地区一体化不被视为是在社会政策起补充作用的情况下成功融入全球经济的一种乐观因素，而被视为基于社会再分配和团结的变革性计划（Yeates，2014）。自成立以来，本着同样的后自由主义精神，南美联盟（UNASUR）已经制定了强有力的社会政策议程（Briceño-Ruiz，2010）。非盟的“非洲社会政策框架”并没有响应美洲玻利瓦尔联盟-人民贸易协定（ALBA-TCP）的变革动力，因为它“不再将社会发展视为从属于经济增长”（Deacon，2010，184）。在西共体（ECOWAS）和南共体（SADC）等非洲次地区组织中，社会经济议程主要是对促进可持续增长和发展、“体面工作”（统一劳动法）和消除贫困的关注（Deacon，2010）。在发展型机制中，性别被认为是结构性不平等的根源之一，政策并非旨在防止不公平竞争，而是“为克服歧视和排斥以实现更公正和平等的社会而采取的变革性做法”（González-Quevedo Alpizar，2013，1）。发展型机制的解放性使命在于，解决包括性别暴力在内的性别问题。例如，非盟和南共体都通过了关于两性平等的全面议定书，以及关于妇女经济权利和性别暴力行为的严格标准，这与其反对殖民和种族隔离经历的反歧视使命相符合（Van Eerdewijk and Van de Sand，2014；Van 【412】 der Vleuten and Hulse，2014）。这些组织都拥有可进行重新分配的基金，主要基于石油收入或捐赠资金。相比于具有约束力的工具，它们更倾向于进行项目开发以及不具约束力的宣言和对话。南共体则是个特例，它有一项具有约束力的性别平等协议，其中甚至包含具体目标和达成期限。但是尽管南部非洲工会代表大会施加了巨大压力，在社会权利领域，南共体也仅有一部非约束性的《社会宪章》(Van der Vleuten and Hulse, 2013)。

第四种机制包括诸如亚洲的东盟(ASEAN),和南盟(SAARC)以及阿拉伯地区的海合会(GCC)和阿盟(LAS)。在某种程度上,它是一种保守型机制,旨在维护现有的社会等级制(男女之间、多数族裔与少数族裔之间)。它只在面临社会变革的内部或外部压力时,才制定地区社会和性别政策。这些组织在其政策文件中提及社会权利和性别时,措辞也含糊不清。集体劳工权利被认为是敏感议题,即使有需求,这些组织也不愿批准国际劳工组织公约或制定地区标准。例如,《南盟社会宪章》规定了妇女和儿童的权利,但没有提及劳工权利,更不用说童工。它虽然提及了健康问题,但在该地区的纺织和化工产业重大事故的背景下,它也未提及工作场所的健康与安全(Chavez,2010)。东盟和南盟的地区社会治理发展靠的是“发表一些勾画意图、愿景或指南的宣言和声明”(Chavez,2010,151)。东盟发布过一份全面的《社会-文化共同体蓝图》,承诺确保“所有东盟国家人民都能享受到社会福利，并保护他们免受全球化和一体化的潜在负面影响”,但其唯一的促成手段是研究和“鼓励”(ASEAN,2009,6-7)。令人震惊的是,除了应邀批准国际劳工组织的公约外,这些组织竟缺乏标准的制定。这种保守型机制从根本上看是政府间的机制。至于非国家行为体的参与,东盟已经与一些商业团体和(经严格认证的)公民社会团体进行了“政策对话”,但南盟和东盟仍然缺乏“明确的接受来自选民的非正式意见或反馈的机制”(Chavez,2010,142)。东盟秘书处自 2008 年以来就负责监督协议的实施,但在社会领域,东盟仍然没有任何执行机制。

地区社会治理的制度设计随着规则的特点、非国家行为体意见和反馈的制度空间以及执行机制的不同而有所不同(全面的概览请参见表 A18.1)。发展型机制和保守型机制中的大多数文件都还只是冠冕堂皇的声明。只有个人权利机制和市场一体化机制拥有执行机制,但它们似乎在两个方面仍遭受阻力。欧洲委员会、美洲国家组织和欧盟的法院均被指控越权,而且成员国一直在试图限制它们的执行权(Lohaus,2013;本书第
【413】 23 章)。另外,欧盟政府越来越多地选择约束较小的政策手段。新的社会经济治理架构被称为“欧洲学期”(European Semester),它是基于社会保护和社会融合的“开放式协调方法“(Social OMC),并与欧洲法院保持一定的距离(Zeitlin and Vanhercke,2014)。当然,并没有出现朝更具约束力的承诺迈进的大趋势。这种情形令人震惊,毕竟对于地区主义的人性的、社会的一面或者甚至地区主义的变革性模式,世界范围内已有强大的动员和号召(McKeever,2008; Riggirozzi,2012)。本章下一节将从描述转向解释。

解释地区社会性别治理

为了解释地区社会性别治理为什么兴起，以及其在实质和制度设计上有差异的原因是什么，本章根据博泽尔和范·许伦(Börzel and Van Hüllen，2015)的观点，从理性主义和建构主义的需求和供给因素角度展开论述(参见本书第 3 章和第 5 章)。

地区社会性别治理的需求动力

在个人权利机制中发展社会性别治理，主要是为了"锁定"国内的社会权利和人权。在市场一体化机制中，则有多种驱动因素。首先，在一体化市场中，成员国是出于抑制全球化和经济相互依赖所产生的负外部性的需要。尽管迪肯等人(Deacon et al.，2011)发现，在区内贸易紧密度和地区劳工权利领域的进步之间几乎没有正相关关系，但这种解释对于商品、资本和服务的自由流动有可能导致不公平竞争和社会遗弃的机制而言，似乎仍是合理的。具有高度社会(或任何其他市场矫正)保护的国家面临竞争劣势，尤其是在市场一体化遵循新自由主义方式的情况下，根据新自由主义，福利的改善将来自于"市场自由化带来的经济增长，而不是公共政策的监管和分配"(Falkner，2013，269)。建立平等竞争环境的需求兴起于 1957 年，当时的《欧洲经济共同体条约》纳入了关于带薪假期和男女同工同酬的约束性条款(Van der Vleuten，2007)。这也解释了为什么在 1994 年，北美自由贸易协定(NAFTA)是第一个附带劳工权利协议即《北美劳工合作协议》(NAALC)的自由贸易协定，从而"锁定"了墨西哥，并令其承诺执行其国内劳工法和国际劳工组织的核心公约(Duina，2015；本书第 7 章)。随后，劳动力市场上的公平待遇原则扩散至更广泛的非歧视议题领域，诸如移民的社会保障问题(参见本书第 【414】 20 章)。但是当自由流动规则优先于社会政策目标时，相同的市场一体化逻辑可能会产生"负面的""外溢"效应(Reich，2008)。第二种机制是，采用支付补偿的办法，以便在加深一体化时能获得较脆弱国家的同意(Moravcsik，1993)，就像 1992 年欧盟通过结构性的凝聚基金赢得南欧国家支持其建立经济和货币联盟的决定一样。最后，地区一体化作为全球化手段的性质颇具争议，有可能激起人们质疑其合法性("人性的、社会的一面")。在金融和经济危机的背景下，缺乏国内合法性一直是推动欧盟和南共市社会政策发展的动力。

在国家主导的发展型机制中，社会性别治理是地区为反对全球化而进行的变革计划的一部分。社会保护和再分配会引入其中，以防止由于成员国之间的发展差异而导致进一步一体化的中断(参见本书第 17 章),或者由于对特定群体切实有效而促进国内的合法性。

在保守型机制中,成员国采取社会性别政策主要是出于对合法性的关注,包括国际的也包括国内的合法性。东盟在 2003 年决定创建一个社会-文化共同体,这符合规范适当性逻辑(Chavez,2010)。此外,尤其是那些在民主和人权方面饱受诟病的国家,可能会出于宣扬、提高自身国际声誉的目的而重视社会权利和性别平等,从而采取地区社会政策(McKeever,2008;Söderbaum,2014)。这能使它们吸引外国直接投资(FDI)或捐助资金,并且不必迫使它们采取可能削弱其国内地位的变革。这种模式,我们在保守型机制和发展型机制中都有所发现。

地区社会性别治理的供给

如果需求因素回答了地区组织为何参与社会性别治理的问题,那么,供给因素则有可能解释其政策和工具的选择, 即霸权领导、援助激励和公民社会行为体施压(Börzel and Van Hüllen,2015)。

地区霸权国或领导国的经济政治利益影响着社会性别治理。在美洲国家组织中,美国的利益影响了其社会性别治理,旨在锁定政治改革而又不干涉各成员国内部事务(Lohaus,2013)。美国政府提倡用《北美劳工合作协议》(NAALC)来缓解工会和国会的反对(Duina,2015)。在委内瑞拉的利益驱动下,美洲玻利瓦尔联盟-人民贸易协定(ALBA-
【415】 TCP)的社会治理表现为反霸权模式,而在南共体(SADC)中,后种族隔离时期的南非希望在地区和大陆层次恢复其合法性(Van der Vleuten and Hulse,2013)。在发展型机制和保守型机制中,外部行为体和非国家援助者提供了激励措施,以促使一些出于物质或意识形态原因本不会轻易采用社会性别政策的地区组织采用这些政策。迪肯和马科维(Deacon and Macovei,2010)区分了三类相关的国际行为体:联合国各地区经济委员会、各地区开发银行和联合国中具有“社会使命”的部门性组织,如国际劳工组织、教科文组织、开发计划署和儿童基金会等,尽管这些部门主要关注的是地区内的国家而非地区性的社会政策制定。此外, 联合国各地区委员会已经用旨在促进开放和市场导向的地区主义战略取代了其先前的发展战略,这使得它们对社会议题的关注有所下降(参见本书第 17 章)。就国际组织的作用而言,它们主要在跨境就业、健康问题以及贩卖妇女儿童等相关的政策领域内,开展能力建设和协调或监管行动(参见本书第 20 章)。欧盟、美国和援助组织也发挥了类似的作用,例如在“非洲发展新伙伴计划”的发展进程中就是这样(Baert et al.,2008;本书第 13 章)。当然,欧盟对其候选加盟国和邻国的附加条件

也是一个特别强大的诱因，那就是要求这些国家全面采用欧洲的社会立法（Sedelmeier, 2009）。

妇女倡议网络、企业和工会等这些国内非国家行为体建立了跨国联盟，并在地区层次上用“平衡”或“钳制”的策略向国内政府施压（Zippel, 2004；Van der Vleuten, 2007）。它们的策略因机制而异。在个人权利机制以及欧盟中，跨国活动家和执业律师网络的诉讼官司扩大了个人社会权利（Chicowski, 2007；Roggeband, 2014；本书第23章）。在市场主导机制中，妇女组织和工会的动员推动了各国政府采取地区性的社会性别政策，以作为国内支持其实行（进一步）经济一体化的先决条件（Duina, 2006；Van der Vleuten, 2007）。由于市场主导的一体化通常被视为全球化的隐患，利益集团因担心失去合法性，可能根本不会认真参与。墨西哥和美国的工会不愿以建设性的方式施加压力，这可能部分解释了《北美劳工合作协议》（NAALC）的弊端所在（Duina, 2015），而且即使在它被采纳后，它们仍不愿意利用仅有的一些机会去施加影响（Kaminska and Visser, 2011）。在南方共同市场，激进的女权主义者根本拒绝参与任何一体化项目（Ribeiro Hoffmann, 2014）。在发展型机制和保守型机制中，动员通常是无效的，因为非国家行为体没有任何渠道或资源。即使像东盟公民社会大会（ASEAN Civil Society Conference）、南部非洲人民团结网络（the Southern African Peoples' Solidarity Network）以及西半球社会联盟（the Hemispheric Social Alliance）这样的强大地区联盟，虽提出了彻底改变市场导向的地区一体化模式，也很难获得成功（Olivet and Brennan, 2010）。不过，由于跨国地区性倡议网络和地区层次的人际关系压力，南共体采用了强有力的性别平等标准，这也符合南共体的非歧视逻辑（Adams and Kang, 2007；Van Eerdewijk and Van de Sand, 2014）。 【416】

就规范供给而言，国际劳工组织和联合国提供了一个综合性的“全球范本”，尽管没有变革性意义，但它把社会公正和性别平等放在首位。该范本既包括个人社会权利、集体劳动权利，也包括工作场所健康与安全、性别平等和非歧视等标准。没有一种地区制度完全符合这个全球范本的规范，因为地区组织都是有选择地仿效它，也会对它进行“剪裁和拼接”以适应本地区情况（参见本书第5和第6章）。特别是在发展型机制和保守型机制中，政府和非政府行为体质疑作为“北方国家”标准的“全球性”社会和劳工标准的适当性，并主张制定尊重和反映各地区利益、观念和认同的“地区性”标准。《马普托议定书》[①]受到非洲妇女运动欢迎的主要原因是，“拥有一种能够考虑到非洲文化特点和非洲妇女特殊需要的、充分保护妇女权利的地区性政策工具十分重要”（WILDAF, 2005, iii）。随后，南共体显然仿照《马普托议定书》而制定了其《性别与发展议定书》，由

① 《马普托议定书》全名为《非洲人权和人民权利宪章关于非洲妇女权利的议定书》（2003年）。

于那些勉强参与的政府也无法将其性别平等标准视为又一个殖民阴谋而不予理会,其付诸实施的可能性大大增加(Van Eerdewijk and Van de Sand,2014)。阿盟在《阿拉伯人权宪章》中引用了国际标准,但又有其特殊性,例如第3条第3款规定:"在伊斯兰教教法中确立的有利于妇女的积极歧视框架内,男女在作为人的尊严、权利和义务方面处于平等地位"(Rishmawi,2010,171)。通常情况下,这种主张仅仅是空话,因为最终采用的标准还是全球标准(Deacon,2010)。例如,非盟委员会希望非洲的社会政策不同于国际劳工组织、联合国儿童基金会或欧盟的政策,但这些组织在非盟政策起草过程中的实际参与,却减弱了它的这种地区愿望(Deacon et al.,2011)。

地区社会性别治理发展的制度约束

既然有这样的需求,为什么除了承认现有标准和提高合法性的声明外,社会治理如此之少?各成员国不愿意成为社会领域的"守门人"(Sindbjerg-Martinsen and Vollaard,2014)。它们对主权的关切极大地阻碍了社会政策的发展,这从三个方面的制度约束中就可以看出:非国家行为体参与社会政策制定的机会有限、超国家机构的功能不足和国内福利国家制度的束缚。第一,当国内和地区层次的制度化准入受到限制或不存在时,
【417】来自国内和跨国的压力也就不起作用。第二,超国家机构的功能不足使得其无法将社会议题纳入议程并加以执行。成员国可能不愿意授权给它,或者,组织也可能缺乏资金和人力支持(Kaminska and Visser,2011)。其结果是,超国家机构无法充当规范倡导者,不能为非国家行为体提供准入机会,而且"平衡"或"钳制"机制也无法发挥作用。例如,南共体秘书处的功能不足,并且公民社会力量参与不了地区议程,阻碍着其推行更全面的地区社会政策(Noyoo,2013)。第三,福利国家制度在两个方面发挥约束作用。先进的福利国家,比如大多数欧盟成员国,都不愿采取地区社会政策,因为它们出于选举考量都"希望能够继续控制福利供给和社会支出预算"(Threlfall,2010,86)。相反,较弱的发展中国家则因为害怕失去在全球化经济中的竞争优势,也不愿意推行代价高昂的社会政策。后殖民主义方法解释了全球南方国家社会治理的薄弱之处,尽管对于后殖民主义国家的弱势而言,社会治理极其重要。而后殖民主义国家的弱势,主要是因为它们在殖民化时期所走过的融入全球化经济的道路,因为它们缺乏强大的国家福利体制,并且在国家和地区层次都缺乏资源(Zondi,2009)。

评估地区社会性别治理的影响

一些人主张将发展地区社会治理作为全球社会治理的必要补充,因为从规模上讲,地区层次比国家层次能更好地适应有效应对全球化压力的政策,而又比全球层次更能容许地区特性(Baert et al.,2008;Kingah,2013)。对支持或反驳这一论点的地区社会性别治理影响评估,有关文献并没有作出综合分析。此外,考虑到除欧洲委员会、欧盟和美洲国家组织外的所有其他地区组织最近都在推行社会治理,衡量有关影响似乎为时过早。而且,由于没有可靠的数据和反事实比较分析的基础,故对软性政策措施的评估更为困难。事实上,政府会利用地区责任使其国内改革正当化,否则它们可能因害怕选举失利而不敢实施改革(Falkner,2013;Kröger,2009)。由于地区(联合)基金计划可能取代国家基金,所以评估这些计划的影响也不容易。在"欧洲化"的标签下,关于欧盟政策对国内政策影响的文章很多,但在实际执行方面却缺乏系统的研究(Treib,2014)。考虑到这些,本节将提出一些自己的观点。

首先,就市场主导机制中社会治理的影响而言,评价往往是消极的。尽管经济上更 【418】
加开放和政治上一体化程度更高的国家在本地区内倾向于在社会福利上花费更多,但马德里亚(Madeira,2014)发现,对于欧盟来说,一体化限制了社会支出,这很可能是由货币一体化的进程造成的。另外,巴纳德和迪金(Barnard and Deakin,2012,548-549)认为,"欧盟层次的社会政策未能提供一种针对放松管制压力的抗衡力量",并且在缺乏劳工立法总协调的情况下, 它也并未能成功创建一种 "公平竞争环境"。奥布赖恩(O'Brien,2008,155)也认为,"大多数情况下,从劳动的视角来看,正式的地区化往往是消极的现象"。不过,危机也为人们创造了可能性,一些作者就表明,出现了潜在的"社会转向"。里吉罗齐(Riggirozzi,2014,432)认为,拉丁美洲的地区一体化可以"超越历史上的贸易和金融中心"而发展成"后贸易时代的地区治理",并可能为地区社会政策带来新的机遇。公众对欧盟危机后紧缩政策的不满, 已经促使欧盟委员会和理事会更加重视通过"欧洲学期"达成的社会目标和指标(Zeitlin and Vanhercke,2014)。

其次,关于约束性规则的影响,它们因标准的特殊性、执行机制和用途的不同而有所差异。个人权利机制提出了可以在个人基础上主张的具体权利。但只有将社会权利表述为人权,法院才能执行,比如基于性别和性取向的歧视,以及与经济活动或政策有关的违反人权行为(Lohaus,2013;Threlfall,2010)。违反《欧洲社会宪章》的行为是不能诉诸欧洲人权法院的, 而且申诉机制也很少发挥作用(每年只有少量申诉; Threlfall 2010)。因此,尽管欧盟在表达社会权利方面更加受限,但它在社会法律事务上比欧洲委员会更加有效(Threlfall,2010)。《北美劳工合作协议》(NAALC)的申诉机制也很少发挥作用,为数不多的申诉被认为没有具体的实际后果和法律结果(Deacon et al.,2011)。南共体缺乏除了监管以外的执行机制。[①]保守型机制则完全没有执行机制。

再次,全球和国家之间另一层次的发展也会影响政治机会结构(Roggeband et al.,2014)。在这一点上,学界的意见并不一致。特别是在市场导向机制中,工会和其他利益集团与企业和金融界相比处于劣势(O'Brien,2008)。不过,地区层次使那些无法接触国家层次机制的群体得到动员,并能够进行知识交流,正如东盟中的公民社会团体,或欧盟中的罗姆人(吉卜赛人)和东欧同性恋者。北美自由贸易协定"在众多北美工会之中激发了劳工间的合作与协调,取得了出乎意料的后果",因为它鼓动起了那些试图"撕毁自由贸易协定"的人,并且为工会在其他北美自由贸易协定国家中寻找盟友而创制了程序规则(Kay,2005,717)。

【419】 最后,关于性别治理,显然很难对其影响加以评估,因为性别平等政策总是将妇女构建成同质群体,但其实妇女的地位各有不同,影响也就有所差别(Macrae,2010)。[②]考虑到这一难处,仍然可以认为,美洲国家组织和欧洲委员会有效地促进和保护了妇女的人权(Lovecy,2012;Roggeband,2014)。在市场主导机制中,具有约束力的欧盟指令和法院裁决减少了社会保障和劳动力市场中的性别歧视,尽管其影响随着国内动员、国内诉诸法院的机会以及政治意愿的不同而有差别(Van der Vleuten,2007;Treib,2014)。学者们还指出,市场导向逻辑带来了负面影响,这与个人权利机制和发展型机制中更具整体性的方法正好相反。我们对其应用情况了解不多。塞德尔迈尔(Sedelmeier,2009)在分析东欧国家加入欧盟前后遵守欧盟性别平等法规的情况时指出,由于没有很高的调整成本,或者因有强大的社会民主党政府和妇女团体的存在,它们能够遵守那些法规。在发展型机制中,由于缺乏明确的标准、机构能力不足、资源匮乏,性别治理的影响就很有限,但南共体的例子表明,在地区倡议网络与效忠国家和地区官僚机构的个人之间结成联盟,就可以成功地推行性别平等政策(Van Eerdewijk and Van de Sand,2014)。由于缺乏标准、找不到倡议团体、缺乏执行机制,保守型机制中的性别治理似乎仍然是一纸空文。

---

① 根据南共体峰会对有关津巴布韦土地改革计划的坎贝尔案(the Campbell case)的裁决,个人不再允许到南共体法庭进行申诉(参见本书第23章)。

② 承认多样性是跨部门社会政策理论(intersectionality theories)所要解决的问题,即研究不同类型的歧视如何相互作用;这样的理论还没有应用到比较地区主义研究中来。

"戈马女孩":地区治理的性别视角

当我们以性别视角看待地区治理时,不禁会问,地区治理是否有助于克服女性在劳动力市场上面临的性别不平等现象?这种性别不平等主要是由妇女仍然承担很重的日常家务造成的,新自由主义主导下的地区一体化模式更是加深了这种不平等。用南非前财政部部长特雷弗·曼纽尔(Trevor Manuel)的话说就是:"设想一下,你们是在向一个饱受战乱困扰的戈马女孩讲述地区一体化的好处。地区一体化怎么才能改善她的生活呢?"这是他向一群非洲地区一体化的专家们所提的问题(ECDPM,2014)。言外之意,曼纽尔之所以把一个女孩作为参照点,是因为人们通常不把地区一体化和性别联系到一起。1994 年,玛丽安娜·马昌德(Marianne Marchand,1994,65)写道:"对于女权主义者来说,迄今为止,官方的公共讨论和学术讨论中很少涉及性别和地区主义之间的联系,这并不足为奇。"20 年后,比较地区主义的文献仍未把性别当作一个变量,也未把性别作为一种视角(Acharya and Johnston,2007;Shaw et al.,2011)。尽管女权主义理论已经进入了国际关系学领域,但它主要集中在全球治理上,只是在涉及某个事件的地理边界时才会关注到地区层次(Hoskyns,2008; True,2008),很少把地区层次看作一个有其自身特性的研究领域。将地区一体化理论"性别化"的努力仍然仅限于欧盟(Abels,2012;Kronsell,2005;Locher and Prügl,2009)。因此,学术界现在还没有给性别化的(gendered)比较地区主义视角提供任何概念工具。 【420】

这种视角会是什么样的呢?我们可能首先要问一问"妇女在地区治理中处于什么位置",把妇女安置在地区官僚机构中,找一找"女权官僚"(femocrats)并为女权主义者结盟提供机会,分析一下首脑会议上的性别关系、权力构建、男性和女性气质及其社会化的过程(Kronsell,2005;Van der Vleuten,2012)。正式和非正式的地区机构都会影响"全球"性别规范的扩散、发展和转向,这就引出了一个问题:在何种条件下,地区机构能够比国家或全球机构更好地协调"妇女"的利益?接下来,我们需要确定地区舞台上的行为主体,例如地区倡议网络及政府中女权官僚与女权主义者之间的个人联系,以及她们与国内网络和全球网络之间的联系(Roggeband et al.,2014)。亚当斯和康(Adams and Kang,2007,452)注意到,"很多女权主义跨国倡议网络主要并不在全球层次运作,而是在世界各个地区范围开展动员,并试图通过地区机构创建、扩展和实施妇女权利规范"。重要的是,地区倡议网络被认为是"土生土长的",更为合法,也就更不容易被当地保守的父权制行为体指责为代表"外国的"利益(Adams and Kang,2007)。

性别观点通常可以等同于女权主义观点,该观点不仅试图了解(地区)治理如何被性别化,还希望了解其变革方式(Rai and Waylen,2008)。因此,在考察了这种代表性和制度性问题之后,下一步,女权主义将以批判的眼光研究地区治理的变革潜力,看看它如何影响性别化的权力关系,以及在何处找到变革的机会。为了分析地区治理如何通过社会再生产的私有化导致"妇女和其他受压制群体的从属地位",并阐明地区金融、经济和贸易治理的性别化影响,人们通常采用批判性的经济方法(Sjoberg and Tickner,2012,174; Hoskyns,2008;True,2008)。本章所划分的四种治理机制则提供了一种较为不同的分析,这尤其因为地区性别治理似乎比地区社会治理发展得更好。如何解释这一点呢:是通过那些追求合法性的政府的判断(或误判),通过地区层次的动员和结盟,还是通过与其他社会政策不同的国家和非国家利益的分配?最后,地区治理的女权主义视角旨在阐明,这种介于国家治理和全球治理之间的地区治理如何加剧或改变结构性的性别权力失衡。

结 论

【421】 随着全球与国家层次社会性别治理的发展,地区层次的社会权利、规制和再分配也得到了发展。我们区分了四种地区社会性别治理机制。在个人权利机制中,社会性别治理的发展是为了锁定政治改革,并且受到霸权国利益的影响,也受到国际劳工组织和联合国所制定标准的示范性影响。市场一体化机制面临负外部性,于是就寻求通过社会性别治理来获得支付补偿和合法性来源,尤其是在民众不满时更是这样。在国家主导的发展型机制中,社会性别治理是地区为对抗全球化(负外部性)而进行变革的计划的一部分,并受到霸权国利益的影响和援助者的激励。保守型机制采用社会性别规范则是出于对合法性的考虑。在市场一体化机制中,性别治理仅限于就业和自由流动领域,而在个人权利机制和国家主导的发展型机制中,性别治理则更为全面。全球化市场中,国家层次的社会政策经常受到忽视或很难发展起来,从而增加了对地区社会政策的需求,但国家对主权的担忧又阻碍着社会性别治理的进一步发展。至于其影响,学者们认为地区社会治理未能成功创造一个"避风港"或公平竞争环境,不过,他们对地区性别治理的评估却往往更为积极。

需要进一步研究的地方如下。为了能够对地区社会性别治理的兴起、制度设计和影响进行系统的跨地区分析,显然有必要建立一个数据库,把来自世界不同地区的大量地区组织包括进去。此外,现有学术文献还缺少对"外包"和私人行为体(如全球性公司)参与地区社会性别治理的研究。地区社会性别政策的影响仍是很少有人问津的领域,尤其从比较视角进行的研究更是如此。或许我们可以将欧洲化研究中的结论予以

“本土化”,以解释社会性别政策在其他地区组织中的模仿、移植和应用。最后很重要的一点是,女权主义视角可以回答地区治理在何种条件下有助于实现社会公正和性别平等这一问题。鉴于人们普遍不认为地区主义是“全球化的垫脚石”,而且对地区治理的合法性存有争议,因此,这一问题还有待政治家、政策制定者和学者共同去解决。

【422】

附　录

附表 A18.1　地区组织的社会性别治理

地区	建立年（第一份社会或性别文件发布年）	组织名称（缩写）	涵盖的主要议题领域[①]	官网地址
非洲	1992(1997)	南部非洲发展共同体(SADC)	性别平等;工作场所健康与安全;劳动法;社会保护	http://www.sadc.int/issues/gender/ http://www.sadc.int/themes/social-human-development/employment-labour/
	1981(2002)	东部和南部非洲共同市场(COMESA)	性别平等	http://programmes.comesa.int/index.php? option=com_content&view=article &id=97&Itemid=116
	2002(2004)	非洲联盟(AU)	性别平等;劳动法;社会保护;社会保障	http://sa.au.int/en/commitments
	1975(2005)	西非国家经济共同体(ECOWAS)	性别平等	http://www.ecowas.int/doing-business-in-ecowas/projects/
	1999(2012)	东非共同体(EAC)	性别平等;社会保护	http://www.gender.eac.int/
	1996(2014)	非洲政府间发展组织(IGAD)	性别;社会保护	http://igad.int/index.php? option=com-content&view=category&layout=blog&id=44&Itemid=127
美洲	1948(1948)	美洲国家组织(OAS)	性别平等;非歧视;工作场所健康与安全;劳动法	http://www.summit-americas.org/sisca/lab.html
	1994(1994)	北美自由贸易协定(NAFTA)	同工同酬;非歧视;工作场所健康与安全;劳动法	http://www.naalc.org//index.cfm?page=137
	1973(1997)	加勒比共同体(CARICOM)	劳动权利; 社会保障;再分配	http://www.caricom.org/jsp/single_market/social_security.jsp? menu=csme
	1991(1998)	南方共同市场(MERCOSUR)	劳动法;性别平等;非歧视;再分配	http://www.mercosur.int/
	2010(2010)	南美国家联盟(UNASUR)	社会保护	http://www.unasursg.org/es/node/26

① 此处不包含有关移民治理的内容(移民、人口贩运的社会保障),相关内容参见本书第 20 章。

续表

地区	建立年（第一份社会或性别文件发布年）	组织名称（缩写）	涵盖的主要议题领域	官网地址
亚洲	1967(2003)	东南亚国家联盟(ASEAN)	社会权利;再分配	http://www.asean.org/communities/asean-socio-cultural-community
	1985(2004)	南亚区域合作联盟(SAARC)	性别平等;再分配;社会保护	http://www.saarc-sec.org/areaofcooperation/detail.php? activity_id=10 http://www.saarc-sec.org/areaofcooperation/detail.php? activity_id=7
	2000(2014)	太平洋岛国论坛(PIF)	性别平等	http://www.forumsec.org
欧洲	1957/1991(1957)	欧洲经济共同体/欧洲联盟(EEC/EU)	机会平等;非歧视;工作场所健康与安全;劳动法;社会保护;再分配	http://europa.eu/pol/socio/index_en.htm http://ec.europa.eu/social/main.jsp?langId=en&catId=1
	1949(1961)	欧洲委员会(CoE)	性别平等;社会和经济人权;社会保障	http://www.coe.int/t/DGHL/STANDARDSETTING/EQUALITY/ http://www.coe.int/T/DGHL/Monitoring/SocialCharter/ http://www.coe.int/t/dg3/socialpolicies/socialsecurity/default_en.asp
	1994(2004)	欧洲安全与合作组织(OSCE)	性别平等	http://www.osce.org/what/gender
欧亚	1991(1995)	独立国家联合体(CIS)	社会权利;妇女劳动机制	http://www.cis.minsk.by/
	1997	民主与经济发展组织(GUAM)	-	http://www.guam-organization.org/en/node
	2001	上海合作组织(SCO)	-	http://www.sectsco.org/EN123/index.asp
中东	1981	海湾合作理事会(GCC)	再分配	http://www.gcc-sg.org/eng/index78e9.html? action=Sec-Show&ID=67
	1945(2008)	阿拉伯国家联盟(LAS)	性别平等;工作场所健康与安全;再分配;社会保障	http://www.arableagueonline.org/las/

资料来源:作者汇编;各组织网站;Baert et al.,2008;Deacon et al.,2010,2011。

参考文献

Abels, G. 2012. Feministische Perspektiven. In: H.-J. Bieling and M. Lerch (eds.), *Theorien der Europ ischen Integration*, 3rd edition. Dordrecht: Springer, 295–318.

Acharya, A. and Johnston, A.I. (eds.) 2007. *Crafting Cooperation: Regional International Institutions in Comparative Perspective*. Cambridge: Cambridge University Press.

Adams, M. and Kang, A. 2007. Regional Advocacy Networks and the Protocol on the Rights of Women in Africa. *Politics & Gender*, 3(4): 451–474.

Anderson, K. 2015. *Social Policy in the European Union*. Basingstoke: Palgrave Macmillan.

ASEAN. 2009. *ASEAN Socio-Cultural Community Blueprint*. Jakarta: ASEAN Secretariat. <http://www.asean.org/images/archive/5187-19.pdf> (accessed April 1, 2015).

Baert, F, Channac, F, De Lombaerde, P, Gavin, B, Greven, T, and Hartmann, E. 2008. *Deepening the Social Dimensions of Regional Integration*. ILO Discussion Paper 188. Geneva: International Institute for Labour Studies.

Barnard, C. and Deakin, S. 2012. Social Policy and Labor Market Regulation. In: E. Jones, A. Menon, and S. Weatherill (eds.), *The Oxford Handbook of the European Union*. Oxford: Oxford University Press, 542–555.

Börzel, T.A. and Van Hüllen, V. 2015. Towards a Global Script? Governance Transfer by Regional Organizations. In: T.A. Börzel and V. Van Hüllen (eds.), *Governance Transfer by Regional Organizations: Patching Together a Global Script*. Basingstoke: Palgrave Macmillan, 3–21.

Briceño-Ruiz, J. 2010. From the South American Free Trade Area to the Union of South American? Nations: The Transformation of a Rising Regional Process. *Latin American Policy*, 1(2): 208–229.

Cánepa, M. 2011. Avances en el compromiso de la CAN por la equidad de género e igualdad de oportunidades entre el hombre y la mujer. *Revista de la Integración No 8. Políticas de Desarrollo Social en la Comunidad Andina* No. 8: 252–257. <http://www.comunidadandina.org>.

Chavez, J.J. 2010. Regional Social Policies in Asia: Prospects and Challenges from the ASEAN and SAARC Experiences. In: B. Deacon, M.C. Macovei, L. Van Langenhove, and N. Yeates (eds.), *World Regional Social Policy and Global Governance: New Research and Policy Agendas in Africa, Asia, Europe and Latin America*. Abingdon and New York: Routledge, 140–161.

Cichowski, R. 2007. *The European Court and Civil Society: Litigation, Mobilization and Governance*. Cambridge: Cambridge University Press.

Deacon, B. 2010. Regional Social Policies in Africa. In: B. Deacon, M.C. Macovei, L. Van Langenhove, and N. Yeates (eds.), *World Regional Social Policy and Global Governance: New Research and Policy Agendas in Africa, Asia, Europe and Latin America*. Abingdon and New York: Routledge, 162–187.

Deacon, B, De Lombaerde, P, Macovei, M.C, and Schr der, S. 2011. Globalisation and the Emerging Regional Governance of Labour Rights.*International Journal of Manpower*,32(3):334–365.

Deacon,B.and Macovei,M.C.2010.Regional Social Policy from Above:International Organizations and Regional Social Policy.In:B.Deacon,M.C.Macovei,L.Van Langenhove,and N.Yeates(eds.),*World Regional Social Policy and Global Governance:New Research and Policy Agendas in Africa,Asia,Europe and Latin America*.Abingdon and New York:Routledge,40–62.

Deacon,B,Macovei,M.C,Van Langenhove,L,and Yeates,N.(eds.)2010.*World Regional Social Policy and Global Governance:New Research and Policy Agendas in Africa,Asia,Europe and Latin America*.Abingdon and New York:Routledge.

Deacon,B,Ortiz,I,and Zelenev,S.2007.*Regional Social Policy*.DESA Working Paper 37,ST/ESA/2007/DWP/37.New York:United Nations Department of Economic and Social Affairs.

Duina,F.2006.Varieties of Regional Integration:The EU,NAFTA and Mercosur.*Journal of European Integration*,28(3):247–275.

Duina,F.2015.Beyond Free Trade:Accounting for Labor and Environmental Governance Standards in NAFTA.In:T.A.Börzel and V.Van Hüllen(eds.),*Governance Transfer by Regional Organizations:Patching Together a Global Script*.Basingstoke:Palgrave Macmillan,177–191.

ECDPM.2014.Regional Integration and the Girl from Goma.<http://ecdpm.org/talking–points/regional–integration–girl–goma–1/>(accessed April 1,2015).

Falkner,G.2007.Social Policy.In:P.Graziano and M.Vink(eds.),*Europeanization:New Research Agendas*.Basingstoke:Palgrave Macmillan,253–265.

Falkner,G.2013.The European Union's Social Dimension.In:M.Cini and N.Pérez–Solórzano Borragán(eds.),*European Union Politics*,4th edition.Oxford:Oxford University Press,268–280.

González–Quevedo Alpizar,M.2013.ALBA–TCP y la Participación de la FMC en sus Proyectos.*Estudios del Desarrollo Social:Cuba y América Latina*,1(1):30–39.

Hantrais,L.2007.*Social Policy in the European Union*.Basingstoke:Palgrave Macmillan.

Hoskyns,C.1996.*Integrating Gender:Women,Law and Politics in the European Union*.London:Verso.

Hoskyns,C.2008.Governing the EU:Gender and Macroeconomics.In:S.M.Rai and G.Waylen(eds.),*Global Governance:Feminist Perspectives*.Basingstoke:Palgrave Macmillan,107–128.

International Labour Organization.2015.Conventions.<http://www.ilo.org/dyn/normlex/en/f??p=1000:12000:0::NO:::>(accessed May 28,2015).

Kaminska,M.E.and Visser,J.2011.The Emergence of Industrial Relations in Regional Trade Blocks:A Comparative Analysis.*British Journal of Industrial Relations*,49(2):256–281.

Kantola,J.2010.*Gender and the European Union*.Basingstoke:Palgrave Macmillan.

Kay,T.2005.Labor Transnationalism and Global Governance:The Impact of NAFTA on Transnational Labor Relationships in North America.*American Journal of Sociology*,111(3):715–756.

Kingah,S.2013.*Regionalising Global Social Policy in Times of Economic Crisis*.UNU–CRIS Working Paper W–2013/7.Bruges:United Nations University Institute.

Kröger,S.2009.The Open Method of Coordination:Underconceptualisation,Overdetermination,De–Politi–

cisation and Beyond.In:S.Kröger(ed.),*What We Have Learnt:Advances,Pitfalls and Remaining Questions in OMC Research*.European Integration Online Papers(EIoP),Special Issue 1(13):5.

Kronsell,A.2005.Gender,Power and European Integration Theory.*Journal of European Public Policy*,12(6):1022–1040.

Leibfried,S.and Pierson,P.(eds.)1995.*European Social Policy:Between Fragmentation and Integration.* Washington,DC:Brookings Institution.

Locher,B.and Prügl,E.2009.Gender and European Integration.In:A.Wiener and T.Diez(eds.),*European Integration Theory*,2nd edition.Oxford:Oxford University Press,181–197.

Lohaus,M.2013.*Governance Transfer by the Organization of American States*.A B2 Case Study Report,SFB–Governance Working Paper 49.Berlin:Collaborative Research Center(SFB)700,Freie Universität Berlin.

Lovecy,J.2012.Gender Mainstreaming and Framing of Women's Rights in Europe:The Contribution of the Council of Europe.*Feminist Legal Studies*,10(3–4):271–283.

Macrae,H.2010.The EU as a Gender Equal Polity:Myths and Realities.*Journal of Common Market Studies*,48(1):155–174.

Madeira,M.A.2014.Regional Integration and National Social Policies.*Research & Politics*,1(3):1–9.

Marchand,M.1994.Gender and New Regionalism in Latin America:Inclusion/Exclusion.*Third World Quarterly*,15(1):63–76.

McKeever,M.2008.Regional Institutions and Social Development in Southern Africa.*Annual Review of Sociology*,34:453–473.

Moravcsik,A.1993.Preferences and Power in the European Community:A Liberal Intergovernmentalist Approach.*JCMS:Journal of Common Market Studies*,31(4):473–524.

Noyoo,N.2013.*Regional Social Policy for Sustainable Human Development:A Southern African Option.* Farafina Institute's Discussion Paper Series 2.

O'Brien,R.2008.No Safe Havens:Labour Regulation Integration and Globalisation.In:A.F.Cooper,C.W.Hughes,and P.De Lombaerde(eds.),*Regionalisation and Global Governance:The Taming of Globalisation?* Abingdon:Routledge,142–156.

Olivet,C.and Brennan,B.2010.Regional Social Policy from Below:Reclaiming Regional Integration:Social Movements and Civil Society Organizations as Key Protagonists.In:B.Deacon,M.C.Macovei,L.Van Langenhove,and N.Yeates(eds.),*World Regional Social Policy and Global Governance:New Research and Policy Agendas in Africa,Asia,Europe and Latin America*.Abingdon and New York:Routledge,63–82.

Organization of American States.2012.*Social Charter of the Americas*.<http://www.oas.org>(accessed March 18,2015).

Prügl,E.and True,J.2014.Equality Means Business? Governing Gender through Public–Private Partnerships.*Review of International Political Economy*,21(6):1137–1169.

Rai,S.M.and Waylen,G.(eds.)2008.*Global Governance:Feminist Perspectives*.Basingstoke:Palgrave

Macmillan.

Reich, N.2008.Free Movement v.Social Rights in an Enlarged Union: The Laval and Viking Cases before the ECJ.*German Law Journal*, 9(2): 125–161.

Ribeiro Hoffmann, A.2014.Gender Mainstreaming in Mercosur and Mercosur–EU Trade Relations.In: A. Van der Vleuten, A.Van Eerdewijk, and C.Roggeband(eds.), *Gender Equality Norms in Regional Governance: Transnational Dynamics in Europe, South America and Southern Africa*.Basingstoke: Palgrave Macmillan, 117–138.

Riggirozzi, P.2012.Region, Regionness and Regionalism in Latin America: Towards a New Synthesis.*New Political Economy*, 17(4): 421–443.

Rishmawi, M.2010.The Arab Charter on Human Rights and the League of Arab States: An Update.*Human Rights Law Review*, 10(1): 169–178.

Roggeband, C.2014.Latin American Advocacy on Violence against Women and the OAS Convention.In: A.Van der Vleuten, A.Van Eerdewijk, and C.Roggeband(eds.), *Gender Equality Norms in Regional Governance: Transnational Dynamics in Europe, South America and Southern Africa*.Basingstoke: Palgrave Macmillan, 139–164.

Roggeband, C, Van Eerdevijk, A, and Van der Vleuten, A.2014.Reconceptualizing Gender Equality Norm Diffusion and Regional Governance: Logics and Geometries.In: A.Van der Vleuten, A.Van Eerdewijk, and C.Roggeband(eds.), *Gender Equality Norms in Regional Governance: Transnational Dynamics in Europe, South America and Southern Africa*.Basingstoke: Palgrave Macmillan, 221–246.

Scharpf, F.2002.The European Social Model.*Journal of Common Market Studies*, 40(4): 645–670.

Sedelmeier, U.2009.Post–Accession Compliance with EU Gender Equality Legislation in Post–Communist New Member States.In: F.Schimmelfennig and F.Trauner(eds.), *Post–Accession Compliance in the EU's New Member States*.European Integration Online Papers(EIoP), Special Issue 2(1): 23.

Shaw, T, Grant, A.and Cornelissen, S.(eds.)2011.*The Ashgate Research Companion to Regionalisms*.Farnham: Ashgate.

Sindbjerg–Martinsen, D.and Vollaard, H.2014.Implementing Social Europe in Times of Crises: Re–established Boundaries of Welfare? *West European Politics*, 37(4): 677–692.

Sjoberg, L.and Tickner, J.A.2012.Feminist Perspectives on International Relations.In: W.Carlsnaes, T. Risse, and B.Simmons(eds.), *Handbook of International Relations*, 2nd edition.London: Sage, 170–194.

Söderbaum, F.2014.African Regionalism and EU–African Interregionalism.In: M.Telò(ed.), *European Union and New Regionalism*, 3rd edition.Farnham: Ashgate, 201–222.

Stratigaki, M.2012.Gendering the Social Policy Agenda: Anti–Discrimination, Social Inclusion and Social Protection.In: G.Abels and J.Mushaben(eds.), *Gendering the European Union: New Approaches to Old Democratic Deficits*.Basingstoke: Palgrave Macmillan, 169–187.

Thissen–Smits, M.and Bernhagen, P.2013.Outsourcing Global Governance: Public–Private Voluntary Initiatives.In: L.Mikler (ed.), *Handbook of Global Companies*.Oxford: Blackwell, 316–332.

Threlfall, M.2010.Social Policies and Rights in the European Union and the Council of Europe: Exhor–

tation, Regulation and Enforcement. In: B. Deacon, M.C. Macovei, L. Van Langenhove, and N. Yeates (eds.), *World Regional Social Policy and Global Governance: New Research and Policy Agendas in Africa, Asia, Europe and Latin America*. Abingdon and New York: Routledge, 85–107.

Treib, O. 2014. Implementing and Complying with EU Governance Outputs. *Living Reviews in European Governance*, 9(1).

True, J. 2008. Gender Mainstreaming and Regional Trade Governance in Asia-Pacific Economic Cooperation (APEC). In: S.M. Rai and G. Waylen (eds.), *Global Governance: Feminist Perspectives*. Basingstoke: Palgrave Macmillan, 129–159.

Van der Vleuten, A. 2007. *The Price of Gender Equality: Member States and Governance in the European Union*. Aldershot: Ashgate.

Van der Vleuten, A. 2012. Gendering the Institutions and Actors of the EU. In: G. Abels and J. Mushaben (eds.), *Gendering the European Union*. Basingstoke: Palgrave Macmillan, 41–62.

Van der Vleuten, A. and Hulse, M. 2013. *Governance Transfer by the Southern African Development Community (SADC)*. A B2 Case Study Report, SFB 700 Working Paper 48. Berlin. <http:// www.sfb-governance.de/ publikationen/ working_papers/ wp48/ SFB- Governance-Working-Paper-48.pdf>.

Van der Vleuten, A. and Hulse, M. 2014. Gender Mainstreaming in SADC and SADC-EU Trade Relations. Geometries. In: A. Van der Vleuten, A. Van Eerdewijk, and C. Roggeband (eds.), *Gender Equality Norms in Regional Governance: Transnational Dynamics in Europe, South America and Southern Africa*. Basingstoke: Palgrave Macmillan, 165–192.

Van Eerdewijk, A. and Van de Sand, J. 2014. Violence against Women and Southern African Advocacy on the SADC Gender Protocol. In: A. Van der Vleuten, A. Van Eerdewijk, and C. Roggeband (eds.), *Gender Equality Norms in Regional Governance: Transnational Dynamics in Europe, South America and Southern Africa*. Basingstoke: Palgrave Macmillan, 193–220.

Verloo, M. 2005. Displacement and Empowerment: Reflections on the Concept and Practice of the Council of Europe Approach to Gender Mainstreaming and Gender Equality. *Social Politics*, 12(3): 344–365.

WILDAF. 2005. Protocol to the African Charter on Human and People's Rights on the Rights of Women in Africa (Simplified). *African Commission on Human and Peoples' Rights*, Lomé, Togo. <http:// www.banfgm.org/IT/IT/La_Campagna_files/Protocol_to_the_African_Charter_on_Human_and_People_s_Rights _on_the_rights_of_women_in_Africa_simplified_pdf%20%281%29.pdf>.

Yeates, N. (ed.) 2014. *Understanding Global Social Policy*, 2nd edition. Chicago, IL: University of Chicago Press.

Zeitlin, J. and Vanhercke, B. 2014. *Socializing the European Semester? Economic Governance and Social Policy Coordination in Europe 2020*. SIEPS 2014(7). Stockholm: Swedish Institute for European Policy Studies.

Zippel, K. 2004. Transnational Advocacy Networks and Policy Cycles in the European Union: The Case of Sexual Harassment. *Social Politics*, 11(1): 57–85.

Zondi, S. 2009. *Governance and Social Policy in the SADC Region: An Issues Analysis*. Development Planning Division, Working Paper 2. Midrand: Development Bank of South Africa.

第19章　地区环境治理

彼得·M.哈斯(Peter M.Haas)

【430】 地区环境治理是国际关系中一项由来已久的实践，但是近来它作为一个独特的研究领域,超越国家环境政策研究的范围,引起了人们的关注。[①]学术界大体上是从国际关系学、全球环境政治和全球治理的角度对其开展研究的(Elliott and Breslin,2011;Balsiger and Van Deveer,2012)。

地区环境治理呈高度分散状态，因为这种治理是通过大量部分交叠的条约和机制以及一系列非国家性倡议进行的。这就将环境治理与国际政治经济学(IPE)区分开来(参见本书第15章),国际政治经济学中的治理高度集中于少数强大的机制和国际机构上。环境治理在形式上更接近于人权治理(参见本书第21章)和军备控制(参见本书第14章)。

本章主要从地区层次看待环境治理。这里的治理指的是,对于发生在特定地理范围内的有关规范、制度、参与、实践和规则进行集体协商的过程,这里的地理范围与传统上的主要地区有关，或者基本上就是指各大洲，或者是指那些大洲联合应对跨界环境恶化——主要是指地区层次上的资源枯竭、大气污染、水污染等——的地理范围。笔者比较了大量案例。如此一来,为了给比较分析提供一个清晰、合理的逻辑,这里的分析尽量简洁。本章首先对多个功能领域的地区环境治理状况作一综述。然后,依次分析地区环境治理的兴起、理解它的主要理论方法、地区环境治理中的现行制度及其设计、地区环境治理的影响(和有效性)。最后,对地区环境治理研究文献中存在的不足进行评述,并就未来研究提出建议。

【431】 总体上,由认知共同体(epistemic community)所表达和传递的国际制度属性结构与

---

① 笔者在此感谢阿里·卡佐维奇和两位主编对本章几次改稿的评阅意见。

可用科学知识,可以解释环境治理的模式及其有效性(Haas,2004,2007,2014;Haas and Stevens,2011)。地区合作的差异取决于这些制度性因素。就地区合作的有效性而言,地区内的高度差异,使得国际性的制度比地区性的特定制度更为重要。地区主义和地区化不是环境这个议题领域的重大因素。在东亚,地区环境合作缺少更强有力的制度,因此一直无甚进展。全球性制度的作用更为显著,弥补了欧洲以外地区性制度在能力上的相对不足。当地区环境合作完全依赖于本地的地区性制度时,就往往变得效果不彰,这是因为地区组织无力促使成员国就环境议题采取有实际意义的行动。全球性机构无论是在调动物质资源还是在动员和利用知识资源的能力方面,都更为强大一些,因此它们的参与促成了更有活力的地区合作。

本章认为,正式制度机构是在与知识团体(organized knowledge)协同进行着地区环境治理。各国都重视用科学的信息来解决技术性问题, 但是各国必须确信这种科学是准确的和权威的。此外,在科学界和政策制定者之间必须存在可以定期获得此类信息的常设渠道。

一般来说,"地区"是由社会建构的。负责界定"地区"的团体通常会对其边界进行鉴定。比如,海洋学家定义了"地中海地区"(Mediterranean),将其东部边界最远划至包括博斯普鲁斯海峡。联合国粮农组织(FAO)里的渔业专家所考虑的地中海边界就依此标准,不再向东继续延伸,但文化地理学家考虑的地中海边界就不同,他们把撒哈拉以北和北欧都包括在内。水文学家通常按流域进行划界。地区渔场的划界则会把主要消费者、渔民和鱼类迁徙的地理区域包含在内。

地区环境治理

地区环境治理主要通过制度和条约这种法律的形式来实施, 把它们组织在功能性机制中。1945年以来,世界上已经达成的地区性安排有1000多项,占全部环境协定的60%(Balsiger and Prys,2014)。这些安排中,很多都是双边或三方的,因此都比较容易达成,其中的利益划分明晰,同时,由于没有大量集体行动问题,所以实施治理的政治机制也容易运转。

普遍采用的治理制度主要有三类:谈判达成的法律安排(条约和机制)、国际组织、 【432】
规范化的实践或行为(参见附表A19.1)。各国设计或运用制度来应对新兴的地区环境威胁。[①]它们希望用这些制度以三种方式解决地区问题。第一,现有的地区组织具有相应

① 没有证据证明,当前的制度对地区的界定有着扩张势力的战略目的。

资源和权威,可以用来解决新发现的问题。欧洲酸雨治理就是这种情况,联合国欧洲经济委员会(UNECE)是目前唯一拥有东欧和西欧成员国的机构,尽管其成员国与造成问题或正在遭受痛苦的当事国并不完全相同(Chossudovsky,1988)。第二,发展部门性地区机构来应对这些问题,例如地区渔场和河流流域的治理。地区机构通常缺乏有效管理环境问题的资源,因此地区国家往往需要向全球机构寻求帮助。第三种方式就是寻求全球机构的帮助来应对地区问题。联合国环境署(UNEP)和粮农组织(FAO)就分别为地区海洋问题和地区渔业问题提供着这种帮助。

全球环境机构在地区层次一直发挥着重要的制度性作用。地区机构太弱,不能为协调地区治理提供信息或资源。联合国环境署经常被求助于协调地区环境治理。在 1973 年联合国环境署建立之前,地区性的治理努力很少,也没有效果。

地区环境治理大多集中在河流流域管理、地区海洋治理、大气污染治理和渔业治理等议题领域。这些领域的治理在有效性与合作程度方面的差异,取决于制度因素和知识因素。强大的国际机构和认知共同体的参与越多,治理工作就越有力、灵活和有效。

国际流域管理

根据 GPS 测算,拥有超过 3 个沿岸国家的国际河流流域的数量估值,已从 1978 年《联合国国际河流登记表》(UN Registry of International Rivers) 中的 214 个增加到最近的约 261 个(Wolf et al.,1999)(表 19.1)。

河流使用者之间通常会因水量和水质发生冲突。没有全球性流域机制在管理这些冲突,它们往往都是由沿岸国家自行解决的。最近的一项研究发现,国际社会已有 250 个流域管理条约(Giordano et al.,2013),只是对于个别流域治理工作的研究还很少。研究中提及最多的是尼罗河、湄公河、莱茵河、刚果河、多瑙河、赞比西河、科罗拉多河和格
【433】 兰德河、摩泽尔河、纳伦/锡尔河和乍得湖(Schmeier et al.,2013)。即使在 1996 年《跨境水道与国际湖泊保护和利用公约》的全球框架支持下,联合国环境署(UNEP)和流域组织国际网络(INBO)也一直未能成功改善地区环境治理,该公约于 2012 年进行了扩展,纳入了更广泛的成员。

表 19.1 国际河流流域分布

洲名	1978 年注册数	1999 年更新数
非洲	57	60
亚洲	40	53
欧洲	48	71
北美洲	33	39
南美洲	36	38
总计	214	261

资料来源：Wolf et al.，1999。

魏因索尔（Weinthal，2002）从上游和下游互动的角度来论述流域治理，认为要有效治理流域问题，就必须有强大的上游国家的有力参与。如果上游国家的政治实力强大，并关注水质和水量，那么它们就很可能会制定对下游国家也有益的联合规则。这一思路可以解释莱茵河、多瑙河和格兰德河的治理成效，也可以解释其他流域管理体系的治理失败。一个相反的例子是尼罗河治理，在它的流域中最强大的国家——埃及——位于下游，它在努力对上游国家施加影响，让它们减少用水需求和污染负荷。

在没有强大的上游国家指导资源管理的情况下，地区制度机制就要发挥治理作用。由于制度软弱、缺乏知识动员并且国家管理能力差，大多数流域都管理不善（Conca，2006；Bernauer and Siegfried，2008）。

21 世纪以来，非国家行为体试图重新组织起来，共商流域治理。一些非政府组织（NGO）发起了将获取水资源作为基本人权的运动。其他行为体，特别是私营部门，建议将私有化作为确保水资源获取和供应的市场政策机制。这些努力仍在进行中，但还未引起充分重视。

地区海洋治理

地区海洋的治理，是通过联合国环境署的一系列地区海洋计划，以及保护北海和波罗的海的独立行动而开展。联合国环境署（UNEP）的《地区海洋计划》（RSP）（Haas，1991，2000，2008；Weinthal，2003；Kütting，2000）涵盖了12个地区（大加勒比海域、东亚海域、【434】东非海域、南亚海域、科威特海湾、地中海、东北太平洋、西北太平洋、红海和亚丁湾、东南太平洋、西非和中非海域以及南太平洋），相关国家超过143个。1972年联合国人类环境会议（UNCHE）召开后不久，《地区海洋计划》于1974年启动。环境署（UNEP）帮助起草了行动计划和相关条约。地中海海域是第一个试点地区，为后来的各个地区树立了样板。环境署(UNEP)会帮助各国确认共同问题,然后通过指导它们依外交程序起草条约。环境署(UNEP)会确认和动员建立一个海洋科学家的地区网络,让他们参与地区监测和研究活动,为法律协商提供科学的背景知识,同时还请科学家担任顾问,为政策制定提供建议。最终,让每个地区都能够自治,并拥有自己的秘书处和预算,同时环境署(UNEP)也会提供一些行政支持。尽管环境署(UNEP)承担了大部分工作,但它也把有些工作分给其它具有相关职能的联合国部门,如教科文组织(UNESCO)的政府间海洋学委员会(ICO)、国际原子能机构(IAEA)、粮农组织(FAO)和国际海事组织(IMO)。世界银行帮助黑海地区设计了类似的治理安排。南极海域、北极海域、里海、北海和波罗的海,也有一些独立的治理安排。

地区海洋治理的成就取决于联合国环境署(UNEP)这样的全球机构,或者联合国欧洲经委会(UNECE)这样现有的更强大机构的制度实力和成功的知识动员能力。《地区海洋计划》中最有效、最成功的例子——地中海和东南太平洋地区——就是在科学家的建议下,为这些地区制定了全面的规划机制。环境署(UNEP)提供了科学和法律指导,并提供了技术转让,以使较贫穷的成员国也能够进行研究和监测。《地区海洋计划》在其他海洋地区则不太成功,原因是缺乏对环境质量的决定性影响,并且在开展综合治理主要地区污染源方面缺乏动力。在这些不太成功的地区，往往由于地区科学和技术能力普遍不足,环境署(UNEP)也无法动员或激励地区科学发展。同时,环境署(UNEP)也没有足够多的制度资源在这些地区开展工作。

独立开展的重大地区海洋治理,也出现在波罗的海和北海(Haas,1993;Wettestad-rseth,2000)。这两个地区都有强大的制度安排,拥有秘书处和执行权威。波罗的海很早就有知识界的参与,1974 年制定过一个条约,以治理海洋中的多种污染源。后来对其进行管理的是赫尔辛基委员会(HELCOM),其治理为减少某些主要污染物造成的地区污染作出了贡献。北海的情况更为复杂。奥斯陆和巴黎委员会(OSPARCOM)秘书处管理着该地区的两个条约:一个涉及陆上污染源(《巴黎条约》),另一个涉及公海污染源(《奥斯陆条约》)。各国每年召开会议制定新方针，并对更多有关污染的物质作出具有法律
【435】约束力的承诺。到 20 世纪 70 年代中期时,这些努力未见很大成效,直到召开更多部长级会议,提升了该议题的政治影响力,并激励具有绿色选民的国家承诺作出更进一步的举措。北海缺乏对地区治理的常规科学投入。尽管在 20 世纪 90 年代有过一次对地区环境威胁和热点进行的系统调查,但并没有建立把科学监测同政策过程联系起来的正式机制,科学被普遍忽略了。北海有强大的制度安排却缺乏科学投入,不过,现在已经根据成员国各自可接受的统一排放标准作出了折中安排。1987 年,北海各国同意将各类

污染物的排放量减少50%。大多数国家贯彻了这一措施，所以其执行很有效，不过这种强制性标准对环境的影响还不明确。

地区海洋污染管理机制之间一直有着相互的联系。波罗的海和地中海地区的秘书处成员很早就交流过制度设计上的想法（Carroz，1977）。联合国环境署的《地区海洋计划》倡议全部是根据同一框架来设计的。尽管存在这种制度知识上的共享，但治理工作的有效性仍取决于国家能力以及能否获得增强这些国家能力的制度资源。

大气污染

联合国欧洲经委会（UNECE）曾帮助设计制定了一种最有效的环境机制来治理欧洲酸雨。欧洲酸雨治理机制中的《远距离跨界大气污染公约》（CLRTAP）包括51个成员国，这已经大大超出了单纯由欧盟（EU）管辖的范围。各国最初选择欧洲经委会的原因是，它是当时唯一包括了对地区空气污染负责和遭受地区空气污染损害的相关国家在内的国际组织。环境保护是促进东西方关系缓和的一个方便切入的议题，至少起初是如此，后来它本身才成为一个目标（Chossudovsky，1988）。《远距离跨界大气污染公约》（CLRTAP）在1979年订立时只是一个监测跨界酸性物质沉降的承诺书，如今已经发展成为治理各种污染物的九个不同条约。

这些条约是通过两种不同的政治过程得以制定的。一种是在科学家团体的指导下，根据对二氧化硫（1994年）和地面臭氧（1999年）"临界负荷"的科学估计，采用全面的、有区别的国家承诺和排放标准的形式制定条约。另一种是在缺乏有组织科学投入的情况下通过政治妥协制定条约，在统一排放目标上作出让步（Wettestad，1999，2002）。科学制定的条约显然具有更高的效力。

东北亚地区（中国、朝鲜、韩国、日本、蒙古、俄罗斯）已经开展了多项治理工作，以应对跨界大气污染问题（Kim，2014）。"东北亚次区域环境合作计划"（NEASPEC）自1993年开始实施，韩国、中国和日本之间的"三方环境部长会议"（TEMM）也于1999年开始举行。1998年建立了东亚酸雨沉降监测网（EANET）。从保持经常开会和持续参与来看，【436】只有"东北亚次区域环境合作计划"这一安排相对比较成功。其秘书处规模较小且没有资金支持。日本和韩国各自曾试图进行领导并提供技术分享，但是，由于中国方面不积极参与（或因担心中国参与），该计划一直进展缓慢，迄今为止效果不佳。

海洋渔业

现有 51 个地区自治渔业机构管理着深海渔业，每个机构设定自己的年度捕捞限额。由于大多数渔场都存在过度捕捞的情况且不可持续，所以这些机构的治理几乎都是无效的(DeSombre and Barkin,2011;Cullis-Suzuki and Pauly,2010;Sydnes,2001,2005)。这些制度性治理机制都十分软弱。其管理机构往往受控于渔业利益集团，倾向于支持最大化短期捕捞量。尽管很多机构都与相关科学团体有联系，但它们普遍都不重视科学团体的作用,或者都不聘用渔业专家。这些机构所设定的捕捞限额“总是高于科学家建议的限额”(Barkin and DeSombre,2013,27;DeSombre and Barkin,2011)。限额规定的执行也很困难。美洲热带金枪鱼委员会(IATTC)倒是个例外,该机构中知识团体的作用更大,并且有很好的交流(Webster,2009)。

地区一体化与环境

地区一体化必须应对自由贸易区引发的环境外部性(参见本书第 15 和第 7 章)。制度设计对于解释自由贸易外部性影响下地区环境制度的不同部署至关重要。

为了安抚美国和加拿大的国内环境组织,北美自由贸易协定(NAFTA)于 1994 年制定了一个附属环境协定,并据此建立了环境合作委员会(CEC),该委员会设有独立的秘书处,由美国、加拿大和墨西哥的内阁级环境部长管理。同时,还设有一个联合公众咨询委员会,由每个国家的各五位公民社会人士组成。尽管有这些看似透明、创新和开放的制度设计,但环境合作委员会还是避免作出任何可能以环境原因干扰地区自由贸易的重大裁决。最终,三个国家的代表(Steinberg,1997)就通过互投赞成票(logrolling)来对上诉案件作出具有约束力的裁定。为了避免将来成为攻击目标，部长们往往联合起
【437】来反对有的国家提出环境诉状，从而导致该制度的法律效力受到削弱。其秘书处仍可以发布报告,以引起公众的关注,但高层仍然保留着应对自由贸易环境挑战的决策权。

欧盟开发并应用了进行环境保护的更强有力的制度，并取得了更为有效的成果(Jordan and Adelle,2013)。1972 年联合国人类环境会议引发了欧盟对自由贸易区的环境不良影响的关注。由于行为体、场所和议题众多,欧洲的环境政策制定极其复杂。欧盟制定了七个《环境行动计划》,以强调地区优先事项。它已从动员关注转向建立和传播具体政策措施，并把“后 2012 可持续发展”作为行动目标。欧盟环境署(Environment Directorate)成立于 1973 年,旨在通过指令和法规并追踪其有效性来推广欧洲共同环境

政策(Jordan and Adelle,2013; Wurzel et al.,2013;Börzel,2003;Knill and Liefferink,2007)。除了内部环境治理外,欧盟还将其治理标准应用于希望加入欧盟的东欧国家身上,要求它们采用欧盟环境标准以获得入盟许可(Andonova,2004)。

依靠强大的欧盟机构并运用科学知识, 欧盟已经开发出了一系列广泛的环境治理安排,包括地区条约、政策建议和欧洲法院裁决等。欧洲法院的独立性确保了在某些情况下,环境决策可以超脱于政治层面的国内利益纷争。

小结:地区环境治理中的制度和地区

制度和知识在解释污染治理的地区差异方面十分有力。在解释地区之间和地区之内的差异方面,这些分析范畴比地区社会或文化因素更具说服力。在欧洲,制度机构更强有力,科学知识更容易获取,因此那里对地区大气污染的控制也就更为有效。不过,在欧洲内部,各种治理倡议之间也存在明显的差异,具体取决于可用的科学知识应用到环境问题的程度,例如酸雨治理机制内部的差异就很大。在拉丁美洲,存在三种具有不同政治模式和效力的海洋治理制度。对于东亚而言, 跨界大气污染治理方面也存在重大的地区内差异。东盟(ASEAN)依靠"东盟方式"取得共识,并通过对话解决季节性森林砍伐和焚烧引起的跨境烟霾问题(Varkkey,2014;Yoshimatsu,2014),而东北亚国家则更依赖于多边主义合法化的全球模式来解决酸雨和海洋污染问题。

地区环境治理的兴起

地区环境治理的兴起经历了四个阶段。20世纪初期,各国围绕物种保护不断签订条约,以寻求保护毛皮海豹、拉丁美洲无峰驼和候鸟等。这些工作大多是独立开展的,没有重要的制度支持,通常成效不大。20世纪50年代,针对公海石油泄漏和渔业保护,出现了一波海洋保护的尝试。国际海事组织(IMO)因为往往受到船东利益的控制,在指导石油泄漏污染治理方面的成效有限(M'Gonigle and Zacher,1979;Mitchell,1994)。联合国粮农组织(FAO)帮助达成了渔业协定,但由于渔民控制着协定,协定也往往趋于无效。20世纪七八十年代,国际社会通过了大量有关海洋和大气污染的条约——往往得到联合国环境署(UNEP)的指导,但尽管环境署(UNEP)积极调动资源以促使各国遵守条约,并与科学界合作提高对环境威胁的认识,这些条约的成效也不好说。20世纪80年代和90年代是地区环境治理的黄金时期,当今大多数地区环境条约都是在那个时期签署的。 【438】

20 世纪 90 年代，随着国际社会的注意力转移到提高现有制度安排的效力上，新签条约的数量有所减少。21 世纪初期，随着非政府组织和私营部门对传统多边环境外交和环境署（UNEP）失去信任，以及人们对科学知识应用于公共政策目的的信心下降，非国家治理形式广泛兴起。约翰内斯堡可持续发展世界峰会上，出现了大约 300 个围绕个别国家特定项目而组织的公私合作伙伴关系。由于没有关于构成合法伙伴关系的明确规则，也没有任何制度化的监督或审核，所以这些伙伴关系对环境质量几乎没有产生任何重大影响（Andonova，2010；Pattberg et al.，2012）。非政府组织和私营企业采取了一系列举措，就各种不同产品的可持续性生产颁发合格证书，这些产品包括从林产品（由森林管理委员会颁发）和渔产品（由海洋管理委员会颁发）到棕榈油、咖啡、大豆、甘蔗、棉花、农业燃料和水产养殖产品等。这些安排都是自愿性的，包含了关键供应商，并向消费者提供了信息。尽管建立的是全球标准，但这些标准通常只在少数生产国或地区施行（Ruysschaert and Salles，2014）。这些标准的政治活力受制于非政府组织和企业赞助商之间的对抗关系，效力也参差不齐，主要取决于消费者是否意识得到，并且不能有竞争性的、干扰性的方案（Cashore et al.，2007；Auld et al.，2008）。

地区环境治理的动因

环境治理的动力来源于两个主要因素。一是环境灾难的频发引发了公众对治理行
【439】动的吁求。二是全球环境会议引发了公众的普遍关注，促进了规范的制定，并使其合法化，同时，还促进了跨国政策网络的建立和动员，展示了各国的政策模式和经验（Haas，2002）。1972 年联合国人类环境会议将国际环境问题纳入全球议程，推动了控制大气污染和海洋污染的地区性机制的建立，并呼吁建立了环境署（UNEP）。联合国人类环境会议还引起了欧洲对环境的关注，欧盟和经合组织（OECD）制定了一整套的指令和政策计划。

1992 年世界环境与发展大会（里约地球峰会）表明，人们的注意力已从保护环境本身转移到可持续发展上来，并表示希望平衡环境保护与其他社会目标，尤其是经济发展和社会正义之间的关系（World Commission on Environment and Development [WCED]，1987；Sneddon et al.，2006）。2002 年世界可持续发展峰会聚焦于促进公私部门伙伴关系。2012 年“里约+20”峰会呼吁增强环境署（UNEP）的力量，在联合国经社理事会（ECOSOC）和联合国大会中设立一个新的可持续发展高级别小组，并批准通过全球“可持续发展目标”（SDGs）以替代 2015 年截止的“千年发展目标”（MDGs）。这些会议和一系列环境协商，有助于传播现代、全面的国家和国际环境治理模式，这些模式采用了环境保护的科

学和生态模式建议，并根据单个污染物的毒性、生物累积性和持久性及其相互作用制定污染标准。这些保护标准旨在保护生物栖息地和物种（Strong，1973；Holling，1973；Sand，1999；Contini and Sand，1972）。

因果机制和动因研究的知识现状

在学术研究中，地区环境问题被广泛理解为国际公共物品，明显存在着集体行动问题。分析起来，它们与全球公共物品没有什么不同，因为事实证明，协调数量相对较少国家（比如东北亚）和数量较多国家（比如 192 个联合国会员国）的政策同样困难。

国家之间在国家能力和关注点方面的显著不同是集体行动的特征。在制定和执行环境政策的能力方面，国家通常按经济社会维度被划分为南方国家和北方国家。因为相关环境信息往往缺乏，或者信息在国家之间和国家内部分布不平衡，国家在关注点上就有所不同。此外，精英、私营部门和国内民众通常对环境威胁和生态危害一无所知或漠不关心。由于国家对国际环境问题不够重视，国内因素通常不被作为影响国际环境治理的有效因素（至于另一种不同的观点，参见本书第 4 章）。

人们通常认为，国际制度会通过建立应对共同环境威胁的政治意愿和能力，来影响这些国家属性和条件。国际关系和全球环境政治的传统理论，解释了多边主义的制度机制，及其一系列广泛的外交途径。每种理论方法都对影响环境治理的社会机制及其可能形式和有效性提出了成套主张。尽管整体研究已从对机制创建的关注（20 世纪 70 年代和 80 年代），发展到对机制有效性的关注（20 世纪 90 年代和 21 世纪初），再到对国家多边主义替代方案的关注，但每种理论方法都提供了一套连贯的关于环境治理的创始、形式和有效性的独特命题。 【440】

在应对引发跨界问题的潜在系统力量，缓解造成人口增长、工业生产方式、过度消费主义、国家内部和国家之间政治权力和经济状况严重不平等的根源的需求方面，我们所做的工作还远远不够。发展中国家和全球南方国家的观点往往是，重视协商谈判达成的制度安排带来的分配性后果，并认为必须避免将调整的负担落在国家内部的穷人或世界穷国的身上。

地区环境治理的主要理论解释路径，源于现实主义、新自由制度主义、社会学制度主义和建构主义，以及倡议网络分析。表 19.2 列出了这些主要不同理论路径的解释逻辑。

现实主义和国家领导力

国家领导力一直是现实主义和新现实主义分析所常用的概念。对它们而言，强大的国家领导力乃是机制创建和生效的必要条件。治理是根据领导国(霸权国)出于自身利益施加威逼利诱而进行的。现实主义者对国家安全的高度关注还表明，环境问题的重要性将以其是否威胁国家边界完整性以及更广泛的地缘政治关切来界定(Waltz, 1979)。因此,环保主义者认为,国家领导力不太可能涵盖所有需要引起重视并充分解决的环境问题。新现实主义还未被用于解释环境治理。此外,自 1972 年以来,所谓的霸权国——美国——在环境治理中的行为反差很大,因此它在环境领域既没有表达明确的“国家利益”，也没有根据自身利益调配资源的意愿（Harris,2001;Barkdull and Harris, 2002;Hopgood,1998;Falkner,2005)。

“奥斯陆学派”对“国家领导力”的表述更具体、更平和(Andresen and Skovin,2006)。其观点是，国家领导力是在国际范围内进行有效环境治理的必要但不充分的条件。归
【441】 根结底,这是一个功能性的观点,因为它没有具体说明哪个国家可能去扮演领导角色、这个国家又如何去追求其领导地位，或者这个国家为什么会选择行使领导权。虽然国家领导力确实往往会在这种更具体的层面上产生,但没有它,合作通常会更有效,并且国家领导力在多大程度上增强还是阻碍了其他社会机制的作用，这一点还不明确。那些有领导力作用的实例,比如法国在地中海地区的领导力,其做法往往都不成功,而且最终各国还是更愿意诉诸其他社会机制进行政策协调(Haas,1990)。

表 19.2 地区环境治理的各种理论解释

理论路径	因果机制	主要行为体	程式化的社会过程	针对的变量	治理预期
现实主义	对国家的压力	国家	国家领导力	物质能力	有利于更强大国家并反映其关切的安排
新自由制度主义	形成行为体理性选择的背景和动机	制度机构	机构中的讨价还价	制裁、监测、核查、财政资源、激励	妥协或市场路径
社会学制度主义/建构主义	说服和社会化	认知共同体、倡议联盟和国际秘书处	社会学习	知识和因果信仰	基于科学认识的、灵活而坚定的精细承诺
倡议网络	羞辱和压力	社会运动和各种跨国倡议网络(TANs)	社会运动和“飞回镖”效应	规范和政治压力	普遍性原则

资料来源:作者汇编。

制度主义

新自由制度主义者都对民族国家的理性算计持相同看法。国家会根据自身所处的环境做出选择,制度的作用就是设定这种环境。制度主义学者认为,国家需要确保能够提供国际公共物品资源。鼓励各国开展合作的共同手段是监督、核查和制裁(Downs,2000;Downs and Trento,2004;Sandler,2004;Barrett,2003)。新自由制度主义者认为,强大的(即有影响力的)制度就具有这些特性。国家设计的机制既要有"胡萝卜"又要有"大棒",目的是引导各国采纳和遵循有益的环境承诺。此外,制度主义者还表示,提供财政资源会令各国有能力履行义务,但也会为它们出于与环境无关的原因(比如国家只是希望得到这些财政激励)而合作提供激励。 【442】

除了这种结构论观点外,制度主义者还认为,讨价还价的过程具有传统上互投赞成票和妥协的特征。其结果会满足国内政治需要,但可能与对改善环境质量的监管规则进行科学评估无关。它们很可能反映的是市场机制。即使因缺乏科学指导,其环境方案并非最佳,但具有强大制度设计的协议安排也是有效的,因为基于政治妥协而谈判达成的协议不太可能反映明确的环境标准。究其原因,是由于政治协议服从的是妥协的逻辑而不是知识的应用(Young,1989)。从北海和波罗的海的经验案例中我们可以看出,环境治理成效的差异取决于治理模式的不同(Haas,1993;Miles et al.,2002)。

更具社会学和建构主义倾向的制度主义学者,关注的是国际机构秘书处提供物质资源以及信息和培训的能力,他们并不关注其主要成员国的利益。这些学者将机构视为具有代理能力的协商参与者(Johnson,2014;Biermann et al.,2009;Haas and Haas,1995)。当国际组织拥有足够的自治权和资源时,它们就可能通过给政府提供新信息、起草文件并为更大的环境承诺开展游说,从而为环境治理做出贡献。各国进行合作,是对主要国际组织调动的信息和资源作出的回应。这些学者认为,促进机构领导力的重要资源,是机构内拥有成熟的行政领导者、根据功绩录用的大量专业工作人员、充足的预算,以及组织相对于各成员国的政治自主性。具有这些特性的机构就是强有力的机构。如此才可能极大地提高制度的效力,并为谈判结果提供科学的指导。

认知共同体

建构主义者关注的是认知共同体和科学家网络,以及他们在通过社会学习过程向精英人士宣扬环境挑战方面的作用。假设各国通常不了解其环境问题的严重程度和相 【443】

关政策，学者会去研究各国和国际机构通过何种渠道获取可用信息来应对环境威胁(Haas and Stevens,2011;Haas,1992)。通过探讨一批核心知识创造者为政策制定者提供和传播知识的作用,这种观点补充了社会学制度主义的观点。

认知共同体与国际机构协作,是为了有机会接触到各个国家,向它们传达谈判协商过的安排。通过社会学习的过程,各国精英和官员开始以一种全新的、更全面和更生态的方式看待这个世界。治理规则在形式上往往很全面,包含各种不同的国家承诺。这些规则很有可能产生生态效益，因为它们反映了对适当环境标准的科学认识。这里的主要机制是说服和学习,各国从认知共同体中学习了解到它们所面临威胁的性质。

社会学习促进了更坚定而又灵活的治理。随着时间的流逝，治理工作很可能会面临新的挑战,并且随着实践和规范的日趋常规化,治理工作可能持续下去。同时,随着时间的推移,各国的遵约程度也会提高,因为通过学习,它们会为了新认识到的环境利益而投入资源(Ikenberry and Kupchan,1990;Adler and Haas,1992;Haas,2015;Victor et al.,1998;Weiss and Jacobson,1998)。

倡议网络

倡议网络中的学者关注的是公民社会运动，以及跨国非政府组织在协调游说政府工作中的作用,这就产生了新的集体治理形式。与前面讨论的建构主义方法主要关注因果认识和知识的作用不同,倡议网络关注的是原则性信念和跨国政治运动的作用。

非政府组织经常游说政府开展环境治理(Keck and Sikkink,1998)。非政府组织由原则性使命所驱动,并推动实行普遍禁止、暂停执行和实施诸如“预警原则”之类的全球性规范禁令。通过倡议网络进行治理,采用的是建立共同原则性标准的形式。他们通过跨国行动策略来推动治理。很少有环境条约反映公民社会运动的任何属性。1984 年的捕鲸禁令就是一例,说明非政府组织战胜了虚弱的国际机构、组织不善的科学家以及没有强烈意愿的政府。预警原则尽管并未得到执行，但却被一些渔业条约和欧盟指令以及 1992 年地球峰会《里约宣言》这一软法所援用(Freestone and Hey,1995)。

实证结论

【444】 人们已经对一些特定地区的治理工作进行了广泛而深入的实证研究。为了能够搞清楚地区和全球层次环境治理背后的动力,人们采用了大样本分析(Breitmeier et al.,2006,2011)和比较案例研究(Miles et al.,2002;Andresen et al.,2000,2012;Haas et al.,

1993; Downs et al.,2000)。研究中最广泛使用的地区案例是北海保护、地中海污染防治和欧洲酸雨治理。

建构主义和制度主义在理解地区环境治理方面最具解释力(Miles et al.,2002; Andresen et al.,2000;Downs et al.,2000;Haas,2007;Breitmeier et al.,2011)。它们从不同的视角，对各种不同的环境治理工作作出了解释。认知共同体和强有力的机构提出了各种社会学习的模式,并作出相对有效的安排。如果只有强有力的机构,会产生可能有效的政治妥协,但不会产生明显的环境影响。如果只有虚弱的机构,会产生最低限度的治理安排,但其国家承诺最少、遵约程度一般、有效性和环境后果都很差。在没有机构支持的情况下,认知共同体可能会部分改变个别国家的承诺,但不会影响集体治理安排。

地区环境治理的制度设计

我们最好将国际组织看作是施动者(agents)而不是结构。较为传统的观点认为,制度是外生的(在新自由制度主义者看来,它们还可能是蓄意设计出来的)成套规范、规则和决策程序,而我们认为,国际组织和地区组织所扮演的是独立于成员国的施动者角色。

地区环境机制的设计与新自由制度主义者的期望并不相符。有效的治理安排很少具有这些学者所期望的特定结构条件。表 19.3 总结了全球和地区范围内 134 个国际环境条约中的监测和核查条款(Haas,2000)。2000 年之前缔结的条约中,只有 36%规定了环境监测条款,有 43%作出了政策核查安排。大部分的条约都是有效的(见表 19.3)。

事实上没有条约规定了制裁措施。尽管很多条约都规定了争端解决程序，但几乎未曾有人援引过争端解决机制。此外,很少有条约对违约者进行制裁,很多条约必须载 【445】
入保证不与关贸总协定或世贸组织的制裁条款相冲突的条款(Charnovitz,1996)。

表 19.3　环境条约中的监测和核查条款

项目	条约数量	谁为谁提供数据?	自愿／强制	频率
环境监测	48	政府占 69% 政府必须向国际组织提供占 4% 无数据占 27%	强制占 81% 自愿占 19%	每年一次占 17% 每两年一次占 19% 每三年一次占 2% 不具体规定占 62%
政策核查/国家遵约	58	政府占 72% 政府必须向国际组织提供占 7% 国际组织占 3% 无数据占 18%	强制占 95% 自愿占 5%	每年一次占 29% 每两年一次占 18% 每三年一次占 2% 不具体规定占 51%

资料来源:作者汇编。

令人惊讶的是，几乎没有地区治理安排依赖市场工具。除了用于支付石油泄漏清理费用的保障方案外，治理所依赖的是设定各种形式的环境标准，这大概是因为经济学家和主要经济机构在环境治理方面相对缺位吧(气候变化是一个明显的例外)。

衡量制度机构的一种更有力方法是，看它们所起的协商作用和主动作用。有影响的组织(及其秘书处)拥有独立于其成员国的地位、工作娴熟的行政首长、充足的预算和按功绩聘用的专业工作人员。这样的机构能够更好地对国家进行环境问题上的引导，并为集体治理提供科学的指导意见。

在推动地区环境治理并解释其形式和有效性方面，有两套相互关联的制度机构十分重要。其一是国际组织，它们发挥协调作用，并努力将认知共同体纳入地区治理中，从而推进更广泛的社会学习模式。其二是有组织的科学网络，它们通过组织科学网络和国际科学小组而弥补了正式组织的作用(Haas and Stevens, 2011; Mitchell et al., 2006; Farrell and Jäger, 2005)。

联合国环境署是主要的环境国际组织，从 20 世纪 70 年代到 90 年代参与了 60% 以上地区条约的谈判和监管。世界银行为低收入国家提供了财政援助和部分培训。欧盟对于治理欧洲的问题十分重要。

地区环境治理的影响

【446】 地区环境治理具有多种影响。直接影响(或预期影响)是根据治理工作的有效性来衡量的。相对间接的影响则采取赋权和社会学习的形式，引发了人们对环境的系统关注和绿色市场的出现。

有效性

有效性方面差异很大。人们通常将“有效性”理解为，各国为履行其正式条约义务而采取了主动行动，从而提高了环境质量(Mitchell, 1993)。尽管有人已经提出了更为细致的有效性衡量办法，将可见的有效性与假定政治后果的范围进行对比，或与科学确定的理想环境状态的程度进行对比(Hovi et al., 2003; Helm and Sprinz, 2000)，但这些办法很难被采用(Young, 2003)。有些条约经证明是有效的，比如有关欧洲酸雨和某些海洋保护方面的，不过，还有很多条约和机制明显无效(特别是有关生物多样性、气候变化和许多其它海洋保护方面的；参见 United Nations Environmental Programme, 2012)。也有大量情况是，我们没有足够证据对有效性作出判断，这或者是由于政府故意隐瞒信息，造成国际机构无法收集到系统的数据（政府往往出于战略考量而选择不为这些机构提供经费支持），或者是因为确实没有数据。

间接影响

尽管地区环境治理工作杂乱无章且有些令人失望，但随着人们对环境治理新观念的广泛接受，以及各国被纳入环境协议网络，其整体效果还是会大大提升。

这些环境治理模式会产生种种锁定效应，包括法律机制、意外效应和紧急效应。随着各国履行其国际治理承诺，它们会引入新的国内政治激励结构。国内政策推动了支持环境治理的新选民以及新的行政渠道的产生。意外效应包括，给新的政治行为体赋权、赋予代表权、建立网络和规范。环境实践使得其对专业科学知识的依赖日益增加，也 【447】 促使各国愿意委托授权给其他地区的认知共同体。由于公民社会对环境治理的影响相对较弱，随着新的规范化实践获得合法性并被确立为软法规范，环境规范已经出现。作为社会共同期望的国家责任，“环境保护”或“生态保全”的确立和扩散，通过自上而下的压力要比通过自下而上的压力，更容易追查（Meyer，1997；Bernstein，2001）。

过去20年间，全球出现了环保设施和服务的绿色市场，每年价值约达6000亿美元。随之而来的是环保主义新政治经济学的出现，企业为了促进其销售而乐意推动环境监管。另外，企业会促进并遵守环境标准，以表明其在全球供应链中对质量的承诺（Janeway，2012）。

在这种看得到的大规模变革中，有多少是由于受到国际治理影响而作出的相互依赖选择，又有多少是由于受到国家层次的变革和活动影响而由各国独立作出的选择呢？很多环境协商和实验是在国家层次上开展的。当然，通过OECD这样的国际组织，相互分享经验的临时性和正式性政策网络也大大增加了（Jänicke and Weidner，1995；Weidner and Jänicke，2002；Rose，1993；Levi-Faur，2005；Levi-Faur and Jordana，2005；Busch et al.，2005）。各国还从主要大国和国际组织那里借鉴相关经验，最显著地是采用了美国、世界银行和世界卫生组织的环境标准。

异乎寻常的是，地区层次的环境治理工作贡献有限。国家层次的试验性做法加大了国际上的环境治理水平差异，也使得环境政策更加碎片化，这些阻碍着市场的扩张。因此，大量治理工作和新兴市场很可能是国际压力与纯粹国内压力共同作用的结果。

结 论

过去60年间，各国大力推动地区环境治理，造成环境治理呈高度分散的趋势。迄今为止，大多数研究主要是描述性的或政策导向性的。人们还在努力对地区环境治理工作这一领域开展更精准的研究。

尽管现有文献已经确认了地区环境治理赖以发生的主要社会机制和参与者，但是社会机制之间的联结及其在不同治理规模下的运作，都还存在未知之处。我们需要对制度设计做进一步研究，从而进一步促进科学认识的产生和传播。我们还需要更好地了解非国家活动，以及它们与国家主导的治理之间的相互作用。

【448】

附 录

附表 A19.1 地区环境治理组织

地区	成立年份	组织名称（缩写）	涵盖的主要议题	成员	官网地址
非洲	1999	尼罗河流域倡议（NBI）	流域管理	布隆迪、民主刚果、埃及、埃塞俄比亚、肯尼亚、卢旺达、南苏丹、苏丹、坦桑尼亚、乌干达	http://www.nilebasin.org/
美洲	1981	南太平洋国家常设委员会（CPPS）	海洋保护	智利、哥伦比亚、厄瓜多尔、秘鲁	http://www.cpps-int.org/
	1993	北美自由贸易协定（NAFTA）环境合作委员会（CEC）	大气污染、水污染	加拿大、墨西哥、美国	http://www.cec.org/
	2002	中美洲海洋运输委员会（COCATRAM）	海洋保护	哥斯达黎加、萨尔瓦多、危地马拉、洪都拉斯、尼加拉瓜、巴拿马	http://www.cocatram.org.ni/
亚洲	1965	联合国开发计划署（UNDP）	对发展有负面影响的环境问题；比如气候变化和灾后恢复	联合国会员国	http://www.undp.org/
	1967	东南亚国家联盟（ASEAN）	环境合作	文莱、柬埔寨、印尼、老挝、马来西亚、缅甸、菲律宾、新加坡、泰国、越南，以及中国、日本、韩国	http://www.asean.org/ http://environment.asean.org/
	1982	南亚环境合作计划（SACEP）	环境保护	阿富汗、孟加拉国、不丹、印度、马尔代夫、尼泊尔、巴基斯坦、斯里兰卡	http://sacep.org/

续表

地区	成立年份	组织名称（缩写）	涵盖的主要议题	成员	官网地址
	1993	东北亚次区域环境合作计划（NEASPEC）	大气污染	中国、朝鲜、日本、蒙古、韩国、俄罗斯	http://www.neaspec.org/
	1995	湄公河可持续发展委员会（MRC）	流域管理	柬埔寨、老挝、泰国、越南；对话伙伴国有中国和缅甸	http://www.mrcmekong.org/
	1995	SACEP 南亚海洋计划（SASP）	海洋保护	阿富汗、孟加拉国、不丹、印度、马尔代夫、尼泊尔、巴基斯坦、斯里兰卡	http://www.sacep.org/html/sas.htm
	1998	东亚酸沉降监测网（EANET）	大气污染	柬埔寨、中国、印度尼西亚、日本、老挝、马来西亚、蒙古、缅甸、菲律宾、俄罗斯、韩国、泰国、越南	http://www.eanet.asia/
	1999	中日韩环境部长会议（TEMM）	大气污染	中国、日本、韩国	http://www.temm.org/
欧洲	1947	联合国欧洲经济委员会（UNECE 或 ECE）	环境政策		http://www.unece.org/
	1958	欧洲联盟（EU）	环境法和环境政策		http://europa.eu/index_en.htm
	1971	波罗的海海洋环境保护委员会（HELCOM）	海洋保护	丹麦、爱沙尼亚、欧盟、芬兰、德国、拉脱维亚、立陶宛、波兰、俄罗斯、瑞典	http://helcom.fi/
	1972	奥斯陆和巴黎公约（OSPARCOM）	海洋保护	比利时、丹麦、芬兰、法国、德国、冰岛、爱尔兰、卢森堡、荷兰、挪威、葡萄牙、西班牙、瑞典、瑞士、英国	http://www.ospar.org/
欧亚	1993	黑海委员会（BSC）	海洋保护	保加利亚、格鲁吉亚、罗马尼亚、俄罗斯、土耳其、乌克兰；观察员包括欧盟等	http://www.black-sea-commission.org/
	1998	里海环境计划（CEP）	海洋保护	阿塞拜疆、伊朗、哈萨克斯坦、俄罗斯、土库曼斯坦	http://caspian.iwlearn.org/http://www.caspianenvironment.org/
中东	1978	地区海洋环境保护组织（ROPME）	海洋保护	巴林、伊朗、伊拉克、科威特、阿曼、卡塔尔、沙特阿拉伯、阿联酋	http://ropme.org/home. clx
	1982	红海和亚丁湾环境保护地区组织（PERSGA）	海洋保护	吉布提、埃及、约旦、沙特阿拉伯、索马里、苏丹、也门	http://www.persga.org/
	1972	联合国环境署（UNEP）	空气、海洋和陆地生态，环境治理，绿色经济	联合国会员国	http://www.unep.org/

续表

地区	成立年份	组织名称（缩写）	涵盖的主要议题	成员	官网地址
其他	1975	联合国环境署地中海行动计划（UNEP-MAP）	海洋保护	阿尔巴尼亚、阿尔及利亚、波黑、克罗地亚、埃及、黎巴嫩、利比亚、摩洛哥、门的内哥罗、叙利亚、突尼斯、土耳其	http://www.unepmap.org/
	1982	南极海洋生物资源保护委员会（CCAMLR）	海洋保护	阿根廷、澳大利亚、比利时、巴西、智利、中国、欧盟、法国、德国、印度、意大利、日本、纳米比亚、新西兰、挪威、波兰、俄罗斯、南非、韩国、西班牙、瑞典、乌克兰、英国、乌拉圭、美国	http://www.ccamlr.org/en
	1991	北极理事会	海洋保护	加拿大、丹麦、芬兰、冰岛、挪威、俄罗斯、瑞典、美国	http://www.pame.is/
	1992	太平洋地区环境计划秘书处（SPREP）	海洋保护	美属萨摩亚、澳大利亚、库克群岛（新西兰）、密克罗尼西亚、斐济、法国、法属波利尼西亚、关岛（美国）、基里巴斯、马绍尔群岛、瑙鲁、新喀里多尼亚（法国）、新西兰、纽埃（新西兰）、北马里亚纳群岛（美国）、帕劳、巴布亚新几内亚、萨摩亚（美国）、所罗门群岛、托克劳（新西兰）、汤加、图瓦卢、英国、美国、瓦努阿图、瓦利斯和富图纳（法国）	http://www.sprep.org/

说明：本表中未包含地区渔业组织（RMFOs）或地区渔业机构（RFBs）。更多信息请参见 http://www.fao.org/fishery/topic/2940/en。

参考文献

Adler, E.and Haas, P.M.1992.Conclusion: Epistemic Communities, World Order, and the Creation of a Reflective Research Program.*International Organization*, 46(1): 367–390.

Andonova, L.B.2004.*Transnational Politics of the Environment*.Cambridge, MA: MIT Press.

Andonova, L.B.2010.Public–Private Partnerships for the Earth: Politics and Patterns of Hybrid Authority in the Multilateral System.*Global Environmental Politics*, 10(2): 25–53.

Andresen, S, Boasson, E.L, and Geir, H.(eds.) 2012.*International Environmental Agreements*.Abingdon: Routledge.

Andresen, S.and Skovin, T.2006.Leadership Revisited.*Global Environmental Politics*, 6(3): 13–27.

Andresen, S, Tora, S, Underdal, A, and Wettestad, J.2000.*Science and Politics in International Environmental Regimes: Between Integrity and Involvement*.Manchester: Manchester University Press.

Auld, G, Bernstein, S, and Cashore, B.2008.The New Corporate Responsibility.*Annual Review of Environment and Resources*, 33: 413–435.

Balsiger, J.and Prys, M.2014.Regional Agreements in International Environmental Politics.*International Environmental Agreements*, May: 1–22.

Balsiger, J.and VanDeveer, S.D.2012.Navigating Regional Environmental Governance.*Global Environmental Governance*, 12(3): 1–17.

Barkdull, P.and Harris, P.G.2002.Environmental Change and Foreign Policy: A Survey of Theory.*Global Environmental Politics*, 2(2): 63–91.

Barkin, J.S.and Desombre, E.R.2013.*Saving Global Fisheries: Reducing Fishing Capacity to Promote Sustainability.Cambridge*, MA: MIT Press.

Barrett, S.2003.*Environment & Statecraft: The Strategy of Environmental Treaty-Making*.Oxford: Oxford University Press.

Bernauer, T.and Siegfried, T.2008.Compliance and Performance in International Wate Agreements: The Case of the Naryn/Syr Darya Basin.*Global Governance*, 14(4): 479–501.

Bernstein, S.2001.*The Compromise of Liberal Environmentalism*.New York: Columbia University Press.

Biermann, F, Siebenhüner, B, and Schreyögg, A.(eds.) 2009.*International Organizations in Global Environmental Governance*.Abingdon: Routledge.

Börzel, T.A.2003.*Environmental Leaders and Laggards in Europe*.Aldershot: Ashgate.

Breitmeier, H, Underdal, A, and Young, O.R.2011.The Effectiveness of International Environmental Regimes: Comparing and Contrasting Findings from Quantitative Research.*International Studies Review*, 13(4): 1–27.

Breitmeier, H, Young, O.R, and Zürn, M.2006.*Analyzing International Environmental Regimes: From Case Study to Database*.Cambridge, MA: MIT Press.

Busch, P.-O, Jörgens, H, and Tews, K.2005.The Global Diffusion of Regulatory Instruments: The Making of a New International Environmental Regime.*Annals of the American Academy of Political and Social Science*, 598(1): 146–167.

Carroz, J.E.1977.The Management of Living Resources in the Baltic Sea and the Belts.*Ocean Development and International Law Journal*, 4(3): 213–232.

Cashore, B, Auld, G, Bernstein, S, and McDermott, C.2007.Can Non- State Governance "Ratchet Up" Global Environmental Standards? *Review of European Community & International Environmental Law*, 16(2): 158–172.

Charnovitz, S.1996.Trade Measures and the Design of International Regimes.*Journal of Environment & Development*, 5(2): 168–196.

Chossudovsky, E.1988.*"East-West" Diplomacy for Environment in the United Nations*.New York: UNITAR.

Conca, K.2006.*Governing Water: Contentious Transnational Politics and Global Institution Building.* Cambridge, MA: MIT Press.

Contini, P.S.and Sand, P.H.1972.Methods to Expedite Environmental Protection: International Ecostan-dards.*American Journal of International Law*, 66(1): 37-59.

Cullis-Suzuki, S.and Pauly, D.2010.Failing the High Seas: A Global Evaluation of Regional Fisheries Management Organizations.*Marine Policy*, 34(5): 1036-1042.

DeSombre, E.R.and Barkin, J.S.2011.*Fish*.Cambridge: Polity Press.

Downs, G.W.2000.Constructing Effective Environmental Regimes.*Annual Review of Political Science*, 3: 25-42.

Downs, G.W, Danish, K.W, and Barsoom, P.N.2000.The Transformational Model of International Regime Design.*Columbia Journal of Environmental Law*, 38(3): 465-514.

Downs, G.W.and Trento, A.W.2004.Conceptual Issues Surrounding the Compliance Gap.In: E.C.Luck and M.Doyle (eds.), *International Law and Organization*.Lanham, MD: Rowman & Littlefeld, 19-40.

Elliott, L.and Breslin, S.(eds.) 2011.*Comparative Environmental Regionalism*.Abingdon: Routledge.

Falkner, R.2005.American Hegemony and the Global Environment.*International Studies Review*, 7 (4): 585-599.

Farrell, A.E.and Jäger, J.(eds.) 2005.*Assessments of Regional and Global Environmental Risks: Designing Processes for the Effective Use of Science in Decisionmaking*, Washington, DC: Resources for the Future.

Freestone, D.and Hey, E.(eds.)1995.*The Precautionary Principle and International Law*.Alphen ann den Rijn: Wolters Kluwer.

Giordano, M, Drieschova, A, Duncan, J.A, Sayama, Y, De Stefano, L, and Wolf, A.T.2013.A Review of the Evolution and State of Transboundary Freshwater Treaties.*International Environmental Agreements*, 14(3): 245-264.

Haas, P.M.1990.*Saving the Mediterranean: The Politics of International Environmental Cooperation*.New York: Columbia University Press.

Haas, P.M.1991.Save the Seas: UNEP's Regional Seas Programme and the Coordination of Regional Pollution Control Efforts.In: E.M.Borgese, N.Ginsburg, and J.R.Morgan(eds.), *Ocean Yearbook 9*.Chicago, IL: University of Chicago Press, 188-212.

Haas, P.M.1992.Introduction: Epistemic Communities and International Policy Coordination.*International Organization*, 46(1): 1-35.

Haas, P.M.1993.Protecting the Baltic and North Sea.In: P.M.Haas, R.Keohane, and M.A.Levy(eds.), *Institutions for the Earth*.Cambridge, MA: MIT Press, 133-181.

Haas, P.M.2000.Prospects for Effective Marine Governance in the NW Pacific Region.*Marine Policy*, 24 (5): 341-348.

Haas, P.M.2002.UN Conferences and the Constructivist Governance of the Environment.*Global Governance*, 8(1): 73-91.

Haas, P.M.2004.When Does Power Listen to Truth? A Constructivist Approach to the Policy Process. *Journal of European Public Policy*, 11(4):569–592.

Haas, P.M.2007.Epistemic Communities.In: D.Bodansky, J.Brunnee, and E.Hey(eds.), *The Oxford Handbook of International Environmental Law*.Oxford: Oxford University Press, 791–806.

Haas, P.M.2008.Evaluating the Effectiveness of Marine Governance.In: C.Thia-Eng, G.Kullenberg, and D.Bonga(eds.), *Securing the Oceans: Essays on Ocean Governance— Global and Regional Perspectives*.Quezon City, Philippines: Global Environment Facility/United Nations Development Programme/International Maritime Organization Regional Programme on Building Partnerships in Environmental Management for the Seas of East Asia (PEMSEA), and the Nippon Foundation.

Haas, P.M.2014.Ideas, Experts and Governance.In: M.Ambrus, K.Arts, E.Hey, and H.Raulus (eds.), *The Role of "Experts" in International and European Decision-Making Processes: Advisors, Decision-Makers or Irrelevant Actors?* Cambridge: Cambridge University Press, 19–43.

Haas, P.M.2015.*Epistemic Communities, Constructivism and International Environmental Politics*.Abingdon: Routledge.

Haas, P.M.and Haas, E.B.1995.Learning to Learn: Improving Global Governance.*Global Governance*, 1(3):255–284.

Haas, P.M, Keohane, R.O, and Levy, M.A.(eds.) 1993.*Institutions for the Earth: Sources of Effective International Environmental Protection*.Cambridge, MA: MIT Press.

Haas, P.M.and Stevens, C.2011.Organized Science, Usable Knowledge and Multilateral Environmental Governance.In: R.Lidskog and G.Sundqvist (eds.), *Governing the Air: The Dynamics of Science, Policy, and Citizen Interaction*.Cambridge, MA: MIT Press, 125–162.

Harris, P.G. (ed.)2001.*The Environment, International Relations, and U.S.Foreign Policy*.Washington, DC: Georgetown University Press.

Helm, C.and Sprinz, D.2000.Measuring the Effectiveness of International Environmental Regimes.*Journal of Conflict Resolution*, 44(5):630–652.

Holling, C.S.1973.Resilience and Stability of Ecological Systems.*Annual Review of Ecology and Systematics*, 4: 1–23.

Hopgood, S.1998.*American Foreign Environmental Policy and the Power of the State*.Oxford: Oxford University Press.

Hovi, J, Sprinz, D.F, and Underdal, A.2003.The Oslo-Potsdam Solution to Measuring Regime Effectiveness: Critique, Response, and the Road Ahead.*Global Environmental Politics*, 3(3):74–96.

Ikenberry, G.J.and Kupchan, C.1990.Socialization and Hegemonic Power.*International Organization*, 44(3):283–315.

Janeway, W.H.2012.*Doing Capitalism in the Innovation Economy*.Cambridge: Cambridge University Press.

Jänicke, M.and Weidner, H.1995.Successful Environmental Policy: An Introduction.In: M.Jänicke and H. Weidner(eds.), *Successful Environmental Policy: A Critical Evaluation of 24 Cases*.Berlin: Sigma,

10–26.

Johnson, T. 2014. *Organizational Progeny: Why Governments are Losing Control over the Proliferating Structures of Global Governance*. Oxford: Oxford University Press.

Jordan, A. and Adelle, C. (eds.) 2013. *Environmental Policy in the EU*. Abingdon: Routledge.

Keck, M.E. and Sikkink, K. 1998. *Activists Beyond Borders: Advocacy Networks in International Politics*. Ithaca, NY: Cornell University Press.

Kim, I. 2014. Messages from a Middle Power: Participation by the Republic of Korea in Regional Environmental Cooperation on Transboundary Air Pollution Issues. *International Environmental Agreements*, 14(2): 147–162.

Knill, C. and Liefferink, D. 2007. *Environmental Politics in the European Union*. Manchester: Manchester University Press.

Kütting, G. 2000. Distinguishing Between Institutional and Environmental Effectiveness in International Environmental Agreements: The Case of the Mediterranean Action Plan. *International Journal of Peace Studies*, 5(1): 15–33.

Levi–Faur, D. 2005. The Global Diffusion of Regulatory Capitalism. *Annals of the American Academy of Political and Social Science*, 598(1): 12–32.

Levi –Faur, D. and Jordana, J. 2005. Conclusion: Regulatory Capitalism: Policy Irritants and Convergent Divergence. *Annals of the American Academy of Political and Social Science*, 598(1): 191–199.

Meyer, J.W. 1997. The Structuring of a World Environmental Regime, 1870–1990. *International Organization*, 51(4): 623–651.

M'Gonigle, R.M. and Zacher, M.W. 1979. *Pollution, Politics, and International Law: Tankers at Sea*. Berkeley, CA: University of California Press.

Miles, E.L, Underdal, A, Andresen, S, Wettestad, J, Skjærseth, J.B, and Carlin, E.M. (eds.) 2002. *Environmental Regime Effectiveness: Confronting Theory with Evidence*. Cambridge, MA: MIT Press.

Mitchell, R.B. 1993. Compliance Theory: A Synthesis. *Review of European Community and International Environmental Law*, 2(4): 327–334.

Mitchell, R.B. 1994. *Intentional Oil Pollution at Sea*. Cambridge, MA: MIT Press.

Mitchell, R.B, Clark, W.C, Cash, D.W, and Dickson, N.M. (eds.) 2006. *Global Environmental Assessments: Information and Influence*. Cambridge, MA: MIT Press.

Pattberg, P, Biermann, F, Chan, S, and Mert, A. (eds.) 2012. *Public –Private Partnerships for Sustainable Development*. Cheltenham: Edward Elgar.

Rose, R. 1993. *Lesson Drawing in Public Policy*. Ottawa: IDRC.

Ruysschaert, D. and Salles, D. 2014. Towards Global Voluntary Standards: Questioning the Effectiveness in Attaining Conservation Goals—The Case of the Roundtable on Sustainable Palm Oil (RSPO). *Ecological Economics*, 107: 438–446.

Sand, P.H. 1999. *Transnational Environmental Law: Lessons in Global Change*. Dordrecht: Kluwer.

Sandler, T. 2004. *Global Collective Action*. Cambridge: Cambridge University Press.

Schmeier, S, Gerlak, A.K, and Schulze, S.2013.*Who Governs Internationally Shared Watercourses?* Earth System Governance Working Paper No.28.Lund and Amsterdam: Earth System Governance Project.

Skjærseth, J.B.2000.*North Sea Cooperation: Linking International and Domestic Pollution Control*.Manchester: Manchester University Press.

Sneddon, C, Howarth, R.B, and Norgaard, R.B.2006.Sustainable Development in a Post-Brundtland World. *Ecological Economics*, 57(2): 253-268.

Steinberg, R.H.1997.Trade-Environment Negotiations in the EU, NAFTA, and WTO.*American Journal of International Law*, 91(2): 231-267.

Strong, M.1973.One Year After Stockholm.*Foreign Affairs*, 51: 690-707.

Sydnes, A.K.2001.Regional Fishery Organizations: How and Why Organizational Diversity Matters.*Ocean Development & International Law*, 32(4): 349-372.

Sydnes, A.K.2005.Regional Fisheries Organizations and International Fisheries Governance.In: S.A. Ebbin, A.H.Hoel, and A.K.Sydnes(eds.), *A Sea Change: The Exclusive Economic Zone and Governance Institutions for Living Marine Resources*.Dordrecht: Springer, 117-135.

United Nations Environmental Programme.2012.*Global Environmental Outlook*, 5.Malta: Progress Press.

Varkkey, H.2014.Regional Cooperation, Patronage and the ASEAN Agreement on Transboundary Haze Pollution.*International Environmental Agreements*, 14(1): 65-81.

Victor, D.G, Raustiala, K, and Skolnikoff, E.B.1998.*The Implementation and Effectiveness of International Environmental Commitments: Theory and Practice*.Cambridge, MA: MIT Press.

Waltz, K.1979.*Theory of International Politics*.Reading, MA: Addison Wesley.

Webster, D.G.2009.*Adaptive Governance: The Dynamics of Atlantic Fisheries Management*.Cambridge, MA: MIT Press.

Weidner, H.and Janicke, M. (eds.)2002.*Capacity Building in National Environmental Policy*.Berlin: Springer.

Weinthal, E.2002.*State Making and Environmental Cooperation*.Cambridge, MA: MIT Press.

Weinthal, E.2003.Two Steps Forward, One Step Backward: Societal Capacity and Israel's Implementation of the Barcelona Convention and the Mediterranean Action Plan.*Global Environmental Politics*, 3(1): 51-71.

Weiss, E.B.and Jacobson, H.K.1998.*Engaging Countries: Strengthening Compliance with International Accords*.Cambridge, MA: MIT Press.

Wettestad, J.1999.*Designing Effective Environmental Regimes: The Key Conditions*.Cheltenham: Edward Elgar.

Wettestad, J.2002.*Clearing the Air: European Advances in Tackling Acid Rain and Atmospheric Pollution*.Aldershot: Ashgate.

Wolf, A.T, Natharius, J.A, Danielson, J.J, Ward, B.S, and Pender, J.K.1999.International River Basins of the World.*International Journal of Water Resources Development*, 15(4): 387-427.

World Commission on Environment and Development(WCED).1987.*Our Common Future*.New York: Oxford University Press.

Wurzel, R.K, Zito, A.R, and Jordan, A.J.2013.*Environmental Governance in Europe*.Cheltenham: Edward Elgar.

Yoshimatsu, H.2014.*Comparing Institution–Building in East Asia*.Basingstoke: Palgrave Macmillan.

Young, O.R.1989.The Politics of International Regime Formation: Managing Natural Resources and the Environment.*International Organization*, 43(3): 349–75.

Young, O.R.2003.Determining Regime Effectiveness: A Commentary on the Oslo–Potsdam Solution.*Global Environmental Politics*, 3(3): 97–104.

第 20 章　地区移民治理

桑德拉·拉文尼克斯(Sandra Lavenex)
弗莱维娅·茹尔热(Flavia Jurje)
特丽·E.吉文斯(Terri E.Givens)
罗斯·布坎南(Ross Buchanan)

对待商品和资金,各国建立了全球性制度来协调各自的市场政策,而在国际人口迁移方面,则没有出现同类的状况。移民问题在多边层次,各国历来避免为此敏感领域担负国际责任,相比之下,在地区层次倒是越来越能够得到合作应对。【457】

除了欧盟(EU)和西共体(ECOWAS)行动较早一些外,地区性移民框架的扩散始于20世纪90年代。这些地区机制采取两种不同的形式:一种是地区一体化框架,比如东盟(ASEAN)、西共体(ECOWAS)、南共市(MERCOSUR)或北美自由贸易协定(NAFTA),强调区内人员流动的(部分)自由化,以鼓励更大的市场发展。这种促进迁移的举措有时强调移民权利,并借助于地区一体化进程的正式制度框架;另一种形式是所谓"地区移民协商进程"(Regional Consultation Processes,RCPs),这是一种非正式的跨政府网络,通常与地区一体化实体机构分开。它们关注的是移民的安全问题而非促进经济移民,特别关注的是如何控制非法移民,尤其是来自地区之外的非法移民。

本章中,我们将陈述各种地区移民治理安排,并考察其出现的原因。地区移民机制,无论采取正式还是非正式的合作结构,都已通过地区主义、跨地区主义和更广泛的全球制度之间的互动而发展起来。那些已经卷入地区一体化框架之中的国家,更有可能考虑采用地区性的移民管制方法。例如欧盟(EU),比起合作程度"较浅的"地区条约如北美【458】
自由贸易协定(NAFTA)来,就是先致力于内部移民管制、后开始协调外来移民政策。内部人员流动的自由化,一定程度上会在那些地区经济一体化发展较深入的地区之间扩散,但有些地区就会采取"较浅的"合作模式,将移民权利限制在有较高专业技术的人员身上，这也是按照世界贸易组织的《服务贸易总协定》（GATS）规则办事。这种一体化有时也伴随着移民社会权利的扩散，不过，这些权利往往还缺乏有效的实施机制。最后，对于发展中国家来说，经常是在某个移民接受国的支持下或强制下，才会发展地区性的移民治理机制。

尽管地区自由迁移方案大体上是伴随着地区一体化形成的，并且通过政策扩散来传播，但似乎是国家利益和权力的分布不均，在背后驱动着外来移民控制政策的出台。相比地区单元之内有规范的内部移民机制，外来移民控制方面的合作往往通过非正式的治理安排来进行，即"地区移民协商进程"（RCPs），它们严重受制于地区内外那些移民大国的利益，比如欧盟对非洲移民和美国对拉美移民的控制。总之，虽然地区方案一定程度上凸显了各国在移民问题上的合作愿望，但我们的分析也强调主权考虑的普遍性，这种考虑对较深入的一体化是一种制约。

本章中，我们在简要讨论全球和地区移民合作的兴起之后，将分析欧洲、非洲、美洲和亚洲地区移民治理的制度设计，其重点在于讨论地区移民机制的初始类型，强调每个大陆（或次大陆）的主要方案。同时，我们还会分析一下移民治理的跨地区和地区间层次，这在欧盟与非洲的关系中已然出现。第三节运用一体化和扩散理论来评述地区和跨地区进程。第四节主要论述的是，地区机制对移民问题及其立法有何影响。本章结论则强调地区移民治理在全球背景中的重要性。

地区移民机制的兴起和制度设计

地区移民治理的逐渐形成与国际发展息息相关。①全球移民治理奠基于二战后的地
【459】 区倡议，而今天的全球体系，则为新的地区方案出台提供了基本的法律和制度框架。移民治理在国际层次上可以划分成两个范畴：法律协议和国际组织（参见附表 A20.1）。

与移民有关的国际法有两个核心特征，一个是其分散性，表现得就像一个"没有架构的实体"（Aleinikoff，2007）；另一个是其绝大多数义务源自两次世界大战之间和二战刚结束的时期（Betts，2011a）。由于缺乏全面性的国际机制，现有的手段只针对部分移民群体，现在还没有建立起以联合国为中心的移民组织。最强有力的法律手段是针对难民

---

① 本章第二和第三节在介绍地区移民机制分类并讨论其背后的驱动力量时，将引证由桑德拉·拉文尼克斯和弗莱维娅·茹尔热（Sandra Lavenex and Flavia Jurje）主持的研究项目"探究地区一体化框架下移民规范的扩散"，该项目隶属于"瑞士国家研究能力中心（NCCR）贸易条例"（http://www.nccr-trade.org/phase-3/wp4-1/412-1/）。我们特向瑞士国家科学基金会的资助表示感谢。在该项目的框架内，两位作者访谈了大约 95 位相关地区的专家。

问题的，由联合国难民事务高级专员（UNHCR）负责实施 1951 年的《难民地位公约》（Betts et al.，2012）。国际劳工组织（ILO）颁布过有关移民劳工社会权利的决议书，不过，它并不影响这些人进入各国边境。在别的领域，比如非法移民和劳工移民准入，各国主要采取单边行动，也有国家发展双边或地区性合作。不论是非法移民还是劳工移民，国际移民组织（IOM）作为联合国系统之外存在的实体，为各国支持有管理的人口流动提供着一系列服务；当然，它的作用主要还是一个执行性组织。国际移民组织几乎不具有规范性功能。

国际移民法律秩序的碎片化，可以按照三种综合性思路来理解（参见 Lahav and Lavenex，2012）：一种是经济思路，集中关注移民的便利化；一种是注重权利的思路，集中关注移民的权利；一种是注重安全的思路，强调移民控制的必要性和打击非法流动。这三种实质性维度中，可以再增加一种正式的、制度性的维度，用以界定地区规范的合法性或限度。

界定地区移民机制的一个复杂之处在于，同时有两种不同的合作方式在发展：一种是处于更大的地区一体化框架下的正式政策；一种是往往包含同一批国家但通过不同平台运作的非正式"地区移民协商进程"（RCPs），其制度化程度相当弱。"地区移民协商进程"的一个典型特征是，它们更加依赖于软的网络治理模式，而不是正式一体化（参见本书第 3 章）。

表 20.1 按照四项取值来界定地区一体化的不同范围，并在上述三种实质性维度的基础上加上了合法性的制度维度。①

【460】

表 20.1　地区移民机制的思考维度

程度	自由化／流动性	控制／安全	保护／权利	合法性
很强	所有公民，劳动力市场完全自由准入，不限制居留	统一的入境要求，联合对外边境管理，交换联络官，可反复入境	一致化程度超过《保护所有移徙工人及其家庭成员权利国际公约》	超国家承诺，独立监测，超国家司法审查
强	所有公民，劳动力市场准入，有限居留	关于入境要求和边境管理的共同规则，有业务合作	基于《保护所有移徙工人及其家庭成员权利国际公约》的一致化程度	国际法承诺，司法和政治审查机制

① 这里的编码方案根据的是茹尔热和拉文尼克斯以前的作品（Jurje and Lavenex，2014）。

续表

程度	自由化/流动性	控制/安全	保护/权利	合法性
中等	有选择的劳工,有选择的劳动力市场准入,有限居留	关于入境要求和边境管理的共同规则	有关工人具体社会经济权利的共同规则	国际法承诺,无监测,无审查机制
弱	便利的入境程序,无劳动力市场准入	移民控制体系相关最佳实践的交流	移民权利保护相关最佳实践的交流	有监测或无监测的软法协调
不涉及				

下面,我们按照这四种维度来分析一下地区移民机制。这里讨论到的案例,分别出自欧洲、美洲、非洲和亚洲各地,代表着对地区移民治理影响最为深远的思路,反映着全世界现有移民机制的广泛多样性。

欧　洲

【461】在地区一体化框架之中,欧盟拥有最全面的移民机制,用以解决迁移、社会权利、安全问题,并提供超国家的执行机制。[①]从流动自由化角度看,劳工(后来称"人员")的自由流动一开始就被包含在内,与资本、商品和服务一起,成为欧洲单一市场所要求的四大自由之一(欧共体条约第 18 条)。《罗马条约》的自由流动条款包含三类经济活动:工作(第 39 条,外加第 48 条);自谋职业(第 43 条,外加第 52 条);提供服务(第 49 条,外加第 59 条)。所有职业都要向从其他成员国来的劳工开放,除了公共服务行业。劳工的完全自由流动最初由 1968 年的第 1612/68 号条例作出规定。在 1987 年《单一欧洲法案》决定到 1992 年实现单一市场之后,自由流动的规范就从劳工群体延伸到经济上不活跃的群体,以至于今天涵盖了所有欧盟公民及其国外亲属。随着《马斯特里赫特条约》(1992 年)的签订,这些权利又成为新出台的欧洲公民身份的基本条件。欧盟内的移民劳工及其家庭与所在国公民享有同等的纳税权利,也享有同样的社会福利(比如儿童抚养津贴)。欧盟成员国相互协调社会保障体系,并建立了相互承认任职资格的框架(Deacon et al.,2011)。第三国国民的社会权利在《欧盟长期居民指令(2003/109/EC)》和《欧盟家庭团聚指令(2003/86/CE)》中得到了解决。[②]最后,鲜明体现自由流动机制的是欧盟内部边界控制的取消,这是 1985 年《申根协定》作出的决定,并于 1996 年得到落实。

① 欧洲自由贸易区和北欧理事会将非欧盟国家,如挪威、冰岛和瑞士,包括进与其他欧盟国家共建的大多数自由市场机制当中。冰岛和挪威通过"北欧护照联盟"加入申根自由流动区,而瑞士早已通过与欧盟签订一个条约而加入《申根协定》。

② 欧盟尚未批准联合国关于保护移徙工人的公约。

内部边界控制的取消，成为合作解决外来移民问题的动力。这一合作首先在欧盟机构之外的政府间论坛上着手进行，现已逐渐被纳入共同体事务(communitarized)(Geddes,2012)。如今,跨越欧盟外部边界的条件、不超过三个月的居留签证和宽泛的避难政策条款，都由欧盟规则加以管制。虽然欧盟缺乏针对第三国经济移民的完全控制能力,但它针对特定群体,比如高技能人士、学生、研究人员或季节性劳工,已经作出了指令。欧盟所制定的积极的外来移民政策,对其他地区已产生了影响,尤其是它的周边地区和撒哈拉以南非洲地区。

从制度上看,欧盟的超国家机构实体,尤其是欧盟委员会和欧洲法院,保证着欧盟法律的监督和实施。通过预先裁决程序，欧洲法院还在内部移民机制的完全落实上扮演着重要角色(参见本书第 23 章)。如今,欧盟的自由流动机制是最全面的模式,覆盖了所有公民并且保障着他们的平等社会权利。外来移民政策上的合作随着时间的流逝也发生了很大变化。现在欧盟有共同签证政策规定,有一个控制外部边界的统一系统,对 【462】于避难申请有共同标准;还发布了关于合法移民的指令,涉及第三国国民在欧盟长期居留权利、家庭团聚,以及有关高技能工人、研究人员、学生和企业外派员工(ICTs)等入境的共同规则。欧盟的超国家组织结构保障着其有高水平的合法化。除了这种内部一体化,移民还已成为欧盟外交政策的一个议题,比如在它建立的一系列稠密的跨地区联系网络中,特别是在其对欧盟邻国和非洲国家的外交政策中。

南美洲:南共市和“南美移民会议”

在南美洲,劳工流动在渐渐演变,如今已成为与公民身份密不可分的一项基本自由(Mármora,2010)。这种对地区移民实行“门户开放”的做法(Acosta and Geddes, 2014,23),最早是在南共市(MERCOSUR)中实行,近年来已经延伸到整个南美大陆。这种做法为三个进程所推动,其中的协调并不总是顺畅。南共市成立时签订的《亚松森条约》(1991 年)规定,生产要素的自由流动(包括劳动力流动)乃是共同市场集团的一个主要目标。共同市场集团引入了一个三方组建的“第 10 工作组”,由劳工部长、工会和雇主联合会的代表组成,旨在解决劳工移民和就业问题。1998 年,发布《社会劳工宣言》,仿效 1990 年联合国保护移徙工人公约的许多条款,为第 10 工作组制定了主要的行动计划。

尽管该集团着重关注了工人的自由流动、社会保障利益的可转移性或者相互承认就业资格,但另一个推进自由流动的进程还是随着 2002 年签署《居留协议》而开启了(Ceriani,2015)。这一协议于 2009 年生效,赋予南共市成员国家公民以及玻利维亚和智利国民以权利,使他们可以工作和生活在该国家集团的边界之内,条件是他们在过去五年内没有犯罪记录。这一居留和工作权利有效期两年,可以转换成永久性权利。《居留协议》确保了移民工人拥有与所在国国民同等的公民、社会、文化和经济权利(协议第9条)。居留权利可以转移给移民家庭成员,不论他们原有的国籍是什么(Maguid,2007)。其他南美国家——玻利维亚、哥伦比亚、厄瓜多尔和秘鲁——也都赞成这一《居留协议》,从而令安第斯共同体的相同方案遭到废弃(Santestevan,2007)。这些努力的高潮
【463】是,2010年12月南共市理事会在阿根廷伊瓜苏决定颁布一条《地区公民身份法令》,其中还有一个行动计划,将在2021年南共市成立30周年时完成。

第三个引发内部流动自由化的进程是贸易议程。1998年,共同市场理事会批准在《蒙得维的亚服务贸易议定书》中设置一个有关服务提供者流动的特别条款。2009年,南共市成员国结束了上一轮(第七轮)服务自由化谈判,涵盖了几类服务提供者的临时流动规定(比如专业人士、培训毕业生、合同服务提供者、企业外派员工、商务旅行者、技术人员)。其服务自由化进程超越了WTO《服务贸易总协定》的当前承诺。

尽管地区组织正式采取了自由流动措施,正在发展社会权利合作,但在外来移民政策和控制方面却尚未有举措。南美洲移民协商进程"南美移民会议"(SACM)于2000年启动,该进程每年召开外交部长级别的会议,囊括了12个南美洲国家,它们也组成了南美国家联盟(UNASUR)(参见本书第8章)。该进程的主要成果是,2010年发布了《关于移民原则和指导方针的宣言》以及《南美移民人权发展计划》。该计划考虑处理的问题包括移民权利、人员流动、公民身份、返回与重新归化,它还强调了移民和地区一体化进程的积极影响,从而形成了"南美移民会议"的主要工作文件,必将鼓舞各国移民政策的发展。与其他地区移民协商进程(RCPs)重点关注移民管理和保障问题形成鲜明对比,"南美移民会议"——与南共市《居留协议》相符——集中关注移民人权,而不考虑他们的身份地位,并且强调移民对所在国发展的贡献。不过,比起其他地区的移民协商进程来,"南美移民会议" 的松散制度结构和低密集度限制了其监管能力。它的主要功能似乎是一个宣言机器,促进着移民问题积极向前发展。最终,这一松散结构可能会与其平行组织南美国家联盟(UNASUR)合并到一起,后者至今已有一段时间在考虑引入"南美公民身份"(Harns,2013,42),这一进程又将伴随着南共市所构想的发展进程。

对地区流动性承诺的遵守进行监测,是南共市政府间机构在做的工作(参见本书第8章)。这里没有强制性的区内机构来保证执行,也没有一个独立的超国家司法机构(Acosta and Geddes,2014)。

总之,尽管外来移民问题(还)没有解决,但南共市和相关国家内部的流动问题(至少是正式地)由一个比较随意的机制在监管着,这跟欧盟的自由流动模式不一样。不过,其合法化水平相对较低,而且由于缺少独立监测和法律实施机制,其执行也差强人意。

北美洲：北美自由贸易协定与“地区移民会议”

《北美自由贸易协定》(NAFTA)中的流动条款完全被贸易议程所支配，类似于 WTO 的《服务贸易总协定》模式(参见本书第 7 章)。NAFTA 为指定类型的工人提供了流动便利，让他们在成员国停留一定的期限。该协定第 16 章确立了商务人士临时入境的原则和程序，涵盖了商务旅行者、经销商、投资客、企业内部派员和特定部门的专业人员(参见该协定第 16 章附件 1603.D.1)。需要注意的是，直到 2004 年，根据 NAFTA 规定，商务旅行者从墨西哥入境美国仍然每年限制 5500 人，后来这一限额才提高。此外，美国还为来自墨西哥和加拿大拥有就业许可而临时入境停留的专业人士，创设了一种特殊的非移民签证类型——“NAFTA 从业人员签证”(TN 签证)。对于特定职业(比如会计、建筑和工程)，各方还达成过《相互承认协议》。【464】

NAFTA 将社会权利和劳工问题放在它的一个附带协定——《北美劳工合作协定》(NAALC)中予以规定。尽管着重关注的是国内履行相对于本国国民的劳工权利问题，该附带协定还规定，各方必须“为一方国境内的移民工人提供工作条件方面与其国国民同等的法律保护”(《北美劳工合作协定》附录 1 第 11 条原则)。协定设有制裁机制，以备劳工权利诉讼得到适当机构的处理(在墨西哥和加拿大是国家行政办公室，在美国是劳工部的贸易与劳工事务办公室；参见《北美劳工合作协定》附录 39，41B)。对于墨西哥在美工人的权利适用《北美劳工合作协定》的分析表明，这一机制的效力还是有限的(Russo，2010)。美洲人权法院曾引用 NAFTA 和《北美劳工合作协定》，介入美国拒绝给予墨西哥无证工人以基本劳工权利一案。考虑到联合国移徙工人保护公约的规定和拉美国家的立场(参见有关南共市的一节)，美洲人权法院于 2003 年出具了一份咨询意见(Oc-18/03)，认为权利平等和非歧视待遇是硬性规定(*jus cogens*)，适用于任何国家的居民，而不论该居民是否是移民。

NAFTA 条约中的承诺对成员国是有约束力的，并且要服从于争端解决机制。不过，考虑到可以拒绝临时入境的情况，争端解决条款只能在涉及某一类行为时启用，就是在某个自然人已经穷尽了可用的行政救济方式时才可以启用(Nielson，2002)。条约还设立了一个临时入境工作组，由各方代表组成，包括移民官员，工作组每年开会，监督实施并讨论在互惠基础上便利商务人员临时入境的办法。该工作组对 TN 签证的类型作出过【465】一些改进，但迄今并未达成任何重要改革措施(Malpert and Petersen，2005)。

像南美一样，北美的地区一体化也伴随着一个地区协商进程(RCP)，它把 NAFTA 成员与八个中美洲邻国联系在一起。这一“地区移民会议”(RCM)于 1996 年启动，不仅关注移民权利,促进移民与发展的关系,而且还有一个明确的安全维度,致力于加强每个成员国在移民法规、边界和安全方面的一致性(Kunz,2011)。相比于其他地区协商进程,这一“地区移民会议”的制度化程度更强。它的决策实体是各国关键政府机构(如外交部和内政或安全部)的副部长召开的年会。这些年会召开前后,还有每半年召开的高官层次会议,以及由更具体负责执行事务的联络官员所组成的两个网络的会议,这些联络官员由各个国家派出。这一“地区移民会议”有一个专门的秘书处,由国际移民组织(IOM)主持,以确保其活动的后续跟进和协调。

NAFTA 的迁移自由化涵盖特定范畴的(熟练)工人,有一定的市场准入限制和停留期限。其附带协定 NAALC 涵盖了移民的劳工权利,但其效力不被看好。有关移民的控制和安全问题不在 NAFTA 的规定范围内,但隶属于一个协商框架即“地区移民会议”(RCM)。从程序上看,NAFTA 的承诺是有约束力的国际条款,并且拥有适当的争端解决机制。

东南亚:东盟与“巴厘进程”

第二个完全从贸易角度处理劳工移民问题的地区是东南亚。服务提供者的流动并未包含在东盟最初建立时(1967 年)的宣言中,但是它已成为 1995 年签订的《服务框架协定》(AFAS)中的一个重要话题,该协定与 WTO《服务贸易总协定》是同一时期生效。东盟成员国一致同意,“将在成员国中实现资本、熟练工人和专业人员的更自由流动”(AFAS 第 4 条)。2012 年,成员国签署有关自然人流动的协定,由此基本上把最初所有的流动性措施都纳入到了《服务框架协定》中。流动性与投资和商业流动是相关联的,以便利高技能专业人士的临时流动。区内流动性还经由针对专业性服务所做的《相互承认安排》而得到促进,这些服务涉及工程、会计、建筑、调查、护理、牙科和医疗以及旅游。东盟各国国民在本地区内旅行一个月以上是不需要签证的,但工作签证还是要受到国内法规的管辖。

移民劳工的权利包含在 2007 年东盟领导人签署的《保护和促进移民劳工权利宣言》中。该宣言旨在保护移民及其家庭根据各国法律法规所享有的权利,并号召采取适
【466】当措施保护就业、保证薪酬和生活条件,同时就反对人口贩运的政策进行协调。该宣言并未曾得到各国国内批准,不过,它所建议的时间表为 2015 年所取得的进步提供了预期。还有不少东盟内部的双边谅解备忘录,对国内移民劳工有关停留时间、语言要求或移民程序的条件作出了具体规定。

就合法化而言,《服务框架协定》中有关流动性的承诺是约束性的。不过,东盟是一

个政府间组织，它并没有独立实体负责监督这些承诺的执行和落实（Jurje and Lavenex，2015；Nikomborirak and Jitdumrong，2013；本书第 11 章）。

涵盖东盟地区的主要地区移民协商进程是所谓的“巴厘进程”（Bali Process）。该进程于 2012 年在巴厘召开的“有关人口走私、贩运和相关跨国犯罪的地区部长会议”上开启，聚焦与人口走私和贩运有关的安全问题。“巴厘进程”由澳大利亚和印度尼西亚联合主持，主要是两年一次的部长会议和后续的监测和执行安排，后者得到一个由澳大利亚、印尼、新西兰和泰国政府组成的指导小组以及国际移民组织（IOM）和联合国难民署（UNHCR）的指导。该进程与《联合国打击跨国有组织犯罪公约》及其《有关走私和贩运的议定书》有紧密关联，而“巴厘进程”成员中大约有三分之一尚未批准或加入这个公约和议定书。近来，随着 2011 年协定的签署，“巴厘进程”已经拓宽视野，关注到成员国间的反非法移民斗争，设立了一个相应的“地区合作框架”和“地区支持办公室”（Harns，2013，62）。

东盟的流动自由化类似于NAFTA，只涵盖了技能型自然人这种选定类型，对停留期限和市场准入都有限制。移民的权利主要通过双边方式解决，辅以地区层次的对话和最佳实践交流。安全方面的合作发生在单独的地区协商进程即“巴厘进程”中。东盟的政府间结构和地区协商进程的协商性质，使其没法产生任何超国家性的法律实施或监测机构。

非洲：西共体与“西非移民对话”

人员自由流动在非洲大陆被看作是一项实现地区一体化的基本要求（参见本书第 13 章）。这里，我们集中关注西共体（ECOWAS），这是一个移民合作取得最大进展的次地区（Deacon et al.，2011；Nita，2013）。西共体是处理自由流动问题最早的地区一体化倡议之一。在其成立时的《拉各斯条约》（1975 年）中就已经提到了这个问题。1979 年的《有关人员自由流动和居住及定居权利的议定书》，为在 15 年时间内实现完全自由流动设置了三个阶段。

第一阶段（1980—1985 年）解决入境权利问题（长达 90 天的免签旅行；公民必须持 【467】
有有效旅行文件和国际卫生证明）。成员国保有自由裁量权，可拒绝那些出于安全、卫生和行为方面的原因而被认为不可接收的公民入境。第二阶段（1985—1990 年），谈判达成一个补充议定书，包含西共体公民有权以寻找和从事就业为目的而到另一个成员国境内居留。该补充议定书于 1986 年 7 月生效，得到了所有成员国的批准（Adepoju，2011）。最后，第三阶段（1990—1995 年）将赋予西共体公民定居的权利，以及按照与本国国民相同的法规规定创办和管理企业和公司的权利。但是,有关这后一阶段的议定书仍未得到批准(Nita,2013)。借助1987年引入的一种共同认可的交通卡或者使用西共体护照,西共体公民实现了方便的跨界交通(IOM,2007)。

"通过清除阻碍人员、商品、服务和资本以及居住和定居权利的自由流动障碍,建立共同市场",在1993年修订后的《西非国家共同体条约》(第3条)中得到重述,以表达对尼日利亚政府于20世纪80年代非法驱逐大约120万西共体工人的不满。

至于社会权利,1993年西共体社会文化事务委员会批准了《普遍社会保障公约》,以保障跨界流动工人的平等待遇,保护他们在国外生活的权利(Robert,2004;本书第18章)。成员国还于2009年实行了一项"地区劳动和就业政策"及"行动计划"[1],以支持劳动力市场流动和人力资本开发(Africa and Europe in Partnership,2012)。尽管政策落实有限,但是地区部长们已经在采取措施,以促进移徙工人的权利,在劳工移民问题上进行合作,并增加地理上和职业上的流动性(Klavert,2011)。

从制度上看,全部15个西共体成员国已经批准了1979年的《自由流动议定书》,使之直接适用于国内法。西共体法院拥有裁判权,以强制公民遵守修订后的西共体条约,以及所有由共同体批准的其他补充性法律规定,并且做出了几项有关落实自由流动要求的裁决(Open Society Justice Initiative,2013)。尽管对政治上的国内不安定状况作了重新表述,但众多西共体移民并没有按议定书要求拿到合法旅行文件,他们在边境检查中遭到骚扰,有时甚至被大规模驱逐,这些事实在当今仍然是重要障碍(Awumbila et al.,2014)。因此,相关研究都认为,为了促进有效落实,带有定期研究的独立性监测很有必要(Awumbila et al.,2014)。

地区外来移民和移民合作安全问题,如今已在西共体之外的一个地区移民协商进程中进行解决。"西非移民对话"(MIDWA)于2000年在西共体国家中启动,目的是促进在共同关心的事务上的合作。"西非移民对话"一开始提出的议程较广,考虑处理移民权
【468】利问题,其中的合作明显集中在边境管理和反对非法移民的斗争上。很有意思的是,在作为机构的西共体与"西非移民对话"之间渐渐地形成了友好协作关系。原来作为分开的进程,西共体处理着绝大多数由"西非移民对话"所处理的问题,后者在其2008年发布的一个非约束性文件——《关于移民问题的共同应对》中,提出了一项行动计划,以促进西非的有效移民管理(Awumbila et al.,2014)。随着2012年决定通过将"西非移民对话"更有力地置于西共体框架中以加强其制度能力,二者的这种融合就有了更进一步的

① 这里并未直接援用联合国《保护所有移徙工人及其家庭成员权利国际公约》,但是已有8个西共体成员国(布基纳法索、佛得角、加纳、几内亚、马里、尼日尔、尼日利亚和塞内加尔)批准了该公约。贝宁、利比亚、几内亚比绍、塞拉利昂和多哥已经签署但未批准该公约。冈比亚和科特迪瓦还未签署。

发展(ECOWAS,2012)。

欧洲-非洲“超级地区”中的跨地区主义和地区间主义

本书前面谈到过(参见第 5 章),地区移民治理扩散中的政策转移过程表明,不仅外部因素对地区一体化的影响很重要,而且一体化架构的交叠现象超出了全球多边主义与(内含中的)地区主义之间的清晰划分(参见本书第 26 章)。受到欧盟及其成员国活跃的外来移民政策刺激,欧洲、西非、南部非洲,加上程度较低的中部和东部非洲,日益组成一个跨地区的“超级地区”(super-region),来应对移民治理。正是在这个“超级地区”中,地区一体化驱动者与国际促进组织(最主要的是国际移民组织)之间的关系表现最为突出。这里的基本活力与每个地区内部是可以进行比较的,所有各方都希望至少进行某种最低限度的合作,并且有一个资源充足的行为体带头设置议案和制度,以使治理成为可能,欧盟和国际移民组织也日益在其间发挥核心作用。欧洲内部对移民管理的需求部分投射出来,就成为超出其边界的相应治理概念,尤其是在地区移民协商进程当中(Betts,2011b;Lavenex and Stucky,2011,124)。

非洲四个次地区组织[①]与欧盟在移民问题上合作最紧密,它们表明欧盟推进地区移民治理的方式多种多样。正如贝茨(Betts,2011b)所言,欧盟通过双边合作进程激发了现在这些合作进程,并借助国际移民组织的中介作用来解决移民控制问题,它还在自己以前不曾出现过的地方推进这种合作。

西共体与欧盟之间的地区间治理,并不比欧盟与其他次地区之间的合作更具决定意义,因为西共体有长期的移民议程,其现有地区制度也很有力度。欧盟已经积极致力于移民问题上的能力建设和合作,尤其是通过“西非移民对话”。2014 年欧盟向西共体提供了 260 万欧元的移民支持计划,明显是对“西非移民对话”与西共体合并的支持,该计划资助开发“有效的移民政策”,包括数据管理、边境管理、劳工移民和反人口贩运等 【469】
方面。[②]

由于地理距离和南非存在的原因,欧盟与南共体(SADC)的合作就不是那么紧密。随着南非加入南共体,1992 年成立协定中设想实现地区自由流动的第 5 条,其执行陷入了停顿,最后在 1997 年改革中被完全抛弃。相反,移民合作转向了更关注安全的道路,建立了平行的“南部非洲移民对话”(MIDSA),这一地区协商进程(RCP)是在国际移

---

① 它们分别是:西共体(ECOWAS)、南共体(SADC)、东非共同体(EAC)和政府间发展组织(IGAD)。

② 参见 http://www.ilo.org/addisababa/whats-new/WCMS_242035/lang-en/index.htm 。

民组织的倡议和欧盟与南非的共同支持下于 2000 年创设的(Betts,2011b)。

相比西共体和南共体,另两个地区的制度能力较弱,但欧盟与它们已经建立起更强的地区间联系。它们中的东非共同体(EAC)有一个移民问题讨论和监督的机制,那就是首席移民官会议及其秘书处。尽管东非共同体为自由流动创制了一系列令人印象深刻的规范,但其制度能力仍然不足(Nita,2013)。欧盟已加紧与其合作,以塑造其地区移民政策议程,并对东非共同体国家的边境管制官员进行培训并提供装备(Betts,2011b,38–39)。

一种类似的跨地区主义形式可以从"政府间发展组织"(IGAD)身上看到,这是非洲次地区组织中最新的、起码在政治上是新的形式。由于缺少地区移民议程,也没有现成的治理能力,这个地区移民问题的解决就首先受到欧盟的强烈影响。该地区各国创立 IGAD 的主要目的是把它当作一种改善其不稳定政局的机制。该机构成员国——特别是索马里——是移民输出国和中转国,而不是移民接收国,因此它们没有什么国内动机去处理移民治理问题。毫不奇怪的是,IGAD 没有一个制度性的讨论移民合作的场所,而且其贫穷的成员国都不愿意投入资源去增加其移民管理能力。欧盟较为间接地通过国际移民组织对非盟援助,差不多是从头着手打造 IGAD 对地区移民治理的参与能力。国际移民组织在欧盟的资助下,为 IGAD 的移民秘书处提供职员,该秘书处偶尔在地区移民论坛上代表 IGAD。欧盟也向东非共同体提供类似的培训和能力支持(Betts,2011b)。

这四个组织及其与欧盟的互动告诉我们,非洲地区组织、欧盟和国际移民组织是如何联手形成所谓的移民治理跨地区或地区间形式的。为了阻截向欧洲的非法移民,欧盟十分积极地支持非洲国家下功夫管制自己的边界。国际移民组织就像是欧盟政策的"转移代理者"(Stone,2004;Lavenex,forthcoming)。它主要由欧盟资助,努力去填补非洲国家和地区在有效治理移民问题上的行政管理缺陷、法律缺陷和技术不足。尽管充满自利的动机,但这种关系可能在传播"西方的"移民治理愿景方面很有影响力,扩散其政策模
【470】式,促进关于如何解决外来移民问题的共同地区愿景,最终也促进地区主义。

如何解释地区移民机制的这种多样性?它们的面貌在多大程度上反映着各自地区的特殊状况,或者外来影响?下一节我们就从地区一体化和政策扩散理论的角度来讨论这些问题。

地区移民机制的动因

前面我们强调的地区移民机制的多样性表明,它们没有完全一致的动因。借助于地区一体化相关理论(参见本书第 3 章)与有关政策转移和扩散的文献(Simmons et al.,

2007；Gilardi,2012;Sharman and Marsh,2009 本书第5章），我们讨论一下地区移民合作的四个动因。其中,两个是“内因”,即功能外溢和国内政治;两个是“外因”,即政策转移和效仿。在地区移民机制的不同方面背后,都各有不同的动力。尽管(经济)流动的自由化主要受国内需求的驱动,但社会权利工具的扩散最好还是用效仿过程来加以解释。而且关注安全问题的地区移民协商进程(RCPs)的增加,起源于主要移民目的国的积极政策转移,也得到了国际组织的支持。

第一种解释路径强调的是地区市场一体化的功能外溢。据此可以说，地区劳工流动的自由化是经济地区主义的固有组成部分，反映着已经达到的市场一体化水平。这一视角在地区一体化进程的创始文件中有所反映,通常情况下,有关劳工或人员流动的内容放在建立共同市场的条款中。不过，实施自由化步骤的时机与这种功能主义逻辑相抵触。在西共体中，人员的流动性比商品、服务和资本的流动性取得的进展要快(Nshimbi and Fioramonti,2013)。在南共市中,《居留协议》提供了非常自由的区内移民途径,其通过(2002年)和执行(2010年)在其走向真正的关税同盟或更远的道路上经历了一个停滞期。在与服务相关的流动性较为受限的领域，经济一体化与移民合作之间的关联会更紧密一些,因为在这样的领域里,对贸易自由化的需求事实上与对相关其他流动性的要求是同步的。另一类“外溢”会发生在流动自由化与社会权利合作之间。不过,这种合作仍然不怎么令人满意,而且具体执行显然要落后于对正式规则的采用。最后,尽管欧盟在地区外来移民和安全上的合作因受《申根协定》的负外部性影响而得以合法化,但其他大陆上的外来移民问题合作仍然与正式地区一体化进程各行其是。【471】

与这种经济一体化计划的“外溢”效应不同,参与国的国内优先考虑事项则提供了另一种“内因”解释。这种政府间主义视角很早就被用来解释机制引入的时机和形式。在西共体中,流动的自由先于一体化计划的启动,而这正符合族群与民族的再划分不跟领土界限完全一致的事实(Awumbila et al.,2014)。自由流动议程随着1992年修订后的共同体条约而得到再次强调,其起因是尼日利亚大规模驱逐外来劳工而给该机制造成的一次地区性危机。在南共市中,《居留协议》的采用还呼应了一个非常具体的情境,那就是：需要处理大量来自邻国尤其是阿根廷的不定期移民问题。该协议是消除军管时期遗留下来的极其严格的移民法律后果的一种手段,与之同时采用的还有一个协议,要求将来自南共市及相关国家的不定期移民定期化(Giupponi,2011;Ceriani,2015)。最后,该协议的鲜明人权导向及其与联合国移徙工人公约精神的高度一致,反映了地区主导国家——主要是阿根廷和巴西——当前领导人的政治意识形态(Acosta and Freier,forthcoming)。NAFTA和东盟的主导国家(分别是美国、印度尼西亚和新加坡)对流动自由化不大感兴趣,是这些规定作用有限的原因。最后,政府间主义也可以很好地解释安全导向的地区协商进程在北美和中美洲及东南亚的发展:都是由主要地区大国和移民目的地国主导,北美的“地区移民会议”(由美国主导)与“巴厘进程”(由澳大利亚主导)反映的都是主导国而非其他边缘国家的偏好。

对于理解移民权利政策工具的跨地区扩散,和地区移民协商进程在非洲的扩散,政府间主义视角用处不大(参见本书第5章)。这两者似乎是受外来活动影响最大的方面,尤其是社会权利案例中的效仿过程,以及在非洲地区移民协商进程(RCPs)案例中的政策转移。效仿活动超出了社会权利范畴,并且也对流动机制和地区移民协商进程产生影响。

先讲流动自由化、再谈社会权利合作这样的实现顺序,说明存在着某种形式的功能外溢,那么,在不同地区引入移民权利就反映了一种更普遍的“潮流”,这一“潮流”与围绕联合国移徙工人公约和国际劳工组织倡议的全球辩论有关。南共市1998年的《社会-劳工宣言》最为明确地参考了联合国公约,而第10工作组的工作被一位参与者形容为“堪比联合国移徙工人公约但甚至提供更多保护”(Government Official,Buenos Aires,July 23,2014)。联合国公约还激发了东盟2007年的《保护和促进移民劳工权利宣言》与
【472】西共体1993年的《普遍性社会保障公约》,这些进程中,国际劳工组织也发挥了重要的咨商作用(Klavert,2011)。这些宣言和公约复述了联合国的协议,但基本上都缺乏执行——除了阿根廷和少数其他“自信的”拉美国家是例外(Acosta and Freier,2014),这一事实证明,的确存在着政策效仿与制度趋同理论所强调的脱节现象(Meyer and Rowan,2001)。

与贸易相关的自由流动条款的扩散——尽管与经济一体化议程联系更紧密——也表现出了一些效仿和脱节的因素。1995年达成的WTO《服务贸易总协定》提供的模板,激发了后来的各个地区性倡议。这在南共市的例子中有鲜明体现,尽管它接受了服务议程,但迄今并没有取得多少实际进展。东盟也受到过《服务贸易总协定》的影响,其地区条款表现了在多边层次上的承诺。

效仿进程的确在地区移民协商进程中与安全相关合作的扩散当中发挥了作用,这些进程显然还是由地区霸权国的权力活动和积极政策转移所带来的,偶尔也借助于国际移民组织作为“转移代理者”的中介作用。东南亚的“巴厘进程”是根据澳大利亚和国际移民组织的联合倡议而启动的,尽管印尼正式担任联合主席的角色,但该地区协商进程的议程仍然反映的是澳大利亚的偏好(Kneebone,2014)。美国在“地区移民会议”(RCM)上与其南美邻国的关系中,也充当了同样的霸权角色(Kunz,2011)。欧盟也是一样,它将移民机制延伸到其东南边界上的移民来源国和中转国(Lavenex and Uçarer,2002;Lavenex,2006)。在美洲和东南亚的案例中,地区霸权国都最终通过地区协商进程

而深嵌于所在地区。但是，在非洲地区协商进程的案例中，霸权影响来自相邻的大陆，表明跨地区主义的兴起已成为多层国际移民机制的一个额外影响因素(Kunz et al.，2011；本书第 26 章)。

地区移民机制的影响

正如塔尼娅·博泽尔在本书中提到的，“地区主义对国内政策、制度和政治过程的更广泛影响，迄今只有在欧盟的案例中得到了系统探讨和理论总结”(参见本书第 3 章)。有关欧盟内部移民流动的相关数据随着时间推移有所上升，尤其是在 2004 年和 2007 年两次东扩之后，由此也显示了自由化的影响所及。不过，由于欧盟人口中居留在另一个欧盟成员国的全部人口只有大约 2.7%(European Commission，2014)，加起来的数字也仍然较低。这与美国的流动性数据比较起来就更低，在美国，一个人平均一生中要移 【473】居 11 次(World Bank，2012)。欧盟移民控制政策对来自第三世界移民的影响很难估计。已有研究表明，由于边境管制政策更加严格和欧盟扩大，向欧盟的不定期移民水平随之下降(Morehouse and Blomfield，2011)。同时，这些政策也导致了一定的流动失序，并引发了严重的人权问题。

在欧洲之外，研究者已就地区合作对移民的影响效果提出了质疑。在安德鲁·格迪斯(Andrew Geddes)关于移民政策中地区和地区主义问题的分析中，他指出，“在欧盟之外，情况往往是，各国就移民和自由流动达成有关协议条款并象征性地予以签署，但之后并不加以执行”(Geddes，2012，590)。事实上，我们的分析已证实，大多数地区在正式地区承诺与实际国内管制之间都存在脱节，这符合地区承诺法治化水平低这一普遍现象。

我们似乎可以有把握地说，地区移民政策发展与实际移民流动之间的关系很复杂，并且一般而言，在政策与流动之间并没有直接的因果关系(Castles，2004)。本章所谈到的案例很好地反映了这一点：通常说来，在欧盟之外的具体案例中，渴望实现自由流动机制化的地区还看不到明显的移民流动的增长，然而有讽刺意味的是，那些内部流动规范不强的地区倒是可以看到其区内移民出现了急剧增长，尽管通常只是不定期移民的增长。NAFTA 的情况就是这样。如前所述，协定并不能全面地解决区内移民问题。尽管北美经济一体化协定向特定类型的高技能人群开放移民，但它在引起从墨西哥向美国定期移民人数总体减少的同时，也导致不定期流动的陡增。1993 年，就在 NAFTA 生效的头一年，大约有 390 万无证墨西哥移民住在美国。2009 年，增加到 1110 万，几乎增加了 300%(Van Horn，2011)。在东盟，人们看到区内流动的增长更加迅猛，这又是一个有流动协议条款只适用于非常有限的一部分高技能人群的地区。从绝对值来看，东盟内部的移民在 1990 年到 2013 年间从 150 万增加到了 650 万(ILO/ADB,2014,84;Wail-erdsak,2013)。显然,这一变化并非是东盟内移民协议条款的发展带来的,而是有更为复杂的原因。

对于这一观察结论,实际上还存在相反的情况:那些雄心勃勃制定了流动法规的地区,未见有内部移民流动增长的记录。在南共市,《居留协议》的通过特别是对于阿根廷来说,原本是为了结束其领土上现有的大量邻国不定期移民的涌入(Ceriani,2015),但据阿根廷政府统计，从 2006 年直到 2008 年底，受到该协议管制的移民人数只有大约 423697 人(Siciliano,2013)。除了予以定期化之外,《居留协议》并没有造成区内流动的
【474】 显著增长。在 2001 年到 2010 年间,南共市及其相关国家内的永久合法移民还没有超过这些国家各自人口数的 1%(OECD/IDB/OAS,2012)。

在西共体这个全面实行自由流动规则的地区案例中，由于其传统上的区内高流动性,它与南共市的情况略有不同。根据最近一项研究,西共体内地区人口流动的比例超过 3%,西非内部的移民流动比欧洲内部还要更为活跃(Awumbila et al.,2014,21)。不过,似乎这种内部流动先于其自由流动机制的形成,这一点也被如下事实证明——自由流动规范的国内转型和实施仍然滞后(Adepoju,2011)。

总之,关于地区移民治理的影响后果,现有证据尚不足以清楚地加以证实。不过,应该注意到,评估这些影响的研究成果仍然极少,而且往往受到相关数据缺乏的制约。

结 论

地区移民机制的大多数规范，都是在更大的全球经济一体化背景下制定的。旨在加深经济一体化的地区框架,已经接受了实现内部流动自由化的规则。尽管有些地区,如南共市和西共体,效仿了欧盟的全面自由流动模式,但其他像东盟和 NAFTA 这样的地区就比较有选择性,它们沿袭的是《服务贸易总协定》的模式,只允许高技能人群自由流动而不是全面自由流动。

地区移民机制的引入,往往会“外溢”到社会权利的合作上。有关的地区政策也是更广泛扩散进程的结果,这些进程尤其包括国际劳工组织和联合国在促进移民权利上所做的工作。但除了法律效仿外,这些协议条款往往缺乏约束性的实施手段。

除了地区内部的人员流动，地区框架也开始注重控制外来移民的流动。与传统主权角度对控制非国民入境的关注不同,对恐怖主义的惧怕和对来自战争地区难民影响的担心,往往影响着政府在这一政策领域的反应。有意思的是,这些安全方面的问题通

常在由非正式的地区移民协商进程(RCPs)加以设法解决,它们并不直接与更广泛的地区一体化框架挂钩。这些地区移民协商进程经常由主要的移民目的国赞助举办，比如欧盟、美国或澳大利亚,并通过国际移民组织的代理(施动)而持续下来。【475】

总的来说,除了欧盟模式这条已发展得最为全面的移民治理道路,其他地区框架都比较受其地区合作范围的限制。有关这种地区一体化影响的文献记载极少，但有初步证据表明,地区政策和实际移民流动之间的关系特别复杂。同时,要实现在流动、权利和安全方面更广泛的地区一体化似乎很困难,毕竟有关国家间的相互依赖和权利是不对称的。因此,这些地区结构凸显出,各国在移民问题上开展合作的能力受到多方制约。驱动地区移民机制，并没有统一的模板。这就使得移民仍然是一个缺少统一措施的政策领域,无论对输出国还是接收国而言,都还无法提供连贯性的政策选择或国际规范。

【476】

附　录

附表 A20.1　地区移民治理组织

地区	成立年份	组织名称(缩写)	涵盖的主要议题领域	成员(加入年)	官网地址
非洲	1975	西非国家经济共同体(ECOW-AS)	经济、政治	贝宁(1975)、布基纳法索(1975)、科特迪瓦(1975)、几内亚比绍(1997)、马里(1975)、尼日尔(1975)、塞内加尔(1975)、多哥(1975)	http://www.ecowas.int/
	1980	南部非洲发展共同体(SADC)	发展、贸易	安哥拉、博茨瓦纳、民主刚果(1997)、莱索托、马达加斯加、马拉维、毛里求斯(1995)、莫桑比克、纳米比亚(1990)、塞舌尔(1997)、南非(1994)、斯威士兰、坦桑尼亚、赞比亚、津巴布韦	http://www.sadc.int/
	1986	政府间发展组织(IGAD)	发展	吉布提、埃塞俄比亚、索马里、厄立特里亚(1993)、苏丹、南苏丹(2011)、肯尼亚、乌干达	http://igad.int/
	2000	东非共同体(EAC)	发展	布隆迪(2007)、肯尼亚、卢旺达(2007)、坦桑尼亚、乌干达	http://www.eac.int/
	2000	南部非洲移民对话(MIDSA)	移民、劳工移民、人权、返回和再入境	安哥拉、博茨瓦纳、民主刚果、莱索托、马达加斯加、马拉维、毛里求斯、莫桑比克、纳米比亚、塞舌尔、南非、斯威士兰、坦桑尼亚、赞比亚、津巴布韦	http://www.migrationdialogue.org/index.php/

续表

地区	成立年份	组织名称（缩写）	涵盖的主要议题领域	成员（加入年）	官网地址
	2001	西非移民对话（MID-WA）	移民、边境管理、侨汇、移民权利	贝宁、布基纳法索、佛得角、科特迪瓦、冈比亚、加纳、几内亚、几内亚比绍、利比亚、马里、尼日尔、尼日利亚、塞内加尔、塞拉利昂、多哥	无官网，可参见https://www.iom.int/cms/en/sites/iom/home/what-we-do/regional-processes-1/rcps-by-region/midwa.html
	2001	非洲联盟（AU）	综合性	阿尔及利亚、安哥拉、贝宁、博茨瓦纳、布基纳法索、布隆迪、佛得角、喀麦隆、中非共和国、乍得、科摩罗、科特迪瓦、民主刚果、刚果共和国、吉布提、埃及、赤道几内亚、厄立特里亚、埃塞俄比亚、加蓬、赞比亚、加纳、几内亚、几内亚比绍、肯尼亚、莱索托、利比里亚、利比亚、马达加斯加、马拉维、马里、毛里塔尼亚、毛里求斯、莫桑比克、纳米比亚、尼日尔、尼日利亚、卢旺达、西撒哈拉共和国、圣多美和普林西比、塞内加尔、塞舌尔、塞拉利昂、索马里、南非、南苏丹(2011)、苏丹、斯威士兰、坦桑尼亚、多哥、突尼斯、乌干达、赞比亚、津巴布韦	http://www.au.int/
	2008	政府间发展组织-地区移民协商进程（IGAD-RCP）	发展	吉布提、埃塞俄比亚、肯尼亚、索马里、苏丹、南苏丹、乌干达	无官网，可参见 http://www.igad.org/和 https://www.iom.int/cms/en/sites/iom/home/what-we-do/regional-processes-1/rcps-by-region/igadrcp.html#website
美洲	1969	安第斯共同体（CAN）	贸易	玻利维亚、哥伦比亚、厄瓜多尔、秘鲁	http://www.comunidadandina.org/
	1991	南方共同市场（MERCOSUR）	贸易、综合性	阿根廷、巴西、巴拉圭、乌拉圭、委内瑞拉(2012)	http://www.mercosur.int/msweb/portal%20intermediario/
	1996	普埃布拉进程	移民、人权、发展	伯利兹、加拿大、哥斯达黎加、多米尼加共和国、萨尔瓦多、危地马拉、洪都拉斯、墨西哥、尼加拉瓜、巴拿马、美国	http://www.rcmvs.org/

续表

地区	成立年份	组织名称（缩写）	涵盖的主要议题领域	成员（加入年）	官网地址
	2000	南美移民会议（SACM）（又称“利马进程”）	发展、移民、人权	阿根廷、玻利维亚、巴西、智利、哥伦比亚、厄瓜多尔、圭亚那、巴拉圭、秘鲁、苏里南、乌拉圭、委内瑞拉	http://csm -osumi.org/（只有西班牙语）
	2008	南美国家联盟（UNA-SUR）	综合性	阿根廷（2010）、玻利维亚（2009）、巴西（2011）、智利（2010）、哥伦比亚（2011）、厄瓜多尔（2009）、圭亚那（2010）、巴拉圭（2011）、秘鲁（2010）、苏里南（2010）、乌拉圭（2011）、委内瑞拉（2010）	http://www.unasursg.org/
亚洲	1967	东南亚国家联盟（ASEAN）	综合性合作	文莱（1984）、柬埔寨（1999）、印尼、老挝（1997）、马来西亚、缅甸（1997）、菲律宾、新加坡、泰国、越南（1995）	http://www.asean.org/
	2002	巴厘进程	人口贩运、跨国犯罪	阿富汗、澳大利亚、孟加拉国、不丹、文莱、柬埔寨、中国、斐济、法国（新喀里多尼亚）、中国香港、印度、印度尼西亚、伊朗、伊拉克、日本、约旦、基里巴斯、朝鲜、韩国、老挝、中国澳门、马来西亚、蒙古、缅甸、马尔代夫、瑙鲁、尼泊尔、新西兰、巴基斯坦、帕劳、巴布亚新几内亚、菲律宾、萨摩亚、新加坡、所罗门群岛、斯里兰卡、叙利亚、泰国、东帝汶、汤加、土耳其、阿联酋、美国、瓦努阿图、越南	http://www.baliprocess.net/
	2003	科伦坡进程	移民和劳工流动	阿富汗、孟加拉国、中国、印度、印度尼西亚、尼泊尔、巴基斯坦、菲律宾、斯里兰卡、泰国、越南	http://www.colombo-process.org/
	2008	阿布扎比对话	劳工移民	阿富汗、孟加拉国、中国、印度、印度尼西亚、尼泊尔、巴基斯坦、菲律宾、斯里兰卡、泰国、越南、巴林、科威特、阿曼、卡塔尔、沙特、阿联酋、也门	无官网，可参见 https://www.iom.int/cms/en/sites/iom/home/what-we-do/regional-processes-1/rcps-by-region/abu-dhabi-dialogue.html
	2013	阿拉木图进程	移民、不定期移民、人权、劳工移民、性别权利、人道紧急救援、避难和难民、人口贩卖	阿富汗、阿塞拜疆、哈萨克斯坦、吉尔吉斯、塔吉克斯坦、土耳其、土库曼斯坦	无官网，可参见 https://www.iom.int/cms/en/sites/iom/home/what-we-do/regional-processes-1/rcps-by-region/almaty-process.html

续表

地区	成立年份	组织名称（缩写）	涵盖的主要议题领域	成员（加入年）	官网地址
欧洲	1957	欧洲联盟（EU）	经济、政治、社会	奥地利（1995）、比利时、保加利亚（2007）、克罗地亚（2013）、塞浦路斯（2004）、捷克（2004）、丹麦（1973）、爱沙尼亚（2004）、芬兰（1995）、法国、德国、希腊（1981）、匈牙利（2004）、爱尔兰（1973）、意大利、拉脱维亚（2004）、立陶宛（2004）、卢森堡、马耳他（2004）、荷兰、波兰（2004）、葡萄牙（1986）、罗马尼亚（2007）、斯洛伐克（2004）、斯洛文尼亚（2004）、西班牙（1986）、瑞典（1995）、英国（1973）	http://europa.eu/
	1985	关于移民、避难和难民问题的政府间协商（IGC）	移民、入境管制、安置和公民权	奥地利、比利时、加拿大、丹麦、芬兰、德国、希腊、爱尔兰、荷兰、新西兰、挪威、西班牙、瑞典、瑞士、英国、美国	http://www.igc.ch/
	1991	布达佩斯进程	移民、避难	阿尔巴尼亚、亚美尼亚、奥地利、阿塞拜疆、白俄罗斯、比利时、波黑、保加利亚、克罗地亚、塞浦路斯、捷克、丹麦、爱沙尼亚、芬兰、法国、格鲁吉亚、德国、希腊、匈牙利、冰岛、意大利、哈萨克斯坦、吉尔吉斯斯坦、拉脱维亚、列支敦士登、立陶宛、卢森堡、马耳他、摩尔达维亚、黑山、荷兰、挪威、波兰、葡萄牙、罗马尼亚、俄罗斯、塞尔维亚、斯洛伐克、斯洛文尼亚、西班牙、瑞典、瑞士、塔吉克斯坦、马其顿、土耳其、土库曼斯坦、乌克兰、英国、乌兹别克斯坦	https://www.budapest-process.org/
	2002	西地中海论坛（5+5对话）	移民、劳工移民、性别不平等、人权	阿尔及利亚、法国、意大利、利比亚、马耳他、毛里塔尼亚、摩洛哥、葡萄牙、西班牙、突尼斯	http://www.5plus5.gov.mt/5plus5dialogue
	2003	地中海过境移民（MTM）对话	移民、劳工移民、发展	阿尔及利亚、佛得角、埃及、埃塞俄比亚、加纳、肯尼亚、黎巴嫩、利比亚、马里、摩洛哥、尼日尔、尼日利亚、挪威、塞内加尔、叙利亚、瑞士、突尼斯、土耳其	http://www.icmpd.org/MTM.1558.0.html

续表

地区	成立年份	组织名称（缩写）	涵盖的主要议题领域	成员（加入年）	官网地址
欧亚	2009	布拉格进程	移民、避难、不定期移民	阿尔巴尼亚、亚美尼亚、奥地利、阿塞拜疆、白俄罗斯、比利时、波黑、保加利亚、克罗地亚、塞浦路斯、捷克、丹麦、爱沙尼亚、芬兰、法国、格鲁吉亚、德国、希腊、匈牙利、爱尔兰、意大利、哈萨克斯坦、科索沃、吉尔吉斯斯坦、拉脱维亚、列支敦士登、立陶宛、卢森堡、马其顿、马耳他、摩尔多瓦、黑山、荷兰、挪威、波兰、葡萄牙、罗马尼亚、俄罗斯、塞尔维亚、斯洛伐克、斯洛文尼亚、西班牙、瑞典、瑞士、塔吉克斯坦、土耳其、土库曼斯坦、乌克兰、英国、乌兹别克斯坦、欧盟委员会	https://www.prague-process.eu/en/

参考文献

Acosta, D. and Freier, F. Forthcoming. Turning the Immigration Policy Paradox Upside Down? Populist Liberalism and Discursive Gaps in South America. *International Migration Review*.

Acosta, D. and Geddes, A. 2014. Transnational Diffusion or Different Models? Regional Approaches to Migration Governance in the European Union and MERCOSUR. *European Journal of Migration and Law*, 16(1): 19–44.

Adepoju, A. 2011. Operationalising the ECOWAS Protocol on Free Movement of Persons: Prospects for Sub-Regional Trade and Development. Paper presented at the Global Forum on Migration and Development, Geneva, Switzerland, November 29–December 2.

Africa and Europe in Partnership. 2012. *Summary Report of the MME Support Project RECs Stock Takings*. Background Paper for the MME Technical Meeting on Enhancing Migration, Mobility, Employment and Higher Education in the RECs. EU-Africa Partnership.

Aleinikoff, A.T. 2007. International Legal Norms on Migration: Substance without Architecture. In: R. Cholewinski, R. Perruchoud, and E. MacDonald (eds.), *International Migration Law: Developing Paradigms and Key Challenges*. The Hague: TMC Asser Press, 467–479.

Awumbila, M, Bennah, Y, Kofi Teye, J, and Atiim, G. 2014. *Across Artificial Borders: An Assessment of Labour Migration in the ECOWAS Region*. Ref: ACPOBS/2014/ RRS05. ACP Observatory on Migration.

Betts, A. (ed.) 2011a. *Global Migration Governance*. Oxford: Oxford University Press.

Betts, A. 2011b. The Global Governance of Migration and the Role of Trans-Regionalism. In: R. Kunz, A.

Lavenex,and M.Panizzon(eds.),*Multilayered Migration Governance:The Promise of Partnership*.Abingdon:Routledge,23–46.

Betts,A,Bloom,L,and Omata,N.2012.*Humanitarian Innovation and Refugee Protection*.RSC Working Paper 85.Oxford:University of Oxford,Refugee Studies Centre.

Castles,S.2004.Why Migration Policies Fail.*Ethnic and Racial Studies*,27(2):205–227.

Ceriani,P.2015.Improving Migrants' Rights in Times of Crisis:Migration Policy in Argentina since 2003.In:D.Acosta Arcarazo and A.Wiesbrok(eds.),*Global Migration:Old Assumptions,New Dynamics*.Santa Barbara,CA:ABC–CLIO,129–157.

Deacon,B,De Lombaerde,P,Macovei,M.C,and Schröder,S.2011.Globalization and the Emerging Regional Governance of Labour Rights.*International Journal of Manpower*,32(3):334–365.

ECOWAS.2012.*Conference Report*.Conference on the Institutional Capacity of the Migration Dialogue for West Africa (MIDWA).Dakar,Senegal,July 9.

European Commission.2014.*Evaluation of the Impact of Free Movement of EU Citizens at Local Level*. Final Report by Ernst & Young. <http://ec.europa.eu/justice/citizen/files/dg_just_eva_free_mov_final_report_27.01.14.pdf>(accessed May 6,2015).

Geddes,A.2012.Regions and Regionalism.In:M.Rosenblum and D.Tichenor(eds.),*The Oxford Handbook of the Politics of International Migration*.Oxford:Oxford University Press,573–593.

Gilardi,F.2012.Transnational Diffusion:Norms,Ideas,and Policies.In:W.Carlsnaes,T.Risse,and B.Simmons(eds.),*Handbook of International Relations*.London:Sage,453–477.

Giupponi,O.2011.Citizenship,Migration and Regional Integration:Re–shaping Citizenship Conceptions in the Southern Cone.*European Journal of Legal Studies*,4(2):104–136.

Harns,K.2013.*Regional Inter–State Consultation Mechanisms on Migration:Approaches,Recent Activities and Implications for Global Governance of Migration*.Migration Research Series 45.Geneva:International Organization for Migration.

International Labour Organization and Asian Development Bank (ILO/ ADB).2014.*ASEAN Community 2015:Managing Integration for Better Jobs and Shared Prosperity*.<http://www.adb.org/publications/asean–community–2015–managing–integration–better–jobs–and–shared–prosperity>(accessed May 6,2015).

International Organization for Migration(IOM).2007.*Background Paper,Intersessional Workshop on Free Movement of Persons in Regional Integration Processes*.International Dialogue on Migration.Geneva,June 18–19.

Jurje,F.and Lavenex,S.2014.Trade Agreements as Venues for"Market Power Europe"The Case of Immigration Policy.*Journal of Common Market Studies*,52(2):320–336.

Jurje,F.and Lavenex,S.2015.*ASEAN Economic Community:What Model for Labor Mobility?* NCCR Trade Working Paper 2015/2.Swiss National Centre of Competence in Research.<http:// www.nccr-trade.org/fileadmin/user_upload/nccr –trade.ch/wp4/NCCR_working_Paper_ASEAN_Jurje_Lavenex__.pdf>(accessed May 6,2015).

Klavert, H.2011.African Union Frameworks for Migration: Current Issues and Questions for the Future. *Discussion Paper 108*.Maastricht: ECDPM.

(P.484)Kneebone, S.2014.The Bali Process and Global Refugee Policy in the Asia-Pacific Region. *Journal of Refugee Studies*, 27(4): 596–618.

Kunz, R.2011.Depoliticisation through Partnership in the Field of Migration: The Mexico–US Case.In: R. Kunz, S.Lavenex, and M.Panizzon(eds.), *Multilayered Migration Governance: The Promise of Partnership*.Abingdon: Routledge, 283–304.

Kunz, R, Lavenex, S, and Panizzon, M. (eds.)2011.*Multilayered Migration Governance: The Promise of Partnership*.Abingdon: Routledge.

Lahav, G.and Lavenex, S.2012.International Migration.In: W.Carlsnaes, T.Risse, and B.Simmons (eds.), *Handbook of International Relations*.London: Sage, 746–773.

Lavenex, S.2006.Shifting Up and Out: The Foreign Policy of European Immigration Control.*West European Politics*, 29(2): 329–350.

Lavenex, S.Forthcoming.Institutional Interplay with International Organizations in the External Projection of EU Rules.*Politische Vierteljahresschrift*.

Lavenex, S.and Stucky, R.2011. "Partnering"for Migration in EU External Relations.In: R.Kunz, S. Lavenex, and M.Panizzon(eds.), *Multilayered Migration Governance: The Promise of Partnership*.Abingdon: Routledge, 116–143.

Lavenex, S.and Uçarer, E.(eds.) 2002.*Migration and the Externalities of European Integration*.Lanham, MD: Lexington Books.

Maguid, A.2007.Migration Policies and Socioeconomic Boundaries in the South American Cone.In: A. Pecoud and P.De Guchteneire(eds.), *Migration without Borders: Essays on the Free Moment of People*. Paris: UNESCO Publishing, 259–280.

Malpert, A.and Petersen, A.2005.*Business Immigration Law: Strategies for Employing Foreign Nationals*. New York: Law Journal Seminars Press.

Mármora, L.2010.Modelos de Gobernabilidad Migratoria: La Perspectiva Política en América del Sur. *Revista Interdisciplinar da Mobilidade Humana*, 18(35): 71–92.

Meyer, J.W.and Rowan, B.2001.Institutional Organizations: Formal Structure as Myth and Ceremony.In: W.W.Powell and P.J.DiMaggio (eds.), *The New Institutionalism in Organizational Analysis*.Chicago, IL: University of Chicago Press, 41–62.

Morehouse, C.and Blomfield, M.2011.*Irregular Migration in Europe*.Washington, DC: Transatlantic Council on Migration.

Nielson, J.2002.*Current Regimes for Temporary Movement of Service Providers Labour Mobility in Regional Trade Agreements*.Joint WTO-World Bank Symposium on Movement of Natural Persons (Mode 4) Under the GATS.OECD, April 11–12.

Nikomborirak, D.and Jitdumrong, S.2013.ASEAN Trade in Services.In: S.Basu Das, J.Menon, R.Severino, and O.Lal Shrestha(eds.), *The ASEAN Economic Community: A Work in Progress*.Singapore: ADB

& Institute of Southeast Asian Studies,95–140.

Nita,S.2013.Regional Free Movement of People:The Case of African Regional Economic Communities. *Regions and Cohesion:Special edition*.UNESCO–UNU Chair on Regional? Integration,Migration and Free Movement of People.

Nshimbi,C.C.and Fioramonti,L.2013.*A Region without Borders? Policy Frameworks for Regional Labour Migration towards South Africa*.MiWORC Report 1.Johannesburg:African Centre for Migration & Society,University of the Witwatersrand.

OECD/ IDB/ OAS.2012.*Second Report of the Continuous Reporting System on International Migration in the Americas(SICREMI)*.<http://www.oecd.org/els/mig/G48952_WB_SICREMI_2012_ENGLISH_REPORT_LR.pdf>(accessed May 6,2015).

Open Society Justice Initiative.2013.*Human Rights Case Digests:Community Court of Justice of West African States (ECOWAS)*.<http://www.justiceinitiative.org>(accessed May 6,2015).

Robert,R.2004.*The Social Dimension of Regional Integration in ECOWAS*.International Labour Organization Working Paper No.49.<http:// www.ilo.int/wcmsp5/groups/public/---dgreports/---integration/documents/publication/wcms_079141.pdf>(accessed May 6,2015).

Russo,R.M.2010.*A Cooperative Conundrum? The NAALC and Mexican Migrant Workers in the United States*.<http://works.bepress.com/robert_russo/1>(accessed May 6,2015).

Santestevan,A.M.2007.Free Movement Regimes in South America:The Experience of the MERCOSUR and the Andean Community.In:R.Cholewinsky,R.Perruchoud,and E.MacDonald(eds.),*International Migration Law:Developing Paradigms and Key Challenges*.The Hague:TCM Asser Press,363–386.

Sharman,J.C.and Marsh,D.2009.Policy Diffusion and Policy Transfer.*Policy Studies*,30(3):269–289.

Siciliano,A.L.2013.Is there a Migration Policy for Regional Integration in South America? Emerging Evidence from Mercosur.Paper presented at the Oxford Migration Studies Society Migration:Theory and Practice Conference,September 24–26.<http://www.academia.edu/3264163/IS_THERE_A_MIGRATION_POLICY_FOR_REGIONAL_INTEGRATION_IN_SOUTH_AMERICA_EMERGING_EVIDENCE_FR- OM_MERCOSUR>(accessed May 6,2015).

Simmons,B,Dobbin,F,and Garrett,G.2007.The Global Diffusion of Public Policies:Social Construction,Coercion,Competition or Learning? *Annual Review of Sociology*,33 (August):449–472.

Stone,D.2004.Transfer Agents and Global Networks in the "Transnationalization" of Policy.*Journal of European Public Policy*,11(3):545–566.

Van Horn,R.2011.*NAFTA ,Labor,and Immigration:A Package Deal*.US Labor Education in the Americas Project:USLEAP.<http://laborrightsblog.typepad.com/international_labor_right/2011/04/nafta-labor-and-immigration-a-package-deal.html>(accessed May 6,2015).

Wailerdsak,N.2013.Impacts of the ASEAN Economic Community on Labour Market and Human Resources Management in Thailand.South East Asia Journal of Contemporary Business,*Economics and Law*,2(2):1–10.

World Bank.2012.*Country Benchmarks Internal Mobility:The United States*.<http://siteresources.worldbank.org/ECAEXT/Resources/258598 -1284061150155/7383639 -1323888814015/8319788 -13244859 44855/10_us.pdf>(accessed May 6,2015).

第21章　地区民权治理

乔恩·佩韦豪斯(Jon Pevehouse)

传统上,大多数国际组织和地区组织的理论建立在如下思想之上,即各国试图利用这些组织来获取共同的合作收益。各种理论认为,这些组织能降低交易成本、提高信息共享,并考虑到了因便利议题联结而出现的边际补偿,所有这些都应当能够加强国家间的合作。当因为不合作而出现严重负外部性时,这种加强合作的影响就特别明显(Keohane,1984)。【486】

如此逻辑,无疑适合于那些可能会出现很强客观外部性的议题领域:贸易、安全、金融、移民(参见本书第15章、第14章、第16章和第20章)。但在更具普遍性的民权(民主和人权)[①]治理领域,就比较难以发现有意义的负客观外部性了。确实对民主国家而言,可能斗争得更少、交易得更多,而且增长得更快,但是,我们难以验证的是,潜在的贸易、收入与和平的损失会刺激各国在国际组织中为了加强民权而开展合作。民权问题传统上被认为是内政问题,受到主权关注的庇护。正如哈撒韦(Hathaway,2003,1824)所言,"津巴布韦政府对其本国公民施用酷刑怎么会影响丹麦的国家利益呢?"

实际上,各国早已积极就人权及其促进和保护进行过讨论。况且,即使不是国家,也有非政府组织(NGOs)或其他跨国行为体被认为在人权促进中起了关键作用(参见Keck and Sikkink,1998)。当各国借助国际组织来为推进人权服务时,它们通常借助的是联合国及其分支机构(Hafner-Burton,2012)。

不过,就在不久前,地区机构可能已经在捍卫人权方面一马当先了。一些这样的地区组织走得更远,它们还开始在成员国中支持民主。正如博泽尔和范·许伦(Börzel and 【487】

① 这里的"民权"是对原书中"human rights and democracy"的归并翻译,以求简洁,与通常中文语境中所讲的"民权"有所区别,请读者注意分辨。——译者

Van Hüllen,2015b,8)所言,“尤其是自 20 世纪 90 年代以来,出现了一种全球潮流,热衷于制定更广泛和更详尽的人权、民主(和)法治标准”。

本章评述的是地区主义这个领域与民主治理的关系。过去十年间，有关文献数量增长得很快,并在理论范围和实证深度上继续扩大。这种扩大反映了“当下”出现的意义深远的变革，因为越来越多的地区机构在促进和保护民权方面发挥着作用。尽管这类文献中绝大多数正好与越来越多的全球治理方面的文献相吻合,但笔者认为,目前这类文献还欠缺两个重要要素:①用更加明确的跨地区比较来解释有些地区采纳民主治理原则的时机;②在比较政治学文献中找到坚实基础,以便更好地理解地区制度影响国内政治的条件。

本章首先界定要考察的现象——地区制度与民主治理，然后再考察这种现象的范围——哪些地区组织在推动民主治理？第二节探讨地区民主治理兴起的原因。第三节考察制度如何被要求设置,以在这个领域发挥功能作用(因果机制),以及那些要求是否起了作用。最后,本章对未来研究方向作出估计,勾画未来的研究应当怎样做才能取得丰富成果。

地区组织与民主治理

首先有必要对我们考察的范围作个界定。本章主要探讨的是，地区组织努力促进和保护成员国(有时也包括非成员国)中的民主治理。本章主要考察有关正式地区组织的文献,不包括非正式组织、非政府行为体,也不包括成员广泛、具有普遍性的组织如联合国。笔者采用传统的正式国际组织(IO)定义(Pevehouse et al.,2004),并规定其成员国限于某一地区范围之内。

民主治理意味着什么呢？基于本章的目的，笔者回顾的文献涉及地区制度的下述活动:(a)在一般意义上的“民主”领域;(b)人权;(c)选举。我们并不把这些范畴分开对待,而是梳理有关研究,看它们是强调实质领域中的原因、机制还是结果。当然,不同地区组织会强调民主治理的不同方面。而且,如果我们把治理制度定义为规范、规则和程序的话,由于它们都是提供公共物品的基础,那么,本章要探讨研究的内容就会更加宽泛。

【488】 不过,笔者决定不去从最宽泛意义上分析博泽尔和范·许伦(Börzel and Van Hüllen,2015b)所谓的“治理转向”。这种简省并非批评,而是把握这个主题上不断快速增长的文献的一种方式。正如博泽尔和斯塔佩尔(Börzel and Stapel,2015)所指出的,关于地区主义、民主和人权的作品要远远多过关于治理的其他方面的作品,比如法治和腐败。

地区组织对民主治理的促进又是如何广泛呢？根据有些人的测算，这几乎是遍地开花。博泽尔和斯塔佩尔（Börzel and Stapel，2015）考察了 12 个主要地区组织后发现，每一个都在促进某方面民主治理上有重要承诺（参见附表 A21.1）。她们认为，存在着一种"全球范本"，号召地区组织去促进和保护善治（参见 Acharya，2004）。博泽尔和斯塔佩尔（2015）关于这些协议条款的研究数据，汇编出了一套令人印象深刻的变量，它们帮助我们把握 12 个地区组织所促进的民主有哪些方面。因此说，各种各样的组织，比如从阿盟（LAS）到欧委会（CoE），都拥有某种说辞或方案去促进这一领域的善治。

另外，可能最重要的地区组织——欧盟（EU），也扩大了其在非成员国中促进民主的活动。有一个重要文献已开始对欧盟对外促进民主的活动进行追踪研究（Youngs，2010），也有一些作品探讨了欧盟在某些目标国家中的活动（Schimmelfennig and Scholtz，2008）。

几乎这个领域的所有作者都注意到，所谓民主的内容以及遵守这些民主标准的本质，说到底还是很复杂的。尽管我们会在第四节探讨这个话题，但这里值得提示一下，有一个需要解释的重要之处是不同地区不同定义的形成和其重要性。

这种全球性的、将民主的有关方面体现到地区组织中去的活动，是如何出现的呢？事情并非起始于地区层次而是国际层次。二战后的人权制度本来都是普遍性的，《联合国人权宣言》、联合国的条约体系以及联合国及其分支机构本来都是为促进和保护人权提供普遍途径的。事实上，联合国领导下人权体系的许多倡议者都反对地区基础上的体系（Vasak，1982，451）。他们担心，地区组织的"百花齐放"会弱化联合国设计的"普遍性"人权要求（Weston et al.，1987，588）。然而《联合国宪章》中并未明确禁止人权领域的地区行动。在这种情况下，欧洲和美洲就率先缔结了它们自己的保护和促进人权条约。

欧　洲

颇具讽刺意味的是，尽管西半球较早就有了人权制度，但学术界远未充分关注到欧洲的民主促进工具。两个文件组成了最初欧洲保障人权的基础：一个是《欧洲保护人权和基本自由公约》，另一个是《欧洲社会宪章》。前者是 1950 年时由新成立的欧委会（CoE）起草的，1953 年生效。欧委会全体成员最后都加入了该公约。《欧洲社会宪章》是 1961 年通过的（后来又于 1996 年得到修订）。 【489】

很多注意力都放在这些条约上，特别是这个欧洲公约成了大量学术作品的主题，这类作品大多将重心放在法律和法治研究上（Helfer and Slaughter，1997）。当然，欧委会不是欧洲唯一的政治机构。欧洲民主治理努力的关键还在于欧盟。欧洲人权制度体系的研究者特别感兴趣的是，欧委会通过《欧洲保护人权和基本自由公约》在人权促进上所做出的努力，与欧盟通过其各种机制——包括2001年的《尼斯条约》和欧洲法院（ECJ）——促进人权的努力，这两者中间存在着潜在的紧张关系（关于这些紧张关系和争论的评论，可特别参见De Schutter，2008）。

多数学术作品认为，欧洲经济共同体或欧洲共同体（EEC/EC）初期对人权是不太感兴趣的（Williams，2004）。但根据斯通·斯威特的研究（Stone Sweet，1999），为了安抚各个国家层次的法院对共同体法律凌驾于国家法律之上的担忧，欧洲法院才出台了有关人权的审判规程。正是日益意识到欧盟中实现欧洲一体化的“第三根支柱”（司法和内务）免不了要处理与人权有关的议题，才导致《尼斯条约》的签订，该条约“用一个单一文件把欧盟用各种其他资源提供的权利集中到了一起”（Greer，2006，49）。最终，欧盟要求新成员达到一定的民主条件，包括遵守欧盟法律法规，这也意味着欧盟在民主治理领域一直有所作为（Schimmelfennig and Sedelmeier，2004）。

拉丁美洲

西半球的行动最早开始于1948年第九次美洲国家会议通过《美洲人权利和义务宣言》（Weston et al.，1987，599）。尽管当时还同时创立了美洲国家组织（OAS），但直到11年后，才创立美洲人权委员会（IACHR）这一制度机制，负责调查违反上述宣言的行为。
【490】从1965年开始，美洲人权委员会允许个人对美洲国家组织成员国提起诉讼。直到1979年，美洲人权法院才得以建立，负责就涉及解释《美洲人权公约》的案件进行裁决。《美洲人权公约》是1969年通过的，但直到1978年才付诸实施（Goldman，2009）。美洲人权法院只负责听取由各国或美洲人权委员会提起的案件，而不受理个人申诉者。

南共市（MERCOSUR）也参与促进民主治理的活动。它曾于2005年出台过一份《人权议定书》，并创建了支持人权的机构（Ribeiro Hoffmann，2015）。然而，甚至在采取这些正式措施之前，它还致力于阻止成员国的政变企图（Pevehouse，2005）。安共体（CAN）也曾经支持过人权和民主的保护和扩大。特别是，安共体法院可以听取个人申诉，以判定国家是否履行了尊重某些群体权利的义务。个人不能提起有关侵犯人权的诉讼（Alter and Helfer，2010）。

非　洲

非洲的地区人权体系历史较短，因此，包括《非洲人权和民族权利宪章》（1981年达成）在内，它都还不像在其他地区那样引起更多的学术关注(Leininger,2015;Heyns,2003)。非洲地区组织与民主治理的经验始于该宪章,它建立了非洲人权和民族权利委员会。非洲人权和民族权利法院在2006年召开第一次会议,并且直到2013年才就一个案件作出它第一例判决。非洲联盟(AU)批准《非洲选举、治理和民主宪章》的时间是2007年,而生效日期在2012年。

其他非洲组织也出台了一些民主标准。西共体(ECOWAS)于2001年通过了《民主和善治议定书》。该议定书为西共体干预几个不稳定国家、支持其民主势力提供了合法理由。正如哈特曼和施特里宾格(Hartmann and Striebinger,2015)所认为的,这些治理政策的涌现,可以解释成是地区大国(尼日利亚)的国家偏好,与解决地区不稳定带来的高度负外部性的愿望混合而产生的后果。

最后一个非洲的例子是南共体(SADC),在它“在几乎所有重要的政策文件中”都讨论过人权标准(Hulse and van der Vleuten,2015)。在这些标准中,有许多都是围绕选举问题展开的。南共体建立了一个法庭,并于2007年举行过首次听证会,只是它在发布了一些有争议的裁决之后就解散了,其中部分裁决涉及人权(Hulse and van der Vleuten,2015)。

亚洲与欧亚

就在最近,东盟(ASEAN)创建了一些关注人权事务的机构。2007年,东盟签署首个宪章,承诺创建人权机构。在那之后不久,东盟就于2009年创建了其政府间人权委员会。当然，批评者很快指出，东盟的这一机构缺乏执行条款或执行机制(Ciorciari,2012,696)。这一机构的创建尽管已经过15年的争论,但许多观察者对其最终创建还是表示吃惊(Ciorciari,2012)。东盟创建这个委员会后不久,就又成立了东盟促进和保护妇女儿童权利委员会(ACWC)。它还于2012年发表了《东盟人权宣言》。 【491】

最后,独联体(CIS)也接受了大量有关促进民主治理的话语,甚至包括对成员国的选举监督。不过,批评者注意到,该组织在监督和履约方面还很弱(Libman,2011)。有些观察者甚至指出,独联体在中亚地区推行某些反民主的规范(Ambrosio,2008)。

中　东

和亚洲一样,中东的地区组织对民主治理原则的发展一直缓慢而且犹豫。事实上,范·许伦(Van Hüllen,2015)注意到,尽管阿盟于20世纪60年代就开始处理人权事务,但其《阿拉伯人权宪章》直到2008年才生效实施。而且,阿盟人权委员会“所得授权十分有限”(Van Hüllen,2015)。这可能并不让人感到特别吃惊,毕竟这一阿拉伯宪章在好几个人权团体看来都是难以接受的。它们认为，该宪章允许对违反伊斯兰教法的人进行身体处罚,并且把犹太复国主义视同种族主义(Rishmawi,2010)。其实,多数观察者认为,阿盟有关民主治理的制度都还相当无力(Rishmawi,2005)。

这里对主要的地区组织所做努力进行了简要回顾，其目的不仅是为了证实博泽尔和范·许伦(Börzel and Van Hüllen,2015b)关于民主治理的确存在全球范本的结论,而且是为了强调这种范本的应用方式还有很重要的变化。下一节我们会考察这种范本应用背后的一些因素,不过,现有研究中一个首要问题是,还太少有研究进行地区之间的明确比较，比较它们为什么采用和什么时候采用全球范本。绝大多数研究考察的只是一个地区在某个时期的情况，而忽略了跨地区比较。如果我们要真正理解这些范本的应用时机和内容,就有必要进行更多比较研究。

解释地区民权治理

【492】是什么引起地区层次上如此大面积地对民主和人权问题进行组织介入？许多理论对这种趋势提供了解释。区分供给因素和需求因素在这里特别有用。那些划归供给方的原因，通常都是在国际层次或地区层次起作用的因素。有些供给因素缺少更具建制性基础的直接的、可追踪的代理和功能,另一些则是由地区组织提供的直接促动因素。需求方原因往往处于国家之中，并以关键的国内行为体为中心。正如笔者在下一小节要讨论到的,讨论供给方的文献中有一个问题是太重视被动原因,就是说,这些“原因”没有论及导致地区组织内采用民主原则的那些条件背后,又有什么条件或时机。

供给方原因

回到战后人权制度建立之初,似乎可以看到,联合国重要人权契约推进过程中出现的各种延迟,为地区组织采取行动提供了机会窗口。数量较少、志同道合的国家一起开展工作,会更加快速地在人权保障方面实现制度化,这种快捷是联合国体系所缺少的。公共物品理论对此有同样的见解。

此外,一开始就拥有“志同道合”(like-minded)国家的可能性,在地区层次上要更大一些。这种志同道合可以反映在很多因素上:人权领域相似的历史经历、相似的身份背景、甚至司法上的相似性,这些都更有可能出现在地区层次上。事实上,法学学者已经指出,这些正是地区人权制度背后的主要驱动力量(Robertson,1982)。比尔根塔尔(Buergenthal，1981，156）认为，“政治和文化上的同质性乃是有效人权体制的先决条件，而且在地区层次上似乎更是如此”。对于这种老一辈学者所讨论的“志同道合”，我们似乎可以用“身份认同”（identity）概念来予以指代，尽管以前的法学学者并不使用这个概念。

志同道合不一定只是基于认同之上的相似性，我们还可以从物质要素上来对其加以解释。很多学者已注意到，民主转型在时间和空间上有扎堆的趋势（Gleditsch and Ward，2006）。如果是这样的话，那就意味着地理相近的国家很可能集中采用较为相似的政权类型。尽管扩散机制在各个地区表现不同（比如可参见 Simmons et al.，2007；Gunitsky，2014；以及本书第 5 章），但最终结果将会是，在政治变革“浪潮”的推动下出现跨地区的政治相似性。事实上，西蒙斯（Simmons，2009）发现，有统计证据证明，历史上有 【493】
着民主经历和相似宗教背景的国家，更有可能参加普遍性人权协定。

这种志同道合往往被描绘成地区规范。比如，弗林和法雷尔（Flynn and Farrell，1999）认为，欧安会（CSCE）就曾经援引授权规范来保护欧洲的民主实践。圣克鲁斯（Santa-Cruz，2005）对拉美的选举监督持有相似观点。霍金斯和肖（Hawkins and Shaw，2008，459）认为，使拉美民主规范合法化的一个关键条件，是“高度的规范鲁棒性（robustness）”。

已有一些学者提出，人权规则的供给执行对于有地区性关联的国家来说更加顺畅。如果文化上相似的国家提出不遵守规则的申诉，而执行规则的国家是前殖民宗主国，那么，违反人权规则的国家更有可能遵守相邻国家的执行努力（Weston et al.，1987）。

还有一种可能是，供给的出现并非只关注客观外部性的结果，而是由于对国家偏好的调整：人权和民主的全球性规范已经成为各国偏好集的一部分。在这些领域取得成就的最好办法，是通过国际和地区组织进行合作，这些组织是“全球范本”的重要推动者（Börzel and Van Hüllen，2015a）。这往往是对欧盟在其他地区参与促进民主的一种解释（Lavenex and Schimmelfennig，2011）。当然，它们的激励措施有可能是正面的，也有可能是负面的。

供给的存在并不等同于接受供给。不过，在某些情况下，如果不考虑到欧盟或其他经合组织国家提供的激励措施，就难以解释地区组织对民主标准的采用。例如，有学者已提出，南共体（SADC）采用共同的民主治理标准，部分是想向外部行为体表明，它们的地区适合于投资和接受援助（Hulse and van der Vleuten，2015）。鲁滨逊（Robinson，2013）则让这个观点更广泛地适用于整个非洲地区。

当我们转向需求方因素时，有两点值得考量。第一点，扩散这个概念在相关文献中广为使用。重要的是要记住，有些扩散机制产生于供应方，而另一些产生于需求方。如果我们采用传统上对扩散的界说，包括强迫（coercion）、文化适应（acculturation）或说服（persuasion），那么强迫就是明显的供给方因素（参见本书第 5 章）；说服往往是对正面激励措施(即供给方)的回应,除非学界能够表明对象国所持有的适当性逻辑发生了变化;文化适应或效仿通常是一种需求过程,不过我们也可以把它想象成一个供给故事,在这个故事中,地区组织提供一种特别的“最佳实践”模式,有效地推动实行更优化的标准。

第二点,与第一点相关的是,关于地区治理、民主和人权的部分文献指出了这些背景因素,但往往不能具体说明各个施动者做出采用标准的决策的特定路径。志同道合、
【494】身份认同或地理相近性,可能有助于解释这些民主治理标准的传播,但往往解释不了时机问题,而只是解释了允许变革发生的潜在条件。尽管这对我们的理解很有帮助,但我们需要的是,找到有关领导人或国家选择民主治理的更加真实的原因。

需求方原因

地区民主治理的需求方原因,很多可以从现有国际制度理论中推断出来。如果我们重新界定国际组织的需求(Keohane,1983),将国内政治考虑在内,那么就可以毫不夸张地说,国内行为体可以利用地区制度实现它们原本无法实现的目标(关于独立型决策,请参见本书第 3 章)。

不过,在谈论民主治理的国内需求之前,值得注意的是,需求方解释是可以在地区组织层次上站得住脚的。外部性有可能是采用地区民主标准的一个重要动因。尽管丹麦人可能并不关心津巴布韦的人权问题(虽然这是一个实证问题),但是对善治的保证却能为一个地区及该地区的邻国带来稳定。难民、内战和局势不稳定,会给邻国和更广大地区造成直接损失。尽管人权问题上的不合作所形成的客观外部性可能很小,但只要有,它们就有可能波及地理相邻的国家。如果有什么国家愿意确保人权得到尊重的话,那它们一定是处于同一个地理区域内的国家。已经有人以西共体为例提出过这一观点。哈特曼和施特里宾格(Hartmann and Striebinger,2015)认为,西非地区冲突频仍的历史,为民主治理标准的采用提供了一个“机会窗口”。

一个关键的需求因素源于人们最经常引述的《欧洲人权公约》(ECHR)。莫劳夫奇克(Moravcsik,2000)认为,欧洲新兴民主化国家可能会很快接受该公约的各项规定。这些新兴民主政体从战略上承诺遵守该公约,以“锁定”其国内的自由主义改革,防止非民主力量带来的潜在倒退。值得注意的是,尽管莫劳夫奇克的观点是从一种委托-代理模式(a principle-agent model)的角度提出的,但它背后的根本机制还是某种“时间不一致

性”[①]。为了确保政策制定者(或未来的政府)根据当前的有利条件而不是明天可能的权宜之计采取行动,他们尝试了某种形式的“捆绑”或“锁定”,这就是地区民主治理研究文献中所讨论的关键因果机制(Börzel and Van Hüllen,2015a)。

佩韦豪斯(Pevehouse,2005)认为,成为主要由民主国家组成的地区组织的一员,有望加强民主化和巩固民主。他认为,国内集团利用那些组织为主要精英群体提供保证,以“锁定”刚刚开始的转型,这样民主就不会威胁到它们所支持的政策。与莫劳夫奇克的观点一致,曼斯菲尔德和佩韦豪斯(Mansfield and Pevehouse,2006)也认为,最近发生民主化的国家更有可能参加国际组织(包括地区性国际组织)。后来他们(Mansfield and 【495】 Pevehouse,2008)又发现,新兴民主国家更有可能参加的是经济导向型和标准制定型的组织,而不是宽泛的政治组织。他们认为,经济型组织拥有资源(贸易和金融杠杆),可以使民主倒退的代价高昂,而标准制定型组织则有执行机制,可以更好地监督国家的遵约行为。

希望向国内和国际行为体发出信号,也是推动国家采用民主标准的一个重要机制(比如参见 Börzel and Van Hüllen,2015a)。尽管采用这些标准的确意味着向多个受众传递信号,但这是“捆绑”或“锁定”的具体例子。简单会谈与重要信号的区别在于其成本。要让信号昂贵,就必须使对未来行为的承诺可信,这通常包括某种形式的“捆绑”或昂贵承诺。地区组织在理论上是可以对倒退行为进行监督和惩罚的。

一个可能制约需求解释的因素是地域相邻性,这也呼应了认为地区是应当重点分析的相关层次的观点。已有的人权促进模式提供了一种与地理相近性相关的可能因果机制。或许并不令人吃惊的是,关于“飞回镖效应”(Keck and Sikkink,1998)和“螺旋模式”(Risse et al.,2013)的研究发现,遭到压制的本地团体往往会向地区行为体寻求支持,以对抗压制它们的政府。这种与被压制团体的邻近性,使得相邻行为体和地区行为体成了它们受压制时寻求支援的一个合理渠道。

最后一个需求解释,我们称之为“提前收买”(pre-emption)。某些地区的国家实际上倾向于反对民主标准,但却采用这些标准的弱式版本来作幌子。这种做法往往是为了安抚其他地区或国际组织。这种例子很多。莱宁格尔(Leininger,2015)认为,近来的《非洲选举、治理和民主宪章》就不是为了推进民主化,而是为了保护现政权不受非宪法性权力变更的影响。如果没有来自西方援助国对促进其善治的强大外部压力,以及立足自保的意愿,非盟成员国是不大会支持这个新宪章的。戴维斯(Davies,2013)就东盟的例子

① “时间不一致性”(time inconsistency)原本是一个货币政策理论术语,表示政策制定者事先宣布政策以影响私人决策者的预期,然后在这些预期形成并且私人决策者据此采取行动后又采取不同政策的倾向,由此可带来政府政策的可信性问题。这里作者放到民权领域来用是作个类比。——译者

提出了类似观点，认为东盟成员国只是希望转移西方国家政府的批评，并表明它们在人权和民主方面并非“无所作为”。

地区民主治理的因果机制和影响

本节探讨的是地区组织用以影响民主和人权的因果机制。在探讨每一种机制时，
【496】还会评述一下主要的研究成果，看看这些机制是否真的成功促进了民主。当然，虽然在理论化的原因和机制之间有某种一致性，但是，本节主要探讨的是“如何”问题，而不是“为何”问题。

议题联结和条件性

国际制度的主要目的是便利议题联结(issue linkage)。在这一点上，有人曾提出，地区组织有助于民主治理(特别是人权议题)与其他因素(如贸易)的联结。这种联结为遵守治理规则提供了一种强大的物质刺激。比如，哈夫纳-伯顿(Hafner-Burton，2005)认为，包含硬性尊重人权承诺的特惠贸易协定(PTAs)能够改善成员国的行为。这其中的逻辑与制度主义理论基本一致：物质性(贸易)要素与非物质性(人权)要素之间的联结，给了各国制约违规者的能力。当威胁者和被威胁者都要付出高昂代价时，对不良行为进行惩戒的威胁才更加可信。哈夫纳-伯顿的实证研究结果——无论从定量意义上还是质性意义上——都支持了她的上述观点。

当然，在这些议题联结的观点中，还隐含着条件性(conditionality)。事实上，这在很多有关地区主义和民主治理的文献中都是一个关键机制(参见 Ethier，2003)。一般来说，这种机制的作用途径是限制组织的加入(成员资格)，或者限制一国可能从加入组织当中谋取特殊利益。对于非成员国来说，这种利益无非是外来援助。凯利(Kelley，2004)认为，欧盟通过设定加入条件，已经对欧洲的民主(尤其是族群政治)产生了积极影响，这种条件性对于激发国家行为十分重要，尤其是当其国内反对这些变革的声浪很高的时候。

如今，更多的研究集中在组织扩员后的执行措施上，尤其是在欧洲。比如，塞德尔迈耶(Sedelmeier，2014)考察了欧盟对于匈牙利和罗马尼亚出现“民主倒退”时的反应，认为欧盟的扩大并未削弱它惩罚不良行为的能力。虽然这篇新文献指出，人们对地区组织何时决定执行民主治理规则越来越感兴趣，但对评估组织内部和组织之间发起执行的条件，还是有很多工作可做。不进行这样的研究，我们就很难对这种条件机制是否成

功得出概括性的结论。

社会化

相关文献中讨论的另一种共同机制是社会化(socialization)。建构主义学术传统中较早就曾提出过,社会化是制度的一项重要功能(Johnston,2001),因此把这些观点应用到地区民主治理中就不足为奇了(Teorell,2010)。比如,凯利(Kelley,2004)就认为,在中 【497】
东欧这种国内反民主程度低的地区(即不太需要很强的条件),社会化在进行较为民主导向的政策改革方面就更有效。

席梅尔芬尼希(Schimmelfennig,2005)探讨了社会化的证据,但他得出的结论与凯利的结论相似(如果不是更有说服力的话),他认为,条件性的成功有赖于对象国国内利益集团的性质:反自由的党派联盟不大可能对十分严格的条件性作出回应。

格林希尔(Greenhill,2010)认为,任何类型的国际组织都可能影响到对人身完整权的尊重。他探讨了地区和国际组织据以促进适当行为标准的一种社会化机制。古德曼和因克斯(Goodman and Jinks,2013)研究了那些通常被认为导致人权实践跨国扩散的机制:强迫、说服和文化适应。他们认为,文化适应是人权最佳实践在地区制度中扩散的最可能机制(Goodman and Jinks,2004)。他们后来提出,国内公民社会团体对于国际或地区人权标准的扩散而言并非必要(Goodman and Jinks,2013,190)。这就让他们对非制度性国内行为体在社会化过程中的重要性提出了质疑。社会化机制的成功显然与国内政治相关,不过还存在一个问题,那就是哪些国内行为体(政党、非政府组织、精英等)决定着其成功。笔者在本章结论中提出,欲评估地区民主治理的有效性,重要的是需要有一个明晰的国内政治理论。

信息与获取

这是两个相关的机制,即以信息和获取信息作为促进民主的机制。首先,那些可以给非国家行为体提供渠道,以此作为给国家行为体提供信息同时也提供有关这些国家行为体信息的方式,这样的组织才被认为能够成功影响民主实践。霍金斯(Hawkins,2008)曾提出,解释欧洲民主治理制度与拉美民主治理制度的不同影响,最好的办法就是探讨他所谓的“制度可渗透性”(institutional permeability),或者探讨非国家行为体与地区组织合作促进和保护民主的能力。对霍金斯而言,一个关键机制涉及信息:可渗透性为国际组织及其非国家行为体伙伴提供重要的信息交换机会,从而可以促进民主化进程。同样,哈夫纳-伯顿、曼斯菲尔德和佩韦豪斯(Hafner-Burton, Mansfield, and Pevehouse, 2015)指出,新兴民主国家更有可能参加促进人权的制度,比老牌民主国家或威权国家都要更加积极。他们指出,新兴民主国家更愿意加入的是对国内政治安排有较多干涉的国际组织,而他们对"干涉性"的定义就部分包含对非政府组织接触和获取信息的措施。

其次,一个把信息当作民主治理机制的重要文献,谈到了选举监督。有越来越多证据证明,各种地区组织监督一个国家遵守选举标准的情况,对选举质量都有积极的影
【498】响。海德(Hyde, 2011)指出,地区组织和非政府组织在监督选举舞弊方面确实有很强的规范。而且,她通过创新性的实地试验证明,监督员在防止选举舞弊方面是有用的。同样,凯利(Kelley, 2012, 166)认为,国际和地区监督员可以通过改变舞弊动机和"调动国内行为体"来提高选举的质量。她还认为,观察员有时会祝贺不太完美的选举,以减少社会冲突。唐诺的作品(Donno, 2010)考察了这个过程的一个关键方面:执行。通过对那些惩罚选举违规的实例进行编码分析,唐诺认为,只有当那些规范的违反者在地缘政治方面不太重要时,民主选举才真正有可能被规范执行。

司法化

另一个将民主承诺转化为民主实践的机制是法院(参见本书第 23 章)。值得注意的是,几个重要地区组织已经建立了这样的法院系统,以协助推行民主标准。

越来越多学者开始系统地对这些法院(比如美洲人权法院)的决策展开分析研究,以确定在什么条件下判决可以得到支持。纽曼(Neuman, 2008)对美洲人权法院及其引入人权规范的努力作了批判性考察。纽曼提出,该法院依靠外来规范而非建立符合本地区情况的人权规范,这损害了它在成员国当中的权威。巴施等人(Basch et al., 2010)考察了各国执行美洲人权法院裁决的可能性,发现进行更深层次政策改革的必要性减弱了各国遵守法院裁决的可能性。同样,希勒布雷希特(Hillebrecht, 2014)考察了美洲人权法院和欧洲人权法院,认为存在着"照单点菜式的"(à la carte)遵约理念,各国愿意遵守代价高昂的法院裁决,但前提是这些裁决涉及金钱处罚,而不是国内法改革。霍金斯和雅各比(Hawkins and Jacoby, 2010)在对欧洲人权法院和美洲人权法院进行的比较研究中得出了同样的结论。他们发现,对涉及金钱判决的遵守比例,在美洲人权法院中高达约 50%,而在欧洲人权法院中比例更高。这与波斯纳和尤(Posner and Yoo, 2005)的结论相悖,后者认为美洲人权法院的遵约率大约在 5%左右。像希勒布雷希特一样,霍金斯和雅各比(Hawkins and Jacoby, 2010, 84)假设有一些国内因素与部分遵守法院裁决

的情形相关，从制度约束到“遵约态度”。最后，卡瓦拉罗和布鲁尔（Cavallaro and Brewer，2008，768）在对美洲人权法院的一项分析中指出，当该法院的“程序和审判规程与国内行为体促进人权的长期努力相关时”，各国才更有可能遵守法院判决。

对这两家人权法院的这些比较研究都认为，欧洲更加牢固的法治，使得对欧洲人权法院裁决的执行和遵守更加容易些（Mower，1991）。当然，具有讽刺意味的是，欧洲对法治的更深入践行并非只是时间的作用。尽管人们提出了无数原因来解释这两个地区的差异，但很少有人去研究确定，这些差异中到底哪些更重要。虽然答案千差万别，但在其他地区如非洲开始设计自己的人权法院之际，确定这些差异中相关的具体因素是什么，并不是一件多余的事。 【499】

围绕欧洲人权法院（ECHR）这个负责执行《欧洲人权公约》的司法机构的活动，现在已有广泛的学术研究。法学学者甚至将它描述成世界上“最先进、最有成效的”人权标准实施机构（Henkin et al.，1999，551）。在对其成功因素进行全面分析之后，黑尔费尔和斯劳特（Helfer and Slaughter，1997）认为，增进欧洲人权法院影响力的因素包括：法院所做法律推理的质量、事实调查能力、不受政治干扰的独立性，以及欧洲对法治的普遍尊重。格里尔的著作（Greer，2006）既涵盖了该公约的政治问题，又涵盖了该法院的运作问题。他对个人诉讼方、决策遵守情况以及欧盟理事会和法院内部的决策过程作了全面分析，最后他的结论是，《欧洲人权公约》现在提供了一种“欧洲身份”，将欧盟和非欧盟成员国与一套类似的人权制度规则联系了起来。弗滕（Voeten，2007）研究过欧洲人权法院法官任命的政治学。他运用欧洲人权法院中的公共少数意见，来评估法官们在司法能动性问题上的“理想观点”，并表明，更加“左”倾的政府往往会指派更加积极能动的法官到法院任职。弗滕（Voeten，2008）使用同样的数据，考察了欧洲人权法院法官本人是否对其母国有偏向。他发现，法官们在做出不利于自己国家的裁决时会犹豫不决，而且当问题涉及“国家安全”范畴、当法官临近退休以及当他们有外交背景时，这种犹豫表现得最明显。弗滕的总体观点是，人权法官显然并没有超然于政治之外（Christoffersen and Madsen，2011）。

在一项对欧洲人权法院判决所做的最全面的统计分析中，卢普与弗滕（Lupu and Voeten，2012）运用网络分析法，对 2000 多个案件中援引的司法判例进行了分析。他们的结论是，欧洲人权法院巧妙地从国内法中援引判例，以便为各国内法院执行其判决打基础。也就是说，欧洲人权法院判决给各国内法院留下了一个工具，让它们用以对付可能会抵制执行人权公约标准的行政（或立法）人员。同样，黑尔费尔和弗滕（Helfer and Voeten，2014）在对 LGBT 群体权利领域进行考察后认为，欧洲人权法院的判决已经引发了成员国的法律改革。这些新近的论文证明，对欧洲人权法院判决的分析正在迅速增多。由此产生的情景是,地区组织的这些司法执行措施,在有些案例中有效地推进了民主,特别是在不要求实行广泛的法律变革或国内行为体十分支持的情况下。

结 论

【500】 过去二十年来,对地区组织、民主治理和人权的学术研究大量增加。我们现在有了充足的实证基础去作出结论,认为在这些组织和民主及人权成果之间存在着重要的关联。不过,在认识这些关联背后的因果机制和条件的性质方面,仍然有更多工作要做。

从分析上看,围绕非洲、亚洲和中东新的人权工具的创建和争论,为检验规范扩散理论、适应理论、社会化理论和制度设计理论提供了肥沃的土壤。尽管要评估这些地区工具是否影响国家行为尚需时日,但这些新制度的创建,为评估国家政策变化的证据提供了绝佳的机会。

比如,地区人权法庭的扩大,如今造成更多的变化情况需要加以解释,不管因变量是机制设计,还是国家层次的相关遵约行为。学者们现在可以更有把握地讨论欧洲体制相对更为成功的原因。迄今为止,研究结论千差万别:针对两个法院(欧洲的和拉美的),还很难说哪种解释更有说服力。随着其他地区人权法院的兴起,进行更多比较分析会是有益和必要的。

其他领域的未来研究也已成熟。笔者曾在其他地方提出过,要理解对民主的外来影响,关键是理解那些民主标准希望运行其间的国内政治结构(Pevehouse,2005)。要理解国内治理,就需要一种国内政治理论。但是最近有关这一话题的著作重点关注的是扩散过程和全球规范(Torfason and Ingram,2010;Brinks and Coppedge,2006),往往缺少这种国内导向的理论。把我们将比较政治学角度发展出来的民主化理论(包括一些创新理论如 Levitsky and Way,2010)与地区组织的治理机制结合起来,还有更多工作可做。

正如在有关社会化的一节中所表明的,地区制度的有效性往往以国内政治进程为条件,这在社会化机制之外也是如此。西蒙斯(Simmons,2009,15)描述了各种国内政治进程,涉及拥有否决权的行为体、权力制衡和联邦权力结构等,这些都关系到理解何时多边民权承诺会影响到各国是否"改善人类条件"。我们没有理由认为,同样的因素不会影响到承诺是否首先在地区层次做出,以及那些承诺是否得到了履行。

对于执行问题,我们需要做更多研究。执行从什么时候开始?有没有提高其有效性
【501】 的条件?担心执行问题的一个原因是,有些地区机构的成员在扩大,尤其在欧洲。成员越多,进行监督和执行所需的资源就越多,在执行中"搭便车"的可能性也越高。学者如哈尔姆森(Harmsen,2001)则认为,这些机构的初步扩大对于欧洲人权法院或欧盟理事会

的运作影响并不大。

对于标准的执行，还有另一个威胁，那就是择地诉讼(forum shopping)的可能性，这是应该引起格外注意的又一个领域。欧盟日益介入人权议题，已经引发了布鲁塞尔和斯特拉斯堡两地相关机构之间的法律重叠问题(Turner，1999)。这个问题不仅关乎欧洲有关机构的演变，而且关乎所有地区性和国际性的人权机构(比如联合国人权委员会、国际刑事法院)。尽管最近出现了处理现有法律重叠问题的一般方法(Alter and Meunier，2009)，但还很少应用到这个学术领域。黑尔费尔的分析(Helfer，1999)是个例外，他考察了几个人权法领域，研究了相互重叠的机构是如何导致择地诉讼的。黑尔费尔(Helfer，1999，399)指出，有越来越多的个人选择在不同法院提起诉讼的情况，这看来是诉讼当事人的策略。对于择地诉讼的发生时机，及其对负责人权法案件审判的地区和国际法庭的影响，我们还需要做更多分析。

如果考虑到近来似乎出现越来越多的专制"小圈子"，那么择地诉讼就更加令人担心了。既然志同道合的民主政权可以利用地区机构来遏制政变、巩固民主，那么，志同道合的专制政权也可以利用地区机构来相互保护、防止内部政治变革。安布罗西奥(Ambrosio，2008)就表达了这种担心。利布曼和奥贝坚科娃(Libman and Obydenkova，2013)的研究推论是，民主程度较低的独联体成员国更有可能更加积极地参与独联体活动。

还有人认为，南共体(SADC)同样在促进民主变革方面所为不多，比如1998年在莱索托问题上(van der Vleuten and Ribeiro Hoffmann，2010)。如前所论，南共体解散其司法部门说明它对这些民主改革并不太感兴趣。对于这些"小圈子"的成因、变革动向及其与民主程度高的地区"圈子"之间的互动，都有待我们做更多的研究。

随着地区民主治理的扩大在全球各个"地方"的不断发展，有关这一现象的学术成果也不断增多。很多这类作品就民主治理扩大到哪里及为什么扩大得出了重要的见解。这类文献还确认了许多因果机制，帮助我们把这些治理努力与民权领域取得的成就联系起来。总之，我们现在对于哪些机制管用已有了更好的认识，但还是有很多工作要做。更好地把有关国内政治的理论考虑进来、考察那些设置了条件的地方的执行条件，以及进行更加明晰的跨地区比较，都将大大提高我们对地区民主治理的认识。

【502】

附 录

附表 A21.1　地区民权治理组织

地区名	成立年份	组织名称（缩写）	涵盖的主要议题领域	成员	官网地址
非洲	1963	非洲联盟(AU)	人权、民主	(参见本书第13章)	http://www.au.int
	1973	马诺河联盟(MRU)	民主	(参见本书第13章)	http://www.manoriverunion.org
	1980	南部非洲发展共同体(SADC)	人权、民主	(参见本书第13章)	http://www.sadc.int
	1983	西非经济共同体(ECOWAS)	民主	(参见本书第13章)	http://www.ceeac-eccas.org
	1986	政府间发展组织(IGAD)	民主	(参见本书第13章)	http://www.igad.org
	1994	东部和南部非洲共同市场(COMESA)	民主	(参见本书第13章)	http://www.comesa.int
	1994	西非经济货币联盟(UEMOA)	民主	(参见本书第13章)	http://www.uemoa.int
	1999	东非共同体(EAC)	人权、民主	(参见本书第13章)	http://www.eac.int
美洲	1948	美洲国家组织(OAS)	人权、民主	(参见本书第8章)	http://www.oas.org
	1969	安第斯共同体(CAN)	人权、民主	(参见本书第8章)	http://www.comunidadandina.org
	1991	中美洲一体化体系(SICA)	人权、民主	(参见本书第8章)	http://www.sica.int/
	1991	南方共同市场(MERCOSUR)	人权、民主	(参见本书第8章)	http://www.mercosur.int
	2004	南美国家联盟(UNASUR)	人权、民主	(参见本书第8章)	http://www.unasurgsg.org
	2011	拉美和加勒比国家共同体(CELAC)	民主	(参见本书第8章)	http://www.parlatino.org/cdn
亚洲	1967	东南亚国家联盟(ASEAN)	人权	(参见本书第11章)	http://www.asean.org
	1971	太平洋岛国论坛(PIF)	人权、民主	(参见本书第11章)	http://www.forumsec.org/
	1985	南亚区域合作联盟(SAARC)	人权、民主	(参见本书第11章)	http://www.saarc-sec.org/
	2001	上海合作组织(SCO)	人权	(参见本书第11章)	http://www.sectsco.org/

续表

地区名	成立年份	组织名称（缩写）	涵盖的主要议题领域	成员	官网地址
欧洲	1949	欧洲委员会(CoE)	人权、民主	(参见本书第9章)	http://www.coe.int/
	1952	北欧理事会(NC)	人权	(参见本书第9章)	http://www.norden.org/
	1958	欧洲联盟(EU)	人权、民主	(参见本书第9章)	http://www.europa.eu/
	1973	欧洲安全与合作组织(OSCE)	人权、民主	(参见本书第9章)	http://www.osce.org/
欧亚	1991	独立国家联合体(CIS)	人权、民主	(参见本书第10章)	http://www.cis.minsk.by/
	1992	黑海经济合作组织(BSEC)	民主	(参见本书第10章)	http://www.bsec-organization.org/
中东	1945	阿拉伯国家联盟(LAS)	人权、民主	(参见本书第12章)	http://www.lasportal.org/

资料来源：更多信息请参见前述相关各章及这些组织的官网。有些地区组织后来改了名称。本表所用名称截至2014年12月。

参考文献

Acharya, A.2004.How Norms Spread: Whose Norms Matter? Norm Localization and Institutional Change in Asian Regionalism.*International Organization*, 58(2): 239–275.

Alter, K.and Helfer, L.2010.Nature or Nurture? Judicial Lawmaking in the European Court of Justice and the Andean Tribunal of Justice.*International Organization*, 64(4): 563–592.

Alter, K.and Meunier, S.2009.The Politics of International Regime Complexity.*Perspectives on Politics*, 7(1): 13–24.

Ambrosio, T.2008.Catching the"Shanghai Spirit": How the Shanghai Cooperation Organization Promotes Authoritarian Norms in Central Asia.*Europe–Asia Studies*, 60(8): 1321–1344.

Basch, F, Filippini, L, Laya, A, and Nino, M.2010.Effectiveness of the Inter–American System of Human Rights Protection: A Quantitative Approach to Its Functioning and Compliance with Its Decisions. *SUR–International Journal on Human Rights*, 7(12): 9–35.

Börzel, T.and Stapel, S.2015.Mapping Governance Transfer by 12 Regional Organizations: A Global Script in Regional Colors.In: T.A.Börzel and V.Van Hüllen(eds.), *Governance Transfer by Regional Organizations: Patching Together a Global Script*.Basingstoke: Palgrave Macmillan, 22–48.

Börzel, T.and Van Hüllen, V.(eds.) 2015a.*Governance Transfer by Regional Organizations: Patching To–*

gether a Global Script.Basingstoke:Palgrave Macmillan.

Börzel,T.and Van Hüllen,V.2015b.Towards a Global Script? Governance Transfer by Regional Organizations.In:T.A.Börzel and V.Van Hüllen(eds.),*Governance Transfer by Regional Organizations:Patching Together a Global Script*.Basingstoke:Palgrave Macmillan,3–21.

Brinks,D.and Coppedge,M.2006.Diffusion Is No Illusion:Neighbor Emulation in the Third Wave of Democracy.*Comparative Political Studies*,39(4):463–489.

Buergenthal,T.1981.To Respect and To Ensure:State Obligations and Permissible Derogations.In:L. Henkin(ed.),*The International Bill of Rights:The Covenant on Civil and Political Rights*.New York: Columbia University Press,72–91.

Cavallaro,J.and Brewer,S.2008.Reevaluating Regional Human Rights Litigation in the Twenty–First Century:The Case of the Inter–American Court.*American Journal of International Law*,102(4):768–827.

Christoffersen,J.and Madsen,M.(eds.)2011.*The European Court of Human Rights:Between Law and Politics*.Oxford:Oxford University Press.

Ciorciari,J.2012.Institutionalizing Human Rights in Southeast Asia.*Human Rights Quarterly*,34(3): 695–725.

Davies,M.2013.ASEAN and Human Rights Norms:Constructivism,Rational Choice,and the Action–Identity Gap.*International Relations of the Asia–Pacific*,13(2):207–231.

De Schutter,O.2008.The Two Europes of Human Rights:The Emerging Division of Tasks Between the Council of Europe and the European Union in Promoting Human Rights in Europe.*Columbia Journal of European Law*,14(3):509–561.

Donno,D.2010.Who is Punished? Regional Intergovernmental Organizations and the Enforcement of Democratic Norms.*International Organization*,64(4):593–625.

Ethier,D.2003.Is Democracy Promotion Effective? Comparing Conditionality and Incentives.*Democratization*,10(1):99–120.

Flynn,G.and Farrell,H.1999.Piecing Together the Democratic Peace:The CSCE,Norms,and the "Construction" of Security in Post–Cold War Europe.*International Organization*,53(3):505–535.

Gleditsch,K.and Ward,M.2006.Diffusion and the International Context of Democratization.*International Organization*,60(4):911–933.

Goldman,R.2009.History and Action:The Inter–American Human Rights System and the Role of the Inter–American Commission on Human Rights.*Human Rights Quarterly*,31(4):856–887.

Goodman,R.and Jinks,D.2004.How to Influence States:Socialization and International Human Rights Law.*Duke Law Journal*,54:621–703.

Goodman,R.and Jinks,D.2013.*Socializing States:Promoting Human Rights Through International Law*. Oxford:Oxford University Press.

Greenhill,B.2010.The Company You Keep:International Socialization and the Diffusion of Human Rights Norms.*International Studies Quarterly*,54(1):127–145.

Greer, S.2006.*The European Convention on Human Rights: Achievements, Problems and Prospects.* Cambridge: Cambridge University Press.

Gunitsky, S.2014.From Shocks to Waves: Hegemonic Transitions and Democratization in the Twentieth Century.*International Organization*, 68(3): 561–597.

Hafner–Burton, E.2005.Trading Human Rights: How Preferential Trade Agreements Influence Government Repression.*International Organization*, 59(3): 593–629.

Hafner– Burton, E.2012.International Regimes for Human Rights.*Annual Review of Political Science*, 15: 265–286.

Hafner–Burton, E, Mansfield, E, and Pevehouse, J.2015.Democratization and Human Rights Organizations.*British Journal of Political Science*, 45(1): 1–27.

Harmsen, R.2001.The European Convention on Human Rights after Enlargement.*International Journal of Human Rights*, 5(4): 18–43.

Hartmann, C.and Striebinger, K.2015.Writing the Script? ECOWAS's Military Intervention Mechanism. In: T.A.Börzel and V.Van Hüllen (eds.), *Governance Transfer by Regional Organizations: Patching Together a Global Script.* Basingstoke: Palgrave Macmillan, 68–83.

Hathaway, O.2003.The Cost of Commitment.*Stanford Law Review*, 55(5): 1821–1862.

Hawkins, D.2008.Protecting Democracy in Europe and the Americas.*International Organization*, 62(3): 373–403.

Hawkins, D.and Jacoby, W.2010.Partial Compliance: A Comparison of the European and Inter–American Courts of Human Rights.*Journal of International Law & International Relations*, 6(1): 35–85.

Hawkins, D.and Shaw, C.2008.Legalising Norms of Democracy in the Americas.*Review of International Studies*, 34(3): 459–480.

Helfer, L.1999.*Forum Shopping for Human Rights.* University of Pennsylvania Law Review, 148: 285–400.

Helfer, L.and Slaughter, A.–M.1997.Toward a Theory of Effective Supranational Adjudication.*Yale Law Journal*, 107(2): 273–391.

Helfer, L.and Voeten, E.2014.International Courts as Agents of Legal Change: Evidence from LGBT Rights in Europe.*International Organization*, 68(1): 77–110.

Henkin, L, Neuman, G.L, Orentlichter, D.F, and Leebron, D.W.1999.*Human Rights.* New York: Foundation Press.

Heyns, C.2003 African Regional Human Rights System: The African Charter.*Pennsylvania State Law Review*, 108: 679–1295.

Hillebrecht, C.2014.*Domestic Politics and International Human Rights Tribunals: The Problem of Compliance.* Cambridge: Cambridge University Press.

Hulse, M.and van der Vleuten, A.2015.Agent Run Amuck: The SADC Tribunal and Governance Transfer Rollback.In: T.A.Börzel and V.Van Hüllen(eds.), *Governance Transfer by Regional Organizations: Patching Together a Global Script.* Basingstoke: Palgrave Macmillan, 84–103.

Hyde, S.2011.*The Pseudo-Democrat's Dilemma: Why Election Observation Became an International Norm*.Ithaca, NY: Cornell University Press.

Johnston, A.2001.Treating International Institutions as Social Environments.*International Studies Quarterly*, 45(4): 487–515.

Keck, M.and Sikkink, K.1998.*Activists Beyond Borders: Advocacy Networks in International Politics*. Ithaca, NY: Cornell University Press.

Kelley, J.2004.International Actors on the Domestic Scene: Membership Conditionality and Socialization by International Institutions.*International Organization*, 58(3): 425–458.

Kelley, J.2012.*Monitoring Democracy: When International Election Observation Works, and Why It Often Fails*.Princeton, NJ: Princeton University Press.

Keohane, R.1983.The Demand for International Regimes.In: S.Krasner(ed.), *International Regimes*.Ithaca, NY: Cornell University Press, 141–171.

Keohane, R.1984.*After Hegemony*.Princeton, NJ: Princeton University Press.

Lavenex, S.and Schimmelfennig, F.2011.EU Democracy Promotion in the Neighborhood: From Leverage to Governance? *Democratization*, 18(4): 885–909.

Leininger, J.2015.Against All Odds: Strong Democratic Norms in the African Union.In: T.A.Börzel and V.Van Hüllen(eds.), *Governance Transfer by Regional Organizations: Patching Together a Global Script*.Basingstoke: Palgrave Macmillan, 51–67.

Levitsky, S.and Way, L.2010.*Competitive Authoritarianism: Hybrid Regimes after the Cold War*.Cambridge: Cambridge University Press.

Libman, A.2011.Commonwealth of Independent States and Eurasian Economic Community.In: G.Finizio, L.Levi, and N.Vallinoto(eds.), *The Democratization of International Organizations*.First International Democracy Report.Abingdon: Routledge, 435–448.

Libman, A.and Obydenkova, A.2013.Informal Governance and Participation in Non-Democratic International Organizations.*Review of International Organizations*, 8(2): 221–243.

Lupu, Y.and Voeten, E.2012.Precedent in International Courts: A Network Analysis of Case Citations by the European Court of Human Rights.*British Journal of Political Science*, 42(2): 413–439.

Mansfield, E.and Pevehouse, J.2006.Democratization and International Organizations.*International Organization*, 60(1): 137–167.

Mansfield, E.and Pevehouse, J.2008.Democratization and the Varieties of International Organizations. *Journal of Conflict Resolution*, 52(2): 269–294.

Moravcsik, A.2000.The Origins of Human Rights Regimes: Democratic Delegation in Postwar Europe. *International Organization*, 54(2): 217–252.

Mower, A.1991.*Regional Human Rights: A Comparative Study of the West European and Inter-American Systems*.New York: Greenwood Press.

Neuman, G.2008.Import, Export, and Regional Consent in the Inter-American Court of Human Rights. *European Journal of International Law*, 19(1): 101–123.

Pevehouse, J.2005.*Democracy from Above: Regional Organizations and Democratization*.Cambridge: Cambridge University Press.

Pevehouse, J, Nordstrom, T, and Warnke, K.2004.The Correlates of War 2: International Governmental Organizations Data.*Conflict Management and Peace Science*, 21(2): 101–119.

Posner, E.and Yoo, J.(2005).Judicial Independence in International Tribunals.*California Law Review*, 93: 1–74.

Ribeiro Hoffmann, A.2015.At Last: Protection and Promotion of Human Rights by Mercosur.In: T.A. Börzel and V.Van Hüllen(eds.), *Governance Transfer by Regional Organizations: Patching Together a Global Script*.Basingstoke: Palgrave Macmillan, 192–208.

Rishmawi, M.2005.The Revised Arab Charter on Human Rights: A Step Forward? *Human Rights Law Review*, 5(2): 361–376.

Rishmawi, M.2010.The Arab Charter on Human Rights and the League of Arab States: Update.*Human Rights Law Review*, 10: 169–172.

Risse, T, Ropp, S, and Sikkink, K.(eds.)2013.*The Persistent Power of Human Rights: From Commitment to Compliance*.Cambridge: Cambridge University Press.

Robertson, A.H.1982.*Human Rights in the World*.New York: St.Martin's Press.

Robinson, M.2013.Aid, Democracy and Political Conditionality in Sub-Saharan Africa.In: G.Sørensen (ed.), *Political Conditionality*.Abingdon: Routledge, 85–99.

Santa-Cruz, A.2005.Constitutional Structures, Sovereignty, and the Emergence of Norms: The Case of International Election Monitoring.*International Organization*, 59(3): 663–693.

Schimmelfennig, F.2005.Strategic Calculation and International Socialization: Membership Incentives, Party Constellations, and Sustained Compliance in Central and Eastern Europe.*International Organization*, 59(4): 827–860.

Schimmelfennig, F.and Scholtz, H.2008.EU Democracy Promotion in the European Neighbourhood: Political Conditionality, Economic Development and Transnational Exchange.*European Union Politics*, 9(2): 187–215.

Schimmelfennig, F.and Sedelmeier, U.2004.Governance by Conditionality: EU Rule Transfer to the Candidate Countries of Central and Eastern Europe.*Journal of European Public Policy*, 11(4): 661–679.

Sedelmeier, U.2014.Anchoring Democracy from Above? The European Union and Democratic Backsliding in Hungary and Romania After Accession.*Journal of Common Market Studies*, 52(1): 105–121.

Simmons, B.2009.*Mobilizing for Human Rights: International Law in Domestic Politics*.Cambridge: Cambridge University Press.

Simmons, B, Dobbin, F, and Garrett, G.2007.The Global Diffusion of Public Policies: Social Construction, Coercion, Competition, or Learning? *Annual Review of Sociology*, 33: 449–472.

Stone Sweet, A.1999.Judicialization and the Construction of Governance.*Comparative Political Studies*, 32(2): 147–184.

Teorell, J.2010.*Determinants of Democratization: Explaining Regime Change in the World, 1972–2006*.

Cambridge: Cambridge University Press.

Torfason, M. and Ingram, P. 2010. The Global Rise of Democracy: A Network Account. *American Sociological Review*, 75(3): 355–377.

Turner, C. 1999. Human Rights Protection in the European Community: Resolving the Conflict and Overlap Between the European Court of Justice and the European Court of Human Rights. *European Public Law*, 5(3): 453–470.

Van der Vleuten, A. and Hoffmann, A.R. 2010. Explaining the Enforcement of Democracy by Regional Organizations: Comparing EU, Mercosur and SADC. *Journal of Common Market Studies*, 48(3): 737–758.

Van Hüllen, V. 2015. Just Leave Us Alone: The Arab League and Human Rights. In: T.A. Börzel and V. Van Hüllen (eds.), *Governance Transfer by Regional Organizations: Patching Together a Global Script*. Basingstoke: Palgrave Macmillan, 125–140.

Vasak, K. 1982. *The International Dimensions of Human Rights*. Westport, CT: Greenwood Press.

Voeten, E. 2007. The Politics of International Judicial Appointments: Evidence from the European Court of Human Rights. *International Organization*, 61(4): 669–701.

Voeten, E. 2008. The Impartiality of International Judges: Evidence from the European Court of Human Rights. *American Political Science Review*, 102(4): 417–433.

Weston, B, Lukes, R, and Hnatt, K. 1987. Regional Human Rights Regimes: A Comparison and Appraisal. *Vanderbilt Journal of Transnational Law*, 20(4): 585–630.

Williams, A.J. 2004. *EU Human Rights Policies: A Study in Irony*. Oxford: Oxford University Press.

Youngs, R. (ed.) 2010. *The European Union and Democracy Promotion: A Critical Global Assessment*. Baltimore, MD: Johns Hopkins University Press.

第四部分

比较地区制度

第 22 章　地区制度设计

托比亚斯·伦茨(Tobias Lenz)
加里·马克斯(Gary Marks)

制度就是有管制的行为模式,既有正式的、由国际条约依法制定的制度,也有非正式的、在实践中逐渐形成的制度。制度的建立,旨在通过精心组织政治互动以达到预期的结果,但超国家制度独具特色,因为它们并不在层级制环境下运转。不像国内制度往往能够直接运行,超国家制度需要主权成员国自愿同意,所以它们需要进行自我强化。【513】

地区组织在制度设计上表现出很大的差异。有些表现出广泛的正式制度化,另一些则主要建立在非正式网络之上;有些拥有权力很大的、业务非常成熟的总秘书处,另一些则只设立了小型的行政机构;有些拥有多样化的制度架构,另一些在制度的组织上则相当简易;有些通过一致同意达成决策,另一些则采取多数决策规则;有些在制度结构上相对稳定,另一些则经过一段时间后就发生很大改变。

这些制度差异该如何加以解释?地区制度设计有哪些主要模式?它们与各国达成集体目标的能力又有怎样的关联?这些问题越来越引起人们关注,本章的目的就是对这一快速发展的研究领域加以综述。我们重点讨论的是三个或三个以上邻近国家组成的地区组织,它们在综合性治理方面有着设置明确且持续运转的制度框架。①

本章首先对“共享”(pooling)和“委托”(delegation)等关键概念加以辨析。其次,我们探讨地区组织的制度设计在现实主义、制度主义、建构主义和扩散理论当中是如何被解释的。再次,我们评述了论及不同制度设计在和平与安全、经济福利、国内制度和国际行

① 因此,我们就不涉及双边地区贸易协定、像莱茵河航运中央委员会(The Central Commission for the Navigation of the Rhine)这样的专门性地区组织,以及像 G7 这样基本上非正式的地区集团。有关专门性和综合性组织的区分,请参见 Lenz et al.,2014。瓦布拉斯和斯尼达尔(Vabulas and Snidal,2013)则勾画了国际组织的整个图谱,包括非正式安排。

为者身份方面所产生影响的相关文献。最后,我们对未来研究中一些有价值的方法做个勾勒。

基本概念:共享和委托

【514】 人们过去对地区组织的理解,是把它们放到一个从“政府间主义”到“超国家主义”的概念连续体之中,这大体对应于我们对“合作”与“一体化”的区分(参见本书第1章)。当一个地区组织是由各成员国控制着决策、执行和争端解决时,我们就会说它是政府间主义的。相反,当一定程度上其成员国无法独自施行上述权力时,我们就会说它是超国家主义的。

这种区分真是绝妙——可能太妙了,因为这样正好将两种制度设计维度与两种战略动机放到了一起,这两种战略动机截然相反,分别是共享和委托(Lake,2007,220;Hooghe and Marks,2015)。共享指的是“通过有效多数制的程序,在各个政府之间共享决策能力”(Keohane and Hoffmann,1991,7)。它涉及权威的转移,以便成员国集体参与,而不是由谁单独控制决策。委托则含义相反,表示的是“某个有权者有条件地授权给一个代理者,令其代行自己的权威”(Hawkins et al.,2006,7)。成员国委托权威,意味着它们保持着对代理者的控制权,虽然只是最终控制。结果是,某个受委托的代理者享有某种程度的自主权力,能够自主设定自己的议程。

地区组织大多混合具有共享和委托的权威,如表22.1(详细的规范和分类方法请见附录22.1,以及附表A22.1)。首先我们可以看到,委托远比共享要更为广泛存在。最常见的情况是,地区组织的共享水平低而委托水平中高。没有哪个组织是中高水平共享而低水平委托。有几个地区组织是两者都处于相对高水平,包括安共体、非盟、东非共同体和欧盟。同时,有几个地区组织是两者都处于低水平,如南共市、北欧理事会和上合组织,这些组织最接近于国际合作的政府间模式。不过,即使在两者都处于高水平或都处于低水平的地方,委托的情况也要比共享更为广泛。例如南共市和上合组织,压根就没有共享,只有有限的委托。

共享决策与其说是规则,不如说是例外,综合性地区组织当中的共享水平在过去长期保持着相当的稳定性(Lenz et al.,2014;Hooghe and Marks,2015;Blake and Lockwood Payton,2015)。欧洲的地区组织,尤其是欧盟和欧委会,是最早实行权威共享的组织,但
【515】 它们的共享水平仍然不尽如人意。即使出现共享,也大体上限于预算之类的某些决策方面(比如安共体和中部非洲经济货币共同体)。

表 22.1　部分综合性地区组织中的委托与共享(2010 年)

		委托	
		低	中高
共享	低	东盟(ASEAN) 独联体(CIS) 海合会(GCC) 阿盟(LAS) 南共市(MERCOSUR) 北欧理事会(NordC) 上合组织(SCO) 南盟(SAARC)	比荷卢联盟(Benelux) 中美洲一体化体系(SICA) 英联邦(ComSec) 东非共同体(EAC) 中美洲经济共同体(ECCAS) 西共体(ECOWAS) 政府间发展组织(IGAD) 太平洋岛国论坛(PIF) 南共体(SADC) 南太平洋委员会(SPC)①
	中高		非盟(AU) 安共体(CAN) 加勒比共同体(CARICOM) 中部非洲经济货币共同体(CEMAC) 东部和南部非洲共同市场(COMESA) 欧委会(CoE) 欧盟(EU) 美洲国家组织(OAS) 东加勒比国家共同体(OECS)

资料来源:作者汇编。

相比之下,委托(水平)过去 20 年来在地区组织当中已经显著提高(Hooghe and Marks,2015;Lenz et al.,2014;Talberg et al.,2013)。这一大的趋势明显体现在诸多实体身上,包括地区性秘书机构、争端解决机制和议会实体(Alter,2013;Haftel,2011;Hooghe et al.,2014;本书第 23 章和第 25 章)。如今,大多数地区组织都设有一个负责(或联合负责)制定议程的秘书处、一个某种程度上不受成员国控制的争端解决机制,以及一个或多个由非国家行为者组成的咨询机构。当然,情况也各不相同。欧盟的委托范围和深度与众不同。很少有其他地区组织能像欧盟或早期安第斯条约组织那样,其议程设定权独立掌控在秘书处手中。只有 6 个综合性地区组织将决策权力授予地区议会,比如东非共【516】同体,其他大多数议会性机构只具有咨询功能(Lenz et al.,2014)。法院可能是地区组织当中最强有力的受托机构。有 12 个地区组织授权法院完全独立,包括秘书处提出不遵从规定诉讼的可能性、预先裁决机制和行政复议或宪法审查权(Alter,2012;Hooghe et al.,2014;本书第 23 章)。不过,大多数地区组织仍然依赖国家主导争端解决。

① 该组织于 1998 年已更名为“太平洋共同体”(Secretariat of the Pacific Commun.ty,简称 PC)。——译者

地区组织通常都有一个分层的行政结构，其中，国家主导的决策实体——往往是部长理事会或国家领导人峰会——由辅助性的委员会协助，这些委员会由来自国家各部委的技术专家组成，他们负责准备决策方案并于事后执行。随着地区合作的发展，这种核心决策结构趋于差异化和威权化。在大多数地区组织中，经济合作已经从早期注重贸易和产业政策，扩大到今天的投资政策、服务、政府采购和移民规则，从降低边境壁垒（如关税和配额等），深化到消除边境内壁垒（如歧视性规则和管制等）(参见本书第 2 章)。几个地区组织，比如非盟(AU)和西共体(ECOWAS)，已经由经济合作转向介入政治问题，如民主、人权和安全(参见本书第三部分有关章节)。地区经济组织越来越多地在条约中写入有关结盟和善治的承诺，试图管理安全难题、政权不稳定和恐怖主义威胁(Powers，2004；Borzel and Van Hullen，2015)。

虽然有关正式制度的比较信息越来越系统，但有关非正式制度的情况却仍然零散。不过，相关文献当中有这样一种共识：尽管有朝向共享发展的趋势，委托方面也有显著增加，但非正式制度继续倾向于实行成员国控制，特别是由大的成员国控制。在共享方面，非正式制度仍然坚持实行各国一致同意决策。这在欧盟身上早有体现(Heisenberg，2005)，在其他地区组织身上也常有所见(参见 Middlebrook，1978 中有关安第斯条约组织的论述)。成员国往往不屑于采用有内部反对意见的决策，因此更乐于实行一致同意决策，在其他大多数地区组织中都是这样(Zamora，1980，568)。但是无论在理论上还是在经验上，我们都有充分理由相信，正式的多数决规则会限制使用非正式的一致同意决策(Stone，2011；Kleine，2013； Marks et al，forthcoming)。

至于委托，有证据表明，个别地区组织中，非正式制度有时会允许大国绕过受托权威。例如在南共市(MERCOSUR)中，许多重要决策都是非正式的总统外交成果，并不经过常规的决策程序产生(Malamud，2005)。这方面最有代表性的例子是东盟(ASEAN)。
【517】学者们认为，东盟方式(the ASEAN way)——成员首脑间非正式的、一致同意基础上的决策方式——仍然主导着这个组织，尽管现已有所改革，开始赋权给总秘书处和第三方争端解决机构(Aggarwal and Chow，2010；本书第 11 章)。虽然有这些认识，但还是很少有人进行系统的实证研究，来证明非正式制度往往会有损于委托能力。总而言之，我们当前所了解到的是，各地区组织趋向于(虽有程度上的不同)由其成员国给予独立的非国家实体更多的功能和权力。

地区制度设计的成因

大多地区治理研究者都把制度设计看作关键的独立变量。四种理论视角——现实主义、制度主义、建构主义和扩散理论——提供了截然不同的答案。虽然每种理论方法都提出了假设，以解释制度设计的跨部门变化，但它们很少说明制度变化的成因。而且，没有一个理论视角对于地区组织中共享和委托的水平及演进，提出一个逻辑连贯的因果解释。

现实主义

对现实主义者来说，国际制度设计反映着成员国之间的权力分配。其核心思想是，主导国喜欢采取非正式的权力关系而不是正式的法律规则（Mearsheimer，1994/95）。按照这一思路，美国在冷战期间所实行的"极端霸权"阻碍了东亚出现强大的地区制度（Crone，1993，505），而 20 世纪 90 年代美国霸权的衰落则使得这一地区兴起了地区主义（Mansfield，1998）。然而同时，地区合作可以令小国制衡霸权国，例如欧共体、东盟、南部非洲发展合作会议以及海合会（Pedersen，2002；Beeson，2005；Ispahani，1984）。

主导国为什么有时会接受广泛的、越来越多的委托，这仍然是个谜题。有人质疑这个问题的实质合理性，认为委托总是随着主导国的利益而确定的（Stone，2011，21）。即使这些国家通常情况下会接受正式的委托，但它们在出现高风险的时候，还是会通过非正式规则进行有效掌控（Stone，2011；Libman and Obydenkova，2013）。另有人指出，地区治理安排就是寡头治理，主导国在其中实际掌控着决策权（Hancock，2009；本书第 10 章）。

如果说非正式规则使得大国可以随心所欲地操纵地区治理，则证据还不充分。克 【518】
莱恩（Kleine，2013，89）指出，即使实行多数决程序，"如果一项决策有可能激起国内层次的分配冲突，那么各国政府也一定会不断设法削弱这些规则的影响"。但是从《单一欧洲法案》出台至今，欧盟立法中只有 10%到 20%的判例在正式投票中遭到少数利益受损群体的反对（Kleine，2013；Mattila，2009）。分析欧洲法院的判例，我们也难以支持这种大国主导论调，也看不出大国就一定会倾向于规避履行欧盟法（Börzel et al.，2010；Stone Sweet，2010）。

有些现实主义者把"委托"解释成某个地区大国对其较弱邻国的一种边际补偿，目的在于换取它们承认其霸权（Pedersen，2002；Schirm，2009）。一旦权力落差变小，这种边际补偿就会加大，由此就提升了地区组织的权威。按照格里科（Grieco，1995，1997）的观点，这可以解释欧盟的货币联盟，在比较视角中也可以解释欧盟何以比东亚有更高程度的正式制度化。另一种不同的现实主义解释认为，地区治理是对外部威胁的反应（Rosato，2011），这种观点如果拿来解释地区组织的变革模式，就必须加以改进。

从现实主义角度看,地区组织当中“广泛委托”(extensive delegation)与“有限共享”(limited pooling)之间的差异仍是个谜题。如果每个国家都能够否决改革,那么在受托地区组织实体当中,就会给成员国的集体控制造成困难。在单一委托人和集体委托人之间存在着关键差别,这也有助于解释为何在委托中很少有“溢回”(spillback)的情况发生。另一种看待委托的不同方式,也就是通常所说的“国际治理”,就强调非正式性的普遍使用,认为这是一种大国通过背后操纵来施行控制的方式。这种观点有其合理性,尽管它并不适用于解释非国家地区组织实体权威的显著增加,这在协议的谈判中已经表明。

制度主义

在地区制度设计的分析中,新自由制度主义方法和历史制度主义方法已得到广泛应用。这两种方法都认为,行为体会对外部约束作出理性反应,不过,它们在这些约束是什么的问题上有不同看法:在新自由制度主义看来是“信息约束”,而在历史制度主义看来是“制度约束”。

新自由制度主义这样解释制度,认为制度就是对复杂且由相互依赖而引起的集体行动问题的功能性解决方案(Keohane,1984)。据此来看,欧盟的独特超国家性源于高度的经济相互依赖,而相互依赖程度低的地区就没有这么高水平的委托和共享(Bouzas and Soltz,2001;Haas and Schmitter,1964)。政治经济学的解释倾向于强调,相互依赖在国内政治力量平衡时会有利于外向的或更广意义上国际化的联盟团体(Milner,1997;
【519】 Solingen,2008;本书第4章)。

这里有一个困扰是,尽管几个地区组织经济相互依赖性不那么强,却表现出广泛的委托性(Herbst,2007;本书第13章)。相反,有着高度经济相互依赖性的地区,比如东北亚地区,其制度安排却非常弱。相应地,关于非西方世界地区组织的案例研究发现,政治经济学解释所支持的,利益集团自下而上发生影响的逻辑证据不足(Yoshimatsu,2007)。尽管有定量研究发现,经济相互依赖与深度治理(thick governance)之间存在强相关性(Smith,2000; Haftel,2011),但另有些研究发现,它们并没什么相关性,或者说要看具体执行情况(Marks et al.,2014;Haftel,2013;Mattli,1999)。与此相关,有多项研究认为,相互依赖可以解释不同政策领域的(制度)设计变化(Stone Sweet et al.,2001)。博泽尔和范·许伦(Börzel and Van Hüllen,2015)指出,安全相互依赖可以导致民权问题上的地区治理。在这种相互依赖特别严重的地区,如非洲的许多地区,各国会设计共享性决策程序,无须相关成员国同意即可施行干预。这一观点放到其他政策领域,特别是经济一体化领域,会有多大说服力,还未经验证。总体上,日益加强的相互依赖为议程设置和决策增加了难度,反过来这可以解释,为何越来越多地实行委托。尽管从这个视角看现在越来越多地强调委托,但作为一种“传统的”制度反应形式,放弃民族国家否决权(共享)才是一种更具深远意义的方式。为此可能需要的前提条件,是高度的相互依赖水平,或者在成员众多的组织中出现迫在眉睫的决策受阻。

第二条新自由制度主义研究路线强调,将可信承诺(credible commitment)视为一种强化政策选择的方式, 以对抗国内压力和 “时间不一致性”(Koremenos,2007;Thatcher and Stone Sweet,2002)。较强有力的委托,可能起因于由外来变革(如经济危机)所造成的对承诺可信性的挑战。阿诺德和里特贝格尔(Arnold and Rittberger,2013)就是这样解释南共市的争端机制改革的。除了贸易, 地区组织还允许各国在面临竞争性政党政治情境时,承诺实行民主或人权(Moravcsik,2000;Mansfield and Pevehouse,2006;本书第21 章;也可参见 Gruber,2000)。这种研究聚焦于正式制度,特别是当委托授权给独立机构时,但是,也有研究(Yoshimatsu,2006)重视政府间制度或非正式制度怎样解决可信承诺问题——这些制度设立了集中的监督和执行机制来约束成员国主权,并且有个别国家在协商解决困难时扮演着关键角色。

主张可信承诺的理论家基本上都忽视了共享问题, 或者将之与委托问题合起来对待,但这一观点的逻辑还是较好地解释了实证观察的结果,即地区组织往往将广泛委托和有限共享结合起来运用。当各国将权威广泛委托给独立机构并保留其最后否决权 【520】
时,防止国内压力和“时间不一致性”的制度保护才可能最有效,因此也就巩固了它们的集体承诺。

历史制度主义并不把地区制度设计看作是功能上有效的东西,相反,它用路径依赖来加以解释。以欧盟为例,皮尔逊(Pierson,1996)指出,改革——据此成员国得以实施控制——难以推行的原因是,存在着一致同意的决策规则、向独立实体的授权以及沉没成本(sunk costs)。同样地,新功能主义者也强调,授权给独立机构会为地区制度设计带来新的后果。在欧洲,这一传统的学术研究强调,非国家代理者能够赋权给超国家实体,然后委托也就一步步加强(Burley and Mattli,1993;本书第 3 章)。从社会运动的视角看,霍金斯(Hawkins,2008)依照相似思路指出,一旦社会行为体介入地区治理,它们会推动对国家施以制度约束。那些承认地区组织中超国家活力的人, 指出了非国家行为体而非成员国自身的作用,这一发现与我们在广泛委托和有限共享之间观察到的差异性是一致的。

我们可以将历史制度主义延伸到分析国内制度对地区制度设计的影响上。在这方面,马拉默德(Malamud,2005)的研究表明,在南共市,有利于行政人员的国内宪法条款为总统的非正式外交提供了便利。与此相关,曼斯菲尔德及其合作者发现,那些有着更多国内否决者的国家，在参加深层经济一体化安排方面更加不情愿（Mansfield and Milner，2012）。

总之，制度主义解释的有效性，不管是从经济角度还是从历史角度，所提供的合理假设都针对的是正式制度，对理解非正式制度则显得不那么适切。在我们看来，其中的主要原因是，正式制度和非正式制度之间的差别造成了某种程度的模糊性，从而难以很好地用制度有效性的观点来加以解释。

建构主义

与那些假定行为体会理性回应外部约束的观点不同，建构主义者认为，行为体拥有历史形成的信念和规范，它们一向据此阐释自己的环境。主体间规范使得某些行为可取而另一些行为不可取。这一观点曾被用来解释地区组织创建的偶然性。卡赞斯坦认为，美国支持欧洲但不支持东亚建立安全组织，是因为它与前者有着相同身份而与后者身份不同（Hemmer and Katzenstein，2002；Katzenstein，2005）。同样地，建构主义者声称，身份认同在地区组织的创建过程中扮演着决定性的角色，比如北约、非统组织、加勒比共同体和南共市。安全共同体的出现受到建构主义者的特别青睐（Risse-Kappen，1996；
【521】 Tussie，2009；本书第 24 章）。

建构主义者不大注重制度设计，他们探讨该问题的思路着眼的是国内意义上的观念与规范。比如，建构主义者声称，民主规范有助于委托，因为民主人士对国内权力分享驾轻就熟（Acharya and Johnston，2007，262；本书第 25 章）。地区治理还与民族文化有关联。迪纳（Duina，2006，2015）指出，国家法治文化的差异驱动着地区经济一体化和争端解决，因为在正式规则与制度化争端解决的规范化方面，大陆法要比普通法更加顺畅。

不过，这些观点并未触及的问题是，为什么政府不肯在多数投票中分享权力，却愿意将权力委托给一个独立的实体。在比较视角下，着力于从观念与认同角度进行解释并未见得更有说服力。比如，帕森斯（Parsons，2003）指出，欧洲的政党划分允许个别领导人围绕欧洲一体化建立跨党派的联盟，而这超越了邦联的设想并涉及给独立实体广泛授权。而在阿拉伯世界，共同身份认同的说法却有利于不稳固政权的合法化，它们害怕联合，不愿意实行权威的委托与共享（Barnett and Solingen，2007）。就这个主题进行的一项大样本研究（Marks et al.，2014）认为，制度变迁的过程就是发现的过程，它有赖于成员国是否愿意订立极不完整的承诺协议，并且这些承诺反过来又反映着它们之间共同的历史联系。

建构主义的本体论要求它对非正式制度保持敏感。众多研究亚非后殖民国家地区制度建设的学者都注意到,看似强有力的正式制度的创立,实际上却加强了非正式性和国家主权(参见本书第13章)。可能最受关注的建构主义观点与亚洲的地区组织有关,尤其是东盟。东盟的弱制度化、偏爱非正式制度以及严格遵守协商一致,这些深植于其文化心理之中(Acharya,2001;Higgott,2007;Katzenstein,2005)。随着时间的推移,原则已经凝结成了一整套规范——即"东盟方式"——它与欧洲等地区的正式法制型地区主义形成了对照。这种本质主义的观点难以解释为什么东盟会进行改革，特别是难以解释为什么东盟会采取正式谈判达成协议的形式(参见本书第11章)。

有趣的是,当解释广泛委托与有限共享之间的微妙差别时,建构主义者面临着新自由制度主义者所遇到的同样问题。他们的核心概念——观念、规范和认同——往往在变化面前反应迟钝。学者们往往把这些概念视为一成不变的常量。建构主义虽已提出了地区组织当中存在着正式和非正式制度化的跨部门差异的学说,但它并不太在乎将来发生的变化。如果说社会化或学习是变化发生的一个根源,那么就不难相信,它们对 【522】
于独立性地区组织实体中的非国家行为体,要比在成员国自身内部更有影响力。

扩散论

有关扩散的方法，包括社会学制度主义，都将地区组织视为相互依赖的(Jetschke and Lenz,2013；本书第5和第26章)。扩散论者认为，受托机构——包括法院和议会——都不是纯粹内生的或功能性的创造物,而是作为学习和效仿的结果在地区组织之间不断扩散(Borzel and Risse,2012;Katsumata,2011;Lenz,2012,2013)。有些学者甚至将所有地区组织都说成是"雷同的产物"(Jetschke,2009,422)。可能最有影响的扩散论观点,涉及的是20世纪80年代末以来经济性地区组织的扩散,和特惠贸易协定的更广泛扩散。尽管大多数学者将这种扩散归因于国际市场竞争的加强(Baccini and Dur,2012;Mattli,1999),但还是有人认为,这反映的是国家合法身份的全球范本发生了改变(Jupille et al.,2013)。

不过,很少有全套照搬外来模式的情况,总是有一个适应和本地化的过程(参见本书第5和第6章)。这又引起人们注意那些造成相似性或差异性的条件,以及正式制度和非正式制度之间的关系。社会学制度主义对于这两者的关联有一个理论上的清晰判定:扩散导致正式制度越来越相似,而非正式制度和具体实践仍然各有千秋(有关这种"脱节",可参见Meyer and Rowan,1977)。从扩散角度来看,一个难解之谜是,为什么各种受委托的制度已从欧盟扩散出来,而欧盟的共享式决策却未曾同样程度地得到扩散。

地区制度设计的后果

国际制度——不管正式的还是非正式的——都不会为了制度而建立制度，它们总是会帮助各国实现共同希望达成的目标。如果说制度设计有影响，那么它到底产生了什么样的影响呢？关注这一问题的研究，遇到了一个可怕的方法论挑战。它们需要考虑到既影响地区组织又影响这些地区组织所产生结果的因素。于是，就需要将地区组织的效应单独拿出来作为干预变量。不过，人们发现，越来越多的超国家性地区组织比政府间地区组织有着更为深远的影响后果。这对于共享或委托的效应来说意味着什么，看来取决于所研究的具体问题是什么。本节将论及地区组织的四种可能影响后果：和平与安全、经济福利、国内制度和国际行为体身份。

【523】 ### 和平与安全

许多地区组织致力于管理安全困境。最突出的例子是欧盟，它一开始就雄心勃勃地要在相邻国家间缔造和平，但也有其他例子。南共市起源于阿根廷和巴西之间长期的核竞争。东盟的部分动机是，希望保护弱国免受外部威胁和共产主义颠覆。这方面的文献所研究的是国际组织或特惠贸易协定与（军事）冲突之间的关系，甚至试图从中找出某种正相关的关系（比如，Russett and Oneal，2001；本书第 14 章）。

制度设计与和平之间的关联性是有争议的。有一项争论的内容是，在成员国之间发生暴力冲突时，明确授权进行调解并可能干预，会产生什么效果。有人认为，唯有具备协议规定的安全授权的组织才有抑制冲突的和平效果，它们在成员国中可以进行及时警示（Boehmer et al.，2004；Hansen et al.，2008）。但也有人发现，安全型地区组织很难或根本起不了什么作用（Bearce and Omori，2005；Dorussen and Kirchner，2013；Powers，2004）。

只有当一个地区组织充当信息交换、信任建设和制度化互助的平台时，委托才会发挥作用。秘书处倘若要发挥重要功能，就必须有能力搜集信息，并能够发起和定期组织成员国领导人会议。但是，当成员国之间发生冲突时，还是无法实施有效干预。这方面存在非常之大的障碍，只有当成员国之间存在重大权威共享，方能令发起侵略的国家无法利用其否决权来对地区组织施行阻挠。非盟在 2001 年的改革中，允准其和平安全理事会在提出强制干预、维护和平、制裁或开除成员时实行三分之二成员国多数票决，这意味着该组织在发挥更积极的安全与维和作用方面迈出了必要的一步。该组织在 2005

年多哥、2005 年和 2008 年毛里塔尼亚以及 2012 年马里的军事政变中都作出了反应。此外，非盟还向布隆迪、苏丹和索马里派出了 14000 名维和人员，并对联合国执行非洲维和任务作出了很多贡献。

有学者提出，共同市场和关税同盟有助于缔造和平，是因为它们能够披露私密的信息（Haftel，2007；Vicard，2012）。而另有研究发现，没有事实证据支持这样的机制（Bearce and Omori，2005）。然而人们普遍承认，高层官员（包括国家领导人和外长们）之间定期例行开会，可以减少发生军事纠纷的可能性，这一效应通常归功于信任建设（Bearce and Omori，2005；Haftel，2007，2011）。

我们可能不大相信量化的分析，毕竟其中的关系都是有相应背景的，这种东西可能被有关研究的泛化分析所忽视。但是案例研究的证据也不可靠。有人指出，弱制度化的安全组织难以阻止冲突。在先前一项针对非统组织进行的研究中，迈耶斯（Meyers， 【524】
1974，368）就认为，该组织在冲突调解当中很难成功的主要原因，就是“其制度所获授权极其有限”。这个认识契合于大样本研究的结论：如欲制止冲突，必须有强大的干预和授权。相反，研究非正式治理的人则认为，强制度化不是必需的，主要还得靠例行的和反复的互动来达成信任，并由此加强国家之间的和平关系。比如，研究东盟的人就提出，成员国领导人之间的非正式决策“提高了下述可能性，即次要国家价值观上的分歧不至于爆发成公开的对抗”（Indorf，1984，85；Acharya，2001；Tan，2013）。马拉默德（Malamud，2005）强调，南共市各国领导人之间的非正式互动已然化解了紧张关系。同样，有分析认为，西共体“使得小范围领导人的私下会晤能够化解争端”（Riley，1999，67）。奈（Nye，1971）在对东非共同体的研究中也提出过类似的观点。

经济福利

许多地区组织致力于通过经济合作与一体化来改善福利。鲍尔斯和格尔茨（Powers and Goertz，2011，2388，2396）指出，“世界正分化为一个个地区，它们分别创立了多功能、多目标的地区经济机构”，其中“经济一体化是核心”。大多数强调国际治理与福利之间关系的分析，都是由经济学家所做的，它们重点关注的是特惠贸易协定——这类协定包括地区组织，但大多都是双边协定。这些研究普遍认为，这种协定对于双边贸易量、经济增长和其他与经济福利相关的措施，都是有积极效应的（如 Baier et al.，2008；本书第 15 章）。但是针对地区组织的研究却独独认为，它们对于各种经济福利措施并无积极效应，主要因为全球南方地区的地区组织表现得太软弱（Jupille et al.，2013；Mayda and Steinberg，2009）。

毫不奇怪的是，有关地区制度设计与经济福利之间关系的文献所得出的研究结论并不统一。有些研究分析了地区安全结构与贸易模型之间的关联性。戈瓦(Gowa)最先问道:联盟是否影响国际贸易,又如何产生这种影响。她在其代表作中提出,贸易产生安全外部性,对此外部性,联盟成员会将之内部化。结果,“自由贸易更容易发生在政治军事联盟内部,而不是这种联盟之间”(Gowa,1994,31)。随后的研究分析了联盟是否会影响贸易。比如,研究发现,如果联盟包含军事条款并且与地区经济协定挂钩的话,就会对贸易流动产生尤为巨大的影响(Mansfield and Bronson,1997,103;Long,2003;Long and Leeds,2006)。

依照巴拉萨(Balassa)的经济一体化分类法,学者们探讨过更深入的经济一体化是
【525】否强化了福利效应的问题。尽管这方面的学术观点都有充分的理论根据,但实践检验起来却很复杂。有些研究发现,经济一体化在形式上越有野心,其贸易创造效应就越大,但是另有人争辩称，这种效应一旦受到控制就会烟消云散(Ghosh and Yamarikb,2004;Kandogan,2008;Vicard,2009;Diminguez,2007,125)。对经济地区组织的成功条件最为坚持不懈的研究,可能还是马特利(Mattli,1999)的质性研究。他认为,霸权领导者的影响力与代表私营经济团体的需求动员,比集中化监控和第三方执行更加重要。这一假说符合欧盟、北美自由贸易协定、德意志关税同盟和欧洲自由贸易区(迄至1973年)的实际情况,这些组织比拉美和亚洲的经济地区组织要更成功些。

用什么来解释制度设计对经济福利的有限影响呢?结构特征,包括成员间缺少经济互补性,或者交叠的地区组织之间存在着承诺条款的互不兼容性,可能只是部分回答了这个问题。另一个重要解释是，许多地区组织的执行力都很差(Langhammer and Hiemenz,1990;Geda and Kebret,2008)。近来研究发现,存在着南北分化。一项针对40个特惠贸易协定进行的专家调查表明,18个地区组织中只有5个实现了目标(Gray and Slapin,2012;Haftel,2013)。非洲的地区组织中执行情况不甚理想,尽管其中有些组织的正式争端解决机制很强；而北美的地区组织尽管正式制度较弱，但执行情况却更好一些。地区组织如果是为了服务于稳定政权或促进社会化的话,往往就不太注重执行力。南共市(MERCOSUR)的非正式首脑外交之所以成功,部分是由于巴西领导人一向愿意接受其他成员国领导人违背承诺的行为(Goméz-Mera,2005)。同样,阿尔特和黑尔费尔(Alter and Helfer,2010)指出,在全球南方,强大的地区正式法院,那里的法官比欧洲法院的法官更愿意在其判决中迁就国家主权。因此,非正式制度,比如主权和不干涉,在南方地区组织当中更加受重视，这就可以解释为什么正式制度在执行先前承诺时不那么有效了。

国内制度

除了提供公共物品，地区组织还对国内制度和国内政权的稳定有反馈效应。有一项重要研究指出，地区组织可能有助于“锁定”民主转型(Whitehead，1996)。概而言之，这方面的文献认为，民主性地区组织的成员资格与更稳定的国内民主制度相关(参见本书第21章)。

不单是成员资格，还有证据显示，制度设计对民主制度的稳定也有影响。宽泛地讲，地区组织的承诺越坚定、越有力，它们就显得越有效。多明格斯(Domínguez，2007，125)认为，拉美的地区组织，包括2002年以前的美洲国家组织，在锁定其民主制度承诺方面相对成功，因为它们承诺“有义务维护宪政民主不受威胁”(另见Hawkins，2008；Hafner-Burton，2009)。同样，有关欧洲民主条件的研究认为，设置政治条件可以克制那些相对稳固的国内反对力量(Schimmelfennig，2007)。与这些观点相一致，近来又有人发现，民主化国家甚至总是乐意加入对其有干预性的人权组织(Hafner-Burton et al.，2013)。另外还有证据表明，地区组织如果拥有更强势的执行机制——特别是拥有有权干预个人权利的法院的话，它们在保护国内制度不倒退方面就会更成功(Moravcsik，2000；Alter，2013)。 【526】

对于地区组织影响国内制度的效果来说，委托比共享似乎更加具有决定意义。委托所服务的是合法性政权，不管它是民主的还是威权的，都可以设置一系列外部规则来评价和制裁有关政权，可以树立善治的规范，还可以给法院赋权，使之能提供有关侵犯人权的信息。相反，共享则提高了国际组织成员国应对某个或少数几个反对者从而做出集体决策的可能性。然而还极难见到各成员国惩罚它们当中某个成员的情况，因为每个成员国都有可能在某一天成为这样的目标。

还有证据表明，地区治理能够强化威权型政权，给它们提供合法性，这一现象被索德鲍姆(Söderbaum，2004)称为“加强主权(或政权)”。威权统治者可以借用地区组织来巩固国家主权和不受干预(参见本书第13章和第25章)。地区组织的委托和共享如果是有限的，并且认同于一致同意的非正式规则的话，那么它们就最有可能服膺于上述目的(Ambrosio，2008；本书第10章和第11章)。

在非洲，地区组织往往带有委托广泛而共享有限的特点，其运转机制颇为不同。即使正式委托授权给独立机构限制了政府的控制权，但政治赞助者还是能逮到机会。秘书处与法院总得配备职员，这就给奖掖效忠自己的个人提供了充足的机会(Gray，2014；Herbst，2007)。“趋同性实体”(isomorphic entities)(Jetschke，2009，422)能够吸引外部行为者的支持,给国内统治者提供露脸机会,并向国内民众传达他们的统治者在好好干事业的印象,从而能够加强国内统治者的合法性。

国际行为体身份

地区组织设计的后果不仅产生在内部，而且作用于外部。一旦地区组织巩固了其内部结构,它们就愿意采取外向型的政策,最终它们自身也会成为国际舞台上的行为体（Hettne and Söderbaum,2000）。我们可以把“国际行为体身份”(international actor-
【527】 ness)理解为:制定共同对外政策并保护成员国利益不受外部侵犯的能力(Jupille and Caporaso,1998)。越来越多的文献指出,国际行为体身份有赖于完备的决策程序的存在,通常情况下,更具超国家性的地区组织要比政府间性的地区组织更能体现这种身份。

地区治理对国际行为体身份的影响，有人曾在欧盟研究当中涉足过(Sjöstedt,1977)。普遍的共同看法是,在欧盟,国际行为体身份的必要条件(如果不是充分条件的话）就是形成共同立场的能力——以及随后对权威的共享。这种情况因政策领域不同而有差别。许多人认为,欧盟在贸易方面比在共同外交和安全政策方面更有效力,因为在前一领域的决策中实行的是有效多数票决,而在后一领域的决策中却不是,并且它在国际谈判中授权欧盟委员会在贸易领域采取行动,但在共同外交和安全政策领域却不授权(da Conceicao-Heldt and Meunier,2014)。

在一项关于欧盟和东盟的比较研究中,文德利希(Wunderlich,2012)发现,有效多数票决制有利于国际行为体身份,而全体一致同意的办法对之则有所妨碍。且不说共享问题,就算拥有一个单独为地区组织讲话的超国家谈判者,也对形成国际行为体身份有利——这乃是西共体(ECOWAS)在国际贸易谈判中强于南共体(SADC)的一个制度条件(Hulse,2014)。这种独立于各成员国的自主性——从资源和制度程序这两个委托授权的关键方面而言——在解释一个地区组织何时可以被称为一个相关行为体时,乃是一个重要因素(Gehring et al.,2013)。国际谈判中,讨价还价的结果也有赖于制度设计,但其方式显然很不一般。默尼耶(Meunier,2005)指出,欧盟在通过全体一致方式做决策并只进行有限委托时,会做出更多妥协,这表明国际行为体身份对于国际谈判的成功实际上会起到负面的作用。

结论:未来研究方向

在这一章，我们回顾了有关地区制度设计的成因和后果的研究文献。这是一个比较新近的学术研究领域,因此,这里所论及的许多成果还需要进一步地加以细究和系统考察。未来有三个特别值得努力的研究方向。

第一个,目前大多数文献聚焦于研究跨部门变化,而对制度变革问题在学术上还重视得很不够。这一点令人吃惊,因为几乎满世界都在走向超国家主义,尤其是在冷战结束之后。这种发展趋向是由什么推动的? 为什么制度变革的方向几乎一边倒地朝向更多的超国家主义,而极少朝相反的方向发展?

我们并不清楚, 解释跨部门变化的要素是否能马上拿来解释制度变革。有一种长 【528】
期研究地区组织变革的固定效应法(a fixed effects approach),倒是有办法对跨部门要素进行有力把握, 但它在本章所论及的每一种研究方法当中都激起了质疑。国家能力在多大程度上能够解释制度变革? 原本就变化缓慢的身份认同, 在多大程度上能够解释正在兴起的委托授权潮流? 尽管根据地区贸易来衡量的经济相互依赖已有普遍增强,但这在几个出现了超国家主义的地区并不明显,其中包括欧洲,其区内贸易的份额并未见有所增长(Marks et al.,2014)。

第二个值得努力的未来研究方向, 涉及的是正式制度和非正式制度之间的关系。正式和非正式制度联合发挥作用,相应地,人们提出的疑问就触及它们在各个政策领域、各个组织之中和各个时间段里的互动状况(可参见 Héritier,2007)。我们怀疑,在协议规定的讨价还价机制中,地区治理正变得越来越正式化,而它们又恰好同时越来越依赖非正式规则。就像越来越多有关非正式治理的文献所初步认识到的那样, 正式制度与非正式制度难道正在相互强化, 还是它们的运转目标经常有交叉? 在某个特定形势下,谁来决定该采用正式还是非正式规则,而这又将如何影响到结果?

第三个值得努力的未来研究方向, 是将地区组织与非地区性国际组织进行更加系统的比较,但不是像现有研究通常所做的一样,将地区组织与特惠贸易协定或贸易联盟笼统地放在一起考察。对国际组织和地区组织的比较, 有望为地区治理提供重要见解。人们对地区组织的定义通常是依照成员规模和地理标准, 于是就可以与全球性国际组织并列到一起。地区组织与其他国际组织有否分别? 如果有,这会影响到它们的制度设计吗? 我们是否可能用同样的一套要素去解释这两种现象呢?

附　录

附录 22.1　地区组织中的“委托”与“共享”

我们将“共享”(pooling)当作一种累加指标(an additive index)来评估,将之看作是议程设置和决策的权威从个别成员国转移至某个集体实体的程度,具体放到如下六个决策领域中来进行衡量:接纳成员、暂停或开除成员、政策制定、预算起草、预算不遵从和宪章改革。【529】我们的评估中包含以下三个方面的内容:第一,看决策规则是否从全体一致决策变成某种形式的多数决;第二,看决策是否受到约束而非自主自愿;第三,看决策的落实是否不要求个别成员国的批准。最弱的联结(即最强的政府间选择)在每个决策领域都很盛行。得分最高的情况是对无须批准的约束性决策进行多数投票。得分最低的情况是全体一致决策,分值较高一些的是绝对多数票决之下的无约束性决策,再高一些的是绝对多数票决之下的全体成员国批准。绝对多数决策规则、部分批准和部分约束性决策的得分均居中。我们的样本中,约有四分之一的组织在全部六个决策领域中都实行全体一致决策,但有一个组织(太平洋岛国论坛)是通过多数投票来进行约束性预算决策和非约束性政策制定(《太平洋计划》),它在我们的评估中被放到低分之列。在中等分值类别中,有一个"典型"组织是中部非洲经济货币共同体(CEMAC),它在约束性预算决策、预算不遵从决策和约束性政策制定当中,一律实行无须成员国批准的绝对多数票决。

我们将"委托"(delegation)也当作一个累加指标来评估,将之看作是各国将其在议程设置、决策和争端解决方面的能力转移到五类非国家实体上的程度,这五类非国家实体分别是:总秘书处、咨询机构、大会、执行管理机构和司法机构。跟对待"共享"一样,我们也把对"委托"的评估放到同样的六个决策领域中。委托的程度是非国家实体数目与决策领域数目的函数,其中,非国家实体在各决策领域扮演的是正式角色。对于争端解决,我们是单独进行检验的,在这方面,委托是第三方司法机构独立于成员国控制、行使约束性规制和给予非国家行为体接触机会的程度的函数。委托程度得分低的有一个组织,即海合会(GCC),其总秘书处负责起草预算、提出政策方案,并有一个由临时仲裁员组成的争端解决委员会负责非约束性的裁决。在中等分值类别中,我们可以看到,有一个组织即东加勒比国家组织(OECS),它的总秘书处——OECS 委员会——承担执行功能,负责提出预算,并在政策上扮演正式的议程设置角色,而由一个常设司法机构组成的东加勒比高等法院,拥有当然的审理权,并可以给出直接生效的约束性裁决。在高分类别中,有欧盟及其强大的非国家实体机构,包括欧盟委员会、欧洲法院和欧洲议会。

在这两个累加指标评估当中,如果某个组织得分低于 0.12,我们就将它放到低分类别中,中等分值为 0.121 到 0.299,高于 0.3 的得分都放到高分类别。

【530】

附表 A22.1 27个综合性地区组织中的委托与共享情况(2010年)

组织名称缩写	组织名称	委托	共享
AU	非洲联盟	中	高
CAN	安第斯共同体	高	中
ASEAN	东南亚国家联盟	低	低
BENELUX	比荷卢联盟	中	低
CARICOM	加勒比共同体	中	中
CEMAC	中部非洲经济货币共同体	高	中
SICA	中美洲一体化体系	中	低
CIS	独立国家联合体	低	低
ComSec	英联邦	高	低
COMESA	东部和南部非洲共同市场	中	中
CoE	欧洲委员会	高	中
EAC	东非共同体	高	低
ECCAS	中部非洲国家经济共同体	中	低
ECOWAS	西非国家经济共同体	高	低
EU	欧洲联盟	高	中
GCC	海湾合作理事会	低	低
IGAD	政府间发展组织	中	低
LAS	阿拉伯国家联盟	低	低
MERCOSUR	南方共同市场	低	低
NordC	北欧理事会	低	低
OAS	美洲国家组织	中	中
OECS	东加勒比国家组织	中	中
PIF	太平洋岛国论坛	中	低
SCO	上海合作组织	低	低
SAARC	南亚区域合作联盟	低	低
SPC	南太平洋共同体	中	低
SADC	南部非洲发展共同体	中	低

参考文献

Acharya, A.2001.*Constructing a Security Community in Southeast Asia:ASEAN and the Problem of Regional Order*.New York:Routledge.

Acharya, A.and Johnston, A.I.2007.Conclusion: Institutional Features, Cooperation Effects, and the Agenda for Further Research on Comparative Regionalism.In: A.Acharya and A.I.Johnston(eds.), *Crafting Cooperation: Regional International Institutions in Comparative Perspective*.Cambridge: Cambridge University Press, 244–278.

Aggarwal, V.K.and Chow, J.T.2010.The Perils of Consensus: How ASEAN's Meta-Regime Undermines Economic and Environmental Cooperation.*Review of International Political Economy*, 17(2): 262–290.

Alter, K.J.2012.The Global Spread of European Style International Courts.*West European Politics*, 35(1): 135–154.

Alter, K.J.2013.*The New Terrain of International Law: Courts, Politics, Rights*.Princeton, NJ: Princeton University Press.

Alter, K.J.and Helfer, L.2010.Nature or Nurture? Judicial Lawmaking in the European Court of Justice and the Andean Tribunal of Justice.*International Organization*, 64(4): 563–592.

Ambrosio, T.2008.Catching the "Shanghai Spirit": How the Shanghai Cooperation Organization Promotes Authoritarian Norms in Central Asia.*Europe-Asia Studies*, 60(8): 1321–1344.

Arnold, C.and Rittberger, B.2013.The Legalization of Dispute Resolution in Mercosur.*Journal of Politics in Latin America*, 5(3): 97–132.

Baccini, L.and Dür, A.2012.The New Regionalism and Policy Interdependence.*British Journal of Political Science*, 42(1): 57–79.

Baier, S.L, Bergstrand, J.H, Egger, P, and McLaughlin, P.A.2008.Do Economic Integration Agreements Actually Work? Issues in Understanding the Causes and Consequences of the Growth of Regionalism.*World Economy*, 31(4): 461–497.

Barnett, M.and Solingen, E.2007.Designed to Fail or Failure of Design? The Origins and Legacy of the Arab League.In: A.Acharya and A.I.Johnston(eds.), *Crafting Cooperation: Regional International Institutions in Comparative Perspective*.Cambridge: Cambridge University Press, 180–220.

Bearce, D.and Omori, S.2005.How Do Commercial Institutions Promote Peace? *Journal of Peace Research*, 42(6): 659–678.

Beeson, M.2005.Rethinking Regionalism: Europe and East Asia in Comparative Historical Perspective.*Journal of European Public Policy*, 12(6): 969–985.

Blake, D.and Lockwood Payton, A.2015.Balancing Design Objectives: Analyzing New Data on Voting Rules in Intergovernmental Organizations.*Review of International Organizations*, 10(3): 377–402.

Boehmer, C, Gartzke, E, and Nordstrom, T.2004.Do Intergovernmental Organizations Promote Peace? *World Politics*, 57(1): 1–38.

Börzel, T.A, Hofmann, T, Panke, D, and Sprungk, C.2010.Obstinate and Inefficient: Why Member States Do Not Comply with European Law.*Comparative Political Studies*, 43(11): 1363–1390.

Börzel, T.and Risse, T. (eds.)2012.From Europeanization to Diffusion.*West European Politics*, Special Issue 35(1).

Börzel, T.A.and Van Hüllen, V. (eds.)2015.*Governance Transfer by Regional Organizations: Patching*

Together a Global Script.Basingstoke:Palgrave Macmillan.

Bouzas,R.and Soltz,H.2001.Institutions and Regional Integration:The Case of Mercosur.In:V.Bulmer-Thomas(ed.),*Regional Integration in Latin America and the Caribbean:The Political Economy of Open Regionalism*.Washington,DC:Brookings Institution,95-118.

Burley,A.-M.and Mattli,W.1993.Europe Before the Court:A Political Theory of Legal Integration.*International Organization*,47(1):41-76.

Crone,D.1993.Does Hegemony Matter? The Reorganization of the Pacific Political Economy.*World Politics*,45(4):501-525.

da Conceicáo-Heldt,E.and Meunier,S.2014.Speaking with a Single Voice:Internal Cohesiveness and External Effectiveness of the EU in Global Governance.*Journal of European Public Policy*,21(7):961-979.

Domínguez,J.I.2007.International Cooperation in Latin America:The Design of Regional Institutions by Slow Accretion.In:A.Acharya and A.I.Johnston (eds.),*Crafting Cooperation:Regional International Institutions in Comparative Perspective*.Cambridge:Cambridge University Press,83-128.

Dorussen,H.and Kirchner,E.2013.Better a Good Neighbor than a Distant Friend:The Scope and Impact of Regional Security Organizations.*International Relations of the Asia-Pacific*,14(1):117-146.

Duina,F.2006.*The Social Construction of Free Trade:The European Union,NAFTA,and Mercosur*.Princeton,NJ:Princeton University Press.

Duina,F.2015.The Legal and Judicial Architectures of Regional Trade Agreements Worldwide:Heterogeneity and Institutional Continuity.*Regulation and Governance*,published online.

Geda,A.and Kebret,H.2008.Regional Economic Integration in Africa:A Review of Problems and Prospects with a Case Study of COMESA.*Journal of African Economies*,17(3):357-394.

Gehring,T,Oberthür,S,and Mühleck,M.2013.European Union Actorness in International Institutions:Why the EU is Recognized as an Actor in some International Institutions,but not in Others.*Journal of Common Market Studies*,51(5):849-865.

Ghosh,S.and Yamarikb,S.2004.Does Trade Creation Measure Up? A Reexamination of the Effects of Regional Trading Arrangements.*Economics Letters*,82(2):213-219.

Goméz-Mera,L.2005.Explaining Mercosur's Survival:Strategic Sources of Argentine-Brazilian Convergence.*Journal of Latin American Studies*,37(1):109-140.

Gowa,J.1994.*Allies,Adversaries,and International Trade*.Princeton,NJ:Princeton University Press.

Gray,J.2014.The Patronage Function of Dysfunctional Organizations.Unpublished manuscript.

Gray,J.and Slapin,J.2012.How Effective Are Preferential Trade Agreements? Ask the Experts.*Review of International Organizations*,7(3):309-333.

Grieco,J.1995.The Maastricht Treaty,Economic and Monetary Union and the Neo- Realist Research Programme.*Review of International Studies*,21(1):21-40.

Grieco,J.M.1997.Systemic Sources of Variation in Regional Institutionalization in Western Europe,East Asia,and the Americas.In:E.Mansfield and H.Milner (eds.),*The Political Economy of Regionalism*.New

York:Columbia University Press,164–187.

Gruber,L.2000.*Ruling the World:Power Politics and the Rise of Supranational Institutions*.Princeton, NJ:Princeton University Press.

Haas,E.and Schmitter,P.1964.Economics and Differential Patterns of Political Integration:Projections About Unity in Latin America.*International Organization*,18(4):705–737.

Hafner– Burton,E.2009.The Power Politics of Regime Complexity:Human Rights Trade Conditionality in Europe.*Perspectives on Politics*,7(1):33–37.

Hafner–Burton,E.and Ron,J.2013.The Latin Bias:Regions,the Anglo–American Media,and Human Rights.*International Studies Quarterly*,57(3):474–491.

Haftel,Y.2007.Designing for Peace:Regional Integration Arrangements,Institutional Variation,and Militarized Interstate Disputes.*International Organization*,61(1):217–237.

Haftel,Y.2011.*Regional Economic Institutions and Conflict Mitigation:Design,Implementation and the Promise of Peace*.Ann Arbor,MI:University of Michigan Press.

Haftel,Y.2013.Commerce and Institutions:Trade,Scope,and the Design of Regional Economic Organizations.*Review of International Organizations*,8(3):389–414.

Hancock,C.2009.*Regional Integration:Choosing Plutocracy*.New York:Palgrave Macmillan.

Hansen,H.E,McLaughlin Mitchell,S,and Nemeth,S.2008.IO Mediation of Interstate Conflicts:Moving Beyond the Global versus Regional Dichotomy.*Journal of Conflict Resolution*,52(2):295–325.

Hawkins,D.G.2008.Protecting Democracy in Europe and the Americas.*International Organization*,62(3):373–403.

Hawkins,D.G,Lake,D.A,Nielson,D.L,and Tierney,M.J.2006.Delegation under Anarchy:States,International Organizations,and Principal–Agent Theory.In:D.G.Hawkins,D.A.Lake,D.L.Nielson,and M.J.Tierney(eds.),*Delegation and Agency in International Organizations*.Cambridge:Cambridge University Press,3–38.

Heisenberg,D.2005.The Institution of"Consensus" in the European Union:Formal Versus Informal Decision–Making in the Council.*European Journal of Political Research*,44(1):65–90.

Hemmer,C.and Katzenstein,P.2002.Why is there no NATO in Asia? Collective Identity,Regionalism and the Origins of Multilateralism.*International Organization*,56(3):575–607.

Herbst,J.2007.Crafting Regional Cooperation in Africa.In:A.Acharya and A.I.Johnston(eds.),*Crafting Cooperation:Regional International Institutions in Comparative Perspective*.Cambridge:Cambridge University Press,129–144.

Héritier,A.2007.*Explaining Institutional Change in Europe*.Oxford:Oxford University Press.

Hettne,B.and Söderbaum,F.2000.Theorising the Rise of Regionness.*New Political Economy*,5(3):457–473.

Higgott,R.2007.Alternative Models of Regional Cooperation? The Limits of Regional Institutionalization in East Asia.In:M.Telò(ed.),*European Union and New Regionalism:Regional Actors and Global Governance in a Post–Hegemonic Era*.Aldershot:Ashgate,75–106.

Hooghe, L, Bezuijen, J, Derderian, S, and Koman, E.2014.The Rise of Supranational Courts in International Organizations.Unpublished manuscript.

Hooghe, L.and Marks, G.2015.Delegation and Pooling in International Organizations.*Review of International Organizations*, 10(3): 305–328.

Hulse, M.2014.Actorness beyond the European Union: Comparing the International Trade Actorness of SADC and ECOWAS.*Journal of Common Market Studies*, 52(3): 547–565.

Indorf, H.H.1984.*Impediments to Regionalism in Southeast Asia: Bilateral Constraints Among ASEAN Member States*.Singapore: Institute of Southeast Asian Studies.

Ispahani, M.Z.1984.Alone Together: Regional Security Arrangements in Southern Africa and the Arabian Gulf.*International Security*, 8(4): 152–175.

Jetschke, A.2009.Institutionalizing ASEAN: Celebrating Europe through Network? Governance.*Cambridge Review of International Affairs*, 22(3): 407–426.

Jetschke, A.and Lenz, T.2013.Does Regionalism Diffuse? A New Research Agenda for the Study of Regional Organizations.*Journal of European Public Policy*, 20(4): 626–637.

Jupille, J.and Caporaso, J.1998.States, Agency, and Rules: The European Union in Global Environmental Politics.In: C.Rhodes(ed.), *The European Union in the World Community*.Boulder, CO: Lynne Rienner, 213–230.

Jupille, J, Jolliff, B, and Wojcik, S.2013.Regionalism in the World Polity.Paper presented at the International Studies Association Annual Conference, San Francisco, April 3–6.

Kandogan, Y.2008.Consistent Estimates of Regional Blocs' Trade Effects.*Review of International Economics*, 16(2): 301–314.

Katsumata, H.2011.Mimetic Adoption and Norm Diffusion: "Western" Security Cooperation in Southeast Asia? *Review of International Studies*, 37(2): 557–576.

Katzenstein, P.2005.*A World of Regions: Asia and Europe in the American Imperium*.Ithaca, NY: Cornell University Press.

Keohane, R.O.1984.*After Hegemony: Cooperation and Discord in the World Economy*.Princeton, NJ: Princeton University Press.

Keohane, R.and Hoffmann, S.1991.Institutional Change in Europe in the 1980s.In: R.Keohane and S. Hoffmann(eds.), *The New European Community: Decisionmaking and Institutional Change*.Boulder, CO: Westview Press, 1–40.

Kleine, M.2013.*Informal Governance in the European Union*.Ithaca, NY: Cornell University Press.

Koremenos, B.2007.If Only Half of International Agreements Have Dispute Resolution Provisions, Which Half Needs Explaining? *Journal of Legal Studies*, 36(1): 189–212.

Lake, D.2007.Delegating Divisible Sovereignty: Sweeping a Conceptual Minefield.*Review of International Organizations*, 2(3): 219–237.

Langhammer, R.and Hiemenz, U.1990.*Regional Integration among Developing Countries: Opportunities, Obstacles and Options*.Tübingen: J.C.B.Mohr.

Lenz,T.2012.Spurred Emulation:The EU and Regional Integration in Mercosur and SADC.*West European Politics*,35(1):155–174.

Lenz,T.2013.EU Normative Power and Regionalism:Ideational Diffusion and Its Limits.*Cooperation and Conflict*,48(2):211–228.

Lenz,T,Bezuijen,J,Hooghe,L,and Marks,G.2014.Patterns of International Organization:General Purpose vs.Task Specific.*Politische Vierteljahresschrift*,49:131–156.

Libman,A.and Obydenkova,A.2013.Informal Governance and Participation in Non–Democratic International Organizations.*Review of International Organizations*,8(2):221–243.

Long,A.G.2003.Defense Pacts and International Trade.*Journal of Peace Research*,40(5):537–552.

Long,A.G.and Leeds,B.A.2006.Trading for Security:Military Alliances and Economic Agreements.*Journal of Peace Research*,43(4):433–451.

Malamud,A.2005.Presidential Diplomacy and the Institutional Underpinnings of Mercosur:An Empirical Examination.*Latin American Research Review*,40(1):138–164.

Mansfield,E.D.1998.The Proliferation of Preferential Trading Agreements.*Journal of Conflict Resolution*,42(5):523–543.

Mansfield,E.D.and Bronson,R.1997.Alliances,Preferential Trading Arrangements,and International Trade.*American Political Science Review*,91(1):94–107.

Mansfield,E.D.and Milner,H.2012.*Votes,Vetoes,and the Political Economy of International Trade Agreements*.Princeton,NJ:Princeton University Press.

Mansfield,E.D.and Pevehouse,J.C.2006.Democratization and International Organizations.*International Organization*,60(1):137–167.

Marks,G,Hooghe,L,and Lenz,T.Forthcoming.*A Postfunctionalist Theory of Governance,Vol.IV:The Design of International Organization*.Oxford:Oxford University Press.

Marks,G,Lenz,T,Ceka,B,and Burgoon,B.2014.*Discovering Cooperation:A Contractual Approach to Institutional Change in Regional International Organizations*.RSCAS Working Paper 2014/65,Robert Schumann Center for Advanced Studies.Florence:European University Institute.

Mattila,M.2009.Roll Call Analysis of Voting in the European Council of Ministers after the 2004 Enlargement.*European Journal of Political Research*,48(6):840–857.

Mattli,W.1999.*The Logic of Regional Integration:Europe and Beyond*.Cambridge:Cambridge University Press.

Mayda,A.M.and Steinberg,C.2009.Do South–South Trade Agreements Increase Trade? Commodity–Level Evidence from COMESA.*Canadian Journal of Economics*,42(4):1361–1389.

Mearsheimer,J.J.1994/95.The False Promise of International Institutions.*International Security*,19(3):5–49.

Meunier,S.2005.*Trading Voices:The European Union in International Commercial Negotiation*.Princeton,NJ:Princeton University Press.

Meyer,J.and Rowan,B.1977.Institutionalized Organizations:Formal Structure as Myth and Ceremony.

American Journal of Sociology,83(2):340–363.

Meyers,D.B.1974.Interregional Conflict Management by the Organization of African Unity.*International Organization*,28(3):345–373.

Middlebrook,K.J.1978.Regional Organizations and Andean Economic Integration,1969–75.*Journal of Common Market Studies*,17(1):62–82.

Milner,H.1997.Industries,Governments,and Regional Trade Blocs.In:E.Mansfield and H.Milner (eds.),*The Political Economy of Regionalism*.New York:Columbia University Press,77–106.

Moravcsik,A.2000.The Origins of Human Rights Regimes:Democratic Delegation in Postwar Europe.*International Organization*,54(2):217–252.

Nye,J.S.1971.*Peace in Parts:Integration and Conflict in Regional Organization*.Boston,MA:Little,Brown.

Parsons,C.2003.*A Certain Idea of Europe*.Ithaca,NY:Cornell University Press.

Pedersen,T.2002.Cooperative Hegemony:Power,Ideas and Institutions in Regional Cooperation.*Review of International Studies*,28(4):677–696.

Pierson,P.1996.The Path to European Integration:A Historical Institutionalist Analysis.*Comparative Political Studies*,29(2):123–163.

Powers,K.2004.Regional Trade Agreements as Military Alliances.*International Interactions*,30(4):373–395.

Powers,K.and Goertz,G.2011.The Economic–Institutional Construction of Regions:Conceptualization and Operationalization.*Review of International Studies*,37(5):2387–2416.

Riley,S.1999.West African Subregionalism:The Case of the Economic Community of West African States(ECOWAS).In:G.Hook and I.Kearns(eds.),*Subregionalism and World Order*.New York:Palgrave Macmillan,63–87.

Risse–Kappen,T.1996.Collective Identity in a Democratic Community:The Case of NATO.In:P.Katzenstein(ed.),*The Culture of National Security:Norms and Identity in World Politics*.New York:Columbia University Press,357–399.

Rosato,S.2011.*Europe United:Power Politics and the Making of the European Community*.Ithaca,NY:Cornell University Press.

Russett,B.M.and Oneal,J.R.2001.*Triangulating Peace:Democracy,Interdependence,and International Organizations*.New York:W.W.Norton.

Schimmelfennig,F.2007.European Regional Organizations,Political Conditionality,and Democratic Transformation in Eastern Europe.*East European Politics and Societies*,21(1):126–141.

Schirm,S.2009.Leaders in Need of Followers:Emerging Powers in Global Governance.*European Journal of International Relations*,16(2):197–221.

Sjöstedt,G.1977.*The External Role of the European Community*.Farnborough:Saxon House.

Smith,J.M.2000.The Politics of Dispute Settlement Design:Legalism in Regional Trade Pacts.*International Organization*,54(1):137–180.

Söderbaum,F.2004.Modes of Regional Governance in Africa:Neoliberalism,Sovereignty–Boosting and

Shadow Networks.*Global Governance*,10(4):419–436.

Solingen,E.2008.The Genesis,Design and Effects of Regional Institutions:Lessons from East Asia and the Middle East.*International Studies Quarterly*,52(2):261–294.

Stone,R.2011.*Controlling Institutions:International Organizations and the Global? Economy*.Cambridge:Cambridge University Press.

Stone Sweet,A.2010.The European Court of Justice and the Judicialization of EU Governance.*Living Reviews in European Governance*,5(2):1–49.

Stone Sweet,A,Sandholtz,W,and Fligstein,N.(eds.)2001.*The Institutionalization of Europe*.New York:Oxford University Press.

Talberg,J,Sommerer,T,Squatrito,T,and Jönsson,C.2013.*The Opening Up of International Organizations:Transnational Access in Global Governance*.Cambridge:Cambridge University Press.

Tan,S.S.2013.Herding Cats:The Role of Persuasion in Political Change and Continuity in the Association of Southeast Asian Nations(ASEAN).*International Relations of the Asia–Pacific*,13(2):233–265.

Thatcher,M.and Stone Sweet,A.2002.Theory and Practice of Delegation to Non–Majoritarian Institutions.*West European Politics*,25(1):1–22.

Tussie,D.2009.Latin America:Contrasting Motivations for Regional Projects.*Review of International Studies*,35(S1):169–188.

Vabulas,F.and Snidal,D.2013.Organization Without Delegation:Informal Intergovernmental Organizations(IIGOs) and the Spectrum of Intergovernmental Arrangements.*Review of International Organizations*,8(2):193–220.

Vicard,V.2009.On Trade Creation and Regional Trade Agreements:Does Depth Matter? *Review of World Economics*,145(2):167–187.

Vicard,V.2012.Trade,Conflict,and Political Integration:Explaining the Heterogeneity of Regional Trade Agreements.*European Economic Review*,56(1):54–71.

Whitehead,L.(ed.)1996.*The International Dimensions of Democratization:Europe and the Americas*.Oxford:Oxford University Press.

Wunderlich,U.2012.The EU an Actor Sui Generis?A Comparison of EU and ASEAN Actorness.*Journal of Common Market Studies*,50(4):653–669.

Yoshimatsu,H.2006.Collective Action Problems and Regional Integration in ASEAN.*Contemporary Southeast Asia*,28(1):115–140.

Yoshimatsu,H.2007.Regional Integration and Business Interests:A Comparative Study of Europe and Southeast Asia.*European Journal of East Asian Studies*,6(2):217–243.

Zamora,S.1980.Voting in International Economic Organizations.*American Journal of International Law*,74 (July):566–608.

第23章　地区争端解决

凯伦·J.阿尔特(Karen J.Alter)
利斯贝特·霍夫(Liesbet Hooghe)

过去几十年来,地区主义最显著的发展之一是地区法院的兴起,它们旨在裁决经济纠纷、维护善治,有时候也负责裁决涉及人权与大规模暴行的非贸易争端(Alter,2014;Hooghe et al.,2014;Romano,2011)。这一新发展出现在地区协定广泛扩散的背景下。如今,各种相互交叠、日益专门化的双边和多边协定已是难以计数——简直有成百上千个,它们涉及贸易、投资、安全、资源(如流域)共享、跨国物种保护和人权等。地区组织成为上述所有发展的核心制度环境(Goertz and Powers,2012;Marks et al.,2014;Powers and Goertz,2011)。 【538】

本章认为,地区法院的兴起在地区主义中乃是一种颠覆性的创造,它所代表的不只是运用法律手段解决经济纠纷的一种承诺,还标志着维护特定共同体价值的一种承诺。与之前历次地区主义浪潮不同,这些法院大多都不主要用来解决贸易问题。相反,除了经济问题有关的案例外,它们往往会积极地去裁决涉及善治和侵犯人权的案例。不过,如我们看到的,它们的出现和运用在全球各地并不均衡。非洲、欧洲和拉美已有多种地区法院,其管辖权时有交叠;而亚洲仅有一家上诉机构,但从未实际运行,其所负责审议的东盟国家间争端解决的小组决策也是子虚乌有;中东地区只有一家很少启用的常设法院,旨在裁决阿拉伯投资者和阿拉伯国家间的投资纠纷。

我们把这种发展放在地区争端解决总体走向司法化的大环境中,把它与各类其他争端解决机制,如谈判、斡旋、调解和强制性仲裁等加以比较。大多数人都认为,不设地区法院就意味着不依法裁决争端。不过,这种更大的环境反映出,我们确实需要在到底是运用综合性地区法院、强制性仲裁,还是依赖政治实体解决争端三者之间作出选择。在本章中,我们所论证的发展趋势涉及的地区协定至少首先是经济方面的。但是这种 【539】

三者择一的选择也存在于人权问题上，而且实际上正波及国际刑法领域。

虽然我们还不了解这些选择背后的驱动力是什么，但我们知道，选择依法裁决意义重大。毕竟，强制管辖会给某些对诉讼的威胁以可乘之机，甚至能够借法律之名加强行为体的谈判实力。不管是为了咨询还是执行，裁决都有利于增强法律的专门性，也有利于制定新法律以重点解决分歧、处理始料未及的实际问题或者达成新的关系状态（Alter，2000；Stone Sweet，1999）。因此，国际裁决对于未完全达成协议的各方可以起到减少纷争的作用（Cooley and Spruyt，2009）。

本章利用现有关于仲裁和裁决的研究，对一些概念分歧进行辨析。然后，我们梳理有关地区层次争端解决日益司法化的文献，以及关于地区法院对重塑国际法格局发挥突出作用的文献。接下来的几节中，我们概述所知和未知的有关扩散起源、设计差异和影响的方方面面。通过分析我们认为，从学术上有必要对争端解决机制的选择加以重视。最后，我们讨论了一个迫切需要引起关注的问题：学界可以继续将争端解决视为一种协助政府实现功能性目标的问题解决工具，但这样下去将会使我们一叶障目，难以理解国际争端裁决如何促进实现更大的价值，而这些价值影响个人、公司及公民社团的期待和目标。

概念与趋势

国际争端可以定义为，在超出一国范围的政府、组织、法人或个人之间，所发生的事实上、法律上或政策上的纠纷，其中，一方的主张或诉求遭到另一方的驳回、反诉或否定（Merrills，2011，1）。本章所集中关注的争端解决制度主要是在地区范围内，受到某个国家间协议的法律约束，并且是司法化的制度，即对它们能够进行司法裁决，相关决定具有法律约束力。

我们所关注的协定涉及三个或三个以上邻近的国家。我们不讨论投资协定，因为它们大多都是双边的（尽管也有些是地区性的，比如北美自贸协定的第 11 章）。[①]我们也不怎么讨论贸易商之间的商事仲裁，因为它们是基于私人契约而不是公共条约（Hale，

① 贸易上与投资上的国际法律机制有着很大的不同（Simmons，2014）。贸易规制是受多边管辖的，主要通过 WTO 这个全球性组织进行，地区贸易协定主要用来补充 WTO 规则。相比之下，投资规制则是通过成千上万个双边投资条约（BITs）来进行的。目前有几个主要的投资争端解决场所，比如国际投资争端解决中心（the International Center for Settlement of Investment Disputes，ICSID），但也还有其他一些可选的场所。

2012;Mattli and Dietz,2014)。①

争端当事方通常可选择的争端解决方式有:谈判、第三方调解、第三方调停、仲裁或裁决。前三种选择一般会被归类为外交或政治解决手段,因为各方有权决定谁来调解、是否接受解决建议,而且其程序及决议通常都不对公众公开;后两种属于法律解决手段,都具有约束性,并且往往相对更加公开透明。在很多国际协议中,对这些各不相同的争端解决手段都会先后有所规定,但本章中我们只讨论后两种。【540】

仲裁要求各方建立或挑选处理争端的机构。有很多现成的仲裁方式。合约和经济协议往往专门规定争端交由仲裁解决,有时候还会提前指定仲裁场所。国家和私人行为体可以利用常设仲裁法庭,也可以有其他选择,包括国际商会,以及分布在亚洲、欧洲、北美和非洲的地区仲裁中心。人们对仲裁研究不多的原因是,它更加难以观察,人们必须浏览海量难以查找的双边和多边协议,或者查找合约看看是否有相关仲裁规定。司法解决或裁决则需要指定一所法院或常设法庭。

政治的司法化指的是这样的情景:讨价还价发生在可能的诉讼背后,每一方提出的理由都有合法诉求,并或明或暗地表示,如果不遵守法律协议就会引发诉讼。如果必须进行裁决,那么就意味着无论是否经过被告同意都会启动法律程序,法庭外的谈判就会变得越来越司法化。在有地区法院的地方,往往仍然通过外交手段来解决争端,包括由地区组织的秘书处来进行调解。但至少从理论上看,这种争端最终还是由地区法院来解决。正如我们下面将要解释的,地区法院中留有许多机会,可以让感到不满意的当事方能够继续争论。这一现实有助于政治的司法化。

即使有地区法院可用,裁决也可能以临时程序的形式出现。比如,南共市(MERCOSUR)可以通过仲裁委员会来对国家间争端进行裁决,其所作裁定可以被上诉至一个“常设上诉法庭”。它还辟有渠道允许私人诉讼请求诉至“共同市场小组”——这是一个临时性机构,由来自全体成员国的外交官组成,负责听取和处理诉讼请求。东非共同体、安第斯共同体和非洲商法协调组织(Organization for the Harmonization of Business Law in Africa)都设有地区法院,但它们也允许对争端付诸仲裁解决。

相比于仲裁委员会,人们认为常设性司法机构所带来的政治影响有所不同。常设法院“早就存在这样的问题”,其审判员是“通过某种不受诉讼方意志主导的机制而被选拔、选举或任命的”(Romano et al.,2014,5)。常设法院在解决一项争端之后仍会继续运行,因此其国际法官必须考虑到一件案子上的裁定可能影响将来的案子。相反,仲裁员

① 有位学者近来评论说,“有关国际商事仲裁的公认定义可能还找不到”(Crawford,2007,5)。大多数相关研究都是由法律学者或法律工作者所写的,但黑尔(Hale,2012)与马特利和迪茨(Mattli and Dietz,2014)的这些作品则是从政治科学视角进行的研究,可以作为参考。

【541】是由当事方选定的，他们在特定争端结束后就结束使命。还有其他差别，即常设法院的法官是官员，他们要经常开会审理案子，常设法院还要经常让第三方参与，或者允许“法庭之友”提供诉讼意见，他们的裁定一般都是公开透明的；仲裁员则都是“临时出场”的私人律师，他们为当事方工作，并且有研究认为，极少存在共用国际仲裁员的情况（Karton，2014）。

21 世纪初，几位学者注意到了国际法律化（International Legalization）的兴起——“不同议题领域都决定运用国际法律来约束政府”（Goldstein et al.，2000，386；Abbott et al.，2000；Abbott and Snidal，1998，2000）。在冷战期间，大量国际法院被倡议创设，但直到最近 20 年，国际裁决才走向地区化（Alter，2014，118–142）。

近来一项有关 WTO 的研究展望了建立常设法院的问题，它简单回顾了自 1947 年（GATT）达成以来直到 2012 年间“地区贸易协定”（RTA）中兴起司法化的情景。[①]直到 20 世纪 90 年代初，RTA 的增长还很平稳，在 1995 年 WTO 成立时才生效了 43 个，而且大多数都没有司法化的争端解决机制。1995 年以后，RTA 的数量增长到 2012 年的 226 个，其中 70%都有司法化的争端解决机制（Chase et al.，2013）。

投资和商业纠纷的国际仲裁也在增加。最古老的仲裁中心仍然在欧洲，那里有常设仲裁法庭（1899 年成立，总部设在海牙），有瑞典裁判所（1917 年成立）和国际商会（1923 年成立，总部设在巴黎）。亚洲也已在中国香港、新加坡、马来西亚、日本、韩国和中国大陆（北京）建立了类似的中心，而且它们对欧美同行形成了竞争，甚至有时候更胜一筹（Mattli and Dietz，2014）。

以上简要的总结表明，情况一直在发生着变化。对于许多律师来说，这种争端解决机制的千差万别是令人遗憾的，因为这令实现统一的法律正义变得更加困难。不过，在政治科学看来，这种规制复杂性——重叠交织的、非科层制的、多样化的制度不断增加——则是对于各国、各地区以及各行为体所固有的多样性利益和偏好的反映（Alter and Meunier，2009；Keohane and Victor，2011）。

要解释这种多样性，就需要先对它进行分类。麦考尔·史密斯（McCall Smith，2000）是最早试图将各种争端解决机制从低到高排出顺序的人之一。他所研究的地区贸易机制在总数上要少于后来者的统计（Jo and Namgung，2012；Chase et al.，2013；Dür et al.，2014）。这些新的统计研究在编排方式上也更加精细。比如，迪尔等人（Dür et al.，2014）就编排了多达 14 组争端解决机制。所有这些数据集都注意到同一事实，即较新订的协

---

① 地区贸易协定（RTA）指的是已在 WTO 备案的地区贸易协定，其根据是 1994 年《关贸总协定》（GATT）第 24 条之规定、《服务贸易总协定》（GATS）第 5 条之规定，或者根据 WTO《关于发展中国家差别和更优惠待遇、互惠和更充分参与的决定》（授权条款）之第 2(c)款。

议比以前的更加司法化。

司法化程度较高的有地区常设法院。阿尔特(Alter,2014)记录了具有超国家权威的常设法院数目的快速增加，包括全球性和地区性的都在内，从1985年的6个增加到2012年的24个。她将这些法院称为“新型法院”,因为争端裁决都是强制性的,非国家行为体可以提起诉讼,这深刻地改变了法律化和司法化的政治学(Alter,2014,6–8)。她所说的24个常设法庭中有20个是地区性的(可见表23.1)。回头我们会再讨论它们。【542】

新型地区法院

争端解决越来越与地区主义有关,因为各个地区都在创设自己的争端解决形式,以替代全球性制度。这种趋势最明显不过的例子就是创设地区法院。

地区法院可以用来解决很多问题。世界各地的政府和人民时常抱怨说，欧美的行为体在全球机构中影响占优。地区法院就给了各国创设自己的法律机构的机会。

创设或扩大地区法院的管辖范围,是所有严肃的地区制度总体工作的一部分,它标志着一种政治决心,也表明当今的地区组织实践与过去失败过的有所不同,且严肃得多。事实上,司法化的一个重要前提条件是,出现了一种新型的国际组织——综合性组织。这种国际组织进行的是综合性管辖,它们负责处理的是不限定范围的问题,服务于一个成员相对固定的跨国共同体(Hooghe and Marks,2003,2009,2015;Goertz and Powers,2012)。它们涉及的政策范围很宽:不仅处理贸易问题,也处理安全问题;不仅处理经济发展问题,还致力于解决各种其他问题,如文化、环境、交通、人权、疾病或移民等。超国家性的法院有助于消除人们对综合性国际组织任务开放性特点的认识歧义(Hooghe et al.,2014)。

允许私人接触地区组织实体,还可以生动展示地区机构对公民的关心,借此关心他们从经济、发展和人权领域国际协议中获得所承诺给予他们的好处。由于国家批准国际协议往往问题较多,所以法治规则在地区采用过程中,不管是直接具有约束力还是被赋予约束力，都可能有利于国际组织相关决定的施行。所有这些要素都有助于各地区对“新型”法院的效仿,这种“新型”法院依照的是欧洲模式,实行强制管辖、委托解决争端和执行、重视行政复议和宪法审查的司法作用,并通过多个渠道允许委员会、检察官、各国法官和私人行为体，提起涉及国家和国际制度行为体的超国家诉讼(Alter,2014,3)。

【543】

表 23.1 国际法院的地区分布(开始运行年度)

管辖地	欧洲	拉丁美洲	非洲	泛地区
国际经济法院 16 家	欧洲法院(ECJ)(1952) 比荷卢联盟(Benelux)法院(1974) 独联体经济法院(1993) 欧洲自由贸易区法院(1992)	安第斯法庭(ATJ)(1984) 中美洲法院(CACJ)(1992) 加勒比法院(CCJ)(2001) 南方共同市场(MERCOSUR)(2004)	西非经济货币同盟(WAEMU)(1995) 非洲商法协调组织联合司法与仲裁法院(OHADA)(1997) 东部与南部非洲共同市场法院(COMESA)(1998) 中部非洲经济货币共同体(CEMAC)(2000) 东非共同体法院(EACJ)(2001) 西非国家经济共同体法院(E-COWAS CCJ)(2002) 南部非洲发展共同体(SADC)(2005)	世界贸易组织上诉机构(1994)
国际人权法院 5 家①	欧洲人权法院(1958)	美洲人权法院(1979) CCJ②	非洲人民与人权法院(ACt-PHR)(2006) ECOWAS CCJ(2005) [EACJ 在设想增加人权管辖权]	
国际刑事法庭 3 家	前南斯拉夫问题国际刑事法庭(ICTY)(1993)		卢旺达问题国际刑事法庭(ICTR)(1994) [塞拉利昂问题特别法庭是一个混合型的国际刑事法庭]	国际刑事法院(2002)
普通管辖 8 家	ECJ	CACJ CCJ	WAEMU CEMAC EACJ SADC	ICJ(1945)
指定管辖 1 家				国际海洋法法庭(ITLOS)(1996)
地区法院总计 N=25	6 家	5 家	9 家	4 家(泛地区法院)

资料来源:转载自 Alter,2014:88-89。一个国际法院可能列出不止一次,第二次列出时只用其名称的缩写。

为了更好地认识这种新型地区法院的兴起,我们可以对它们进行比较和动态考察。这说起来容易做起来难,因为我们目前只知道有人做过一个时间序列分析,把自 1950

① 我们没有把欧洲法院(ECJ)列为人权法院,是因为它的人权管辖只限于欧洲议会的审查范围。

② 加勒比法院(CCJ)实际人权管辖权适用的国家允许它取代英国枢密院成为最高上诉法院。(作者在此表中列出的 CCJ 开始运行时间是 2001 年,而不是其正式成立时间 2005 年。——译者)

年以来的38个地区组织中所作过的仲裁、判决和无相关项，按时间先后进行排序(Hooghe et al.,forthcoming)。他们的测评涉及如下六个维度,这些维度抓住了阿尔特所 【545】
说的新型法院的关键特征,也抓住了司法化要求不太高的属性。

- 国家利用司法化争端解决机制的渠道:无、政治行为体调解、自动获得
- 法庭:无、临时、常设
- 裁定书:非约束性、有限约束性、绝对约束性
- 非国家行为体介入诉讼的渠道:无、部分(如国际组织秘书处)、私人行为体
- 遵约:无、法院可授权制裁、直接生效
- 先行裁决:无、可选、有些国内法院要求强制进行

我们可以从中看出，争端解决的法律化和司法化有一个从低到高的分步骤过程。不过我们也可以据此把争端解决机制进行分组考量,前三个维度综合概括了国家控制的争端解决机制的特点,而后三个维度体现着与“老式”国家控制的法院有区别的新型超国家法院的特点(也可参见Keohane et al.,2000;Helfer and Slaughter,1997)。

国家控制的争端解决机制可能是非强制性的，也可能是指定独立的第三方审理机构进行仲裁,或者借助某个常设法庭。这样进行争端解决的结果可能是约束性的,但通常会为国家保护其主权留有一定余地。对国家来说最简单的规避办法是，要么实行有条件的约束性规则，要么允许其从争端解决规则或制度中退出或得到赦免。国家控制的争端解决机制还拒绝非国家行为体介入,同时不允许国内法院提出先行裁决的要求,也不给予审判法官任何强制执行裁决的手段。最后，国家发起的争端解决有可能为已发现的不明确违规行为留下补救途径。

如果完全符合后三个维度的要求,则争端解决就是超国家性的,而且肯定会存在一个或更多机制允许国际法律裁决“对国家事务造成干预”(Helfer and Slaughter,1997,288)。如果争端解决机制中有常设法院,且有完整的补救措施,非国家行为体也有渠道介入,其先行裁决机制又允许国内的法官能够直接与国际法院进行沟通,那么国家主权不可侵犯性的范围就会缩小。欧盟(EU)的法院很久以来就是这样运作的,近年来,又有这样的法院出现在安第斯共同体、欧洲委员会、加勒比共同市场(CARICOM)、东部和南部非洲共同市场(COMESA)、中部非洲经济货币共同体(CEMAC)、西共体(ECOWAS)、中美洲一体化体系(SICA)、南共体(SADC,直到2012年)以及东非共同体(EAC)。所有这些地区组织的法院都效仿的是欧洲模式。

图23.1中展示了1950年以来各个地区组织分别选择超国家、国家控制和更弱的争端解决机制的情况。大多数都是向增强的方向变化的,但是司法化的速度在20世纪90年代才加快。没有争端解决机制的地区组织数量从1992年最高时的21个(占60%),

下降到 2010 年的 13 个（占 34%），几乎一半地区组织拥有超国家法院。而且这些法院
【546】都不再只是主要审理贸易争端，还审理涉及人权、善治或地区组织协定规定的各类问题上的争端（Alter，2014；Hooghe et al.，2014）。换言之，大多数地区新型法院都是与综合性国际组织联系在一起的。

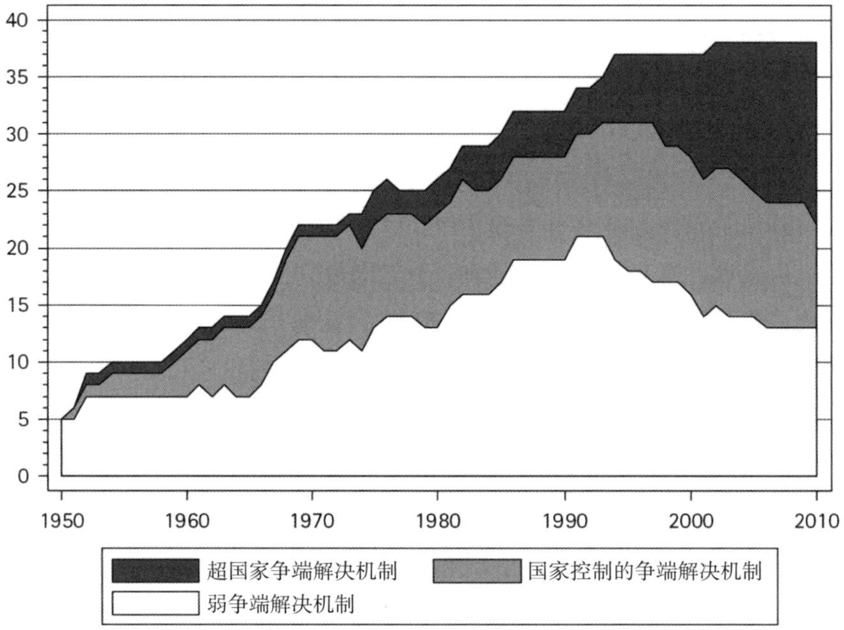

图 23.1　地区组织中第三方争端解决机制的发展趋势

注：这里列出的数字是具有弱的、国家控制的或超国家的争端解决机制的地区组织总数（N=38）。
资料来源：Hooghe et al，2014。

阿尔特更深入地探讨了这种选择常设地区法院的情况，认为各个地区法院虽然制度设计往往几乎相似，但在所起作用和影响上有很大的差异（Alter，2014，3）。最近有学术研究表明，在同一个法院中，所审理的争端类型也会有很大的差别。比如，阿尔特和黑尔费尔（Alter and Helfer）注意到，安第斯法庭（ATJ）所审理的案子中有超过 90%涉及商标和专利注册纠纷，所以他们说，知识产权问题乃是实际国际裁决当中的一座“孤岛”（Alter and Helfer，2016；Helfer et al.，2009）。加蒂（Gathii，2016）告诉我们，在东非，人权团体利用本地区的东非共同体法院（EACJ）进行诉讼，而商业团体则一律选择其他争端解决方式。我们还远未弄明白的是，在指定争端解决机制的意图与利用它们的实际情况之间，到底为什么有如此明显的差距（关于这方面的研究进展，可参见 Romano et al.，2014；Dunoff and Pollack，2013；Alter and Helfer，2016）。

大多数学者至今认为,国际法院基本上都一个样,因此对其中一部分的研究所得出的理论见解可以应用到全部身上。然而地区机构所裁定的主要事实存在根本差别,这些差别使得地区法院区别于国际法院,而且使得地区法院之间也互不相同。

有关贸易自由化的地区法院对其管辖的框架权限已有所划定。它们有全套合约可供遵行,比如 NAFTA 有 393 页大部头的详细规范,涉及邮轮、晶体管和糖类商品的贸易。第三方争端解决机制的主要功能则是随时维护贸易活动,“为每个合约方提供切实有效的手段,提供随时保障合约条款得到严格遵守的方式”(Stone Sweet and Brunell, 1998,64)。这些法院往往被各国和类似的私人经济当事方视为值得信赖的承诺机制(Abbott and Snidal,1998)。【547】

负责管辖人权事务的地区法院具有相似性,因为它们都监管着一部事前制定好的人权宪章。不过它们又很不相同,因为对于这些法院而言,它们所审理的主要事实关系到一个国家如何对待其公民的态度。还有一点不同是,它们所作出的裁决可能意在为一项违反人权的事实提供个别补救措施,甚至并不改变相关的政策。

未来,我们很有可能看到,地区法院越来越多地卷入刑法事务。欧洲法院(ECJ)已经就涉及警务和司法合作的争端进行过裁决,欧洲人权法院审理过涉及刑法体系中执法管理的纠纷,而美洲人权法院行使着准刑事管辖权(Huneeus,2013)。另外,随着各国对国际刑事法院(ICC)不满的增加,我们也会看到地区刑事机构在西方世界之外开始出现,可能最先是在非洲。国际刑事法院的缺陷和不足已促使各国政府去寻找其他替代方式。例如,最近国际法院(ICJ)要求塞内加尔起诉侯赛因·哈布雷(Hissene Habre)在乍得犯下的罪行,并将他引渡到比利时受审。[①]西共体法院裁定,塞内加尔法院对审理这些过去犯下的罪行没有管辖权,而在 2015 年 2 月,据说他将在一个专门的泛非洲法院——非洲特别法庭(The Extraordinary African Chambers)接受审讯。[②]

或许最为突出的进展是,拥有广泛管辖权的强大法院在不断增加(Hooghe et al., 2014)。综合性地区组织——加勒比共同体(CARICOM)、西共体(ECOWAS)、东非共同体(EAC)、中部非洲国家经济共同体(ECCAS)、南共体(SADC)、中美洲一体化体系(SICA)以及欧盟(EU)——都在其宪章中授权其法院,有权裁决涉及创制和实施二级立法方面的争端,这些二级立法的目的是开放性的,比如经济发展、福利、和平和政治一体化等。发起诉讼将成为实现集体目标的政治和法律步骤。如果失去有意义的政策和法律,地区组织及其法院所能够监管的就会只余一具空壳。一旦法院拥有先行裁定权、给

① “哈布雷”事件关系到“起诉或引渡的义务”(“比利时诉塞内加尔”),见 2012 年 7 月 20 日国际法院判决书。

② “A Pan-African Trial, at last,” *The Economist*, February 14-20, 2015, 29-30.

予非国家行为体介入的渠道,并且其裁决可以直接生效的话,那么它们就不会如此无所作为了。这些新型特征与现有的国际法一起,为地区性国际法院创造了机会,使它们得以与一些国内行为体联合起来向各国政府施压,迫使政府遵守国际法律协议。于是,地区法院在提醒各国政府重视某个综合性国际组织的规范存在方面,就变得必不可少了——当然还需要得到国内律师、法官、行政机关和其他政府或非政府机构的协助——
【548】 而且重要的是,它们可以将这些规范固定下来成为特权和法律。对于一个(初创的)政治共同体来说,地区法院可以成为地区规范的培育者(Goodman and Jinks,2013;Hooghe et al.,2014)。

因此,重要的是不仅研究诉讼问题,还要通过法律、政治和争论去研究地区一体化计划的建设问题。

争端解决法律化的动因:地区的和其他方面的

政治科学家希望了解,为什么争端解决法律化的需求增强了,以及为什么我们能够目睹地区层次司法化的汹涌大潮。他们还希望能够解释,国家在选择国际争端解决机制时是怎么作出抉择的。本节依次回顾已有的相关理论研究成果,但发现其中并没有针对上述问题的确切答案。

大量研究试图用选择结果上的预期差别,去解释为什么选择实行法律化或更加不正式的争端裁决体制。比如,有这样一种解释,它来源于理性主义功能主义,假定政府将争端解决机制纳入国际制度是为了强调协作问题,并为了加强它们所作承诺的可信性(Keohane,1982;Koremenos,2007;Koremenos,forthcoming;Sandler,1997;Stein,1983;Zürn,1992)。在这种观点看来,争端解决的司法化有助于揭发"搭便车"现象,并且一旦裁决具有约束性并可以执行,则便于对不守约行为进行惩罚(Hafner-Burton et al,2012;Hasenclever et al.,1997;Johns,2015)。

理性主义功能主义的这种解释,启发学界去探索地区争端解决与贸易之间的关联性。大多数分析认为,支持建立地区规制的经济协定越深入,争端解决的法律化程度就越大。比如,麦考尔·史密斯(McCall Smith,2000)发现,在60个地区贸易协定中,贸易与更深法律化的争端裁决体系之间存在正相关关系,后来,阿利和埃尔希格(Allee and Elsig,2014)在研究了数量更多的贸易协定后确认了这一发现。

理性主义功能主义解释的一个变体,把经济相互依赖的加深与争端解决机制的加强挂起钩来。厄恩斯特·哈斯(Ernst Haas)在其有关欧洲一体化的早期著作中就持此观点,后来又得到其他学者的发展(参见 Caporaso,1998;Mattli,1999;Yarbrough and

Yarbrough,1992; 特别是 Stone Sweet and Brunell,1998)。尽管这个观点并没有什么地方专门体现出“地区性”,但它已经被研究地区争端解决的学者所接受。因此,哈夫泰尔(Haftel,2013,408)最后认为,“紧密的贸易联系导致出现更加独立的地区官僚机构,和更加法律化的争端解决机制”。

这一思路的问题是,它假定大多数地区争端解决所裁决的是贸易或经济纠纷,而我【549】们这里要表明的是,这种情况正越来越罕见。人权、善治、刑法和政治共同体会遇到的各种问题,都有可能落入地区法院的管辖范围之内。

自由制度主义的观点就不限于贸易,而是强调国内因素的干预作用。一条富有成效的思路是,民主政治是怎样造成争端事态的发生及其解决机制在强度与运用上出现差别的。民主制鼓励实行强有力的争端解决机制,因为对行政权力的制衡和透明性的决策体制令欺骗行为代价更大(Davis,2012;Kono,2007;Jo and Namgung,2012;Mansfield and Milner,2012;McCall Smith,2000;Simmons,2009;Simmons and Danner,2010)。在研究特惠贸易协定时,乔和南宫(Jo and Namgung,2012)指出,民主更有利于争端解决的司法化。莫劳夫奇克(Moravcsik,2000)推断,民主化政府更愿意加入欧洲人权法院,以表达它们对西方国家的信任。而西蒙斯和丹纳(Simmons and Danner,2010)发现,有暴政前科的威权制政府会首先加入国际刑事法院(ICC),可能因为它们想以此缚住反对派的手脚。这就使可信承诺的观点超出了它更熟悉的协作问题领域(见本书第21章)。

民主观点作为对于地区争端解决机制选择多样化的一种解释,看来只是稍有说服力。的确,被采用最多、据说也最为有效的裁决机制通常都出现在更加民主的欧洲和美洲,但非洲的超国家法院却是一个反例。这方面不多的一项研究就发现,所谓民主与地区争端解决之间的关系并不存在(Haftel,2013)。[①]

现实主义理论对创建一个司法化的争端解决机制有什么意义表示怀疑。现实主义学者认为,大国更有可能反对约束性的裁决条款,因为第三方争端解决方式会拉平各方的地位(Stone,2011),而且法律裁定会形成先例,对于国家的未来行为会有制约(Kono,2007;Hawkins and Jacoby,2008)。不过,如果约束性规则反映其利益的话,霸权国也可能愿意承担创建制度的成本(Abbott and Snidal,1998)。马丁(Martin,1992)观察到,法治有时候是霸权国令别国屈服的最廉价的方式。塔尔贝里和麦考尔·史密斯(Tallberg and McCall Smith,2014)提出,法律性争端解决的类型很重要,国家主导的形式会给权力政治留下空间,因此大国可能不会反对实行国家主导的争端解决形式,而会抵制超国家性

---

① 国内制度观点的一个变体指向法律传统。从相反的理论角度出发,迪纳(Duina,2005)、麦克劳克林·米切尔和鲍威尔(McLaughlin Mitchell and Powell,2013)发现,英美等普通法系国家不像大陆法系国家那样更乐意接受超国家法院。

的争端解决机制。

人们对霸权国在地区安排中的影响已有很多探讨（可参见 Cooley and Spruyt，2009；Hancock，2009；Mattli，1999），然而当我们说霸权国推动了地区一体化，并不意味着它们就促进了地区主义的深入发展，这些是两回事（参见本书第 3 章）。此外，地区霸权国的行为也可能并不前后一致。克拉波尔等人（Krapohl et al.，2014）指出，在那些区内
【550】 贸易利益不大的地区安排当中，驱动地区大国行为的是区外的经济利益。当区内和区外利益发生冲突的时候，霸权国就变得好勇斗狠。绝大多数统计研究发现，在权力不对称性与争端解决机制深化之间存在着负相关关系（Haftel，2013；Hooghe et al.，2014；McCall Smith，2000）。

最后，还有学者采用政策扩散理论来理解争端解决问题，认为它在可信承诺方面并没有明显的理性根基（参见本书第 5 章）。他们对一些地区实体加以比较后认为，制度的扩散有可能发生在地区内部和地区之间，同时对有些实体来说（特别是欧洲法院，也包括前面提及的 NAFTA 和 WTO）则可能会成为样板（Alter and Helfer，2016；Alter et al.，2012； Alter，2014；Lenz，2012；Jetschke and Lenz，2013）。贸易伙伴总是喜欢采用相似的法律模式（Jo and Namgung，2012；Allee and Elsig，2014）。尽管我们不能怀疑这可能只是对于相似环境的一种功能反映，但贸易伙伴在遇到相似问题时总是会致力于相互学习，这个理由看来还是成立的。

对个别争端解决案例进行详细的过程追踪研究提示我们，全球民主和人权规范，或者所谓“华盛顿共识”，可能经过某些系统的传输渠道扩散到了地区规制中（Alter et al.，2012；Dezalay and Garth，2002，2006；Duina，2005）。这些渠道至少包括跨国法律共同体、美欧法官们的治外法权主张——他们的这种主张大大推动着法律的发展（Alter，2014；Putnam，2013），还包括欧盟采取的影响地区选择的积极举措（Lenz，2012）。扩散理论似乎特别适合解释地区争端解决机制设计上有无差异，而功能主义、现实主义和制度主义理论似乎更适合解释其兴起和深化的原因（参见本书第 5 章）。

理论建构的挑战

以上重大的理论传统为我们提供了有趣的思考线索，但要判断它们的观点主张似乎还缺少两个东西：一个是数据——越来越多的大型数据集将各种各样的正式法律协议囊括其中，而关于这些机制如何发挥作用的数据就少很多。关注争端解决实践的研究，往往热衷于研究各种争端解决机制中高度制度化的实体，尤其过于关注欧洲的实体。

另一个是理解随时发生的变化的能力。我们对于地区性倡议的谈判过程所知不多，而对于曾经谈判过和抛弃过的政策建议，或者早在进入起草法案阶段之前就被抛弃的建议，更是所知甚少。[①]

即使有数据，其来源也可能带有系统性偏见。往往我们一开始了解到的叙事来自地区计划的参与者，或者能够特别接触到其创始人的知情人士。多年来，欧洲一体化研究者引用的文献都是皮埃尔·帕斯卡多尔（Pierre Pescatore）关于他自己参与欧洲经济共同体谈判过程的经历记录（Pescatore，1981）。罗伯特·胡迪克（Robert Hudec）虽未参与谈 【551】判，但他可以接触到内部人士，这让他得以完成有关GATT争端解决机制的权威解读（Hudec，1993）。这些知情人的视角给我们提供了重要见解，但作为地区体制的创始人和知情人，他们对于自己所建构的叙事是有利害关系的。直到近来才有历史学家着手系统地考察，个人网络和全球力量是如何帮助建立欧洲法律制度的（Madsen，2010；Madsen and Thornhill，2014）。如今，我们对于欧洲超国家法院的兴起原因已经很好地领悟（Bates，2011；Davies，2012；Rasmussen，2013），但距离这种制度的创立，我们的领悟足足迟到了五十多年。对于争端解决机制兴起的原因，我们仍然没有形成一般性的叙事。

地区争端解决的影响

对于少数几个现有地区法院的影响以及地区贸易协议的总体影响，我们都有了相当多的了解，但问题是，如何从有限的信息中得出概括性的结论来。这里我们只讨论其中一个造成混乱的根源，即人们容易将遵约（compliance）等同于影响（effects）。

大量解释争端解决制度之影响的理论话语都沉湎于解释遵约上——所谓遵约，是指各国的行为符合协议（或裁定书）所规定或禁止的程度（Von Stein，2013，478）。但正如马丁（Martin，2013，605）所提醒的，“对遵约模式的研究并不能说明制度因之而产生的影响”。可能存在着遵约程度低而影响效果好的情况，也可能遵约程度高而制度影响却不令人满意。一个原因就是，遵约率要受到选择的影响。遵约程度可能很高，但其代价可能很低。各国可能会选择自己觉得容易遵守的协议，或者退出它们不喜欢的协议或条款（Downs et al.，1996；Helfer，2005；Hafner-Burton et al.，2012）。我们很难考虑到这种选择所产生的影响，特别是在涉及各国为什么加入、退出、遵守或否决的数据都不准确的情况下。

---

① 最近有两项考察其成败得失的案例研究：卡赞斯坦有关被废弃的地区实体的研究（Katzenstein，2014）和萨尔迪亚斯有关拉美的研究（Saldias，2010）。

专注于遵约问题，就会忽视争端裁决所扮演的多面角色。法院等争端解决机制的存在并不仅仅是,或者可能不主要是,为了监督遵约行为和制裁不遵约行为。正如理性主义功能主义学者所指出的,即使裁决机构从不被启用,它们的创建也算是给出了一种可信承诺，表示要对国家和私人行为体的行为后果进行监督。这些机构的隐性效应还可能是帮助各方达成庭外和解。即使案子走到法庭诉讼阶段，裁决机构也能去阐明和详细解释法律规则,有时也会去新设法规。在行使行政审查功能时,地区法院会帮助协调跨界的法律解释,并提供“法律救济(尽管这种法律救济成败参半),由此帮助国内和
【552】国际的行政人员防备自己的行为受到私人公司的起诉”(Alter,2014,14)。在行使宪法审查和行政复议功能时,地区法院能提供国内体制可能提供不了的补救措施,还能够对国际行为体起到无可替代的制衡作用(Alter,2014;2001,282–285)。

如果我们认真看待这些实体机构的正式协商管辖的话,那么一定会得出结论:这些正是地区裁决机制有意而为之的结果。也有无意而为之的结果,有些颇受欢迎,有些则适得其反。最活跃的地区裁决机制早已超越了其创建者所确定的更少干预的目标。欧洲法院(ECJ)已经成为欧洲的宪法法院,欧洲人权法院已经超出欧洲人权宪章所规定的实质性任务和地理范围,安第斯法庭(ATJ)也已深深卷入了知识产权法和消费者权益保护法的发展当中(Alter and Helfer,2016)。

在其他时候,人们认为争端解决机制不仅不能解决冲突,反而制造冲突。欧洲人权法院近年来所作出的裁决在英国引起了对该法院及其设立机构欧洲委员会(CoE)的强烈反对,并对欧盟的法院(ECJ)也造成附带损害。南共体法庭 2009 年就津巴布韦“土地征收案” 所作出的里程碑式裁决导致其暂停运行，后来又于 2013 年被取缔(Nathan,2013),这打击了南共体的地区合作。正式的争端解决机制还会削弱对于规范的共同遵守，因为它给违约行为制定了价格，而这会反过来使违约更容易发生(Brewster,2013,540)。最终来看,我们应当注意的是,不要把地区争端解决当中的遵约与有效性(effectiveness)相混淆,也不要把有效性与影响(effects)混为一谈。

结 论

本章的任务是关注争端解决，这是研究国际法和国际审判的一个共同视角。各国为了实现共同目标而订立国际和地区协议,因此毫不奇怪的是,许多人认为审判是各国实现合作收益的手段,或者如波斯纳和余(Posner and 柳,2005)所说的,国际审判乃是各国“简便的解决问题工具”。但与波斯纳和余所期望的相反,有些地区审判看来还能够改变各国的偏好并促进跨国政治。

可渗透的边界——这是对于系统效应更好的理解，包括认识到贫困与欠发达导致问题跨越边界——意味着我们需要越来越多地考虑到，过去属于纯粹国内范畴的问题正在产生跨国界的影响。例如，环境恶化虽在当地最为敏感，但如果出现大量的环境问题——威胁到野生动物和物种、森林砍伐、污染性化石燃料的使用——就具有了全球影响，或者说就需要全球解决方案。政府如何对待其公民，这在过去被看作国内问题。今天，已有许多具有法律约束力的国际和地区人权协议，以及相应的地区裁决机构。大规 【553】
模暴行对我们所有人都有伤害，这样的观念已经体现在国际刑事法院(ICC)的《罗马规约》当中。

对国际司法裁决的学术研究，目前仍受困于国际法与地区主义的新旧现实。理性主义功能主义方法，以及采用经济学理论工具解释法律和政治问题的各种理论，惯于关注国家、关注地区主义可能提供的利益好处。这些理论推崇效率，追求政府利益。尽管我们可能在此框架中放入环境法，甚至可能放入人权和大规模暴行法，但以国家为中心的理性主义理论思维还是惯于固守过时的争端解决现实，其中，还是把国际法看作各国政府为了促成共同利益目标而达成的契约。

新的视角应该是"法治"(rule of law)视角，其中，尊重法律和促进特定价值的实现才是合法性治理的关键。这里的不同之处并非纯学术意义上的，这两种视角之间有着真实的取舍关系。经济视角考虑的是"有效违约"(efficient breach)的思想。一旦各国政府不再认为地区协定对国家间共同目标的达成有积极贡献，那么"有效的"解决办法就是去违约。不遵约、退出或者赔偿因不断违约造成的损失，就成了各国为实现自己的和共同的目标而最有可能选择的解决方案(Posner and Sykes，2011)。

法治视角则认为，国际法尊重依法而治，体现着共同的社会目标和价值观。这一视角旨在使政府遵守法治，要求各国既要坚守它们所赞成的法律，又要不断重新修订规则。这一视角还关注更宽泛意义上的法律利益相关者。地区法和国际法的关键，不只是为了推进共同的政府利益，还要维护个人权利、促进大众关心的目标。只要把促进对法律的尊重作为目标，就不会再认为不遵约、退出或者赔偿是"有效的"或理想的选择，而是会去制止这些非法行为。

法治视角在地区层次有着最为深厚的成长基础。正是在这里，人们可以开始寻找共同的社会规范和目标，各国人民共享着某些悠久的交往历史，追求着相似的社会安排、政治制度和宗教信仰，致力于组成跨国共同体，或者如哈贝马斯所言，追求着一种"共同生活条件"(gemeinsame Lebenswelt)(Habermas，1981；Risse，2010)。

参考文献

Abbott, K, Keohane, R, Moravcsik, A, Slaughter, A.-M, and Snidal, D.2000.The Concept of Legalization. *International Organization*, 54(3): 401–420.

Abbott, K.and Snidal, D.1998.Why States Act through Formal International Organizations.*Journal of Conflict Resolution*, 42(1): 3–32.

Abbott, K.and Snidal, D.2000.Hard and Soft Law in International Governance.*International Organization*, 54(3): 421–456.

Allee, T.L.and Elsig, M.2014.Why Do Some International Institutions Contain Strong Dispute Settlement Provisions? Evidence from Preferential Trade Agreements.Paper presented at the 7th Annual Conference on the Political Economy of International Organizations, Princeton University.

Alter, K.J.2000.The European Legal System and Domestic Policy: Spillover or Backlash.*International Organization*, 54(3): 489–518.

Alter, K.J.2001.*Establishing the Supremacy of European Law: The Making of a Rule of Law in Europe*. Oxford: Oxford University Press.

Alter, K.J.2014.*The New Terrain of International Law: Courts, Politics, Rights*.Princeton, NJ: Princeton University Press.

Alter, K.J.and Helfer, L.2016.*Transplanting International Courts: The Law and Politics of the Andean Tribunal of Justice*.Oxford: Oxford University Press.

Alter, K.J, Helfer, L, and Saldias, O.2012.Transplanting the European Court of Justice: The Experience of the Andean Tribunal of Justice.*American Journal of Comparative Law*, 60(6): 709–744.

Alter, K.J.and Meunier, S.2009.The Politics of International Regime Complexity.*Perspective on Politics*, 7(1): 13–24.

Bates, E.2011.*The Evolution of the European Convention on Human Rights*.Oxford: Oxford University Press.

Brewster, R.2013.Reputation in International Relations and International Law Theory.In: J.Dunoff and M.A.Pollack(eds.), *International Law and International Relations: Introducing an Interdisciplinary Dialogue*.Cambridge: Cambridge University Press, 524–543.

Caporaso, J.1998.Regional Integration Theory: Understanding our Past and Anticipating our Future.*Journal of European Public Policy*, 5(1): 1–16.

Chase, C, Yanovich, A, Crawford, J.-A, and Ugaz, P.2013.*Mapping of Dispute Settlement Mechanisms in Regional Trade Agreements: Innovative or Variations on a Theme*?Staff Working Paper ERSD-2013-07.Washington, DC: World Trade Organization, Economic Research and Statistics Division.

Cooley, A.and Spruyt, H.2009.*Contracting States: Sovereign Transfers in International Relations*.Princeton, NJ: Princeton University Press.

Crawford, J.2007.The Permanent Court of Arbitration and Mixed Arbitration.Remarks of Professor James Crawford SC FBA LLD, University of Cambridge and Matrix Chambers on the Occasion of a Celebration of the Centenary of the PCA, The Hague, October 18.

Davies, B.2012.*Resisting the European Court of Justice: West Germany's Confrontation with European Law, 1949–1979*.Cambridge: Cambridge University Press.

Davis, C.L.2012.*Why Adjudicate? Enforcing Trade Rules in the WTO*.Princeton, NJ: Princeton University Press.

Dezalay, Y.and Garth, B.G.2002.*The Internationalization of Palace Wars: Lawyers, Economists, and the Contest to Transform Latin American States*.Chicago, IL: University of Chicago Press.

Dezalay, Y.and Garth, B.G.2006.From the Cold War to Kosovo: The Renewal of the Field of International Human Rights.*Annual Review of Law and Social Science*, 2 (December): 231–255.

Downs, G.W, Rocke, D.M, and Barsoom, P.N.1996.Is the Good News about Compliance Good News about Cooperation? *International Organization*, 50(3): 379–406.

Duina, F.2005.*The Social Construction of Free Trade*.Princeton, NJ: Princeton University Press.

Dunoff, J.and Pollack, M.A. (eds.)2013.*International Law and International Relations: Introducing an Interdisciplinary Dialogue*.Cambridge: Cambridge University Press.

Dür, A, Baccini, L, and Elsig, M.2014.The Design of International Trade Agreements: Introducing a New Dataset.*Review of International Organizations*, 9(3): 353–375.

Gathii, J.2016.The Variation in the Use of Sub-Regional Integration Courts Between Business and Human Rights Actors: The Case of the East African Court of Justice.*Law and Contemporary Problems*, 78(4).

Goertz, G.and Powers, K.2012.Regional Governance: The Evolution of a New Institutional Form.Paper presented at a Workshop on an International Organization Database, Wissenschaftszentrum für Sozialforschung, Berlin, February 23–24.

Goldstein, J, Kahler, M, Keohane, R, and Slaughter, A.-M.2000.Introduction: Legalization and World Politics.*International Organization*, 54(3): 385–400.

Goodman, R.and Jinks, D.2013.*Socializing States: Promoting Human Rights Through International Law*. Oxford: Oxford University Press.

Habermas, J.1981.*Theorie des Kommunikativen Handelns*, 2nd edition.Frankfurt am Main: Suhrkamp.

Hafner-Burton, E.M, Victor, D.G, and Lupu, Y.2012.Political Science Research on International Law: The State of the Field.*American Journal of International Law*, 106(1): 47–97.

Haftel, Y.Z.2013.Commerce and Institutions: Trade, Scope, and the Design of Regional Economic Organizations.*Review of International Organizations*, 8(3): 389–414.

Hale, T.2012.The Rule of Law in the Global Economy: Explaining Institutional Diversity in Commercial Dispute Resolution.PhD Dissertation, Princeton University.

Hancock, K.J.2009.*Regional Integration: Choosing Plutocracy*.New York: Palgrave Macmillan.

Hasenclever, A, Mayer, P, and Rittberger, V.1997.*Theories of International Regimes*.Cambridge: Cambridge University Press.

Hawkins, D.and Jacoby, W.2008.Agent Permeability, Principal Delegation and the European Court of Human Rights.*Review of International Organizations*, 3(1): 1–28.

Helfer, L.2005.Exiting Treaties.*Virginia Law Review*, 91(7): 1579–1648.

Helfer, L, Alter, K, and Guerzovich, M.F.2009.Islands of Effective International Adjudication: Constructing an Intellectual Property Rule of Law in the Andean Community.*American Journal of International Law*, 103(1): 1–47.

Helfer, L.and Slaughter, A.– M.1997.Toward a Theory of Effective Supranational Adjudication.*Yale Law Journal*, 107(2): 273–391.

Hooghe, L, Bezuijen, J, Derderyan, S, and Coman, E.2014.The Rise of Supranational Courts in International Organizations.Unpublished manuscript.

Hooghe, L.and Marks, G.2003.Unravelling the Central State, But How? Types of Multi–Level Governance.*American Political Science Review*, 97(2): 233–243.

Hooghe, L.and Marks, G.2009.Efficiency and the Territorial Structure of Government.*Annual Review of Political Science*, 12(May): 225–241.

Hooghe, L.and Marks, G.2015.Delegation and Pooling in International Organizations.*Review of International Organizations*, 10(3): 305–328.

Hooghe, L, Marks, G, Lenz, T, Bezuijen, J, Ceka, B, and Derderyan, S.Forthcoming.*Measuring International Governance: A Postfunctionalist Theory of Governance, Vol.III*.Oxford: Oxford University Press.

Hudec, R.E.1993.*Enforcing International Trade Law: Evolution of the Modern GATT System*.Salem, NH: Butterworth & Co.

Huneeus, A.2013.International Criminal Law by Other Means: The Quas–Criminal Jurisdiction of Human Rights Courts.*American Journal of International Law*, 107(1): 1–44.

Jetschke, A.and Lenz, T.2013.Does Regionalism Diffuse? A New Research Agenda for the Study of Regional Organizations.*Journal of European Public Policy*, 20(4): 626–637.

Jo, H.and Namgung, H.2012.Dispute Settlement Mechanisms in Preferential Trade Agreements: Democracy, Boilerplates, and the Multilateral Trade Regime.*Journal of Conflict Resolution*, 56(6): 1041–1068.

Johns, L.2015.*Strengthening International Courts: The Hidden Costs of Legalization*.Ann Arbor, MI: University of Michigan Press.

Karton, J.2014.International Arbitration Culture and Global Governance.In: W.Mattli and T.Dietz (eds.), *International Arbitration and Global Governance*.Oxford: Oxford University Press, 74–116.

Katzenstein, S.2014.In the Shadow of Crisis: The Creation of International Courts in the Twentieth Century.*Harvard Journal of International Law*, 55(1): 151–209.

Keohane, R.O.1982.The Demand for International Regimes.*International Organization*, 36(2): 325–355.

Keohane, R.O, Moravcsik, A, and Slaughter, A. –M.2000.Legalized Dispute Resolution: Interstate and Transnational.*International Organization*, 54(3): 457–488.

Keohane, R.O.and Victor, D.G.2011.The Regime Complex for Climate Change.*Perspectives on Politics*, 9

(1):7–23.

Kono, D.Y.2007.Making Anarchy Work: International Legal Institutions and Trade Cooperation.*Journal of Politics*, 69(3): 746–759.

Koremenos, B.2007.If Only Half of International Agreements Have Dispute Resolution Provisions, Which Half Needs Explaining? *Journal of Legal Studies*, 36 (January): 189–212.

Koremenos, B.forthcoming.*The Continent of International Law: Explaining Agreement Design*.Cambridge: Cambridge University Press.

Krapohl, S, Meissner, K.L, and Muntschick, J.2014.Regional Powers as Leaders or Rambos? The Ambivalent Behaviour of Brazil and South Africa in Regional Economic Integration.*Journal of Common Market Studies*, 52(4): 879–895.

Lenz, T.2012.Spurred Emulation: The EU and Regional Integration in Mercosur and SADC.*West European Politics*, 35(1): 155–173.

McCall Smith, J.2000.The Politics of Dispute Settlement Design.*International Organization*, 54(1): 137–180.

McLaughlin Mitchell, S.and Powell, E.2013.*Domestic Law Goes Global: Legal Traditions and International Courts*.Cambridge: Cambridge University Press.

Madsen, M.R.2010.*La Genese de l'Europe des droits de l'Homme: Enjeux juridiques et stratégies d'État*. Strasbourg: Presses Universitaires de Strasbourg.

Madsen, M.R.and Thornhill, C.2014.*Law and the Formation of Modern Europe: Perspectives from the Historical Sociology of Law*.Cambridge: Cambridge University Press.

Mansfield, E.D.and Milner, H.2012.*Votes, Vetoes, and the Political Economy of International Trade Agreements*.Princeton, NJ: Princeton University Press.

Marks, G, Lenz, T, Ceka, B, and Burgoon, B.2014.*Discovering Cooperation: Incomplete Contracting and Institutional Change*.EUI RSCAS Working Paper 2014/65, Florence: European University Institute.

Martin, L.1992.Interests, Power and Multilateralism.*International Organization*, 46(2): 765–792.

Martin, L.2013.Against Compliance.In: J.Dunoff and M.A.Pollack(eds.), *International Law and International Relations: Introducing an Interdisciplinary Dialogue*.Cambridge: Cambridge University Press, 591–611.

Mattli, W.1999.*The Logic of Regional Integration: Europe and Beyond*.Cambridge: Cambridge University Press.

Mattli, W.and Dietz, T.2014.*International Arbitration and Global Governance*.Oxford: Oxford University Press.

Merrills, J.G.2011.*International Dispute Settlement*.Cambridge: Cambridge University Press.

Moravcsik, A.2000.The Origins of Human Rights Regimes: Democratic Delegation in Postwar Europe. *International Organization*, 54(2): 217–252.

Nathan, L.2013.The Disbanding of the SADC Tribunal: A Cautionary Tale.*Human Rights Quarterly*, 35(4): 870–892.

Pescatore, P.1981.Les Travaux du "Groupe Juridique" dans la négociation des Traités de Rome.*Studia Diplomatica (Chronique de Politique Etrangère)*, 34(1–4): 159–178.

Posner, E.and Sykes, A.2011.Efficient Breach of International Law: Optimal Remedies, "Legalized Non-compliance," and Related Issues.*Michigan Law Review*, 110(2): 243–294.

Posner, E.and Yoo, J.C.2005.Judicial Independence in International Tribunals.*California Law Review*, 93(1): 1–74.

Powers, K.and Goertz, G.2011.The Economic–Institutional Construction of Regions: Conceptualisation and Operationalisation.*Review of International Studies*, 37(5): 2387–2416.

Putnam, T.2013.*Courts Without Borders: The Politics and Law of U.S.Extraterritoriality*.Stanford, CA: Stanford University Press.

Rasmussen, M.2013.Towards a New History of European Law.*Contemporary European History*, 21(Special Issue 3): 305–476.

Risse, T.2010.*A Community of Europeans? Transnational Identities and Public Spheres*.Ithaca, NY: Cornell University Press.

Romano, C.2011.A Taxonomy of International Rule of Law Institutions.*Journal of International Dispute Settlement*, 2(1): 241–277.

Romano, C, Alter, K, and Shany, Y.(eds.) 2014.*The Oxford Handbook of International Adjudication*.Oxford: Oxford University Press.

Saldias, O.2010.*Networks, Courts and Regional Integration: Explaining the Establishment of the Andean Court of Justice*.KFG Working Paper 20.Berlin: Research College "The Transformative Power of Europe,"Freie Universität Berlin.

Sandler, T.1997.*Global Challenges: An Approach to Environmental, Political and Economic Problems*.Cambridge: Cambridge University Press.

Simmons, B.2009.*Mobilizing for Human Rights: International Law in Domestic Politics*.Cambridge: Cambridge University Press.

Simmons, B.2014.Bargaining over BITs, Arbitrating Awards: The Regime for Protection and Promotion of International Investment.*World Politics*, 66(1): 12–46.

Simmons, B.and Danner, A.2010.Credible Commitments and the International Criminal Court.*International Organization*, 64(2): 225–256.

Stein, A.A.1983.Coordination and Collaboration: Regimes in an Anarchic World.In: S.Krasner(ed.), *International Regimes*.Ithaca, NY: Cornell University Press, 299–324.

Stone, R.2011.*Controlling Institutions: International Organizations and the Global Economy*.Cambridge: Cambridge University Press.

Stone Sweet, A.1999.Judicialization and the Construction of Governance.*Comparative Political Studies*, 32(2): 147–184.

Stone Sweet, A.and Brunell, T.1998.Constructing a Supranational Constitution: Dispute Resolution and Governance in the European Community.*American Political Science Review*, 92(1): 63–80.

Tallberg, J. and McCall Smith, J. 2014. Dispute Settlement in World Politics: States, Supranational Prosecutors, and Compliance. *European Journal of International Relations*, 20(1): 118–144.

Von Stein, J. 2013. The Engines of Compliance. In: J. Dunoff and M.A. Pollack (eds.), *International Law and International Relations: Introducing an Interdisciplinary Dialogue*. Cambridge: Cambridge University Press, 477–501.

Yarbrough, B.V. and Yarbrough, R.M. 1992. *Cooperation and Governance in International Trade: The Strategic Organizational Approach*. Princeton, NJ: Princeton University Press.

Zürn, M. 1992. *Interessen und Institutionen in der Internationalen Politik: Grundlegung und Anwendung des Situationsstrukturellen Ansatzes*. Opladen: Leske & Budrich.

第 24 章　地区认同和共同体

杰弗里·切克尔(Jeffrey T.Checkel)

【559】　为什么要在这样一本比较地区主义手册中写到认同和共同体呢?[①]毕竟,在某些情况下,这些要素似乎并不相干。我们不去说北美地区主义或北美自由贸易协定(NAFTA)在塑造共同体和身份认同方面有什么作用,是有一定原因的。笔者现在加拿大不列颠哥伦比亚省温哥华市从教,每当问学生是否知道自己的"北美人"身份时,他们都会呵呵一笑、不以为然(另见 Capling and Nossal,2009)。

不过,其他地区可以证明,北美可能只是一个例外。领导人们在谈及"东盟方式"或"泛阿拉伯主义"等词语时,他们往往是把地区建设当作认同建构来加以陈述。当然,欧洲更加如此,那里的政治家和学者都认为,在欧盟(EU)的发展与地区认同和共同体意识之间有着非常重要的关联。

好在我们很有必要在这样一本比较地区主义手册中对认同和共同体的作用进行一番考察。不过,这并非一件很容易的任务。部分困难在于,如何划定本章的实证范围。一旦选错了重点——比如说选了北美——就可能导致我们的研究结果(离谱得)如竹篮打水。另一个挑战是,这里的关键概念——认同和共同体——可以并且应当从两方面加以看待。作为自变量,我们可以探讨它们在帮助创建地区组织上的作用(这是本章重点),同时也可以探讨它们对制度设计和遵守的影响。但同样重要的是,我们也可以反过来探讨地区组织在形成之后如何影响认同感和共同体感。最后一个挑战是,如何区分认同

---

① 对于本章初稿的评论,笔者要感谢两位主编,感谢柏林自由大学召开的三次(2013 年 12 月、2014 年 6 月、2014 年 12 月)项目讨论会的参加者、2014 年 9 月在西蒙·弗雷泽大学一个专题研讨会上的同人,以及英肯·冯·博尔齐科夫斯基(Inken von Borzyskowski)。笔者还要感谢阿米塔·阿查亚(Amitav Acharya)和杰尔曼·普列托(German Prieto),他们友好地分享了有关文献;感谢玛莎·斯诺德格拉斯(Martha Snodgrass)提供了完美的研究协助。

话语与其实际想表达的内容之间的差别。记述地区人士如何“谈论认同”是一回事(他们可能纯粹是出于实用的或策略的目的),而追踪这些话语的实际影响则又是一回事,因为人们的“谈论”有更深一层的、在自我理解上会发生内在变化的含义。

关于这些见解和观点,我们分三部分展开。第一节我们先看一看,在亚洲、非洲和南美洲的经验中,地区制度对认同和共同体有什么影响,反过来认同和共同体意识对地区 【560】 制度又有什么影响。第二节探讨欧洲的情况,我们评估了一项有关“制度-共同体-认同之间关系”的研究,以及对于完成这项研究至关重要的某些理论和学科重点。有关欧洲的研究成果,特别是欧盟塑造身份认同的程度,很有特殊性;但是跨学科理论的运用,不仅可以而且应当能够跨越不同制度,并事实上为学者们研究其他地区提供一种模式。在结论中,我强调了几个对于研究地区主义、地区组织和认同的学者有挑战性的地方。从理论上看,我们有必要回到政治学和国内背景中去,并采取跨学科的方式开展研究,而不要局限于政治科学所提供的研究工具。从方法论上看,尽管学界已巧妙地指出,“认同-共同体-地区组织之间的关系”随时都在发展和变化,但是学界还未曾有人成功地运用技术方法对这一过程加以衡量。

一开始,笔者应该对本章所使用和理解的认同概念作出说明,毕竟这个概念引发了太多的争论和分歧(Abdelal et al.,2009,chs.1-3)。笔者所理解的认同,就是指反映在公共辩论、政治形象、集体记忆和精英权力竞争当中对于某种集体自我(a collective self)的共同认识,还包含由大多数成员所共享的、有关如何定义本团体及其成员资格的集体信念。这样定义认同,既反映社会实践,也反映政治态度,其形成受到社会和地理结构及民族国家背景的制约(Checkel and Katzenstein,2009,4)。一如对待所要评述的文献,笔者在定位和衡量认同的时候也奉行折中的态度。在有些案例中,它可能存在于制度之中并由制度所培育,而在另一些案例中,它可能是社会日常生活实践所建构出来的(Hopf,2002,ch.1;另参见 Brewer,2007)。

地区组织与认同及共同体

笔者于 2014 年末撰写本章时,惊讶地发现,比起 15 或 20 年前来,竟有如此之多的文献论及地区组织与认同的关系。这或许表明,有某种事情正在发生。不过,这也可能表明,有越来越多的政治科学家开始讨论这个议题,毕竟他们受到新一代建构主义学者的影响,把身份认同问题摆到了前沿和中心的位置(Adler,2013,其中有综述)。

显然,在大量地区和地区组织当中,身份认同不论是作为自变量还是因变量,都关系重大。许多学者在探讨“认同-共同体-地区组织之间的关系”时,往往首先引述卡尔·

多伊奇五十多年前的开创性作品。因此,我们最好也从他开始说起。多伊奇认为,共同体和共同身份是在交往和沟通交流之中出现的,由此而形成的“安全共同体”会创造和平变革的预期。尽管多伊奇主要研究的是国家之间的交往,但显然他的分析框架也适用于地区组织(Deutsch et al.,1957)。

【561】 多伊奇在理论上和方法论上都受到了批评(在理论上人们质疑他:“为什么共同交往就一定会带来共同身份?”;在方法论上人们质疑他:“仅仅考虑交往活动就能够对共同体加以衡量吗?”),这引发新一代学者起而对他的观点进行修正。特别是,阿德勒和巴尼特(Adler and Barnett,1998)提出了一个探讨安全共同体的更严格的理论,并在他们的研究中增加了案例研究方法(可参见 Acharya,2009)。他们提出,学习乃是地区组织帮助培育集体认同的一个关键途径(Adler and Barnett,1998,ch.2; 另参见 Levy,1994)。这种学习机制主要发生在政策制定者和政治家这一精英阶层中,这就赋予多伊奇的“交往”概念以实际可行的内容,也正好解释了交往是如何产生集体认同的问题。

阿德勒、巴尼特及其合作者给出了大量研究提示——比如欧安组织(OSCE)、东南亚和南美——这些地区或地区组织在重塑精英人士的认同上扮演着重要角色。总的来看,这些文章向我们表明,认同是在不断变化的。不太明确的是,地区组织是否真正起到了相应作用。学习真的管用吗?或者说,认同变化难道不会借助其他机制(比如争辩、精英人士更迭、异化)?这些文章并没有运用研究设计类型、原始数据或者基于过程的方法,来分辨不同的学习效果。

阿德勒和巴尼特的目的在于,为安全共同体内的学习找到一个合理的案例,并确认地区组织所起的作用,他们确实做到了这一点。至于着手考察具体的操作细节,并对这些分析性观点进行实证检验,就应当是其他学者的任务了。正如笔者在下一节要指出的,研究欧洲地区组织的学者已经在这方面迈出了一大步,有关其他地区和地区组织的研究则进展迟缓(又可参见 Acharya and Johnston,2007,277-278)。笔者下面就转入对后一种学术状况的讨论。由于空间的限制,我们将比较三个地区:亚洲、非洲和南美洲。首先我们梳理有关把地区认同视为地区组织建设前提的作品,然后,反过来考察那些关于地区组织有能力重塑共同体和认同的观点。除非另有说明,我们考察的均是政治精英人士的认同,因为大量学术作品也都聚焦于此。

认同塑造制度

在亚洲内部,有一小批重要著作探讨了“认同塑造地区组织”(identity→RO connection)这一因果联系,特别是其中论及东盟(ASEAN)的著作。在论及东盟的著作中,阿查亚及其合作者的作品树立了标杆。关于认同,他们认为,多样性(diversity)是东盟所拥护的认同的核心成分,而且它在塑造东盟成为一个地区组织方面起了重要作用。比如说,这项认同成分解释了该组织为什么愿意容忍不同的政权形式(Acharya,1997,2009;Acharya and Layug,2012)。更准确地说,由于他们评估认同的方式是分析东盟文件中的纲领性宣言和领导人的声明,这种观点实际上就是说,精英人士所认同的理念塑造了东盟。从根本上讲,他们的观点与多伊奇的经典阐述是正好相反的,他们认为东盟的共同 【562】
体想象是先于交往活动而产生的。

当然,亚洲的制度发展并没有止步于东盟(参见本书第 11 章)。1994 年,10 个东盟成员国建立了一个更大的有 27 国的实体——东盟地区论坛(ARF)。东盟领导人坚持认为,ARF 应以渐进主义为特色,其组织结构应高度精简。阿查亚解释说,这就是"东盟方式"和地区认同存在的证据(Acharya 2009,ch.6),而后者首先有助于解释地区组织的兴起。"东盟方式"是经过多年实践总结和完善而成的一套原则,这些原则自然地应用到了 ARF 身上,成为通往安全目标的"亚洲式"道路。不过当然,有相关性不一定合乎因果逻辑。或许 ARF 采取这种形式的原因是,东盟政治领导人在玩政治游戏,特别是意在限制和管束美国和中国在该地区所发挥的作用 (Prieto,2013b,22–27)。或者也可能 ARF 是为了拥护多样性而进行的战略设计,为的是能够由此将中国这一传统"单边"行动者纳入亚洲多边社会之中(Johnston,2008,ch.4)。

如果说精英人士的认同有时起着塑造地区组织的作用, 那么缺乏这种认同就会对地区组织的发展形成障碍。事实上,有人正是用这种认同的缺乏来解释为什么二战后的欧洲建立了北约(NATO)而亚洲却没有创建同样的实体。在一个很有意思的研究中,亨默和卡赞斯坦(Hemmer and Katzenstein,2002)声称,美国在二战后本来希望同时创建北大西洋地区和东南亚地区。美国希望与其北大西洋伙伴建立多边性的关系, 而在东南亚却选择双边合作。美国政策制定者把他们潜在的欧洲盟友看成是同一个共同体的成员, 这样的集体认同就使得他们用多边主义去界定北约——至少部分上是这样。根据亨默和卡赞斯坦的观点,正是由于缺乏这种共有的认同,才有助于解释为何亚洲的地区组织创立结果不一样。

笔者之所以说"至少部分上是这样"和"有助于解释",是因为作者最终并未弄明白,到底这种北约与亚洲的对比在多大程度上可以用认同来加以解释。正如这些作者承认的,客观因素和效率考量也从中起了作用。不幸的是,既然这个单一案例研究之中存在三个相关因素,那就会出现难以确定的后果,如此也就不可能仅仅根据认同来衡量这个研究所作出的解释了。

让我们转而看看非洲(参见本书第 13 章)。作为非统组织(OAU)的继承者,非盟

(AU)于2002年的创建如果缺乏某种先前就有的地区认同就难以解释。从非统组织到非盟的转变,乍一看是由强势领导人(卡扎菲、奥巴桑乔、穆加贝)所主导,是他们共同的政治设计。但是新组织的特殊形式和内容还是受到了某种共同认同的驱动,并认识到在经济、政治和社会领域的全大洲性合作有利于为新的非洲安全秩序奠定基础(Tieku,
【563】 2004)。正是有了这样的共识,《非盟宪章》才授予该组织权力,允许它在无须取得一致同意的情况下去干预非洲国家的国内事务,以阻止战争犯罪或响应对于合法秩序的严重威胁——这在非洲历史上还是第一次(Tieku,2004)。

事实上,认同在这里具有两重含义。2000年之后的精英共识直接来自非洲更早时期的后殖民认同,这种后殖民认同赋予非统组织的是一种强烈的不干涉规范(Williams,2007)。正如一位分析家指出的,“非洲各国和地区组织在设计安全政策时,并非只是出于实力上或制衡上的考虑。实际上,有关作为‘非洲人’意味着什么这样的伦理和规范问题,在其中也起了重要作用”(Williams,2007,278;又见 Moore,1987;Söderbaum,2004)。这些听起来非常合理,但设计和方法问题使得读者很难从中理解认同所发挥的确切作用。无疑,精英人士,比如政府官员和地区组织官僚,援引的是一个特别的认同叙事——并且应时而变——来解释(或正当化?)非洲地区组织的兴起(OAU的创立)和变迁(OAV演变成AU)。仍不太明确的问题是,是否这种精英叙事真的可以用来衡量认同,它们在多大范围内被分享,这些叙事与那些可能对非洲地区组织的形成也有影响的其他因素——权力差异、国内政治、扩散过程——又是如何相互关联的(Herbst,2007)。

再来看看南美,认同作为一个时不时推动着地区合作的因素,在这里起着一种颇有意思的“负面”作用,这在其他地区是看不到的。加勒比地区是一个典型例子。它不属于北美,正如联合国出于组织目的经常这样看待它一样;它与拉美也没有很紧密的文化和历史联系。因此,除了有一个共同的奴隶贸易历史外,它的地区认同就带有强烈的异化性质——非此也非彼。

埃尔博(Elbow,1999)曾经提出,1973年加勒比共同体(CARICOM)的创建背后,正是这种认同上的动力在起作用。加勒比共同体不仅对这些大多为前英属殖民地的国家许诺经济红利(最终建立一个单一市场),它也成为一个宣扬加勒比并不附属于北美或拉美的平台。同样地,图西(Tussie,2009)也指出,共同感到拉美人——摆脱美国及其新自由主义“华盛顿共识”设定的议程——已经成为建立地区组织的诸多努力的驱动力,包括1960年成立的拉美自由贸易区和1991年成立的南方共同市场(MERCOSUR)(参见本书第8章)。

认同似乎也在安第斯共同体(CAN)中发挥作用,如普列托(Prieto,2012)所表明的,先前的认同在 1969 年该组织建立时是起了作用的。最早签约的国家——玻利维亚、哥伦比亚、厄瓜多尔和秘鲁——就有着相同的历史和相似的后殖民发展环境。这种认同后来逐渐通过交往和谈判得到加强，这又表明存在着地区组织反过来影响认同的情况（Prieto，2012）。普列托主要是为这种共有认同寻找直接的证据，他广泛采访了超过 30 位高官和管理人员。这是一种值得欢迎的做法，因为这样的访谈数据比领导人或高峰会议宣言更有助于我们理解认同的内涵。普列托也间接地为这种集体认同寻找证据，这就有点不大令人信服了。他认为，安第斯共同体虽然明显没有实现其所宣称要达到的目标，但也生存了下来。因此，一定有某种其他东西——共有的共同体——可以解释这种制度惯性（Prieto，2012，2013a）。虽然这种解读有合理性，但如果该作者还能同时考 【564】
虑到其他一些影响因素——比如沉没成本——的话，就应当更有说服力一些吧。

制度塑造认同

如果我们现在将因果关系的箭头反过来，考虑一下“地区组织对认同的影响”（RO→identity relation），就会明白，这在学术界更少受人关注，特别是比起欧洲的情况来更是如此。这或许只是由于研究欧洲和欧盟的人更多，但也可能是因为世界其他地区的许多地区组织，比起欧洲的地区组织来并不强大或相对年轻。

尽管如此，仍有几位学者从亚洲入手，暗示地区组织能够改变认同，特别是在精英人士当中。阿查亚就东盟而提出，该组织内部日渐增多的交往改变了精英人士的认同，这是一种社会化的过程（Acharya，2009，ch.2）。然而正如阿查亚没能完全指出的，我们还是不明白为什么交往可以导致产生共同体的感觉，以及为什么会发生认同转变。毕竟，如此进行的长时间交往很有可能导致人们相互更加疏远。因此，这种交往的性质有可能比其内容更加重要（另见 Sigalas，2010），然而阿查亚的数据和方法都并不支持我们作这样的剖析。

对于这种理论阐述不够深入的问题，江忆恩在一部有关中国及其与亚洲（全）地区性组织关系的著作中进行了直截了当的讨论（Johnston，2008）。事实上，江忆恩设定了一个“理论-数据-方法”标准，这个标准应当成为研究地区组织及其与认同和共同体之间关联的规范。在理论上，他告诉我们有三个把握这一关联过程的因果机制：模仿、说服和社会影响。至于所用数据，他进行了范围广泛的访谈（超过 120 人），同时他十分小心地处理这种特定数据源中内在的不足（记忆错误、故意掩饰）（Johnston，2008，41-43）。他不止做了访谈，而且对多种数据来源进行三方对照使用，其中包括公开的文件、中文学术文章，以及他与中国官员的私下交谈记录。

至于方法论,他不避挑战,认真地去对像“认同转变”(identity change)这样的过程进行评估研究。在这个概念变得流行起来之前,他就大体上采用过某种过程追踪(process tracing)的形式来进行写作了(Beach and Pedersen,2013)。这意味着他最早对他提出的有关认同转变的三个因果机制进行了实际运用,并(用行话)询问到,如果它们在中国案例中起作用的话,那么我们能观察到什么呢?最后,他还作了结构严谨的叙述,读者因此对于有什么机制在起作用以及它们起了什么作用,就有了实实在在的感受(Johnston,2008,ch.1 and passim)。[①]

他这样预先对理论和方法进行细致阐述的结果是,给我们清晰地勾画了中国的身份认同是怎样因其(渐渐)参与大量地区和国际组织而得以重塑的,也让我们知道在哪些地方即使有参与也没能改变认同。看一看中国参与东盟地区论坛(ARF)的案例吧。江
【565】忆恩研究表明,许多中国外交官日益接受了 ARF 的多边安全观念的——包括预防性外交和建立信任措施(CBMs),并且在其国内科层体制中,他们相比其反对者来更加积极地拥护这些观念。在 ARF 的活动中,他们变得颇习惯于信任同行,能与同行共享这个组织的目标。到 20 世纪 90 年代末,中国开始倡导建立信任措施(CBMs)和其他一些制度措施,而这些在 1993 年时还不可想象,那时候这一过程才刚开始,这些概念在奉行“毛主义”世界观的外交政策人士当中还闻所未闻,或者备受质疑(Johnston,2008,ch.4)。

外交官和政策精英人士的认同中所发生的这些转变,可能看起来微不足道,但它们对于中国而言却很重要。在这个国家参与像 ARF 这样的制度之前,它的自我形象是一个奉行现实政治的大国,注重于谋求优势,并寻求单边获益或采取制衡行动(Johnston,2008,32–39)。但如今中国外交中出现了多边主义的成分,这个成分得自于它对国际制度的参与,并在大众媒体中展现出其积极的一面(“负责任的世界公民”)。江忆恩所得出的这些细微观点未必全面准确,可能会留有遗憾,但它们远比太多其他研究地区和地区组织的学者,对身份认同的作用大而化之地笼统议论要好得多。

让我们转向非洲,会发现某些证据表明,地区组织一旦建立就会影响认同。这种情况至少曾以两种方式出现过:第一种方式由政治学家所指出,是指非洲的地区组织为官员和精英人士之间的交往互动提供了一个持续进行的场所。就像阿查亚和江忆恩在亚洲案例中所说的那样,这里也认为,这种交往通过社会化而导致认同的转变,使得精英人士的思想超越于后殖民思维。关于非统组织(OAU),威廉姆斯(Williams,2007)提出,

---

① 这一分析方法并不复杂,但它却是那些对评估认同转变感兴趣的地区组织研究者太经常采用的方法。关于如何严谨地将认同纳入我们的分析,有一个绝佳的读物可推荐给大家,即 Abdelal et al.,2009。

其领导人通过两条途径得以社会化:一是共同的海外求学经历——无论是去英语国家还是去法语国家——这令这些非洲精英得以交往到一起(又参见 Reno,2011);另一条途径是通过大量非统组织峰会和其他会议,由此这些国家首脑可以同住一处酒店并避开公众视线进行往来。关于非盟(AU),我们可以看到同样的过程在进行,"其成员被纳入一个持续商讨的过程中,它们在商讨该组织安全文化的核心要义究竟是什么,这种文化起源于 19 世纪末以来的泛非主义身份叙述,其基本成分业已经过了后殖民国际政治的洗礼"(Williams,2007,278)。

这些观点虽颇有意思，但读者仍然疑心它们是否真的有用。其中一个是前面提到的同一个"设计—数据—方法"问题。另外,这类观点将认同转变归功于一个地区组织,未能把握一个重要事实。那就是,同样是这些非洲领导人,他们身处于多个舞台——其他地区或次地区组织、法语共同体、联盟会议、各国科层体制——在这些舞台上,社会化的不同过程有可能与他们在每年只开几次会的非盟舞台上的经历相抵触(Checkel,2014b,该文将这一观点应用到欧盟或欧洲的环境中)。

非洲地区组织塑造认同的第二种方式不那么直接，因而似乎被政治科学研究所忽略。如果我们再来看看非盟的例子,会发现影响身份认同概念的并不只是发生在会议室里的一切。除此之外,非盟还营造出空间环境,令有关记忆和纪念的政治活动得以在 【566】
此激起社会化和认同转变。例如,有人指出,非盟决定在邻近其亚的斯亚贝巴总部的地方建立一座人权纪念馆,这个建设的长过程促使人们围绕人权形成了一种新的政治共识和新的规范空间(de Waal and Ibreck,2013)。这种记忆政治因以下事实而受到极大促动:过去的非统组织总部和早先的非盟总部都建筑在正好位于亚的斯亚贝巴中央监狱对面,那里在几届埃塞俄比亚政府治下曾经发生过数起侵犯人权的事件。

我们这里的重点不是强调物理意义上的纪念馆，而是强调围绕纪念馆而产生的政治。正如德瓦尔和伊布莱克(de Waal and Ibreck)所说,它指的是"纪念活动的政治意涵……既是一扇通往地区实体(非盟法院)、各国和公民代表之间权力关系的窗口,其本身又是某种形式的象征性权力,带有制度规范和认同的含义在内……[这些]纪念馆反映并强化着有关政治共同体和共同伦理原则的思想"(de Waal and Ibreck,2013,193)。虽然这些作者显然记载了围绕非盟人权纪念馆建设而涌现的政治活动,但我们还是不太明白,这种政治动员究竟在哪些行为体中激起了认同转变,以及产生了多大程度的转变。另外,考虑到这个案例的特殊性,我们感到,地区组织塑造身份认同的这种独特方式实际上难得一见。

至于南美洲的地区组织造成认同转变的情况——除了普列托(Prieto,2013a)论及的安第斯共同体——有人声称,他们在南共市(MERCOSUR)身上看到了同样的作用过程。特别是该组织在1999—2002年金融危机之后重新活跃起来，要部分归功于它自1991年创立以来内部因交往而形成的共同身份(Caballero,2012)。不过,对如此断言很难加以评判,因为其研究的方法论缺乏透明性,而且其研究结果也太不确定。①

继续往下评析,我们需要记住另外两点:第一,我们要承认,对于认同作为地区性国际组织建立前提的作用,要分两方面来看。在早先我强调过的案例(东盟、非盟)中,认同对于地区组织确实有积极作用。但是可能在有些地区,其先前存在的集体认同——尤其是当它强调后殖民民族主义的话——却会导致其所创立的国际组织不够强大并且效率不高。这个观点是巴尼特和索林根(Barnett and Solingen,2007)对中东地区主义和阿盟进行研究后得出的。如他们所言,“阿拉伯民族主义以及某种共同身份导致阿拉伯国家……害怕实现阿拉伯统一”。正是由于如此(害怕)统一,阿盟才“经特别设计,不会导致形成那种更高程度的协调和一体化,以免在各国国内削弱其政治领导人的权威”(Barnett and Solingen,2007,181)。

第二,我们得分辨,关于认同作用的叙事与衡量认同影响的系统分析是不一样的,后者需要使数据和方法适用于所作的因果推理。从我们这里所评析的作品看,这一点对于未来有关地区性国际组织与认同关系的研究,始终是一个重要的挑战——不过,部分上对于亚洲是例外。

这一学术挑战因为出现笔者称之为“精英认同谈话”(elite identity talk)的情况而更加严峻了。地区行为体明显据此来激发身份认同——“我们这么做是出于我们的非洲价
【567】值观”,你听,显然他们是出于工具目的和策略原因才这么讲的呀。谈论身份认同,能够充当并且确实充当了合法性的工具。然而这种对身份认同的理解就远离了我们这里所讨论的意思。或许在公开场合反复念叨身份认同,会导致其后来慢慢被接受(内化),但要验证这一观点,还远远不止需要像领导人声明那样的数据材料,还需要把握认同转变过程的方法。

制度与认同:欧洲特例

如果说上一节对于认同与地区组织的关系建立了一种比较分析的语境——包括我们了解和不了解的内容,那么这里让我们再以欧洲为例来对它详加探讨。在欧洲,我们主要讲的是欧盟,这跟普遍的研究做法一样。这并不否定其他欧洲地区组织的重要性,

① 厄斯纳(Oelsner,2013)则提出了一个不同的问题,探讨了南共市(MERCOSUR)如何作为组织而获得其自身认同。

以及认同在这些组织中所起的作用,像北约(NATO)(Risse-Kappen,1997;Gheciu,2005)或者欧委会(CoE)(Checkel,2003)。当然,篇幅所限以及人们经常(或明或暗地)拿欧盟作为基本案例,也令笔者不得不这样做。为分析方便,笔者主要探讨的是地区组织对认同的影响,正如绝大多数学术作品所强调的一样。

且不说本节副标题所蕴含的特别意义,欧洲案例也的确有其不同于其他地区之处。大致算起来,聚焦于欧洲认同与地区组织关系的学术研究确实比其他地区更多。多个学科中都有更加丰富的文献,政治科学、社会学、政治理论、媒介研究和人类学都做出了重要贡献。这种丰富性很重要,因为它令地区组织对认同的影响问题得到更为完整的记录,由此使认同转变的不同领域和来源得以凸显出来,不然的话,我们是不可能理解地区组织的确切影响的。至于研究设计、数据和方法,有关欧盟的文献(绝大多数都)面临超越认同叙事的分析挑战。

接下来,我们通过三个学科的视角来对欧盟中"地区组织与认同之间的关联"加以探讨。首先是政治科学,在这个领域里,地区组织的研究早在二战之前就已很受重视(Martin and Simmons,2013)。然后,我们转向社会学和人类学,认为它们在关键方面对政治科学的解释构成了补充。事实上,从本节中可得到的核心启示是,如果我们要完整理解全球范围的地区制度与共同体感觉及身份认同之间的关系,就需要转向跨学科的研究。

制度塑造认同

政治科学历来十分重视制度——有正式的,也有非正式的(规范),以及在其中活动或利用它们开展活动的精英人士。这些施动者都积极寻求建构某种身份认同,实际上,【568】我们可以称之为"认同建构的工程观"(the engineering view of identity construction)(Checkel and Katzenstein,2009,ch.1)。认同与共同体是自上而下地进行建构的,正像过去一样,从地区组织层次到其下的民族国家、个人和组织(Barnett and Finnemore,2004)。

运用政治科学视角进行研究的一个绝佳例子是朱迪丝·凯利的作品(Judith Kelley,2004a,2004b)。她讨论的是,欧洲的地区组织(欧盟、欧安组织和欧委会)如何在冷战后的东欧重塑(或部分重塑)那里的族群认同与共同体。特别是,她试图将联结地区组织与国家行为及认同的机制加以理论化,并对之进行验证。如果凯利就此作罢,那她的研究跟其他人的研究相比就没什么特别之处,不过就是指出自变量(地区组织)和因变量(国家身份、政策)之间存在的联系机制罢了(比如 Schimmelfennig,2003;Checkel,2007;

Johnston,2008)。

还好,她向前迈出了重要的一步,在分析中,她将国内政治大体上作为一个干预变量引入,即国内反对的程度(无论高低)影响那些作用于国家认同的不同机制(Kelley,2004a,32)。这个分析举措是值得称赞的,因为它突出了这个关键之处,即地区组织通过塑造和影响其国内政治的方式来影响各国及其认同。对这个论点的检验,是通过结合定量和定性方法进行的,并进行了认真的反事实分析。在定性技术方面,凯利明确地运用了基于过程的方法——最重要的是过程追踪法——这对于把握地区组织与认同的关系非常重要。她的分析严谨而明晰,使读者能够轻松了解她是如何衡量国家认同变化的。

总之,凯利做出了重要贡献。她阐明了地区组织影响国家认识少数族群认同和共同体的具体条件和机制。她还表明,对过程和机制的集中关注,与其在理论和方法上的严谨是完全一致的,这是一项不小的成就,因为不少政治科学家在运用机制分析时,总是概念混乱、意义含混(Gerring,2008;Bennett,2013)。

有一个相关的政治学观点,集中讨论的是地区制度对认同和共同体的间接影响。在这种情况下,它们创造了精英人士交流的空间,从而建构了安全共同体(Andler and Barnett,1998)、交往共同体(Bruter,2005)或公共领域(Risse,2010,2014)。这主要是一个自上而下的视角,展示了认同和共同体是如何建构的。

里塞(Risse)及其合作者有关欧洲公共领域的著作,是一个从政治科学角度对地区组织与认同关系进行尝试性研究的很好例子。该研究清晰地说明,借鉴其他学科(这个案例中是媒介研究)可以产生附加价值。简而言之,他们认为,欧盟有助于将以前的民族国家公共领域欧洲化,因此人们在欧洲看到的是一个正在兴起的跨国交往领域。这是一个细致而精心设计的观点。比如,作者们认识到,权力仍然在塑造公共领域上发挥
【569】作用(Risse,2014,ch.1),而这是先前研究的盲区。这也不是一个非此即彼的观点,并不是说欧洲公共领域要以牺牲国家公共领域为代价,它们的关系是一种互补性的关系(特别参见 Koopmans,2014)。

就笔者而言,重要的是这些欧洲化公共领域的因果解释力。它们不只是"清谈馆",而且是"集体认同得以建构、重建和公开展示,从而建立政治共同体"的环境(Risse,2014,30)。因此,通过帮助创建这些协商性空间,欧盟正在改变认同感和共同体感。里塞及其合作者不仅断言了这种改变,还以丰富的经验事实和多种方法(话语分析、问卷调查、框架分析)将其记录下来。与凯利的著作一样,这绝不是对认同的描述。通过在公共领域问题上提出清晰、明确的观点,然后用简易的方法将其与经验事实联系起来,他们提出的因果主张的有效性因而得到了增强(参见 Bruter,2005;Koopmans and Statham,

2010）。

对地区组织与认同之间关系的政治学研究中，经常会有这样一个民族国家类比，即地区层次的认同建构遵循着一个类似过去两百年间民族国家形成过程中出现的范本，其中，精英人士扮演着主导角色。然而这一类比放到工具层面和机制层面就无效了。那些（精英）工程师试图通过地区制度塑造认同，却无法进入许多舞台和机制——学校、军队、大众神话、强大的国家公共领域——这些都是国家身份认同的设计者们触手可及的。这并不会使凯利或里塞的论断失效，但这确实提出了一个规模问题，即他们认为地区性组织产生的认同影响可能仅限于精英身上，而且实际上相当微弱（Hooghe，2005；Checkel，2007，ch.8）。

这些观点正受到另一部分探讨“地区组织塑造认同”的社会科学文献的挑战。这类作品是定量研究，有时是实验性研究，试图将欧盟的各个方面与认同转变联系起来。这些研究绝大多数关注的对象位于政治决策者之下、普罗大众之上。让我们来看看欧盟资助的“伊拉斯谟交流计划”所做的工作，这项计划允许来自欧盟各地的学生到别的成员国的一所大学学习一学期或一年。“伊拉斯谟计划”加强了欧洲年轻人之间的交流，也许还像弗利格斯坦（Fligstein，2009）所指出的那样，促进了欧洲认同的生长。与笔者之前观察到的地区层次缺乏社会化活动相矛盾的是，在这个例子中，欧盟似乎在学校层面已建立起重塑认同的机制。不幸的是，通过比较两个近期的定量研究，我们又发现，研究者对于这是否真的就是最后成果还存有极大分歧（Wilson，2011；Stoeckel，2014）。

“伊拉斯谟计划”中的学生是这两位研究者所研究的焦点，他们通过问卷调查和小组研究的方式来记录认同模式的变化。斯托克尔（Stoeckel，2014）将参与“伊拉斯谟计划”看作推动认同转变的动力，而威尔逊（Wilson，2011）的观点则相反（参见 Kuhn，2012）。[①]斯托克尔的研究设计（三轮小组）比起威尔逊的要复杂得多，但与所有试图衡量认同的定量研究一样，关键的研究结果要受到样本大小或组合，以及数据性质的影响。对斯托克尔而言，他的所有受访者都是德国人，他们可以说从小就被社会化成为欧洲人，而且这些交换生中有 40%只去过两个国家——法国和意大利。这就是正在培育欧洲集体认同的跨国联系（斯托克尔的假设）吗？还是说，认同转变只不过是德国人的制造物，他们在社会化中感受欧洲，并与来自欧盟核心国家经历过类似社会化的学生互动？此外，是否存在所谓的“天花板效应”（Sigalas，2010）？就是说，相比其他公民，交换生组成了一个已经从属于欧洲的团体。那么像“伊拉斯谟”这种计划在转变认同方面就不那 【570】

① 对于“伊拉斯谟计划”的认同塑造效应，其他定量研究成果的观点则介于威尔逊和斯托克尔两人之间。参见 Sigalas，2010 和 Mitchell，2015。

么有效果,毕竟它们等于是在“向皈依者布道”(Stoeckel,2014,10)。

这项关于“欧盟塑造认同”的定量研究表明,无论是在数据收集上建构比以前更大的数据集(例如 Bayley and Williams,2012),还是在实验设计的开发方面(Bruter,2003,2005),或者在包含更多和更好的(变量)控制上(Stoeckel,2014),都越来越复杂。然而外部观察者很难辨别研究的结果是否一致。在某种程度上,这是研究不断发展和进步所造成的。

与此同时,这些不一致的研究结果指出了使用定量分析衡量认同变化的局限性。最重要的是,在这种研究中,很难把握背景。回到“伊拉斯谟计划”的调查上,他们许多人发现欧洲人认同的方向发生了变化,这有什么可令人惊讶的吗?毕竟,这些学生想出国去体验一下“欧洲”。此外,他们留在国外是否只是与欧洲相关的特定或不特定事件不谋而合,因此增强或减弱了其显著性呢?还有一个重要的时间维度。即使是最复杂的定量研究,也声称能够在比较短的时间内检测和衡量认同变化,如斯托克尔(Stoeckel,2014)的三轮小组设计用了 16 个月(又参见 Bruter,2005)。如果认同转变真的如此之快,那么这种转变是否可靠呢?我们现在要转向的其他学科的见解就表明不是那么回事儿。

社会学家从他们的学科基础出发假定,在任何地区制度或地区认同的动态变化当中,团体起更大的作用,并且要经过很长时间的互动——几年甚至几十年。正式制度仍会发挥关键的作用,尽管其核心作用不如我们上面看到的那样大。在一个出色的研究中,弗利格斯坦(Fligstein,2009)将这种社会学分析直接运用于本章探讨的核心问题之一:欧盟是否塑造了其公民的身份认同?利用大量的纵向数据(许多案例可以追溯到 20 世纪 60 年代),弗利格斯坦的观点如下。通过内部市场的自由、规则和管制,欧盟已显著地提高了欧洲的跨境交流。据此,越来越多的——但从绝对意义上说仍然很少的——欧洲人,多年来已通过贸易和商业协会建立了正规的联系。反过来,这种增多了的联系使人们有了更强的共有认同感。在这里,地区制度不是自上而下,而是以横向的方式推动着认同的转变,就像过去一样(Fligstein,2009)。①

这个视角有许多可贵之处,因为它让我们在对地区组织与地区认同及共同体关系的解释中,看到更广泛的社会,而不仅仅是精英人士。同时,它也存在着理论上和经验上的局限性和可能缺陷。在理论上,这种认为联系会导致更强烈共同体感的观念,是(实验)社会心理学中的一个古老观念。而在现实世界中,情况并不总是这样。首先,质量可
【571】能胜过数量。引起更强烈的“我们感”(we-ness)的并不是交往的数量,而是交往的性质

① 注意,这里显然要归功于卡尔·多伊奇的智慧。参见 Fligstein,2009:16-18,以及 Deutsch et al.,1957 和本章第二节的有关讨论。

(比如协商式 vs.层级式)(Beyers,2005;又参见 Stoeckel,2014,4–7)。遗憾的是,弗利格斯坦运用的定量方法无法捕捉这个过程维度。理想的情况是,他应当运用基于过程的方法进行案例研究,从而补充相关的分析。

此外,密切的交往很可能会产生意料之外的、不可取的集体规范和认同。思考一下联合国及其维和行动部门吧。巴尼特和芬尼莫尔(Barnett and Finnemore,2004,ch.5)已指出,联合国中的长期交往形成了一套集体规范和文化,它们反过来导致其出现病态行为——联合国没能在 1994 年卢旺达大屠杀中采取行动。这看上去是众多研究"欧盟与认同之间关系"的文献中一个(毫无根据的)规范假设,认为交往所产生的认同会是独特的,而且是更好的。因此,理论上需要设定适用的条件:在何种情况下,由制度促成的社会交往会带来"好"的认同而不是"坏"的认同?

考虑到经验上的限制,这种有关地区制度与认同关系的社会学观点可能并不适用于欧洲以外的任何地方。尽管欧盟比任何其他地区组织都更为制度化和超国家化,但是有超过 40%的欧洲公民从不认为自己是欧洲人,而有 50%只在某些时候才会觉得自己是欧洲人(Fligstein,2009,141)。人们可以一直争论,到底这 40%的数字代表的是杯子半满还是半空。不过,比较分析的含义还是清楚的。如果欧盟花了 60 多年进行制度建设才达到这种(有限)规模的认同塑造效果,那么亚洲、非洲或南美洲那些更弱且制度化程度更低的地区组织,它们的效果就很可能小得更多,这个事实在本章的第二节中已得到确认。

另一个来自社会学的关于"地区组织与认同及共同体之间关系"的论点,源自社会运动方面的文献,强调框架和角色。从这个角度出发,战略性行为体运用地区组织去嵌入、推广或传播特定的思维方式和范本——如果成功扩散的话,它们可能会改变地区层次(Barnett,1993)或国家层次(Autesserre,2010)的共同体感和认同感。与政治学的研究相似,这是一种自上而下的观点,因为共同体和认同变化的原因在于地区组织(或其中的行为体)。

人类学提供了探索"地区组织与认同及共同体之间关系"的第三种视角。与其学科传统一致,这是一个明显自下而上的视角,强调个体与地区组织所提倡的规则和规范进行互动的日常活动和经验。认同和共同体感的产生和转变,更多地源于我们每天的所作所为和经验(Shore,2000),而非像政治学描述的那样源于我们所说的东西,也不像社会学描述的那样源于偶尔的互动。换句话说,从政治学转向人类学,我们的分析就已从自上而下的认同建构工程视角,转向了自下而上的、完全注重过程的路径。

费弗尔已将这种视角运用在他所谓的"欧洲之星"——那些利用欧盟的四大自由在

大陆选择生活和工作之地的年轻专家身上,去理解他们的认同演变(Favell,2008,2009)。[①]
【572】通过5年的民族志田野调查,加上超过60份深度访谈,费弗尔刻画出欧盟如何——间接地通过内部市场有关的四大自由——塑造了这些年轻专家在三个不同地点,即阿姆斯特丹、布鲁塞尔和伦敦的生活和共同体感受。

费弗尔的描述简介如下:你是一名年轻专家,你和你的家人从马德里移居到阿姆斯特丹。购物、送孩子上学、与地方官员打交道、与邻居交往,这些日常生活经验是怎样塑造了你的自我认同感以及你关于欧洲的叙述呢?费弗尔的颇为令人惊讶的结论是,这些个人并没有变得更欧洲化,反而是他们的民族归属感得到了加强(Favell,2008)。他广泛的民族志沉浸式体验,揭示了认同变化背后的社会过程,这个过程是不能通过一次性、哪怕更复杂的小组调查所掌握的。

因而,费弗尔的观点对本节中概述的"地区组织塑造认同"这一动态关系添加了第三种要素。也许正是创建了欧洲公共领域或通过内部市场定期联系的同一批人,他们在寒假期间去到西班牙南部海滩,并通过持续的日常交往(学校、报纸、社区)重建他们的民族共同体。在这里,认同和共同体的演变处在地区制度的外部、周围,甚至可能与之相对立(又参见 Holmes,2000,2009)。

这些学科视角哪一种最好呢?这当然是一种错误的问法。当探索地区组织和地区认同及共同体的关系时,所取思路强调不同的行为体、变革机制和不同的方法,并且往往有不同的结果(有时转变、有时很少或不发生认同转变)。为了充分掌握研究工作的复杂性,未来关于地区组织和地区认同及共同体关系的研究需要做以下两项工作。首先,需要考虑适用条件,也就是更适合采用某个视角的条件。强调制度的政治学方法可能更适合于欧洲,毕竟那里的制度深厚。其次,对不同的学科不应以非此即彼的方式来看待,而应兼收并蓄。通过综合它们的见解,我们可以更多地了解地区组织及其在认同和共同体方面的所作所为。比如说,政治学家所做的量化研究能够证明,精英或大众认同的某些要素的确在改变,而社会学或人类学的方法工具则可能有必要拿来"填补空白",即对集体、对研究的经验性或象征性过程加以理论化和评估。

结论:让国内情境和过程回归

在这总结性的一节,笔者要着重说明,研究比较地区主义和地区组织的学者在思考

---

① 这里我把费弗尔(Favell)也包括在内,因为他是一个受过训练的社会学家,他的工作中含有深刻的实践导向的种族志书写成分。

共同体和认同问题时，面临什么样的理论挑战（国内情境）和方法论挑战（过程）。在理论和国内情境上，有三个方面要加以强调。

首先，是政治学家对政治的理解。除了少数特例——凯利（Kelly，2004a）、巴尼特和索林根（Barnett and Solingen，2007）、赫布斯特（Herbst，2007）——这个方面在之前回顾的文献中是明显缺失的（另见 Mansfield and Solingen，2010）。这很奇怪。在特定的适用条件下，地区组织可能通过自愿协商的方式在政治精英中悄悄地促成认同的转变。然而这很可能只是例外，而不是常规。强调政治化问题的学者已经开始在欧盟案例中认识到这个现实（Hooghe and Marks，2009；Risse，2014）。需要进一步研究的是，政治化探讨是否只影响欧洲的地区组织（这个不太可能），并且更重要的是，将它与我们的认同和共同体理论联系起来。就此仅举一例，今天已深度政治化的欧盟，将使政治学和国际关系学者所提出的关于地区组织、社会化和认同的论述变得复杂，他们通常认为，社会化在非政治化的和非公开的场合最有效（Checkel，2014a）。【573】

其次，笔者在此更想指出的是，有必要在地区组织与认同关系的研究中将各方面的国内情境加以理论化。这会提出更多的跨学科要求，因为政治学者所理解的政治化或政治没有办法完全把握这一点（参见 Archarya and Johnson，2007，259-260）。的确，如果有人想解释地区组织如何重塑某个国家国内精英人士的认同或认同观念的话，就不仅需要用一个政治学模型来解释其国内政治，还需要对其原来已有的认同进行测评。如果我们不了解其原有认同的基准和已有认同所界定的“他者”，我们就没法衡量其认同转变（Koopmans，2014）。这些“基准认同”不仅存在于政治学者所强调的政治制度之中，或者量化研究者所偏爱的调研答卷之中，它们还存在并形成于个人的日常生活经验当中，这正是对地区组织与认同关系进行人类学-民族志研究所带来的附加价值（Shore，2000；Favell，2008）。

民族志并没有穷尽一切可能。比如，特德·霍普夫（Ted Hopf）就运用文本和话语策略来描绘苏联和后苏联的身份认同（Hopf，2002，2012）。他后来还以这个为基准，去解释苏联和俄罗斯的外交政策选择，以及认同在其中所起的作用。然而他的总体观点，可以很容易地延用于解释后冷战时期俄罗斯对地区组织的参与，并可以看到地区组织对其认同的影响有多么小——在 2014 年俄罗斯吞并克里米亚之前，这一模式非常明显（Pouliot，2010）。①

最后，我们有太多的理论框架——特别是在政治科学中——在探讨地区组织与认

① 在现实中，这里所说的因果关系似乎正相反，俄罗斯认同对于各种地区组织的形成倒是发挥了作用，比如上合组织（SCO）。

同及共同体的关系时,将各种组织摆在主导的位置上,认为因果动力来源于它们、来源于地区层次。真的总是这样吗?或许,这种研究设计受到了潜在的实证主义认识论的约束和钳制,它迫使人们因循守旧——放在这里看,就是那些作为认同转变目标的施动者其属性和动机一成不变(又参见 Prieto,2013b)。因此,毫不奇怪的是,在本章所述评的文献中,以解释主义为基础的人类学,就更能把握国内层次上地区组织与其所在地个人或组织之间的互动。

【574】 至于方法,笔者的出发点是,地区组织通过某种过程影响认同和共同体。当然,我们可以运用静态测量法,去构建一个特定地区组织的行动与某些认同变化之间的相关关系。然而在许多情况下,真正要分析的问题是这种变化如何发生。围绕这个焦点问题,先前我们讨论的许多政治学和社会学文献都采用了因果机制的论述。这是有道理的,毕竟机制都是关于"如何做"和关于过程的,它们追踪的是自变量与因变量之间的关联。但是这里似乎存在着理论和方法的不匹配。在某些案例中,同样的文献运用的却是问卷调查、编码技术和其他量化方法,就无法评估地区组织和认同关系的过程。这是弗利格斯坦(Fligstein,2009)关于认同与欧盟关系研究的一个明显局限,不然它会是一项极佳的研究。在其他案例中,研究者在他们的分析中暗示而没有简明地论及过程要素,这在许多研究非洲地区组织与认同关系的作品中都可以看到。

因此,我们需要有"过程追踪"这样的方法(Beach and Pedersen,2013;Bennett and Checkel,2014)。这种方法非常适合在实证性研究和解释性研究中测评认同转变的机制。[①]如果做得好,就需要明确注意到证据来源中可能存在的偏见,并考虑到所谓的"殊途同归"问题(equifinality),也就是能带来相同结果的其他因果机制问题。不过,这样做的回报会很可观——正如江忆恩的作品(Johnson,2008)那样,他在这项基于过程的研究中,探讨了地区性组织和普遍性组织如何重塑了中国的认同。

许多年前,笔者写过一篇主题非常不同的文章,但其标题与这里所讨论的话题颇有关系,就是《笨蛋,关键是过程》。测评过程是麻烦的、耗时的,而且需要资源,但是如果不这样做,我们就仍然无法深入理解地区组织如何塑造我们的身份认同。反过来,这样做,将会使比较地区主义——以经验研究的方式——对于围绕解释和因果机制的更广泛学科争论作出贡献(Hedstroem and Ylikoski,2010;Bennett,2013)。最终,这将会有助于弥合学科分野、填补知识漏洞,绝不是件坏事。

---

① 关于解释性的过程追踪法,请参见 Guzzini,2012:ch.11,特别是 Pouliot,2014。

参考文献

Abdelal, R, Herrera, Y.M, Johnston, A.I, and McDermott, R.(eds.)2009.*Measuring Identity: A Guide for Social Scientists*.Cambridge: Cambridge University Press.

Acharya, A.1997.Ideas, Identity, and Institution–Building: From the "ASEAN Way" to the "Asia–Pacific Way"? *The Pacific Review*, 10(3): 319–346.

Acharya, A.2009.*Constructing a Security Community in Southeast Asia: ASEAN and the Problem of Regional Order*.Abingdon: Routledge.

Acharya, A.and Johnston, A.I. (eds.)2007.*Crafting Cooperation: Regional International Institutions in Comparative Perspective*.Cambridge: Cambridge University Press.

Acharya, A.and Layug, A.2012.Collective Identity Formation in the Asian Region: ASEAN Identity and the Construction of the Asia– Pacific Regional Order.Paper presented at the International Political Science Association XXII World Congress of Political Science, Madrid, July 8–12.

Adler, E.2013.Constructivism in International Relations: Sources, Contributions, and Debates.In: W.Carlsnaes, T.Risse, and B.Simmons (eds.), *Handbook of International Relations*, 2nd edition.London: Sage, 113–144.

Adler, E.and Barnett, M.(eds.)1998.*Security Communities*.Cambridge: Cambridge University Press.

Autesserre, S.2010.*The Trouble with the Congo: Local Violence and the Failure of International Peacebuilding*.Cambridge: Cambridge University Press.

Barnett, M.1993.Institutions, Roles, and Disorder: The Case of the Arab States System.*International Studies Quarterly*, 37(3): 271–296.

Barnett, M.and Finnemore, M.2004.*Rules for the World: International Organizations in Global Politics*. Ithaca, NY: Cornell University Press.

Barnett, M.and Solingen, E.2007.Designed to Fail or Failure of Design? The Origins and Legacy of the Arab League.In: A.Acharya and A.I.Johnston(eds.), *Crafting Cooperation: Regional International Institutions in Comparative Perspective*.Cambridge: Cambridge University Press, 180–220.

Bayley, P.and Williams, G.(eds.)2012.*European Identity: What the Media Say*.Oxford: Oxford University Press.

Beach, D.and Pedersen, R.2013.*Process –Tracing Methods: Foundations and Guidelines*.Ann Arbor, MI: University of Michigan Press.

Bennett, A.2013.The Mother of All Isms: Causal Mechanisms and Structured Pluralism in International Relations Theory.*European Journal of International Relations*, 19(3): 459–482.

Bennett, A.and Checkel, J.T. (eds.)2014.*Process Tracing: From Metaphor to Analytic Tool*.Cambridge: Cambridge University Press.

Beyers, J.2005.Multiple Embeddedness and Socialization in Europe: The Case of Council Officials.*In–*

ternational Organization,59(4):899–936.

Brewer,M.B.2007.The Importance of Being We:Human Nature and Intergroup Relations.*American Psychologist*,62(8):728–738.

Bruter,M.2003.Winning Hearts and Minds for Europe:The Impact of News and Symbols on Civic and Cultural European Identity.*Comparative Political Studies*,36(10):1148–1179.

Bruter,M.2005.*Citizens of Europe? The Emergence of a Mass European Identity*.Basingstoke:Palgrave Macmillan.

Caballero,S.2012.Identity,the Role of Ideas,and the MERCOSUR Regional Integration Process.Paper presented at the International Political Science Association XXII World Congress of Political Science,Madrid,July 8–12.

Capling,A.and Nossal,K.R.2009.The Contradictions of Regionalism in North America.*Review of International Studies*,35(S1):147–167.

Checkel,J.T.2003. "Going Native"in Europe? Theorizing Social Interaction in European Institutions. *Comparative Political Studies*,36(1–2):209–231.

Checkel,J.T.(ed.)2007.*International Institutions and Socialization in Europe*.Cambridge:Cambridge University Press.

Checkel,J.T.2014a.Socialization Ain't Always Nice:Order,Disorder and Violence in the Post-Cold War World.Paper presented at the Global Governance Research Colloquium,Social Science Centre Berlin,March.

Checkel,J.T.2014b.Identity,Europe and the World beyond Public Spheres.In:T.Risse(ed.),*European Public Spheres:Bringing Politics Back In*.Cambridge:Cambridge University Press,227–246.

Checkel,J.T.and Katzenstein,P.J.(eds.)2009.*European Identity.Cambridge:Cambridge University Press.*
de Waal,A.and Ibreck,R.2013.Alem Bekagn:The African Union's Accidental Human Rights Memorial.*African Affairs*,112(447):191–215.

Deutsch,K.W,Burrell,S.A,Kann,R.A,Lee,M.Jr,Lichterman,M,Lindgren,R.E,Loewenheim,F.L,and Van Wagenen,R.W.1957.*Political Community and the North Atlantic Area:International Organization in the Light of Historical Experience*.Princeton,NJ:Princeton University Press.

Elbow,G.1999.Scale and Regional Identity in the Caribbean.In:G.Herb and D.H.Kaplan(eds.),*Nested Identities*.Lanham,MD:Rowman & Littlefield,75–99.

Favell,A.2008.*Eurostars and Eurocities:Free Movement and Mobility in an Integrating Europe*.Oxford:Blackwell.

Favell,A.2009.Immigration,Migration,and Free Movement in the Making of Europe.In:J.T.Checkel and P.J.Katzenstein(eds.),*European Identity*.Cambridge:Cambridge University Press,167–190.

Fligstein,N.2009.*Euroclash:The EU,European Identity,and the Future of Europe*.Oxford:Oxford University Press.

Gerring,J.2008.Review Article:The Mechanismic Worldview—Thinking Inside the Box.*British Journal of Political Science*,38(1):161–179.

Gheciu, A.2005.*NATO in the "New Europe": The Politics of International Socialization after the Cold War*.Stanford, CA: Stanford University Press.

Guzzini, S.(ed.)2012.*The Return of Geopolitics in Europe? Social Mechanisms and Foreign Policy Identity Crises*.Cambridge: Cambridge University Press.

Hedstroem, P.and Ylikoski, P.2010.Causal Mechanisms in the Social Sciences.*Annual Review of Sociology*, 36(August): 49–67.

Hemmer, C.and Katzenstein, P.J.2002.Why Is There No NATO in Asia Collective Identity, Regionalism, and the Origins of Multilateralism.*International Organization*, 56(3): 575–607.

Herbst, J.2007.Crafting Regional Cooperation in Africa.In: A.Acharya and A.I.Johnston(eds.), *Crafting Cooperation: Regional International Institutions in Comparative Perspective*.Cambridge: Cambridge University Press, 129–144.

Holmes, D.2000.*Integral Europe: Fast-Capitalism, Multiculturalism, Neofascism*.Princeton, NJ: Princeton University Press.

Holmes, D.2009.Experimental Identities(after Maastricht).In: J.T.Checkel and P.J.Katzenstein(eds.), *European Identity*.Cambridge: Cambridge University Press, 52–80.

Hooghe, L.2005.Several Roads Lead to International Norms, but Few via International Socialization: A Case Study of the European Commission.*International Organization*, 59(4): 861–898.

Hooghe, L.and Marks, G.2009.A Postfunctionalist Theory of European Integration: From Permissive Consensus to Constraining Dissensus.*British Journal of Political Science*, 39(1): 1–23.

Hopf, T.2002.*Social Construction of International Politics: Identities and Foreign Policies, Moscow, 1955 and 1999*.Ithaca, NY: Cornell University Press.

Hopf, T.2012.*Reconstructing the Cold War*.New York: Oxford University Press.

Johnston, A.I.2008.*Social States: China in International Institutions, 1980–2000*.Princeton, NJ: Princeton University Press.

Kelley, J.2004a.*Ethnic Politics in Europe: The Power of Norms and Incentives*.Princeton, NJ: Princeton University Press.

Kelley, J.2004b.International Actors on the Domestic Scene: Membership Conditionality and Socialization by International Institutions.*International Organization*, 58(3): 425–457.

Koopmans, R.2014.How Advanced is the Europeanization of Public Spheres? A Comparison of National and European Structures of Political Communication, 1990–2012.In: T.Risse(ed.), *European Public Spheres: Bringing Politics Back In*.Cambridge: Cambridge University Press, 53–107.

Koopmans, R.and Statham, P.(eds.)2010.*The Making of a European Public Sphere: Media Discourse and Political Contention*.Cambridge: Cambridge University Press.

Kuhn, T.2012.Why Educational Exchange Programs Miss Their Mark: Cross-Border Mobility, Education and European Identity.*Journal of Common Market Studies*, 50(6): 994–1010.

Levy, J.1994.Learning and Foreign Policy: Sweeping a Conceptual Minefield.*International Organization*, 48(2): 279–312.

Mansfield, E. and Solingen, E. 2010. Regionalism. *Annual Review of Political Science*, 13(1): 145–163.

Martin, L. and Simmons, B. 2013. International Organizations and Institutions. In: W. Carlsnaes, T. Risse, and B. Simmons (eds.), *Handbook of International Relations*, 2nd edition. London: Sage, 326–351.

Mitchell, K. 2015. Rethinking the "Erasmus Effect" on European Identity. *Journal of Common Market Studies*, 53(2): 330–348.

Moore, R.J. 1987. *Making the New Commonwealth*. Oxford: Clarendon Press.

Oelsner, A. 2013. The Institutional Identity of Regional Organizations, or Mercosur's Identity Crisis. *International Studies Quarterly*, 57(1): 115–127.

Pouliot, V. 2010. *International Security in Practice: The Politics of NATO–Russia Diplomacy*. Cambridge: Cambridge University Press.

Pouliot, V. 2014. Practice Tracing. In: A. Bennett and J.T. Checkel (eds.), *Process Tracing: From Metaphor to Analytic Tool*. Cambridge: Cambridge University Press, 237–259.

Prieto, G. 2012. Collective Identity in the Andean Community: An Institutional Reading. Paper presented at the International Political Science Association XXII World Congress of Political Science, Madrid, July 8–12.

Prieto, G. 2013a. The Role of Collective Identity and Regional Institutions in the Andean Community. Thesis submitted to the University of Manchester for the degree of PhD in Politics, Faculty of Humanities.

Prieto, G. 2013b. How does Regionalism Unfold? Discussing the Relationships of Constitution and Causation between Identity and Institutions (Review Essay). *OASIS*, 17 (February): 7–37. <http://ssrn.com/abstract=2394108> (accessed May 12, 2015).

Reno, W. 2011. *Warfare in Independent Africa*. Cambridge: Cambridge University Press.

Risse, T. 2010. *A Community of Europeans? Transnational Identities and Public Spheres*. Ithaca, NY: Cornell University Press.

Risse, T. (ed.) 2014. *European Public Spheres: Bringing Politics Back In*. Cambridge: Cambridge University Press.

Risse-Kappen, T. 1997. *Cooperation among Democracies: The European Influence on U.S. Foreign Policy*. Princeton, NJ: Princeton University Press.

Schimmelfennig, F. 2003. *The EU, NATO and the Integration of Europe: Rules and Rhetoric*. Cambridge: Cambridge University Press.

Shore, C. 2000. *Building Europe: The Cultural Politics of European Integration*. London: Routledge.

Sigalas, E. 2010. Cross-Border Mobility and European Identity: The Effectiveness of Intergroup Contact during the ERASMUS Year Abroad. *European Union Politics*, 11(2): 241–265.

Söderbaum, F. 2004. *The Political Economy of Regionalism: The Case of Southern Africa*. Basingstoke: Palgrave Macmillan.

Stoeckel, F. 2014. Contact and Community: The Role of Social Interactions for a Political Identity. Unpublished paper. Chapel Hill, NC: Department of Political Science, University of North Carolina.

Tieku, T.K.2004.Explaining the Clash and Accommodation of Interests of Major Actors in the Creation of the African Union.*African Affairs*, 103(411): 249–267.

Tussie, D.2009.Latin America: Contrasting Motivations for Regional Projects.*Review of International Studies*, 35(S1): 169–188.

Williams, P.2007.From Non–Intervention to Non–Indifference: The Origins and Development of the African Union's Security Culture.*African Affairs*, 106(423): 253–279.

Wilson, I.2011.What Should We Expect of "Erasmus Generations"? *Journal of Common Market Studies*, 49(5): 1113–1140.

第 25 章　地区制度合法性

贝特霍尔德·里特贝格尔(Berthold Rittberger)
菲利普·施罗德(Philipp Schroeder)

【579】　对于欧盟研究者来说，关于其制度和决策程序合法性的争论已司空见惯。欧盟治理的影响所及可以说是无孔不入，以至于人们对欧盟机构所掌握的权力备感关心,并激起了有关其合法性质量的多方面争论,而且这种争论还超出了学术界。关于欧盟的学术研究为欧盟治理的合法性提供了大量可供评估的概念和标准,为此也产生了丰富的有关欧盟合法性赤字的性质和范围的实证研究。想一想欧盟成员国国内政策、政治和政体所承受的欧洲化压力(Börzel and Risse,2003),这种对于欧盟合法性问题的高度重视也就不足为奇了。不过，有关超国家政治秩序合法性起源与后果的争论并不限于欧盟研究界。进入 2000 年以来,国际制度已遭受无数关于其民主合法性赤字的指责,批评者指出其严重缺乏责任性和参与性。国际制度对各国政策、政治过程和国内制度所产生政治影响的扩大，被认为是当前全球治理制度合法性受到质疑的主要根源(Buchanan and Keohane,2006;Zürn,2004)。学界围绕国际制度是否依照民主责任标准加强其合法性的问题展开了激烈争辩(参见 Moravcsik,2004;Held,2004;Archibugi et al.,2012)。在这场争辩当中,人们所持立场主要取决于所依循的标准。实用主义者强调的是,国际制度合法性的关键在于防止权力滥用和采取适当的责任机制(Grant and Keohane,2005),而另外有人强调,国际制度应当达到的相关标准就是民主合法性。照此来
【580】看,许多国际组织当中盛行的民主合法性赤字,只能靠创造更加包容性和更具代表性的制度和程序来加以解决(Held,2004;Nanz and Steffek,2004)。

本章重点关注的是一种特殊的多边制度,即地区制度。它们的数量已大大增加,所处理政策的范围也已扩大(Goetz and Powers,2014),而且有些地区制度已拥有了可观的委托授权(Hooghe and Marks,2014)。地区制度对国内和国际事务所产生的连带影响

是，政策制定者和选民对地区制度的合法性越来越担心。关于地区制度合法性的第一波学术讨论，重点是地区制度符合某些合法性政治秩序标准的程度。这些作品主要集中在欧盟那声名狼藉的民主赤字上。更近期的学术研究主要聚焦于政治行为、政治实践和政治话语，分析的是地区制度行为体实际上解决合法性差距的原因和方式。如本章强调，探讨非欧盟地区主义中这类问题的研究很少，仅涉及个别地区制度，且大都是个案研究而不是比较分析。在我们开始梳理这些文献之前，让我们首先探讨一下合法性概念，以指出在地区制度合法性研究上存在的不同视角。

解读合法性

合法性乃是政治行为体和政治制度的宝贵资源。一个行为体或一项制度一旦掌握了正当的合法性权力，那么就可以指望那些它行使权力的对象会自愿服从它。根据马克斯·韦伯的观点，合法性可以将权力转化成权威，并有助于用自愿顺从取代强制和自利来作为服从政治统治的动机（Reus-Smit，2007，163）。考虑一个行为体、制度或政体是否合法，对于我们如何展望国际体系的前景也有深远影响。根据国际制度合法性的程度，我们可以对国际体系处于无政府状态的假设提出质疑：国际制度如果具有合法性，那么就可以说它们组成了某种权威结构的一部分，而这种权威结构中所需要的服从是基于共同相信它们的行为是正当的，而非基于最强大国家有权威胁行使武力或者基于各行为体的自利算计（参见 Hurd，1999）。因此，宣称其国际制度或地区制度合法并维护这种合法性，就成了行使权力的政治行为体的核心关切和动机。研究国际政治和地区主义的学者，越来越有兴趣去了解超国家政治秩序的合法性来源，也越来越有兴趣去认识在国际和地区制度建设的合法性规则上所出现的不同概念的含义。

对政治秩序合法性概念的研究，既可以从规范角度进行，也可以从实证角度进行。【581】
根据前者，可以按照某个外部标准或“接受或承认政治权力合法的尺度”（Peter，2014）来比较政治行为体和政治制度的质量，从而对政治秩序的合法性进行描述和评估。关于国际和地区制度（尤其是欧盟）合法性的研究，经常会采用这样一些民主标准，比如有监督的制度所具有的包容性、代表质量、透明性或政治责任。这种规范性研究方法影响了一大批研究欧盟合法性赤字的作品，下面我们会进一步予以讨论。对合法性概念的实证性分析或描述性分析则源于马克斯·韦伯的观察。他认为，合法性根植于个人相信某个行为体或机构行使权力的正当性：“任何权威体系的基础，以及相应地任何一种要求服从的愿望，都是一种信念（belief），一种可以令行使权威的人们藉以获得声望的信念”（Weber，1964，382，强调为原文所加）。不像通常所认为的那样，政治秩序的合法性反映着行为体对一个机构的政治权威的信念(抑或缺乏这种信念)。这种合法性信念有不同形式,毕竟它们有不同的源泉,来自不同的合法性概念。这也意味着它们本来就有争论,毕竟政治行为体都试图要求拥有、保持或挑战地区制度的合法性。

关于使政治制度(在规范上或实证上)被接受的根源问题,尚未得到充分重视。相关文献中最突出的分歧是,一方面强调政治统治的后果,另一方面又强调政治决策制定和采取制裁措施所依循的程序。按照后果论者(consequentialist)的观点,政治统治的合法性取决于政治权力行使的目标及其达到的效能和效力(Zaum,2013b,9)。在相关文献中,这种合法性往往被称为"输出"型合法性(Scharpf,1999)。按沙尔普夫(Scharpf)的看法,现代政治秩序有两个主要目的:一是通过制衡手段和权利保障制度来防止统治者滥用权力;二是提供公共物品,解决普遍的社会问题。程序合法性则不同,它关注的是行使权力、选举统治者和制定决策的过程。程序合法性的一种形式就是民主合法性,也称"输入"型合法性(Scharpf,1999),它反映着具有包容性并对被统治者负责的政治程序。民主程序论表现为不同形式,主要看人们所捍卫的标准是什么。比如,协商民主强调政治辩论和协商,视之为(民主)合法性的关键来源,而自由民主则强调程序公正,让公民的意愿能由此得到集中表达。

程序合法性并非一定与民主程序相关。在国际政治领域,采纳并强化民主程序可以促进程序合法性,但也会突出各国一致同意的原则,此乃威斯特伐利亚主权观念的
【582】基石。考虑到这种差别,我们可以把国际和地区制度的合法性设想成国家中心的或社会中心的(这两者并不相互排斥,正如欧盟的制度架构所生动展示的那样)。国家中心的思路认为,组成这些制度的各国和各民族共同体是核心,或者甚至是合法性的唯一来源。因此,超越国家的合法政治秩序就必然带有政府间特性,赞同各国一致同意原则,并极少侵犯国家主权。尽管地区制度在处理跨国界问题上对国家有帮助,但它们不会以民族国家那样的方式获得合法性。例如,民主联邦主义(democratic republicanism)假定存在一个共同的公共空间,存在政治争论,并且由选举出来的代表对一个被认为合法的政治秩序作出政治承诺(Scharpf,2009),这些条件是(绝大多数)国际和地区制度所不具备的。关于程序合法性的社会中心观念则认为,个人乃是权利的主要拥有者,因此政治秩序只有在反映那些受其统治的人们的利益时才具有合法性。这一概念与国际政治秩序的民主与世界主义观念十分接近,后者把国际和地区制度不只是看作民族国家的代理者——不像国家中心或政府间的观念模式那样,而看作欲行使独立(合法)权威的制度,其权威来自民主参与和民主争论的过程(Zürn,2011)。地区制度并不规避政治责任,相反,它们乃是独立的合法性来源。

我们这里所介绍的有关合法性的不同概念和来源,直接或间接地出自有关地区制

度合法性的研究成果。在转向讨论实证合法性之前，让我们首先讨论一下从规范概念角度研究地区制度合法性的学术文献。

地区制度合法性：有关衡量标准的问题

本节所讨论的文献一开始都是采用规范性标准的定义，去评估一种地区制度的合法性。这一研究传统存在着显著的不对称性。有关欧盟合法性的研究成果塞满了图书馆几层书架，而讨论欧盟之外地区制度合法性的文献则根本无法与之相比。甚至有关国际制度合法性的研究（参见 Bernstein，2011；Koppell，2008；Steffek，2003），也令有关地区制度合法性的学术作品相形见绌（不包括有关欧洲一体化计划的研究）。

合法性标准与欧盟民主赤字

研究欧盟合法性的学者采用大量各不相同的规范标准去评估欧盟合法性的质量。【583】有关欧盟合法性的大部分文献，都是从某种特定的民主治理观念出发得出其规范标准的（Kohler-Koch and Rittberger，2007；Rittberger，2010；Schmidt，2012 都有概述）。比如，谢纳瓦尔和席梅尔芬尼希（Cheneval and Schimmelfennig，2013）就区分了渐进论者（gradualists）和转型论者（transformationalists）。前者假定，超国家的欧盟久而久之终会采取民族国家的主要民主特征。在渐进论者看来，民主的欧盟只有在它得以成功复制民族国家的民主模式之时才能得以发展。例如，学界激烈争论，是否正在兴起一类欧盟民众（demos），他们具有某种强烈的共同体感和忠诚感；是否存在一个足够发达的政治上层建筑，其最突出的表现就是有一个全欧盟范围的跨国公共领域（参见 Koopmans and Statham，2010；Risse，2010，2014），同时还有一个真正"欧洲化"的政治空间，在这个政治空间中，政治竞争的结构也按照传统的左派—右派来划分（Føllesdal and Hix，2006）。批评者对于这样一个全欧盟范围公共领域的出现表示悲观，认为这种前景不现实（de Vreese，2007），并指出，欧盟的日渐政治化似乎不是在欧盟公民当中灌输共同体感，而是极有可能强化（而非抑制）民粹主义、民族主义和排他主义倾向（Hooghe and Marks，2009；Kriesi and Grande，2015）。相反，转型论者认为，用来自民族国家模式的民主合法性标准来套欧盟是不合适的，因为其集体认同、公共领域和中介性的政治制度都还保持着（而且有望一直保持着）民族国家基础（Cheneval et al.，2014，1–2）。他们反对说，渐进论者应当认清现实，看到顽固的"各国民众"仍拥有"最强大的集体认同、公共领域和政治基础设施，并在代表个体公民方面具有最强大的合法性和忠诚性"（Cheneval and

Schimmelfennig，2013，336）。然而这些学者也并非退回到“无民众”（no demos）的立场，这种立场主张，如果不强烈意识到全欧盟范围的共同体政策带有再分配含义，就无法获得任何民主合法性（Scharpf，2009）。相反，他们主张按照“众民共治”（demoi-cratic）的标准来评估欧盟，这就要考虑到成员国之间及其与欧盟之间在制定和执行政策上的相互关联（另参见 Nicolaïdis，2004）。

对渐进论者和转型论者都持批评观点的人，拒绝接受普遍流行的看法，即欧盟应当按照某种民主合法性标准加以评估。奈尔（Neyer，2010）分析认为，欧盟并没有（也似乎不会发展出）带有强烈集体认同感的民众（demos），不过他建议，应破除现有的全部民主标准，重新设定标准。他建议，新的标准不要再强调民主参与，而应当把全体公民的权利放在中心位置，即公民在政治行为体作出侵犯个人自由的决策时有权要求公正并要
【584】求给出“正当理由”（Neyer，2010，908）。马约内（Majone）提出了另一个民主标准。他认为，在民主质量意义上争论欧盟的合法性是一个“范畴性错误”（Majone，2006，618），因为欧盟显然是一个“规制型国家”，它的政策制定结构的特征是“非多数决定制”。如此一来，用民主标准来衡量它的合法性就只会感到失望，倒不如根据技术原则来衡量，即采用一种“方法信仰：这种信仰相信，通过采用某些特定方法，能够在任何讨论中获得最理想的答案”（Centeno，1993，312）。

合法性标准与非欧盟地区制度：另一个范畴性错误？

有关衡量欧盟合法性的适当规范标准，人们仍然在进行着激烈争论。这引发了大量实证研究，并且在方法论上，操作和验证相关文献中所提出的各种准则与主张变得越来越复杂。迄今，这类研究丝毫未曾涉足其他地区制度的合法性。讨论欧盟之外地区制度的民主合法性的文献还不多见（不过 Ribeiro Hoffmann and van der Vleuten，2007 是个例外）。在研究欧盟之外地区制度合法性的学术作品中，采用标准匹配法的例子很少，其中一个是雷纳尔达（Reinalda，2007），他评估 31 个地区制度的潜在合法性时，采用的就是合法性标准（如输入型和输出型合法性），这种标准在有关欧盟民主赤字的争论中早已广为人知。

绝大多数用规范性方法评估国际和地区制度合法性的学者，都倾向于采用来自某种民主治理观念的规范标准。毫不奇怪的是，大多论述超国家政治秩序之合法性的作品都是以欧盟为中心的，毕竟，欧盟作出的权威性决策对其成员国有约束力并且影响其公民的生活。欧盟面临着合法性要求的挑战，并且有充分理由给欧盟设置很高的合法性条件，特别是由于欧盟的政策越来越带有再分配的意义——它们制造“赢家”和“输

家”——所以需要得到来自被统治者的支持(Føllesdal and Hix,2006)。尽管有些地区制度开始在它们的政策文件中加入较具干预性的条款,比如西共体(ECOWAS)在安全领域的做法(Bah,2013),但是欧盟之外的地区制度建设主要坚持的仍然还是政府间协商一致决策。可以说,欧盟之外的地区制度还很少面对真正的合法性挑战:地区制度避免共享权威和委托授权,坚持协商一致决策,而且既不挑战社会中心的合法性观念(毕竟没有打破联结政府与公民的民主责任链条),也不破坏各国一致同意原则,从而就与合 【585】
法性的国家中心观完全合拍。

例如,东南亚国家的地区合作与制度建设方法就明显比欧洲的地区一体化经验更少强迫性(参见本书第 6 章和第 11 章)。东盟(ASEAN)在其成员国领导人当中所践行的不干涉和一致同意决策规范(往往被称作“东盟方式”),就使得东盟没有办法越出政府间地区合作。不过,阿查亚(Acharya,2013)认为,东盟(部分)成员国的渐进民主化可能会对东盟内部传统的互动模式构成挑战,也可能会在东南亚为发展更深入、同时也更民主的地区主义开辟道路。事实上,2008 年《东盟宪章》的批准通过,就给该组织设置了一个新的法制框架,包括了对于似乎与不干涉规范不相容的规范,以及促进地区民主的一种承诺(Jones,2008,737),也燃起了人们对于东南亚地区主义实现民主合法性治理前景的新的学术兴趣。不过,很多争论所集中关注的是东盟在激发其成员国从不自由转向民主化方面的潜在作用(Sukma,2008; Kuhonta,2006),而东盟本身在多大程度上符合民主合法性标准这一内在问题——或者说它到底是否愿意这样做——却被很多人忽视了(Emmerson,2007,435;Jones,2008)。对东盟按照民主合法性准则进行评估的研究很少,且相当不系统,事实上也没什么成果。埃默森(Emmerson,2007,438)解释说,在东盟中,“现任领导人,无论是否选举产生,在一个封闭房间里围着一张桌子开会,只能是相互之间平行地作出承诺,他们所咨商的民主性也只体现在围着那张会议桌的各方身上,他们相互尊敬对方的平等性和自主性而已”。另外,东盟首要关注的是巩固其成员国的主权和培育地区抗御力,这也导致其明确支持统治精英的利益,而牺牲更加广泛的目标及其选民的利益(Kuhonta,2006,343)。于是,采用源自民主规范的标准来评估东盟地区主义的合法性,就会成为另一种范畴性错误,因为东盟的合法性——至少在其政治支持者看来——来自某种以国家为中心的合法性概念,它是将协商一致决策和不干涉内部事务放在首位的(参见本书第 6 章)。

东盟的例子还表明,采用外来准则去评估地区制度的合法性是成问题的。首先,这种标准设定和标准匹配的做法假定存在某种普遍适用的标准,全球各地的地区制度合法性都可以据此加以评估。最一般性地来看,相关文献容易采取一种规范性的偏见,偏好民主合法性而不愿意谈到其他潜在的合法性来源(参见 Ribeiro Hoffmann and van der

【586】 Vleuten,2007)。其次,拿普遍性标准来评估各种各样地区制度的合法性,这对当代地区主义的多元性和多维性似乎也是一种熟视无睹(Patomäki and Teivainen,2002,38;De Lombaerde et al.,2010)。既然对地区制度的诸多比较是对于建立在欧盟经验之上的地区主义性质和质量的理解,那么这种传统的研究就似乎必然会出现欧洲中心论偏见,对地区之间的根本差别也不以为然(Söderbaum and Sbragia,2010,566)。在下一节中我们将提到,开始出现一些新的研究,它们试图不再用欧洲中心论的方式来评估地区制度的(民主)合法性,而突出不同地区制度中对于合法性观念和实践的纷繁复杂的表达。

地区制度合法性:实证的视角

从规范视角转向实证视角对地区制度合法性进行解释,要求我们强调合法性的社会性和主体间性质:合法性乃是一种"主观性的东西,是行为体与制度之间的关联,由行为体对制度的认知加以界定"(Hurd,1999,381,强调为原文所加;Reus-Smit,2007)。赋予行为体和制度以合法性的途径,不仅有社会和政治行为体所遵奉的合法性信念,还有对制度所施行政策与行动的正当性加以证明的社会实践和话语过程(Reus-Smit,2007,159-160)。因此,合法性不仅内在地具有社会性,而且具有政治性:合法性主张和实践注定会加强或强化一项制度的合法性,这是毫无疑问的;制度还要面对反对意见,并被迫应付种种削弱其合法性的企图。由于行为体努力"通过对自我形象的话语建构以及公众对其优先事项和做法的认可,而树立其自身及其行为的合法性,(尽管)其他行为体会通过相似的话语过程对这些表述予以反对或承认"(Reus-Smit,2007,163; 另参见Schneider et al.,2010,10;Schneider and Hurrelmann,2011),所以合法性的获得、保持或失去,乃是一种社会和政治过程的结果。不管是承认还是否认地区制度的合法性,总是针对某种规范的,并总是针对社会中既有的信念和规范背景而表达的(Frost,2013,29;Reus-Smit,2007,163)。就像前面所强调过的,关于合法性的信念往往根植于有关如何行使权威的工具性和程序性概念,但它们也与某一行为体或制度所应有的其他性质或特征有关联(Zaum,2013b,9),从本质上看,这些性质或特征可能是民主的,也可能是不民主的。

政治行为体在一般意义上是如何提出、维护和反对制度合法性的,而专门针对地区制度又是如何做的呢? 为了评估政治行为体的合法性策略,即评估那些造成某一行为
【587】 体或制度合法或不合法的行为和实践,我们将内因和外因加以区分。地区制度及建立并维护它们的政治精英都面临着来自利益相关者和选民的合法性吁求和挑战——他们是公共行为体、社会团体或者公民,有可能(比如说)表达出不同的工具性或程序性关

怀(参见 Hurrelmann et al.,2013)。最近的学术研究强调,地区制度的合法性可能不仅“在本地”——即在地区及其选民内部——得到拥护和挑战,而且可能受到来自外部的支持和挑战。外部的合法性挑战有两种形式:一是“自外而内”型,外部行为体可能寻求证实、挑战或破坏一项制度的合法性;二是“自内而外”型,地区行为体可能会争取得到地区外政治行为体和社会成员的承认,以支持其自身的合法性(Zaum,2013b,11)。对内外动因的这种区分,也就是行为体触发合法性(或去合法性)的过程,此外还需要再对这些行为体及其行为的动机基础加以区分。根据马奇和奥尔森作品(March and Olson,1998,949)中的观点,社会行为的根源既可能是某种预期结果的逻辑,也可能是某种适当性的逻辑。根据前一种逻辑,行为体在可选行为路线当中作选择的依据是,“通过评估这些路线对个人或集体目标可能带来的结果,并意识到其他行为体也正在这么做”(March and Olson,1998,949)。行为体也可能不去进行算计,而是将行为建立在适当性逻辑之上,按照它们的身份、自我认知或某种特定背景下被认为适当的规则,从不同行为路线当中作出选择(March and Olson,1998,951)。强调认同胜过利益,此时行为体遵循的是适当性逻辑,它们并不在理性自利基础上“选择”其行为,而是认为某个特定行为是“需要做的正确的事”(Checkel,2005,804)。

表 25.1 展示的是行为动因和行为逻辑的不同组合。首先是左上栏(I.)中,政治精英致力于加强一项地区制度的合法性,是因为他们有意对这项地区制度内相关选民的需求作出回应。由此来看,确立或维持一个地区制度秩序的合法性并不是其与生俱来的目标,而是反映着政治精英出于政治权宜而进行的算计。什么样的合法性赤字或缺失,会导致政治精英有压力去做出合法化行动呢?我们觉得,地区制度对国内事务介入的程度应当很重要:地区制度采取相当具有介入性的政策宣示,比采取不那么有介入性的安排来,肯定会在选民中激起对政治精英更强烈的需求和压力,要求他们努力去寻求更广泛的合法性。对于那些与其政治目标的实现最为相关的选民所施予的合法性偏好和压力,政治精英最有可能予以回应。再来看看左下栏(II.),政治精英在采取合法化行为时,虽避免进行成本收益算计,但其行为所“遵循的规则和习惯是社会建构的、公开的、预料得到的,并且是已被承认的”(March and Olsen,1998,952)。这里所隐含的逻辑是,政治精英共同拥有(或者在社会化后共同拥有)一套有关合适的政治秩序设计的规范和价值观,他们把这套规范和价值观“上传”到了地区层次(参见本书第 24 章)。如果一个地区制度的政治秩序,被认为与其地区政治权威中盛行的有关合适设计的价值与规范相矛盾时,就会出现合法性赤字或缺失。 【588】

表 25.1 地区制度合法性的实证视角分类

类型	内部动因	外部动因
结果性逻辑	I ·对合法性差距的回应反映着政治精英的"权变" ·地区制度介入程度和选民具体合法性需求所引发的行为	III ·对合法性差距的回应反映着为获取国际体系中的承认而"竞争" ·受外部行为体合法性要求影响,以换取政治、物质和精神上的支持
适当性逻辑	II ·对合法性差距的回应反映共同体规范和价值观被"上传"到了超国家层次 ·受外部行为体合法性要求影响,以换取政治、物质和精神上的支持	IV ·对合法性差距的回应反映着对外部制度模式的"效仿" ·受不同地区制度中政治精英之间互动交流的影响

试图使地区制度合法化或失去合法性,还可能是由区外行为体造成的。左上栏(III)表示的情形是,政治精英试图通过获得外部行为体源源不断的政治、物质或精神上的支持来维护地区制度的合法性,这种外部行为体有可能是其他国家或其他制度,它们的支持也是为了促进其自身或地区的政治目的。合法化行为表达的是权宜之计，是一种理性算计行为,就是为了促进政治精英的目标而采取行动。假设外部行为体在政治、物质和精神上提供的支持是一种稀缺资源,那么在外部行为体看来,对一个政治秩序合法性的描述,最终会变成各地区制度间为获取国际体系承认而进行的竞争,它们都去设法满足自己偏爱的外部行为体的需求。最后,现有研究认为,不同地区制度中政治精英之间的持续互动交流,便利了政治思想的扩散,并且可能还推动了政治精英效仿其他地区安
【589】 排的制度模式(Lenz,2012;Dri,2010)。从这个角度看,如表 25.1 中右下栏(IV)所示,政治精英效仿地区制度的原因是,这些地区制度具有"模式"特征,因为它们被认为特别有效、可取或合适,所以也就合法。因此,政治精英合法化努力的动机并非出于自利,而是基于对其他地区制度样板中所确立规范的积极评估。由于地区制度的合法性还是一个新兴研究领域,所以下面我们对地区制度合法性研究方面还不多的作品所进行的分析,算是根据表 25.1 中分类法所作范畴划分来总结地区主义经验的一个开端或尝试。

政治权变与规范托辞:以东盟的合法性战略为例

东南亚地区主义的普遍特征是，东盟成员国中有一种对威斯特伐利亚式不干涉国内事务观念的强烈推崇,并且非常偏好协商一致的非正式决策程序(参见本书第 6 章和第 11 章)。有几位学者指出,这种以国家为中心的地区制度建设方法,是由国内政治观念和进程所决定的,关系到加强其国内的政治合法性(Narine,2004,430;Cho and Park,

2014,586)。因此,在东盟地区制度建设当中,政治精英的合法化行为可能看起来主要是由观念驱动的。同时,东盟政治精英的行为也分明是一种政治权宜之计,因为他们在进行地区制度建设时,往往会认真考虑其“在本国”的加强主权效应。比如纳林(Narine,2004,434)强调,公民对各国国家制度合法性的认识,取决于政府促进经济繁荣的执行能力。如果政府做不到,就会出现(或反复出现)种族、宗教和政治上的紧张,国家的政治合法性就会受到挑战。面对绩效需求和争取提高在国内的合法性以确保政治生存,东南亚的政治精英就把地区制度比如东盟视为“加强而不是挑战其成员国主权的”一种方式(Narine,2004,424,强调为原文所加),包括维护它们相对于外部势力的自主性(Ba,2013,147;Cho and Park,2014,586)。所谓“东盟方式”,强调不干涉和协商一致决策的原则,因此就被东南亚政治精英视为维护其国内权力基础及政治生存的规范前提。另外,通过制度改革弥补合法性差距,一如我们从它们通过“清迈倡议”来应对东亚金融和经济危机上看到的(Rüland and Jetschke,2008;Narine,2008),似乎主要受到政治精英工具性动机的驱使。

竞争外来支持:非洲和中亚地区主义中的合法化行为

不像东盟研究者强调合法化行为的内部动因,现有关于非洲地区主义项目的研究 【590】
则突出政治精英合法化行为的外向关注。对非洲许多国家和地区机构的主要合法性挑战是,它们存在国家地位虚弱或有限的问题,并且动不动可能发生内战和类似的安全威胁。鉴于其国家的脆弱性,西共体(ECOWAS)与非盟(AU)的成员国寻求从其他国际组织获得外部认可和物质支援,并努力把自己打扮成外部行为体的可靠伙伴(Zaum,2013a,224)。确保获得外部对地区制度加强国家主权的支持,已经成为非洲政治精英的关键目标,他们尝试利用地区制度建设计划来有效应对地区挑战,不仅把这作为加强成员国主权的一种方式,还通过这种方式贬损政治对手的合法性,加强他们自己在国内的政治地位(Söderbaum,2004,432)。因此,西共体和非盟都不再坚持对国内事务的不干预和不介入规范,从而在维护和重建非洲和平安全事务中成为重要相关行为体(Bah,2013;Lotze,2013)。尽管这种情况从外部加强了各个组织的合法性,但由于一些成员国不遵约而导致其许多维护安全的行动缺乏效率,这又有可能破坏其合法性,并且减损其作为外部行为体眼中可靠伙伴的吸引力。研究非洲地区制度合法性的学者,还未曾尝试去理解非洲政治精英的主流行为逻辑。不过,现有研究认识到,西共体和非盟的政治精英主要受工具动机的驱使,设法令这些地区制度服务于国际竞争,以取得外部的政治和物质支持(Hartmann and Striebinger,2015;Leininger,2015)。

获取外部认可的合法性，把自身打造成地区合作的一个有吸引力的模式，也是中亚地区上合组织（SCO）的关键特征（Prantl，2013，176）。这些国家的领导人认为其利益在西式组织中得不到表达，于是就传播这样的观念。上合组织（SCO）严格以国家为中心运作，采用一致同意基础上的决策体制，为地区合作提供了平台。在其多少有些威权主义的成员国中，有一个共同认可的关键目标，就是在该地区维持现状稳定，这也意味着阻止和压制地区内外的分裂势力（Ambrosio，2008）。“上海精神”宣扬一种“不同于西方自由秩序的模式”（Prantl，2013，176），并决心对抗“三股势力”（恐怖主义、分裂主义、极端主义）。为了给其成员国提供一个有效防止威胁其国家主权的替代平台，上合组织积极
【591】争取国际承认，但似乎它所作的积极努力主要是为了“迎合”其国家领导人，而不是为了满足自由国际组织的要求（Russo，2015）。

效仿区外样板：通过议会来使地区制度合法化

政治精英的合法化行为并不绝对由政治权变所驱动，对此前已有述。分析国际和地区制度建设及其合法性，如果不考虑到过去几十年里议会制的显著扩散是不完备的（Lenz et al.，2014）。议会制民主已广为扩散，已经成为设计和组建国际和地区制度的重要参照（Lenz，2013；本书第 5 章）。罗卡贝特等人（Rocabert et al.，2014）识别了多达 60 个国际议会机构，认为这些机构的扩散从 20 世纪 90 年代以来极其突出，这种议会形式已成为一股潮流，主要在非洲和拉美地区的合作方案中采用。与此同时，国际议会机构在特权方面又极具多样性。在分析了 34 个地区议会机构后，伦茨（Lenz，2013）告诉我们，大多数地区议会实体缺乏真正的决策权，往往不过是象征性的设置。关于地区立法议会的研究都有一个特别的共识，那就是强调外部动因——建立这些实体的地区外动力。另一个特征似乎是，政治精英通常照搬外部的样板，不过相关文献对此也一直有争论，或者认为他们这样做是出于政治上的权宜之计，或者是因为立法议会对于组织而言具有“示范”特征和真正价值。

伦茨（Lenz，2012）重点研究了东盟（ASEAN）和南共体（SADC）创建的立法机构，告诉我们政治领导人如何转向欧盟、效仿欧盟议会制建设的经验。德里（Dri，2010）表明，南共市议会（Parlasur）的创立和制度设计，受到了欧洲议会（EP）开创性作用的强烈影响，并且这种影响因这两家地区机构的议会代表之间不断交流而得到加强。吕兰和贝希勒（Rüland and Bechle，2014）借用社会学制度主义和规范扩散理论，来解释东盟立法实体（AIPA）和南共市议会（Parlasur）的创建。响应德里和伦茨的观点，这两家议会实体的创建被看作这两个组织试图通过效仿公认最成功的地区机构（又是欧盟）来提高声

望、赢得尊重以至于外部认可。吕兰和贝希勒(Rüland and Bechle,2014)也发现存在着“脱节”现象，即在正式的制度结构和实际情况之间存在着差距（Meyer and Rowan,1977),因此地区议会不过是民主的“门面”,它们的规范基础——代议制民主规范——更像是说辞而非指导原则。根据这些作者的看法，东盟议会并没有在东盟的运作中注 【592】
入任何议会民主的成分。相反，它支持政治精英对民主和人权持续作出相当非自由的解读(又见 Rüland,2013)。不过,在南共市议会的例子上,“脱节”现象就不那么突出,政治精英对自由民主思想比东盟议会更能接受:南共市成员国都是民主政体,因而对于地区治理的民主化呼吁似乎更好地与现有的信仰体系结合到了一起。这一观点在马拉默德(Malamud,2013)的作品中有所陈述。他认为,即使南共市由重要的地区民主国家所主导,并且在其创建条约中包含了一条民主条款,但南共市的政治秩序仍是其成员国总统制政治体系的延伸，这种体系“给予行政长官不经议会或内阁同意而拍板的权力”(Malamud,2013,7)。马拉默德因此把南共市中的地区制度建设看作政治领导人牺牲各国议会、加强行政权力的一种方式。按照马拉默德的推理路线,南共市议会的创建并不遵循效仿或适当性的逻辑,而反映的是政治精英的政治权变,它掩盖了各国议员才是地区一体化的真正输家的事实。

内部动因与竞争性行动逻辑:通过议会化使欧盟合法化

对地区性立法议会的学术研究,倾向于强调合法化行为的外部动因。不过,欧洲议会作为国际和地区治理结构中政治上最有权力的立法机构,其创建和转型所受到的推动则来自内部，最突出的是国内和超国家的政治精英推动了欧洲议会权力的扩张。有一批研究成果强调,当国内议会的特权因欧洲一体化进一步加深而承受压力时,欧洲议会的权力就会扩张。一体化引起了合法性差距，因为之前国内权力的共享和委托可能会打破政府、各国议会与选民之间的责任链条(参见 Rittberger,2005;Schimmelfennig,2010)。责任链条的中断挑战着议会制民主规范,而这是作为自由民主共同体的欧盟的构成基础。因此,当规范随着进一步的一体化而被迫妥协时,议会制民主模式就被“上传”到超国家层次,补偿各国议会特权的下降。在这种情况下,成员国的政治精英倾向于遵循的是适当性逻辑而非结果性逻辑(Goetze and Rittberger,2010)。不过,政治权变仍然在解释欧洲议会特权的扩张方面有重要作用。超国家政治精英，最突出的是欧洲议会自己的议员，一再试图施压成员国政府在机构间博弈中作出让步。由于欧洲议会 【593】
影响力日升,它又偏好重新分配决策权,从成员国向自己倾斜,所以欧洲议会就往往成功地利用了欧盟条约中的漏洞,对制度现状形成挑战(Farrell and Héritier,2003;Hériti-

er,2007,2012)。这种把权力平衡倒向欧洲议会方面的成功尝试,近来有这么一个例子,就是在2014年欧洲大选期间对“热门人选”(Spitzenkandidaten,即领衔候选人)[①]的提名。虽然成员国政府正式提名了欧盟委员会主席,但跨国的欧洲党团实际上将欧洲议会选举变成了对新任欧盟委员会主席的一场挑战,违反了众多成员国所表达的意愿。

我们从欧盟经验中可以得到的一个可能结论是,有着民主组成基础的地区机构倾向于把议会实体包括进其制度结构之中。由于更具介入性的超国家政策给地区制度合法性造成的挑战越来越大,议会实体及其特权理应扩增。欧洲议会的渐进扩权,至少部分反映了政治精英试图加强欧盟政治体系的程序合法性或输入合法性。不过,正如对其他地区议会的研究所表明的,似乎成员国的民主制并不是在地区制度中创建和扩大议会机构的必要条件。其他地区制度中的制度改革动力,很大程度上来自动荡不定的环境条件下从外部获得合法性的愿望。合法性在这种条件下主要是从外部的认可中获得,反过来,它也引起制度的变革,制度变得松散并且基本上是象征性的,反映出了言行之间的“脱节”过程(Meyer and Rowan,1977)。

结　论

欧盟之外地区制度的合法性仍是一个尚不成熟的研究领域。迄今为止,关于欧盟的学术研究在国家之外政治秩序合法性的研究方面,仍然具有事实上的垄断地位。不过,类似于欧盟,在全球各地的地区制度中,政治精英都很关注它们的合法性。他们对地区制度的合法性有需求、有呼吁,也有挑战。本章提出,欧盟即使因其(民主)合法性赤字方面争论激烈而被视为一个异类(outlier),我们也能够并应当使用与其他地区制度同样的概念工具,来对其加以分析,尤其是如果学者不想做那种相当徒劳的标准化测评研究,而转向实证合法性分析的话。欧盟仍然会是主战场,是对实证合法性开展研究和检验的地方。不过,有关欧盟民主合法性赤字的极为激烈的争论,已经部分蔓延到有关其
【594】他地区制度合法性的学术研究中了。这引起个别人去尝试采用可比较的标准和尺度,去评估欧盟之外地区制度的民主合法性。这种做法的结果已证明多多少少是走不通的。本章考察到的许多地区制度的组成基础,并不是巩固的民主政体,而是脆弱的民主政体或半威权制政体。这些国家也追求其地区主义计划的合法性,但是民主合法性绝不是它们

① 过去,欧盟委员会主席人选由欧洲理事会闭门全权决定,但是从2014年开始实施“领衔候选人”(lead candidates)制度,这意味着需要考虑欧洲议会的选举结果。根据“领衔候选人”制度,欧洲议会选举前,各党团都推出自己的欧盟委员会主席“领衔候选人”。选举后,议会最大党团的“领衔候选人”将获得欧洲理事会提名,再经由欧洲议会多数票通过后,当选为欧盟委员会主席。——译者

的优先考虑。现有研究已表明,亚洲和非洲的政治精英追求地区主义计划的合法性,其主要意图在于希望得到外部认可(国际组织或者外部大国)。其目的不仅是通过地区合作实现经济和安全目标,也是为了加强政治领导人在其国内抗衡反对派的权力基础。这些地区主义计划不像欧盟或其他国际组织,它们有些甚至会破坏而不是鼓励更具包容性和参与性的决策结构。

我们还强调,地区主义计划的正式制度架构在不同地区展现出高度的相似性。这方面的一个重大进展,是地区议会机构的广泛推行。在欧盟中,欧洲议会的创建和授权仍然在围绕欧盟民主合法性的争论中处于核心位置。欧盟之外立法议会的制度化,则极少受到地区层次政治精英的民主化议程的推动(南共市可能是一个例外)。相反,欧盟之外议会制的推行有很浓厚的象征成分,同步反映了地区精英追求获得外部认可从而获得其在动荡环境下的合法性。很明显,不可否认的是,欧盟曾经激发了地区制度建设,并鼓励政治精英占据地区机构及其立法议会,因此它将会成功地充当民主化的施动者,并在地区制度内产生转化性的影响。毕竟,欧洲议会已经在积极地(并成功地)致力于增强其自身的制度权力,在民主合法性的旗帜下不断向前迈进。

最后,本章留下一个基本尚未解决的关键问题:地区制度实际上成功提高它们的合法性了吗?欧盟学者带头研究了地区制度建设和制度改革的影响,以解决据说的合法性差距。霍博尔特(Hobolt,2012)认为,关于如何弥补欧盟民主赤字的学术争论,至今也没有结论可以成功实现公众对欧盟民主的认知与满意度匹配。通过分析来自 27 个欧盟成员国的调查数据,她的结论是,欧洲人对欧盟民主的满意度在涉及程序和绩效要素时,还是比较高的,似乎对各国民主的信心滋养了对欧洲层次民主的信心(Hobolt,2012,101)。她的分析还揭示,把更大的责任归之于欧盟的欧洲人则对欧盟的民主不是太满意,这表明,"随着越来越多权力转移到欧盟层次,公民可能变得对欧盟制度越来越挑剔和苛求"(Hobolt,2012,101)。不仅如此,最近对欧盟公民进行的欧盟合法性认知评估,其所描述的画面更加不那么令人鼓舞:沙尔普夫(Scharpf,2015,20)认为,在欧元危【595】
机背景下,欧盟政体面临着"危机前它可依赖的输出导向的政治支持严重衰退",这使得欧盟输入导向的民主赤字问题在政治上更加亟须解决。这方面一个尤其麻烦的变化是,为应对欧元危机而对欧盟宏观经济监督进程进行了全面改革,伴随而来的是代议制机构的弱化和行政主导的"应急政治"的流行(White,2015),由此也破坏了欧盟的程序合法性。

这些粗略的观察强调,研究地区制度的合法性,以及政治精英追求地区制度合法性并通过地区制度追求自身合法性的努力,不应当与对其影响的研究分开。把合法性理解成一种社会上和政治上都有争议的现象,意味着地区制度在解决合法性差距上的尝试，会激起选民、外部行为体、学术观察者等各方面的反应。那么在分析上的挑战就在于，如何把这种“合法化循环”(legitimation cycles)当中的原因和结果分解开来。

参考文献

Acharya, A.2003.Democratisation and the Prospects for Participatory Regionalism in Southeast Asia. *Third World Quarterly*, 24(2):375–390.

Ambrosio, T.2008.Catching the “Shanghai Spirit”: How the Shanghai Cooperation Organization Promotes Authoritarian Norms in Central Asia.*Europe–Asia Studies*, 60(8):1321–1344.

Archibugi, D, Koenig–Archibugi, M, and Marchetti, R.(eds.)2012.*Global Democracy: Normative and Empirical Perspectives*.Cambridge: Cambridge University Press.

Ba, A.2013.The Association of Southeast Asian Nations: Between Internal and External Legitimacy.In: D.Zaum (ed.), *Legitimating International Organizations*.Oxford: Oxford University Press, 132–161.

Bah, A.S.2013.ECOWAS and the Legitimacy Question: A Normative and Institutional Approach.In: D. Zaum (ed.), *Legitimating International Organizations*.Oxford: Oxford University Press, 88–110.

Bernstein, S.2011.Legitimacy in Intergovernmental and Non–State Global Governance.*Review of International Political Economy*, 18(1):17–51.

B? rzel, T.A.and Risse, T.2003.Conceptualizing the Domestic Impact of Europe.In: K.Featherstone and C. Radaelli (eds.), *The Politics of Europeanization*.Oxford: Oxford University Press, 57–80.

Buchanan, A.and Keohane, R.O.2006.The Legitimacy of Global Governance Institutions.*Ethics & International Affairs*, 20(4):405–437.

Centeno, M.A.1993.The New Leviathan: The Dynamics and Limits of Technocracy.*Theory and Society*, 22(3):307–335.

Checkel, J.T.2005.International Institutions and Socialization in Europe: *Introduction and Framework. International Organization*, 59(4):801–826.

Cheneval, F, Lavenex, S, and Schimmelfennig, F.2014.Demoi–cracy in the European Union: Principles, Institutions, Policies.*Journal of European Public Policy*, 22(1):1–18.

Cheneval, F.and Schimmelfennig, F.2013.The Case for Demoicracy in the European Union.*JCMS: Journal of Common Market Studies*, 51(2):334–350.

Cho, I.H.and Park, S.–H.2014.Domestic Legitimacy Politics and Varieties of Regionalism in East Asia. *Review of International Studies*, 40(3):583–606.

De Lombaerde, P, Söderbaum, F, Van Langenhove, L, and Baert, F.2010.The Problem of Comparison in Comparative Regionalism.*Review of International Studies*, 36(3):731–753.

de Vreese, C.H.2007.The EU as a Public Sphere.*Living Reviews in European Governance*, 2(3):5–22.

Dri, C.2010.Limits of the Institutional Mimesis of the European Union: The Case of the Mercosur Parliament.*Latin American Policy*, 1(1):52–74.

Emmerson, D.K.2007.Challenging ASEAN: A "Topological" View.*Contemporary Southeast Asia*, 29(3): 424–446.

Farrell, H.and Héritier, A.2003.Formal and Informal Institutions Under Codecision: Continuous Constitution–Building in Europe.*Governance*, 16(4): 577–600.

Føllesdal, A.and Hix, S.2006.Why There is a Democratic Deficit in the EU: A Response to Majone and Moravcsik.*JCMS: Journal of Common Market Studies*, 44(3): 533–562.

Frost, M.2013.Legitimacy and International Organizations: The Changing Ethical Context.In: D.Zaum (ed.), *Legitimating International Organizations*.Oxford: Oxford University Press, 26–40.

Goertz, G.and Powers, K.2014.*Regional Governance: The Evolution of a New Institutional Form*.WZB Discussion Paper 106.Berlin: WZB Berlin Social Science Center.

Goetze, S.and Rittberger, B.2010.A Matter of Habit? The Sociological Foundations of Empowering the European Parliament.*Comparative European Politics*, 8(1): 37–54.

Grant, R.W.and Keohane, R.O.2005.Accountability and Abuses of Power in World Politics.*American Political Science Review*, 99(1): 29–43.

Hartmann, C.and Striebinger, K.2015.Writing the Script? ECOWAS's Military Intervention Mechanism. In: T.A.Börzel and V.Van Hüllen(eds.), *Governance Transfer by Regional Organizations: Patching Together a Global Script*.Basingstoke: Palgrave Macmillan, 68–83.

Held, D.2004.Democratic Accountability and Political Effectiveness from a Cosmopolitan Perspective. *Government and Opposition*, 39(2): 364–391.

Héritier, A.2007.*Explaining Institutional Change in Europe*.Oxford: Oxford University Press.

Héritier, A.2012.Institutional Change in Europe: Co–decision and Comitology Transformed.*Journal of Common Market Studies*, 50(S1): 38–54.

Hobolt, S.B.2012.Citizen Satisfaction with Democracy in the European Union.*Journal of Common Market Studies*, 50(S1): 88–105.

Hooghe, L.and Marks, G.2009.A Postfunctionalist Theory of European Integration: From Permissive Consensus to Constraining Dissensus.*British Journal of Political Science*, 39(1): 1–23.

Hooghe, L.and Marks, G.2014.Delegation and Pooling in International Organizations.*Review of International Organizations*, doi: 10.1007/s11558–014–9194–4.

Hurd, I.1999.Legitimacy and Authority in International Politics.*International Organization*, 53(2): 379–408.

Hurrelmann, A, Gora, A, and Wagner, A.2013.The Legitimation of the European Union in the News Media: Three Treaty Reform Debates.*Journal of European Public Policy*, 20(4): 515–534.

Jones, D.M.2008.Security and Democracy: The ASEAN Charter and the Dilemmas of Regionalism in South–East Asia.*International Affairs*, 84(4): 735–756.

Kohler–Koch, B.and Rittberger, B.(eds.)2007.*Debating the Democratic Legitimacy of the European Union*.Lanham, MD: Rowman & Littlefield.

Koopmans, R.and Statham, P.(eds.)2010.*The Making of a European Public Sphere: Media Discourse and Political Contention*.Cambridge:Cambridge University Press.

Koppell,J.G.2008.Global Governance Organizations:Legitimacy and Authority in Conflict.*Journal of Public Administration Research and Theory*,18(2):177–203.

Kriesi,H.and Grande,E.2015.The Europeanization of the National Political Debate.In:O.Cramme and S.B.Hobolt(eds.),*Democratic Politics in a European Union Under Stress*.Oxford:Oxford University Press,67–86.

Kuhonta,E.M.2006.Walking a Tightrope:Democracy versus Sovereignty in ASEAN's Illiberal Peace.*The Pacific Review*,19(3):337–358.

Leininger,J.2015.Against All Odds:Strong Democratic Norms in the African Union.In:T.A.Börzel and V.Van Hüllen(eds.),*Governance Transfer by Regional Organizations:Patching Together a Global Script*.Basingstoke:Palgrave Macmillan,51–67.

Lenz,T.2012.Spurred Emulation:The EU and Regional Integration in Mercosur and SADC.*West European Politics*,35(1):155–173.

Lenz,T.2013.The Politics of Institutional Symbolism:Parliamentarization in Regional Economic Organizations.Unpublished paper.Free University of Amsterdam.

Lenz,T,Bezuijen,J,Hooghe,L,and Marks,G.2014.*Patterns of International Organization:Task- Specific vs.General Purpose*.RSCAS Working Paper 128.Fiesole:European University Institute.

Lotze,W.2013.Building the Legitimacy of the African Union:An Evolving Continent and Evolving Organization.In:D.Zaum(ed.),*Legitimating International Organizations*.Oxford:Oxford University Press,111–131.

Majone,G.2006.The Common Sense of European Integration.*Journal of European Public Policy*,13(5):607–626.

Malamud,A.2013.*Overlapping Regionalism,No Integration:Conceptual Issues and the Latin American Experiences*.EUI Working Paper 20.Fiesole:European University Institute.

March,J.G.and Olsen,J.P.1998.The Institutional Dynamics of Political Orders.*International Organization*,52(4):943–969.

Meyer,J.W.and Rowan,B.1977.Institutionalized Organizations:Formal Structure as Myth and Ceremony.*American Journal of Sociology*,83(2):340–363.

Moravcsik,A.2004.Is there a"Democratic Deficit"in World Politics? A Framework for Analysis.*Government and Opposition*,39(2):336–363.

Nanz,P.and Steffek,J.2004.Global Governance,Participation and the Public Sphere.*Government and Opposition*,39(2):314–335.

Narine,S.2004.State Sovereignty,Political Legitimacy and Regional Institutionalism in the Asia–Pacific.*The Pacific Review*,17(3):423–450.

Narine,S.2008.Forty Years of ASEAN:A Historical Review.*The Pacific Review*,21(4):411–429.

Neyer,J.2010.Justice,Not Democracy:Legitimacy in the European Union.*Journal of Common Market Studies*,48(4):903–921.

Nicolaïdis, K.2004.The New Constitution as European "Demoi-cracy."*Critical Review of International Social and Political Philosophy*, 7(1): 76–93.

Patomäki, H.and Teivainen, T.2002.Critical Responses to Neoliberal Globalization in the Mercosur Region: Roads towards Cosmopolitan Democracy? *Review of International Political Economy*, 9(1): 37–71.

Peter, F.2014.*Political Legitimacy*.Stanford, CA: Stanford University. <http://plato.stanford.edu/archives/win2014/entries/legitimacy> (accessed May 12, 2015).

Prantl, J.2013.The Shanghai Cooperation Organization: Legitimacy through (Self-)Legitimation In: D. Zaum (ed.), *Legitimating International Organizations*.Oxford: Oxford University Press, 162–178.

Reinalda, B.2007.The Question of Input, Control and Output Legitimacy in Economic RIOs.In: A.Ribeiro Hoffmann and A.van der Vleuten(eds.), *Closing or Widening the Gap? Legitimacy and Democracy in Regional Integration Organizations*.Aldershot: Ashgate, 49–82.

Reus-Smit, C.2007.International Crises of Legitimacy.*International Politics*, 44(2–3): 157–174.

Ribeiro Hoffmann, A.and van der Vleuten, A.(eds.)2007.*Closing or Widening the Gap? Legitimacy and Democracy in Regional Integration Organizations*.Aldershot: Ashgate.

Risse, T.2010.*A Community of Europeans? Transnational Identities and Public Spheres*.Ithaca, NY: Cornell University Press.

Risse, T.2014.No Demos? Identities and Public Spheres in the Euro Crisis.*Journal of Common Market Studies*, 52(6): 1207–1215.

Rittberger, B.2005.*Building Europe's Parliament: Democratic Representation Beyond the Nation State*. Oxford: Oxford University Press.

Rittberger, B.2010.Democracy and EU Governance.In: M.Egan, N.Nugent, and W.E.Paterson(eds.), *Research Agendas in EU Studies: Stalking the Elephant*.Basingstoke: Palgrave Macmillan, 134–167.

Rocabert, J, Schimmelfennig, F, and Winzen, T.2014.The Rise of International Parliamentary Institutions? Conceptualization and First Empirical Illustrations.ECPR Joint Sessions.Salamanca, Spain: ETH Zurich.

Rüland, J.2013.Participation without Democratization: The ASEAN Inter-Parliamentary (AIPA) and ASEAN's Regional Corporatism.In: O.Costa, C.Dri, and S.Stavridis(eds.), *Parliamentary Dimensions of Regionalization and Globalization: The Role of Inter-Parliamentary Institutions*.Basingstoke: Palgrave Macmillan, 166–186.

Rüland, J.and Bechle, K.2014.Defending State-Centric Regionalism through Mimicry and Localisation: Regional Parliamentary Bodies in the Association of Southeast Asian Nations(ASEAN) and Mercosur. *Journal of International Relations and Development*, 17(1): 61–88.

Rüland, J.and Jetschke, A.2008.40 Years of ASEAN: Perspectives, Performance and Lessons for Change. *The Pacific Review*, 21(4): 397–409.

Russo, A.2015.A "Potemkin Village"? Governance Transfer by the CIS.In: T.Börzel and V.Van Hüllen (eds.), *Governance Transfer by Regional Organizations: Patching Together a Global Script*.Basingstoke: Palgrave Macmillan, 141–156.

Scharpf, F.W.1999.*Governing in Europe: Effective and Democratic?* Oxford: Oxford University Press.

Scharpf, F.W.2009.Legitimacy in the Multilevel European Polity.*European Political Science Review*, 1(2): 173–204.

Scharpf, F.W.2015.Political Legitimacy in a Non–Optimal Currency Area.In: O.Cramme and S.B.Hobolt (eds.), *Democratic Politics in a European Union Under Stress*.Oxford: Oxford University Press, 19–47.

Schimmelfennig, F.2010.The Normative Origins of Democracy in the European Union: Toward a Transformationalist Theory of Democratization.*European Political Science Review*, 2(2): 211–233.

Schmidt, V.A.2012.Democracy and Legitimacy in the European Union.In: E.Jones, A.Menon, and S. Weatherill (eds.), *The Oxford Handbook of the European Union*.Oxford: Oxford University Press, 661–675.

Schneider, S.and Hurrelmann, A.2011.The Legitimacy of Regional Governance Arrangements: A Research Agenda and Some Empirical Illustrations.ECPR General Conference, Reykjavik, Iceland.

Schneider, S, Hurrelmann, A, Krell –Laluhová, Z, Nullmeier, F, and Wiesner, A.2010.*Democracy's Deep Roots: Why the Nation State Remains Legitimate*.Basingstoke: Palgrave Macmillan.

Söderbaum, F.2004.Modes of Regional Governance in Africa: Neoliberalism, Sovereignty Boosting, and Shadow Networks.*Global Governance*, 10(4): 419–436.

Söderbaum, F.and Sbragia, A.2010.EU Studies and the "New Regionalism": What Can be Gained from Dialogue? *Journal of European Integration*, 32(6): 563–582.

Steffek, J.2003.The Legitimation of International Governance: A Discourse Approach.*European Journal of International Relations*, 9(2): 249–275.

Sukma, R.2008.Political Development: A Democracy Agenda for ASEAN? In: D.K.Emmerson (ed.), *Hard Choices: Security, Democracy, and Regionalism in Southeast Asia*.Stanford, CA: Walter H.Shorenstein Asia–Pacific Research Center, 135–150.

Weber, M.1964.*The Theory of Social and Economic Organization*.New York: Free Press of Glencoe.

White, J.2015.Politicizing Europe: The Challenge of Executive Discretion.In: O.Cramme and S.B.Hobolt (eds.), *Democratic Politics in a European Union Under Stress*.Oxford: Oxford University Press, 87–102.

Zaum, D.2013a.Conclusion.In: D.Zaum (ed.), *Legitimating International Organizations*.Oxford: Oxford University Press, 221–230.

Zaum, D.2013b.International Organizations, Legitimacy, and Legitimation.In: D.Zaum (ed.), *Legitimating International Organizations*.Oxford: Oxford University Press, 3–25.

Zürn, M.2004.Global Governance and Legitimacy Problems.*Government and Opposition*, 39(2): 260–287.

Zürn, M.2011.Vier Modelle einer globalen Ordnung in kosmopolitischer Absicht.*Politische Vierteljahresschrift*, 52(1): 78–118.

第 26 章　地区间主义和跨地区主义

安德烈·里贝罗·霍夫曼(Andrea Ribeiro Hoffmann)

地区间和跨地区主义(inter-and transregionalism)并不是新现象,但这些概念在2000年之前很少用到。2000年之后,地区间和跨地区关系出现爆发式增长,人们这才试图更加精确地对这些关系的概念加以界定,以分辨现有的组织安排,并为了分析它们而探索其他有价值的理论方法。不过,有关地区间主义和跨地区主义的文献仍很分散,而且有大量研究空白。对于主要概念的定义尚缺乏共识,对于现有组织安排也缺乏持续跟踪。在探究这些问题方面,只有2006年亨吉(Hänggi)发表过一篇被广为引用的文章(Hänggi,2006),之后就无人问津了。很少有人系统地去梳理现有文献,绝大多数研究都是个案分析,它们几乎没有可比性,或者难以概括。本章努力解决这一问题,对有关地区间主义和跨地区主义的文献进行分析,旨在找到主要的研究空白,推进未来的研究议程。第一节对相关概念细加阐释,并对相关文献进行梳理。第二节指出相关文献所论及的三个关键问题:地区间主义和跨地区主义兴起的动因、其制度设计的动因,以及它们对地区本身和全球秩序的影响。最后一节进行总结,并讨论了研究缺失和未来研究方向。 【600】

界定和梳理地区间主义和跨地区主义

地区间主义和跨地区主义现象,与地区主义、地区化和跨国关系现象密切相关。在地区研究、比较地区主义和国际政治经济学(IPE)当中,地区主义往往被定义为自上而下(正式)的国家主导的地区建设倡议,而地区化则是自下而上(非正式)的非国家行为体主导的社会经济互动(Hurrell,1995;Borzel et al.,2012;以及本书第1章)。在国际关系学(IR)中,跨国关系指的是跨国界的关系,其中至少涉及一个非国家行为体,不论其 【601】

是在地区之内还是跨地区(Risse-Kappen,1995)。因此,后缀“主义”(-ism)和“化”(-ization),以及前缀“在……之间”(inter-)和“跨……”(trans-),在地区研究、比较地区主义和国际政治经济学等不同文献中的用法是不同的，这就使得进行学科交叉研究无所适从。在有关地区间主义和跨地区主义的文献中,几乎每位作者对这些概念的用法都不相同。对这些现象进行定义和分类上,亨吉的文章(Hänggi,2006)仍然是主要的被引用成果,但正如吕兰所言,“对其‘本性为何’的争论终究还未解决,分类不清的问题依然存在”(Rüland,2014,16)。

地区间主义和跨地区主义概念的初始关键方面，也是它们有别于其他超出国内社会的互动形式(比如双边主义、多边主义和跨国主义)之处,乃是它们明确涉及“地区”。然而“地区”也是一个不是被界定得太宽就是太窄的概念,而且“地区”概念所指还游移不定，其边界相比国家的边界来说远为不确定。根据所采用的标准和所分析的时间范围,它们可以包含不同的行为体和不同的进程。地理特征、相互依赖、正式程度、制度法制化以及身份认同,都可以用作对“地区”加以定义和分类的选择标准。在本书中,“地区”被定义为全球和国家层次之间为社会所建构的空间,有一定的地理所指,并往往具有地理相近性和共同制度,但也并不总是如此(参见本书第 1 章)。

接下来,我们可以将地区间主义和跨地区主义界定为,它们是由国家和非国家行为体推动的、在各个地区之间进行制度和社会沟通的过程。这一定义包含了国际关系学文献中前缀“跨”和国际政治经济学文献中后缀“化”所隐含的意思,也就是包含了由非国家行为体主导的非正式和自下而上的过程。

我们这里所说的地区间主义和跨地区主义两者之间也有区别，这取决于所指地区的正式性程度。地区间主义意味着两个正式地区组织之间根据法律条约所建立的关系，双方各有自己的永久席位(这在相关文献中有时就是指“纯粹的地区间主义”),而跨地区主义则用来指称地区之间其余范畴的关系,包含不那么正式的关系,也包含非国家行为体。[①]这种区分比亨吉的文章(Hänggi,2006)中所作的区分要更简单些,尽管它也包含

---

① 地区的正式性程度并不一定意味着它们多多少少都是一致性的行为体。对于欧盟行为体身份(actorness)的讨论可参见 Bretherton and Vogler,2006。赫特内(Hettne,2014)详细解释了“地区行为体资格”(regional actorship) 这一概念在比较地区间主义 (comparative interregionalism) 中的应用。赫尔斯(Hulse,2014)比较了南共体(SADC)和西共体(ECOWAS)的行为体身份。尽管有可能对地区组织的行为体身份或资格加以比较,但还是没有其他地区组织像欧盟那样拥有一套对外政策和对外关系体系,这套体系是在《马斯特里赫特条约》和《里斯本条约》签订以来形成的,拥有一项共同安全和防务政策(CSDP),有一个执行机构——其高级代表(High Representative)类似于国内意义上的外交部长,还有一个外交部门——欧洲对外行动署(EEAS)(Manners and Whitman,2013)。

地区与第三国之间的关系。①

除了区分地区间主义和跨地区主义外，本章还对欧盟中心的地区间/跨地区主义和南南之间的地区间/跨地区主义进行了区分。这一分类并非假定欧盟本身是一个特殊的行为体，也就是说，我们并不把欧盟视为一个与众不同的地区组织。相反，这一区分的前提是，欧盟在历史上经历了不断的、快慢不一的演变，其制度特征和卷入全球政治的情况也颇有不同。欧盟中心的地区间/跨地区主义也并不意味着欧盟拥有与其关系伙伴不对称的权力。尽管欧盟在与南方地区组织的关系中经常如此，但它在像亚欧会议（ASEM）中或与发达国家和美国间的跨大西洋关系中就不一定这样。【602】

最后，地区间和跨地区关系也可以划分为同一个大陆内的关系或跨大陆的关系。尽管我们梳理的文献中绝大多数案例都论及的是跨大陆的关系，但这些关系的确也会发生在同一个大陆内部。在后一种情况下，这些关系往往会混同于地区组织与其成员有交叉的组织间关系，这种情形特别受到那种自称为"交叠性地区主义"（overlapping region-alism）的文献所关注（Nolte，2014）。比如，南共市（MERCOSUR）和安共体（CAN）之间的关系就是这样，在这两个最初分头建立的地区组织之间，这种交叠关系导致它们创立了一个包含所有成员国的新组织，即南美国家联盟（UNASUR）。在这个案例中，地区间主义演变催生出了一个更大的地区组织（van der Vleuten and Ribeiro Hoffmann，2013，439）。

表 26.1 列出了一些地区间主义和跨地区主义的例子（完整的列举请参见附表 A26.1）。

表 26.1　地区间主义和跨地区主义示例

区域	地区间主义	跨地区主义
欧盟中心	欧盟–东盟（EU–ASEAN） 欧盟–拉加共同体（EU–CELAC） 欧盟–南共市（EU–MERCOSUR） 欧盟–南共体（EU–SADC）	欧盟–非洲对话（EU–Africa Dialogue） 亚欧会议（ASEM） 欧盟–中国（EU–China） 欧盟–美国（EU–US）
南南之间	南共市–安共体（MERCOSUR–CAN） 南共市–南共体（MERCOSURr–SADC） 南共市–东盟（MERCOSUR–ASEAN） 南共体–东盟（SADC–ASEAN） 东盟–上合组织（ASEAN–SCO）	东亚–拉美合作论坛（FEALAC）、 中非合作论坛（FOCAC）

注：作者自制。

① 亨吉确认的三种地区间主义主要类型是：地区组织之间制度化的关系（比如欧盟–东盟关系）、地区组织和第三国之间的制度化关系（比如欧盟–中国关系）及"其他地区间或跨地区机制"。最后这一类包括三个种子类型：不同地区的某个地区组织与某个较为协调一致的国家集团之间的关系（比如亚欧会议）、不同地区的两个较为协调一致的国家集团之间的关系（比如东亚–拉美合作论坛），来自不同地区的国家、国家集团和地区组织之间的关系（比如亚太经合组织）（Hänggi，2006，39）。

解释地区间主义和跨地区主义的兴起

绝大多数地区间主义和跨地区主义研究不是描述性的就是规范性的，都着重研究
【603】其历史上的变与不变、成功与失败、面临挑战与未来前景。很少研究曾有雄心在理论上构造出分析框架,或者系统地运用分析方法。概念上的复杂性和方法论上的种种约束,包括可靠资源的难以获取,阻碍着人们确立一个对地区间和跨地区主义进行分析的充分基础,也难以开展丰富的比较研究。大量的理论方法都用在了个案研究上,其成果难以比较或归纳。出于地理因素，大多数研究探讨的都是欧盟与其他正式地区组织的关系(欧盟中心的地区间主义),比如欧盟-东盟关系、欧盟-南共体关系、欧盟-南共市关系,而很少有人去探讨南南之间的地区间主义或跨地区主义。

本章提出的三个研究问题中，地区间主义的兴起问题得到了广泛探讨。但是绝大多数研究集中关注的还是个案,包括欧盟与其他非正式地区组织的关系(欧盟中心的地区间主义)。一个例外是亚欧会议这种跨地区主义案例,它受到的关注很多。探讨这些问题的理论方法主要有四大类:欧盟对外政策分析,国际关系学(IR)理论(包括现实主义、自由制度主义和建构主义),国际政治经济学(IPE),以及规范扩散方法。

欧盟对外政策分析

第一类方法是,从欧盟对外政策的视角出发,探讨欧盟中心的地区间/跨地区主义。索德鲍姆和范·朗恩霍弗指出,20 世纪 90 年代以来，欧盟已越来越关注地区与地区之间的关系,将之视为其对外关系的基础,而且他们还指出,“这种对外政策学说在欧盟委员会当中扎根很深，过去十年来已屡屡经由大量重要政治家和决策人士之口所表达”(Söderbaum and Van Langenhove,2005,3)。哈达克雷和史密斯(Hardacre and Smith,2009,2014)也指出,欧盟已在系统地把地区一体化和地区间主义作为其外交战略的关键组成部分加以推行，它的这一立场也因此成了地区间关系的一大推动力。他们进而指出,许多评论家已认定,实际上就是欧盟开发了这一概念(Hardacre and Smith,2014,91)。他们也认为,欧盟还开发出了一个处理与世界其他地区间关系的复杂系统,他们称之为“复合地区间主义”(complex interregionalism)。复合地区间主义包括欧盟与其他地区组织间关系、与其他类型地区集团间关系,也包括与第三国间的关系。他们还提出,欧盟对亚洲、非洲和拉美采用这一相同战略已有数十年,但这一战略在这些地区被接受和起作用的情形却有所不同。因此，欧盟已经感到有必要转向采取更多双边形

式的关系,但仍保留其对地区间主义的表面承诺(Hardacre and Smith,2014,94)。

至于对欧盟这种外交战略的解释要素，哈达克雷和史密斯(Hardacre and Smith, 2014)跟索德鲍姆和范·朗恩霍弗(Söderbaum and Van Langenhove,2005)一样认为,欧盟委员会作为世界上地区一体化和地区间主义的主要支持者,特别发布过战略性文件,并为此动用过贸易和发展政策工具。欧盟理事会在支持地区间主义上一直不太坚决,特别是在 2008 年金融危机之后,它倾向于实行与关键贸易伙伴达成双边自由贸易协定的经济政策,并视之为一项增长战略(参见本书第 15 章)。因此,在欧盟理事会的影响下,欧盟偏离了地区间主义,而更亲近跨地区主义,其间,欧盟与个别国家的特殊伙伴关系得到了促进,同时借助其他类型的地区集团来提高其出口,而不再把推动(第三方)地区一体化作为目的。尽管哈达克雷和史密斯(Hardacre and Smith,2014)认为,欧洲议会在欧盟与其他地区间战略上没有什么重大影响,但其他学者却认为,欧洲议会在地区议会间对话上的作用不可忽视(Costa and Dri,2014)。也有学者探讨了欧盟成员国的作用,认为它们不只是通过理事会,也在对外双边关系中发挥着作用(Santander,2014)。 【604】

国际关系学理论

第二大类解释地区间/跨地区主义形成的理论方法以国际关系学理论为基础。吕兰(Rüland,2010)提出了一个基于(软)制衡、管理相互依赖和建立共同身份等概念的分析框架，其主要的解释变量来自现实主义、自由制度主义和建构主义。他和道伊奇(Doidge,2011)进一步详细阐述了这些变量,并辨识出地区间/跨地区主义所发挥的五个功能:制衡、制度建设、理性化、议程设置和集体认同构建。这些理论方法已被应用到大量个案研究当中,比如亚欧会议研究(Maull and Okfen,2003;Dent,2004)、欧盟-东盟研究(Doidge,2011)和欧盟-南共市研究(Doctor,2015),不过对此也不乏批评的声音。基于对亚欧会议的研究并借助哈贝马斯(Habermas)的交往行动理论,罗布尔斯(Robles,2008)就认为,试图确定地区间对话论坛对于全球治理的功能,这样做的理论前提是有问题的，就好比要把“不可比较的理论”(Rüland,2014,20) 拉扯到一起。卡姆罗克斯(Camroux,2010)也批评这些理论方法,说它们是规范性的(Camroux,2010,20),并另外提出了一种方法,采用帕特南(Putnam)的双层博弈理论来解释欧盟-东盟关系。吕兰承认,国际关系学的理论方法中缺少一种整体主义方法,而且大多数受这些理论指导的研究都是对多种理论方法加以综合,它们可能在不同时期有不同意义,或者只适用于特定议题领域,或者有时甚至采用一些出自互不兼容范式中的观点(Rüland,2014,17)。他建议,为了改进地区间/跨地区研究的质量,可以采用一些新方法,比如网络分析、规范扩

【605】 散等，这些新方法就超越了国际关系大理论的争论，下面本章会就此予以评述。

国际政治经济学

国际政治经济学(IPE)方法对地区主义和地区间关系的分析是放在全球资本主义体系之下的，民族国家对贸易和资本流动的影响主要是通过直接控制或管制。正如苏珊·斯特兰奇(Susan Strange)的名著标题所指出的，全球政治就是关于“国家与市场”之间的斗争的(Strange，1988)。从IPE角度看，地区间/跨地区主义的研究考察的就是地区在国家与(全球)市场之间扮演的角色。IPE学者假定地区必须在全球经济进程和全球化之中进行研究，由此而开发出一种比较地区主义研究议程；有些学者采取的视角较为偏向国家中心主义，而另一些学者更加重视结构视角，但他们都会论及欧盟，也就是说，欧盟并不被看作一个例外(Mansfield and Milner，1999；Mattli，1999；Schirm，2002)。在这个视角下，定义封闭的和开放的地区主义，就显得尤其重要。如果各个地区不促进相互之间的经济和贸易联系，保持“封闭”(各自为政)的话，那么它们就会成为通向全球经济关系的“绊脚石”。相反，如果各个地区相互之间促进经济贸易联系，也就是说致力于地区间/跨地区主义的话，那么它们就会成为通向全球经济关系的“垫脚石”。

从事比较地区主义研究的学者告诉我们，历史上，全世界“第一波”封闭地区主义出现在20世纪50年代到70年代中期，彼时的地区主义倡议虽与关贸总协定(GATT)体系不相排斥，但它们重点关注的是地区内部的贸易自由化，而不是鼓励地区之间的自由贸易(Breslin et al.，2002，1-8，16-18；Fawcett，1995)。相反，在后冷战时期，开放的地区主义流行开来，形成了所谓的第二波地区主义。这也是地区间/跨地区主义繁荣的时期(Breslin et al.，2002)。而且不像在冷战时期，地区主义受民族国家主导，在后冷战时期，非国家行为体和非正式关系更受重视(参见本书第2章)。新地区主义(开放的地区主义)发展的头十年间，在地区组织和地区间/跨地区主义议程中盛行的是贸易自由化。20世纪90年代，始于亚洲并蔓延至其他发展中国家的经济危机，导致这种自由贸易战略发生了转变。比如在拉美，危机后发生的“向左转”和发展战略上的反思，导致“后新自由主义”(post-neoliberalism)兴起，地区组织的议程从贸易自由化转向了基础设施建设合作，以及旨在加强南南地区间/跨地区主义的社会凝聚政策(Briceno and Ribeiro Hoffmann，2015；本书第17章)。

规范扩散理论

第四大类用于解释地区间/跨地区关系形成的理论方法是规范扩散。这方面的文献,解释了地区组织通过地区间和跨地区的联系而在制度设计上出现相似性(参见本书第 5 章)。地区间主义和跨地区主义是作为欧盟扩散规范的机制而出现的,也受到了地区主义的刺激(Martin,2009;Jetschke and Lenz,2013;Jetschke and Murray,2012)。同时,研究欧盟对外政策的文献也声称,欧盟与其他地区建立了推进地区主义的正式联系。这些主张之外,还有一些文献讨论了作为一种规范力量的欧盟(Manners and Whitman,2013;Whitman,2011),尽管后者在欧盟的性质和身份上是出于特殊的假定,不同于有关规范扩散的文献(Lenz,2013)。地区性国家集团"非加太"(ACP)的创建,被认为是欧盟与其前殖民地国家之间建立制度化联系的结果。霍兰(Holland)指出,"欧盟-非加太"(EU-ACP)是一个想象中的地区间集团,而"非加太"并不代表一种共同身份,跟欧盟比起来它根本就不是一个内部团结一致的集团(Holland,2006,254)。这个例子比较极端。在大多数时候,欧盟的影响及其通过地区间主义推动地区主义的意图,往往被看作除了内部动因之外的一种因素。耶茨奇克(Jetschke,2013)把过去几年东盟中发生的制度变革, 解释成欧盟规范扩散的结果。安第斯共同体的制度设计和安第斯法院的创建, 也被人认为是欧盟规范扩散的结果(Saldias,2010; Bustamonte and Giacalone,2009)。南共市的制度设计及其在危机期间(比如 1999—2002 年危机和 2008—2010 年危机期间)的牢固性,也起码部分归功于欧盟的规范扩散(Doctor,2015)。伦茨(Lenz,2012)也指出,南共市和南共体的制度设计和改革,部分可以解释为一种积极效仿的过程,这一过程既受到国内重视欧盟的行为体支持,也受到欧盟直接介入的影响。这些案例表明,地区间关系的形成可以看作欧盟成功地向全世界推广地区主义和欧盟模式的结果。但是多克特(Doctor)在"欧盟-南共市"案例基础上得出了一个更一般性的结论,即"不要指望地区间主义会有效发挥地区一体化推广者的作用。往好处讲,它不过是有助于影响地区的算计(可能是朝积极方面的,但要取决于向它所兜售内容的吸引力);往坏里讲,它会加剧一体化进程中的紧张"(Doctor,2015,15)。 【606】

欧盟对外政策、IR、IPE 和规范扩散:竞争还是互补?

由于缺乏更加系统的经验研究, 我们很难评价上述这些解释地区间主义和跨地区主义兴起的不同方法。巴尔等人提出,不同的研究展示出不同理论视角的相关性,而经 【607】

验证据实际上可以用不止一种方式来解读(Baert et al.,2014,170)。吕兰建议采取分析性折中主义(Rüland,2014)。在对现有的地区间和跨地区关系进行的一项梳理考察中,范·德尔·弗伦丁和里贝罗·霍夫曼(van der Vleuten and Ribeiro Hoffmann,2013)提出,欧盟推动地区间主义的主要目的,是推广它自己的规范和价值观(包括民主、人权和新自由主义经济原则),并意图按照它自己的设想建构其他地区。相反,南南地区间主义的推行目的,主要则是为了平衡欧盟或其他大国行为体在全球层次的不对称影响。这些发现都是基于对二手文献的评估,需要增加基于更系统的实证分析之上的比较研究。然而这些发现支持了哈达克雷和史密斯(Hardacre and Smith,2014)所提出的观点,他们认为,在以欧盟为中心的地区间主义和跨地区主义案例中,欧盟对外政策分析框架是最有用的解释。规范扩散在解释那些与欧盟建立了地区间关系的地区组织的制度设计时很有用。

对于南南地区间主义和跨地区主义,现实主义的软制衡和 IPE 方法更有解释力。有关非盟与东盟间形成生态性地区关系的观点就契合这一逻辑(Fagbayibo,2011;Kingah and Akong,2015)。这也正与阿查亚的观点一致,他认为地区主义在南方的发展大多是为了保护国家主权,而不是为了推进超国家一体化(参见本书第 6 章)。加强政权显然也被复制到了地区间层次上,在那里,南南协议避免有关承诺威胁主权和不干涉原则。南南方向和南北方向的规范扩散都有可能合情合理,但相关文献太少,没有证据证明其有用。跨地区主义的案例较少被涉及,除了亚欧会议,但可想而知的是,介于欧盟中心和南南关系之间的类型更少分歧,因为非国家行为体较少受到软制衡的驱动,也不关心主权和不干涉问题。不过,这也有待探讨。

最近的形势发展可能对研究地区间主义和跨地区主义的概念及分析框架构成了挑战,目前来看这种挑战是指中国崛起。中国致力于发展与多个地区和地区组织的关系,比如“东亚–拉美合作论坛”(FEALAC)(1999 年以来)、“中非合作论坛”(FOCAC)(2000 年以来)、“中国–加勒比经济贸易合作论坛”(China–CELAC)(2014 年以来)。这些关系是否可以被定性为南南合作,其驱动因素是否符合典型的南南合作类型,抑或它们是否最好用中国对外政策加以分析,这些都还有待观察。

解释制度设计

【608】 地区间主义和跨地区主义的制度设计在相关文献中几乎没有人讨论。我们看不到有人系统地梳理这里的因变量,即地区间和跨地区主义制度设计的类型,但是很明显,它们既有定期和正式的地区双边论坛,比如政府官员的年度峰会(如欧盟–拉美部长会

议),有议会间对话(如欧盟-拉美加勒比议会对话——EuroLat),也有非正式和临时性的专家委员会会议,或非国家行为体比如企业之间的会议(如南共市-欧盟企业论坛),或非政府组织(NGOs)间的会议(如欧盟-拉加共同体公民社会论坛)。我们或可假定,行为体的类型对于地区间和跨地区主义的制度设计意义重大。正式地区组织之间的地区间关系,大多建立在正式地区间协议基础上,包含着对话和谈判的机制,而不那么正式的团体之间的关系中就不一定有这样的安排。

欧盟中心的地区间协议往往包括三根支柱:政治对话、贸易规制和自由化,以及发展合作。安全承诺很少见,不过在一些案例中,比如在 2010—2011 年发生动荡和伊斯兰国(IS)兴起之后的欧盟与阿盟(LAS)及海合会(GCC)之间,安全承诺成为关键性议题(Isaac,2014)。其他有时会包含在欧盟中心性协议中的政策领域有移民(参见本书第 20 章)和社会政策(Grugel,2007)。欧洲议会还建立了与大多数地区的议会间对话,前面已提及。公民社会中的行为体,无论是企业还是非营利组织如 NGO,一开始它们都不包括在大多数正式关系中,但在有些情况下,它们也会获得正式化的参与机制,比如亚欧会议中的亚欧基金会(Bersick,2008)。跨地区的 NGO 网络有时受到欧盟委员会的支持,比如"欧洲减贫与发展 NGO 联合会"(CONCORD)以及 NGO 网络"拉美和加勒比地区非政府组织联盟"(Mesa de Articulación)。在其他情况下,公民社会中的行为体采取的是对抗战略而不是参与,比如 2007 年发生在汉堡的反亚欧会议示威,或者针对欧盟与非洲国家间的"经济伙伴关系协议"(EPA)发动的抗议活动(Ortiz et al.,2013)。公民社会在南共体与欧盟间的"经济伙伴关系协议"(EPA)谈判中也发挥了作用(Lorenz,2011)。大多数欧盟协议都包含对于民主和人权的承诺,体现在其民主条款之中。南南地区间关系通常不包含民主条件,不过,1998 年在南共市与安共体之间签署的协议是个例外。

大多数南南地区间协议都包含政治对话,并对贸易谈判有所展望,但往往这种关系 【609】
仅限于协议或谅解备忘录的签署。一个很好的案例是南共市的南南合作,除了前面提到的与安共体的关系算是例外,它导致了南美国家联盟(UNASUR)的创建。南共市在 2004 年和 2005 年与加勒比共同体(CARICOM)达成了两个联合公报,表示双方要加深政治经济合作并开启自由贸易谈判进程,不过这些关系都不持久。南共市与海合会(GCC)甚至在 2005 年还达成了一个框架协议,包含促进贸易投资合作、鼓励商业往来和资本流动等目标,但也未持续下去。2009 年起南共市与南部非洲关税同盟(SACU)达成的协议只包括贸易谈判和技术合作以及与贸易相关事务上的交流,但不曾具体落实。"南共体-东盟"关系也没有怎么发展下去,除了于 1997 年达成过一个联合声明,表示将要加强贸易投资、经济合作和技术转让,不过双方的秘书处之间在 2013 年开过一次会,是在德国开发合作机构"德国国际合作公司"(GIZ)的支持下召开的,会上讨论了秘书处的制度改革问题。随着时间的推移,“海合会与东盟”关系明显地扩大了视野,标志性事件是2000年东盟利雅得委员会(the ASEAN Riyadh Committee,ARC)的创建,以及2009年第一次部长会议召开。2010—2012年间双方达成了一个行动计划,计划在贸易投资和教育文化交流方面开展合作。一个更大范围的例子,也是一个在执行和持续方面更好的记录,则是中非合作论坛(FOCAC),它包含了通过正式部长会议进行政治和经济合作,以及投资和学术交流等(Ashan et al.,2012)。

地区间和跨地区主义制度设计的第二个特征——共享和委托(参见本书第22章),就表现不彰。在地区间和跨地区协议中,决策是一致同意作出的,而且协议中也不包含争端解决机制,没有设立拥有超国家权力的其他机构。

在多大程度上,那些解释国际和地区组织制度设计的方法(参见本书第22章),可以解释地区间和跨地区关系中制度设计的相似性和差异性呢?理性制度主义(Koremenos et al.,2001)和历史制度主义(Pierson,2000;Lindner and Rittberger,2003)分别会去探讨成本收益理性算计与讨价还价过程的作用,以及路径依赖与非预期后果的作用,但是它们未曾被运用到地区间和跨地区主义文献中。社会学制度主义和规范扩散(参见本书第5章)也可以用来解释地区间和跨地区主义制度设计。我们或可假设,各成员国在决定地区间或跨地区论坛的制度设计时,会参照现有的模式,比如以欧盟为中心的地区间主义的三根支柱架构。不过问题还是,现有文献并没有探讨这种地区间和跨地区主义制度设计(但可参见Lenz,2012)。

【610】 地区间主义和跨地区主义的影响

对地区的影响

这方面的文献大多是有关以欧盟为中心的地区间主义的,比如用于理解地区间和跨地区协议中的民主条件对地区组织和国内政权的影响。多明格斯(Domínguez,2010)分析了欧盟扩散的民主、法治和人权规范对墨西哥、委内瑞拉和洪都拉斯的影响。他宣称,欧盟的转型力量在拉美和亚洲不像在中东欧国家那样有影响,中东欧国家为了能够加入欧盟而十分愿意引入欧盟规范。但是欧盟通过“欧盟-东盟合作”和亚欧会议向缅甸扩散民主规范,还是取得了某些成功。缅甸于1997年加入东盟后,由于其政治和人权记录不佳而被排斥在上述两个论坛之外。2005年,由于荷兰不给缅甸经济部长发放签证,而导致一次原定于鹿特丹召开的亚欧会议被迫流产。也就是在那一年,缅甸迫于外部压力而未担任东盟轮值主席国。直到2011年缅甸开始致力于国内改革,形势才有所转变。自那之后，欧盟才加强与缅甸的双边关系和发展合作，也不再批评它担任 2014 年东盟轮值主席国（Gaens，2008，79–81；Sun，2014）。

范·德尔·弗伦丁等人（Van der Vleuten et al.，2014）质疑在欧洲、美洲和非洲之间社会性别规范扩散过程中存在欧盟中心主义，强调非国家行为体网络在促进和扩散性别平等规范上的重要性（参见本书第 18 章）。里贝罗·霍夫曼（Ribeiro Hoffmann，2015）也没有在南共市的人权机制创建中发现欧盟有什么直接作用，只是肯定了欧盟对其协议中增设一个民主条款有所影响（Ribeiro Hoffmann，2007）。艾萨克（Isaac，2014）认为，欧盟与阿盟的地区间合作在 2012 年产生了重大影响，那就是在阿盟中创建了一个欧盟赞助的危机应对部门（crisis room）。据他研究，欧盟还推动在非盟和东盟中建立危机应对部门和信息分享中心（Isaac，2014，9）。除了规范和政策扩散，人们还使用其他方法来分析地区间主义对地区的影响。坎马克（Cammack，1999）认为，在亚欧会议这个对话机制中，不对称的地区间关系使得企业行为体在亚洲比工会和社会运动更加活跃。洛伦茨（Lorenz，2011）称，欧盟与南共体 EPA 小组为达成“经济伙伴关系协议”而进行的谈判，不仅于地区建设无益，还破坏了地区一体化。

对全球秩序的影响

地区间主义和跨地区主义往往被看作组织全球秩序的机制。它们给全球治理过程又增加了一个互动层次，其对全球秩序的影响在相关文献中有人进行了探讨，特别是那些研究“新地区主义”概念的学者（Hettne and Söderbaum，2005；Hettne and Ponjaert，2014）。 【611】

这里的一个主要争论是，地区间和跨地区主义与多边主义到底是否兼容：当各个地区之间加强联系时，它们有没有排斥多边层次，即有没有置其他行为体于不顾或歧视其他行为体？赫特内和波尼亚尔特并不认为地区间主义与多边主义之间有什么冲突，相反，觉得这两种关系类型正是他们所谓“世界秩序的欧盟模式”的主要特征（Hettne and Ponjaert，2014，1–2）。另一个争论之处是，地区间主义与双边主义是否兼容，这个问题的提出是在欧盟过去十年里与各地区组织成员国之间达成战略伙伴关系之后，比如与印度（2004 年）、巴西（2007 年）和南非（2007 年）。这些伙伴关系跟欧盟与南盟、南共市和南共体之间的地区间关系是否兼容，已有人进行了批评性分析（Ribeiro Hoffmann，2009；Santander，2014；Doctor，2015；Lorenz，2011；Renard，2012）。但是巴尔、斯卡拉马利和索德鲍姆（Baert，Scaramagli，and Söderbaum）声称，不应当认为双边主义会与地区间和跨地区主义形成竞争，相反，应该把它们放在地区内外的许多层次和范围中，用同一个更宽广的进程框架和治理模式去加以理解(Baert et al.,2014,2)。

就地区间主义和跨地区主义对全球秩序的影响进行争论的另一个要点是，过于重视所谓的“黄金三角”(即北美、欧洲和东亚),而排斥了亚洲其他国家(包括俄罗斯)、中东、非洲和拉美。这一点令人困惑,因为非洲和拉美一直都有地区间和跨地区主义的传统,它们与欧盟之间有全面的正式地区间和跨地区协议,也有经济和社会往来(参见本书第 8 章和第 13 章,以及 Wiedemann,2014)。这种对“黄金三角”的看重可能反映的是一种“现实主义”视角,即把它们看作经济和军事能力最强大的地区,但在有关欧盟与亚洲的地区间和跨地区主义关系文献中,这也反映出其中存在的偏见。

最后,关于地区间和跨地区主义影响全球秩序的最后一个要点是,欧盟在这些关系当中是否扮演中心角色，这可以解读成某种形式的欧盟式全球霸权或“软帝国主义”(Hettne and Söderbaum,2005)。在赫特内和波尼亚尔特(Hettne and Ponjaert,2014)看来,所谓“欧罗巴治下的和平”(Pax Europaea)要比“美利坚治下的和平”(Pax Americana)更加仁慈一些,不过,在那些前欧洲殖民地国家看来,这个看法就很成问题了。

结论与研究不足

【612】 对地区间主义和跨地区主义现有文献的分析，令我们看到了三个大的研究不足。第一个涉及实证研究。正如本章所反复表明的，我们对除欧盟中心的地区间主义之外的地区间和跨地区主义所知甚少。结果,我们就很难对地区间和跨地区主义的兴起、制度设计及影响作出有说服力的解释。因此,相关文献,包括本章,基本上都不过是“纸上谈兵”。这类文献中有两个主题几乎不见踪影:一个是南南关系,一个是公民社会、非政府组织(NGOs)、政策网络和认知共同体的活动和作用,特别是在非正式和跨地区关系当中的活动和作用。即使是对于正式关系,二手文献也很少见,而原始文献又难以接触得到。为了评估南南合作协议有何实际进展，以及是否可能切实讨论一下欧盟之外的地区间和跨地区主义,我们有必要开展系统的实证研究,而不是流于空谈。在这里,特别相关的一个方面是评估中国崛起的影响,看一看涉及中国的关系是否仍然遵循南南关系模式,或者看一看讨论以中国为中心的跨地区主义是否更有意义。

第二个有待加强研究的领域,涉及地区间和跨地区关系之间的比较。在这个领域,应研究的问题包括:在不同的地区间主义和跨地区主义构想中,制度和规范扩散的程度和原因有什么相似性和差异性,比如在北南合作或南南合作中,或者在世界不同地区和各大洲中。就此,另一个不同于跨地区主义的、对地区间和跨地区治理进行比较研究的次领域,有可能会活跃起来。换言之,正如欧盟研究中出现的“治理转向”(Kohler-Koch and Rittberger,2006),有关地区间和跨地区关系的文献也可能需要来一场焦点的转移,即从聚焦于解释地区间和跨地区主义的形成和发展,转向聚焦于它们对地区、国家和其他利益相关方的影响。这项新的研究议程势必带来新的研究问题，比如地区间和跨地区层次上产生和决定的规范和政策之合法性。

【613】

附　录

附表 A26.1　地区间和跨地区的合作

欧盟为中心的地区间和跨地区主义(部分)		
	地区间主义	跨地区主义
跨地区		
亚洲	欧盟-东盟(EU-ASEAN)(1972) 欧盟-南盟(EU-SAARC)(1994)	欧盟-中国(1985) 欧盟-日本(1991) 欧盟-俄罗斯(1994) 欧盟-印度(2004) 欧盟-韩国(2010) 亚欧会议(ASEM)(1996)
非洲	欧盟-海合会(EU-GCC)(1989) 欧盟-南共体(EU-SADC)(1994) 欧盟-西共体(EU-ECOWAS)(2000) 欧盟-非盟(EU-AU)(2000) 欧盟-政府间发展组织(EU-IGAD)(2003) 欧盟“经济伙伴关系协议”(EPAs)(谈判中)	欧盟-南非(2007) 欧盟-非洲(2000) 欧盟-非加太(1975)
美洲	欧盟-安共体(EU-CAN)(1996) 欧盟-加共体(EU-CARICOM)(1975)或欧盟-加勒比论坛(EU-Cariforum)(1992) 欧盟-南共市(EU-MERCOSUR)(1992) 欧盟-中美洲共同市场(CACM)或中美洲一体化体系(SICA)(1993) 欧盟-拉加共同体(EU-CELAC)(2013)	欧盟-美国(1990) 欧盟-智利(2005) 欧盟-巴西(2007) 欧盟-墨西哥(2008) 欧盟-哥伦比亚(2013) 欧盟-秘鲁(2013) 欧盟-加拿大(2014) 欧盟-拉美和加勒比国家(1999—2013)
地区内		
欧洲	欧盟-欧洲自贸联盟 (EU-EFTA)=欧洲经济区(EEA)(1992)	欧盟-瑞士(1972)

续表

南南地区间主义和跨地区主义(部分)		
	地区间主义	跨地区主义
跨地区		
非洲-亚洲	海合会-东盟(GCC-ASEAN)(1990) 南共体-东盟(SADC-ASEAN)(1996)	中非合作论坛(FOCAC)(2000)
非洲-美洲	海合会-南共市(GCC-MERCOSUR)(2005) 南部非洲关税同盟-南共市(SADU-MERCOSUR)(2004)	
亚洲-美洲	东盟-安共体(ASEAN-CAN)(1997) 东盟-南共市(ASEAN-MERCOSUR)(1996) 南共市-澳新紧密经贸关系协定(MERCOSUR-ANZCERTA)(1999)	东亚-拉美合作论坛(FEALAC)(1999) 中国-拉加共同体(CELAC)(2004) 中国-加勒比经济贸易合作论坛(2005)
地区内		
非洲	非盟-非洲次地区组织(2007) 东部和南部非洲共同市场 (COMESA)-东共体(EAC)-南共体(SADC)(2008)	
亚洲	东盟-澳新紧密经贸关系协定自贸区(ASEAN-ANZCERTA FTA)(1996)	东盟-上合组织(ASEAN-SCO)(2005)
美洲	南共市-安共体(MERCOSUR-CAN)(1993)	

参考文献

Ashan, L, Haifang, L, Huaqiong, H, Aipuy, Z, and Wenping, H. 2012. *FOCAC Twelve Years Later: Achievements, Challenges and the Way Forward.* Discussion Paper 74. La Vergne, TN: Peking University and Nordiska Afrikainstitut Uppsala.

Baert, F, Scaramagli, T, and Söderbaum, F. (eds.) 2014. *Intersecting Interregionalism: Regions, Global Governance and the EU.* Dordrecht: Springer.

Bersick, S. 2008. The Democratization of Inter-and Transregional Dialogues: The Role of Civil Society, NGO and Parliaments. In: J. Rüland, G. Schubert, G. Schucher, and C. Storz (eds.), *Asia-Europe Relations: Building Block or Stumbling Block for Global Governance?* Abingdon: Routledge, 244-270.

Börzel, T, Goltermann, L, Lohaus, V, and Striebinger, K. (eds.) 2012. Roads to Regionalism: Genesis, Design, and Effects of Regional Organizations. Farnham: Ashgate.

Breslin, S, Higgot, R, and Rosamond, B. 2002. Regions in Comparative Perspective. In: S. Breslin, C. Hughes, N. Philipps, and B. Rosamond (eds.), *New Regionalisms in the Global Political Economy.* London: Routledge, 1-19.

Bretherton, C. and Vogler, J. 2006. *The European Union as a Global Actor.* Abingdon: Routledge.

Briceno, J.R. and Ribeiro Hoffmann, A. 2015. Post-Hegemonic Regionalism, UNASUR and the Reconfiguration of Cooperation in South America.*Canadian Journal of Latin American and Caribbean Studies*, forthcoming.

Bustamonte, M.and Giacaloni, R.2009.An Assessment of EU Cooperation towards the Andean Community(1992–2007).In: P.De Lombaerde and M.Schulz(eds.), *The EU and World Regionalism: The Makability of Regions in the 21st Century*.Farnham: Ashgate.

Cammack, P.1999.Interpreting ASEM: Interregionalism and the New Materialism.*Journal of the Asia Pacific Economy*, 4(1): 13–32.

Camroux, D.2010.Interregionalism or Merely a Fourth-Level Game? An Examination of the EU-ASEAN Relationship.*East Asia*, 27(1): 57–77.

Costa, O.and Dri, C.2014.How Does the European Parliament Contribute to the Construction of the EU's Interregional Dialogue? In: F.Baert, T.Scaramagli, and F.Söderbaum(eds.), *Intersecting Interregionalism: Regions, Global Governance and the EU*.Dordrecht: Springer, 129–150.

Dent, C.2004.The Asia-Europe Meeting and Inter-Regionalism: Toward a Theory of Multilateral Utility.*Asian Survey*, 44(2): 213–236.

Doctor, M.2015.Interregionalism's Impact on Regional Integration in Developing Countries: The Case of Mercosur.*Journal of European Public Policy*, published online.

Doidge, M.2011.*The European Union and Interregionalism: Patterns of Engagement*.Farnham: Ashgate.

Domínguez, R.2010.*Diffusion of EU Norms in Latin America: The Cases of Mexico, Venezuela and Honduras*.Jean Monnet/Robert Schuman Series 10(1).Miami, FL: Florida European Union Center.

Fagbayibo, B.2011.*Inter-Regional Afro-Asian Relations: Exploring the Importance of Cooperation between the AU and ASEAN*.Pretoria: Consultancy Africa.<http://consultancyafrica.com/index.php? option=com_content&view=article&id=804: inter-regional-afro-asian-relations-exploring-the-importance-of-cooperation-between-the-au-and-asean&catid=57: africa-watch-discussion-papers&Itemid=263>(accessed April 2, 2015).

Fawcett, L.1995.Regionalism in Historical Perspective.In: A.Hurrell and L.Fawcett(eds.), *Regionalism in World Politics: Regional Organization and International Order*.Oxford: Oxford University Press, 9–36.

Gaens, B.2008.*Europe-Asia Interregional Relations: A Decade of ASEM*.Aldershot: Ashgate.

Grugel, J.2007.Democratization and Ideational Diffusion: Europe, Mercosur and Social Citizenship.*Journal of Common Market Studies*, 45(1): 43–68.

Hänggi, H.2006.Interregionalism as a Multifaceted Phenomenon: In Search of a Typology.In: H.Hänggi, R.Roloff, and J.Rüland(eds.), *Interregionalism and International Relations*.Abingdon: Routledge, 31–62.

Hardacre, A.and Smith, M.2009.The EU and the Diplomacy of Complex Interregionalism.*The Hague Journal of Diplomacy*, 4(2): 167–188.

Hardacre, A.and Smith, M.2014.The European Union and the Contradictions of Complex Interregionalism.In: F.Baert, T.Scaramagli, and F.Söderbaum(eds.), *Intersecting Interregionalism: Regions, Global Governance and the EU*.Dordrecht: Springer, 91–106.

Hettne, B.2014.Regional Actorship: A Comparative Approach to Interregionalism.In: F.Baert, T.Scaramagli, and F.Söderbaum(eds.), *Intersecting Interregionalism: Regions, Global Governance and the EU.* Dordrecht: Springer, 55–70.

Hettne, B.and Ponjaert, F.2014.Interregionalism and World Order: The Diverging EU and US Models.In: M.Telò(ed.), *European Union and New Regionalism: Competing Regionalism and Global Governance in a Post-Hegemonic Era*, 2nd edition.Farnham: Ashgate, 115–138.

Hettne, B.and Söderbaum, F.2005.Civilian Power or Soft Imperialism? EU as a Global Actor and the Role of Interregionalism.*European Foreign Affairs Review*, 10(4):535–552.

Holland, M.2006."Imagined"Interregionalism: Europe's Relations with the ACP.In: H.Hänggi, R.Roloff, and J.Rüland (eds.), *Interregionalism and International Relations*.Abingdon: Routledge, 254–71.

Hulse, M.2014.Actorness Beyond the European Union: Comparing the International Trade Actorness of SADC and ECOWAS.*Journal of Common Market Studies*, 52(3):547–565.

Hurrell, A.1995.Regionalism in Theoretical Perspective.In: A.Hurrell and L.Fawcett(eds.), *Regionalism in World Politics: Regional Organization and International Order*.Oxford: Oxford University Press, 37–73.

Isaac, S.K.2014.*Awakening Inter-regionalism? The EU and Regional Arab Organizations Post-2011*. GREEN Working Paper No.49.Coventry: The University of Warwick.

Jetschke, A.2013.Diffusing the EU Model of Regional Integration in Asia: Integration "à la carte"? *e-International Relations*.<http://www.e-ir.info/2013/07/23/diffusing-the-eu-model-of-regional-integration-in-asia-integration-a-la-carte/>(accessed April 2, 2015).

Jetschke, A.and Lenz, T.2013.Does Regionalism Diffuse? A New Research Agenda for the Study of Regional Organizations.*Journal of European Public Policy*, 20(4):626–637.

Jetschke, A.and Murray, P.2012.Diffusing Regional Integration: The EU and Southeast Asia.*West European Politics*, 35(1):174–191.

Kingah, S.and Akong, C.2015.Is Interregional AU-ASEAN Diffusion in the South Barren? Paper presented at the ISA Global South Caucus Conference—Voices from Outside: Re-shaping International Relations Theory and Practice in an Era of Global Transformation, Singapore Management University, January 9.

Kohler-Koch, B.and Rittberger, B.2006.Review Article: The"Governance Turn" in EU Studies.*Journal of Common Market Studies*, 44(S1):27–49.

Koremenos, B, Lipson, C, and Snidal, D.2001.The Rational Design of International Institutions.*International Organization*, 55(4):761–799.

Lenz, T.2012.Spurred Emulation: The EU and Regional Integration in Mercosur and SADC.*West European Politics*, 48(2):155–174.

Lenz, T.2013.EU Normative Power and Regionalism: Ideational Diffusion and Its Limits.*Cooperation and Conflict*, 48(2):211–228.

Lindner, J.and Rittberger, B.2003.The Creation, Interpretation and Contestation of Institutions: Revisiting Historical Institutionalism.*Journal of Common Market Studies*, 41(3):445–473.

Lorenz, U.2011.David vs.David vs.Goliath: Which Role For Civil Society in the SADC-EU EPA Negotiations? Paper presented at the European Conference of African Studies, Uppsala University, June 4.

Manners, J.and Whitman, R.2013.Normative Power and the Future of EU Public Diplomacy.In: M.K. Davis Cross and J.Melissen(eds.), *European Public Diplomacy: Soft Power at Work*.New York: Palgrave Macmillan, 183-204.

Mansfield, E.and Milner, H.V.1999.The New Wave of Regionalism.*International Organization*, 53(3): 589-627.

Martin, D.2009.Toes in the Water: The"Makability"of ASEAN and the European Commission Support to Economic Integration in Southeast Asia under the ASEAN-EU Programme for Regional Integration Support(APRIS).In: P.De Lombaerde and M.Schultz(eds.), *The EU and World Regionalism.The Makability of Regions in the 21st Century*.Farnham: Ashgate, 83-100.

Mattli, W.1999.*The Logic of Regional Integration: Europe and Beyond*.Cambridge: Cambridge University Press.

Maull, H.W.and Okfen, N.2003.Inter-Regionalism in International Relations: Comparing APEC and ASEM.*Asia Europe Journal*, 1(1): 237-249.

Nolte, D.2014.*Latin America's New Regional Architecture: A Cooperative or Segmented Regional Governance Complex?* EUI Working Paper 2014/89.Florence: RSCAS Robert Schuman Centre for Advanced Studies, Global Governance Programme.

Ortiz, I, Burke, S, Berrada, M, and Cortes, H.2013.*World Protests 2006-2013*.Working Paper 2013.Initiative for Policy Dialogue and Friedrich Ebert Stiftung New York Office.New York: Columbia University.

Pierson, P.2000.Increasing Returns, Path Dependence and the Study of Politics.*American Political Science Review*, 94(2): 251-267.

Renard, T.2012.*The EU Strategic Partnership Review: Ten Guiding Principles*.Fride Policy Brief No.2. Madrid: FRIDE—A European Think Tank for Global Action.

Ribeiro Hoffmann, A.2007.Political Conditionality and Democratic Clauses in the EU and Mercosur.In: A.van der Vleuten and A.Ribeiro Hoffmann(eds.), *Closing or Widening the Gap? Legitimacy and Democracy of Regional International Organizations*.Aldershot: Ashgate, 173-191.

Ribeiro Hoffmann, A.2009.EU-Mercosur Relations after the EU-Brazilian Strategic Partnership.In: W. Hofmeister and S.Martins(eds.), *Relations between the European Union and Mercosur in 2020*.Rio de Janeiro: Editora Fundação Konrad Adenauer, 54-61.

Ribeiro Hoffmann, A.2015.At Last: Protection and Promotion of Human Rights by Mercosur.In: T.A.B rzel and V.Van Hüllen(eds.), *Governance Transfer by Regional Organizations: Patching Together a Global Script*.Basingstoke: Palgrave Macmillan, 192-226.

Risse-Kappen, T.1995.*Bringing Transnational Relations Back In: Non-State Actors, Domestic Structures and International Institutions*.Cambridge: Cambridge University Press.

Robles, A.C.Jr.2008.*The Asia-Europe Meeting: The Theory and Practice of Interregionalism*.Abingdon: Routledge.

Rüland, J.2010.Balancers, Multilateral Utilities or Regional Identity Builders? International Relations and the Study of Interregionalism.*Journal of European Public Policy*, 17(8): 1271–1283.

Rüland, J.2014.Interregionalism and International Relations: Reanimating an Obsolescent Research Agenda? In: F.Baert, T.Scaramagli, and F.Söderbaum(eds.), *Intersecting Interregionalism: Regions, Global Governance and the EU*.Dordrecht: Springer, 15–35.

Saldias, O.2010.*Networks, Courts and Regional Integration: Explaining the Establishment of the Andean Court of Justice*.KFG Working Paper 20.Berlin: Research College "The Transformative Power of Europe," Freie Universität Berlin.

Santander, S.2014.The Impact of the Iberian States on European Union–Latin American Interregionalism.In: F.Baert, T.Scaramagli, and F.Söderbaum(eds.), *Intersecting Interregionalism: Regions, Global Governance and the EU*.Dordrecht: Springer, 107–127.

Schirm, S.2002.*Globalization and the New Regionalism: Global Markets, Domestic Politics and Regional Cooperation*.Oxford: Blackwell.

Söderbaum F.and Van Langenhove, L.2005.Introduction: The EU as a Global Actor and the Role of Interregionalism.*Journal of European Integration*, 27(3): 249–262.

Strange, S.1988.*States and Markets*.London: Continuum.

Sun, Y.2014.*Myanmar's ASEAN Chairmanship: An Early Assessment*.Zürich: International Relations and Security Network, ETH Zurich. <http://www.isn.ethz.ch/Digital–Library/Articles/Detail/lng=en&id=183736>(accessed April 6, 2015).

van der Vleuten, A.and Ribeiro Hoffmann, A.2013.The Politics of Interregionalism: Relations between International Regional Organizations.In: B.Reinalda(ed.), *Handbook of International Organizations*. Abingdon: Routledge, 430–444.

van der Vleuten, A, Roggenband, C, and A.Van Eerdewijk (eds.)2014.*Mapping Gender Norm Dynamics: Gender, Regions and Norms—Debunking Eurocentrism*.Basingstoke: Palgrave Macmillan.

Whitman, R. (ed.)2011.*Normative Power Europe: Empirical and Theoretical Perspectives*.Basingstoke: Palgrave Macmillan.

Wiedemann, A.2014.Regional Organizations in a Globalized World: Patterns of Interregional Cooperation.Paper presented at 11.IB Nachwuchstagung: Sicherheit, Wirtschaft, Gesellschaft: Theorien und Problemfelder internationaler Politik, Tutzing, Akademie für Politische Bildung Tutzing, May 9–11.

结　论

第 27 章　为比较地区主义鼓与呼

塔尼娅·A.博泽尔(Tanja A.Börzel)
托马斯·里塞(Thomas Risse)

地区主义研究已有一段不短的历史(相关综述参见 Breslin et al.,2002;Fawcett, 2005; Basedau and Köllner,2007)。[①]其进展催生了众多研究成果,这些成果的文献可按照社会科学与区域研究(或地区研究)(area/regional studies)之间的认识论和本体论差别进行划分。区域研究往往关注的是个别地区,致力于从文化和历史上去增进知识,研究的是当地语言、历史、观念和物态,所用方法是跨学科的解释。社会科学则相反,跨越不同的分析单元,不受研究背景的制约,应用一般性理论去发现合乎因果关系的模式。在比较政治学看来,一个地区为某个最相似系统设计(Przeworski and Teune,1970)或求异法(Berg-Schlosser,2002;Levi-Faur,2006)提供了研究基础。地区内的比较,允许背景变量或环境条件——比如殖民历史——保持不变,而力图去发现两个案例之中存在明显差别的主要原因,例如撒哈拉以南非洲的政党体制类型(Basedau and Köllner,2007)。类似地,国际关系学领域主要将地区主义看作地区层次的国际制度建设事业,以及检验国际合作与一体化理论的场所。 【621】

比较政治与国际关系的概念和理论在西半球已得到较大的研究拓展。于是,区域研究就指责社会科学带有种族中心主义,认为它将“西方的”概念、方法和研究议程强加于其他地区,而忽视了这些地区自身的历史、文化、社会、政治和经济背景(参见本书第 6 章和第 2 章)。这一批评在论及欧盟为“地区主义的典范”时最甚(Breslin et al.,

---

① 我们要感谢柏林自由大学“欧洲的转型力量”研究小组每周研讨会的参加者对本章初稿的评论。特别要感谢以下人士所提供的细致而关键的评议意见:Amanda Clayton,Sandra Desdradi,David Levi-Faur,Liesbeth Hooghe,Markus Jachtenfuchs,Detlef Jahn,Gary Marks,Stefano Palestini,Frank Schimmelfennig,Sören Stapel,和 Kai Striebinger。

2002,12)。反过来,社会科学则批评区域研究耽于表意,而疏于理论建构(Bates,1997)。

【622】 随着区域研究在大约10年前发生“比较转向”,上述论战已经偃旗息鼓(Basedau and Köllner,2007; De Lombaerde et al.,2010; Berg-Schlosser,2012; Mehler and Hoffmann,2011;Ahram,2011)。研究越来越倾向于进行不同地区的案例比较。本书将比较地区主义视为一个研究领域,该领域日益占据传统区域研究、比较政治学和国际关系学领域之间的中间地带(Katzenstein,2002)。尽管比较地区主义建立在深厚的背景知识和历史知识之上,但是它采用比较方法,就地区主义的兴起、制度设计和影响等问题进行综合概括。地区内和跨地区的比较是“避免在过分夸大的情境约束和神秘莫测的普遍理论之间两头受气”的最好方式(Schulz et al.,2001:270)。对于相关观察和解释在多大程度上可以加以综合概括,乃是一个实证研究问题,而不是一个本体论或认识论问题。本书论证了比较地区主义在理论上和实证上的可靠性和可信性。

下面,作为主编我们对全书作一个总结。总结分四步:第一步,对地区主义的研究范围进行勾勒。虽然我们观察到地区组织在冷战结束后并未急剧增多,但我们认为,那些综合性地区组织明显承担了新任务,并进而朝着地区一体化方向发展。此外,我们也分明看到世界各地都出现了地区化与地区主义的合流。由此而来的地区秩序在北美、拉美、欧洲、非洲和亚洲表现差异巨大,需要加以解释。

第二步,就全球的地区主义兴起及其制度设计作出初步解释。现有的合作与一体化理论对地区主义的兴起提供了合理解释。对地区的比较,让我们看到了这些理论的适用条件,特别是那些建立在欧洲经验之上的一体化理论。另外,这些合作与一体化理论还需要用强调扩散的解释加以补充(参见本书第5章)。规范效仿,即地区行为体和国家考虑在世界其他地方采用适合其需要的制度解决方案,为制度设计提供了令人信服的解释。

第三步,探讨地区主义的影响。尽管人们对贸易的福利创造效应已有数十年的研究,但在地区贸易机制的经济后果问题上,仍然众说纷纭、莫衷一是。相反,我们对地区主义在民主、人权及和平与安全问题上的影响却更有信心。即使是浅层地区主义(shallow regionalism),对于和平与安全似乎也有积极影响。此外,地区组织一旦能够“锁定”国内民主改革或巩固威权统治的话,还具有对内“加强政权”的效果。

最后一步,讨论一下用比较方法研究地区的方法论后果。我们所广泛观察到的地区
【623】 制度扩散,对于建立在所观察单位的独立性之上的比较方法,是一种挑战。我们后面会再就未来研究方向提出一些看法。

勾勒研究范围:地区主义的兴起?

人们普遍认为,作为一种建立和维持正式地区制度和地区组织的进程,地区主义兴起于冷战结束之后(如 Mansfield and Milner,1999;Mattli,1999b)。的确,根据世界贸易组织(WTO)的统计,2015 年初就有大约 450 项特惠贸易协定(PTAs),其中,有超过 250 项正在实施中(参见本书第 15 章)。不过,这一数目的增加主要受到双边 PTA 兴起的推动,其中许多都不是在相邻国家之间达成的。因此,这种情况就跟本书所理解的地区主义不是一回事(参见本书第 1 章)。况且,地区合作的深度在大多数情况下都还相当不够,毕竟有 90%的地区性协议只针对贸易自由化,其手段是政府间合作。①

同时,正如图 27.1 所示,正式地区组织意义上的地区主义如今生机勃勃、充满活力。整个地球到处都有地区组织,每个大洲或次大洲都不只有一个综合性地区组织。平均下来,当今国际体系中每个国家至少是四个地区组织的成员国(Panke and Stapel,2015)。地区主义似乎遵从着某种"全球范本",一如社会学制度主义所讲的那样(Jupille et al.,2013)。地区主义成了全球多层治理体系的重要组成部分。

【624】

① 这里的数字引自世界贸易组织(WTO)的地区贸易协定(RTAs)数据库,其中只包括 273 个生效中的 RTAs。参见 http://www.wto.org/english/tratop_e/region_e/region_e.htm(访问日期:2015 年 7 月 17 日)。

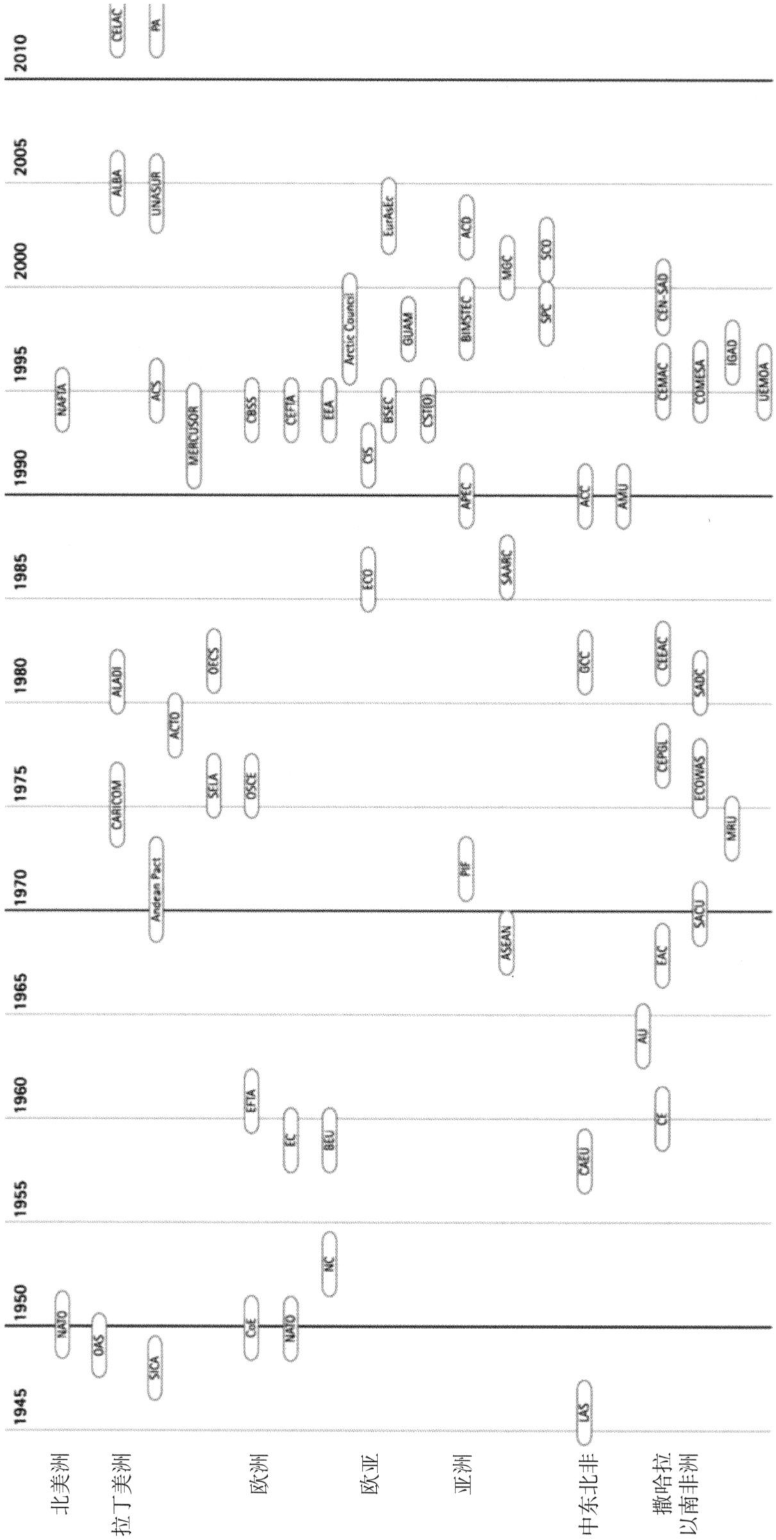

图 27.1 地区组织的建立（按地区排列）

图例：

AC–北极理事会；ACC–阿拉伯合作理事会；ACD–亚洲合作对话；ACS–加勒比国家协会；ACTO–亚马逊合作条约组织；ALADI–拉美一体化协会；ALBA–美洲玻利瓦尔人民联盟；AMU–阿拉伯–马格里布联盟；APEC–亚太经合组织；ASEAN–东南亚国家联盟；AU–非洲联盟；BEU–比荷卢经济联盟；BIMSTEC–孟加拉国–印度–斯里兰卡–泰国经济合作；BSEC–黑海经济合作；CAEU–阿拉伯经济统一理事会；CARICOM–加勒比共同体；CBSS–波罗的海国家理事会；CE–(法语非洲国家)协约理事会；CEEAC–中部非洲国家经济共同体；CEFTA–中欧自由贸易协定；CELAC–拉美和加勒比国家共同体；CEMAC–中部非洲经济货币共同体；CEN–SAD–萨赫勒–撒哈拉国家共同体；CEPGL–大湖国家经济共同体；CIS–独立国家联合体；CoE–欧洲委员会；COMESA–东部和南部非洲共同市场；CST(O)–集体安全条约(组织)；EAC–东非共同体；EEA–欧洲经济区；EFTA–欧洲自由贸易联盟；EC–欧洲共同体；EurAsEc–欧亚经济共同体；GCC–海湾合作理事会；GUAM–民主与经济发展组织；IGAD–政府间发展组织；LAS–阿拉伯国家联盟；MERCOSUR–南方共同市场；MGC–湄公河恒河合作；MRU–马诺河联盟；NAFTA–北美自由贸易协定；NATO–北大西洋公约组织；NC–北欧理事会；OAS–美洲国家组织；OECS–东加勒比国家组织；OSCE–欧洲安全与合作组织；PA–太平洋联盟；PIF–太平洋岛国论坛；SAARC–南亚区域合作联盟；SACU–南部非洲关税同盟；SADC–南部非洲发展共同体；SCO–上海合作组织；SELA–拉美和加勒比经济体系；SICA–中美洲一体化体系；SPC–南太平洋共同体；SPECA–联合国中亚经济特别计划；UEMOA–西非经济货币同盟；UNASUR–南美国家联盟。

【625】

表 27.1　6 个地区组织中政策逐步扩张和权威逐步委托或共享的情况

	阿盟(LAS)	欧盟(EU)	东盟(ASEAN)	西共体(ECOWAS)	南共市(MERCOSUR)	北美自由贸易协定(NAFTA)
建立年	1945	1951	1967	1975	1991	1994
重大政革年	1950 1957 1964 1976 1997 2004 2015(拟议)	1957 1986 1992 1998 2000 2009	1976 2003 2007	1993 1999 2005 2006 2015	1992 1994 1998 2002 2005	2005
政策						
经济	经济统一协议(1957) 阿拉伯共同市场(1964) 阿拉伯货币基金(1976) 大阿拉伯自由贸易区(1997)	关税同盟和共同市场(1957) 经济货币同盟(1992)	东盟自由贸易区(1992) 东盟经济共同体(2003)	关税同盟和共同市场(1975) 合作、互补和发展基金(1975) 经济货币同盟(1993) 西共体投资开发银行(1993/1999/2001) 西共体共同对外关税(2015)	共同市场(1991)	自由贸易区(贸易和投资) 北美环境合作协定(NAAEC) 北美劳工合作协定(NAALC)

续表

	阿盟(LAS)	欧盟(EU)	东盟(ASEAN)	西共体(ECOWAS)	南共市(Mercosur)	北美自由贸易协定(NAFTA)
安全	阿拉伯集体安全(1950)(拟议) 和平与安全理事会(2015)	欧洲政治合作(1981) 共同外交与安全政策(1992) 欧洲安全与防务政策(1999) 共同防务与安全政策(2009)	《和平、自由与中立区宣言》(ZOPFAN,1971) 东盟地区论坛(1994) 10+3	《互不侵犯议定书》(1978) 《防务互助议定书》(1981) 地区安全(1993) 《关于冲突预防、管理、解决及和平维护与安全相关机制的议定书》(1999) 《地区安全部门治理议定书》(准备中)	《和平区宣言》(1999)	安全与繁荣伙伴关系(2005)
政治、宪法		司法与内务(1992)	民主与人权(2007)	《政治原则宣言》(1991) 民主与人权(1993) 《民主与善治议定书》(2001)	民主与人权(1998)	
权威						
行政管理	总秘书处(1945)	理事会总秘书处(1951) 高级机构/欧盟委员会(1951)	东盟秘书处(1976)	执行秘书处(1975) 西共体委员会(2006)	南共市秘书处(1991)	各国秘书处
决策	联盟理事会(1945) 联合防务理事会(1950) 常设军事委员会(1950) 经济理事会(1950) 阿拉伯过渡议会(2004)	欧洲理事会和部长理事会(1951) 欧洲议会(1951)	东盟峰会(1976) 共同体经济、政治安全和社会文化事务理事会(2003) 东盟议会组织(1977/2007)	国家元首会议和部长理事会(1975) 西共体议会(1993)	共同市场理事会(1992) 联合议会委员会(1994) 南共市议会(2005)	
落实		高级机构/欧盟委员会(1951/1957)	东盟协商理事会和共同体理事会	执行秘书处(1975) 西共体委员会(2006)	共同市场集团(1992) 南共市贸易委员会(1994)	自由贸易委员会 环境合作委员会 劳工合作委员会
裁决	(拟议) 阿拉伯人权法院(2015) 阿拉伯法院(2015)	欧洲法院(1951)	争端解决机制(1996) 加强版争端解决机制(2004)	仲裁法庭(1975) 共同体法院(1993)	争端解决程序(1991) 常设复议法院(2002) 行政劳工法院(2003)	争端解决程序

尽管地区组织遍布全球,越来越重要,但许多著名的地区组织在冷战结束之前就早已创立(如图 27.1)。其他像南共体(SADC)(1992 年)、安共体(1996 年)和非盟(AU)(2002 年),则建立在早先已有的地区组织之上。29 个地区组织建立于 1990 年之后,其中 1/5 位于原苏联地区(参见本书第 10 章)。

国家主导的地区主义在数量上的激增,虽然有点不像通常想象的那样迅猛,但本书各章展示的是一种质性发展趋势,所针对的变革涵盖了地区合作与一体化的水平和范围两方面。尤其是综合性地区组织,承担了比以前更多的任务,扩展了合作的政策领域(参见本书第 III 部分的第 14–21 章)。这一趋势始于 1990 年之前,但在冷战结束之后已然加速。表 27.1 汇总了全球各大洲主要综合性地区组织的相关情况。

我们也可以从权威共享和委托的意义上观察到地区一体化的增强(参见本书第 1 章和第 22 章)。当然,各个地区组织的起点相当不一,从超国家性权威委托和共享的程度上看,欧盟(EU)仍然是一个有独特优势的联盟。不过,非盟(AU)和西共体(ECOWAS) 【628】 曾授权对其成员国进行军事干预,以维护民主、阻止军事政变(参见本书第 13 章;Hartmann and Striebinger,2015),而欧盟(EU)自身维护人权和民主的工具相形之下却相当软弱(Van Hüllen and Börzel,2015)。即使是传统的政府间地区组织,比如东盟(ASEAN)或阿盟(LAS),也未见抵制加深地区一体化的潮流(参见本书第 11 章和第 12 章)。

伦茨和马克斯(Lenz and Marks)指出,更加强大的地区一体化主要关心给予超国家实体的委托授权,尤其是在涉及司法化争端解决机制时(参见本书第 22 章)。地区组织不仅越来越多地设立地区法院,而且法院不再只是裁决贸易纠纷,还就侵犯人权或领土争端进行裁定(参见本书第 23 章)。相比之下,在地区组织中按照政府间实体内多数投票规则实行的主权共享,则较为受限制(参见本书第 22 章)。地区合作与一体化理论难以解释这种反差,尽管有人争辩说,法院也是在政府所制定的法规之下运行。[①]虽然共享意味着国家可以被投票排挤出去,但在委托中,它们却可以一直是规则制定的主人。南共体(SADC)特别法庭的解散证明,如果法院试图挣脱国家的掌控,那么等待它们的会是什么(van der Vleuten and Hulse,2015)。此外,共享似乎遵循组织规模的逻辑:地区组织的成员越多,也就会越倾向于实行共享(Hooghe and Marks,2015)。

总之,我们观察到,在(相当经典的)地区合作与地区一体化这两者之间,存在着一种错位。尽管基于(大多为双边性的)政府间合作的、程度不高的经济地区主义数量激增,但原有的地区主义形式(特别是综合性地区组织)不仅通过深化和扩大而朝向地区一体化发展,而且就新政策领域及执行和裁决权威的委托而言,它们还在制度上发展得

① 这一看法我们要归功于弗兰克·席梅尔芬尼希(Frank Schimmelfennig)。

越来越相似。

与此同时，我们也看到，相当不同的地区秩序出现了，它们表现为特定地区内各种形式的地区化与地区主义同时并起。图 27.2 对“自上而下的”、国家主导的地区主义与“自下而上的”、由非国家行为体驱动的地区化的不同程度表现，进行了非常粗略的评估。我们按照“一体化—合作”这样的连续序列来衡量地区主义（参见本书第 1 章）。地区化就意味着特定的经济互动的程度。

按照地区主义和地区化的这种特定组合来看，每一种地区秩序都有所不同。我们划分了三种地区秩序。第一种有四个地区——欧洲（参见本书第 9 章）、东南亚（第 11 章）、欧亚（第 10 章）和中东（第 12 章）——这些地区的地区化和地区主义程度是紧密相
【629】关的。也就是说，高水平的主要经济互动伴随着高度的地区一体化，反之亦然。第二种有两个地区——北美（第 7 章）和东北亚（第 11 章）——它们都有很高水平的经济地区化，但相比之下，地区主义发展程度却很有限，且带有政府间特征。第三种则是截然不同的地区秩序形式，位于撒哈拉以南非洲（第 13 章）和拉丁美洲（第 8 章），这些地区的地区化程度处于低到中等，但地区一体化程度却很高。

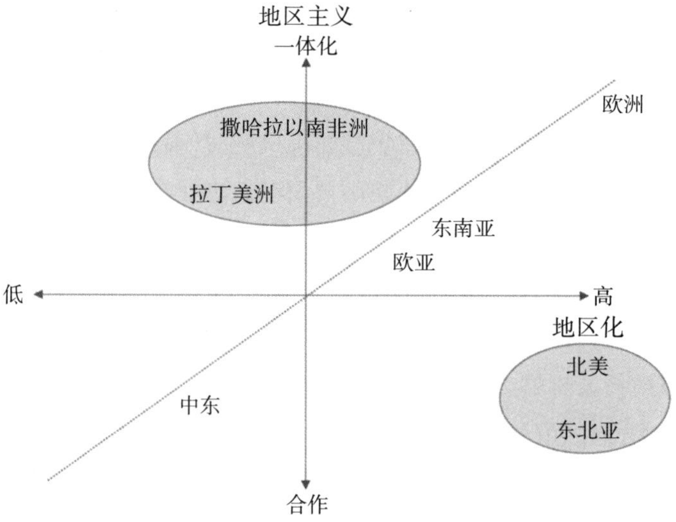

图 27.2 地区秩序：地区主义和（经济）地区化的程度

这种地区秩序差异需要加以解释。主流的合作与一体化理论会将其与经济地区化和地区主义关联起来（参见本书第 3 章）。地区化培育了相互依赖，需要通过地区主义来加以管理。尽管欧洲、东南亚、欧亚和中东的情形可以用这种理论加以解释，但北美和拉美及东北亚、撒哈拉以南非洲地区则令人大惑不解，因为在这些地区，相互依赖与正式制度建设之间是脱节的。

这种地区秩序的差异该如何加以解释呢？地区化和地区主义之间是怎么相互关联的呢？不管是从结果上还是从主要动因上看，地区主义在各个地区之间的差异到底有多大呢？各国是否都在回应某种共同需求——这种共同需求就是为了在地区层次充分应对全球化与跨国化挑战而需要进行(越来越多的)政策和政治权威委托吗？地区制度 【630】
是由大国供给，以寻求在市场准入和其"后院"的政治稳定方面实现其国家利益吗？或者说，地区主义是在传播一个"全球范本"，在向人们述说地区制度才是 21 世纪有效且合法的治理结构吗？

解释地区主义的兴起：需求与供给之间

正如本书所展示的，对于地区主义兴起的解释并不缺乏理论。社会学制度主义(比如 Thomas et al.，1987；Meyer et al.，1992) 首先就可以用来解释全球范围内综合性地区组织的兴起。似乎有这么一个"全球范本"，被称作"地区构成的世界"(Katzenstein，2005)，但是这个范本并不能解释地区主义的变化，更别说解释我们在不同地区秩序中看到的巨大差异了(参见图 27.2)。本节围绕地区主义的主要驱动因素对各种研究文献加以梳理。我们把需求要素与供给要素区分开来进行分析。

地区主义的需求：关键不(只)是经济，笨蛋！

理性主义方法主要用来解释经济地区主义。它们指出，地区主义的(更大)需求动力主要来自可望获得的(物质)收益。全球化成为经济地区主义的主要驱动力，因为全球市场带来了越来越多的跨界流动和经济联系(参见本书第 15 章；Schirm，2002)。应付消极外部性，比如贸易和投资的转移，为寻求经济地区主义提供了另一种理由(Mattli，1999b，59–61)。

新功能主义和自由政府间主义方法为经济地区主义提供了以社会为中心的解释(参见本书第 3 章)。需求受到国内利益联盟的推动，这一联盟往往受益于(更大的)自由贸易和更一般意义上的自由化(参见本书第 4 章；Solingen，1998)。尽管功能主义假定，对地区主义的普遍需求是借其实现跨边界问题的技术性解决，但新功能主义强调的是利益集团、专家协会、生产者团体和工会的作用，而它们在地区主义当中所获利益是不均等的。

这些社会中心理论之中或隐或显地存在两个适用条件，严重制约着它们对非西方 【631】
地区的适用性(参见本书第 2 章和第 6 章)，这两个条件就是：发达的资本主义经济和自由民主政体。正如欧洲一体化理论的“先驱们”早在20世纪60年代就注意到的(Haas,1961;Haas and Schmitter,1964),这两个适用条件合起来可以解释,为什么我们在中东、欧亚、亚洲或拉美看不到对于强大的综合性地区组织的需求(参见本书第8章、第10章、第11章和第12章)。只不过,这还是不能解释,为什么在撒哈拉以南非洲会有如此强大的地区主义(尽管经济地区化很弱)(参见本书第13章),以及为什么北美的地区主义很弱(尽管有着很强的经济相互依赖和自由的政体)(参见本书第7章)。

此外,撒哈拉以南非洲的例子证明,地区主义的需求不仅仅来源于经济收益最大化的(国内)利益需要。我们不必拿现实主义来说明,安全关心能够带来强大的地区主义需求。内战的消极外部性是地区安全制度的重要驱动因素(参见本书第14章;另参见Oelsner,2004; Francis,2006;Gruber,2000)。我们也不应忘记,欧洲一体化最早开始于提供安全制度的需求,包括20世纪40年代后期的北大西洋公约组织(NATO),以及50年代的欧洲煤钢共同体(ECSC)。对亚洲地区主义来说也是如此(Acharya,2001,2009)。

有关安全相互依赖的论点也可以沿用到其他问题上。像本书之前在第III部分(第14-21章)所证明的,全球的地区组织肩负起了越来越多的治理任务,包括货币金融、发展、社会政策和性别、环境、移民以及民主和人权。我们完全可以这样假定,这一趋势的需求导向强烈,因为地区制度可能比全球制度或国家制度都更为有效,它不仅能最大化合作收益,而且能最小化负外部性。

本书所论及的所有地区中,还普遍存在着一项强烈的地区制度建设需求,那就是“加强政权”(Söderbaum,2004)的需要,即通过地区组织来巩固政权和国家。米尔沃德(Milward)指出,对欧洲来说,民族国家政府试图通过将带有分配后果的政治决策转移到欧洲层次,以此把它们与个别国家的利益分隔开来(Milward,1992)。同样,非洲、拉美、阿拉伯和亚洲的领导人之所以赞成地区主义,也在于把它看作国内权力的一个来源,并以此巩固国家主权(Herbst,2007;Okolo,1985;Nesadurai,2008;Barnett and Solingen,2007;Morales,2002)。正如阿查亚所言,在世界许多地方,政权寻求独立于其国内约束乃是地区主义的一大有力激发因素(参见本书第6章)。大多数发展中国家都表现出国家独立性有限(Risse,2011)和国家脆弱。地区主义为它们提供了一个机会,以增强国
【632】家能力、促进国内稳定、解决社会问题,并加强现政权的国际地位,提高其谈判实力和合法性(参见本书第10章、第12章、第14章、第21章和第25章)。

“加强政权”作为地区主义的一项功能需求,在不同政权类型的国家中都存在。自由(民主)化国家倾向于通过地区一体化来“锁定”民主和人权,从而巩固政权变革(Pevehouse,2005; Ribeiro Hoffmann and van der Vleuten,2007;Moravcsik,2000)。而专制统治者则需要利用地区主义在其国内巩固权力、攫取资源和弥补合法性不足的问题(Clapham,

1996;Boas,2003; Bach,2005)。

最后,建构主义方法将规范、认同和叙事作为地区主义的观念动因,并置于核心位置。早在国际关系学(IR)发生建构主义转向(Adler,2013)之前,交流主义就提出过,成功的一体化要求有一种共同体感(Deutsch et al.,1957;Adler and Barnett,1998;Acharya,2001)。然而不清楚的是,到底集体认同是地区一体化的一项前提还是一项指标,到底其中有没有什么因果联系(参见本书第24章)。欧洲一体化研究者仍然坚称,欧盟已经确立了一种共同身份认同,并以之为基础(Risse,2010)。尽管在北美、非洲、中东和亚洲还没有很强烈的共同体感,但人们解释不了,这是因为各国的政治制度、社会结构和文化差别太大而没有(强烈的)共同制度需求(Barnett and Solingen,2007),还是因为地区制度不够强而未孕育出共同体?(Clarkson,2008;Acharya,2005;Jones and Smith,2007;Barnett,1995; Okolo,1985)尽管如此,如果没有某种共同体感——至少在社会、经济和政治精英当中,那种有着高水平超国家一体化的、基于"不完全契约"的强大地区制度就很难存活下来(Marks et al.,2013)。

总之,理性主义方法在解释地区主义的需求方面做得还是很不错的,如果我们把国内政治和国内联盟对全球化力量的回应也考虑进来(参见本书第4章),并且将这种分析扩大到安全议题和现任政治精英的谋略("加强政权")上的话,就更加具有合理性。我们对于集体认同与地区主义兴起之间的关系仍然所知不多,不过,欧洲经验另当别论。

地区主义的供给:利益、权力和规范

新自由制度主义或理性制度主义对制度供给的标准解释是,制度的建立是为了解决相互依赖冲突的需要,和解决由相互依赖造成的集体行动问题的需要(如Keohane and Nye,1977; Mansfield and Milner,1997;Moravcsik,1998;Stone Sweet and Caporaso,1998)。其中的干预变量是不确定性水平、问题性质、行为体数量及其不对称性(Stein,1983;Koremenos et al.,2001)。地理相邻性和民主有助于提高国家之间经济交流的频密度,因 【633】
而对地区合作有促进作用(Mansfield et al.,2000)。

平心而论,这些方法——包括新功能主义——较好地解释了欧洲一体化(高水平地区化、强地区主义,如表27.3),也较好地解释了中等水平的东南亚一体化(参见本书第11章)和欧亚一体化(参见本书第10章),以及中东地区一体化的缺乏(参见本书第12章)。在后面这几个地区中,每个地区的经济地区化需求可能都太弱,无法引起足够的地区制度供给,从而确证了上述理论观点。上面讲到,地区化的水平和地区主义的水平在这四个地区秩序当中都是相互关联的,地区主义的主流理论也是如此认为的。

然而各种理性制度主义并没有预测到，东北亚和北美地区尽管经济地区化水平非常之高，但其地区制度却供给不足（参见本书第7章和第11章）。它们也解释不了撒哈拉以南非洲和拉美地区的情况（那里的地区主义水平高或中等，而经济地区化水平中等或弱）（参见本书第8章和第13章）。

相反，霸权稳定论指出，大国有意愿也有能力扮演"地区捐助者角色，负责减轻权力分配紧张关系，从而为一体化铺平道路"（Mattli，1999a，56；参见Gilpin，1987，87–90；Yarbrough and Yarbrough，1992）。但是大国供给地区主义有各种不同理由。美国、俄罗斯、南非或尼日利亚支持和参与地区建设，都各有其地缘战略和经济利益考虑（参见本书第7章、第10章和第13章）。美国在欧共体和东盟的创立和发展过程中扮演了关键角色，它为这些地区消除了安全困境（Gruber，2000；Acharya，2001）。同样，巴西在南共市当中出头成为地区大国，意在限制美国在拉美的影响力（Gomez Mera，2005；Tussie，2009；本书第8章）。反之，中东或亚洲的地区主义的缺乏或无效，被认为是因为缺乏一个地区霸权国或外部霸权国（Fawcett and Gandois，2010；Hemmer and Katzenstein，2002）。

不过，霸权稳定论的理性主义版本没法解释的是，为什么有些大国在推动着地区制度的供给，而另一些却不这样。欧洲的德国和法国，撒哈拉以南非洲的尼日利亚，都鼓励超国家主义，放弃它们的"威斯特伐利亚式"主权以利于地区一体化。相反，其他地区大国却很不情愿超出政府间解决方案，即便是像美国在北美地区或俄罗斯在欧亚地区，那里的相互依赖很不对称，所以超国家主义很难约束这些大国的超强实力（参见本书第7章和第10章）。另外，一个地区的权力不对称还会破坏地区主义，因为地区大国，像印
【634】度，可能喜欢在与其邻国的双边关系中采取轴辐关系模式来行事（Destradi，2010）。同样，外部大国也对地区主义有所危害，像欧盟对南部非洲和拉美那样，有意回避地区间贸易协议，认为那会打击它与新兴经济体南非和巴西分别签署的双边协定（Krapohl et al.，2014）。

在这里，我们必须同时看一看，霸权国或地区领导国有什么可借用的实力资源，以及它们在该地区有什么目的和构想（Ruggie，1997；Destradi，2010）。换句话说，大国推动地区秩序的具体设想非常重要。

这就把我们引向了建构主义的方法。亨默和卡赞斯坦（Hemmer and Katzenstein）讲过，美国在亚洲没有更大的兴趣像在欧洲那样实行霸权领导，因为它在这里的文化亲和性更低（Hemmer and Katzenstein，2002；Katzenstein，2005）。文化差异还被用来解释亚洲国家为何不愿积极进行强地区制度的建设（Acharya，2004；Katzenstein，2005；Nesadurai，2009）。但是这些文化解释都带有本质主义的味道，忽视了地区并不是"文化的容器"，文

化的影响在时空上是有反复的。另外,对亚洲地区主义还有其他种种解释,有的围绕特定类型的国家主导型发展主义(如本书第 11 章),有的围绕执政精英的生存策略(如本书第 4 章)。

当我们系统地考虑到文化的相互影响时会发现，建构主义本体论在解释地区主义兴起上所提供方法的作用可能是最大的。这让我们想到了扩散论(参见本书第 5 章)。地区制度的供给可以由其他地区或国际行为体所引起,它们为地区建设提供积极推动或消极样板。“美利坚治下的和平”和“欧罗巴治下的和平”是解释特定类型地区主义的两个“全球范本”(Meyer et al.,1992)。市场或特定问题上的压力可能会提高需求,要求建立(更多)地区制度,但是即使某些制度实际上只服务于特定功能、只为了解决同类问题,各国总还是会有选择。制度在不确定性、政策失灵和不满足现状等条件下,具有“传染性”(Levi-Faur,2005)。地区组织欲奋发有为的话,会向其他组织看齐,学习它们在政策和规则上的成功之处，以有效地解决同类问题，并将所学到的东西融入自身当中(Meyer and Rowan,1977; Dolowitz and Marsh,2000)。除了经验学习之外,地区还会出于规范原因而效仿其他地区,以提高自身合法性(Polillo and Guillen,2005),或者只是出于适当性的考虑而简单地模仿其他地区的行为(Havemann,1993;Meyer and Rowan,1977)。

总之,解释地区合作与一体化的标准方法,无论是理性主义的还是建构主义的,对本书中所论及的一些地区主义都可以提供合理的解说。不过，它们不能解释我们观察到的所有变化情况。这在解释地区制度设计时更是如此。

解释地区主义的制度设计:以扩散为例

解释地区主义的兴起是一回事，而解释特定地区制度的制度设计则是另一回事。【635】本书各章提供了足够多的材料,并得出了一些暂时性结论。在此,有两项制度设计特征值得细说:第一,我们如何解释全球范围内兴起的空前之多的地区治理安排,特别是以综合性地区组织形式出现的那些?第二,地区合作与一体化的差异和特定结合,又该如何解释? 这就需要我们特别考虑到各种地区组织的委托和共享程度(参见本书第 22 章)。

解释地区组织的任务扩大

考虑到地区组织的任务越来越多,我们可以看到其背后的三种动力。第一种,是需求驱动。地区治理的需求来自应对跨境移民流动的需要、因内战和跨国冲突而导致的安全外部性,以及跨国环境问题(参见本书第 14 章、第 19 章和第 20 章)。至于地区民主和人权治理,各国政府则通过参与地区层次的合作来“锁定”民主改革(参见本书第 21 章)。同样道理,社会不平等问题靠经济地区主义是解决不了的,甚至会因此而加剧(参见本书第 17 章和第 18 章)。

第二种,是新功能主义围绕综合性组织任务扩大问题提供合理解释。关税同盟和共同市场的运转往往需要进行货币和金融协调(参见本书第 16 章)。FTAs 有可能对劳工市场和性别政策带来“外溢”效应,从而要求作出进一步的治理安排(参见本书第 18 章)。

第三种,是扩散机制起作用,尤其是在涉及具体议题领域治理上的制度设计时更是如此。正如彼得·哈斯指出,对环境治理来说,建立在共识性知识之上的认知共同体,在设计制度以应对全球性相同环境问题方面起着重要作用(参见本书第 19 章;Haas, 1992)。此外,联合国环境署(UNEP)对于地区环境治理的制度设计起着发起者和支持者作用。联合国和其他国际组织,比如国际劳工组织(ILO),在移民治理和社会政策治理
【636】的制度选择上也起着激励作用(参见本书第 18 章和第 20 章)。

地区合作与地区一体化的差别

有趣的是,理性制度主义在解释地区组织制度设计的差异方面并不太管用——除了 PTAs 和 FTAs(参见本书第 15 章)。标准的解释几乎全都是需求驱动:由需求带来的经济相互依赖和集体行动问题解释了地区制度的供给,然后又提供了特别设计的解决方案(比如 Koremenos et al.,2001)。制度差异大都可以用功能需求、集体行动问题的类型和卷入制度解决方案设计的国家数目来加以解释。后者可以解释地区组织当中为何共享主权的程度如此之低,即各国对于实行多数投票制不太热心。如霍夫和马克斯所言,共享越有可能性,一个地区组织才会有越多的国家来参与(Hooghe and Marks, 2015)。这就为制度设计提供了一个简洁的功能解释,认为它产生于对有效决策程序的需要。

说到委托,即把权威转移给超国家实体,只有欧洲和中东(作为反例)符合有关解释。阿尔特和霍夫指出,在欧洲、拉美和非洲,总共有 16 个国际经济法院(参见本书第 23 章)。全球 2/3 的地区虽有高度的经济相互依赖和地区化——比如亚洲和北美,但在把权威委托给争端解决机制方面却相当弱。相比之下,在撒哈拉以南非洲这样一个经济地区化相对进展很小的地区,却拥有最多的法院。

如里塞所言,扩散论为地区组织制度设计的相似性和差异性提供了更好的解释,尤其考虑到存在着权威委托的发展趋势(参见本书第 5 章)。但我们千万不要以为会出现

制度趋同！(institutional convergence)相反，如阿查亚等人所指出的，由制度范本的选择性适用所带来的本地化，似乎才是这里的“游戏规则”(Archarya，2004)。我们发现，按照某个全球范本全面“下载”某种制度性解决方案，这样照搬模仿的情况极其少见。

地区组织及其成员国采取某种制度性解决方案时，似乎总是采用它们认为合法的设计。东盟就是这样的例子(参见本书第 11 章，以及 Jetschke and Murray，2012)。国际合法性的需要，推动了东盟去建立一项争端解决机制。效仿对于东盟近来的深化和扩大也有驱动作用，其新宪章在某些地方与欧盟宪章高度相似(Jetschke，2010；Katsumata，2009)。类似地，西共体和阿盟可能也依循了某个全球范本，这个全球范本导向建立某种地区制度，至少在西共体身上，欧盟提供了参考模板(Koitsch，2012)。

如果我们关注一下间接的或“接受者驱动”的扩散机制(参见本书第 5 章)，我们也 【637】 能够更加容易去解释，为什么我们观察不到多少制度上的趋同性。地区组织总是会有选择地采用特定的制度设计。例如，地区组织实行议会代表的原则已经广泛扩散(参见本书第 25 章)，但是欧洲议会作为一种超国家的、直接选举议员并拥有越来越多决策权的模式，仍然是个例外。东盟虽然效仿了欧盟常设代表委员会(COREPER)，但它明确认为，这并不会导致决策权力的共享，因为那样就侵犯了主权原则。换句话说，一个地区内的先验认知和先验规范才是理解问题的关键，让我们能够理解特殊制度模式的选择性适用，以及由此而来的行为实践(Acharya，2004，2009；Checkel，2001)。

总之，如果我们打算解释地区组织的制度设计，特别是解释权威委托的发展趋势的话，就需要考虑到扩散机制，并把它与功能性解释结合起来。

地区主义的影响

地区主义和地区制度据说可以为各个地区及其人民带来和平与繁荣。对照这种它们宣称的目的，我们会吃惊地发现，我们对于地区主义的影响所知如此之少，而学术界的分歧又如此依旧(以下内容也可参见本书第 22 章)。

贸易、增长与繁荣

相关文献中的一个重大分歧集中在这个问题上，即地区贸易协定(RTAs)到底在实际上带来了贸易创造还是贸易转移(Viner，1950；本书第 15 章)。尽管争论尚未完全解决，但是有越来越多证据证明，RTAs 和 PTAs 实际上会带来贸易创造，至少在二战后时期是这样(Mansfield and Milner，2012；Freund and Ornelas，2010)。此外，经济学家已经考察了地区自由贸易协定给贸易和投资流动、经济增长、贫困及社会不平等所带来的经济效应(Weintraub,2004;Preusse,2004;Musila,2005)。

尽管我们有越来越多的证据证明,促进贸易的协定有着增进福利的效应,但是学术界对于得出可靠而权威的相关结论还是意见不一。经济地区主义的效应在地区与地区之间怎么说都难得一致。存在这种差别的原因,部分可以由地区贸易投资协定的“落实差距”来解释(Gray,2014)。欧洲和北美的工业民主国家有着分工明确的国家行政管理制度,它们有效地利用地区主义来促进其经济增长。而在国家独立性不够的地区,就像我们在非洲和拉美看到的那样,那里的寻租经济就很少从地区主义中获取经济收益。它
【638】 们对地区主义的高度参与,往往与经济地区化脱节,只是服务于其他目的,比如寻租或者加强政权(参见本书第 3 章和第 13 章)。

和平与安全

地区主义有助于和平与安全,这是又一个老套的说法,几乎在全球任何一个地区组织的组织介绍中都能找到。不过,学界对此也缺乏可靠的结论,尽管越来越多的证据证明,地区组织确实有助于维护和平(参见本书第 14 章)。拉西特等人十多年前就已指出,国际组织(包括地区组织)的参加资格有助于国家间的和平(Russett and Oneal,2001;Russett et al.,1998)。就在不久前,哈夫特尔做了一项很有说服力的(定量)研究,以说明地区贸易协定(RTAs)有根除冲突的作用(Haftel,2012)。我们很难否认,北约和欧共体及欧盟对二战后的欧洲和平作出了贡献,但是决定欧洲和平的因素可能有多种(“民主和平”、美国的离岸平衡作用、经济相互依赖),因而很难断定说就是地区组织的影响所致。说到亚洲,学术界在这个问题上就意见不统一(参见 Acharya,2001 和 Solingen,1998 为一方;Jones and Smith,2007 为另一方)。反正,不管是强大的地区化还是(相对较弱的)地区主义,都未能阻止东亚地区出现严重的安全困境,特别是在中国南海和东海地区出现领土争端。最后重要的一点是,撒哈拉以南非洲的地区组织“意面碗”和非洲地区组织的军事干预能力,并未阻止那里的内战和跨国战争。不过同时,反事实的论点也同样很难成立(如果在撒哈拉以南非洲地区没有这样一个密集的地区组织网,又会发生什么呢?),而且有一些证据证明,非盟和西共体时而还是能够阻止形势恶化到最坏(参见本书第 13 章)。最后,在南美洲和中美洲,地区组织曾有助于在该地区建立并维护和平与安全,尽管——或者正因为——其成员资格相互交叉(Kacowicz,2005;本书第 8 章)。

民主与人权

民主与人权是学界认同地区主义积极效应的不多的议题领域之一(参见本书第 21 章)。例如,哈夫纳-伯顿认为,附带政治条件的特惠贸易协定(PTAs)可以改善对象国的人权环境(Hafner-Burton,2005)。佩韦豪斯探讨了地区组织对于民主化的影响(Pevehouse,2005),并提出,地区组织的“民主密度”(democratic density)是与其成员国基于外部条件和援助来巩固民主的程度相关联的。新晋民主国家的政府通过对外承诺来约束 【639】 自己及其继任者,表示服膺于政治自由化和民主规范(Pevehouse,2005,37;Mansfield and Pevehouse,2006; Moravcsik and Vachudova,2003)。然而地区主义并不保证不出现后退。欧盟的确支持了中东欧国家的民主巩固,但它并不能阻止这些国家对抗某些制度变革,而它们过去引入这些制度变革的目的是为了加入民主国家俱乐部(Van Hüllen and Börzel,2015)。

此外,地区组织成员资格还能够助长威权主义。非民主政权利用它们在地区组织中的成员资格来确保生存,其手段包括:抬升其国际形象、获得外部对其承认和支持、保障其不受外来干涉(参见本书第 21 章和第 25 章;并参见 Börzel and Van Hüllen,2015)。

对于地区组织影响成员国国内结构的可能途径,目前只在有关欧盟的案例研究中有过系统探讨(参见 Aspinwall,2009)。欧盟因其地区一体化的水平和范围而成为一个最合适研究地区主义国内影响的案例(参见本书第 3 章和第 9 章;Cowles et al.,2001;Featherstone and Radaelli,2003)。仍有待探讨的是,欧盟影响其成员国、入盟候选国和邻国的国内政策与制度的可能机制,是否也会传导到其他地区。

结论:方法论挑战与未来研究路径

本书阐明,比较地区主义是比较政治学、国际关系学和比较区域研究相交叉的一个富有活力的研究领域。它在研究地区的表意(ideographic)方法和通则(nomothetic)方法之间开辟了一个中间地带。本书各章内容向人们有力地展示,对地区的比较,通过辨析异同而为地区主义的兴起、制度设计和影响,提供了重要的新见解。

本书非常明确地告诉我们,各个地区并不是相互孤立自存的。我们不必落入所谓的“方法论地区主义”之中,去假定存在着“相对同质的、固定的、相互排斥的、‘天然的’世界性地区”(Holbig,2015,12)。有充分证据证明,地区之间是互动的、相互交织的,存在着扩散的过程(参见本书第 5 章)。扩散论使我们抓住了地区的相互联通性。但与此同时，扩散论也给比较方法提出了一个挑战。从定义上看，扩散论破坏了比较分析的一个基本假定：分析单元的独立性。在比较地区主义和比较区域研究中，大家基本忽视了所
【640】谓的“高尔顿难题”(Jahn，2006，2015)。直接的解决办法兴许是，尽量选择那些相互少有联系或根本没有联系的地区，从而将决策上相互依赖的可能性减至最小。不过，这又将严重干扰我们按照最相似系统设计的原则去选择案例；相近性和相似性才促成了扩散(参见本书第5章和第21章)。另外，在一个全球化的世界上，要找到完全相互孤立存在的地区简直是不可能的。

于是我们需要做的事情就是，通过系统地考虑扩散过程来把握各个地区的相互依赖性，尽管可能会因此而陷入另一个方法论难题：等效性(equifinality)。等效性的意思是，不同的原因会产生相同的效果。地区组织建立起独立应对相似挑战的法院，以解决联合协议的解释和执行中出现的冲突。或者说，它们是在相互效仿，因为法院如今乃是现代地区组织都必定会设立的机构。“比较和转移”(Kaelble and Schriewer，2003)并非相互排斥，而是相互补充的分析维度(Huotari and Rüland，2014)。厘清多重因果机制和影响，要求细致地进行过程追踪，这样就需要一开始就给不同理论假设的突出含义加以明确界定(Bennett and Checkel，2015)，将它们看作可选择的或互补性的，而不是竞争性的解释。这就是比较地区主义所面临的方法论挑战。

当我们转向地区主义和地区化研究的更具体议题时，可看到相关文献中有三个重要缺口，需要研究者今后加以注意。第一个，如前所述，我们对地区合作与一体化的影响所知甚少，尤其是当我们越出欧洲范围时。相关文献当中还有一种隐含的偏见，认为它们只有积极的影响，而对“地区主义的暗面”，比如加强威权政权和寻租式政权，则没有足够多地加以注意。

第二个，尽管比较地区主义已经基本上克服了早期学界的“欧洲中心主义”，但大多数实证研究还是倾向于采用“以主权为中心”的方法来定义地区(De Lombaerde et al.，2010，737)。结果，他们就着重把地区组织看作国家主导的正式制度建设。本书所评述过的大多数研究，仍然不重视非国家行为体，也不重视非正式制度，尽管“新地区主义方法”对此有相反的诉求(Söderbaum，2012；本书第2章)。现在，仍然很少有关于非正式地区主义的结论可靠的比较研究著作。例如，克莱恩(Kleine，2013)向我们表明，欧盟中的非正式治理可帮助成员国解决其国内层次的冲突，这种冲突如果用正式规则来解决的话反而会加剧(又参见 Héritier，1999)。阿查亚等人声称，东盟的非正式制度和网络乃是亚洲地区主义的明显特征，它们对于该地区所缺乏的紧密的正式一体化是一种弥补(Acharya，2001，2009)。不过，这些仍然是例外情形，而研究比较地区主义的学者大多还是以国家为中心，并着重关注正式制度。

我们需要系统地加以探究的是，非正式制度是如何通过在国家主导的制度框架之外构造经济、社会、文化和政治互动的模型，从而植入地区组织并影响其运转的。同样，对非国家行为体的研究，不该变成只研究它们对于影响和塑造国家偏好的作用。商业【641】团体、倡议联盟、认知共同体或地区官僚，它们往往直接扮演着地区组织建设者的角色。它们还推动和塑造着地区组织之外的地区化进程。

在这里，治理方法对于比较地区主义来说就有了用武之地(参见本书第 3 章)。它不仅有助于克服国家主义和正式制度主义的偏见，还让我们去探究地区主义和地区化在创建不同类型地区秩序方面的互动。最后，治理为探索地区秩序和全球秩序之间的关联打下了基础。地区主义已经成为全球治理"范本"的一部分，其中，地区建设所起作用不仅在于它是一种维护和平与繁荣的合法而有效的方式，更在于它已成为"世界政治中基本的，甚至驱动性的力量"(Fawn,2009,5)。如果说存在这样一种"世界政治的新兴地区构造"(Acharya,2007)的话，那么一个尚待解决的问题是，这个由地区构成的世界是会巩固还是会削弱由多边制度(比如联合国和世贸组织)所代表的全球治理呢？相关文献当中的第三个缺口就是，既要研究全球治理和地区治理之间的互相联结，又要研究它们之间的得失平衡。

参考文献

Acharya, A.2001.*Constructing a Security Community in Southeast Asia*.Abingdon: Routledge.

Acharya, A.2004.How Norms Spread: Whose Norms Matter? Norm Localization and Institutional Change in Asian Regionalism.*International Organization*, 58(2): 239–275.

Acharya, A.2005.Do Norms and Identity Matter? Community and Power in Southeast Asia's Regional Order.*The Pacific Review*, 18(1): 95–118.

Acharya, A.2007.The Emerging Regional Architecture of World Politics.*World Politics*, 59(4): 629–652.

Acharya, A.2009.*Whose Ideas Matter? Agency and Power in Asian Regionalism*.Ithaca, NY: Cornell University Press.

Adler, E.2013.Constructivism in International Relations: Sources, Contributions, and Debates.In: W.Carlsnaes, T.Risse, and B.Simmons(eds.), *Handbook of International Relations*, 2nd edition.London: Sage, 112–144.

Adler, E.and Barnett, M.(eds.)1998.*Security Communities*.Cambridge: Cambridge University Press.

Ahram, A.I.2011.The Theory and Method of Comparative Area Studies.*Qualitative Research*, 11(1): 69–90.

Aspinwall, M.2009.NAFTA-ization: Regionalization and Domestic Political Adjustment in the North American Economic Area.*Journal of Common Market Studies*, 47(1): 1–24.

Bach, D.C.2005.The Global Politics of Regionalism: Africa.In: M.Farrell, B.Hettne, and L.Van Langenhove (eds.),*Global Politics of Regionalism:Theory and Practice*.London and Ann Arbor,MI:Pluto Press,171–186.

Barnett,M.N.1995.Sovereignty,Nationalism,and Regional Order in the Arab States System.*International Organization*,49(3):479–510.

Barnett,M.N.and Solingen,E.2007.Designed to Fail or Failure to Design? The Origins and Legacy of the Arab League.In:A.Acharya and A.I.Johnston(eds.),*Crafting Cooperation:Regional International Institutions in Comparative Perspective*.Cambridge:Cambridge? University Press,180–220.

Basedau,M.and Köllner,P.2007.Area Studies,Comparative Area Studies,and the Study of Politics:Context,Substance,and Methodological Challenges.*Zeitschrift für Vergleichende Politikwissenschaft*,1(1):105–124.

Bates,R.H.1997.Area Studies and the Discipline:A Useful Controversy? *PS:Political Science & Politics*,30(2):166–169.

Bennett,A.and Checkel,J.T.2015.*Process Tracing:From Metaphor to Analytic Tool*.Cambridge:Cambridge University Press.

Berg–Schlosser,D.2002.Comparative Studies:Method and Design.In:N.J.Smelser and P.B.Baltes (eds.),*International Encyclopedia of the Social & Behavioral Sciences*.Amsterdam:Elsevier,2427–2433.

Berg–Schlosser,D.2012.Comparative Area Studies:goldener Mittelweg zwischen Regionalstudien und universalistischen Ansätzen.*Zeitschrift für Vergleichende Politikwissenschaft*,6:1–16.

Boas,M.2003.Weak States,Strong Regimes:Towards a"Real" Political Economy of African Regionalization.In:J.A.Grant and F.Söderbaum(eds.),*The New Regionalism in Africa*.Aldershot:Ashgate,31–46.

Börzel,T.A.and Van Hüllen,V. (eds.)2015.*Governance Transfer by Regional Organizations:Patching Together a Global Script*.Basingstoke:Palgrave Macmillan.

Breslin,S,Higgot,R,and Rosamond,B.2002.Regions in Comparative Perspective.In:S.Breslin,C.W.Hughes,N.Phillips,and B.Rosamond(eds.),*New Regionalisms in the Global Political Economy:Theories and Cases*.London:Routledge,1–19.

Checkel,J.T.2001.Why Comply Social Learning and European Identity Change.*International Organization*,55(3):553–588.

Clapham,C.1996.*Africa in the International System:The Politics of State Survival*.Cambridge:Cambridge University Press.

Clarkson,S.2008.*Does North America Exist? Governing the Continent After NAFTA and 9/11*.Toronto:University of Toronto Press.

Cowles,M.G,Caporaso,J.A,and Risse,T.(eds.)2001.*Transforming Europe:Europeanization and Domestic Change*.Ithaca,NY:Cornell University Press.

De Lombaerde,P,Söderbaum,F,Van Langenhove,L,and Baert,F.2010.The Problem of Comparison in Comparative Regionalism.*Review of International Studies*,36(3):731–753.

Destradi,S.2010.Regional Powers and Their Strategies:Empire,Hegemony,and Leadership.*Review of International Studies*,36(4):903–930.

Deutsch, K.W, Burell, S.A, Kann, R.A, Lee, M, Lichterman, M, Lindgren, R.E, Loewenheim, F.L, and Van Wagenen, R.W.1957.*Political Community and the North Atlantic Area:International Organization in the Light of Historical Experience*.Princeton, NJ:Princeton University Press.

Dolowitz, D.P.and Marsh, D.2000.Learning from Abroad:The Role of Policy Transfer in Contemporary Policy-Making.*Governance*, 13(1):5–24.

Fawcett, L.2005.Regionalism from an Historical Perspective.In:M.Farrell, B.Hettne, and L.Van Langenhove(eds.), *Global Politics of Regionalism:Theory and Practice*.London and Ann Arbor, MI:Pluto Press, 21–38.

Fawcett, L.and Gandois, H.J.2010.Regionalism in Africa and the Middle East:Implications for EU Studies.*Journal of European Integration*, 32(6):617–636.

Fawn, R.2009."Regions"and Their Study:Wherefrom, What For and Whereto? *Review of International Studies*, 35(S1):5–34.

Featherstone, K.and Radaelli, C.(eds.) 2003.*The Politics of Europeanization*.Oxford:Oxford University Press.

Francis, D.J.2006.*Uniting Africa:Building Regional Peace and Security Systems*.Aldershot:Ashgate.

Freund, C.and Ornelas, E.2010.Regional Trade Agreements.*Annual Review of Economics*, 2(1):139–166.

Gilpin, R.1987.*The Political Economy of International Relations*.Princeton, NJ:Princeton University Press.

Gomez Mera, L.2005.Explaining MERCOSUR's Survival:Strategic Sources of Argentine–Brazilian Convergence.*Journal for Latin American Studies*, 22(1):85–98.

Gray, J.2014.Domestic Capacity and the Implementation Gap in Regional Trade Agreements.*Comparative Political Studies*, 47(1):55–84.

Gruber, L.2000.*Ruling the World:Power Politics and the Rise of Supranational Institutions*.Princeton, NJ:Princeton University Press.

Haas, E.B.1961.International Integration:The European and the Universal Process.*International Organization*, 15(3):366–392.

Haas, E.B.and Schmitter, P.C.1964.Economics and Differential Patterns of Political Integration:Projections about Unity in Latin America.*International Organization*, 18(4):705–737.

Haas, P.M. (ed.)1992.Knowledge, Power and International Policy Coordination.*International Organization*, Special Issue 46(1).

Hafner–Burton, E.M.2005.Trading Human Rights:How Preferential Trade Agreements Influence Government Repression.*International Organization*, 59(3):593–629.

Haftel, Y.Z.2012.*Regional Economic Institutions and Conflict Mitigation:Design, Implementation, and the Promise of Peace*.Ann Arbor, MI:University of Michigan Press.

Hartmann, C.and Striebinger, K.2015.Writing the Script? ECOWAS's Military Intervention Mechanism. In:T.A.Börzel and V.Van Hüllen(eds.), *Governance Transfer by Regional Organizations:Patching Together a Global Script*.Basingstoke:Palgrave Macmillan, 68–73.

Havemann, H.A.1993.Follow the Lead:Mimetic Isomorphism and Entry Into New Markets.*Administrative Science Quarterly*, 38(4):593–627.

Hemmer, C.and Katzenstein, P.J.2002.Why is There No NATO in Asia Collective Identity, Regionalism, and the Origins of Multilateralism.*International Organization*, 56(3): 575–607.

Herbst, J.2007.Crafting Regional Cooperation in Africa.In: A.Acharya and A.I.Johnston (eds.), *Crafting Cooperation: Regional International Institutions in Comparative Perspective*.Cambridge: Cambridge University Press, 129–144.

Héritier, A.1999.*Policy-Making and Diversity in Europe: Escape from Deadlock*.Cambridge: Cambridge University Press.

Holbig, H.2015.*The Plasticity of Regions: A Social Sciences-Cultural Studies Dialogue on Asia-Related Area Studies*.GIGA Working Paper No 262.Hamburg: German Institute of Global and Area Studies.

Hooghe, L.and Marks, G.2015.Delegation and Pooling in International Organizations.*Review of International Organizations*, 10(3): 305–328.

Huotari, M.and Rüland, J.2014.Context, Concepts and Comparison in Southeast Asian Studies: Introduction to the Special Issue.*Pacific Affairs*, 87(3): 415–439.

Jahn, D.2006.Globalization as "Galton's Problem": The Missing Link in the Analysis of Diffusion Patterns in Welfare State Development.*International Organization*, 60(2): 401–431.

Jahn, D.2015.Diffusion.In: G.Wenzelburger and R.Zohlnhöfer (eds.), *Handbuch Policy-Forschung*.Wiesbaden: Springer, 247–276.

Jetschke, A.2010.The ASEAN Charter: Convergence with the EU-Model of Regional Integration? *Regional Integration Observer*, 4(3): 6–14.

Jetschke, A.and Murray, P.2012.Diffusing Regional Integration: The EU and Southeast Asia.*West European Politics*, 35(1): 174–191.

Jones, D.M.and Smith, M.L.R.2007.Making Process, Not Progress: ASEAN and the Evolving East Asian Regional Order.*International Security*, 32(1): 148–184.

Jupille, J, Jolliff, B, and Wojcik, S.2013.Regionalism in the World Polity.Paper Presented at International Studies Association, Annual Meeting, San Francisco, CA.

Kacowicz, A.2005.*The Impact of Norms in International Society: The Latin American Experience, 1881–2001*.Notre Dame, IN: Notre Dame University Press.

Kaelble, H.and Schriewer, J.(eds.)2003.*Vergleich und Transfer: Komparatistik in den Sozial-, Geschichts- und Kulturwissenschaften*.Frankfurt am Main: Campus.

Katsumata, H.2009.ASEAN and Human Rights: Resisting Western Pressure or Emulating the West? *The Pacific Review*, 22(5): 619–637.

Katzenstein, P.J.2002.Area Studies, Regional Studies, and International Relations.*Journal of East Asian Studies*, 2(1): 127–138.

Katzenstein, P.J.2005.*A World of Regions: Asia and Europe in the American Imperium*.Ithaca, NY: Cornell University Press.

Keohane, R.O.and Nye, J.S.Jr.1977.*Power and Interdependence*.Boston, MA: Little, Brown.

Kleine, M.O.2013.*Informal Governance in the European Union: How Governments Make International*

Organizations Work.Ithaca,NY:Cornell University Press.

Koitsch,C.2012.Institutional Similarities Between Regional Organizations:An Analysis of ECOWAS and the Arab League.In:L.Goltermann,M.Lohaus,K.Striebinger,and T.A.Börzel(eds.),*Roads to Regionalism:Genesis,Design,and Effects of Regional Organizations*.Farnham:Ashgate,117–138.

Koremenos,B,Lipson,C,and Snidal,D.(eds.)2001.The Rational Design of International Institutions.*International Organization*.Special Issue(55)4.

Krapohl,S,Meisnner,K,and Muntschick,J.2014.Regional Powers as Leaders or Rambos The Ambivalent Behaviour of Brazil and South Africa in Regional Economic Integration.*Journal of Common Market Studies*,52(4):879–895.

Levi–Faur,D.2005.The Global Diffusion of Regulatory Capitalism.*Annals of the American Academy of Political and Social Science*,598:12–32.

Levi–Faur,D.2006.A Question of Size? A Heuristics for Stepwise Comparative Research Design.In:H. Grimm and B.Rihoux(eds.),*Innovative Comparative Methods for Policy Analysis:Beyond the Quantitative–Qualitative Divide*.New York:Springer,43–66.

Mansfield,E.D.and Milner,H.V.1997.*The Political Economy of Regionalism*.New York:Columbia University Press.

Mansfield,E.D.and Milner,H.V.1999.The New Wave of Regionalism.*International Organization*,53(3):589–627.

Mansfield,E.D.and Milner,H.V.2012.*Votes,Vetoes,and the Political Economy of International Trade Agreements*.Princeton,NJ:Princeton University Press.

Mansfield,E.D,Milner,H.V,and Rosendorff,B.P.2000.Free to Trade:Democracies,Autocracies,and International Trade.*American Political Science Review*,94(2):305–321.

Mansfield,E.D.and Pevehouse,J.C.2006.Democratization and International Organizations.*International Organization*,60(1):137–167.

Marks,G,Lenz,T,and Ceka,B.2013.Discovering Cooperation:A Constructivist Theory of Regional Organization.Paper Presented at International Studies Association,Annual Conference.San Francisco.

Mattli,W.1999a.Explaining Regional Integration Outcomes.*Journal of European Public Policy*,6(1):1–27.

Mattli,W.1999b.*The Logic of Regional Integration*.Cambridge:Cambridge University Press.

Mehler,A.and Hoffmann,B.2011.Area Studies.In:B.Badie,D.Berg–Schlosser,and L.Morlino(eds.),*International Encyclopedia of Political Science*.Vol.1.London:Sage,86–89.

Meyer,J.W,Kamens,D.H,Benavot,A,Cha,Y.–K,and Wong,S.–Y.1992.School Knowledge for the *Masses:World Models and National Primary Curricular Categories*.London:Falmer Press.

Meyer,J.W.and Rowan,B.1977.Institutionalized Organizations:Formal Structures as Myth and Ceremony.*American Journal of Sociology*,83(2):340–363.

Milward,A.S.1992.*The European Rescue of the Nation–State*.Berkeley,CA:University of California Press.

Morales,I.2002.The Governance of Global Issues through Regionalism:NAFTA as an Interface between Multilateral and North–South Policies.*Journal of Social Science*,55(1):27–55.

Moravcsik, A.1998.*The Choice for Europe: Social Purpose and State Power from Rome to Maastricht*. Ithaca, NY: Cornell University Press.

Moravcsik, A.2000.The Origins of Human Rights Regimes: Democratic Delegation in Postwar Europe. *International Organization*, 54(2): 217–252.

Moravcsik, A.and Vachudova, M.A.2003.National Interests, State Power, and EU Enlargement.*East European Politics and Societies*, 17(1): 42–57.

Musila, J.2005.The Intensity of Trade Creation and Trade Diversion in COMESA, ECCAS and ECOWAS: A Comparative Analysis.*Journal of African Economies*, 14(1): 117–141.

Nesadurai, H.E.S.2008.The Association of Southeast Asian Nations (ASEAN).*New Political Economy*, 13(2): 225–239.

Nesadurai, H.E.S.2009.ASEAN and Regional Governance after the Cold War: From Regional Order to Regional Community.*The Pacific Review*, 22(1): 91–118.

Oelsner, A.2004.Consensus and Governance in Mercosur: Evolution of the South American Security Agenda.*Security Agenda*, 40(2): 191–221.

Okolo, J.E.1985.Integrative and Cooperative Regionalism: The Economic Community of West African States.*International Organization*, 39(1): 121–153.

Panke, D.and Stapel, S.2015.Accounting for Variation in Overlapping Regionalism: Domestic Legitimacy and the Institutional Design of Regional Organizations.Paper presented at the International Studies Association Annual Meeting, New Orleans, February 18–22.

Pevehouse, J.C.2005.*Democracy from Above: Regional Organizations and Democratization*.Cambridge: Cambridge University Press.

Polillo, S.and Guillén, M.F.2005.Globalization Pressures and the State: The Worldwide Spread of Central Bank Independence.*American Journal of Sociology*, 110(6): 1764–1802.

Preusse, H.G.2004.*The New American Regionalism*.Cheltenham: Edward Elgar.

Przeworski, A.and Teune, H.1970.*The Logic of Comparative Social Inquiry*.New York: Wiley –Interscience.

Ribeiro Hoffmann, A.and van der Vleuten, A.(eds.)2007.*Closing or Widening the Gap? Legitimacy and Democracy in Regional Integration Organizations*.Aldershot: Ashgate.

Risse, T.2010.*A Community of Europeans Transnational Identities and Public Spheres*.Ithaca, NY: Cornell University Press.

Risse, T. (ed.)2011.*Governance without a State? Policies and Politics in Areas of Limited Statehood*. New York: Columbia University Press.

Ruggie, J.G.1997.The Past as Prologue? Interests, Identity, and American Foreign Policy.*International Security*, 21(4): 89–125.

Russett, B.and Oneal, J.R.2001.*Triangulating Peace: Democracy, Interdependence, and International Organizations*.New York and London: W.W.Norton.

Russett, B, Oneal, J.R, and Davis, D.R.1998.The Third Leg of the Kantian Tripod for Peace: Organiza–

tions and Militarized Disputes, 1950–85. *International Organization*, 52(3): 441–467.

Schirm, S.A. 2002. *Globalization and the New Regionalism: Global Markets, Domestic Politics, and Regional Co-operation*. Cambridge: Polity Press.

Schulz, M, Söderbaum, F, and Öjendal, J. 2001. Key Issues in the New Regionalism: Comparisons from Asia, Africa, and the Middle East. In: B. Hettne, A. Inotai, and O. Sunkel (eds.), *Comparing Regionalisms: Implications for Global Development*. Basingstoke: Palgrave Macmillan, 234–276.

Söderbaum, F. 2004. *The Political Economy of Regionalism: The Case of Southern Africa*. Basingstoke: Palgrave Macmillan.

Söderbaum, F. 2012. Formal and Informal Regionalism. In: T.M. Shaw, J.A. Grant, and S. Cornelissen (eds.), *The Ashgate Research Companion to Regionalisms*. Farnham: Ashgate, 51–67.

Solingen, E. 1998. *Regional Orders at Century's Dawn: Global and Domestic Influences on Grand Strategy*. Princeton, NJ: Princeton University Press.

Stein, A.A. 1983. Coordination and Collaboration: Regimes in an Anarchic World. In: S.D. Krasner (ed.), *International Regimes*. Ithaca, NY: Cornell University Press, 115–140.

Stone Sweet, A. and Caporaso, J.A. 1998. From Free Trade to Supranational Polity: The European Court and Integration. In: A. Stone Sweet and W. Sandholtz (eds.), *European Integration and Supranational Governance*. Oxford: Oxford University Press, 92–133.

Thomas, G.M, Meyer, J.W, Ramirez, F, and Boli, J. (eds.) 1987. *Institutional Structure: Constituting State, Society, and the Individual*. Newbury Park, CA: Sage.

Tussie, D. 2009. Latin America: Contrasting Motivations for Regional Projects. *Review of International Studies*, 35(S1): 169–188.

van der Vleuten, A. and Hulse, M. 2015. Agent Run Amuck: The SADC Tribunal and Governance Transfer Rollback. In: T.A. Börzel and V. Van Hüllen (eds.), *Governance Transfer by Regional Organizations: Patching Together a Global Script*. Basingstoke: Palgrave Macmillan, 84–104.

Van Hüllen, V. and Börzel, T.A. 2015. Why Being Democratic Is Just Not Enough: The EU's Governance Transfer. In: T.A. Börzel and V. Van Hüllen (eds.), *Governance Transfer by Regional Organizations: Patching Together a Global Script*. Basingstoke: Palgrave Macmillan, 227–244.

Viner, J. 1950. *The Customs Union Issue*. New York: Carnegie Endowment for International Peace.

Weintraub, S. (ed.) 2004. *NAFTA's Impact on North America*. Washington, DC: Center for Strategic and International Studies.

Yarbrough, B.V. and Yarbrough, R.M. 1992. *Cooperation and Governance in International Trade: The Strategic Organizational Approach*. Princeton, NJ: Princeton University Press.

人名索引（以下页码为英文原书页码，即本书边码。）

Abdallah, A.阿卜杜拉 253
Acharya, A.阿查亚 30,32,96,235,305,309,312,561,562,564,585,607,631,636,640
Adams, M.亚当斯 420
Adler, E.阿德勒 561
Aghion, P.阿吉翁 334
Alter, K.J.阿尔特 98,525,541,545,546,636
Ambrosio, T.安布罗西奥 501
Antras, P.安特拉斯 334
Arnold, C.阿诺德 519
Aspinwall, M.阿斯平沃尔 144
Axline, A.阿克林 24,116,118
Aydin, M.艾丁 205
Azoury, N.阿祖里 252

Baccini, L.巴奇尼 94,95,97,337
Bach, D.巴赫 281
Baert, F.巴尔特 411,607,611
Bagwell, K.巴格韦尔 334
Baldwin, R.E.鲍德温 67
Baltagi, B.H.巴尔塔吉 334
Barnard, C.巴纳德 418
Barnett, M.巴尼特 78,261,262,308,561,566,571
Barsoom, P.N.巴尔苏姆 331
Basch, F.巴施 498
Bayoumi, T.巴尤米 360
Bechle, K.贝希勒 591
Beckfield, J.贝克菲尔德 192
Betts, A.贝茨 468
Bhagwati, J.巴格瓦蒂 67
Binder, L.宾德尔 22
Bøås, M.博厄斯 28
Bolivar, S.玻利瓦尔 19,155
Börzel, T.博泽尔 73,297,472,487–488,491,519
Brewer, S.布鲁尔 498
Bruszt, L.布鲁斯特 101,380
Buergenthal, T.比尔根塔尔 492
Busch, P.–O.布施 332
Büthe, T.比特 334
Buzan, B.布赞 30

Buzdugan,S.R.布兹杜冈 282

Cammack,P.坎马克 610
Camroux,D.卡姆罗克斯 604
Cantori,L.J.坎托利 23
Caporaso,J.A.卡帕拉索 22
Cavallaro,J.卡瓦拉罗 498
Chase,K.A.蔡斯 325
Chauffour,J.-P.肖富尔 330
Chavez,H.查韦斯 364
Cheneval,F.谢纳瓦尔 583
Christou,G.克里斯图 298
Clapham,C.克拉彭 278
Clinton,B.克林顿 138
Cohen,B.J.科恩 357

Danner,A.丹纳 549
Davies,M.戴维斯 495
de Gaulle,C.戴高乐 21-2,184
de Waal,A.德瓦尔 566
Deacon,B.迪肯 413,415
Deakin,S.迪金 418
Desai,R.德赛 363,364
Deutsch,K.多伊奇 22,121,182,560-1
Doidge,M.道伊奇 604
Domínguez,R.多明格斯 525,610
Donno,D.唐诺 498
Downs,G.W.唐斯 331
Dri,C.F.德里 591
Duina,F.迪纳 88,338,521
Dür,A.迪尔 94,337,541

Ebo,A.埃博 311
Egger,P.埃格 334
Eichengreen,B.艾肯格林 364
Elbow,G.埃尔博 563
Elsig,M.埃尔希格 337
Engel,U.恩格尔 277
Estevadeordal,A.埃斯特瓦迪奥达尔 330

Farrell,H.法雷尔 493
Favell,A.费弗尔 571-2
Fawcett,L.福西特 16
Finnemore,M.芬尼莫尔 571
Fligstein,N.弗利格斯坦 570,574
Flynn,G.弗林 493
Frankel,J.弗兰克尔 359

Gaddafi,M.卡扎菲 274
Gathii,J.T.加蒂 546
Geddes,A.格迪斯 473
Gilbert,E.吉尔伯特 137
Gilligan,M.J.吉利根 325
Gilpin,R.吉尔平 361
Goertz,G.格尔茨 524
Golub,S.S.戈吕布 281
Goodman,R.古德曼 497
Gordon,T.E.戈登 251
Gowa,J.戈瓦 327,524
Greenhill,B.格林希尔 497
Greer,S.格里尔 499
Grieco,J.M.格里科 518
Grossman,G.M.格罗斯曼 325

Haas,E.哈斯 21,22,23,115–116,182,635
Habermas,J.哈贝马斯 604
Hafner–Burton,E.M.哈夫纳–伯顿 334,496,497,638
Haftel,Y.Z.哈夫特尔 304,548,638
Haggard,S.哈格德 232
Hancock,K.J.汉考克 209,212,281
Hänggi,H.亨吉 122,600,601
Hardacre,A.哈达克雷 603,604,607
Harmsen,R.哈尔姆森 501
Hartmann,C.哈特曼 282,305,313,490,494
Hathaway,O.哈撒韦 486
Hausmann,R.豪斯曼 364
Hawkins,D.霍金斯 493,497,498,520
Helfer,L.R.黑尔费尔 499,501,525,546
Helleiner,E.赫莱纳 364
Helpman,E.埃尔普曼 325,334
Hemmer,C.亨默 562,634
Henning,C.R.亨宁 360
Hentz,J.J.亨茨 280
Herbst,J.赫布斯特 281
Hettne,B.赫特内 29,92,611
Hicks,R.希克斯 334,335
Higgott,R.希戈特 116
Hillebrecht,C.希勒布雷希特 498
Hinnebusch,R.欣内布施 262
Hobolt,S.B.霍博尔特 594
Hoffmann,S.霍夫曼 22
Holland,M.霍兰 606
Hooghe,L.霍夫 636
Horn,H.霍恩 337
Hugo,V.雨果 18
Hussein,S.侯赛因 256
Hyde,S.海德 498

Ibreck,R.伊布莱克 566
Igué,J.伊古埃 281
Iheduru,O.C.伊赫杜鲁 284
Isaac,S.K.艾萨在 610

Jacoby,W.雅各比 498
Jetschke,A.耶茨奇克 73,606
Jinks,D.因克斯 497
Jo,H.乔 549
Johnston,A.I.江忆恩 305,564,574
Jupille J.朱皮耶 93,94

Kang,A.康 420
Kant,I.康德 18
Katada,S.N.片田 360
Katzenstein,P.卡赞斯坦 30,91–2,231,520,562,634
Keddie,N.凯迪 251
Kelley,J.凯利 496,498,568
Keohane,R.O.基欧汉 305,306
Kim,S.金 334,335,338
Kindleberger,C.P.金德尔伯格 361
King Faisal of Iraq, 伊拉克国王费萨尔 253
Kirchner,E.J.基什内尔 158
Kirshner,J.柯什纳 364
Kleine,M.克莱恩 518,640
Klingler–Vidra,R.克林勒–维德拉 88

Kohler-Koch, B.科勒-科赫 118
Kono, D.Y.科诺 335
Koremenos, B.科雷梅诺斯 333
Krapohl, S.克拉波尔 549
Krugman, P.克鲁格曼 67
Kucik, J.库奇克 333
Kurmanalieva, E.库尔玛娜里耶娃 212
Kuroda, H.黑田东彦 390
Kuznetsov, A.库兹涅佐夫 212

Lane, T.R.莱恩 212
Legrenzi, M.莱格伦齐 262
Leininger, J.莱宁格尔 495
Lenz, T. 伦茨 73,88,98,99,282,305,591,606,628
Leuffen, D.洛伊芬 183,188
Levy, P.I.利维 334
Lewis, A.刘易斯(阿瑟·刘易斯)24
Lewis, M.刘易斯(迈克尔·刘易斯)364
Libman, A.利布曼 501
Lim? o, N.利芒 334
Lorenz, U.洛伦茨 610
Lukashenko, A.卢卡申科 210
Lupu, Y.卢普 499

McDermott, G.A.麦克德莫特 380
McNamara, K.R.麦克纳马拉 362
Macovei, M.C.马科维 415
Madeira, M.A.马德里亚 418
Mahan, A.T.马汉 251
Majone, G.马约内 583
Malamud, A.马拉默德 520,524,592
Manea, M.-G.马尼亚 100
Manger, M.S.曼格 67,338
Mansfield, E.D.曼斯菲尔德 92,93,304,326,327,334,337,494-5,497,520
Manuel, T.曼纽尔 419
March, J.G.马奇 587
Marchand, M.马昌德 28,419
Marks, G.马克斯 305,521,628,636
Martin, L.马丁 549,551
Mattli, W.马特利 92,325,525
Maur, J.C.莫尔 330
Mavroidis, P.C.马夫罗迪斯 337
Mayntz, R.迈因茨 53
Mbaye, A.A.姆巴耶 281
Mbeki,姆贝基 277,309
Meunier, S.默尼耶 527
Meyers, D.B.迈耶斯 524
Milner, H.V.米尔纳 92,93,232,325,326,327,333,334,335
Milward, A.米尔沃德 47,118,631
Mitrany, D.米特兰尼 21
Mittelman, J.H.米特尔曼 25
Mktrchyan, A.姆克特尔奇扬 209
Monnet, J.让·莫内 21
Moravcsik, A.莫劳夫奇克 118,185,186,494,549
Mundell, R.蒙代尔 362
Museveni, Y.穆塞韦尼 283
Myrdal, G.缪尔达尔 24

Najera, C.纳赫拉 112
Namgung, H.南宫 549

Narine,S.纳林 589
Nasser,G.A.纳赛尔 73,254,262
Neuman,G.纽曼 498
Neumann,I.B.诺伊曼 28
Neyer,J.奈尔 583
Nkrumah,K.恩克鲁玛 273
Nye,J.奈 22,23,114,115,182,524

Obama,B.奥巴马 141
Obasanjo,O.奥巴桑乔 309
O'Brien,R.奥布赖恩 418
Obydenkova,A.奥贝坚科娃 501
Ogura,M.小仓 360
Olsen,J.P.奥尔森 587

Palestini,S.帕莱斯蒂尼 101
Panikkar,K.M.潘尼迦 113
Parsons,C.帕森斯 521
Payne,A.佩恩 377
Peres,S.西蒙·佩雷斯 256,260
Perez,P.佩雷斯 112
Pevehouse,J.佩韦豪斯 93,334,337,494–5,497,638
Pfaffermayr,M.普法费尔梅尔 334
Phillips,N.菲利普斯 377
Pickup,M.A.皮卡普 67
Pierson,P.皮尔逊 520
Ponjaert,F.波尼亚尔特 92,611
Poroshenko,P.波罗申科 204
Porto,J.G.波尔托 277
Posner,E.波斯纳 498
Powers,K.鲍尔斯 524
Prebisch,R.普雷维什 24,94,157,377
Prieto,G.普列托 563
Puchala,D.普查拉 22
Putin,V.普京 182,204,215,364
Putnam,T.帕特南 604

Reinalda,B.雷纳尔达 584
Ribeiro Hoffmann,A.里贝罗·霍夫曼 607,610
Rickard,S.理查德 335
Riggirozzi,P.里吉罗齐 418
Risse,T.里塞 73,568,569,636
Rittberger,B.里特贝格尔 519
Robinson,M.鲁滨逊 493
Robles,A.C.Jr.罗布尔斯 604
Rocabert,J.罗卡贝特 591
Rocke,D.M.罗克 331
Roloff,R.罗洛夫 122
Rose,R.罗斯 359
Rosendorff,B.P.罗森多夫 333,335
Rossi,E.罗西 21
Rüland,J.吕兰 122,591,601,604,607
Russett,B.M.拉西特 638

Said,E.萨义德 179
Salamé,G.萨拉马 251
Santa-Cruz,A.圣克鲁斯 493
Sapir,A.萨皮尔 337
Scaramagli,T.斯卡拉马利 611
Scharpf,F.W.沙尔普夫 53,581,595
Schimmelfennig,F.席梅尔芬尼希 497,583
Schleifer,P.施莱费尔 88

Schmitter,P.C.施米特 188
Scott,J.W.斯科特 138
Sedelmeier,U.塞德尔迈尔 419,496
Shannon,M.香农 310
Shaw,C.肖 493
Shaw,T.M.肖(蒂莫西·肖)28
Silva,L.da,席尔瓦(卢拉·达·席尔瓦)158
Simmons,B.西蒙斯 500,549
Singer,D.辛格 359
Slaughter,A.-M.斯劳特 499
Sloan,J.W.斯隆 377
Smith,M.史密斯 332,541,548,549,603,604,607
Snijders,T.A.B.斯尼德斯 67
Söderbaum,F.索德鲍姆 278,279,281,302,526,603,611
Solingen,E.索林根 47,76,78,262,304,308,566
Solis,M.索利斯 94
Soulé,B.苏莱 281
Spiegel,S.L.斯皮格尔 23
Spinelli,A.斯皮内利 21
Staiger,R.W.施泰格 334
Stapel,S.斯塔佩尔 100,488
Sterzhneva,M.斯捷尔什涅娃 212
Stoeckel,F.斯托克尔 569 - 70
Stone Sweet,A.斯通·斯威特 489,547-548
Strang,D.斯特朗 88
Strange,S.斯特兰奇 605
Striebinger,K.斯特里宾格 282,490,494
Suominen,K.索米宁 330

Tallberg,J.塔尔贝里 549
Taylor,I.泰勒 279
Teh,R.泰赫 330
Tripp,C.特里普 263,264
Tussie,D.图西 563

Vaitsos,C.瓦伊措斯 116
van der Vleuten,A.范·德尔·弗伦丁 607,610
Van Hüllen,V.范·许伦 263,487,491,519
Van Langenhove,L.范·朗恩霍弗 603
Vandenberg,A.范登堡 113
Vinokurov,E.维诺库罗夫 212
Voeten,E.弗滕 499
Vreeland,J.R.弗里兰 363,364

Wæver,O.韦弗尔 30
Wallander,C.瓦兰德 305,306
Watanabe,S.渡边 360
Weber,M.韦伯 580,581
Weinthal,E.魏因索尔 433
Wendt,A.温特 120 - 1
Williams,G.威廉姆斯 565
Wilson,I.威尔逊 569
Wunderlich,U.文德利希 527

Yanukovych,V.亚努科维奇 204
Yoo,J.柳 498

Zartman,I.W.扎特曼 117

主题索引（以下页码为英文原书页码，即本书边码。）

（凡属图表中出现的主题词，会在页码后标注 t 或 f。）

Abu Dhabi Dialogue，阿布扎比对话　479t

acculturation，文化适应　493，497

Acid Deposition Monitoring Network in East Asia（EANET），东亚酸沉降监测网（EANET）436，449t

acid rain，酸雨 see environmental pollution　参见“环境污染”

Action Network on Small Arms，小型武器行动网络　308

Addis Ababa，亚的斯亚贝巴　566

adjudication of disputes，争端裁决 235，408t，538–42，546–9，551–3，627t，see also dispute settlement systems；regional courts；regional dispute settlement 又见 “争端解决体制”；“地区法院”；“地区争端解决”

Africa，非洲　51，112，114，117，123，561–3，594

  construction of regions，地区构建　273–6

  regional organizations，地区组织　526

    influencing identity，影响……认同　565–6

Africa，Caribbean，and Pacific countries（ACP），非加太（ACP）　606

African Commission on Human and People's Rights，非洲人权和民族权利委员会　490

African Court on Human and People's Rights，非洲人权和民族权利法院　490

African Development Bank（AfDB），非洲开发银行（AfDB）　377，391t

African Economic Community，非洲经济共同体　275

African Energy Commission（AFREC），非洲能源委员会（AFREC）　379，392t

African Monetary Fund（AMF），非洲货币基金（AMF）　366t

African Peace and Security Architecture（APSA），非洲和平与安全架构（APSA）272，277，279，284，286，309

African Peer Review Mechanism，非洲相互审查机制　277–8

African regionalism，非洲地区主义　19

democracy and governance,民主与治理 285
drivers of,动因 273-9
institutional design,制度设计 280-2
legitimation behavior in,合法化行为 590-1
outward-looking focus of political elites' legitimation behavior, 政治精英合法化行为的外向关注 590
peace and security,和平与安全 284-5
post-colonial context,后殖民背景 25
sovereignty-boosting,加强主权 278
trade and development,贸易与发展 283-4
African Renaissance,"非洲复兴" 271,277,309
African Security Sector Network,非洲安全部门网络 308
African Strategic and Peace Research Group,非洲战略与和平研究会 308
African Union (AU),非洲联盟(AU)19,52,92,274-7,279,282,284,287t,590,615t,623, see also Organization of African Unity (OAU) 又见"非洲统一组织(OAU)"
development governance,发展治理 379
human rights,人权 490,495,502t
humanitarian interventions,人道主义干预 123
institutional design,制度设计 515t,516,523
migration governance,移民治理 469,477t
monetary governance,货币治理 364,366t
regional identity,地区(身份)认同 562-3,565
security governance,安全治理 301,302,304,306,309,311,313-14,315t
social and gender governance,社会性别治理 416,422t
Social Policy Framework for Africa,非洲社会政策框架 411
African Union Support to Ebola Outbreak in West Africa (ASEOWA),非洲联盟支持西部非洲埃博拉疫情联合会(ASEOWA) 302
Aid for Trade programs,贸易援助项目 383
Almaty Process,阿拉木图进程 479t
American Declaration on the Rights and Duties of Man (1948),《美洲人权利和义务宣言》(1948)489
Andean Community (CAN), 安第斯共同体(CAN)98,162,164-5,170t,315t,411,477t,

490,503t,540,563
institutional design,and EU norm diffusion,制度设计,与欧盟规范扩散 606
MERCOSUR and,relations between,与南共市的关系 602
Andean Community Court of Justice,安共体法院 162
Andean Development Bank (CAF) (now,Latin American Development Bank),安第斯开发银行(CAF)(今拉美开发银行) 379,390,394t
Andean Group,安第斯集团 156,164
Andean Pact (1969),安第斯条约组织(1969) 24,162,168t
Andean Tribunal of Justice,安第斯法庭 98,546,552
anthropology,regional identity and community,人类学,地区认同与共同体 571-2
Arab Charter on Human Rights,《阿拉伯人权宪章》 263-4,416,491
Arab Cold War,"阿拉伯冷战" 83,254,257,261,268-70
Arab Common Market,阿拉伯共同市场 71
Arab Cooperation Council(ACC),阿拉伯合作理事会(ACC) 256,261,267t
Arab Fund for Economic and Social Development,阿拉伯经济和社会发展基金 255
Arab League,阿盟 49,73,78,113-14,123,249,253-9,261-5,308,312,491,566
Arab Maghreb Union (AMU),阿拉伯马格里布联盟(AMU) 256,259,267t
Arab nationalism,阿拉伯民族主义 252,261,263
Arab Organization for Human Rights,阿拉伯人权组织 264
Arab Peace Initiative,阿拉伯和平倡议 264
Arab Spring,"阿拉伯之春" 312
Arab uprisings,阿拉伯动乱 257
Arab-Iranian conflict,阿拉伯国家与伊朗的地区冲突 71
Arab-Israeli conflict,阿以冲突 71,256,264
arbitration,仲裁 540,see also legitimacy 又见"合法性"
Arctic Council,北极理事会 451t
area studies,区域研究 5,11,621
Argentina,阿根廷 79,97
entrenched inward-looking,维持内向型(战略) 71
LAFTA,拉美自由贸易协会 24
Arizona,亚利桑那州 138
Arizona-Mexico Commission,亚利桑那-墨西哥委员会 135,148t

ASEAN, see Association of Southeast Asian Nations 东盟，又见“东南亚国家联盟”
ASEAN Agreement on Transboundary Haze Pollution，东盟跨境烟霾污染协议 241t
ASEAN Charter，《东盟宪章》 97，234
ASEAN Civil Society Conference，东盟公民社会大会 415
ASEAN Commission for the Promotion and Protection of the Rights of Women and Children (ACWC)，东盟促进和保护妇女儿童权利委员会(ACWC) 491
ASEAN Committee of Permanent Representatives，东盟常设代表委员会 97
ASEAN Economic Community (AEC)，东盟经济共同体(AEC) 123，234，286，336
ASEAN Human Rights Declaration，《东盟人权宣言》 491
ASEAN Infrastructure Fund，东盟基础设施基金 397t
ASEAN Intergovernmental Commission on Human Rights (AICHR)，东盟政府间人权委员会(AICHR) 240t
ASEAN Macroeconomic Research Office (AMRO)，东盟宏观经济研究办公室(AMRO) 235
ASEAN+3，东盟与中日韩(“10+3”)79，96，228–30，236，364，390，602t，626t
ASEAN+3 Macroeconomic Research Office (AMRO)，东盟与中日韩(“10+3”)宏观经济研究办公室 241t
ASEAN Regional Forum (ARF)，东盟地区论坛(ARF)74–5，78，101，229，236，240t，307，312，562，564–5
ASEAN Secretariat，东盟秘书处 412
ASEAN way，东盟方式 50，74，96，309，437，516–17，589
ASEAN-6，东盟创始六国 231f，390，437，589
Asia，亚洲 25，46，97，112–14，117，123，141，541，561，594
- challenge of integration in，一体化挑战 238
- ideal currency area，理想货币区 360
- peace and security，和平与安全 638
- region，地区 226–7
- security concerns，安全关注 119

Asian regionalism，亚洲地区主义 225
ASEAN, see Association of Southeast Asian Nations 东盟，见“东南亚国家联盟”
- evolution，历史演进 227–33
- institutional design and its effects，制度设计及其影响 233–7
- soft regionalism，软地区主义 238

Asia-Africa Conference in Bandung in 1955,1955 年万隆亚非会议 114,117
Asia-Europe Meeting Process (ASEM),亚欧会议进程(ASEM) 93,97,241t,604
Asia-Pacific Economic Cooperation(APEC),亚太经合组织(APEC) 46,74-5,78,96,123,136,227,240t,312
Asia-Pacific Forum of National Human Rights Institutions (APF),亚太国家人权机构论坛(APF) 240
Asia-Pacific Network for Global Change Research (APN),亚太全球变化研究网络(APN) 240t
Asian Currency Union,亚洲货币联盟 390
Asian Development Bank (ADB),亚洲开发银行 (ADB)239t,377-8,382,390,396t
Asian financial crisis (AFC),亚洲金融危机(AFC) 230,232-3,363,605
Asian Free Trade Area,亚洲自由贸易区 50
Asian Infrastructure Investment Bank,亚洲基础设施投资银行(AIIB) 382
Asian Monetary Union,亚洲货币联盟 364
Asian Relations Conferences of 1947 and 1949,1947 年和 1949 年的亚洲国家关系会议 114,364
Association of Caribbean States (ACS),加勒比国家协会(ACS) 169t
Association of Southeast Asia (ASA),东南亚联盟(ASA) 229
Association of Southeast Asian Nations (ASEAN),东南亚国家联盟(ASEAN) 5,8,25-6,41,45-6,50,52,54,74,93,96,111,118,227,229,233-4,238-9,239t,311-12,316t,352,360,367t,390,412,414,423t,437,448t,457,478t,491,495,503t,516-17,521,523-4,561-2,564,585,636-7
AIPA,东盟立法实体(AIPA) 591-2
  confidence-building measures (CBMs),建立信任措施(CBMs) 101
  deep integration,深层一体化 332
  delegation/pooling of authority,权威的委托与共享 626-7t
  democratization and,民主化与 585
  EU market regulation policies and disaster management mechanism,欧盟市场监管政策与灾害管理机制 101
  formality of institutions,制度的正式性 54-5
  HIV/AIDS norms,HIV/AIDS 规范 101
  influence of regional governance on international actorness, 地区治理对国际行为体的

影响 527
institutional design, and EU norm diffusion,制度设计,与欧盟规范扩散 606
intra-regional mobility flows,区内移民流动 473
inward-looking coalitions,内向型联盟 71
legitimacy,合法性 585,589-90
lesson-drawing and normative emulation,经验学习与规范效仿 97
migration governance,移民治理 465-6
normative emulation,规范效仿 98,100
progressive policy expansion,政策逐步扩张 625-6t
Protection and Promotion of the Rights of Migrant Workers,《保护和促进移民劳工权利宣言》 471-2
Socio-Cultural Community Blueprint,《社会-文化共同体蓝图》 412
asymmetric interdependence,不对称相互依赖 389
asymmetries of information,信息不对称 388
AU, see African Union 非盟,见"非洲联盟"
autocentric regionalism,"自我中心的地区主义" 25
autocracies,专制 210-11
autonomy, regional,地区的自主性 9,67,110-11,114,117-19,163,185
Baghdad Pact, see Central Treaty Organization (CENTO) 巴格达条约组织,见"中央条约组织(CENTO)
balance of power,均势 185,231
Bali Process,巴厘进程 466,478t
Baltic Marine Environment Protection Commission (HELCOM),波罗的海海洋环境保护委员会(赫尔辛基委员会)(HELCOM) 449t
Baltic Sea,波罗的海 434-5
Banco del Sur,"南方银行" 367t
Bangkok Treaty Nuclear-Weapon-Free-Zone,《曼谷无核武器区条约》 75
Bank for International Settlements (BIS),国际清算银行(BIS) 355
bargaining power,讨价还价权力 47,93,118,138,186,329,632
Basle Accords,《巴塞尔协议》 354
Basle Committee on Banking Supervision,巴塞尔银行监管委员会 355
Ba'th (Ba'ath) movement,复兴运动 73,254,261

bazaar networks,“市场网络” 205
Belize,伯利兹 312
Benelux Union,比荷卢联盟 194t
bilateral agreements in trade and security,双边贸易和安全协议 230
bilateral hub-and-spokes alliance structure,双边轴辐式联盟结构 304
bilateral preferential trade agreements,双边特惠贸易协定 334
bilateral swaps,双边互换 357
Black Sea,黑海 205
Black Sea Commission (BSC),黑海委员会(BSC) 450t
Black Sea Economic Cooperation (BSEC),黑海经济合作(BSEC) 504t
Black Sea Environment Program (BSEP) [aka Black Sea Commission (BSC)],黑海环境计划(BSEP)(又称“黑海委员会”) 218t
Black Sea Naval Cooperation Task Group (BlackSeaFor),黑海海军合作任务组 218t
Bolivarian Alliance for the Peoples of Our Americas(ALBA), 美洲玻利瓦尔人民联盟(ALBA) 159,161,163,166,170t,411,414
Bolivia,玻利瓦尔 165
Border Environmental Cooperation Commission(BECC),边境环境合作委员会(BECC) 395t
Brazil,巴西 45,72,79,94,97,112
LAFTA,拉美自由贸易协会 24
Brazilian National Development Bank,巴西国家开发银行 382
Bretton Woods institutions,布雷顿森林机构 277,356,363-4
BRICS countries (Brazil,Russia,India,China,South Africs),“金砖国家” 30,374
BRICS Bank,“金砖银行” 364
Brunei Darussalam-Indonesia-Malaysia-Philippines East ASEAN Growth Area (BIMP-EAGA),文莱-印尼-马来-菲律宾东盟东部增长区 397t
Budapest Process,布达佩斯进程 480t
bureaucracies,官僚制 68-9,123,272
  emerging within regional organizations,在地区组织中的兴起 277,419-20,548
Burma,see Myanmar 缅甸
Burundi,布隆迪 311
CAN,see Andean Community 安共体(CAN),见“安第斯共同体”

carbon trading scheme,碳交易计划 139,see also environmental pollution 又见“环境污染”
Caribbean,加勒比 100,279
currency,货币 356
free-trade areas,自由贸易区 279
Caribbean Basin initiative,“加勒比盆地计划” 328
Caribbean Community and Common Market (CARICOM), 加勒比共同体和共同市场(CARICOM) 156,162,165,168t,315t,423t,563
Caribbean Development Bank (CDB),加勒比开发银行 394t
Caribbean Free Trade Association (CARIFTA),加勒比自由贸易协会(CARIFTA) 168t
Caribbean regionalism, 加勒比地区主义 33,see also North American regionalism;South American regionalism 又见“北美地区主义”;“南美地区主义”
interregionalism,地区间主义 608
regional identity,地区认同 563
regional organizations,EU and,欧盟与地区组织 100
Caspian Environment Program (CEP),里海环境计划(CEP) 450t
Central African Customs and Economic Union(UDEAC),中部非洲关税经济同盟(UDEAC) 19
Central African Power Pools (CAPP),中非电力联营公司(CAPP) 392t
Central America,中美洲 160
regional organizations,peace-building,地区组织,和平建设 638
Central America Free Trade Agreement (CAFTA),中美洲自由贸易协定(CAFTA) 160
Central America Marine Transport Commission (COCATRAM), 中美洲海洋运输委员会(COCATRAM) 448t
Central American Bank for Economic Integration(CABEI), 中美洲经济一体化银行(CABEI) 379,393t
Central American Common Market(CACM),中美洲共同市场(CACM)115,156,160, 164, 167t
Central American Integration System (SICA),中美洲一体化体系(SICA) 503t
Central American System of Integration (SICA),中美洲一体化体系(SICA) 160,169t
Central Asia,中亚 45,204-5,590
Central Asian Cooperation Organization (CACO),中亚合作组织(CACO) 217t
Central Asian Regional Economic Cooperation(CAREC),中亚区域经济合作组织(CAREC)

217t
Central Asian regionalism,legitimation behavior in,中亚地区主义,合法化行为 590-1
central banks,央行 353-4,357
Central European Free Trade Agreement (CEFTA),《中欧自由贸易协定》(CEFTA) 203
Central European Free Trade Area,中欧自由贸易区 329
Central Treaty Organization (CENTO,aka the Baghdad Pact),中央条约组织(又称“巴格达条约组织”) 111,254,261,265,267t
CFA franc zone,非洲法郎区 19,281,356,360,366t
Chiang Mai Initiative (CMI),《清迈倡议》(CMI) 230,235,390,589
Chiang Mai Initiative Multilateralization(CMIM),《清迈倡议多边化》(CMIM) 235,241t,357,367t
Chile,智利 71-2,165
China,中国 45,79,118
    economic interdependence,经济相互依赖 50
    identity,(身份)认同 564-5
    inter- and transregionalism,地区间和跨地区主义 607
    Latin America and,拉美 160
China-ASEAN FTA,中国-东盟自贸区 337
CIS,see Commonwealth of Independent States 独联体,见“独立国家联合体”
CIS Economic Union,独联体经济同盟 206,216t
CIS Electoral Monitoring,独联体选举监督团 210
CIS Free Trade Area (CIS FTA),独联体自由贸易区(CIS FTA) 206,217t
CIS Payment Union,独联体支付同盟 206
civil society actors,公民社会行为体 43,144
    involvement in security programs,参与安全计划 309
    lobbying efforts on governments,游说政府工作 443
Climate Registry,气候注册组织 135,149t
closed regionalism,封闭的地区主义 158,605
CLRTAP regime,《远距离跨界大气污染公约》(CLRTAP)机制 435
Co-Prosperity Sphere,“共荣圈” 112
coalitions,联盟 68,80
coalitional profile model,联盟形象模式 75

domestic coalitions,国内联盟 47,74
internationalizing coalitions,国际化联盟 68-9,74
inward-looking coalitions,内向型联盟 68-71
ruling coalitions,统治联盟 69-70,72-3,76
strategic interaction among coalitions,各联盟之间的战略互动 79
collective action dimension,集体行动 439
collective bargaining power,集体讨价还价权力 118
collective defense,集体防御 119
collective governance,集体治理 443
collective identity,集体认同 96,232,563,569,583
ASEAN,东盟 100
and learning,与学习 561
multilateralism,多边主义 562
preexisting,566
and regional integration,与地区一体化 632
collective security,集体安全 264,311
Collective Security Treaty Organization (CSTO),集体安全条约组织(CSTO)206,317t
Colombia,哥伦比亚 312
Colombo Process,科伦坡进程 479t
colonialism,and formation of regions,殖民主义,与地区的形式 19
Commission for the Conservation of Antarctic Marine Living Resources (CCAMLR),南极海洋生物资源保护委员会(CCAMLR) 451t
Commission for Environmental Cooperation (CEC),环境合作委员会(CEC) 436
Commission Permanente del Pacifico Sur (CPPS),南太平洋国家常设委员会(CPPS) 448t
common market,共同市场 182,282-3
formation of,组建 264
Common Market for Eastern and Southern Africa (COMESA),东部和南部非洲共同市场(COMESA) 274-5,287t,422t,502t
Common Market Group,共同市场集团 462
Common Market of the South,see MERCOSUR 南方共同市场,参见“南共市”
Common Monetary Area (CMA),共同货币区(CMA) 280
Commonwealth of Independent States(CIS),独立国家联合体(CIS)203,206,209,216t,424t,

491,504t
communicative action approach,交往行动理论 604
community-building,共同体建设 119,121,187,205,307
community method,"共同体方法" 21
Community of Democratic Choice,民主选择共同体 205
Community of Latin American and Caribbean States (CELAC),拉美和加勒比国家共同体(CELAC)159,163,166,171t,503t
Comparative Political Economy (CPE),比较政治经济学(CPE) 66
comparative politics,比较政治学 5,66,184
comparative regionalism,比较地区主义 4-5,16-17,29-33,31t,621-3
  methodological challenges and future research,方法论挑战和未来研究方向 639-41
Comprehensive Economic and Trade Agreement (CETA),全面经济贸易协定(CETA) 140-1,147,149t
computable general equilibrium (CGE) models,可计算一般均衡(CGE)模型 209
Concert of Europe,"欧洲协调" 111-12
Conference of New England Governors and Eastern Canadian Premiers,新英格兰各州州长与东加拿大各省省长会议 135,148
Conference on (now Organization for) Security and Co-operation in Europe (CSCE;OSCE),欧洲安全与合作会议(今"欧洲安全与合作组织") 101,181,307,493
confidence-building measures (CBMs),建立信任措施(CBMs) 101,307,565
conflict management,冲突管理 111,264
consequentialist perspective,on political rule legitimacy,关于政治统治合法性的后果论者的观点 581
conservative regimes,保守型机制 414
constructivist approaches,建构主义方法 27-8,44,73,78,120-1,184,187-8,232,235-6,262,278,632,634
cooperation and integration,合作与一体化 48,261
  international policies-norms diffusion,国际性政策-规范扩散 73
  liberalism and,自由主义 121
  regional environmental governance,地区环境治理 444
  regional security communities,地区安全共同体 121
Contadora Group,孔塔多拉集团 163

Convention on the Protection and Use of Transboundary Watercourses and International Water (1996),1996年《跨境水道与国际湖泊保护和利用公约》 433
COSIPLAN, see Initiative for the Integration of the Regional Infrastructure in South America (IIRSA)/UNASUR-COSIPLAN 南美国家联盟的基础设施委员会("南美地区基础设施一体化倡议")
Council of the Common Market,共同市场理事会 463
Council of Europe (CoE),欧洲委员会(CoE) 109,180,190,194t,313,410,419,424t, 489, 503t
  pooling,共享 514
Council of the Great Lakes Region,五大湖委员会 135
Council for Mutual Economic Assistance (CMEA; Comecon),经济互助委员会(CMEA;经互会) 180,194t,203,328
Counter-Terrorism and Transnational Crime (CTTC),反恐与跨国犯罪工作组(CTTC) 302
coups d'état,政变 51,281
Coutenou Agreement,《科托努协定》 100
critical economy approach,批判性的经济方法 187,420
cross-border micro-level regionalism,跨境微观地区主义 43
cross-border spaces,跨境空间 147
cross-regional studies,跨地区研究 4
cultural identity and autonomy,文化认同与自主性 111
currency,货币 353-4, see also regional monetary and financial governance 又见"地区货币金融治理"
  regionally hegemonic,地区性主导货币 364
currency cooperation,货币合作 356
currency swap agreements,货币互换安排 356-7
currency unions,货币同盟 358-9,364
Customs Union (CU),"关税同盟"(CU) 162,206-10
Damascus Declaration,《大马士革宣言》 256
Darfur,达尔富尔 311
Declaration of Migration Principles and Guidelines,《关于移民原则和指导方针的宣言》 463

decolonization,去殖民化 111,117,125,180
deep economic integration,深层经济一体化 520
defensive security regionalism,防御性安全地区主义 301
delegation mechanisms,委托机制 8,233,236,514-15,636
informal institutions,非正式制度 516
democracy,民主 161,187
dispute settlement and,争端解决与(民主) 549
emergence and consolidation of,(民主)的兴起与巩固 264
democracy governance,defined,民主治理,487-8
democratic legitimacy,民主合法性 579,594
democratic proceduralism,民主程序论 581
democratic quality of states and their membership in regional organizations,link between,各国的民主质量与其在地区组织中的成员身份有关联 50
democratic republicanism,民主联邦主义 582
democratization,民主化 4,125
effect of regional organizations on,地区组织对(民主化)的影响 638-9
demoi-cratic standards,"众民共治"的标准 583
Design of Trade Agreements (DESTA) project,"贸易协定的设计"(DESTA)项目 329-30
design-data-methods issue,"设计-数据-方法"问题 565
deterritorialization,去疆界化 145
development,defining,发展,定义 375-6
Development Bank of Central African States (BDEAC),中部非洲开发银行(BDEAC) 391t
development banks,开发银行 390
emergence of regional and sub-regional,地区和次地区(发展)的兴起 382
developmental regimes,gender governance effects in,发展型机制,性别治理在其中的影响 419
developmental regionalism,发展型地区主义 118-19,237,378
developmental state,发展型国家 237
diffusion approaches,扩散方法 50,306,493,522,636,639-40
conceptualizing,概念化 88-91
direct diffusion,直接扩散 89,94,96
future research,未来研究方向 102

globalization and regionalism,全球化与地区主义 80
mobility provisions related to trade,与贸易相关的移民条款 472
parliamentary bodies,议会机构 99
political survival,政治生存 72
processes vs.outcomes,进程与后果 88-9
through enforcement,通过实施 89
through manipulating utility calculations,通过操纵功利性的算计 89-90
trade governance,贸易治理 338
diffusion mechanisms,扩散机制 89f
diffusion outcomes,扩散结果 93,99,102
types of,的类型 91
dispute settlement systems, 争端解决体制 98,515,546f,see also adjudication;regional courts;regional dispute settlement 又见“裁决”“地区法院”“地区争端解决”
alternative mechanisms,替代机制 538
compliance,遵约 551
contributing to conflict,助长冲突 552
diversification in,多样化 541
supranational courts,超国家法院 545-6
tribunals,法庭 49,235,500-1,540,542,640
weaker dispute settlement,更弱的争端解决 545
dollar,US,美国美元 364,see also currency 又见“货币”
domestic actors,国内行为体 42,90,139,237,306,380-1,384-5,388,494,497-9,547
domestic coalitions,国内联盟 47,74
domestic institutions,国内制度 388,513,520,525-6
deep PTAs and,深层 PTA 与 331-2
domestic legitimacy,国内合法性 414
domestic models of survival,国内生存模式 77
domestic politics,国内政治 99,568
institutional design,制度设计 306
domestic veto players in member states,and deep PTAs,成员国国内否决者,与深层 PTA 331
domestic welfare state,国内福利国家制度 416,417
domino theory of regionalism,地区主义的“多米诺”理论 329

Dutch disease,"荷兰病" 73

East Africa,东非 546

East African Community (EAC),东非共同体(EAC) 98,115,274,280,287t,315t,360,469,476t,502t,540

industrialization policy,工业化政策 393t

East African Court of Justice,东非法院 546

East African Development Bank (EADB),东非开发银行(EADB) 391t

East African Standby Force (EASF),东非快速反应部队(EASF) 275

East ASEAN Growth Area (BIMP-EAGA),东盟东部增长区(BIMP-EAGA) 378

East Asia,东亚 45,78,80,124,431,517

coalitional profile model,联盟形象模式 75

diffusion model,扩散模式 72

regional institutions,地区制度 74-5

ruling coalitions,统治联盟 69,72

East Asian Summit (EAS),东亚峰会(EAS) 79,229,241t,312,316t

Eastern African Community (EAC),东非共同体(EAC) 422t

Eastern African Power Pools (EAPP),东非电力联营公司(EAPP) 392t

Eastern Caribbean Common Market (ECCM) (later the Economic Affairs Secretariat of the OECS),东加勒比共同市场(ECCM)(后转型为 OECS 秘书处) 168t

Eastern Caribbean Currency Area/Union(ECCA),东加勒比货币区或联盟(ECCA) 356,367t

Eastern Europe,东欧 203

Economic Commission for Latin America,(联合国)拉美经济委员会 94,157-8

Economic Community of Central African States (ECCAS),中部非洲国家经济共同体(ECCAS) 287t

Economic Community of Latin American and Caribbean States (CELAC),拉美和加勒比国家经济共同体(CELAC) 316t

Economic Community of West African States (ECOWAS),西非国家经济共同体(ECOWAS)5,41,50,52,111,118-19,123,274-5,277,282,284,287t,303,315t,379,411,422t,457,466-9,471,476t,490,494,502t,516,524,584,590,628,636

delegation/pooling of authority,权威的委托或共享 626-7t

ECOWAS Bank for Investment and Development(EBID), 西共体投资开发银行(EBID)

392t

General Convention on Social Security (1993),1993 年《普遍社会保障公约》 472

intra-regional mobility flows,区内移民流动 474

progressive policy expansion,政策逐步扩张 625-6t

Economic Community of West African States Monitoring Group (ECOMOG),西非维和部队(ECOMOG) 302-3,306

Economic Cooperation Organization (ECO),经济合作组织(ECO) 217t

economic exchange,and geographic proximity and democracy,经济交流,地理相邻性与民主 50

economic integration,经济一体化 118-19,279

intra-regional trade and,区内贸易与 229

migration cooperation and,link between,与移民合作之间的关联 470

Third World,第三世界 115

welfare effects and,福利效应 524-5

economic interdependence,经济相互依赖 50,55,185,519-20,636

Economic and Monetary Community of Central African States (CEMAC),中部非洲经济货币共同体(CEMAC) 287t

Economic Partnership Agreements (EPAs),经济伙伴关系协定(EPA) 100,279

economic performance,improvement of,经济绩效,提高 210

economic production networks,经济上的生产网络 230

economic regionalism,经济地区主义 46,630

West vs.non-West,西方 vs.非西方 118

Economic and Social Consultative Forum,经济社会协商论坛 162

ECOWAS,see Economic Community of West African States 西共体(ECOWAS),见"西非国家经济共同体"

Ecuador,厄瓜多尔 312

Egypt,埃及 45,78

election monitoring,选举监督 100,491,493,497-8

elite identity,精英认同 561-2

elite identity talk,精英认同讲话 566-7

emergent effects,紧急效应 447

emerging regionalisms,兴起中的多种地区主义 122-4

empirical legitimacy,实证合法性 582,593

emulation,效仿 101–2

diffusion of institutional designs and,制度设计的扩散与 99

energy integration,能源一体化 379

enforcement 执行

democratic election norms,民主选举规范 498

measures post-expansion,组织扩员后的执行措施 496

standards,threat to enforcement of,对于标准的执行威胁 501

environmental pollution,环境污染 6,434–9,448–9t

acid rain,酸雨 432,435,437,444,446

carbon emissions and greenhouse gases,碳排放和温室气体排放 44,139,435

environmentalism,new political economy of,环保主义新政治经济学 447

epistemic communities,认知共同体 444

development banks and,开发银行 383

equifinality,殊途同归 574,640

Erasmus exchange program,“伊拉斯谟交流计划” 569–70

ethnic regionalization,族群地区化 146

EU,see European Union 欧盟,见“欧洲联盟”

EU–centrism,欧盟中心主义 109–10,119,193

EU Structural Funds,欧盟结构基金 381,384

EU–MERCOSUR inter–regionalism,欧盟–南共市地区间主义 93

Eurasia,欧亚 93,98

contested boundaries,有争议的边界 204–5

naming,命名 202–3

regional organizations,地区组织 209

Eurasian Development Bank (EDB),欧亚开发银行(EDB) 206,216t,399t

Eurasian Economic Community (EurAsEC),欧亚经济共同体(EurAsEC) 181,206,216t

Eurasian Economic Union (EEU) agreement,欧亚经济联盟协定 98,207,217t

Eurasian Group on Combating Money Laundering and Financing of Terrorism (EAG),欧亚反洗钱和反恐融资小组(EAG) 218t

Eurasian Monitor,“欧亚观察” 212

Eurasian regionalism,欧亚地区主义 109,206–7

drivers of,的动因 207–8
effects,影响 209–11
future research,未来研究方向 214–15
institutional design,制度设计 208–9
Eurasian regionalization,欧亚地区化 211–12
drivers of,的动因 212–13
effects,影响 213–14
institutional design,制度设计 213
euro,欧元 362,see also currency 又见“货币”
euro crisis,欧元危机 595
Euro–Mediterranean regionalism,欧洲–地中海地区主义 109
Eurocentrism,欧洲中心主义 119
Europe,欧洲 437
Christian occident and the concomitant othering of Islam, 基督教西方与其伴生着的“他者”伊斯兰 179
domestic autonomy,国内自主性 118
environmental policy–making in,环境政策制定 437
impact of regionalism on 地区主义的影响
democracy,民主 192
inequality,不平等 192
peace,和平 191–2
welfare,福利 192
institutional developments in,制度发展 124
nation–state,民族国家 20
neo–functionalism,新功能主义 17
region,地区 178–82
regional organizations,pooling,地区组织,共享 514
European Atomic Energy Community (EAEC),欧洲原子能共同体(EAEC) 20
European Bank for Reconstruction and Development (EBRD),欧洲复兴开发银行(EBRD) 381,398t
European Coal and Steel Community (ECSC),欧洲煤钢共同体(ECSC) 20,48–9,182
European Cohesion Fund (ECF),欧洲凝聚基金(ECF) 398t

European Commission, regionalization across the globe programs,欧盟委员会,促进全球地区化的专门计划 92
European Communities (EC),欧洲共同体(EC) 18,20,23,45
European Convention for the Protection of Human Rights and Fundamental Freedoms,《欧洲保护人权和基本自由公约》 489
European Court of Human Rights (ECHR),欧洲人权法院(ECHR)190,489,494,498-9,552
European Court of Justice (ECJ),欧洲法院 98,411,437,518,545,547,552
European Economic Area (EEA),欧洲经济区(EEA) 181
European Economic Community (EEC),欧洲经济共同体(EEC) 20,112,115,182-3,329,517
European Economic Community/European Community (EEC/EC),欧洲经济共同体/欧共体 489
European Economic Community/European Union (EEC/EU),欧洲经济共同体/欧盟 423t
European-Eurasian borders,欧洲与欧亚边界 188
European Exchange Rate Mechanism (ERM),欧洲汇率机制(ERM) 367t
European Free Trade Agreement,欧洲自由贸易协定 525
European Free Trade Area/Association (EFTA),欧洲自由贸易区/联盟(EFTA)181,195t,329
European governance,欧洲治理 183
European identity,欧洲认同 111,120
European integration,欧洲一体化 3,42-3,189f
transferability to other regional contexts,转用到其他地区背景中的可能性 116
European Investment Bank (EIB),欧洲投资银行(EIB) 397t
European Monetary Union,欧洲货币联盟 368t
European Neighbourhood Policy (ENP),欧洲睦邻政策(ENP) 208,257
European Parliament (EP),欧洲议会(EP) 592,594
prerogatives,特权 593
European Partnership Agreements (EPA),欧洲伙伴关系协定(EPA) 92,279
European Regional Development Fund (ERDF),欧洲地区发展基金(ERDF) 397t
European regionalism 欧洲地区主义
  development of,的发展 188-91
  development of literature,研究成果进展 182-4

drivers of,的动因 184-8
European Semester,"欧洲学期" 413,418
European Social Charter,《欧洲社会宪章》 489
European Stability Mechanism (ESM),欧洲稳定机制(ESM) 368t
European Union (EU),欧洲联盟(EU) 5,8,33,52-3,67,73,88,98,100-1,109,120,162,180,195t,317t,361,415,439,449t,479t,488,503t,525,628
active agent,积极代理者 160
common market design,共同市场设计 98
comparison with other regional orders,与其他地区秩序的比较 5
delegation/pooling of authority,权威的委托或共享 626-7t
democratic legitimacy,民主合法性 594
environmental protection,环境保护 437
forced regional cooperation,强加性地区合作 89
free movement regime,自由流动机制 461
governance mix of,治理复合体 54
indirect effects of regional institutions on identity,地区制度对认同的间接影响 568-9
influence of regional governance on international actorness, 地区治理对国际行为体身份的影响 527
institutional design of inter-and transregionalism,地区间和跨地区主义的制度设计 608
inter-regional cooperation with,地区间合作 93
inter-regionalism,地区间主义 607
internal mobility flows,内部移民流动 472-3
legitimacy,合法性 579,591-2,594
migration regime,移民机制 461
peace and security,和平与安全 523
pooling,共享 514
progressive policy expansion,政策逐步扩张 625-6t
PTAs,特惠贸易协定(PTA) 97
regulation of migration,移民管制 458
SADC and,南共体(SADC)与 469

social law,社会法律 418
supranationalism,超国家主义 95–6,461–2
system of differentiated integration,差异化的一体化体系 183–4
transregional super–region,跨地区的“超级地区” 466–70
Europeanization,“欧洲化” 183,192–3
and domestic change,与国内变革 52
Europeanized public spheres,欧洲化公共领域 568–9
Eurostars,“欧洲之星” 571
Eurozone,欧元区 190
exchange rate regimes,汇率机制 364
export growth strategies,economic regionalization and,出口增长战略,经济地区化与 160
export–oriented industries,出口导向产业部门 325
external actors,role of,外部行为体,的作用 159
external influence,外部影响 279
external legitimacy challenges,外部的合法性挑战 587
Extraordinary African Chambers,非洲特别法庭 547
FCFA zone (Africa),非洲法郎区 280
federalism,联邦主义 21,114
feminism,女权主义 419–20
Financial Action Task Force,金融行动特别工作组 355
financial crisis,and policy ideas,金融危机,和政策观念 381
financial governance, 金融治理 353–4,see also regional monetary and financial governance 又见“地区货币金融治理”
financial stability,金融稳定 359
Financial Stability Forum,金融稳定论坛 355
First International Conference of American States,第一届美洲国家国际会议 19–20
flows of capital,资本流动 43
FONPLATA fund,拉普拉塔河流域发展基金 379,394t
Food and Agriculture Organization (FAO,United Nations),(联合国)粮农组织(FAO) 431–2,434,438
forced regional cooperation,强迫性地区合作 89
foreign direct investment (FDI),外国(来)直接投资(FDI)72,210–14,230,237,304,414

formal institution-building,正式制度建设 52-3
formality and informality institutions, link between,正式和非正式制度,关联 54-5
forum shopping,择地诉讼 501
in dispute settlement,争端解决中的 332-3
Framework Agreement on Services (AFAS) (1995),1995 年签订的《服务框架协定》 465
France and the Francophone African colonies/countries,法国与法语非洲殖民地/国家 19
free movement of workers,劳工的自由流动 462
Free Trade Area of the Americas (FTAA),美洲自由贸易区(FTAA) 158,160-1,170t,379
free trade areas (FTAs),自由贸易区(FTA) 42,93-4,235
freedom of movement,流动自由 471
functional cooperation,功能性合作 238,284
functionalism,功能主义 21,114,276
Fund for the Economic Convergence of MERCOSUR (FOCEM),南共市经济融合基金(FOCEM) 382-3,395t
Fund for the Plata Basin Development (FONPLATA),拉普拉塔河流域发展基金(FONPLATA) 394t

gender governance, see regional social and gender governance,性别治理,见"地区社会性别治理"
General Agreement on Tariffs and Trade(GATT),《关税及贸易总协定》(GATT) 67, 328, 605
General Agreement on Trade in Services (GATS),《服务贸易总协定》(GATS) 458,472
general jurisdiction,普通管辖 543t
general purpose organizations,综合性组织 542,547
geographical spill-overs,地理上的"外溢" 186-7
geopolitics,地缘政治(学) 136,185
regional development governance emergence and,地区发展治理兴起与 382-3
Georgia,格鲁吉亚 205
German Zollverein,德意志关税同盟 525
Germany,德国 111
global environmental institutions,全球环境制度 432
global international organizations (IOs),全球性国际组织 99

global liberalization,全球自由化 159
Global North,全球北方 94,96,100
global production networks,and deep PTAs,全球生产网络,与深层 PTA 331
global security governance,全球安全治理 299
global social governance,全球社会治理 417
Global South,全球南方 93-6
globalization,全球化 27,45-6,144,365,630
consequences of,的后果 406
domestic politics and,国内政治与 64
regional orders and,地区秩序与 64-7,65f
Gold Standard,“金本位制” 356
good governance,善治 52,100,190,488,494-5,526
governance approaches, 治理方法 5-6,9,52-5,641,see also regional development governance;regional environmental governance;regional human rights and democracy governance;regional migration governance;regional monetary and financial governance;regional security governance;regional social and gender governance;regional trade governance 又见“地区发展治理”“地区环境治理”“地区民权治理”“地区移民治理”“地区货币金融治理”“地区安全治理”“地区社会性别治理”“地区贸易治理”
conceptions of,的概念 376
constructivist perspectives on regionalism,地区主义的建构主义视角 55
structure and process,结构与过程 53-4
gradualists,渐进论者 583
Grand National Projects,“大国家计划” 411
Great Plains Institute,大平原机构 149t
Greater East Asia Co-Prosperity Sphere,“大东亚共荣圈” 111
Greater Mekong Economic Cooperation Program (GMS), 大湄公河经济合作计划(GMS) 386
Greater Mekong Sub-Region (GMS),大湄公河次区域合作(GMS) 378,396t
Greater Syria scheme,“大叙利亚”计划 253
Group of Eastern European States (GEE),东欧国家集团(GEE) 180
Group of Rio,里约集团 169t
Group of Three,三国集团 169t

Group of Western European and Other Countries (WEOG),西欧及其他国家集团(WEOG) 180
GUAM,“古阿姆”民主与经济发展组织 205,218t
Guatemala,危地马拉 312
Gulf Cooperation Council (GCC),海湾合作理事会(GCC) 118,256-7,259,261-2,267t,302,312,317t,352,360,368t,412,424t,517
Gulf identity,海湾身份 261,265
Guyana,圭亚那 312
Hashemites,哈希姆家族 253
hegemonic regionalism,霸权地区主义 111
hegemonic stability theory,霸权稳定论 44-5,66,92,185,303,633-4
hegemons,and adjudication dispute settlement,霸权国,和争端裁决 549-50
Helsinki Commission (HELCOM),赫尔辛基委员会(HELCOM) 434
Helsinki process,赫尔辛基进程 181
Hemispheric Social Alliance,西半球社会联盟 415
hierarchical coordination,等级制协调 53
historical institutionalism,历史制度主义 520
Honduras,洪都拉斯 166,312
horizontal integration,水平一体化 189
human rights,人权 90,165-166,181,190,234,238,263,278,414,418,419,610,628,638-639
  dispute settlement,争端解决 538,539,546-547
  emergence and consolidation of,的出现和巩固 264
  and emulation,与效仿 100-101
  governance,see regional human rights and democracy governance 治理,见“地区民权治理”
  institution design,制度设计 519,526
  migration governance,移民治理 471,473
  protection and promotion of,的保护和促进 112,113,124,155
  regional identities,地区认同 566
  trade governance,贸易治理 334
  violations,侵犯 51

ideas and norms,观念与规范 17,29,112,166,632,634
constructivism,建构主义 48,55,120,235-236,309-310,520,521
diffusion,扩散 606,607,609,610,612
environmental governance,环境治理 446-447
gender governance,性别治理 416,420
human rights and democracy governance,人权与民主治理 488,491,493,498
and informal institutions,与非正式制度 7,27
institutional design,制度设计 76,90,125-126,306,526
legitimacy,合法性 547-548,585,586
migration,移民 459,469,473,474
power of,的权力 264,277
security governance,安全治理 298-299,306
import-substituting nationalism,倡导进口替代的民族主义 79
import substitution industrialization (ISI),进口替代工业化(ISI) 157
incomplete contracting,不完全契约 186
India,印度 45,118
Indian Ocean Rim Association (IORA),环印度洋国家联盟(IORA) 229
individual rights regimes,个人权利机制 413,415,418
Indo-Pacific,"印太" 227
Indonesia,印度尼西亚 45,73
Indonesia-Malaysia-Thailand Growth Triangle (IMT-GT),印尼-马来-泰国增长三角(IMT-GT) 378,397t
informal institutions,非正式制度 7,54-5,516,521
informal regionalisms, 非正式地区主义 5,7,54-55,111,136-137,144,640,see also informal institutions 又见"非正式制度"
bazaar networks,"市场网络" 205
coalitions,联盟 53
gender governance,性别治理 420
institutional design,制度设计 213
migration governance,移民治理 457
national identities,民族认同 144
new regionalism,新地区主义 119

trade governance,贸易治理 323

norms and identities,规范与认同 27

informal trade networks,非正式贸易网络 213

Initiative for ASEAN Integration (IAI),东盟一体化倡议(IAI)379,382–3,386–7,390,397t

Initiative for the Integration of the Regional Infrastructure in South America (IIRSA)/ UNASUR–COSIPLAN,南美地区基础设施一体化倡议(IIRSA) 379,382,386–8,395t

Initiative Plan–Puebla–Panama (later Mesoamerican Project (MP)),普埃布拉–巴拿马计划(后来的“中美洲计划”) 379,395t

Institute for the Integration of Latin America and the Caribbean (INTAL),拉美及加勒比一体化研究所(INTAL) 157,161

institutional convergence,制度趋同 90

institutional design,制度设计 436,see also institutions;regional institutional design 又见“制度”“地区制度设计”

influence on economic welfare,对经济福利的影响 525

stability of democratic institutions,民主制度的稳定 525–6

transatlantic regionalism,跨大西洋地区主义 141

institutionalism,制度主义 136

historical institutionalism,历史制度主义 520

neo–liberal institutionalism,新自由制度主义 45,441–2,518–20

regional environmental governance,地区环境治理 444

supranational institutions,超国家制度(机构) 117,184,186,416–17

institutions,制度 7,66,216–18,432,520,560–1,567,see also institutional design; institutionalism;regional institutional design 又见“制度设计”“制度主义”“地区制度设计”

authoritarianism and,威权主义和 639

cross–regional comparisons of,的跨地区比较 77

democracy governance and,民主治理与 487–91

domestic institutions,国内制度 331–2,388,513,520,525–6

formal institutions,正式制度 52–3

formality and informality institutions,link between, 正式和非正式制度, 之间的关联 54–5

global environmental institutions,全球环境制度 432

identity shaping institutions,认同塑造制度 561–4

informal institutions,非正式制度 7,54–5,516,521
institution–building,制度建设 5
institutions shaping identity,制度塑造认同 564–7
legitimizing through parliamentary assemblies,通过议会实现合法化 591–2
strong institutions,强制度 444
theoretical frameworks,理论框架 573–4
tiered structure,分层的结构 516
Instrument for Structural Policies for Pre–Accession (ISPA),入盟结构政策工具(ISPA) 399t
integration theories,一体化理论 114–15
regionalism outside Europe and,欧洲之外的地区主义与 114–22
inter– and transregionalism 地区间主义和跨地区主义
complex inter–regionalism,复合地区间主义 603
cooperation,合作 613–14t
defining and mapping,界定和梳理 600–2
effects of 的影响
impact on regions,对地区的影响 610
impact on the global order,对全球秩序的影响 611
emergence of,的兴起 602–3
competing or complementary,竞争或补充 606–7
EU foreign policy,欧盟对外政策 603–4
international political economy,国际政治经济学 605
international relations theories,国际关系理论 604–5
norm diffusion,规范扩散 606
inter–regionalism,地区间主义 92,122
bilateralism and,双边主义和 611
multilateralism and,多边主义和 611
research gaps,研究不足 612
Inter–American Commission on Human Rights (IACHR),美洲人权委员会(IACHR) 165,489–90
Inter–American Court of Human Rights,美洲人权法院 162,490,498
Inter–American Democratic Charter,《美洲民主宪章》 165

Inter-American Development Bank (IDB),美洲开发银行(IDB) 377,379,382-3,393t
Inter-American Treaty of Reciprocal Assistance (Rio Treaty),《美洲国家间互助条约》(里约条约) 155
Inter-American Tropical Tuna Commission (IATTC),美洲热带金枪鱼委员会(IATTC) 436
inter-Arab rivalry,阿拉伯内部(国家间的)对抗 71,265
inter-regional comparisons,地区间比较 4
inter-state bargains,国家间讨价还价 42
interest groups,利益集团 324,418
Intergovernmental Authority on Development (IGAD),政府间发展组织(IGAD) 275,287t,422t,469,476-7t,502t
Intergovernmental Commission on Human Rights,政府间人权委员会 491
Intergovernmental Consultations on Migration,Asylum and Refugees (IGC),关于移民、避难和难民问题的政府间协商(IGC) 479t
Intergovernmental Coordinating Committee of Countries of the Plata Basin (CIC),拉普拉塔河流域国家政府间协调委员会(CIC) 393t
intergovernmentalism,政府间主义 21-2,42,162,183-5,233,281-2,305,471,514
internal mobility flows,liberalization of,内部移民流动,的自由化 457-8
internal mobility regimes,内部移民机制 458
international arbitration for investment and commercial disputes,投资和商业纠纷的国际仲裁 541
International Atomic Energy Agency (IAEA),国际原子能机构(IAEA) 434
international cooperation,国际合作 10,21,44,46,48-49,185,313,352,361,514,621
International Criminal Court (ICC),国际刑事法院(ICC) 547
international criminal tribunals,国际刑事法庭 543t
international dispute,definition of,国际争端,的定义 539
international economic courts,国际经济法院 543t
international economic governance,and mega-PTAs,国际经济治理,与超大型 PTA 335
international human rights courts,国际人权法院 543t
international institutions,国际制度 440
international interdependence,国际相互依赖 186
International Labour Organization (ILO),国际劳工组织(ILO) 407,416,459,471

International Maritime Organization (IMO),国际海事组织(IMO) 434,438
International Monetary Fund (IMF),国际货币基金组织(IMF) 158,355
International Network of Basin Organizations (INBO),流域组织国际网络(INBO) 432
international order,国际秩序 74,159
International Organization for Migration (IOM),国际移民组织(IOM) 459,469
International Organization of Securities and Exchange Commissions, 国际证监会组织(IOSCO) 355
international organizations (IOs),国际组织 99,161,234,303-5,357,415,432,444-5,459,486,523,528
regional security governance and,地区安全治理和 304,see also regional organizations 又见"地区组织"
international political economy (IPE),国际政治经济学(IPE) 42,66,94,225,262
regional cooperation,connection between,与地区合作之间的关联 157
international production networks,and deep PTAs,国际生产网络,与深层 PTA 331
international relations,国际关系学 5,43-4,184
International Union of American Republics (later the Pan-American Union),美洲共和国国际同盟(后来的"泛美同盟") 20
internationalization,国际化 68,79
internationalizing coalitions,国际化联盟 68-9
institutional design,制度设计 74
intra-African trade,非洲内部贸易 283
intra-regional comparisons,地区内比较 4
intra-regional ties,区内联系 228
intra-regional trade,区内贸易 164,231f,283
investment,投资 213
inward-looking coalitions,内向型联盟 68-70
Iraq,伊拉克 45,73
Islamic Development Bank (ISDB),伊斯兰发展银行(ISDB) 396t
isomorphic entities,and legitimacy of domestic rulers,趋同的实体,与国内统治者的合法性 526
Istanbul Cooperation Initiative,伊斯坦布尔合作倡议 313
Japan,日本 45,94,111-12

economic interdependence,经济相互依赖 50
Johannesburg World Summit on Sustainable Development,约翰内斯堡可持续发展世界峰会 438
Joint Forum,联合论坛 355
Joint Public Advisory Committee,联合公众咨询委员会 436
judicialization of politics,政治的司法化 540
judicialized dispute settlement,司法化争端解决 628
Korean War,朝鲜战争 72
Kuwait-Iraq crisis,科威特-伊拉克冲突 264
labor rights,劳工权利 413
Latin America, 拉丁美洲(拉美)45,71,94,112,117,123,154-5,166,312,437,525-6,605
institutions of regional cooperation in,地区合作制度 161-3
normative emulation in,规范效仿 97
pan-Americanism,泛美主义 155
political unity,政治统一 155
post-variations on the theme,主题的变奏 158-9
region,地区 154-5
resistance to the Monroe Doctrine,对"门罗主义"的抵制 112
structuralism,结构主义 24
Latin American Association of Financial Institutions for Development (ALIDE),拉美开发融资机构协会(ALIDE) 393t
Latin American and Caribbean Summit on Integration and Development (CALC),拉美和加勒比一体化与发展峰会(CALC) 171t
Latin American Economic System (SELA),拉美经济体系(SELA) 168t
Latin American Energy Organization (OLADE),拉美能源组织(OLADE) 394t
Latin American Free Trade Area,拉美自由贸易区 115,563
Latin American Free Trade Association (LAFTA),拉美自由贸易协会(LAFTA)24,156,164,167t
Latin American Integration Association (LAIA),拉美一体化协会(LAIA) 156,168t
Latin American Parliament,拉美议会 167t
Latin American regionalism,拉美地区主义 112

deep roots of,的深层根源 19–20
drivers of,的动因 159–61
impact of,的影响 164
democracy,peace,and human rights,民主、和平与人权 165–6
economic cooperation and trade,经济合作与贸易 164
social agendas,社会议程 164–5
new regionalism,新地区主义 157–8
old regionalism,旧地区主义 156–7
Latin American Treaty of Tlatelolco,拉美《特拉特洛尔科条约》 101,165,300–1
League of Arab States (LAS),阿拉伯国家联盟(LAS) 5,8,45,75–6,78,113–14,118,123,249,253,258,267t,302,308,312,317t,412,416,424t,491,504t,566,636
delegation/pooling of authority,权威的委托或共享 626–7t
open regionalism,开放地区主义 76
progressive policy expansion,政策逐步扩张 625–6t
ruling coalitions,统治联盟 76
legitimacy 合法性
concept of,的概念 580–2
of political orders,政治秩序的 581
of regional institutions,see regional institutions,legitimacy of 地区制度的,见“地区制度,的合法性”
legitimation strategies of political actors,政治行为体的合法性策略 586–7
lesson–drawing,经验学习 90,96,102
level of analysis and logic of social action,relationship between, 分析层次与社会行动逻辑,之间的关系 43–4
liberal intergovernmentalism,自由政府间主义 42,184–6,549,630
liberalism,自由主义 232,236
liberalized intra–regional trade and regional protectionism, 区内贸易自由化与地区保护主义 24
like–mindedness of states,国家的志同道合 492–3,501
localization,本地化 99,125–6,388
logic of appropriateness,适当性逻辑 89t,90,493,587,588t
logic of expected consequences,预期结果的逻辑 89t,587,588t

Maastricht Treaty (1992),1992 年《马斯特里赫特条约》 461
macroeconomy,宏观经济 353-4
stability,稳定 79
Malaysia,马来西亚 45,73
Mano River Union (MRU),马诺河联盟(MRU) 502t
Maputo Protocol,《马普托议定书》 416
market-driven liberalization,市场驱动的自由化 75
market economies,市场经济 125
market-integration regimes,市场一体化机制 413-14
market-oriented regimes,市场导向机制 43,418
Mediation and Security Council (MSC),调解与安全理事会(MSC) 282
Mediterranean,地中海 256,431,434
pollution control,污染防治 444
Mediterranean Dialogue,地中海对话 313
Mediterranean Transit Migration (MTM) Dialogue,地中海过境移民(MTM)对话 481t
mega-preferential trade agreements (mega-PTAs),超大型 PTA 335-6,339
dynamics of diffusion in,的扩散动态 336-8
trade governance models,贸易治理模式 337
Mekong Basin Disease Surveillance (MBDS),湄公河流域疾病监测(MBDS) 241t
Mekong River Commission for Sustainable Development (MRC),湄公河可持续发展委员会(MRC) 449t
Membership Action Plan,《成员行动计划》 142
MERCOSUR,南共市(MERCOSUR) 52,71,94,96,98,111,157-8,160,162-6,169t,299,305,314,352,367t,410-11,415,423t,462-4,470-1,503t,516,519-20,523,563,566
Andean Community (CAN) and,relations between,安第斯共同体(CAN)和,之间关系 602
delegation/pooling of authority,权威的委托或共享 626-7t
institutional design,and EU norms diffusion,制度设计,与欧盟规范扩散 606
inter-state adjudication,国家间(争端)裁决 540
intra-regional mobility flows,区内移民流动 473-4
Parlasur,南共市议会 591-2
progressive policy expansion,政策逐步扩张 625-6t

Social-Labour Declaration (1998),1998 年《社会劳工宣言》 471
MexAmerica,“墨夏美利坚” 147
Mexico,墨西哥 112,136,160
LAFTA,拉美自由贸易协会 24
Middle East,中东 80,96,114,249,312
institutional design of regional organizations,地区组织的制度设计 258-9
intra-regional diffusion,地区内扩散 73
multifaceted experience of regionalization and regionalism 多面的地区化和地区主义经验 252
above and below a fragmented Arab level,分裂的阿拉伯世界之上和之下的地区主义 255-6
emerging regionalization and early regionalist visions, 新兴的地区化与早期地区主义构想 252-3
intergovernmental regionalism within an Arab concert,“阿拉伯协调” 中的政府间地区主义 254-5
new millennium of continuity and change,新千年的延续和变化 257-8
turbulent years of competing visions about (Arab) regionalism,动荡年代的竞争性(阿拉伯)地区主义构想 253-4
new Middle East,“新中东” 256,260,266
normative emulation in,规范效仿 97
region,地区 250-2
regional organizations' influence on identity,地区组织对认同的影响 566
ruling coalitions,统治联盟 70,72-3
Middle East and North Africa (MENA),中东北非(MENA),see also Middle East;Middle Eastern regionalism;North Africa 又见“中东”“中东地区主义”“北非”
Middle Eastern regionalism 中东地区主义
drivers and obstacles,驱动因素和阻碍因素 260
general international relations theories,国际关系大理论 260-2
integration theories based on the European experience,基于欧洲经验的一体化理论 260
international relations/comparative politics nexus,国际关系与比较政治的综合 262-4
limited and ambiguous effects of,有限和模糊影响 264-5

migrant workers' rights, protection and promotion of,移民劳工权利,的保护和促进 465–6
migration,移民 6,213
international law,国际法 459
international legal order fragmentation,国际(移民)法律秩序的碎片化 459
Migration Dialogue for Southern Africa (MIDSA),南部非洲移民对话(MIDSA) 476t
and EU,与欧盟 469
Migration Dialogue for West Africa (MIDWA),西非移民对话(MIDWA) 467–8,476t
ECOWAS and,西共体与 468–9
migration governance,移民治理 101
military confidence-building measures (CBMs),军事领域建立信任措施(CBMs) 101
Mitteleuropa,"欧洲心脏" 111
modern political orders,现代政治秩序 581
monetary governance,货币治理 353–4
monitoring and verification provisions of environmental treaties,环境条约中的监测和核查条款 445t
Monroe Doctrine,"门罗主义" 111,155
Morocco,摩洛哥 274
most-favored-nation (MFN),最惠国待遇(MFN) 330
Movement of Natural Persons (MNP),"自然人流动"(MNP) 465
multilateral free trade,多边自由贸易 66
multilateral trading system,多边贸易体系 338–9
multilevel governance,多层次治理 42
multinational corporations,多国公司 325
political activism of,其政治上的能动性 326
multiplexity,多元性 388
mutual recognition arrangements for professional services,针对专业性服务所做的相互承认安排 465
Myanmar,缅甸 610
NAFTA, see North American Free Trade Agreement 见"北美自由贸易协定"
NAFTA Commission for Environmental Cooperation (CEC),北美自由贸易协定(NAFTA)环境合作委员会(CEC) 448t
Nahda movement,"复兴"运动 252

narrow agreements,PTAs,PTA 中相当小范围的协议 97
Nasserite model,纳赛尔模式 73
nation-building,国家建构 24
national liberation,民族解放 111
nationalism,民族主义 4,22,117,125
suppression through economic and political integration,通过经济和政治一体化来约束 111
NATO,see North Atlantic Treaty Organization 北约,见“北大西洋公约组织”
neo-functional logic,新功能主义逻辑 304
neo-functionalism,新功能主义 17,21,23,42,46,114-15,117,182-5,331,630
neo-liberal institutionalism,新自由制度主义 45,441-2,518-20
neo-liberal Washington Consensus,新自由主义的“华盛顿共识” 158
neo-liberalism,新自由主义 144,164,377
neo-realism,新现实主义 44,78,440
New Development Bank,“新开发银行” 364
New Mexico,新墨西哥州 138
New Partnership for African Development (NEPAD),非洲发展新伙伴关系(NEPAD) 275, 277-8,379,383,392t
new regional banks,proposals for,新地区银行,倡议 363
new regionalism,新地区主义 17,25,26-9,31t,119-20,122,125,276
new regionalism approach (NRA),“新地区主义方法”(NRA) 28
New Ruble Zone,新卢布区 206
new style courts,新型法院 98
Nicaragua,尼加拉瓜 312
Nigeria,尼日利亚 19,45
Nile Basin Initiative (NBI),尼罗河流域倡议(NBI) 448t
Non-Aligned Movement,不结盟运动 227
non-governmental organizations (NGOs),非政府组织(NGO) 8,139,264,443,486,498,608
non-hierarchical coordination,非等级制协调 53-4
non-state actors,非国家行为体 5,28,44,47,433,497,640-1
governance approach,治理方法 54

limited access to social policy-making,参与社会政策制定的机会有限 416
regionalization,地区化 8
non-West,非西方 114
economic regionalism,经济地区主义 118
differences among regionalisms,各种地区主义的差别 123
West vs,西方对(非西方) 116-18
Nordic Council (NC),北极理事会(NC) 195t,503t
normative approach,规范方法 584
normative emulation,规范效仿 90,96-7,102
North Africa, 北非 249,see also Middle East;Middle Eastern regionalism 又见“中东”“中东地区主义”
regional identity,地区认同 261
North America,北美 133
North American Agreement on Environmental Cooperation (NAAEC),北美环境合作协定(NAAEC)138-9
North American Agreement on Labor Cooperation (NAALC),北美劳工合作协定(NAALC) 138-9,413-15,418,464-5
North American Development Bank (NADB),北美开发银行(NADB) 394t
North American Free Trade Agreement (NAFTA),北美自由贸易协定(NAFTA) 45-6,67,94-5,98,100,133,135,137,148t,160,169t,329,418,423t,457,525
delegation/pooling of authority,权威的委托或共享 626-7t
environmental side agreement,附属环境协定 436
institutional pooling and delegation in,制度共享与委托 137
liberalization in,自由化 465
mobility provisions within,其中的流动条款 464-5
NAFTA Treaty,NAFTA 条约 464-5
progressive policy expansion,政策逐步扩张 625-6t
social rights and labor issues within,其中的社会权利和劳工议题 464
North American Fund for Environmental Cooperation(NAFEC),北美环境合作基金(NAFEC) 394t
North American regionalism,北美地区主义 135
drivers of,的动因 135-7

effects of,的影响 138-40
future research,未来研究方向 146-7
institutional design,制度设计 137-8
North American regionalization,北美地区化 142-3
drivers of,的动因 143-4
effects of,的影响 145-6
forces promoting,推动力量 143
institutional design,制度设计 145
North Atlantic Region,北大西洋地区 140-2
North Atlantic Treaty Organization (NATO),北大西洋公约组织(NATO) 8,45,109,120,140-1,148t,190,195t,299,306-7,311,316t,562
mixed results in Afghanistan and other weak states have also come under scrutiny,在阿富汗和其他弱小国家的种种行动后果也受到详细讨论 142
multilateral nature of,的多边性质 309
Partnership for Peace,和平伙伴关系 191
North-East Asian Subregional Programme for Environmental Cooperation (NEASPEC),东北亚次区域环境合作计划(NEASPEC) 240t,435-6,449t
North Sea,北海 434-5,444
North-South Korean relations,朝鲜南北双方关系 72
Northeast Asia,formal and informal institutions,东北亚,正式和非正式制度 55
OAS,see Organization of American States OAS,见"美洲国家组织"
OAS Santiago Declaration,《美洲国家组织圣地亚哥宣言》 165
object of diffusion,扩散对象 88
official development assistance (ODA) policies,官方发展援助(ODA)政策 283,374-5,390
old regionalism,旧地区主义 17-18,20-21,31t
developing world,发展中世界 23-6
neo-functionalism,新功能主义 17
regional integration,地区一体化 20-3
open door approach to regional migration,对地区移民实行"门户开放"的做法 462
Open Economy Politics,开放经济政治学 66
Open Method of Coordination on Social Protection and Social Inclusion(Social OMC),基于

社会保护和社会融合的“开放式协调方法” 413
open regionalism,开放的地区主义 71,74-6,81,122,158-9,232,237,376-8,605
optimal currency area (OCA) theory,最佳货币区(OCA)理论 358-9
optimal embedded currency area theory,最佳嵌入性货币区理论 362
organic regional institutions,部门性地区机构 432
Organisation for Economic Co-operation and Development (OECD),经合组织(OECD) 47, 99,390,439
Organization of African Unity (OAU),非洲统一组织(OAU) 19,25,287t,304,313-314, 523-4,562,see also African Union (AU) 又见“非洲联盟(AU)”
　collective bargaining,集体谈判 118
　and construction of African regions,与非洲地区的建构 273-274,275
　identity,认同 565,566
　nationalism,民族主义 114
　non-intervention norms,不干涉规范 302,563
　peace and security,和平与安全 284
　transformation into African Union,转型成为非盟 277,306
Organization of American States(OAS),美洲国家组织(OAS) 20,114,123,155-6,163, 165,167t,419,422t,489-90,503t
　domestic institutions,国内制度 526
　and democracy,与民主 165-166
　human rights,人权 419,489-490
　modernization and reactivation of,现代化和复兴 158
　security governance,安全治理 301,303,304,308,312,315t
　social governance,社会治理 410,412,414
old regionalism,旧地区主义 156
Organization of Arab Petroleum Exporting Countries(OAPEC),阿拉伯石油输出国组织(OAPEC) 255,267t
Organization of the Black Sea Economic Cooperation (BSEC),黑海经济合作组织(BSEC) 218t
Organization of Central American States (ODECA),中美洲国家组织(ODECA) 167t
Organization of Collective Security Treaty (OCST),集体安全条约组织(OCST) 216t
Organization for Democracy and Economic Development,民主与经济发展组织 205,424t

Organization of Eastern Caribbean States（OECS），东加勒比国家组织（OECS） 169t
Organization for the Harmonization of Business Law in Africa，非洲商法协调组织 540
Organization of Islamic Cooperation（OIC；formerly Organization of the Islamic Conference），伊斯兰合作组织（OIC；前伊斯兰会议组织） 255，267t
Organization for Security and Co-operation in Europe （OSCE），欧洲安全与合作组织（OSCE） 109，180，191，196t，307，311，317t，424t，503t
organized networks of science，有组织的科学网络 445
Oslo agreement，《奥斯陆协议》 256
Oslo and Paris Commission（OSPARCOM），奥斯陆和巴黎委员会（OSPARCOM） 434，449t
overlapping diversity，交叠的多样性 110
overlapping existing laws，现有法律重叠问题 501
overlapping regionalisms，重叠交叉的地区主义 163，276
Pacific Alliance（PA），太平洋联盟（PA） 71，96，159，161，163，166，171t
Pacific Islands Development Bank，太平洋岛国开发银行 399t
Pacific Islands Forum（PIF），太平洋岛国论坛（PIF） 423t，503t
Pacific Northwest，西北太平洋 143
Pacific Northwest Economic Region，西北太平洋经济区 135–6，138，148t
Pacific Pact，“太平洋公约” 308
pan-African identity，泛非认同 565
pan-Africanism，泛非主义 20，25，111，273，276–7
pan-Americanism，泛美主义 111，155
pan-Arabism，泛阿拉伯主义 20，111
pan-Asianism，泛亚主义 20，111
pan-Europeanism，泛欧主义 20
pan-regional movements，泛区运动 20
PARLANDINO（Andean Parliament），安第斯议会 162
parliamentarization，议会化 591
parliamentary assemblies/bodies，议会/议会机构 515–16，591，594
parliaments，议会 162–3
Partido Acción Nacional，国家行动党 146
Partnership for Peace agreements，和平伙伴关系协定 307，311，313

Pax Americana,“美利坚治下的和平” 634
Pax Europaea,“欧罗巴治下的和平” 634
Peninsula Shield Forces,“半岛之盾”部队 259,312
permanent courts,常设法院 540–2,546
permanent legal bodies,常设性司法机构 540
personal connections with “femocrats,”与“女权官僚”的个人联系 420
physical/geographical proximity as driver of democratization,作为民主化动因的地域相邻性或地理相近性 495
Plan Puebla Panamá (PPP),“普埃布拉–巴拿马计划”(PPP) 381
pluralistic security communities,多元型安全共同体 182,310
plutocratic delegation,财阀(富国)代表 281
plutocratic regional agreements,财阀性地区协议 209
Poland–Hungary Assistance for Economic Reconstruction–Programme of Community Aid to the Central and Eastern Europe (PHARE),波兰–匈牙利经济重建援助计划——欧共体援助中东欧计划(PHARE) 399t
policy diffusion,see also diffusion approaches 政策扩散,又见“扩散方法”
  dispute settlement and,争端解决与 550
  regional organizations,地区组织 100–1
policy ideas,and regional development governance,政策观念,与地区发展治理 381
policy/norm adoption,政策或规范的(全面)采纳 90–1
political actors,legitimation strategies of,政治行为体,合法化战略 586–7
political cooperation,政治合作 274
political economy,政治经济 183–4,188
  preferential trade agreements,特惠贸易协定 324
political elites,and legitimacy,政治精英,与合法性 587–9
political ideology,政治意识形态 187
political liberalization and democratization processes,政治自由化与民主化进程 278
political–military relations,and deep PTAs,政治军事关系,与深层 PTA 332
political opportunity structures,政治机会结构 418
political resentment,政治怨愤 233
political science,政治科学 567–9
political survival,政治生存 78

competing models of,的竞争模式 72
politicization,政治化 573
pollution,see environmental pollution 污染,见"环境污染"
pooling,共享 8,514,628,636
sovereignty,主权 118
pooling and delegation,共享和委托 305,584,592,623
authority,权威 48–9
post–hegemonic regionalism,后霸权地区主义 160
post–liberal regionalism initiatives,后自由主义地区主义倡议 160
post–neoliberalism,后新自由主义 605
post–Soviet space,后苏联空间 203
post–World War II security governance,二战后的安全治理 304
power asymmetry 权力不对称
deep dispute settlement and,与争端解决机制深化之间 549–50
Eurasian regionalism,欧亚地区主义 207
power–based approaches,基于权力的方法 48–9,51
power politics explanations,according to realist assumptions,权力政治解释,根据现实主义的假设 306
Prague Process,布拉格进程 481t
Precautionary Principle,预警原则 443
pre–emption as driver of democratization,作为民主化动因的"提前收买" 495
preferential trade agreements (PTAs),特惠贸易协定(PTA) 41,66–7,92–6,323,338–9,496,549,623,638
deep integration and,深层一体化 330
democracies and autocracies,民主制与威权制 326–7
economic welfare,经济福利 524
human rights and,人权与 638
impacts of,的影响 334
institutional designs,制度设计 97
multilateral trading system and,多边贸易体制 334
narrow agreements,相当小范围的协议 97
notified to the World Trade Organization,向世界贸易组织报备的 340–5t

political-military tensions reduction and,减少政治军事摩擦 304
rationale for forming,组建的 324-9
preferential trade areas,特惠贸易区 42,274
presidential diplomacy,总统外交 161
presidentialism,总统制 162
preventive diplomacy,预防性外交 565
procedural legitimacy,程序合法性 581
society-centered conception of,社会中心的观念 582
state-centered conception of,国家中心的观念 582
process geography,进程地理学 121
process tracing,过程追踪 550,564,568,574,640
Program for North American Mobility in Higher Education, 北美高教移民计划 135-6,149t
Programme for Infrastructure Development in Africa （PIDA），非洲基础设施开发计划（PIDA） 393t
progressive policy expansion and delegation/pooling of authority, 政策逐步扩张和权威逐步委托或共享 625-7
Protocol on Democracy and Good Governance,《民主与善治议定书》 490
Protocol of Montevideo on Trade in Services,《蒙得维的亚服务贸易议定书》 463
public and private actors, 公私行为体,see also non-state actors in regional development governance,又见"地区发展治理中的非国家行为体" 380-1
Puebla Process,普埃布拉进程 478t
rationalist approaches,理性主义方法 27,44,630,632
cooperation and integration,合作与一体化 49-50
rationalist functionalist approaches,理性主义功能主义方法 45,48,51,548
realist approaches,现实主义方法 185,231,262
delegation as a side payment,委托作为一种边际补偿 518
realist intergovernmentalist accounts of integration, 现实主义的政府间主义对一体化的解释 185
recipient-driven diffusion mechanisms,接受者驱动的扩散机制 102
reflectivist approaches,反思主义方法 27-8
regime-boosting,加强政权 47,210-11,263,526,607,631-2

regime dynamics of member states as a decisive explaining variable,将成员国的政权变动确定为一个决定性的解释变量 282
regime similarities and authoritarianism,政权相似性和威权主义 263
regime type,政权类型 187,326
  domestic political structures and,国内政治结构与 278
region-building approach (RBA),地区建设方法(RBA) 28
regional advocacy networks,地区倡议网络 420
regional alliances formation to balance powerful states,组成地区同盟来平衡大国 45
regional autonomy,地区自主性 117-18
regional civil protection mechanism,地区性公民保护机制 44
Regional Comprehensive Economic Partnership(RCEP),《区域全面经济伙伴关系协定》(RCEP) 335-6
Regional Conference on Migration (RCM),地区移民会议(RCM) 465,472
Regional Consultation Processes(RCPs),地区移民协商进程(RCPs)101,457,459,463,465-6,468-72,474
regional cooperation,地区合作 24,159,166,see also theories of regional cooperation and integration (TRCI) 又见“地区合作与一体化理论(TRCI)”
  integration and,与一体化 47,87,124
  international political economy (IPE) and,connection between,与国际政治经济学(IPE),之间的关联 157
  migration policies,effectiveness of,对移民政策的影响 473
  model characteristics,模式特征 121
  monetary and financial governance,货币金融治理 353
  non-democracies,非民主制 210-11
regional courts,地区法院 98,see also adjudication;dispute settlement;regional dispute settlement 又见“裁决”“争端解决”“地区争端解决”
  associated with trade liberalization,有关贸易自由化的 547
  human rights jurisdiction,人权事务管辖 547
  rise in,兴起 538
regional democracy governance,see also regional human rights and democracy governance 地区民主治理,又见“地区民权治理”
  causal mechanisms and effects in,因果机制和影响 495-6

information and access,信息与获取 497-8
issue linkage and conditionality,议题联结和条件性 496
judicialization,司法化 498-9
socialization,社会化 496-7
regional development banks (RDBs),地区开发银行(RDBs) 101,375
regional development governance,地区发展治理 374-6,376f
depth of goals,目标深度 383-4
developmental programs funded externally and,distinction between,与外部资助的发展项目进行的区分 390
differing goals and means,在目标和手段上各有不同 389
drivers for the emergence of,兴起的动因
asymmetric interdependence of economies,经济不对称相互依赖 380-1
combining drivers,综合动因 382-3
critical events and policy diffusion,重大事件与政策扩散 381-2
power and security,权力与安全 382
effects of,的影响 386-9
external development aid model replication,复制外部的发展援助模式 388
historical perspective,历史回顾 375-6
classical developmental regionalism,经典发展地区主义 377
emerging regional development governance initiatives,新兴地区发展治理倡议 378-9
neo-liberal and open regionalism,新自由主义与开放的地区主义 377
institutional variation of,的制度差异
goals of regional development governance,地区发展治理的目标 383-4
means of regional development governance,地区发展治理的手段 384-6
key goal for,主要目标 378
organizations,组织 391-9
overlapping of regional organizations and,地区组织的交叠 388
scope of goals,目标的范围 383
social accountability and,社会责任性 389
variations,差异 384-5
regional dispute settlement, 地区争端解决 538-9,see also adjudication;dispute settlement;regional courts 又见"裁决""争端解决""地区法院"

challenges to theory-building,理论建构的挑战 550-1
concepts and trends,概念和趋势 539-42
drivers of legalized dispute settlement,regional,and otherwise, 争端解决法律化的动因:地区的和其他方面的 548-50
effects of,的影响 551-2
new regional courts,新型地区法院 542-8
trade and,link between,贸易与其关联 548
regional distribution of international courts,国际法院的地区分布 543-4t
Regional Economic Communities (RECs),地区经济共同体(RECs) 275
regional economic organizations,non-traditional effects of,地区经济组织的非传统影响 210
regional emissions trading system,地区性减排机制 44
regional environmental governance,地区环境治理 430-2
advocacy networks,倡议网络 443
air pollution,大气污染 435-6
causal mechanisms and drivers,因果机制与动因 439-40
drivers of,的动因 438-9
effectiveness of,的影响 446
emergence of,的兴起 438
empirical record,实证结论 444
epistemic communities,认知共同体 442-3
explanations of,的解释 441t
indirect effects of,的直接影响 446-7
institutional design of,的制度设计 444-5
institutionalisms,制度主义 441-2
institutions and regions in,制度和地区 437
international river basin management,国际流域管理 432-3
marine fisheries,海洋渔业 436
marine governance of regional seas,地区海洋治理 433-5
organizations,组织 448-51t
realism and state leadership,现实主义和国家领导力 440-1
regional integration and the environment,地区一体化与环境 436-7

upstream/downstream dynamics,上游和下游互动 433
regional financial governance, see regional monetary and financial governance 地区金融治理,见"地区货币金融治理"
regional free movement schemes,地区自由迁移方案 458
regional governance, see also regional development governance; regional environmental governance; regional human rights and democracy governance; regional migration governance; regional monetary and financial governance; regional security governance; regional social and gender governance; regional trade governance 地区治理,又见"地区发展治理""地区环境治理""地区民权治理""地区移民治理""地区货币金融治理""地区安全治理""地区社会性别治理""地区贸易治理"
direct influence mechanisms,直接影响机制 99–100
emulation,效仿 100–1
gender perspective on,性别视角 419–20
national culture and,民族文化 521
regional human rights and democracy governance,地区民权(人权和民主)治理 486–7
explanation,解释 492
demand-side causes,需求方原因 494–5
supply-side dynamics,供给方原因 492–4
organizations,组织 502–4t
regional identities and communities,地区认同和共同体 559–60
regional institution-building,地区制度建设 42,45,55–6,228
regional institutional design,地区制度设计 21,66,239–241,513,635
causes of 的原因
constructivism,建构主义 520–2
diffusion,扩散 522
institutional approaches,制度方法 518–20
realism,现实主义 517–18
compare ROs more systematically with non-regional international organizations,将地区组织与非地区性国际组织进行更加系统的比较 528
consequences of,的后果 522
domestic institutions,国内制度 525–6
economic welfare,经济福利 524–5

international actorness,国际行为体身份 526-7
peace and security,和平与安全 523-4
diffusion of,的扩散 95,97
direct influence mechanisms,直接影响机制 95-6
emulation,效仿 96-9
institutional changes,制度变革 527-8
pooling and delegation,共享与委托 514-17
regional cooperation vs.integration,variation regarding, 地区合作与地区一体化的差别 636-7
relationship between formal and informal institutions,正式与非正式制度的关系 528
task expansion of regional organizations,地区组织的任务扩大 635-6
regional institutions,see also institutions;regional organizations 地区制度,又见“制度”“地区组织”
cross-regional comparisons of,的跨地区比较 77
indirect effects on identity,对认同的间接影响 568-9
organic regional institutions,部门性地区机构 432
strong institutions,强有力的机构 444
regional institutions,legitimacy of,地区制度的合法性 579-80,593-5
empirical perspectives,实证的视角 586-9
competition for external supply,竞争外来支持 590-1
external templates emulation,效仿区外样板 591-2
internal drivers and competing logics of action,内部动因与竞争性行动逻辑 592-3
political expediency and a normative pretext,政治权变与规范托辞 589
legitimizing through parliamentary assemblies,通过议会来合法化 591-2
standards,标准 582
EU's democratic deficit and,欧盟的民主赤字 583-4
non-EU regional institutions and,非欧盟地区制度 584-6
regional integration,地区一体化 3,8,21-2
lack of,不足 23
North American,and institutionalization,北美,与制度化 147
purpose of,的目的 20
Third World,第三世界 116

regional international organizations,delegation and pooling in,地区性国际组织,中的委托和共享 528-9,530t
regional market-making,地区市场创造 381
regional migration governance,地区移民治理 457-8
diffusion of,的扩散 468
emergence and institutional design of regional migration regimes,地区移民机制的兴起和制度设计 458-60
Africa,非洲 466-8
Europe,欧洲 461-2
North America,北美洲 464-5
South America,南美洲 462-4
Southeast Asia,东南亚 465-6
organizations,组织 476-81t
regional migration regimes 地区移民机制
dimensions of,维度 460t
drivers of,的动因 470-2
domestic politics,国内政治 471
policy transfer,政策转移 471-2
social rights emulation,社会权利上的效仿 471-2
spill-overs,外溢 470-1
effects of,的影响 472-4
regional monetary and financial governance,地区货币金融治理 351-3,366-8t
defining,界定 351-5
effects and implications of,的影响和启示 362-5
emergence of and variation in,的兴起与变化 358
economic efficiency logics,经济效率逻辑 359-61
political logics,政治逻辑 361-2
reasons for limited governance,治理有限的原因 351-2
typologies and examples of,分类和事例 355-8
regional monetary fund,地区货币基金 44,364
regional orders,地区秩序 3,5,9,64,68,232-3,253,628-9,629f
domestic politics and,国内政治与 64-5

micro-foundations of,的微观基础 67-8
diffusion within and across regions,地区内和跨地区扩散 72-3
globalization and domestic politics,全球化与国内政治 68-9
grand strategies—implications for regional order,大战略:对地区秩序的影响 69-70
strategic interaction within regions—implications for regional orders, 地区内的战略互动:对地区秩序的影响 70-2
security and,安全与 66
Regional Organization for the Conservation of the Environment of the Red Sea and Gulf of Aden (PERSGA),红海和亚丁湾环境保护地区组织(PERSGA) 450t
Regional Organization for the Protection of the Marine Environment (ROPME),地区海洋环境保护组织(ROPME) 450t
regional organizations (ROs),地区组织 7-8,41,87,624f,see also regional institutions 又见"地区制度"
authoritarianism and,威权主义 639
delegation,委托 519
democracy governance and,民主治理与 487-8
Africa,非洲 490
Asia,亚洲 491
Eurasia,欧亚 491
Europe,欧洲 489
Latin America,拉丁美洲 489-90
Middle East,中东 491
Eurasia,欧亚 216-18
Europe,欧洲 194-6t
existing organizations to deal with the newly identified problems,现有的解决新发现问题的组织 432
globalization and,全球化与 66
identity and,认同与 520
identity/community and,认同和共同体与 560-1
domestic context,国内背景 573
identity shaping institutions,认同塑造制度 561-4
institutions shaping identity,制度塑造认同 564-7

theoretical frameworks and,理论框架与 573–4
institutional design,制度设计 513
Latin America,拉丁美洲 167–71t
Middle East,中东 267t
North America and the transatlantic area,北美和跨大西洋地区 148–9t
progressive policy expansion and delegation/pooling of authority,政策逐步扩张与权威逐步委托或共享 625–6
promotion of democracy governance by,促进民主治理 488
social and gender governance by,社会性别治理 422–4
sub–Saharan Africa,撒哈拉以南非洲 297–8t
task expansion of,任务扩大 635–6
tiered administrative structure,分层的行政结构 516
trade and monetary integration,贸易和货币一体化 49
regional parliament,地区议会 162
regional political communities,地区政治共同体 278
regional seas,地区海洋 434
Regional Seas Programme (RSP) (UNEP),联合国环境署(UNEP)的《地区海洋计划》(RSP) 433–4
regional secretariats,地区性秘书机构 515
regional security,地区安全 100
structures and patterns of trade,connection between,结构和贸易模式,之间的关联 524
regional security governance,地区安全治理 297
contemporary literature on,当今有关文献 298
demand for,的需求 300–3
effects of,的影响 310–13
emergence of,的兴起 301
consequences,后果 302
factors,因素 302
evolution of the field,本领域的研究进展 298
future research,未来研究方向 313–14
impact on the domestic level,对国内层次的影响 313

impact on regional stability,对地区稳定的影响 310–12
institutional design of,的制度设计 305–6
constructivist–normative explanations,建构主义–规范解释 309–10
domestic explanations,国内政治解释 308–9
rationalist explanations,理性主义解释 306–8
realistic explanations,现实主义解释 306
national security governance,国家安全治理 299
organizations,组织 315–17t
regional hub–and–spokes security governance,地区的轴辐式安全治理 306
shared negative security externalities,共同消极安全外部性 302
success in the developing world,在发展中世界的成功 311
typologies of,分类 299–300
regional social and gender governance,地区社会性别治理 405–6
effects of,的影响 417–19
emergence of,的兴起 407
individual rights regimes,个人权利机制 410
market–led regulatory regime,市场主导的监管机制 410–11
regimes,机制 407–13
state–led conservative regime,国家主导的保守型机制 412
state–led developmental regime,国家主导的发展型机制 411–12
explanation,解释 413
demand—the drivers,需求:动力 413–14
institutional constraints,制度约束 416–17
supply—the drivers,供给:动力 414–16
regional organizations,地区组织 422–4
regional trade agreements (RTAs),地区贸易协定(RTA) 93,541,637
regional trade governance,地区贸易治理 323–4,338–9
effects of preferential trade agreements on,特惠贸易协定的影响 333–5
emergence of,的兴起 324
domestic politics of PTA–formation,组建 PTA 的国内政治因素 324–6
international politics and PTA–formation,国际政治与 PTA 的组建 327
multilateral institutions and strategic interaction,多边制度与战略互动 328–9

political power and inter-state conflict,政治权力与国家间冲突 327-8
political institutions,政治制度 326-7
politics of institutional design in,制度设计的政治学 329-30
deep integration PTAs,深层一体化 PTA 330-2
dispute settlement,争端解决 332-3
flexibility,灵活性 333
regional world,地区世界 30,121-2,125
regionalism,地区主义 3,5,7-8,64
crafted by a dominant power,由一个支配大国操纵的 109
diffusion of,的扩散 89
emulation,效仿 93-5
regional orders and,地区秩序 91
direct influence,直接影响 91-3
early,早期 17,18-20,29,112,see also Third World 又见"第三世界"
effects of,的影响 637
democracy and human rights,民权(民主与人权) 638-9
peace and security,和平与安全 638
trade,growth,and prosperity,贸易、增长与繁荣 637-8
emergence of,的兴起 47,630
demand,需求 630-2
supply,供给 632-4
formal institutions and,正式制度与 232
formal regional organizations,正式地区组织 623
forms of,的形式 113
global heritage of,的全球传统 32
globalization and,全球化与 30
inclusive form of,包容性的形式 114
localized instances of,地方化实例 137
multidimensionality of,多维性 26
multiple and global heritage,多重全球传统 111-14
non-Western world,fundamental differences in foundational motivations and goals,非西方世界(的地区主义)在基本动机和目标上存有重大差异 116-17

path-dependent evolution of,路径依赖演进 186,233
regional orders and,地区秩序与 73-7
state-led formal institution-building,国家主导的正式制度建设 42-3
regionalization,地区化 3,5,8-9,43,64,134,160,186,353
cultural and ethnic spaces,文化和族群空间 142
economic consequences of,的经济后果 146
economic considerations,经济因素 144
economic exchanges,经济往来 142-3
extended networks of professionals and experts,越来越多的专业人员和专家网络 143
localized cross-border epistemic communities active around specific policy issues,跨境认知共同体围绕某种政策问题而开展的本地化活动 143
migratory networks,移民网络 142
strong regionalization,强地区化 265-6
weak regionalization,弱地区化 265-6
regionally hegemonic currency,地区性主导货币 364
regions,地区 121-2
characteristics,特征 23
concept of,概念 6-7
interdependencies between,相互依赖 87
rent-economies,寻租经济 637-8
Residence Agreement,《居留协议》 462,470-1,473-4
Rio Group,里约集团 163
Rio Plus 20 Summit (2012),2012 年“里约+20”峰会 439
risk management,风险管理 298
Ruble Zone,卢布区 206
rule-base agreements,PTAs,基于规则的协议,PTAs 97
rule of law perspective,法治视角 553
ruling coalitions 统治联盟
East Asia,东亚 69,72
League of Arab States,阿拉伯国家联盟 76
Middle East,中东 70,72-3

Russia,俄罗斯 45,93,109,141,208
Russia-Belarus Union,俄白联盟 206
SAARC,see South Asian Association for Regional Cooperation 南亚区域合作联盟(SAARC)
SACEP,see South Asia Co-operative Environment Programme 南亚环境合作计划(SACEP)
SADC,see Southern African Development Community 南部非洲发展共同体(SADC)
Schengen Agreement,《申根协定》 470
scientifically developed treaties,科学制定的条约 435
Secretariat of the Pacific Regional Environment Programme (SPREP),太平洋地区环境计划秘书处(SPREP) 451t
securing regime survival,确保政权生存 55
security community approach,安全共同体方法 22,48,520-1
security institutions,to deal with threats and to cope with security risks, 为应对威胁和处理安全风险而设计的安全制度 306-7
security interdependencies,安全相互依赖 631
Security and Prosperity Partnership of North America, 北美安全与繁荣伙伴关系 135,139,149t
security of regions,地区的安全 112-13,210
security threats and risks,安全威胁和风险 55,205
  common/regional,共同的/地区性的 227,275,313
  external,外部的 261
  intermestic,“国内国际的” 314
  non-state actors,非国家行为体 297
  non-traditional,非传统的 5-6,301-2,307-8
  traditional,传统的 47-8,302
sender-driven regional governance,发送者驱动的地区治理 99,101
shadow regionalism,影子地区主义 55
shallow regionalism,浅层地区主义 94
Shanghai Cooperation Organization (SCO),上海合作组织(SCO) 8,100-1,205,217t,229,241t,302,317t,424t,501,503t,590-1
Shanghai Five Group,“上海五国”机制 229
“Shanghai Spirit,“上海精神” 590

shared community values and norms,命运共同体价值和规范 187
side payments,边际补偿 414
Singapore,新加坡 386
single currency,单一货币 207,352,356,359-62
Single Economic Space,统一经济空间 216t
Single European Market,单一欧洲市场 45-6
Six Party Talks (SPT),六方会谈(SPT) 241t
social action,社会行为 587
social and gender governance,see regional social and gender governance 社会性别治理,见“地区社会性别治理”
social and gender policy,社会性别政策 6
social construction approaches,社会建构方法 43
  governance approach,治理方法 55
Social-Labor Declaration,《社会-劳工宣言》 410,462
social learning,社会学习 90,443-5
social science,社会科学 569-71,621
social ties,社会联系 207
society-centered theories,社会中心理论 46-7,630-1
  procedural legitimacy,程序合法性 582
soft regionalism,软地区主义 238
Somalia,索马里 311
South Africa,南非 45,97,283
  developmental-functional model,发展型和功能性的模式 280-1
  institutional design,制度设计 98
South African Development Coordination Conference,南部非洲发展合作会议 94
South American Conference on Migration (SACM) (aka:Lima Process),南美移民会议(SACM)(又称“利马进程”) 462-4,478t
South American Development Bank (Bank of the South),南美开发银行(南方银行) 382
South American Plan for the Human Development of Migrants,《南美移民人权发展计划》 463
South American regionalism,南美地区主义 19,462,561,563
  institutional design,制度设计 98

regional organizations 地区组织
identity changes and,认同变迁与 566-7
peace building,和平建设 638
South Asia Co-operative Environment Programme (SACEP),南亚环境合作计划(SACEP) 448t
South Asia Seas Programme (SASP),南亚海洋计划(SASP) 449t
South Asian Association for Regional Cooperation (SAARC),南亚区域合作联盟(SAARC) 96,227,229,239t,306,316t,412,423t,504t
Social Charter,《社会宪章》 412
South Asian Development Fund (SADF),南亚发展基金(SADF) 397t
South Asian Free Trade Agreement (SAFTA),南亚自由贸易协定(SAFTA) 241t
South Korea,economic interdependence,韩国,经济上相互依赖 50
Southeast Asia,东南亚 378,585,589
democratic regionalism,民主的地区主义 585
Southeast Asian Friendship and Economic Treaty(SEAFET),《东南亚友好与经济条约》(SEAFET) 229
Southeast Asian Treaty Organization (SEATO,aka:Manila Pact),东南亚条约组织(或称"马尼拉公约") 111
Southeast Pacific,东南太平洋 434
Southern African Customs Union(SACU),南部非洲关税同盟(SACU) 19,45,279-81,287t
Southern African Development Community(SADC),南部非洲发展共同体(SADC) 19,45,92,96-8,111,119,274,279,283-4,287t,303,315t,379,411-12,415-16,422t,469,476t,490,501,502t
Gender and Development Protocol,《性别与发展议定书》 416
institutional design,and EU norm diffusion,制度设计,与欧盟规范扩散 606
SADC Banking Association,南共体银行业协会 391t
SADC Regional Indicative Development Plan,南共体地区指示性发展计划 392t
Tribunal,法庭 552
Southern African Development Coordination Conference (SADCC),南部非洲发展合作会议(SADCC) 19,25,274,517
Southern African Peoples' Solidarity Network,南部非洲人民团结网络 415

Southern African Power Pools (SAPP),南部非洲电力联营公司(SAPP) 391t
Southern Cone,南锥体地区 71,160
Southern Cone Common Market (MERCOSUR),南方共同市场(MERCOSUR) 316t,457,490
Southern regionalism,南方国家的地区主义 96
South-South diffusion of regionalism,地区主义的南南扩散 94,101
South-South emulation of regionalism,地区主义在南南国家之间的效仿 94
South-South inter-and transregionalism,南南之间的地区间主义和跨地区主义 96,603,607
  institutional design,制度设计 609
  realist soft balancing and IPE,现实主义的软制衡和 IPE 方法 607
sovereignty,主权 117,163
sovereignty-boosting regionalism,加强主权的地区主义 278,302,526
spaghetti bowl,of regional organizations,地区组织的"意面碗" 95,208,638
spatial development initiatives (SDI),"空间发展倡议"(SDI) 279
Special Accession Program for Agriculture and Rural Development (SAPARD),农业和农村发展特别准入计划(SAPARD) 399t
special purpose vehicles (SPVs) (regional development governance mechanisms),特殊目的机构(SPVs)(地区发展治理机制) 379
specialized jurisdiction,指定管辖 543t
spill-overs,外溢 118,186-7,470-1
Stability Pact for South Eastern Europe for the Western Balkans (1999),1999 年的西巴尔干《东南欧稳定公约》 89,92
state-centered conception of procedural legitimacy,关于程序合法性的国家中心观念 582
state-controlled dispute settlement,国家控制的争端解决 545
state-led developmental regimes,国家主导的发展型机制 414
state-led regionalism,国家主导的地区主义 623
state preferences,国家偏好 186
strategic interaction among coalitions,联盟之间的战略互动 79
strength of weakness,弱中取强 118
structuralism,结构主义 24
sub-regionalization,次地区主义 265

sub-regions,次地区 275,378,382
sub-Saharan Africa,撒哈拉以南非洲 45,96,271-3
formal and informal institutions,正式和非正式制度 55
normative emulation in,规范效仿 97
regionalism,地区主义 631,see also African regionalism 又见“非洲地区主义”
subordinate international system,次属国际体系 22
Summit of the Americas (SOA),美洲首脑会议(SOA) 158,160,169t
supply of regional security governance 地区安全治理的供给
role of extra-regional hegemons or great powers,区外霸权国或大国的作用 304
role of international and regional organizations,国际组织和地区组织的作用 304-5
role of regional hegemons or pivotal states,地区霸权国或关键国家的作用 303-4
supranational courts,超国家法院 542
supranational institutions/institutionalism,超国家制度/制度主义 117,184,186
weakness of,的弱点 416-17
supranational political elites,超国家政治精英 593
supranationalism,超国家主义 8,54,96,162,183,186,191,305,514,526-7
Sustainable Development Goals (SDGs),可持续发展目标(SDGs) 439
Syria,叙利亚 73
Syrian threats,叙利亚的威胁 73
tariff reduction,关税减让 47,97,140,206,209,278,280,330,334,377
terrain mapping,勾勒研究范围 623-30
theories of regional cooperation and integration (TRCI),地区合作与一体化理论(TRCI) 11,41,43-4,52-3
effects of regionalism,地区主义的影响 51-2
emergence of regionalism,地区主义的兴起 44-8
outcome of regionalism,地区主义的结果 48-51
theory-data-method standard,“理论-数据-方法”标准 564
Third World,“第三世界” 115
regional integration,地区一体化 116,118
Tlatelolco Latin American regime of a nuclear-free zone,see Latin American Treaty of Tlatelolco 特拉特洛尔科拉美无核区机制,见“拉美的《特拉特洛尔科条约》”
trade agenda,贸易议程 463-4

trade alliances,贸易联盟 524
trade-creating agreements,贸易创造协议 333
trade-diverting arrangements,贸易转移协议 333-4
trade effects,贸易效应 210
trade liberalization,贸易自由化 116,605
consequences of,的后果 406
economic regionalization and,经济地区化与 160
trade unions,工会 418
trans- and inter-regionalism in the European-African super-region, 欧洲-非洲 “超级地区”中的跨地区主义和地区间主义 466-70
Trans-European Transport Network (TEN-T),跨欧洲交通网络(TEN-T) 397t
Trans-Pacific Partnership (TPP),《跨太平洋伙伴关系协定》(TPP) 335-6,339
mega PTA,超大型 PTA 94
trans-state regionalism,跨国地区主义 55
trans-state regionalization,跨国地区化 281
transactionalism,交流主义 21-2,48,114,121
Transatlantic Business Council,跨大西洋企业委员会 141
Transatlantic Trade and Investment Partnership(TTIP),《跨大西洋贸易投资伙伴关系协定》(TTIP) 140-1,147,149t,335-7,339
transformationalists,转型论者 583
transformations in regional and continental politics,地区政治和大陆政治的转型 277
transgovernmental networks,跨政府网络 138
transnational activism,跨国行动主义 278
transnational networks,跨国网络 139
transnational NGOs,in coordinating lobbying efforts on governments, 跨国非政府组织,在协调游说政府工作中 443
transnational regulatory integration,strategies of,跨国规制一体化战略 4
transregional super-region,跨地区的“超级地区” 466-70
transregionalism,跨地区主义 122,227
Treaty of Bangkok (SEANWFZ),《曼谷条约》(SEANWFZ) 241t
Treaty of Nice,《尼斯条约》 489
Treaty for the Prohibition of Nuclear Weapons in Latin America and the Caribbean,see

Latin American Treaty of Tlatelolco《拉丁美洲和加勒比禁止核武器条约》,见"拉美《特拉特洛尔科条约》"

Treaty of Rome,《罗马条约》 461

Tripartite Environment Ministers Meetings(TEMM),"三方环境部长会议"(TEMM) 436,449t

Turkey,土耳其 72

Turkic Council,突厥理事会 218t

Ukraine,乌克兰 204–5

unilateral currency governance,单边货币治理 357–8

unintended effects,意外效应 446

Union for the Mediterranean (UfM),地中海同盟(UfM) 257

Union Monétaire Ouest Africaine (UMOA),西非货币联盟(UMOA) 274

Union of South Africa,南部非洲同盟 19

Union of South American Nations(UNASUR),南美国家联盟(UNASUR) 111,159,161,166,171t,309,312,316t,364,367t,379,411,423t,463,478t,503t,602

  Council of Energy,能源理事会 395t

  Council of Social Development,社会发展理事会 395t

Union State of Russia and Belarus,俄白联盟 216t

United Arab Emirates (UAE),阿联酋(UAE) 249,267t

United Arab Republic (UAR),阿拉伯联合共和国(UAR) 249,261,263,265,267t

United Kingdom,英国 71

United Nations (UN),联合国(UN) 416,571

  Charter,《宪章》 112

  regional security governance,地区安全治理 304

  security governance,安全治理 299

United Nations Conference on Human Environment (UNCHE),联合国人类环境会议(UNCHE) 437,439

United Nations Department of Peacekeeping Operations,联合国维和行动部门 571

United Nations Development Programme (UNDP),联合国开发计划署(UNDP) 448t

United Nations Economic Commission for Africa (UNECA),联合国非洲经济委员会(UN-ECA) 274

United Nations Economic Commission for Europe (UNECE), 联合国欧洲经济委员会(UN-

ECE） 432,434–5,449t
United Nations Economic Commission for Latin America（ECLA）,联合国拉美经济委员会（ECLA） 24
United Nations Educational,Scientific and Cultural Organization（UNESCO）,联合国教科文组织（UNESCO） 407,415
Intergovernmental Oceanographic Commission（ICO）,政府间海洋学委员会（ICO） 434
United Nations Environmental Programme（UNEP）,联合国环境署（UNEP） 432,445,450t,635
Regional Seas Programme（RSP）,《地区海洋计划》（RSP） 433–4
United Nations High Commissioner for Refugees（UNHCR）,联合国难民事务高级专员（UNHCR） 459
United Nations Migrant Workers Convention,《联合国移徒工人公约》 471–2
United Nations Programme on HIV/AIDS（UNAIDS）,联合国艾滋病规划署（UNAIDS） 101
United Nations Regional Center for Preventative Diplomacy for Central Asia，联合国中亚地区预防性外交中心 205,217t
United Nations Security Council（UNSC）,联合国安理会（UNSC） 112–13
United Nations Special Program for the Economies of Central Asia（SPECA）,联合国中亚经济特别计划（SPECA） 217t
United States（US）,美国（US） 45–6,67,111,160,517
hegemony,霸权 44–5
interests in Trans–Pacific Partnership,在《跨太平洋伙伴关系协定》（TPP）中的利益 141
regional PTA,地区性 PTA 46
rule–based FTAs,基于规则的 FTA 95–6
universalism,普遍主义 112,125
US–Canada border,美加边境 134,142
US–China interdependencies,美国—中国相互依赖 141
US–Mexico border,美墨边境 134,142
Uzbekistan,乌兹别克斯坦 45
Venezuela,委内瑞拉 45,112,312
Ventotene Manifesto,《文托特内岛宣言》 21

vertical integration,垂直一体化 189
vertical production networks,垂直型生产网络 237
veto players,否决者 326-7,339
Warsaw Pact,华约 306
Warsaw Treaty Organization,华沙条约组织 195t,203
Washington Consensus,"华盛顿共识" 160
weak institutions,虚弱的机构 444
West Africa,西非 308
West African Civil Society Forum (WACSOF),西非公民社会论坛(WACSOF) 308,313
West African Development Bank (BOAD),西非开发银行(BOAD) 391t
West African Economic and Monetary Union (UEMOA),西非经济货币联盟(UEMOA) 19,98,280,287t,502t
West African Network for Peace-building(WANEP),西非和平建设网络(WANEP) 308,313
West African Power Pool (WAPP),西非电力联营公司(WAPP) 392t
Western Climate Initiative,西部气候倡议 135,136-9,149t
Western European Union (WEU),西欧联盟(WEU) 181,195t
Western Mediterranean Forum,西地中海论坛 480t
World Bank,世界银行 99,158,434,445
World Conference on Environment and Development (Rio Earth Summit) (1992),1992年世界环境与发展大会(里约地球峰会) 439
World Summit on Sustainable Development (2002),2002年世界可持续发展峰会 439
world systems frameworks,世界体系框架 79,see also globalization 又见"全球化"
World Trade Organization (WTO),世界贸易组织(WTO) 99,328,331,339,541,623
GATS,see General Agreement on Trade in Services《服务贸易总协定》(GATS)
most-favored nation (MFN) principle,最惠国待遇(MFN)原则 279

译后记

这本牛津手册中文版的翻译出版，历时之久和历事之艰，始料未及，幸有诸多热心同道的鼓励支持，使我未肯放弃，经多方联络，终获天津人民出版社垂青，慷慨且投入，令这本学术手册与中国更广大读者有了这个见面机会。

于我而言，译事已成，再多的艰难都值得，无怨无悔。在此后记中，主要想略述一下翻译引进此学术手册的来龙去脉，并向各方师友郑重致谢。

2018 年底我来到中国政法大学全球化与全球问题研究所，计划为全球学专业的研究生开设一门“全球化与地区化研究”的课程，重点讲授地区主义研究方面的知识。在准备课件的过程中，我在学校图书馆发现了这本牛津手册。尽管它初版于 2016 年，但所载内容足以令我欣喜，因为它勾画了一幅国际学术界有关地区主义研究的最新知识图谱，所涉文献的时间跨度超过 25 年，而且主编和大多数作者都是这个领域的国际知名学者，相关篇章本身就是这方面研究的创新之作。经过研读，我决定将其作为计划新开课程的主要教学参考书，并着手将其翻译成中文，希望尽快出版，在国内学术界推而广之。

2019 年开始，我在每年春季学期开设的“全球化与地区化研究”课堂上，与连续五届全球学专业研究生同学们共同研读和分享了这本手册的精华内容。2021 年初，我已翻译完成初稿，自助印刷了十几册译稿，分送当时国内我认为对地区主义研究特别感兴趣的一些学者，主要是年轻学者，请他们帮我提提翻译上的意见和建议。2021 年 5 月，我又约请他们在北京聚首，举办了“首届比较地区主义圆桌论坛”，围绕这本手册的内容开展了进一步的研讨交流，同时希望通过研讨来提升译稿质量、扩大手册影响。首届圆桌论坛的举办反响超出预期，年轻学者的热情也超出预期，加上著名国际关系学者、北京大学博雅特聘教授王逸舟先生和著名全球学学者、本所创所所长和名誉所长蔡拓先生的殷切鼓励和指点支持，还有期刊界和图书出版界朋友们的热情协助，我们当时就决定将这个圆桌论坛持续举办下去。于是，就有了 2022 年 5 月在武汉大学和 2023 年 5 月在西安外国语大学举办的第二届（线上）和第三届（线下）比较地区主义圆桌论坛，而且参会人员规模已从首届的十几人扩大到四十几人，参会机构从十几家扩大到二十几家。随之而来的是，这本牛津手册的主题——比较地区主义研究——俨然开始深入学界人心。

可喜的是，除了王逸舟先生和蔡拓先生一直以来的勉励、指导、参与和支持外，我国国际关系学界更多资深学者也对上述活动表示赞许和支持，比如中国社科院学部委员、山东大学讲席教授张蕴岭先生两度全程出席圆桌论坛，大力支持比较地区主义研究在中国的学术拓展；外交学院前院长、山东大学讲席教授秦亚青先生对于比较地区主义研究学术共同体的建设也明确表示肯定和支持；香港中文大学(深圳)人文社科学院宋新宁教授、复旦大学任晓教授等热情参与和指导圆桌论坛活动；北京大学唐士其教授和王正毅教授、复旦大学陈志敏教授等也都对手册翻译出版表示鼓励。他们的相关言行是这本手册中文版诞生史上值得郑重铭记的重要部分，在这里向他们表示敬意。

同时需要表达的，就是对更多学术友人念念不忘的感激之情。

首先，要感谢最初帮我全面润色译稿的学界同仁——魏玲、顾炜、邢瑞磊、王志、徐秀军、赵晨、陈晓晨、陈绍锋、闫健、朱天祥、周玉渊、庄俊举、张萍、宋浩敏——他们也是首届比较地区主义圆桌论坛的主要与会者和这本牛津手册的学术知心人。他们既共同肯定了这本手册的翻译引进价值，也具体而微地提出了译稿修改意见，这种学术慷慨让我永难忘怀。

再者，要感谢在翻译过程中向我提供过具体帮助的学者朋友和学生们，他们或者是我的“一字之师”，为我解答过一些颇为刁钻的翻译问题，比如肖宏宇、于芳、周晓娜、陈相宜、包刚升、薛松、刘星、丁如、于程远、陈纳慧、查道迥、唐世平、张亚宁、慧若、常玉迪、杨延龙等；或者是与我一起在手册译文上反复推敲和琢磨的本所全球学专业研究生，他们甚至帮我翻译过部分章节初稿，或多次帮我诊断过译文毛病，比如靳晶晶、魏菱、修立齐、云旭晗、袁从菱、李薇璐、崔政杰、李林、刘孟强、汪家锐、岳心怡、徐珍珍、杨柳、石雨欣、李鹰扬、余晨、邹鑫、张冰冰、陈琛、刘晓渊、翟钰、侯伸霖、陈灵芝等。

最后，要特别对天津人民出版社总编辑王康和第一编辑室主任郑玥等人表示感谢，她们从选题立项、版权联络、文稿编辑、设计装帧到申报备案，出版诸事，无厌繁难，为手册中文版的诞生倾注了大量心力，也展现了令我由衷钦佩和高度认同的学术出版境界。

记得我曾为翻译出版一事立誓要有“冷汗不离身”的敬业精神，而完成此一译作时我早已“汗流浃背”！译文讹误与上述师友无关，皆是本人笔力不逮，还望读者诸君批评指正。

耿协峰

2023 年 7 月 7 日于北京